A ARTE SECRETA DO ATOR
Um Dicionário de Antropologia Teatral

Preparação de texto | Marcio Honorio de Godoy

Revisão | Tereza Maria Lourenço Pereira

Reservados todos os direitos desta obra. Proibida toda e qualquer reprodução desta edição por qualquer meio ou forma, seja ela eletrônica ou mecânica, fotocópia, gravação ou qualquer outro meio de reprodução, sem permissão expressa do editor.

DADOS INTERNACIONAIS DE CATALOGAÇÃO NA PUBLICAÇÃO (CIP)
(CÂMARA BRASILEIRA DO LIVRO, SP, BRASIL)

Barba, Eugenio
   A arte secreta do ator: um dicionário de antropologia teatral / Eugenio Barba, Nicola Savarese; tradução de Patricia Furtado de Mendonça. – São Paulo: É Realizações, 2012. – (A arte do ator)

   Título original: L'arte segreta dell'attore: un dizionario di antropologia teatrale.
   Bibliografia.
   ISBN 978-85-8033-117-2

   1. Antropologia 2. Dança 3. Teatro I. Savarese, Nicola. II. Título. III. Série.

12-14434   CDD-792.8

ÍNDICES PARA CATÁLOGO SISTEMÁTICO:
1. Teatro-dança : Arte   792.8

É Realizações Editora, Livraria e Distribuidora Ltda.
Rua França Pinto, 498 · São Paulo SP ·04016-002
Caixa Postal: 45321 · 04010-970 · Telefax: (5511) 5572 5363
atendimento@erealizacoes.com.br · www.erealizacoes.com.br

Este livro foi reimpresso pela Gráfica RR Donnelley para É Realizações, em outubro de 2015. Os tipos usados são da família Castellar Regular, Myriad, New Baskerville e Fleur Corner Caps. O papel do miolo é o couche fosco 150g, e o da capa, cartão supremo 300g.

Este livro é o resultado das pesquisas conduzidas entre 1979 e 2005 na ISTA (International School of Theatre Anthropology), dirigida por Eugenio Barba.

Todos os textos que não estão assinados nasceram da colaboração entre os dois autores.

Redação: Nicola Savarese.
Colaboradores: Mauro De Meis e Noemi Tiberio.

Na folha de rosto: cena do Theatrum Mundi com o dançarino indiano I Made Pasek Tempo e a atriz Roberta Carreri, do Odin Teatret (ISTA, Bolonha, 1990).

Todos os direitos de reprodução, adaptação e tradução são reservados em todos os países.

ISTA – International School of Theatre Anthropology
Box 1283, 7500 – Holstebro (Dinamarca)
Tel. (45) 97424777 – Fax (45) 97410482
E-mail: odin@odinteatret.dk
www.odinteatret.dk

Eugenio Barba | Nicola Savarese

A ARTE SECRETA DO ATOR

Um Dicionário de Antropologia Teatral

Tradução de Patricia Furtado de Mendonça

2ª impressão

É Realizações
Editora

*O livro é dedicado à memória de Katsuko Azuma,
Fabrizio Cruciani, Ingemar Lindh, Sanjukta Panigrahi
e I Made Pasek Tempo, fundadores da ISTA.*

*Edição revista e ampliada em ocasião do
25º aniversário da ISTA.*

SUMÁRIO

NOTA DO TRADUTOR
de Patricia Furtado de Mendonça 11

PREFÁCIO
ISTA: International School of Theatre Anthropology,
de Eugenio Barba 13

INTRODUÇÃO
ANTROPOLOGIA TEATRAL, de Eugenio Barba 14
  Princípios semelhantes e espetáculos diferentes 14
  Lokadharmi e natyadharmi 15
  O equilíbrio em ação 16
  A dança das oposições 19
  As virtudes da omissão 22
  Entreato 23
  Um corpo decidido 25
  Um corpo fictício 27
  Um milhão de velas 28

DICIONÁRIO de A a Z

ANATOMIA
PODE O MAR ELEVAR-SE POR SOBRE AS MONTANHAS?,
de Nicola Savarese 32

APRENDIZAGEM
EXEMPLOS OCIDENTAIS, de Fabrizio Cruciani 34
  Os pais fundadores no início do século XX 34
  Processo criativo, escola de teatro e cultura teatral 34
  Pedagogia de autor 35
EXEMPLOS ORIENTAIS, de Rosemary Jeanes Antze 38
  O guru como pai, preceptor de honra 38
  Guru-kula, estudo na casa do guru 39
  Guru-daksina, presentes e recompensas 40
  Ekalavya, discípulo extraordinário 41
  Guru-sisya-parampara 41

CENOGRAFIA E FIGURINO
  O figurino cria a cenografia 42
  Roupa cotidiana, figurino extracotidiano 49
  As mangas de água 50

DILATAÇÃO
O CORPO DILATADO, de Eugenio Barba 52
  A ponte 52
  Peripécias 54
  O princípio da negação 56
  Pensar o pensamento 57
  Lógicas gêmeas 58
  Tebas das sete portas 59
A MENTE DILATADA, de Franco Ruffini 62

DRAMATURGIA
O TRABALHO DAS AÇÕES, de Eugenio Barba 66
  Dramaturgia e espaço cênico 68

ENERGIA
  Kung-fu 72
  Energia e continuidade 74
  Koshi, ki-ai, hayu 75
  Animus-Anima 76
  Keras e manis 81
  Lasya e tandava 82
  Tamé 82
  Energia no espaço e energia no tempo 84
  Santai, os três corpos do ator 86
  Frear os ritmos 88
  Presença do ator 91

EQUILÍBRIO
  Equilíbrio extracotidiano 92
  Equilíbrio de luxo 92
  Técnica extracotidiana: busca de uma nova postura 95
  Generalidades sobre o equilíbrio 96

O equilíbrio em ação 99
Aço e algodão 100
A cinestesia 103
Equilíbrio e imaginação 104
A dança ignorada de Brecht 106

EQUIVALÊNCIA
O princípio da equivalência 112
Dhanu: tiro com arco na dança indiana Odissi 117
Como se lança uma flecha no teatro japonês Kyogen 118
Tiro com arco na biomecânica 120

EXERCÍCIOS
PARTITURA E SUBPARTITURA: O SIGNIFICADO DOS
EXERCÍCIOS NA DRAMATURGIA DO ATOR,
de Eugenio Barba 122
Uma ação física: a menor ação perceptível 122
A idade dos exercícios 122
Interioridade e interpretação 122
A complexidade da emoção 124
A relação real 126
O esporte como dança 126
O diálogo físico com os espectadores 126
A ação real 127
A fissão teatral de Meyerhold 128
O exercício como modelo de dramaturgia
    orgânica e dinâmica 130
Forma, ritmo, fluxo 130
Conhecimento tácito 131

HISTORIOGRAFIA
A LÍNGUA ENÉRGICA, *de Ferdinando Taviani* 132
Henry Irving ao microscópio 133
Mármore vivo 134
Sob o figurino de Arlequim 136
O "SISTEMA" DE STANISLÁVSKI, *de Franco Ruffini* 138
Com a palavra, Stanislávski 138
"A mais simples condição humana": o corpo-mente
    orgânico 138
A mente faz exigências: a *perezivanie* 138
O corpo responde adequadamente:
    a personificação 138
Corpo-mente orgânico, personagem, papel 139
Condições de sentido e nível pré-expressivo 141

MEYERHOLD: O GROTESCO, OU SEJA, A BIOMECÂNICA,
de Eugenio Barba 142
Uma plástica que não corresponde às palavras 142
O grotesco 143
A biomecânica 144

MÃOS
Fisiologia e codificação das mãos 146
As mãos: puro som ou silêncio 147
Como inventar mãos em movimento 150
Índia: mãos e significado 152
As mãos e a Ópera de Pequim 154
As mãos e a dança balinesa 155
As mãos e o teatro japonês 156
As mãos e o balé clássico 157
Dois exemplos de teatro ocidental
    contemporâneo 158

MONTAGEM
MONTAGEM DO ATOR E MONTAGEM DO DIRETOR,
de Eugenio Barba 160
Montagem do ator 162
Montagem do diretor 162
Outra montagem do diretor 166

NOSTALGIA
NOSTALGIA OU PAIXÃO PELOS RETORNOS,
de Nicola Savarese 168
A dança dos atores 169

OLHOS E ROSTO
Fisiologia e codificação 174
O olhar concreto 178
A ação de ver (olhos e espinha dorsal) 181
Mostrar que está vendo 182
O rosto natural 186
O rosto provisório 188
O rosto pintado 190

OMISSÃO
Fragmentação e reconstrução 192
A virtude da necessidade 193
Representar a ausência 194
A virtude da omissão 195

OPOSIÇÕES
- A dança das oposições 196
- A linha da beleza 200
- *Tribhangi* ou três arcos 201
- O teste da sombra 204
- Afirmação e confirmação 205

ORGANICIDADE
ORGANICIDADE, PRESENÇA, *BIOS* CÊNICO,
de Eugenio Barba 206
- O que é orgânico para o ator / O que é orgânico para o espectador 206

"NATURAL" E "ORGÂNICO", *de Mirella Schino* 208

LÍNGUAS DE TRABALHO, *de Eugenio Barba* 210
- A presença 210
- *Axé, shinmyong, taksu* 211
- *Matah, mi-juku, kacha* 211

TRABALHAR SOBRE AS AÇÕES FÍSICAS: A DUPLA ARTICULAÇÃO, *de Marco De Marinis* 212
- A primeira articulação 212
- A segunda articulação 213
- Princípios gerais 214

PÉS
- Microcosmo-macrocosmo 216
- Sobre as pontas 217
- A gramática dos pés 222

PRÉ-EXPRESSIVIDADE
- A totalidade e seus níveis de organização 226
- Técnica de inculturação e técnica de aculturação 228
- Fisiologia e codificação 230
- Codificação entre Oriente e Ocidente 231
- O corpo fictício 234
- Artes marciais e teatralidade no Oriente 236
- Artes marciais e teatralidade no Ocidente 239
- A arquitetura do corpo 242
- A pré-interpretação do espectador 243

RESTAURAÇÃO DO COMPORTAMENTO
RESTAURAÇÃO DO COMPORTAMENTO,
de Richard Schechner 244
- O Bharata Natyam 245
- O Chhau da Purulia 247
- Transe e dança em Bali 249

RITMO
- O tempo esculpido 252
- *Jo-ha-kyu* 254
- Movimentos biológicos e microrritmos do corpo 256
- Meyerhold: a essencialidade do ritmo 258

TEATRO EURASIANO
TEATRO EURASIANO, *de Eugenio Barba* 260
- Amanhecer 260
- Teatro eurasiano 260
- Antitradição 261
- Por quê? 261
- Raízes 261
- Aldeia 261
- Interpretar um texto ou criar um contexto 262
- Espectador 263

INCOMPREENSÕES E INVENÇÕES: DA ROTA DA SEDA A SEKI SANO, *de Nicola Savarese* 264

TÉCNICA
NOÇÕES DE TÉCNICAS DO CORPO, *de Marcel Mauss* 270
- Lista biográfica das técnicas do corpo 270
- Considerações gerais 275
- A espinha dorsal: o leme da energia 276
- O grito mudo 278

LEIS PRAGMÁTICAS, *de Jerzy Grotowski* 280
- *Sats* 280
- *Logos* e *bios* 281

TEXTO E CENA
TEXTO E CENA, *de Franco Ruffini* 282
- Civilização do texto e civilização da cena 283
- Texto "pobre" e cena "rica" 283
- Sobre a dramaturgia 284
- Papel e personagem 286

TREINAMENTO
DE "APRENDER" A "APRENDER A APRENDER",
de Eugenio Barba 288
- O mito da técnica 288
- Uma fase decisiva 288

A presença física 289

O período da vulnerabilidade 290

O TREINAMENTO EM UMA PERSPECTIVA INTERCULTURAL,
de Richard Schechner 291

TREINAMENTO E PONTO DE PARTIDA,
de Nicola Savarese 293

    Considerações de base 293

    Modelos de exercício 293

    Acrobacia 294

    Treinamento com o mestre 298

VISÕES

AS DUAS VISÕES: VISÃO DO ATOR, VISÃO DO ESPECTADOR,
de Ferdinando Taviani 300

Bibliografia 314

Referências 326

Índice analítico 328

NOTA DO TRADUTOR

Patricia Furtado de Mendonça[1]

A primeira edição deste livro, no Brasil, foi publicada em 1995 pela editora Hucitec, de São Paulo. Os diferentes textos que a compõem foram traduzidos por diversos integrantes do Lume Teatro, sob a supervisão de Luis Otávio Burnier, também responsável pela tradução do primeiro livro de Eugenio Barba publicado no Brasil, *Além das Ilhas Flutuantes*.

Em 2010, o livro já se encontrava esgotado há anos, inclusive nos sebos, quando vimos que era necessário providenciar urgentemente uma nova edição para atender à imensa demanda por parte de artistas e estudiosos interessados nas investigações da antropologia teatral.

Foi então que Barba me pediu para traduzir os novos capítulos que haviam sido incluídos nas edições mais recentes do livro (*Exercícios*, *Organicidade*, *Teatro Eurasiano*) e para revisar aqueles traduzidos anteriormente: após 15 anos, precisávamos rever e uniformizar algumas terminologias,[2] além de alterar inúmeras passagens que, a essa altura, haviam sido reescritas e reorganizadas dentro do dicionário.

Diante de tantas alterações a serem feitas e da necessidade de traduzir os novos capítulos, decidimos que era oportuno fazer uma nova tradução de todo o material que tínhamos em mãos: era praticamente um novo livro.

Este livro foi publicado pela primeira vez em 1983, na Itália, com o título *Anatomia del Teatro: Un Dizionario di Antropologia Teatrale*. Era o resultado das primeiras duas sessões da ISTA (International School of Theatre Anthropology). Mas à medida que os encontros iam se multiplicando e gerando novas reflexões – foram 17 sessões entre 1980 e 2005 –, o livro também ia se diversificando com novos textos e imagens, novas traduções e edições, novas aproximações entre tradições teatrais do passado e do presente. Entretanto, isso acontecia sem que sua natureza de "álbum-dicionário" fosse jamais alterada, pois era sempre mantido o intenso diálogo entre os vários textos e suas mais de 700 figuras.

Diante desse cenário, após 30 anos de traduções e edições, podemos nos perguntar, como um dia me escreveu Nicola Savarese: "Qual é o original? Não existe um original, ou seja, cada língua é um original. (...) Resultado: cada edição *parece* ser igual às outras, mas não é igual de forma alguma. Micromudanças, mas também grandes diferenças".

Todavia, como tradutora, de algum ponto eu precisava partir. De que língua fiz a tradução do livro? O ponto de partida principal foi a última versão do livro em italiano, até mesmo porque sua primeira edição foi publicada na Itália. Era uma base. No entanto, durante todo o processo de tradução, dialoguei continuamente com as últimas versões publicadas em inglês, francês e espanhol, que já continham as últimas atualizações do livro. O objetivo era trazer para a nova tradução em português todas as últimas alterações/ correções feitas por Barba e/ou por Savarese em suas múltiplas revisões, já que ambos costumam revisar, na medida do possível (e às vezes do impossível), todas as edições.

A versão em inglês foi minha segunda principal parceira. Barba já havia pedido que eu traduzisse alguns textos diretamente do inglês, já que, em certos casos, a tradução havia tornado o material "original" mais fluido e objetivo pela própria natureza da língua. Acabei utilizando a última edição da Routledge (2005) como referência fundamental para a tradução de vários outros textos do livro.

Todo esse processo foi acompanhado de perto por Eugenio Barba e Nicola Savarese, que incansavelmente respondiam a todas as minhas perguntas e apontavam os melhores caminhos para que o conhecimento incorporado pelos mestres da ISTA, assim como os estudos de seus colaboradores mais próximos, professores e pesquisadores, fossem transmitidos, o mais precisamente possível, aos leitores brasileiros da obra.

Agradeço a paciência e o rigor de Eugenio Barba e Nicola Savarese, assim como a atenção de outros autores do livro, especialmente Franco Ruffini e Mirella Schino, que me acompanharam neste complexo percurso. Agradeço a todo o Odin Teatret, em particular a Rina Skeel e Valentina Tibaldi, que também me socorreram em inúmeros momentos deste processo. Agradeço o extremo cuidado de Marcio Godoy, preparador do texto, que fez uma revisão minuciosa e respeitosa de minha tradução. Agradeço imensamente a toda a equipe da editora É Realizações, principalmente a Edson Filho, que acreditou neste projeto desde o início e nunca poupou esforços para que esta publicação fosse a concretização de um sonho. O resultado dessa aventura é, realmente, fruto de um articulado trabalho em equipe.

---

[1] Mestre em Teatro pela UNIRIO, é formada em Artes Cênicas pela Universidade de Bolonha, Itália. Traduz os textos de Eugenio Barba para o português desde 1998; entre seus livros, é responsável pela tradução de: *A Terra de Cinzas e Diamantes: Minha Aprendizagem na Polônia*; *Queimar a Casa: Origens de um Diretor* e *Teatro: Solidão, Ofício, Revolta*. Desde 2009, conduz uma pesquisa sistemática sobre a relação do Odin Teatret com o Brasil, escrevendo diversos artigos sobre o tema, divulgando as atividades do grupo em nosso país e colaborando sistematicamente com o *Centre of Theatre Laboratory Studies* (CTLS) e com o *Odin Teatret Archives* (OTA), Holstebro, Dinamarca.

[2] Há vários anos, desde os primeiros livros e artigos de Eugenio Barba que traduzi para o português, venho sugerindo alterações na tradução de terminologias específicas pertencentes aos universos da antropologia teatral, da tradição do Odin Teatret e, também, das práticas pedagógicas dos grandes reformadores do teatro do século XX, na tentativa de diminuir mal-entendidos históricos ou reduzir as ambiguidades que, inevitavelmente, acompanham todo tipo de tradução.

PREFÁCIO

ISTA: International School of Theatre Anthropology
Eugenio Barba

Todo pesquisador está acostumado com as homonímias parciais e não as confunde com as homologias. Ao lado da antropologia cultural, por exemplo, encontramos várias outras disciplinas, como a antropologia criminal, a antropologia filosófica, a antropologia física, a paleoantropologia. Em cada apresentação da ISTA, enfatizamos e repetimos que o termo "antropologia" não é usado no sentido da antropologia cultural, mas é um novo campo de estudos aplicado ao ser humano em uma situação de representação organizada.

A única afinidade que ela tem com a antropologia cultural é o questionamento do que é "evidente" (a própria tradição). Isso implica um deslocamento, uma viagem, uma estratégia do *détour* que permite compreender a própria cultura de modo mais preciso. Quando nos confrontamos com o que parece estrangeiro, nosso olhar é educado a se tornar participante e destacado.

Então não deveria haver equívocos: a antropologia teatral não se ocupa daqueles níveis de organização que permitem aplicar os paradigmas da antropologia cultural ao teatro e à dança. Não é o estudo dos fenômenos espetaculares naquelas culturas que tradicionalmente são objeto de estudo dos antropólogos. E a antropologia teatral também não deve ser confundida com a antropologia do espetáculo.

Mais uma vez: a antropologia teatral é o estudo do comportamento do ser humano que utiliza sua presença física e mental em uma situação de representação organizada segundo princípios que são diferentes daqueles da vida cotidiana. Essa utilização extracotidiana do corpo é o que se chama de técnica.

Uma análise transcultural do teatro mostra que o trabalho do ator é o resultado da fusão de três aspectos relativos a três diferentes níveis de organização:

1. A personalidade do ator, sua sensibilidade, sua inteligência artística, sua pessoa social, características que o tornam único e irrepetível;
2. A particularidade das tradições e do contexto histórico-cultural através do qual a irrepetível personalidade de um ator se manifesta;
3. A utilização da fisiologia segundo técnicas do corpo extracotidianas. Nessas técnicas, encontram-se princípios recorrentes e transculturais. Esses princípios constituem o que a antropologia teatral define como o campo da pré-expressividade.

O primeiro aspecto é individual. O segundo é comum a todos os que pertencem ao mesmo gênero de espetáculo. Apenas o terceiro diz respeito a todos os atores, independentemente da época ou da cultura: pode ser chamado de nível "biológico" do teatro. Os primeiros dois aspectos determinam a passagem da pré-expressividade à expressão. O terceiro é o núcleo que não varia, por detrás das diferentes variantes individuais, estilísticas ou culturais.

Os princípios recorrentes no nível "biológico" do teatro permitem a existência das diferentes técnicas do ator-dançarino, ou seja, a utilização particular de sua presença cênica e de seu dinamismo.

Esses princípios, aplicados a certos fatores fisiológicos (peso, equilíbrio, posição da coluna vertebral, direção do olhar), produzem tensões orgânicas pré-expressivas. Essas novas tensões geram uma qualidade de energia que é diferente, tornam o corpo teatralmente "decidido", "vivo", manifestam a "presença" do ator, seu *bios* cênico, atraindo a atenção do espectador *antes* do surgimento de qualquer expressão corporal. Trata-se, obviamente, de um *antes* lógico, não cronológico. Os diferentes níveis de organização, para o espectador e no espetáculo, são inseparáveis. Só podem ser separados através da abstração, em um contexto de pesquisa analítica e durante o trabalho técnico de composição feito pelo ator-dançarino.

O campo de trabalho da ISTA é o estudo dos princípios dessa utilização extracotidiana do corpo e da sua aplicação no trabalho criativo do ator e do dançarino. Isso gera uma ampliação dos conhecimentos que tem consequências imediatas no plano prático profissional. Em geral, a transmissão das experiências começa com a assimilação de um saber técnico: o ator aprende e personaliza. O conhecimento dos princípios que governam o *bios* cênico pode tornar isso possível para quem deseja *aprender a aprender*, e não apenas aprender uma técnica. Isso tem uma importância enorme para quem escolhe uma técnica especializada ou se vê obrigado a superar os seus limites.

A teatrologia ocidental geralmente privilegiou as teorias e as utopias, descuidando da abordagem empírica da problemática do ator. A ISTA dirige sua atenção para esse "território empírico" visando superar as especializações disciplinares, técnicas e estéticas. Não se trata de compreender a técnica, e sim os *segredos da técnica*, que é preciso possuir para superá-la.

INTRODUÇÃO

Antropologia Teatral
Eugenio Barba

Que direções um ator ou um dançarino pode tomar para construir as bases materiais de sua arte? Essa é a pergunta que a antropologia teatral tenta responder. Então ela não vai responder nem à necessidade de analisar cientificamente em que consiste a "linguagem do ator" nem à pergunta fundamental para quem faz teatro ou dança: como se tornar um *bom* ator ou um *bom* dançarino?

A antropologia teatral não busca princípios universalmente verdadeiros, mas indicações *úteis*. Não tem a humildade de uma ciência, e sim a ambição de identificar os conhecimentos úteis à ação do ator-dançarino. Não quer descobrir "leis", e sim estudar regras de comportamento.

Originalmente, o termo "antropologia" era compreendido como o estudo do comportamento do homem, não só no nível sociocultural, mas também no nível fisiológico. A antropologia teatral, consequentemente, estuda o comportamento fisiológico e sociocultural do homem em uma situação de representação.

Princípios semelhantes e espetáculos diferentes

Vários atores e dançarinos, de lugares e épocas distintas e independentemente das formas estilísticas de suas próprias tradições, compartilharam princípios semelhantes. A primeira tarefa da antropologia teatral é rastrear esses princípios-que-retornam.

Os princípios-que-retornam não provam a existência de uma "ciência do teatro" ou de algumas leis universais. São apenas "conselhos particularmente bons", indicações que têm uma grande chance de se tornarem úteis para a prática cênica.

Os "bons conselhos" têm essa particularidade: podem ser seguidos ou ignorados. Não são taxativos como as leis: podem ser respeitados com exatidão para depois serem infringidos e superados – talvez essa seja a melhor maneira de utilizá-los.

O ator ocidental contemporâneo não possui um repertório orgânico de conselhos para se apoiar e se orientar. Normalmente, seu ponto de partida é um texto ou as indicações de um diretor. Mas ficam faltando aquelas regras de ação que, sem restringir sua liberdade artística, o ajudam em sua tarefa. Já o ator tradicional do Oriente, ao contrário, se baseia num corpo orgânico que já experimentou "conselhos absolutos", ou seja, regras artísticas que mais se parecem com as leis de um código. Essas regras codificam um estilo de ação, fechado em si mesmo, e ao qual todos os atores daquele gênero devem se adequar.

O ator que se move dentro de uma rede cheia de regras codificadas vai ter, naturalmente, uma liberdade artística maior que a de quem é prisioneiro do arbítrio e da falta de regras – como o ator ocidental. Só que o ator oriental paga essa "liberdade maior" com uma especialização que lhe oferece menos possibilidades de sair dos territórios conhecidos. Além disso, parece que esse conjunto de regras precisas e úteis para os atores só pode existir se elas realmente forem regras absolutas, fechadas às influências de experiências e tradições externas. Praticamente, nenhum mestre de teatro oriental deixa seus alunos se envolverem com formas de espetáculo diferentes das que praticam. Às vezes pedem que nem vejam outras formas de teatro ou dança. Afirmam que é desse modo que se preserva a pureza do estilo do ator-dançarino e que se demonstra a total dedicação à própria arte.

Tudo isso acontece como se as regras do comportamento teatral se sentissem ameaçadas por sua própria e evidente relatividade, quase como se sofressem por não serem leis de verdade. Esse mecanismo de defesa, pelo menos, tem o mérito de evitar a tendência

[1-6] Princípios semelhantes e espetáculos diferentes: 1. dançarino asteca; 2. menestrel europeu da Idade Média; 3. dançarina balinesa; 4. ator japonês de Kabuki; 5. dançarina indiana de Odissi; 6. dançarina de balé clássico. Os princípios que, nas várias culturas, regulam o comportamento cênico dos atores-dançarinos são semelhantes, mas os espetáculos são diferentes.

patológica que, normalmente, resulta da consciência da relatividade das regras: a total falta de regras e o arbítrio.

Desse modo, assim como um ator Kabuki pode ignorar os melhores "segredos" do Nô, é sintomático que Étienne Decroux – que talvez tenha sido o único mestre europeu a elaborar um conjunto de regras comparáveis ao de uma tradição oriental – tente fazer com que seus alunos se fechem rigorosamente a outras formas cênicas diferentes das suas. No caso de Decroux, assim como no caso dos mestres orientais, não se trata de limitação mental, e muito menos de intolerância. Trata-se de ter consciência de que tanto as bases de um ator quanto seus princípios de partida devem ser defendidos como seu bem mais precioso, um bem que seria imediatamente poluído e destruído pelo sincretismo, e que deve ser preservado mesmo correndo o risco do isolamento.

O risco do isolamento consiste em pagar a pureza com a esterilidade. Os mestres que trancam seus alunos numa fortaleza de regras que, para serem fortes, fingem ignorar sua própria relatividade e a utilidade das comparações, certamente preservam a qualidade de sua própria arte, mas ameaçam seu futuro.

Um teatro, porém, pode se abrir às experiências de outros teatros para reencontrar princípios semelhantes a partir dos quais transmitir suas próprias experiências, e não para misturar diversas maneiras de fazer espetáculos. Nesse caso, a abertura à diversidade não significaria, necessariamente, cair no sincretismo e na confusão das línguas. De um lado, evitar-se-ia o risco do isolamento estéril, do outro, o risco de uma abertura a qualquer preço que degeneraria na promiscuidade. Pensar em uma base pedagógica comum, ainda que apenas de forma teórica e abstrata, não significa, na realidade, pensar em um modo comum de fazer teatro. "As artes" – disse Decroux – "são parecidas em seus princípios, não em suas obras." Poderíamos acrescentar: os teatros se parecem em seus princípios, e não em seus espetáculos.

A antropologia teatral quer estudar esses princípios: não as profundas e hipotéticas razões dessas semelhanças, mas sua possível utilização. Fazendo isso, sabe que presta um serviço tanto ao homem ocidental como ao homem oriental, tanto a quem possui uma tradição codificada como a quem sofre sua falta, tanto a quem é atingido pela degeneração como a quem é ameaçado pela pureza.

Lokadharmi e natyadharmi

"Nós temos duas palavras" – me disse Sanjukta Panigrahi, dançarina indiana de Odissi – "para indicar o comportamento do homem: uma, *lokadharmi*, indica o comportamento (*dharmi*) das pessoas comuns (*loka*); a outra, *natyadharmi*, indica o comportamento do homem na dança (*natya*)."

Durante os últimos anos, visitei inúmeros mestres de teatros diferentes. Colaborei com alguns deles por muito tempo. O objetivo da minha investigação não era estudar o que caracterizava as diferentes tradições ou o que tornava suas artes únicas, mas estudar o que tinham em comum com outras formas de arte do Oriente e do Ocidente. O que no início era uma investigação pessoal praticamente isolada, lentamente se tornou a investigação de um grupo de pessoas que envolve homens de ciência, estudiosos de teatro ocidentais e asiáticos, artistas que pertencem a diversas tradições. A estes últimos, de modo especial, vai minha gratidão: sua colaboração caracterizou-se por uma particular forma de generosidade que quebrou as barreiras da discrição para revelar os "segredos" e, quase, as intimidades de seu ofício. Uma generosidade que, em certas circunstâncias, virou uma forma calculada de medo no momento em que eles, artistas que pareciam os fiéis sacerdotes de uma tradição imutável, se colocaram em situações de trabalho que os obrigava a buscar algo novo e que acabou revelando uma inesperada curiosidade pela experimentação.

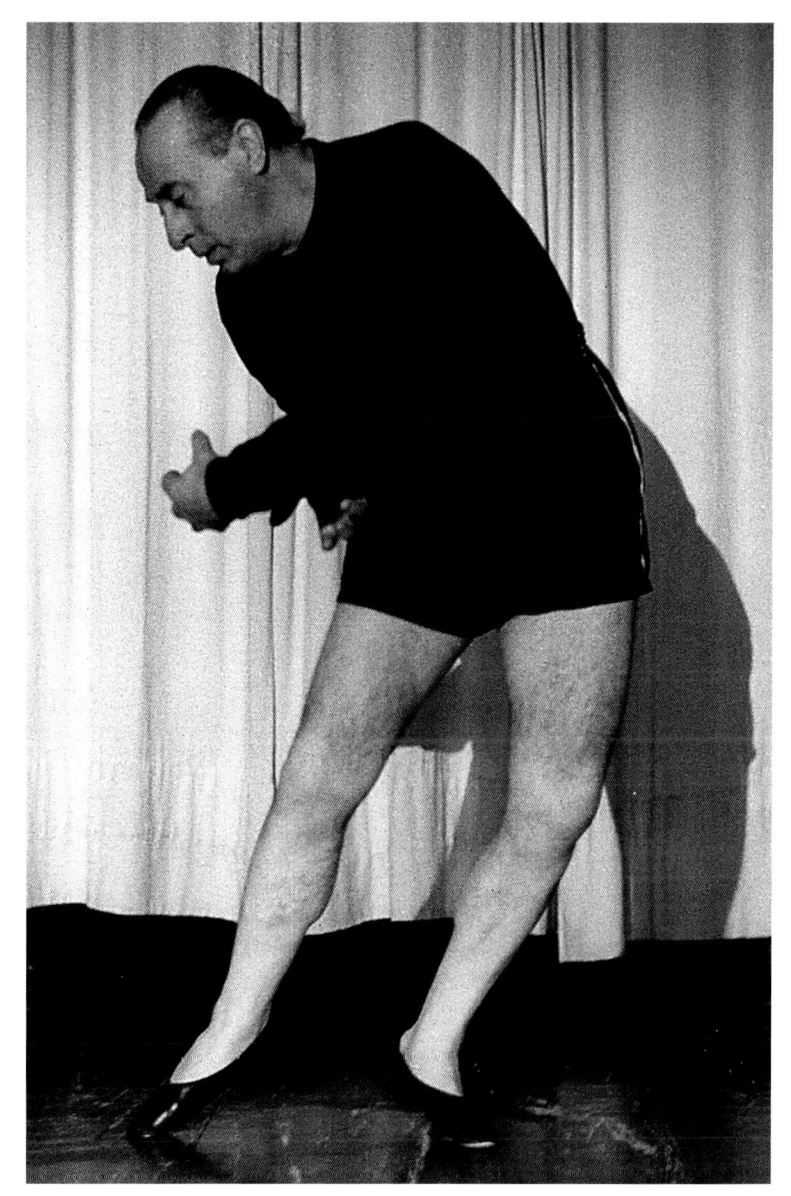

[7] Étienne Decroux (1898-1991), fundador do mimo moderno.

Certos atores ocidentais e orientais possuem uma qualidade de presença que impacta o espectador imediatamente, obrigando-o a olhá-los. Isso acontece mesmo quando fazem uma demonstração técnica, fria. Em situações desse tipo, os atores não expressam nada; no entanto, neles existe uma espécie de núcleo de energia, como se fosse uma irradiação sugestiva e sábia, ainda que não premeditada, que captura nossos sentidos. Durante muito tempo achei que fosse uma "força" particular do ator, adquirida após anos e anos de experiência e de trabalho, uma qualidade técnica especial. Mas o que chamamos de "técnica" é uma utilização específica do nosso corpo.

A maneira como utilizamos nosso corpo na vida cotidiana é substancialmente diferente daquela como o utilizamos em situações de "representação". No nível cotidiano, temos uma técnica do corpo que está condicionada por nossa cultura, por nossa condição social, por nosso ofício. Mas numa situação de "representação", existe

[8-10] *Lokadharmi*: (**à esquerda**) comportamento cotidiano de uma mulher indiana que se embeleza (pintura do século XI d.C.); *Natyadharmi*: (**no centro**) comportamento extracotidiano da dançarina de Odissi Sanjukta Panigrahi e (**à direita**) de um *onnagata* (papel do ator que interpreta os papéis femininos no Kabuki japonês): ambos em "cenas com espelho".

uma utilização do corpo, uma técnica do corpo, que é totalmente diferente. Então é possível distinguir uma técnica cotidiana de uma técnica extracotidiana.

As técnicas cotidianas não são conscientes: nos movemos, nos sentamos, carregamos peso, beijamos, indicamos, concordamos e negamos com gestos que acreditamos ser "naturais", mas que, ao contrário, são culturalmente determinados. As diversas culturas ensinam técnicas do corpo que são diferentes, e isso depende se as pessoas caminham ou não de sapatos, se carregam pesos na mão ou em cima da cabeça, se beijam com a boca ou com o nariz. O primeiro passo para descobrir quais podem ser os princípios do *bios* cênico do ator e do dançarino, a sua "vida", consiste, então, em compreender que as técnicas cotidianas do corpo se contrapõem às técnicas extracotidianas, ou seja, às técnicas que não respeitam os habituais condicionamentos do uso do corpo.

Quem se coloca em uma situação de representação recorre a essas técnicas extracotidianas.

Muitas vezes, no Ocidente, não é óbvia ou consciente a distância que separa as técnicas cotidianas do corpo das técnicas extracotidianas que caracterizam o comportamento do homem no teatro. Na Índia é o contrário, essa diferença é evidente, confirmada pela nomenclatura: *lokadharmi* e *natyadharmi*.

As técnicas cotidianas do corpo são geralmente caracterizadas pelo princípio do menor esforço: ou seja, obter o máximo resultado com o menor uso de energia. Mas com as técnicas extracotidianas do corpo acontece exatamente o contrário, elas estão baseadas no desperdício de energia. Às vezes parecem até sugerir um princípio especular com relação ao que caracteriza as técnicas cotidianas do corpo: o princípio do máximo uso de energia para obter um resultado mínimo.

Quando estava no Japão com o Odin Teatret, eu me perguntava o que significava a expressão com a qual os espectadores agradeciam os atores no final do espetáculo: *otsukarásama*. O significado exato dessa expressão – uma das inúmeras fórmulas que a etiqueta japonesa permite e que é particularmente indicada aos atores – é: "você está cansado". O ator que causou interesse ou impressionou o espectador está cansado porque não economizou suas energias, e lhe agradecem por isso.

Mas o desperdício, o uso excessivo de energia, não é suficiente para explicar a força que caracteriza a "vida" do ator e do dançarino, seu *bios* cênico. A diferença entre essa "vida" e a vitalidade de um acrobata é óbvia, assim como é óbvia a diferença entre a vida de outras formas de teatro e dança e alguns momentos de máximo virtuosismo da Ópera de Pequim. Nesses casos, os acrobatas, os dançarinos e os atores nos mostram um "outro corpo", um corpo que usa técnicas muito diferentes das técnicas cotidianas, tão diferentes que aparentemente perdem qualquer contato com elas. Não se trata mais de técnicas extracotidianas, mas simplesmente de "outras técnicas". Nesse caso, não há mais a tensão do distanciamento, não há mais aquela espécie de "energia elástica" que caracteriza as técnicas extracotidianas quando elas se contrapõem às técnicas cotidianas. Em outras palavras, não há mais relação dialética, apenas distância: só a inacessibilidade de um corpo virtuoso.

As técnicas cotidianas do corpo visam à comunicação, as técnicas do virtuosismo visam à maravilha e à transformação do corpo. Já as técnicas extracotidianas visam à informação: elas literalmente *colocam-em-forma* o corpo. É nisso que consiste a diferença essencial que as separa das técnicas que, ao contrário, "trans-formam" o corpo.

O equilíbrio em ação

A constatação de uma qualidade particular da presença cênica nos levou a perceber a distinção entre técnicas cotidianas, técnicas do virtuosismo e técnicas extracotidianas do corpo. Essas últimas estão relacionadas à "vida" do ator e do dançarino. *Elas caracterizam essa "vida" antes mesmo que ela comece a representar ou expressar algo*.

Um ocidental não aceita facilmente a afirmação anterior. Será que existe um nível da arte do ator no qual ele está vivo, presente, mesmo sem representar nada ou sem ter nenhum significado?

Talvez só quem conheça bem o teatro japonês possa aceitar essa afirmação e considerá-la normal. Sendo assim, é justo que seja um japonês a nos fornecer um exemplo extremo, embora evidente, de como a vida do ator pode existir sem que ele tenha que representar nada: basta ele se limitar a estar fortemente presente. No entanto, para um ator, "estar fortemente presente" sem representar nada vida e da energia do ator. Os especialistas dizem que é mais difícil ser *kokken* do que ator.

Esses exemplos mostram que existe um nível no qual as técnicas extracotidianas do corpo referem-se à energia do ator em seu estado puro, ou melhor, em seu nível pré-expressivo. Às vezes, no teatro clássico japonês, esse nível é completamente revelado. Em todo caso, está sempre presente no ator: é a própria base de sua vida cênica, de seu *bios*.

Falar da "energia" do ator-dançarino significa usar um termo que pode levar a milhares de mal-entendidos. Para nós, a palavra "energia" deve possuir significados muito concretos. Etimologicamente, significa "estar agindo", "estar trabalhando". Então, como é que o corpo do ator-dançarino começa a trabalhar em um nível pré-expressivo? Que outras palavras poderiam substituir a palavra "energia"?

A pessoa que fosse traduzir os princípios dos atores-dançarinos orientais em uma língua europeia usaria palavras como "energia", "vida", "força" e "espírito" para traduzir os termos japoneses *ki-ai*, *kokoro*, *io-in* e *koshi*; os balineses *taksu*, *virasa*, *chikara* e *bayu*; os chineses *kung-fu* e *shun toeng*; e os indianos *prana* e *shakti*. A imprecisão das traduções esconde, por trás de grandes palavras, as indicações práticas dos princípios da vida do ator-dançarino.

Tentei percorrer o caminho no sentido inverso. Perguntei a alguns mestres de teatros orientais se, em sua língua de trabalho, havia palavras que traduzissem nosso termo "energia": "Dizemos que um ator tem ou não tem *koshi* para indicar que tem ou não tem a

[11] Técnicas virtuosas: atores acrobatas da Ópera de Pequim.

é um oximoro, uma contradição em si, já que o ator, pelo simples fato de estar diante dos espectadores, parece ser obrigado a representar algo ou alguém. É assim que Moriaki Watanabe define o oximoro do ator de presença pura: trata-se de um ator que representa a própria ausência. Parece uma brincadeira do pensamento, mas, na verdade, é um aspecto fundamental do teatro japonês.

Nos teatros Nô, Kabuki e Kyogen, Watanabe identifica uma figura intermediária entre duas outras que, tanto no Ocidente quanto no teatro moderno japonês, parecem esgotar a figura do ator: sua identidade real e sua identidade fictícia. No teatro Nô, por exemplo, o segundo ator, o *waki*, representa frequentemente o próprio não ser, ou seja, ele se ausenta da ação. Usa uma complexa técnica extracotidiana do corpo que não deve servir para ele se expressar, mas para "mostrar sua capacidade de não expressar". Essa negação artisticamente elaborada também pode ser encontrada naquela passagem do Nô em que o personagem principal – o *shite* – deve desaparecer. O ator, já despido de seu personagem, mas nem por isso reduzido à sua identidade cotidiana, se afasta dos espectadores sem querer expressar nada, mas com a mesma energia que caracteriza os movimentos expressivos.

Até mesmo os *kokken*, os homens vestidos de preto que auxiliam o ator em cena tanto no teatro Nô quanto no Kabuki, são chamados a "interpretar a ausência". Sua presença, que não expressa nem representa, se conecta diretamente com as fontes da

[12] Ator Nô japonês: um corpo fictício.

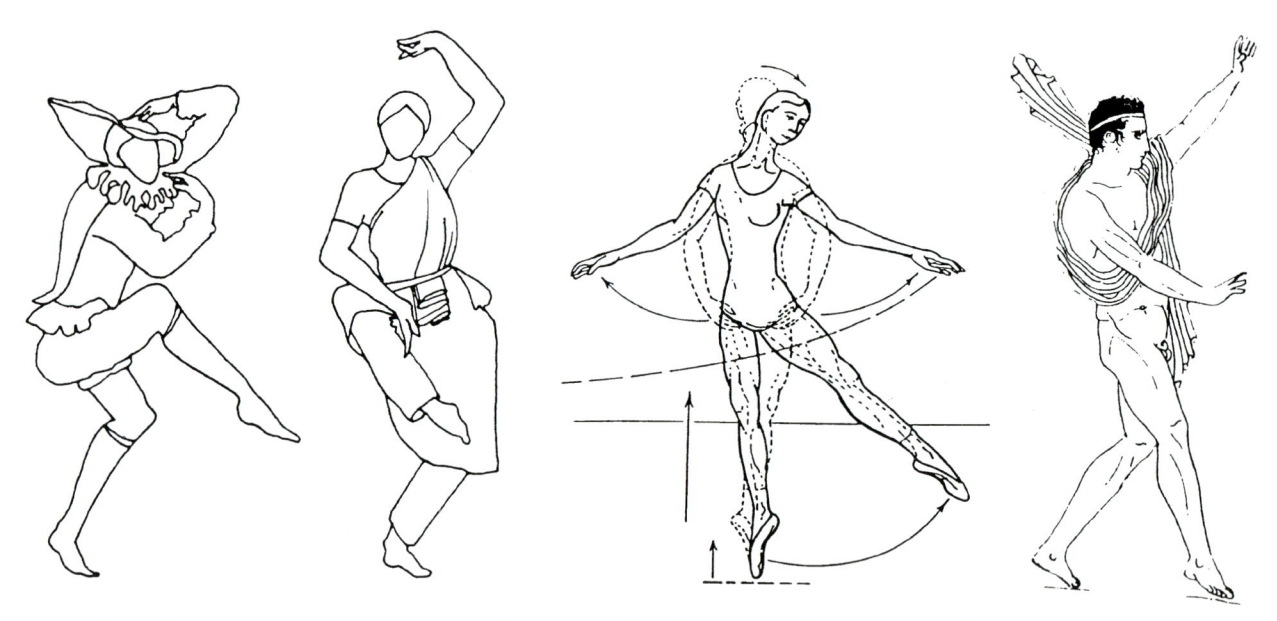

[13-16] Alteração do equilíbrio: (**da esquerda para a direita**) ator da Commedia dell'Arte italiana; dançarina indiana de Odissi; dançarina de balé clássico; dançarino da Antiga Grécia durante uma procissão dedicada a Dionísio.

energia certa no trabalho", responde Sawamura Sojurô, ator Kabuki. Mas *koshi*, em japonês, não indica um conceito abstrato, e sim uma parte bem precisa do corpo: o quadril. Dizer "você tem *koshi*, você não tem *koshi*" significa dizer "você tem quadril, você não tem quadril". Mas o que significa, para um ator, não ter quadril?

Quando caminhamos usando as técnicas cotidianas do corpo, o quadril segue o movimento das pernas. Nas técnicas extracotidianas do ator Kabuki e do ator Nô, ao contrário, o quadril deve permanecer imóvel. Para bloquear o quadril enquanto se caminha, é necessário dobrar levemente os joelhos e usar o tronco como se fosse um bloco único; assim, a coluna vertebral acaba fazendo pressão para baixo. Desse modo, criam-se duas tensões diferentes na parte inferior e na parte superior do corpo, que obrigam a pessoa a encontrar um novo equilíbrio. Não se trata de uma escolha estilística, e sim de um meio para ativar a vida do ator. Só num segundo momento torna-se uma característica particular de estilo.

A vida do ator e do dançarino, na verdade, está baseada numa alteração do equilíbrio. Quando estamos na posição ereta, nunca ficamos imóveis. Mesmo quando parecemos imóveis, fazemos minúsculos movimentos com os quais deslocamos nosso peso. Trata-se de uma série de ajustes contínuos nos quais o peso pressiona incessantemente ora a parte anterior do pé, ora a parte posterior, ora seu lado direito, ora seu lado esquerdo. Esses movimentos também acontecem na mais absoluta imobilidade: às vezes são menores, às vezes são maiores, às vezes são mais controlados e às vezes menos. Tudo depende de nossas condições físicas, da idade, do ofício. Há laboratórios científicos especializados em medir o equilíbrio através da medição dos vários tipos de pressão que os pés fazem sobre o solo: o resultado são diagramas nos quais podemos ler quantos movimentos complicados e trabalhosos são feitos por uma pessoa ao tentar ficar parada. Foram realizados experimentos com atores profissionais. Quando lhes pedem para imaginar que estão carregando um peso, que estão caminhando, correndo ou saltando, vemos que basta a sua imaginação para que, na mesma hora, tenham seu equilíbrio alterado. Mas quando pedem a mesma coisa para uma pessoa normal, vemos que não resulta nenhuma alteração de equilíbrio nos diagramas. Para elas, a imaginação continua sendo apenas um exercício mental.

Tudo isso pode dizer muito sobre o equilíbrio e a relação entre processos mentais e tensões musculares. Mas não diz nada de novo sobre o ator-dançarino. Na verdade, dizer que um ator está acostumado a controlar a própria presença física e a traduzir imagens mentais em impulsos físicos e vocais significa, simplesmente, dizer que um ator é um ator. Mas os novelos dos micromovimentos revelados pelos laboratórios científicos onde medem o equilíbrio nos dão outra pista: esses micromovimentos são como um núcleo que, mesmo escondido nas profundezas das técnicas cotidianas do corpo, pode ser modelado e amplificado para potencializar a presença do ator-dançarino, ou seja, para se transformar na base de suas técnicas extracotidianas.

Quem viu um espetáculo de Marcel Marceau certamente parou um instante para reparar no estranho destino daquele mímico que é visto no palco por pouquíssimos segundos, entre um número e outro, segurando um cartaz que anuncia o título do próximo número de Marceau. Tudo bem – a pessoa diz a si mesma – um espetáculo de mímica quer ser mudo e até os anúncios, para não quebrar o silêncio, devem ser mudos. Mas por que usar um mímico, um ator, como porta-cartazes? Isso não significa bloqueá-lo numa situação desesperadora em que, literalmente, ele não pode fazer nada? Um desses primeiros mímicos, Pierre Verry, que durante muito tempo foi quem apresentou os cartazes dos números de Marceau, um dia contou como tentava alcançar o máximo da presença cênica no breve instante em que aparecia no palco sem precisar – e sem poder – fazer nada. Ele disse que sua única possibilidade era fazer com que a posição de segurar o cartaz no alto fosse o mais forte e viva possível. Para obter esse resultado nos poucos segundos em que aparecia, ele tinha que se concentrar muito tempo para alcançar um "equilíbrio instável". Assim, sua imobilidade se tornava uma imobilidade dinâmica, e não estática. Não tendo outra coisa para fazer, Pierre Verry era obrigado a se reduzir ao essencial, e descobria o essencial na alteração do equilíbrio.

As posições de base das formas de teatro e dança orientais são outros exemplos de uma distorção consciente e controlada do equilíbrio. O mesmo pode ser dito sobre as posições de base

[17-18] Étienne Decroux: "O mimo é um retrato do trabalho".

da dança clássica europeia e sobre o sistema do *mimo*[1] de Decroux, abandonar a técnica cotidiana do equilíbrio e buscar um "equilíbrio de luxo" que dilata as tensões sobre as quais o corpo se rege. Para obter esse resultado, atores e dançarinos das diferentes tradições orientais deformam a posição das pernas e dos joelhos, apoiam os pés no chão de outra maneira ou reduzem a distância entre um pé e outro, restringindo a base e tornando o equilíbrio precário.

"Toda a técnica da dança" – diz Sanjukta Panigrahi ao falar da dança clássica indiana Odissi, mas também indicando um princípio geral para a vida do ator e do dançarino – "é baseada na divisão do corpo em duas metades iguais, segundo uma linha que o atravessa verticalmente, e na subdivisão desigual do peso, que ora está de um lado, ora de outro." Isso significa que a dança amplifica aqueles minúsculos e contínuos deslocamentos de peso com os quais nos regemos de pé – como se os colocasse em um microscópio – e que os laboratórios especializados na medição do equilíbrio revelam por meio de complicados diagramas.

É essa *dança do equilíbrio* que os atores e os dançarinos revelam nos princípios fundamentais de todas as formas de teatro.

A dança das oposições

O leitor não vai se surpreender se eu falar indiferentemente de "ator" ou "dançarino", assim como eu passo, com certa indiferença, de Oriente a Ocidente e vice-versa. Os princípios de vida que estamos buscando não levam absolutamente em conta as nossas distinções entre o que definimos teatro, mimo ou dança. Por outro lado, essas distinções também são instáveis para nós. Gordon Craig, após ter ironizado sobre as imagens delirantes que os críticos utilizaram para descrever o particular modo de caminhar do grande ator inglês Henry Irving, acrescenta com simplicidade: "Irving não caminhava no palco, ele dançava". O mesmo "deslocamento" do teatro à dança foi usado com relação a Meyerhold, mas dessa vez em sentido negativo, para desvalorizar suas investigações: diante de seu *Don Juan*, algumas pessoas escreveram que não se tratava de um teatro de verdade, mas de um balé.

A rígida distinção entre teatro e dança, que é típica da nossa cultura, revela uma profunda ferida, um vazio de tradição que está sempre correndo o risco de atrair o ator para o mutismo do corpo e o dançarino para o virtuosismo. Essa distinção soaria absurda para um artista oriental, assim como soaria absurda para artistas europeus de outras épocas históricas: como um bufão ou menestrel da Idade Média ou como um comediante do século XVI. Podemos perguntar a um ator Nô ou a um ator Kabuki como ele traduziria, em sua língua de trabalho, a palavra "energia", mas ele balançaria a cabeça se lhe pedíssemos para traduzir a rígida distinção entre dança e teatro.

"Energia" – já dizia Sawamura Sojurô, o ator Kabuki – "poderia ser traduzida como *koshi*." E nos conta Hideo Kanze, o ator Nô: "Meu pai nunca dizia 'use mais *koshi*', mas ele ensinava o que isso queria dizer enquanto me fazia caminhar e me segurava pelo quadril". Para vencer a resistência, o tronco é obrigado a se dobrar um pouquinho para frente, os joelhos se flexionam, os pés fazem pressão sobre o chão e deslizam, em vez de se levantarem para dar um passo normal: o resultado é a caminhada de base do Nô. A energia como *koshi* não se revela como o resultado de uma alteração do equilíbrio simples e mecânica, e sim como o resultado de uma tensão entre forças contrapostas.

Mannojô Nomura, um ator Kyogen, recordava o que diziam os atores Nô da escola Kita: o ator deve imaginar que sobre sua cabeça existe um círculo de ferro que o puxa para cima, e ele tem que opor resistência a esse círculo para continuar com seus pés no chão.

---

[1] Em italiano, a palavra *mimo* (do grego *mimos*: imitação) indica a "arte do mimo" e também o intérprete que a pratica. Essa arte possui várias tendências: o *mimodrama*, de Marceau; o *mimo dançado*, de Tomaszewski; o *mimo corporal*, que deriva das experiências de Copeau e Decroux. Difere da *pantomima*, que acabou reduzida a um espetáculo de gestos. No Brasil, o termo *mimo* é normalmente traduzido como "mímico" e "mímica" para designar, respectivamente, o intérprete e sua arte. No entanto, para ser fiel à terminologia adotada por Decroux – que será citado inúmeras vezes ao longo deste livro e nunca falou em *mimique corporel*, tanto que intitulou seu livro *Paroles sur le Mime* –, adotei a tradução em português *mimo*, também correta. Com isso, evitam-se eventuais mal-entendidos que poderiam levar a uma interpretação do termo como algo também ligado às expressões faciais, à psicologia dos personagens ou à contação de histórias por gestos. O enfoque, aqui, são as ações físicas. Para mais esclarecimentos sobre os termos "mímica", "mimo" e "pantomima", sugiro: Patrice Pavis, *Dicionário de Teatro*. São Paulo, Perspectiva, 2007, p. 242-44. (N.T.)

[19-23] Dança das oposições: (**primeira fileira, à esquerda**) Henry Irving (1838-1905) interpretando o papel do Cardeal Wolsey em *Henrique VIII* de Shakespeare; (**primeira fileira, no centro**) Kanichi Hanayagi em *Yashima*; (**primeira fileira, à direita**) o ator Kabuki Ichikawa Danjuro I (1660-1704); (**segunda fileira, à esquerda**) V. E. Meyerhold (1874-1939) como ator em *Acrobatas*, de F. Shentan; (**segunda fileira, à direita**) Thomas Leabhart em *A Little Thing*.

O termo japonês para designar essas forças contrapostas é *hippari hai*, que significa: puxar em sua direção alguém que, por sua vez, faz o mesmo com você. No corpo do ator, o *hippari hai* acontece entre o que está em cima e o que está embaixo, entre o que está na frente e o que está atrás. Mas também existe um *hippari hai* entre o ator e a orquestra: na verdade, eles não avançam uníssonos, mas buscam se afastar um do outro, surpreendendo-se respectivamente, um rompendo com o tempo do outro, ainda que sem se afastar, até perder o contato e o vínculo particular que os opõe.

Nesse sentido, expandindo o conceito, poderíamos dizer que as técnicas extracotidianas do corpo estão numa relação *hippari hai* – de tradição antagonista – com as técnicas de uso cotidiano do corpo. De fato, vimos que, apesar das técnicas extracotidianas serem diferentes das técnicas cotidianas, a tensão entre elas é mantida sem que se tornem isoladas e separadas.

Um dos princípios pelos quais o corpo do ator e do dançarino revela sua vida ao espectador, numa tensão de forças contrapostas, é o *princípio da oposição*. Em torno desse princípio, que, obviamente, também pertence à experiência de atores e dançarinos ocidentais, as tradições codificadas do Oriente edificaram vários sistemas de composição.

Na Ópera de Pequim, todo o sistema codificado dos movimentos do ator se baseia no princípio pelo qual cada movimento deve começar na direção oposta à qual se dirige. Todas as formas de dança balinesa são construídas através da composição de uma série de oposições entre *keras* e *manis*. *Keras* significa forte, duro, vigoroso; *manis* significa delicado, macio, suave. Os termos *manis* e *keras* podem ser aplicados a diversos movimentos, às posições de várias partes do corpo em uma dança, aos movimentos sucessivos de uma mesma dança. Essa relação é claramente visível nas posições de base da dança balinesa, que aos olhos de um ocidental podem parecer bizarras e fortemente estilizadas. Elas são o resultado de uma contínua alternância das partes do corpo em posições *keras* e partes do corpo em posição *manis*.

A dança das oposições caracteriza a vida do ator e do dançarino em diferentes níveis. Mas em geral, na busca dessa dança, o ator-dançarino tem uma bússola para se orientar: o incômodo/o mal-estar. "*Le mime est à l'aise dans le malaise*" [O mimo está confortável

INTRODUÇÃO

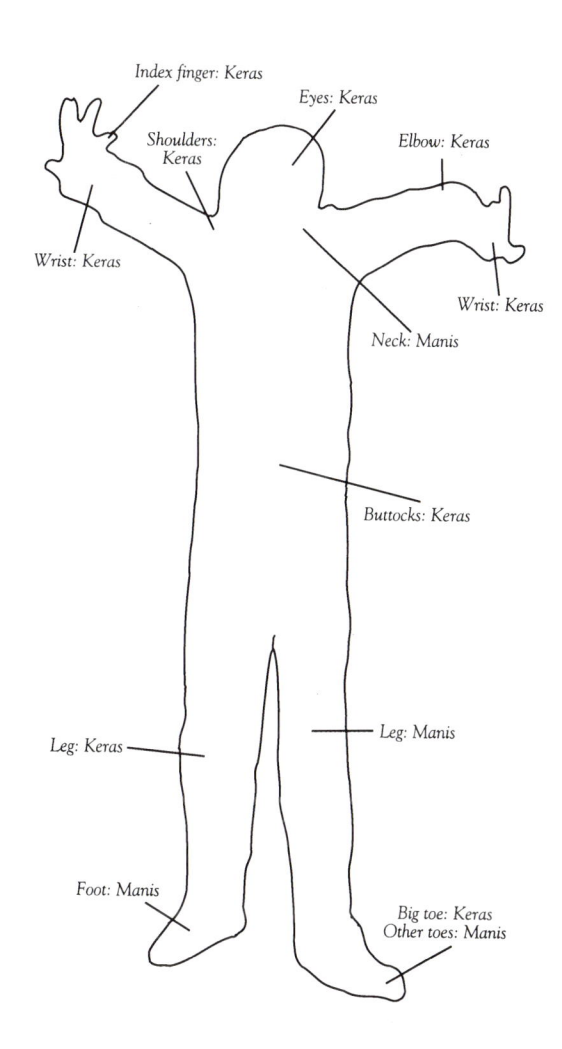

[24-25] Os princípios de *keras* e *manis* (forte e doce) em uma posição de dança balinesa ilustrada pela pequena Jas, filha do dançarino e mestre I Made Pasek Tempo.

no desconforto], afirma Decroux. E essa sua máxima encontra uma série de ressonâncias nos mestres de teatro de todas as tradições. A mestre de Katsuko Azuma lhe dizia que, para verificar se uma posição estava certa, ela tinha que considerar a dor: "Se não dói, está errada". E rindo, acrescentava: "Mas se dói, não quer dizer que, necessariamente, esteja certa". A mesma coisa é repetida por Sanjukta Panigrahi, pelos mestres da Ópera de Pequim, pelos mestres do balé clássico ou das danças balinesas. Então o desconforto se torna um sistema de controle, uma espécie de radar interno que permite ao ator-dançarino se observar enquanto age. Ele não deve se observar com os olhos, mas através de uma série de percepções físicas que lhe confirmam que tensões não habituais, extracotidianas, habitam seu corpo.

Quando pergunto ao mestre balinês I Made Pasek Tempo qual é, para ele, a principal qualidade de um ator ou de um dançarino, ele responde que é o *tahan*, a capacidade de resistência. O mesmo conceito pode ser encontrado na língua de trabalho do ator chinês. Para dizer que um ator é um mestre, diz-se que ele possui *kungfu*, que literalmente significa "capacidade de aguentar firme, de resistir". Tudo isso nos leva ao que, numa língua ocidental, poderíamos indicar com a palavra "energia": a capacidade de perseverar no trabalho. E, mais uma vez, essa palavra corre o risco de se transformar numa armadilha.

Quando um ator-dançarino ocidental quer ser enérgico, quando quer usar todas as suas energias, ele começa a se mover com grande vitalidade no espaço, desenvolve grandes movimentos, muita velocidade e força muscular. Tudo isso é associado às imagens de "fadiga", de "trabalho duro". Um ator oriental (ou um grande ator ocidental) pode se cansar muito mais quando, praticamente, não se move. Sua fadiga não é determinada por um excesso de vitalidade, pelo uso de grandes movimentos, e sim pelo jogo das oposições. Seu corpo fica cheio de energia porque dentro dele existe toda uma série de potenciais diferenças que o tornam vivo, fortemente presente, inclusive nos movimentos lentos ou na aparente imobilidade.

A dança das oposições é dançada *no* corpo antes de ser dançada *com* o corpo.

É essencial compreender esse princípio da vida do ator, da sua presença cênica: energia não corresponde necessariamente a movimentos no espaço.

Nas diversas técnicas cotidianas do corpo, no *lokadharmi*, as forças que trazem vida às ações de estender ou contrair um braço ou uma perna, ou o dedo de uma das mãos, agem uma de cada vez. No *natyadharmi*, nas técnicas extracotidianas, as duas forças contrapostas (estender e contrair) estão simultaneamente em ação: ou melhor, os braços, as pernas, os dedos, as costas e o pescoço se estendem como se resistissem a uma força que os obriga a se dobrar e vice-versa.

Katsuko Azuma explica, por exemplo, quais forças estão trabalhando naquele movimento – típico tanto da dança Buyo como do Nô – em que o tronco se inclina levemente e os braços se estendem para frente numa curva delicada. Então ela fala de forças que agem no sentido contrário ao que se vê: os braços não se estendem, mas é como se apertassem uma grande caixa contra o peito. Por isso, enquanto vão para fora eles fazem pressão para dentro, assim como o tronco, que parece estar sendo empurrado para trás, opõe resistência e se dobra para frente.

[26] Sequência de uma síntese de Dario Fo: momentos de imobilidade na tensão extrema das oposições.

As virtudes da omissão

O princípio que se revela através da dança das oposições no corpo é – contra todas as aparências – um princípio que procede por eliminação. As ações são isoladas de seu contexto, por isso são reveladas.

As danças, que parecem um entrelaçamento de movimentos bem mais complexos que os da vida cotidiana, na verdade são o resultado de uma simplificação: elas compõem momentos nos quais as oposições que governam a vida do nosso corpo se manifestam em estado bruto. Isso acontece porque existe um número delimitado de forças, ou seja, de oposições, que são isoladas, amplificadas, montadas juntas ou em sucessão. Mais uma vez: trata-se de um uso antieconômico do corpo, porque nas técnicas cotidianas tudo tende a se sobrepor, economizando tempo e energia.

Quando Decroux escreve que o mimo é um "retrato do trabalho realizado pelo corpo", o que ele diz também pode ser assumido por outras tradições. Esse "retrato do trabalho do corpo" é um dos princípios que governa a vida até de quem depois o esconde, como, por exemplo, um dançarino de balé clássico, que dissimula o peso e a fadiga atrás de uma imagem de leveza e facilidade. O princípio das oposições, exatamente porque as oposições são a essência da energia, está ligado ao princípio da simplificação. Simplificação, nesse caso, significa a omissão de certos elementos para pôr outros em evidência. Esses outros elementos é que parecem ser essenciais.

Os mesmos princípios que se aplicam à vida do dançarino – cujos movimentos são obviamente tão distantes dos movimentos cotidianos – também podem ser aplicados à vida do ator, cujos movimentos parecem mais próximos do cotidiano. Na verdade, os atores podem fazer mais do que apenas omitir a complexidade do uso cotidiano do corpo para deixar aflorar a essência de seu trabalho, seu *bios*, que se manifesta através de oposições fundamentais: eles também podem omitir o prolongamento de uma ação no espaço.

Dario Fo explica como a força do movimento do ator é a consequência de algumas sínteses: seja da concentração de uma ação que usa muita energia num espaço minúsculo, seja da reprodução somente daqueles elementos essenciais de uma ação, eliminando tudo o que é considerado supérfluo. Decroux, assim como os atores-dançarinos indianos, considera o corpo limitado essencialmente ao tronco. Ele acha que os movimentos dos braços e das pernas são movimentos acessórios (ou "anedóticos") que só pertencem ao corpo se têm origem no tronco. Isso significa que podem percorrer o caminho inverso, sendo completamente absorvidos pelos movimentos do tronco. É possível falar desse processo – pelo qual se restringe o espaço da ação – como um processo de absorção da energia.

O processo de absorção da energia se desenvolve a partir do processo da amplificação das oposições, mas revela um caminho novo e diferente para identificar um daqueles princípios-que-retornam que podem se mostrar úteis para a prática cênica.

A oposição entre "uma força que empurra" para a ação e "uma força que segura" se traduz em uma série de regras que contrapõem – para usar a língua de trabalho de um ator Nô e de um ator Kabuki – uma energia utilizada no espaço a uma energia utilizada no tempo. Segundo essas regras, sete décimos da energia do ator devem ser usados no tempo e apenas três décimos no espaço. Os atores também dizem que é como se a ação não terminasse ali onde o gesto para no espaço, mas é como se ela continuasse muito mais à frente.

Tanto no Nô como no Kabuki existe a expressão *tameru*, que pode ser representada por um ideograma chinês que significa "acumular" ou por um ideograma japonês que significa "dobrar", no sentido de dobrar alguma coisa que é flexível e resistente ao mesmo tempo, como, por exemplo, uma vara de bambu. *Tameru* indica reter, conservar. Daqui vem *tamé*, a capacidade de reter as energias, de absorver, em uma ação limitada no espaço, as energias necessárias para uma ação mais ampla. Essa capacidade se torna, por antonomásia, um modo para indicar o talento do ator-dançarino em geral. Para dizer que um aluno tem ou não tem suficiente presença cênica, ou suficiente força, o mestre diz que ele tem ou não tem *tamé*.

Tudo isso pode parecer o resultado de uma codificação complicada e excessiva da arte do ator-dançarino. Na verdade, trata-se de uma experiência comum aos atores-dançarinos de várias tradições: comprimir, em movimentos limitados, as mesmas energias físicas usadas para fazer uma ação mais ampla e pesada. Por exemplo: acender um cigarro mobilizando todo o corpo, como se fosse necessário levantar um grande peso e não apenas um fósforo; acenar com o queixo e entreabrir a boca utilizando as mesmas forças usadas para morder uma coisa dura. Esse processo permite encontrar

[27] Ator Kabuki japonês e o *ikebana* criado pelas linhas essenciais de sua posição.

uma qualidade de energia que torna todo o corpo do ator teatralmente vivo até na imobilidade. Provavelmente, é por isso que as chamadas "contracenas" acabaram se tornando as grandes cenas de muitos atores famosos: obrigados a não agir, a ficar de lado, enquanto outros atores faziam a ação principal, eles eram capazes de absorver, em movimentos quase imperceptíveis, as forças de ação que lhes eram negadas. E, exatamente nesses casos, o seu *bios*, a sua presença cênica, emergia com particular força, impressionando a mente do espectador.

As contracenas não pertencem apenas à tradição do ator ocidental. Entre os séculos XVII e XVIII, Kameko Kichizaemon, um ator Kabuki, escreveu um tratado chamado *Pó nas Orelhas*, que era sobre a arte do ator. Ele diz que há espetáculos em que um único ator fica dançando, enquanto todos os outros viram de costas para o público e sentam diante dos músicos; e esses atores, que acabam ficando separados, costumam relaxar. "Eu não me relaxo" – escreve Kameko Kichizaemon –, "mas executo toda a dança na minha mente. Se eu não fizesse isso, a vista das minhas costas seria tão pouco interessante a ponto de incomodar o olhar do espectador."

As virtudes teatrais da omissão não consistem no "deixar pra lá", no indefinido, na não ação. Em cena, para o ator-dançarino, o significado da omissão é outro: é "reter", e não jogar fora, num excesso de expressividade e vitalidade, o que caracteriza sua própria presença cênica. A beleza da omissão, na verdade, é a beleza da ação indireta, da vida que se revela com o máximo de intensidade no mínimo de atividade. Mais uma vez, trata-se de um jogo de oposições, um jogo que conduz para além do nível pré-expressivo da arte do ator e do dançarino.

Entreato

Poderíamos nos perguntar se os princípios da vida do ator e do dançarino que encontramos até agora não nos afastam muito do teatro e da dança que conhecemos e praticamos no Ocidente. Poderíamos nos perguntar se são realmente bons e úteis conselhos para a prática cênica ou se, ao contrário, não são apenas uma miragem. Poderíamos nos perguntar se identificar o nível pré-expressivo da arte do ator e do dançarino não nos afasta dos vários problemas de sua arte. Será que o nível pré-expressivo não pode ser identificado apenas numa cultura teatral altamente codificada? Será que a tradição ocidental não é caracterizada pela falta de codificação e pela busca de uma expressão individual? São perguntas difíceis e que demandam empenho, não pedem respostas imediatas, mas nos convidam a uma pausa de repouso.

Então vamos falar de flores.

Se arrumamos as flores em um vaso, fazemos isso para que mostrem sua beleza, para que alegrem a vista e o olfato. Também podemos fazer com que assumam outros significados: piedade filial ou religião, amor, reconhecimento, respeito. Só que, por mais bonitas que sejam, as flores têm um defeito: mesmo arrancadas de seu contexto, continuam representando a si mesmas. Elas são como o ator de que fala Decroux: um homem condenado a se parecer com um homem, um corpo que imita um corpo. O que pode até agradar, mas não é suficiente para a arte. "Para que seja arte" – acrescenta Decroux – "é preciso que a ideia da coisa seja representada por outra coisa." Flores em um vaso não são nada mais que flores em um vaso; às vezes podem ser tema de uma obra de arte, mas nunca uma obra de arte em si.

Vamos imaginar que estamos usando flores cortadas para representar qualquer outra coisa: a luta da planta para crescer, para

[28] Ondas: *ikebana* da escola Soghetsu.

se afastar do terreno no qual suas raízes afundam cada vez mais à medida que ela cresce em direção ao céu. Vamos imaginar que queremos representar a passagem do tempo: como a planta desabrocha, cresce, murcha e morre. Se nossa tentativa der certo, as flores representarão outra coisa, e não flores, e vão compor uma obra de arte. Vamos ter feito, então, um *ikebana*.

O ideograma de *ikebana* significa "fazer viver as flores". A vida das flores, exatamente porque foi cortada e bloqueada, pode ser representada. O procedimento é claro: algo foi arrancado de suas condições normais de vida (é nesse estado que as flores se encontram quando simplesmente as arrumamos em um vaso), e aquelas condições foram substituídas e reconstruídas analogicamente por outras condições equivalentes. As flores, por exemplo, não podem agir no tempo. Não é possível representar sua ação de desabrochar e murchar em termos temporais. Mas a passagem do tempo pode ser sugerida com um paralelo no espaço. Podemos colocar lado a lado – ou seja, comparar – um botão de flor e uma flor que já desabrochou: é possível ressaltar as direções em que a planta se desenvolve, a força que a liga à terra e a força que a leva a afastar-se dela, com dois ramos que fazem pressão um contra o outro, um para cima e outro para baixo. Um terceiro ramo que se levanta, seguindo uma linha oblíqua, mostra a força resultante das duas tensões opostas. Uma composição que parece derivar de um gosto estético refinado é o resultado da análise e da dissecação de um fenômeno,

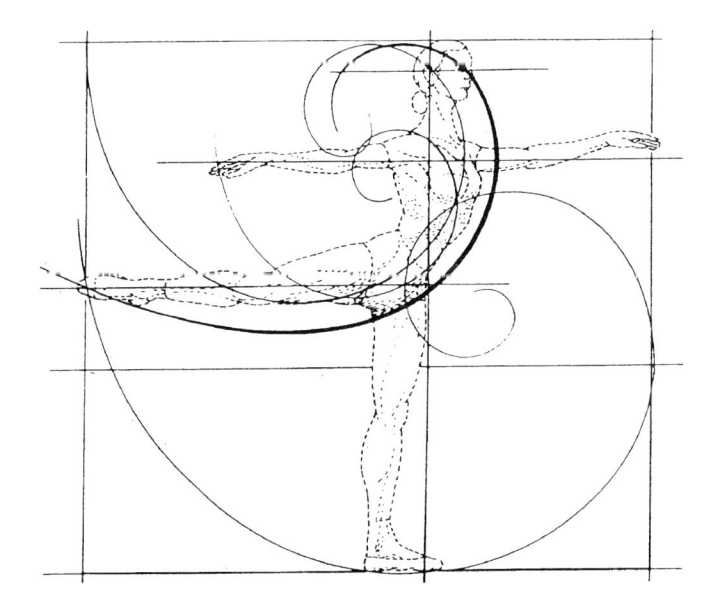

[29] Análise esquemática de um *arabesque,* uma das posições fundamentais do balé clássico, conhecida no século XVIII e codificada por Carlo Blasis.

[30] Katsuko Azuma, dançarina japonesa de Buyo, ensina uma aluna a se mover segundo o ritmo *jo-ha-kyu*.

assim como da transposição de energias que agem no tempo em linhas que se estendem no espaço.

Essa transposição abre a composição para novos significados, diferentes dos originais: eis que o ramo que vai para cima é associado ao Céu, o ramo que vai para baixo, à Terra, e o ramo central, que está no meio desses dois princípios opostos, é associado ao Homem. O resultado de uma análise esquemática da realidade e de sua transposição segundo princípios que a representem sem reproduzi-la torna-se objeto de uma contemplação filosófica.

"O pensamento tem dificuldade de fixar o conceito do 'botão de flor' porque este, assim designado, está dominado por um desenvolvimento impetuoso e mostra – independentemente do pensamento – um grande impulso a não ser botão, e sim flor." São palavras que Brecht atribui a Hü-jeh, que acrescenta: "Desse modo, para quem pensa, o conceito do botão já é o conceito de algo que almeja ser outra coisa, e não ser o que é". Esse pensamento "difícil" é exatamente o que o *ikebana* propõe: indicar o passado e sugerir o futuro; representar, através da imobilidade, o moto contínuo que faz o positivo virar negativo e vice-versa.

O exemplo do *ikebana* nos mostra como os significados abstratos nascem de um preciso trabalho de análise e transposição de um fenômeno físico. Se alguém partisse desses significados, nunca alcançaria a concretude e a precisão do *ikebana*; enquanto, partindo da precisão e da concretude, alcança os significados.

Os atores-dançarinos quase sempre tentam passar do abstrato ao concreto. Acreditam que o ponto de partida possa vir do que uma pessoa quer expressar, o que depois implica a utilização de técnicas adequadas. Um sintoma dessa crença absurda é desconfiar das formas de teatro codificado e dos princípios que elas contêm sobre a vida do ator-dançarino. Na verdade, esses princípios não são sugestões estéticas feitas para *acrescentar* beleza ao corpo do ator-dançarino. São meios para *tirar* os automatismos cotidianos do corpo, ou seja, para impedir que ele seja apenas um corpo humano condenado a parecer consigo mesmo, a apresentar e a representar unicamente a si próprio. Quando certos princípios retornam com frequência, em diversas latitudes e tradições, é possível concluir que eles "funcionam", na prática, também no nosso caso.

O exemplo do *ikebana* mostra como certas forças que se desenvolvem no tempo podem encontrar uma analogia em termos de espaço. Essa substituição das forças que caracterizam as técnicas cotidianas do corpo por forças análogas está na base do sistema do mimo de Decroux. Muitas vezes Decroux dava a ideia de uma ação real fazendo exatamente o contrário. Por exemplo, ele não mostrava a ação de empurrar alguma coisa projetando o peito pra frente e fazendo força sobre o pé de trás – como fazemos na ação real –, mas curvava a coluna para trás, como se, em vez de empurrar, fosse empurrado, flexionando os braços contra o peito e fazendo força sobre o pé e a perna da frente. Essa inversão radical das forças, se comparada às forças que caracterizam a ação real, restitui o trabalho – ou o esforço – que faz parte da ação real.

Nesses casos, é como se o corpo do ator-dançarino fosse decomposto e recomposto a partir de regras que não seguem mais as da vida cotidiana. No final desse trabalho de recomposição, o corpo não se parece mais consigo mesmo. Assim como as flores dos nossos vasos ou dos *ikebanas* japoneses, o ator e o dançarino também são cortados de seu contexto "natural", cortados das regiões em que dominam as técnicas cotidianas do corpo. Assim como as flores e os ramos do *ikebana*, o ator-dançarino, para viver teatralmente, também não pode apresentar ou representar o que ele é. Deve representar o que quer mostrar através de forças e procedimentos que tenham o mesmo valor e eficácia. Em outras palavras: deve abandonar seus próprios automatismos.

As diferentes codificações da arte do ator e do dançarino são, antes de tudo, métodos para romper com os automatismos da vida cotidiana, criando equivalências para ela.

Naturalmente, a ruptura dos automatismos não é expressão. Mas sem a ruptura dos automatismos não há expressão.

[31] O corpo fictício: o dançarino Christian Holder no papel do Prestidigitador Chinês no balé *Parade*, de Massine.

INTRODUÇÃO

"Mate a respiração! Mate o ritmo!", repetia a mestre de Katzuko Azuma para ela. Matar a respiração e matar o ritmo significa estar consciente da natural tendência a relacionar o gesto ao ritmo da respiração e da música, e depois romper com essa tendência. É provável que a cultura cênica dos japoneses tenha sido o lugar onde o problema da natureza dos automatismos da vida cotidiana foi enfrentado de forma mais consciente e radical.

Os preceitos, que na língua de trabalho usada pela mestra de Katzuko Azuma impõem matar o ritmo (*otoo koro-só*) e a respiração, mostram como a busca das oposições pode mirar a ruptura dos automatismos das técnicas cotidianas do corpo. Matar o ritmo, na verdade, significa criar uma série de tensões para que os movimentos da dança não coincidam com as cadências da música. Matar a respiração significa, entre outras coisas, reter a respiração inclusive no momento da expiração – que é relaxamento –, opondo-lhe uma força contrária. Katzuko Azuma dizia que, para ela, era um verdadeiro sofrimento ver um dançarino que *segue o ritmo*, assim como acontece em todas as culturas, com exceção da japonesa. E é fácil entender, tendo por base as soluções particulares de sua cultura, por que ela fica incomodada com uma dança que segue o ritmo da música, pois mostra uma ação que é decidida por algo que está fora, pela música ou pelos automatismos do comportamento cotidiano.

A solução que a cultura japonesa encontrou para esse problema só pertence a si mesma. Mas o problema que ela ilumina com uma evidência toda particular diz respeito, em geral, ao ator e ao dançarino, e à sua capacidade de romper com os automatismos usando equivalências extracotidianas que potencializam seu "estar-em-vida".

Um corpo decidido

Em muitas línguas europeias, há uma expressão que poderia ser escolhida para condensar o que é essencial para a vida do ator e do dançarino. É uma expressão gramaticalmente paradoxal, na qual uma forma passiva assume um significado ativo e na qual a indicação de uma disponibilidade enérgica para a ação se mostra praticamente velada por uma forma de passividade. Não é uma expressão ambígua, e sim hermafrodita, pois soma ação e paixão, e, mesmo sendo estranha, é uma expressão da linguagem comum. De fato, dizemos "estar decidido", "*essere deciso*", "*être décidé*", "*to be decided*". Isso não quer dizer que algo ou alguém decida por nós, que nos submetamos a uma decisão ou que sejamos objeto dela. Tampouco quer dizer que estamos decidindo, que somos nós a conduzir a ação de decidir.

Entre essas duas condições opostas, escorre uma veia de vida que a língua parece incapaz de indicar e sobre a qual faz rodeios com imagens. Nenhuma explicação, apenas a experiência direta, mostra o que significa "estar decidido". E, para explicar a uma pessoa o que significa "estar decidido", temos que recorrer a inúmeras associações de ideias, a inúmeros exemplos, à construção de situações artificiais. Mesmo assim, cada um de nós acredita saber muito bem o que essa expressão indica.

Todas as imagens complexas e as séries de regras confusas que se entrelaçam em torno do ator e do dançarino, assim como a elaboração de preceitos artísticos que parecem ser – e são – o resultado de estéticas sofisticadas, são os rodeios e as acrobacias da vontade de transmitir uma experiência que, na verdade, não pode ser transmitida,

[32-33] O corpo decidido: (**acima**) Pei Yanling, atriz da Ópera de Pequim; (**abaixo**) Martine Van Hamel, dançarina de balé clássico.

só pode ser vivida. Tentar explicar a experiência do ator e do dançarino significa criar artificialmente, com uma estratégia complicada, as condições nas quais essa experiência pode se reproduzir.

Vamos imaginar que estamos penetrando mais uma vez na intimidade do trabalho de Katsuko Azuma com sua mestra. A mestra também se chama Azuma. Quando achar que já tiver transmitido sua experiência à sua aluna, ela também lhe transmitirá seu nome. Então, Azuma diz para a futura Azuma: "Encontre o seu Ma". Ma significa algo parecido com "dimensão", no sentido de espaço, mas também de tempo, como duração. "Para encontrar seu Ma, você deve matar o ritmo, ou seja, deve encontrar seu *jo-ha-kyu*."

A expressão *jo-ha-kyu* indica as três fases em que são divididas todas as ações do ator e do dançarino. A primeira fase é determinada pela oposição entre uma força que tende a se desenvolver e outra que a retém (*jo*, reter); a segunda fase (*ha*, romper, quebrar) é definida pelo momento em que a pessoa se liberta dessa força até chegar à terceira fase (*kyu*, rapidez), em que a ação alcança seu ápice e desdobra todas as suas forças para depois parar, de repente, como se estivesse diante de um obstáculo, de uma nova resistência.

Para ensinar Azuma a se mover usando o *jo-ha-kyu*, sua mestra a segura pela cintura e de repente a solta. Azuma tem dificuldade de dar os primeiros passos, dobra os joelhos, pressiona a planta dos pés sobre o chão, inclina levemente o busto, e depois, abandonada a si mesma, dispara, avança com velocidade até o limite prefixado, diante do qual ela para como se estivesse à beira de um precipício que, de uma hora pra outra, se abre a poucos centímetros de seus pés. O que ela faz, em outras palavras, é aquele movimento típico que pode ser facilmente reconhecido por qualquer pessoa que já tenha visto formas de dança ou teatro clássico japonês. Quando um ator-dançarino já aprendeu esse modo artificial de se mover, como se fosse uma segunda natureza, parece cortado do espaço-tempo cotidiano e parece vivo: ele está *decidido*.

Decidir significa, etimologicamente, cortar. E aí a expressão "estar decidido" assume outra face: como se ela indicasse que a disponibilidade para a criação também está em separar-se das práticas cotidianas.

As três fases do *jo-ha-kyu* impregnam os átomos, as células e todo o organismo de um espetáculo japonês. Podem ser aplicadas a cada ação do ator, a cada gesto seu, à respiração, à música, a cada cena e a cada peça teatral, à composição de uma jornada de peças de Nô. É uma espécie de código da vida que percorre todos os níveis de organização do teatro.

René Sieffert afirma que a regra do *jo-ha-kyu* é uma "constante do senso estético da humanidade". Em certo sentido é verdade, ainda que uma regra se dissolva em algo insignificante quando acaba sendo aplicada a tudo. Do nosso ponto de vista, há outra constatação de Sieffert que é mais importante: o *jo-ha-kyu* permite ao ator – como explica Zeami – infringir aparentemente as regras para restabelecer o contato com o público. Talvez aqui esteja uma constante da vida do ator e do dançarino: o vínculo entre a edificação de regras artificiais e sua própria infração.

Um ator que só tem regras é um ator que não tem mais teatro, apenas liturgia. Um ator que não tem regras também é um ator destituído de teatro, ele só tem o *lokadharmi*, o comportamento cotidiano, com suas chatices e sua necessidade de provocação direta para manter acordada a atenção do espectador.

[34-35] (**acima**) Um aluno de Kathakali fazendo um exercício para treinar os olhos; (**abaixo**) Iben Nagel Rasmussen no papel de Kattrin, no espetáculo *Brechts Aske* [Cinzas de Brecht] (1982), do Odin Teatret.

INTRODUÇÃO

Todos os ensinamentos que Azuma transmite para Azuma estão voltados para a descoberta do centro da própria energia. Os métodos da busca são codificados meticulosamente, fruto de gerações e gerações de experiência. O resultado é incerto, impossível de ser definido com precisão, diferente de pessoa a pessoa.

Hoje, Azuma diz que o princípio de sua vida, de sua presença cênica, de sua energia de atriz e dançarina, pode ser definido como um centro de gravidade que está exatamente no meio de uma linha que vai do umbigo ao cóccix. Cada vez que Azuma dança, ela tenta encontrar o equilíbrio ao redor desse centro. Ainda hoje, mesmo com toda a sua experiência, mesmo tendo sido aluna de uma das maiores mestras, e mesmo sendo, ela também, uma mestra, nem sempre consegue encontrá-lo. Ela imagina (ou talvez essas sejam as imagens com as quais buscou transmitir sua experiência) que o centro de sua energia seja uma bola de aço que está em um ponto dessa linha que vai do umbigo ao cóccix, ou do triângulo que se forma ao ligar as duas extremidades do quadril ao cóccix, e que essa bola de aço esteja coberta por várias camadas de algodão. O balinês I Made Pasek Tempo faz um sinal de consenso e diz: "Tudo o que Azuma faz é realmente assim, *keras* coberto de *manis*".

Um corpo fictício

Na tradição ocidental, o trabalho do ator foi guiado por uma rede de ficções, de "se" mágicos que se referem à psicologia, ao caráter, à história da sua pessoa e do seu personagem. Os princípios pré-expressivos da vida do ator também não são uma coisa fria, que diz respeito à fisiologia e à mecânica do corpo. Eles também se fundamentam em uma rede de ficções, de "se" mágicos relacionados às forças físicas que movem o corpo. O que os atores buscam, nesses casos, é um corpo fictício, e não uma falsa personalidade.

Nas tradições orientais, no balé clássico e no sistema do mimo de Decroux, cada gesto do corpo é dramatizado para que se rompa com os automatismos do comportamento cotidiano: esses gestos são feitos enquanto se imagina empurrar alguma coisa, levantar, tocar objetos de uma determinada forma e dimensão, de um determinado peso e de uma determinada consistência. Trata-se de uma verdadeira psicotécnica que, todavia, não visa influenciar a psique do ator, e sim o seu físico. Pertence, então, à língua que o ator-dançarino usa para falar consigo mesmo ou, no máximo, à língua que o mestre usa para falar com seu aluno, mas que não tem a pretensão de significar absolutamente nada para o espectador que vê.

O ator-dançarino não estuda fisiologia para encontrar a técnica extracotidiana do corpo, ele cria uma rede de estímulos externos aos quais reage com ações físicas. Na tradição indiana, entre as dez qualidades do ator-dançarino, está a qualidade de saber olhar, de saber dirigir o olhar no espaço. É sinal de que ele reage a algo muito preciso. Podemos ver um ator fazendo os exercícios do seu treinamento de forma extraordinária, mas, se ele não direciona o olhar com precisão, suas ações não têm força. O corpo, ao contrário, pode estar relaxado, mas os olhos têm que estar em ação, ou seja, devem olhar para ver: só assim todo o corpo fica vivo. Nesse sentido, podemos dizer que os olhos são uma espécie de segunda espinha dorsal do ator. Todas as tradições orientais codificam os movimentos dos olhos, as direções que devem seguir. Isso não diz

[36-38] (**acima**) Ator de teatro Kabuki (gravura do século XVII): para representar a ação de "ver", o ator não dirige apenas os olhos e o olhar para o objeto de sua visão, ele empenha todo o seu corpo; (**no centro**) a *shakti* ou energia de Sanjukta Panigrahi; (**abaixo**) o *ki-ai* de Kosuke Nomura.

respeito apenas ao espectador, ao que ele vê, mas também ao ator, ao modo como ocupa o espaço vazio com linhas de força, com estímulos aos quais reage.

No final do seu diário, Sadoshima Dempachi, ator Kabuki morto em 1712, escreve que "se dança com os olhos". Ele diz que essa expressão significa que a dança pode ser comparada com o corpo, e os olhos, com a alma. Ainda diz que se os olhos não participam da dança, a dança é morta: ela só é viva se todos os movimentos do corpo participam dela junto dos movimentos dos olhos. Inclusive nas tradições ocidentais, os olhos são o "espelho da alma". E os olhos do ator podem ser vistos como o ponto intermediário entre as técnicas extracotidianas do seu comportamento físico e uma sua psicotécnica extracotidiana. Os olhos mostram se ele *está decidido*. Os olhos o fazem *estar decidido*.

O grande físico dinamarquês Niels Bohr, apaixonado por filmes de faroeste, perguntava-se por que, em todos os duelos finais, o protagonista sempre disparava mais rápido, mesmo quando seu adversário era o primeiro a colocar a mão no revólver. Bohr se perguntava se por trás dessa convenção não existia alguma verossimilhança física. Resolveu que sim: o primeiro é mais lento porque *decide* disparar, e morre. O segundo vive porque é mais rápido, e é mais rápido porque não tem que decidir: *está decidido*.

"A verdadeira expressão" – disse Grotowski numa entrevista – "é a da árvore." E explicava: "Se um ator *quer* expressar, então está dividido: tem uma parte que quer e uma que expressa, uma parte que dá ordens e outra que executa essas ordens".

Um milhão de velas

Seguindo o rastro da energia do ator e do dançarino, chegamos a entrever seu núcleo:
a. na amplificação e na ativação das forças que agem sobre o equilíbrio;
b. nas oposições que regem a dinâmica dos movimentos;
c. em uma obra de redução e de substituição que faz sempre emergir o essencial das ações e afasta o corpo do ator das técnicas cotidianas do corpo, criando uma tensão, uma diferença de potencial por onde passa a energia.

As técnicas extracotidianas do corpo consistem em procedimentos físicos que se mostram fundados na realidade que se conhece, mas segundo uma lógica que não pode ser reconhecida imediatamente.

Se não somos capazes de compreender, pelo menos podemos intuir o que está dissimulado atrás de outros termos com os quais nossa palavra "energia" pode ser traduzida: são as palavras que remetem a uma unidade, à restauração de uma divisão, a um ator-dançarino que, após se dissecar, volta a ser inteiro.

Na língua de trabalho do Nô, "energia" pode ser traduzida por *ki-ai*, que significa um "profundo acordo" (*ai*) entre o espírito (*ki*, no sentido do espírito como *pneuma* e de *spiritus* como respiro) e o corpo. Na Índia e em Bali, a palavra *prana* (equivalente a *ki-ai*) é aquela que também fornece uma das possíveis traduções de "energia". São todas palavras que podem inspirar, e não conselhos capazes de orientar. Na verdade, fazem alusão a algo que está para além da intervenção do mestre: aquilo que chamamos de expressão, ou de "encanto sutil", ou de arte do ator.

Quando Zeami escrevia sobre o *yugen*, o encanto sutil, citava como exemplo a *Shirabioshi*, uma dança cujo nome foi inspirado nas mulheres que dançavam no Japão do século XIII, vestidas de homem e com uma espada na mão.

[39] Shiva Ardhanarishwara: figura andrógina (baixo-relevo do século VII d.C., Museu Arqueológico de Jhalawar, Índia).

Muitas vezes, o ápice da arte do ator parece ser alcançado quando homens representam personagens femininos ou quando mulheres representam personagens masculinos – sobretudo no Oriente, mas também no Ocidente. Isso acontece porque, nesses casos, tanto o ator como a atriz fazem exatamente o contrário dos atores de hoje que se travestem numa pessoa do sexo oposto: ele (ou ela) não se traveste, mas se despe da máscara do seu sexo para *deixar transparecer um temperamento doce ou vigoroso, independentemente dos esquemas com os quais um homem ou uma mulher devem se conformar numa determinada cultura.*

INTRODUÇÃO

Nos espetáculos das várias civilizações, tanto os personagens masculinos como os femininos são representados com aqueles temperamentos que as diversas culturas identificam como "naturalmente" apropriados ao sexo feminino ou ao sexo masculino. Sendo assim, nas obras teatrais, a representação das características que distinguem os sexos é a que está mais sujeita às convenções: trata-se de um condicionamento tão profundo que a distinção entre sexo e temperamento torna-se praticamente inviável. Quando um ator representa um personagem do sexo oposto, a identificação com determinados temperamentos de um sexo ou de outro fica comprometida, é como se ela rachasse. Talvez seja o momento em que a oposição entre *lokadharmi* e *natyadharmi*, entre comportamento cotidiano e extracotidiano, desliza do plano físico para outro plano que não pode mais ser reconhecido imediatamente. Uma nova presença física e uma nova presença espiritual revelam-se através da ruptura – que paradoxalmente é aceita tanto no teatro quanto na dança – dos papéis masculinos e femininos.

A tradução mais correta e menos utilizável do termo "energia" surge em uma das minhas conversas com a dançarina indiana Sanjukta Panigrahi. É a que menos pode ser utilizada porque traduz a experiência de um ponto de chegada e de um grande resultado, mas não traduz a experiência do processo para se chegar a esse resultado. Sanjukta Panigrahi lembra que, em sânscrito, energia se diz *Shakti*: é a energia criadora, que não é nem masculina nem feminina, mas que é representada pela imagem de uma mulher. Por essa razão, na Índia, apenas as mulheres podem ser chamadas de *Shakti amsha*, "parte de *Shakti*". "Mas um ator e um dançarino" – diz Sanjukta – "independentemente do próprio sexo, são sempre *Shakti*, energia que cria."

* * * * *

Depois de falarmos da dança das oposições, na qual se baseia a vida do ator e do dançarino, e de nos ocuparmos dos contrastes que eles voluntariamente amplificam, ou seja, do equilíbrio que eles voluntariamente tornam precário e colocam em jogo, a imagem da *Shakti* pode se transformar num símbolo de tudo aquilo que não é dito, da pergunta fundamental: como se tornar um bom ator?

Em uma de suas danças, Sanjukta Panigrahi mostra *Ardhanarishwara*, Shiva metade mulher, metade homem. Logo em seguida, a atriz dinamarquesa Iben Nagel Rasmussen apresenta *Moon and Darkness* [Lua e Escuridão]: estamos em Bonn, no final da International School of Theatre Anthropology (ISTA), onde, por um mês, pedagogos e alunos provenientes dos vários continentes trabalharam com obstinação em cima das bases técnicas, pré-expressivas e frias do trabalho do ator. O canto que acompanha a dança de Sanjukta diz:

Diante de ti eu me curvo
tu que tens forma masculina e feminina,
duas divindades em uma só,
que na metade feminina
tem a vívida cor da flor de Champak
e na metade masculina
tem a pálida cor da flor de cânfora.

A metade feminina faz tilintar braceletes de ouro,
a metade masculina está adornada com braceletes de serpentes.
A metade feminina tem olhos de amor,
a metade masculina tem olhos de meditação.

A metade feminina
tem uma guirlanda de flores de amendoeira,
a metade masculina, uma guirlanda de caveiras.
De vestes esplendorosas está coberta a metade feminina,
nua está a metade masculina.
A metade feminina é capaz de todas as criações,
a metade masculina é capaz de todas as destruições.

A Ela eu me dirijo,
unida ao Deus Shiva, seu esposo.
A Ele eu me dirijo,
unido à Deusa Shiva, sua esposa.

Iben Nagel Rasmussen faz o oposto, canta o lamento do xamã de um povo destruído. Logo depois ela aparece como Kattrin, a filha muda de Mãe Coragem, uma adolescente que balbucia palavras em êxtase, à beira de um mundo em guerra. A atriz oriental e a atriz ocidental parecem estar se afastando, cada uma nas profundezas de sua própria cultura. Mas mesmo assim elas se alcançam. Parecem superar não só a própria pessoa e o próprio sexo, mas inclusive a própria perícia artística, para mostrar algo que está por trás de tudo isso.

Um mestre de atores sabe quantos anos de trabalho estão na base de instantes como esses. No entanto, ele acha que algo brota espontaneamente, algo que não é procurado nem desejado. Não tem nada a dizer. Pode apenas observar, assim como Virginia Woolf observava Orlando: "Um milhão de velas ardiam em Orlando, sem que ele estivesse pensando em acender uma única vela".

A a Z

ARTAUD

*O teatro é o estado, o lugar,
o ponto onde é possível compreender a anatomia humana
e através dela
curar e dirigir a vida.*

A Onda de Kanagawa: vigésima gravura da série *Trinta e Seis Vistas do Monte Fuji*, de Hokusai (1760-1849), gravadas entre 1826 e 1833.

ZEAMI

Nos espetáculos de Nô existem três elementos fundamentais: Pele, Carne e Ossos. *Mas quase nunca estão juntos em um mesmo ator. (...) Então, bem, se devo localizar, na prática da nossa arte,* Pele, Carne e Ossos, *chamarei de* Ossos *a existência de um patrimônio inato e a manifestação da potência inspirada que, espontaneamente, dá origem à habilidade. Chamarei de* Carne *o surgimento do estilo consumado, caracterizado pelo brio da interpretação e da mestria nas técnicas fundamentais, que tira sua força do estudo da dança e do canto. Chamarei de* Pele *uma interpretação que, continuando a desenvolver esses elementos, alcança o máximo da desenvoltura e da beleza. Se nós relacionássemos esses três elementos às três faculdades da percepção, ou seja, à Vista, à Audição e ao Coração, a Vista corresponderia à* Pele, *o Ouvido à* Carne, *e o Coração aos* Ossos.

Anatomia

Pode o mar elevar-se por sobre as montanhas?
Nicola Savarese

> *A anatomia é a descrição da vida através de sua ausência. A anatomia celebra o esplendor e as superiores geometrias da vida nos cadáveres, pelos quais a vida pode se tornar objeto de conhecimento e observação simplesmente ao deixar de ser vida. Sendo assim: a vida pode ser vivida ou descrita. Na matemática, há o raciocínio através do absurdo; na anatomia, encontramos seu paralelo: o raciocínio através da ausência.* (Giorgio Celli)

No Japão, no início do século XIX, artistas como Hokusai e Hiroshige aprenderam a usar a perspectiva italiana e em pouco tempo apropriaram-se dela. Ou melhor, chegaram a dominá-la a tal ponto que foram capazes de obter efeitos maravilhosos, por exemplo, elaborando contrastes vertiginosos entre o primeiro plano e o plano de fundo. Foi um fato completamente novo e que, no Ocidente, só será visto muito mais tarde, quando a fotografia se livrar da influência da pintura e o cinema, da influência do teatro. De fato, como podemos constatar através do extraordinário enquadramento da onda de Hokusai, que supera a visão da perspectiva geométrica favorecendo um paradoxo visual – o mar que se eleva por sobre a montanha –, o modo de ver daqueles artistas japoneses encontrava-se três gerações à frente.

A onda de Hokusai não mostra apenas como o mar pode se elevar por sobre as montanhas, ela também nos sugere um modo de ver o impossível: adotar, entre as ondas, um ponto de vista apropriado, ainda que arriscado.

Esse dicionário propõe um ponto de vista que ao mesmo tempo é arriscado: a anatomia do ator, que é o resultado da busca do *bios* cênico, é uma dissecção. É o contrário e o oposto da espontaneidade e da criatividade, poderíamos até dizer da vida na arte: as partes separadas com cuidados poderiam não mais se unir. Mas, mesmo assim, como afirmava o grande físico Niels Bohr, as coisas contrárias são complementares. E é pelo mesmo motivo que Eisenstein prefere dedicar seus escritos ao mestre Salieri, e não a Mozart: o minucioso e obscuro trabalho de Salieri – a dissecção da música – se opunha ao gênio mozartiano, sendo, porém, complementar a ele.

Em todo caso, um organismo dividido nunca volta a ter a mesma vida. Também não é tarefa do anatomista recriá-la. Será que a vida de um ator em cena pode nascer das páginas dos livros? Pode o Monte Fuji descer abaixo do nível do mar?

Por isso, a anatomia que o dicionário tenta reconstruir é o resultado de uma escola do olhar. Não estão presentes nestas páginas: o intenso trabalho, a rede de dúvidas, as experiências erradas, as longas manobras de aproximação, ou seja, aquele vaivém da pesquisa que vem antes e depois dos resultados. E também faltam aqueles aspectos contraditórios que fazem da ISTA um laboratório em constante fermentação: a continuidade de uma escola que existe mesmo sem estar funcionando como atividade prática e teórica; a relação entre mestres reconhecidos e alunos autodidatas; a contribuição de múltiplas culturas através da história de cada indivíduo.

Enfim, os motivos condutores que penetraram a experiência cotidiana – a superação de falsas discriminações entre ator, dançarino e mimo; o encontro-confronto entre arte e ciência; o aprender a ver, mas principalmente o *aprender a aprender* – aqui surgem necessariamente sob a forma de palavras e imagens na ausência do movimento e da "vida".

[1] *Dança do vendedor de água fresca*: do álbum de Hokusai *Odori Hitori Keiko* (Aulas de Dança para Si Mesmo), impresso em 1815.

Pode o mar elevar-se por sobre as montanhas?

A Grande Onda de Kanagawa de Hokusai (ver p. 31) mostra homens, barcos e o Monte Fuji: os homens e seus esforços surgem como detalhes na grande flutuação da natureza. Segundo o Zen, diante da imagem da onda existem quatro pontos de vista:

1. As crianças pensam que a onda é uma coisa, um corpo separado da água que se move sobre a superfície do mar, diferente das outras ondas e do próprio mar. Mas, quando lhes ensinam a olhar atentamente, elas descobrem que não se pode distinguir a onda como algo separado: a onda é um fenômeno que se move no oceano. Ainda tem sentido em falar da onda, mas como uma entidade que só está separada teoricamente.
2. A onda está prestes a se chocar com os barcos e com o Monte Fuji.
3. A onda não se choca com o Monte Fuji porque ele está muito longe, ainda que pareça estar *embaixo* da onda.
4. Não há papel nos barcos, no mar, sobre a montanha ou no céu. Procura-se por ele, mas não pode ser encontrado: no entanto, tudo isso nada mais é do que papel. De fato não há movimento, não há distância, molhado ou seco, vida ou morte.

Em um espetáculo – que não é feito de papel –, o movimento, a distância, o molhado e o seco, a vida e a morte existem, mas apenas no reflexo da ficção. No entanto, alguém disse que dançamos internamente não apenas ao escutar uma música, mas também ao perceber formas e imagens refletidas.

Em 1815, após ter publicado o famoso álbum intitulado *Cenas de Dramas*, uma sequência de cinquenta e seis cenas extraídas dos dramas mais famosos do Kabuki dos séculos XVII e XVIII, nos quais triunfavam, em cores delicadas, todas as maiores heroínas do teatro, Hokusai também mandou imprimir um pequeno livrinho de desenhos, que foi publicado com o título *Aulas de Dança para Si Mesmo*.

Trata-se de uma série de gravuras em preto e branco, cada uma representando quatro ou cinco pequenas figuras de dançarinos: à direita e à esquerda de seus braços e de seus pés, uma linha reta ou curva indica o desenvolvimento completo do movimento iniciado por aquele braço ou por aquele pé. Seguindo as indicações, era possível aprender as danças mais populares do Japão: a dança do barqueiro, a do espírito diabólico, a do cômico e a do vendedor de água fresca... (Ver p. 32).

Na última página do manual, Hokusai, com a mesma ironia de sempre, escreveu:

> Se alguém cometer erros quando executar os movimentos e suas medidas, peço desculpas. Desenhei assim como sonhei, e, como o sonho de um espectador não pode oferecer exatamente tudo, se quiserem dançar bem, aprendam a dançar com um mestre.
> Se meu sonho não pode formar um dançarino de verdade, pelo menos pode formar um álbum. Mas, afinal, o que eu aconselho, quando quiserem dançar, é colocar a tabaqueira e as taças de chá num lugar seguro: ainda que consigam salvá-las, sempre terão no chão uma porção de caquinhos.

[2-3] (**acima**) Esquema do processo criativo de um ator segundo Stanislávski: 1. Ação Física; 2. Máxima de Púschkin; 3. O subconsciente através da técnica consciente; 4. *Pereživanie*; 5. Personificação; 6. Intelecto; 7. Vontade; 8. Sentimento; 9. Papel, perspectiva do papel, linha de ação; 10, 11 e 12. Trabalho espiritual e trabalho físico; 13. Sensibilidade cênica geral; 14. Problema principal; (**abaixo**) a técnica deforma a anatomia: o pé de Rudolph Nureyev.

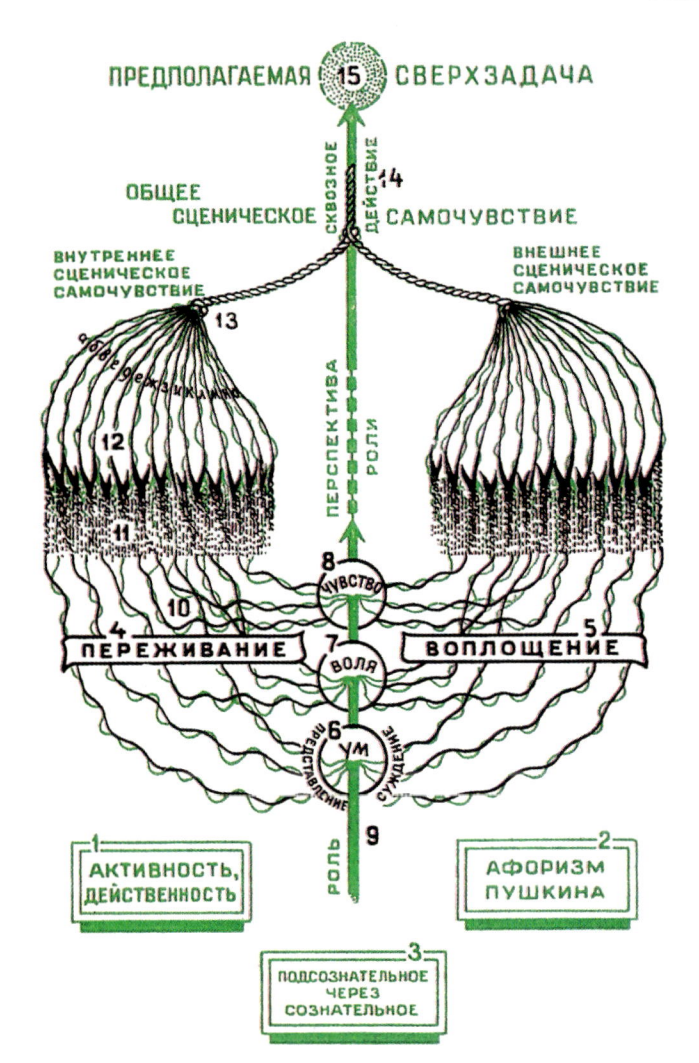

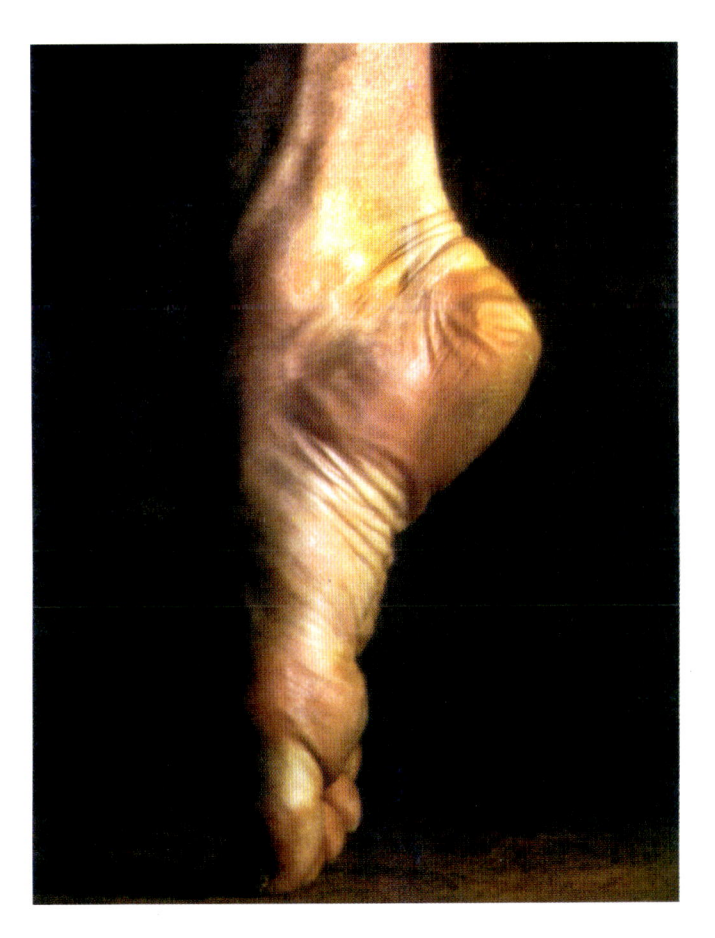

APRENDIZAGEM

Exemplos ocidentais
Fabrizio Cruciani

Os pais fundadores no início do século XX

Com certeza, a história do teatro no século XX não foi só a história dos espetáculos realizados e vistos durante os anos. Basta comparar o conteúdo de qualquer livro de história com o que dizem as crônicas contemporâneas para constatar que grande parte do "iceberg teatro" ficou submergida pela historiografia.

Appia, Craig, Fuchs, Stanislávski, Reinhardt, Meyerhold, Copeau... homens de teatro que são a história do teatro do século XX, que construíram culturas e poéticas e não podem ser confinados em um ou mais espetáculos. No século XX, as linhas de tensão do teatro foram as utopias, a contínua reconstrução das bases do teatro do futuro, os núcleos culturais que se agregaram ao redor e através do teatro. É uma cultura teatral na qual há sentido *começar* e *durar* – e não desenvolver, amadurecer, chegar ao fim e perpetuar. É uma cultura que se aglutina em torno do fazer teatral como se fosse um halo, que circunda, com maior capacidade de duração e penetração, aqueles objetos frágeis e temporários que são os espetáculos, nos quais a paixão e a obra dos homens de teatro também encontravam consistência.

Escolas, ateliês, laboratórios e centros foram os lugares onde a criatividade teatral se expressou de modo mais decidido e determinado. O teatro, como iminência do presente, foram as culturas e as poéticas. O lugar necessário dessa atividade foi a pedagogia: a busca da formação do homem novo em um teatro (sociedade) diferente e renovado, a busca de um fazer teatral sempre originário cujos valores não podem ser medidos pelo sucesso dos espetáculos, e sim pelas tensões criadas e pelas culturas que foram se definindo através do teatro. Então, não era mais possível ensinar teatro. Foi preciso começar a educar como queria Vakhtângov, cuja frenética atividade didática foi, certamente, uma resposta a várias perguntas urgentes – como contam Zachava e Gorcakov – mas, também, uma expressão do fervor criativo do próprio Vakhtângov.

[1] Konstantin Sergeevic Stanislávski (1863-1938), alguns meses antes de sua morte, assiste a um ensaio realizado em seu Estúdio, circundado por alunos, atores e diretores de teatro.

Educar para a criatividade, transmitir experiências, fundar ensinamentos, criar escolas... Havia muitas iniciativas férteis, mas que vinham de necessidades ambíguas: a busca de "leis" para pensar e justificar uma grade operativa de formação e a experimentação do trabalho expressivo para dar forma e fazer existir uma ideia e uma cultura. Uma escola não é criada e mantida por questões imediatas ou pessoais, mas para que dure e alcance metas objetivas.

Há professores e matérias de estudo (projeto, ideologia e estatutos) nas escolas de teatro acadêmicas, assim como nas escolas de Meyerhold e naquelas do *proletkult*, nas escolas de Copeau do Vieux Colombier e dos "Copiaus", no Atelier de Dullin e também nas inúmeras escolas de variadas origens da herética cultura alemã em constante fermentação. Se, de um lado, a escola é o compromisso com o que existe (o que é uma realidade do teatro), do outro é o lugar onde a utopia assume formas concretas, onde as tensões que regem o fazer teatral tornam-se verdade ou são testadas. Numa época em que o teatro do presente vive como imanência do possível teatro do futuro, *institucionalizou-se a mudança*, especialmente a das microssociedades do teatro. A escola sempre é fundada para uma renovação social do teatro, para dar concretude ao teatro do futuro e para abrir pontos de fuga ao futuro do teatro.

Processo criativo, escola de teatro e cultura teatral

"Da necessidade de um novo organismo" – diz Copeau numa entrevista de 1926 – "vem a necessidade de uma escola, porém não mais como uma simples reunião de alunos dirigidos por um único mestre, e sim como uma verdadeira comunidade capaz de ser autossuficiente e de dar conta de tudo o que precisa." Mas o entrevistador Anton Giulio Bragaglia explicita com evidente e polêmica parcialidade: "Não as Escolas: o Teatro Escola", concluindo com Copeau que "escola e teatro são a mesma coisa".

Sendo assim, o problema de "o que aprender" é substituído pelo problema mais dinâmico, artístico e arriscado de "quem ensina, e como".

No último capítulo de *Minha Vida na Arte*, "Os Resultados e o Futuro", Stanislávski, que não era mais jovem, faz um balanço de sua vida artística. Primeiro fala do seu trabalho como diretor e ator e esclarece que este se desenvolveu, mais do que na encenação, "principalmente no campo da criação espiritual do ator". Experimentou todo tipo de poética (ou melhor, "todas as vias e meios do trabalho criativo"), do realismo ao simbolismo e ao futurismo, usando todos os meios de investigação do teatro da sua época. Mas, ao centro da cena, Stanislávski só vê o ator de talento, ainda que escreva: "não consegui encontrar um pano de fundo que, em vez de atrapalhar, colabore com o complexo trabalho artístico", pois estava buscando uma simplicidade que viesse "de uma fantasia rica, e não pobre".

Para ele, o problema central é que "as leis da criação do ator não foram estudadas, e muita gente considera esse estudo supérfluo e até mesmo danoso". Stanislávski também diz que a arte do teatro se funda no talento, mas é nutrida pela técnica, que para ser dominada exige "experiência e mestria", exercitação e virtuosismo. Todos os grandes atores e homens de teatro escreveram sobre a arte do ator, inclusive os estudiosos. Mas Stanislávski argumenta que eles sempre filosofaram ou fizeram críticas a partir dos resultados alcançados. "Não existe um manual prático" por trás de algumas tradições orais. E mesmo assim, para fugir da casualidade e do diletantismo, são necessárias "leis elementares, psicofísicas e psicológicas" que até agora não foram estudadas. Stanislávski escreve essas páginas em 1924.

Os jovens (de esquerda) o rejeitam, e ele não quer nem se travestir de jovem nem se tornar um velho intolerante e inútil. Então sua tarefa é transmitir ciência e experiência para evitar os preconceitos e as descobertas do que já se sabe. Ele tinha criado os Estúdios bem antes de 1924, em uma apaixonada, exasperada e insatisfeita busca de verdade numa situação pedagógica. Agora, no livro, em meia página, ele indica o tesouro encontrado e que pode ser transmitido: seu método para o trabalho do ator.

Na imprecisa e difícil experiência dos Estúdios fundados por Stanislávski, a pedagogia teatral – como expressão da criatividade – é uma cultura teatral em si: o *sistema*, que será usado para fundar escolas de teatro, chega a todos através dos seus livros, uma espécie de conjunto didático que adota a técnica (e talvez a forma) do romance para preservar a vitalidade da experiência a ser transmitida.

De maneiras diversas e de mundos diferentes, Stanislávski e Copeau sentiram a necessidade de dar sentido e dignidade ao teatro, tendo como ponto de partida comum o combate à instituição teatral de sua época, com sua preguiçosa conservação, e a luta contra os procedimentos aplacados do ofício teatral. Eles (e não só eles) acham que o teatro e seu ofício são falsos, resíduos em decomposição, inadequados às suas necessidades e tensões expressivas e também às de seu tempo. Ambos têm consciência de que – são palavras de Copeau – "arte e ofício não são duas coisas separadas": mas o ofício, assim como a tradição, não podia continuar sendo a mesma coisa de antes; então torna-se lógica a busca de um ofício que, a cada vez, e sempre como um evento único, declara sua própria necessidade ontológica.

Meyerhold também pensa suas escolas como um lugar onde se aprendem diferentes técnicas que não miram a um sistema representativo privilegiado. O ecletismo de Reinhardt, no fundo, também ensina a usar técnicas diversas com uma profissional falta de preconceitos. A liberdade e o comprometimento do homem de teatro são frágeis, pois estão condicionados pela cultura midiática e pela criação de espetáculos em um preciso contexto de civilização. Mas, no começo do século XX, essa liberdade parece renascer com a reelaboração do processo criativo, através da multiplicação de horizontes técnicos e metodológicos. Agora, são as próprias pessoas do teatro que, através de suas ações e de suas palavras, transformam o horizonte mental das expectativas do espectador.

O objeto da situação pedagógica não é o *dernier cri* [último grito], mas o *premier cri* [primeiro grito], como dizia Copeau: a vontade de construir (muitas vezes geneticamente) o processo de formação para a criatividade, a vontade de aprender a adquirir os conhecimentos que ajudarão a escolher o que aprender.

É também por essa razão – além de ser uma expressão da cultura nas primeiras décadas do século – que a escola é o lugar isolado onde se vive o hoje do futuro, é uma comunidade separada (separada da cidade, do teatro, do mundo "normal" ou burguês). Vemos isso acontecer: nas experimentações conduzidas por Stanislávski ou Sulerzicki, com a superioridade moral que este último deu ao trabalho físico; na *retraite* da casa de campo de Copeau na época do primeiro Vieux Colombier e, depois, na Borgonha dos "Copiaus"; na escola de Hellerau de Jacques-Dalcroze, com as religiões do corpo na natureza (que assumiu aspectos variados, especialmente no mundo alemão); na "Escola de Arte" de Von Laban, na versão extrema de Monte Verità, em Ascona, com suas particulares cerimônias. A mesma coisa acontece na diversidade autopedagógica e heterodirigida dos primeiros grupos *agitprop* [de agitação e propaganda], assim como no "insólito" grupo dos alunos da Bauhaus.

[2-3] Treinamento no estúdio do Teatro de Arte de Moscou segundo a linha das ações físicas de Stanislávski: exercícios com o bastão e representações da figura da Nike (ou Vitória). As imagens foram extraídas da edição russa das obras de Stanislávski.

Há culturas e poéticas diversas por trás das diferentes experiências, mas a reflexão sobre o processo criativo é constante, uma reflexão que é a expressão de uma cultura e de uma poética dinâmica; ou, para ser mais preciso, é necessário compreender que a escola e as instâncias pedagógicas não são uma coisa "à parte" nem um momento de crise ou *défaillance* da criatividade artística, como se eles decidissem se dedicar ao ensinamento por serem incapazes de fazer espetáculos. Para falar das primeiras décadas do século XX, talvez seja mais útil e correto falar de diretores-pedagogos, e não de pedagogia teatral. A experiência das escolas é um fenômeno complexo: uma expressão orgânica de sua maturidade e de sua criatividade artística, mas também da lúcida exigência de sua poética.

Pedagogia de autor

Copeau disse que no teatro não existem leis, mas é útil acreditar que elas existam para pode agir: para os diretores-pedagogos, a busca por leis é muito mais uma dimensão necessária do "fazer" do que uma necessidade teórica do "conhecer". A pedagogia como

[4] Anton Tchékhov (1860-1904) lê *A Gaivota* no Teatro de Arte de Moscou, em 1899: Stanislávski está sentado ao seu lado, à direita; Meyerhold está à extrema direita da fotografia. De pé, Nemiróvitch-Dantchênko.

ato criativo é a concretização da necessidade de criar uma cultura teatral, uma dimensão do teatro que os espetáculos só satisfazem parcialmente e que a imaginação traduz em termos de tensão vital. É por isso que a pedagogia teatral das primeiras décadas do século XX (antes de se sedimentar, se organizar e se degradar em didáticas) é o lugar do teatro, enquanto lugar da criatividade dos homens de teatro. Esse é um ponto de vista que me ajudou a entender a unidade substancial que liga os grandes homens de teatro do século XX e que também representa um fio condutor na continuidade das experiências mais significativas da época.

Além disso, permite que vejamos conexões com a rica e agitada cultura daqueles anos: não só uma história que liga os espetáculos aos teatros, mas que também liga o teatro à experiência cultural de uma sociedade que vive o desespero de sua constante e acelerada transformação.

> É preciso dar uma maior abertura e raízes mais profundas ao espírito de companhia: criar hábitos de vida mais favoráveis ao ofício, uma atmosfera de formação intelectual, moral e técnica, uma disciplina, tradições. A renovação do teatro, sonhada pelas mais variadas épocas e que hoje não paramos de evocar, parecia-me, em primeiro lugar, uma renovação do homem no teatro.

São palavras escritas por Copeau em *Lembranças do Vieux Colombier*, em 1931. Elas expressam sua opinião (e de outros) ao afirmar que o novo teatro não nascia do teatro e no teatro, e sim ao recuperar uma complexidade humana, social e cultural do teatro como comunicação expressiva e realização do homem.

As escolas de teatro institucionalizadas nasceram e continuavam nascendo por outras exigências, e respondiam a outra cultura. Já os estúdios, os laboratórios e as escolas dos mestres do início do século XX nasceram para criar as condições de viver uma experiência criativa, para ter um lugar onde praticar o teatro, como uma cultura que se desenvolve em longo prazo. Aqui, o diretor-pedagogo se coloca em jogo não apenas para formar alunos para o teatro, ou para seu próprio teatro, mas para construir os materiais da própria criatividade.

Nas primeiras *Conversas para a Escola do Bolshoi* (transcritas por Antarova), podemos ler que, quando Stanislávski criava um Estúdio, ele começava pelos problemas básicos de ética e de utilidade artística que diziam respeito à sua relação com os alunos.

Nas últimas páginas do livro de Attinger, podemos ler sobre o espírito da Commedia dell'Arte; e, na entrevista que Silvio D'Amico fez com Copeau sobre sua escola, podemos ler como ele (Copeau) organizava o trabalho em Borgonha numa continuidade entre o privado, o cotidiano e o artístico.

Na revista *O Amor das Três Laranjas*, dirigida por Meyerhold, podemos ler sobre os métodos de ensinamento que ele adotava em suas aulas do Estúdio da Rua Borodinskaya, sobre seu "processo de liberação" e seu catálogo prático de técnicas teatrais. Ou então, lendo as páginas de Sklovsky, podemos intuir como Meyerhold ensinava nas aulas de direção teatral do GUYRM (Laboratórios Superiores do Estado para a Direção Teatral): elas contam como Eisenstein foi para lá e enfatizam a necessidade de aprender a criar novas convenções, além daquelas que não são mais percebidas como convenções ("não devemos esquecer que o teatro realista é muito convencional"). Ele também lamenta que os ensaios de Stanislávski e de Meyerhold não tenham sido filmados para que os novos diretores "se acostumassem a aprender e a se maravilhar". Todavia, ler as obras de todos esses homens de teatro para compreender, estudar e conhecer sua específica contribuição é uma questão de estudo histórico que exige a amplitude e as cautelas da filologia; enquanto lê-los para integrá-los no empíreo dos grandes é pura preguiça.

Resolvemos evocá-los aqui para reforçar que, no século XX, em oposição às didáticas conservadoras, existiu uma experiência teatral de longo prazo, que ia além dos espetáculos em si, e que o teatro-pedagogia dos Pais Fundadores é pedagogia de autor, criação, criação artística do ato de ensinar e de aprender teatro.

[5] Jacques Copeau (1879-1949) lê o roteiro de *Uma Mulher Assassinada com Gentileza*, de Thomas Heywood, no quintal do Vieux Colombier (1913). É possível reconhecer os atores: Charles Dullin (1885-1949), o primeiro à esquerda; Louis Jouvet (1887-1951), terceira pessoa que está de pé a partir da direita; e Suzanne Bing (1885-1967), primeira à direita.

APRENDIZAGEM

[6] Exercícios físicos dos atores do Vieux Colombier no quintal do teatro (1913): quem os dirige é o ator Karl Böhm. O terceiro à esquerda é Charles Dullin, o ator que, mais do que qualquer outro aluno de Copeau, desenvolveu as técnicas do treinamento físico na escola do seu Atelier.

[7] Exemplos de exercícios de biomecânica inventados por V. E. Meyerhold (1874-1939) para o treinamento de seus atores.

[9] Bertolt Brecht (1898-1956) com o ator Ekkehard Schall durante um ensaio de *Vida de Galileo,* no Berliner Ensemble.

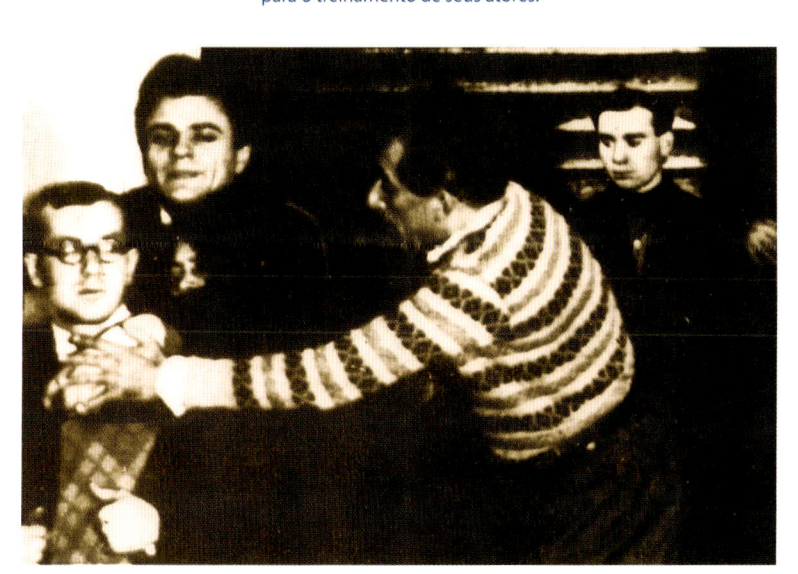

[8] Meyerhold, ao centro e vestido com um pulôver, posiciona seus atores durante um ensaio de *O Percevejo* de Maiakóvski (1929).

A raiz do verbo inglês to teach *deriva do gótico* taiku, signo (*ainda hoje se usa a palavra* token, *em inglês, com este significado*). *O professor tem a missão de observar o que não é percebido pela multidão. Ele é um intérprete de signos.* (Sybil Moholy-Nagy, *na introdução ao livro de Paul Klee* Pedagogical Scketchbook, *1925*).

O primeiro dia de trabalho é aquele que determina o sentido do próprio caminho através do teatro. (Eugenio Barba)

A pedagogia é a relação entre o mestre e o aluno: o segredo da transmissão da arte reside na personalização desta relação. Em geral, nas escolas tradicionais de teatro do Ocidente, a relação mestre-aluno deteriorou-se: poucas são as exceções dos mestres com mais experiência. Mas, em outras culturas, essa transmissão viva da arte existe e é um dos fatores essenciais para compreendermos como algumas tradições artísticas e espirituais foram transmitidas de forma imutável, sem perder a força e sem enfraquecer com o passar das gerações.

O próximo texto é o capítulo de uma tese apresentada na Universidade de Toronto por uma antropóloga da dança, a canadense Rosemary Jeanes Antze. Aqui, a autora se concentra na relação (parampara) *mestre-aluno, que na Índia era a pedra fundamental para transmitir o que havia de melhor na tradição. Hoje, essa relação está paradoxalmente ameaçada pelo interesse dos eruditos (ver Restauração do Comportamento, de Richard Schechner) e pela presença maciça de alunos estrangeiros que têm apenas poucos meses à disposição para aprender o que, antigamente, demandava anos de trabalho.*

Exemplos orientais
Rosemary Jeanes Antze

A sílaba gu significa sombras (obscuridade)
A sílaba ru, aquele que as dissipa.
Por seu poder de dissipar a obscuridade
Assim foi chamado o guru

(Advayataraka Upanishad, v. 5)

Na antiga Índia, o saber era de tipo oral. Os primeiros textos religiosos, os *Vedas* e os *Upanishads*, foram transmitidos a muitas gerações através da palavra falada, para ser confiados à palavra escrita só muito mais tarde. A tradição oral exigia um representante vivo – o *guru* – que ao mesmo tempo encarnava e transmitia o saber tradicional. Na época dos *Vedas*, os pais costumavam transmitir seu saber ao filho, assim perpetuando o seu conhecimento através do *parampara*, que significa descendência, progênie, fila ou série ininterrupta, sucessão ou tradição. Aqui nós temos os principais elementos da tradição oral: o mestre ou *guru*, o aluno ou *sisya*, e a linha ininterrupta de conhecimento ou *parampara*, na qual o mestre e o discípulo participam individualmente de uma tradição que continua para além deles.

A continuidade das artes depende dos seres humanos. Os textos escritos podem registrar alguns princípios, mas a fé na eficácia do mestre vivo remonta aos tempos do antigo sábio e mestre Narada: "O que se aprende confiando nos livros, e não se aprende de um mestre, não brilha intensamente numa assembleia". Além disso, porque a música e a dança comunicam usando meios não verbais e as nuances de suas expressões estão para além das palavras, essas artes têm uma dívida especial com a tradição oral viva. Os alunos confiam no *guru* que escolheram, como se ele fosse uma chave para entrar no rico universo da atividade criativa.

Talvez o *guru* religioso seja a encarnação mais visível do mestre tradicional e assuma vários aspectos, daquele de cabelo comprido que vive isolado no alto do Himalaia ao iogue do *jet set* com inúmeros seguidores no Ocidente. Na Índia não é estranho escolher e seguir um *guru* para questões espirituais. Muitas vezes, para os hindus, a orientação de um mestre é considerada essencial para alcançar a meta final da vida – *moksha* ou libertação. Normalmente os *gurus* são homens, mas existe o exemplo de uma mulher em Madras, Jnanananda, cujo sobrenome é "mãe *guru*". Em uma entrevista concedida a C. White, historiador das religiões, ela fala da regra para encontrar o *guru* mais apropriado: "Quando o *chela* (discípulo) está pronto para o *guru*, o *guru* chega". Seu conselho para o comportamento ante o *guru* é igualmente típico: "Quando se encontra um *guru* de verdade, é necessário confiar totalmente nele".

O guru *como pai, preceptor de honra*

Originalmente, o *guru* era quem celebrava as cerimônias purificatórias de um jovem brâmane e que o instruía nos *Vedas*. Com este papel, o *guru* se tornou um segundo e mais importante pai, porque a capacidade de revelar conhecimentos espirituais era considerada superior à capacidade de gerar um nascimento no sentido físico. O modo pelo qual um *guru* se torna um segundo genitor (ou pai) durante a iniciação do jovem, encontra-se no *Atharvaveda*, IX, 5-8: "Quando o mestre aceita o *Brahmachari* (aluno proveniente da alta casta dos brâmanes) como discípulo, ele o trata como se fosse um embrião dentro do seu corpo. Durante três noites, ele o carrega em seu ventre; quando nasce, os deuses se reúnem para vê-lo".

Ainda hoje, a ideia do *guru* como um segundo pai é aceita por um número surpreendente de jovens. Esse modo de pensar foi documentado em um estudo recente sobre o sistema educacional moderno, que num questionário oferecia as seguintes alternativas:

1. Um mestre deveria ser realmente um segundo pai para seus alunos e deveria garantir a eles uma formação completa;
2. Um mestre deveria se ocupar principalmente com o ensino da própria matéria em sala de aula e não deveria se preocupar com o comportamento do aluno fora da sala de aula.

Mais de 90% dos estudantes universitários e das escolas de ensino superior em oito diferentes estados escolheram a primeira resposta, reconhecendo no mestre um segundo pai, confirmando que o ideal de *guru*, cujo papel tradicional vai muito além do âmbito escolar, está impresso de forma indelével na mente da maior parte dos estudantes.

Até os *gurus* da dança são frequentemente vistos como pais substitutos, pois fazem nascer um dançarino em cada um de seus alunos. Uma valente dançarina de Odissi, Kum Kum Das, mulher madura e também mãe, fala calorosamente da relação pai-filha que continua a ter com o próprio *guru*. Por outro lado, algumas expoentes da dança tradicional do templo eram realmente adotadas, de modo que mãe e professora se tornavam uma só pessoa.

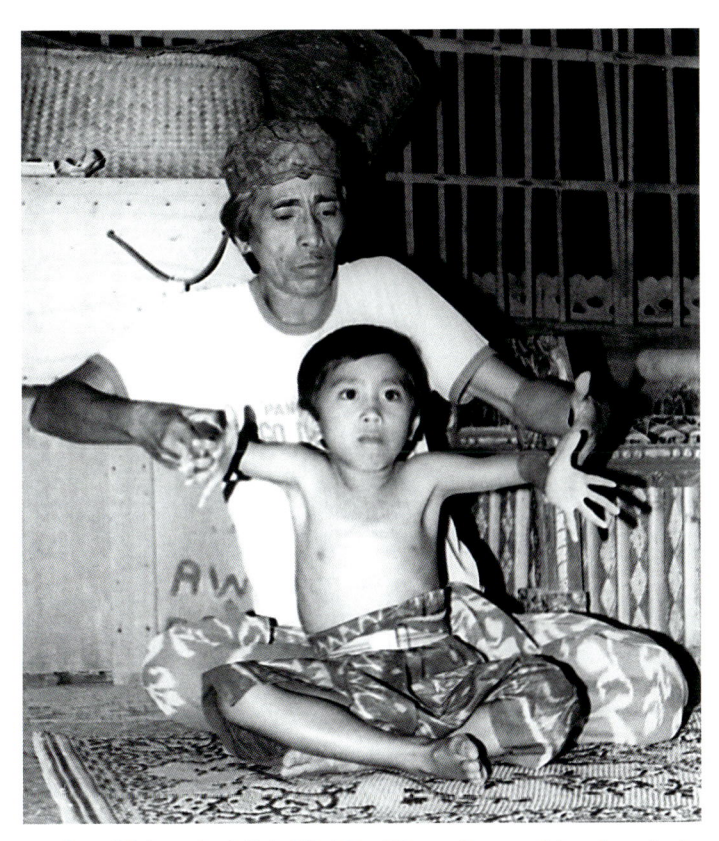

[10-11] O dançarino balinês I Made Pasek Tempo (**à esquerda**) e a dançarina japonesa Katsuko Azuma (**à direita**) ensinam aos respectivos alunos os movimentos dos braços. Nas tradições teatrais da Ásia, o aluno aprende imitando diretamente as ações do seu mestre, posicionando-se, normalmente, na frente dele. Mas às vezes, sobretudo no início da aprendizagem, o mestre ensina posicionando-se atrás do aluno, conduzindo-o diretamente: dessa maneira, inclusive usando o contato físico, ele pode transmitir ao seu aluno tanto os movimentos como os ritmos certos da ação (ver também a figura 5, p. 291).

Tendo alcançado um nível superior ao do pai, o *guru* pode ser colocado praticamente no mesmo nível da divindade, sendo adorado como uma delas. Sua bênção é fundamental para o sucesso de qualquer atividade. Esses versos do *Upanishad Advayataraka* (versos 17-18) elevam o *guru* a alturas sobre-humanas:

Só o guru é brâmane transcendente
Só o guru é caminho supremo
Só o guru é altíssimo saber
Só o guru é o último refúgio
Só o guru é o limite final
Só o guru é riqueza infinita
Porque é isso que ele ensina,
O guru é a coisa mais alta que existe.

Um elogio tão extravagante possui um equivalente na realidade. Em um canto da sala de trabalho de Durga Lal, mestre de dança *Kathak*, está pendurada a fotografia do seu *guru* defunto, adornada com flores frescas e perfumadas com incenso. Cada aluna, quando entra na sala, antes de qualquer outra coisa, caminha em direção ao quadro e, com as mãos, toca de leve e com respeito a base desse quadro. Em seguida, toca levemente seus olhos fechados. Depois caminha em direção ao *guru* atual, toca seus pés e se ajoelha novamente – da mesma forma que se faz, num ato de obediência, quando se está diante de uma divindade no templo.

A relação pessoal entre *guru* e *sisya* é a pedra fundamental do sistema de aprendizagem, e implica um contato direto e duradouro baseado no amor e na devoção. Ravi Shankar cita o mestre como o primeiro dos três conceitos que estão na base da tradição musical: *guru*, *vinaya* e *sadhana*. Para um artista sério, a escolha do *guru* é mais importante do que a escolha do marido ou da esposa. Depois vem a *vinaya*, que é "a humildade temperada pelo amor e pela veneração". Não só o respeito, mas também o medo, pode vir a fazer parte do comportamento do aluno em relação ao *guru* – e contribui com sua aprendizagem. Modelada pela relação pai-filho, a relação ideal na música é íntima e hierarquizada, e não um encontro de amigos ou pares. O terceiro conceito, *sadhana*, que significa exercício e disciplina, implica uma total fidelidade à tradição do *guru*, assim como uma obediência absoluta às suas instruções na vida e na arte.

Guru-kula, *estudo na casa do* guru

É necessário que o *guru* esteja em constante contato com seu aluno para poder ser realmente capaz de alimentar as habilidades e as atitudes artísticas do seu *sisya*. No passado, essa necessidade era favorecida pelo antigo sistema do *guru-kula*, que integrava o aluno na casa do *guru*: ele praticamente se tornava um membro de sua família. *Kula* é uma palavra sânscrita que indica família, linhagem ou casa. Sendo assim, *guru-kulla* significa aprender na casa do *guru*. Esse costume de viver junto do mestre – costume fundamental para o método de educação antigo – foi o sistema predominante para aprender música até a geração que atualmente domina a cena musical do Norte e do Sul da Índia. Para a maioria dos alunos de dança de hoje, o *guru-kula* pertence a um passado idealizado. A limitação do tempo, causada pelo ritmo da vida moderna, talvez permita alguns meses de residência e aprendizagem na casa do *guru*, mas raramente os anos de aprendizagem plena como no passado.

Kalakshetra, uma escola de dança séria e famosa fundada em Madras, em 1936, por Rukmini Devi, foi criada segundo princípios que tentavam conservar as qualidades e a atmosfera do *guru-kula*.

[12-13] Sanjukta Panigrahi com seis anos, no início de sua aprendizagem como dançarina de Odissi: "Comecei a aprender quando tinha cinco anos" – afirma a dançarina – "e ainda hoje eu aprendo. Tive dois mestres. A primeira, Rukmini Devi (ver fig. 2, página 246), era perfeita na técnica, famosa porque seus alunos não tinham o mínimo ponto frágil, ninguém podia encontrar neles um mínimo erro. Meu segundo mestre, Kelucharan Mahapatra (ver fig. 25, página 82), com o qual ainda hoje eu aprendo, diz que o grande artista é aquele que domina a técnica para depois esquecê-la, aquele que não apenas agrada a quem o vê, mas que também é capaz de transformar o seu espectador."

É um colégio no qual mestres e alunos vivem e trabalham juntos durante a maior parte do ano e onde os cursos duram, no mínimo, quatro anos. O mestre anterior, Chandu Pannikar, que foi o pilar do departamento de Kathakali, exigia o máximo respeito, demandava a maior atenção possível e impunha uma disciplina rigorosa. Quem estudou com ele, inclusive seu filho, dizia que os estudantes de hoje não resistiriam àqueles sacrifícios e àquela disciplina. "Cada vez que íamos encontrá-lo, ele nos obrigava a fazer algum exercício: olhos, *talam* (ritmo), *mudras*. Eram vinte e quatro horas de trabalho por dia. Mais tarde eu entendi por que ele nos repreendia, por que ficava com raiva inclusive quando alguém, que estava sentado nos observando, nos fazia um elogio." (Kuniramam)

O *guru* costumava contar histórias bem mais brutais sobre seu mestre: uma vez, ele havia agarrado seu cabelo pelo rabo-de-cavalo, atirando-o contra a parede, só porque tinha parado de fazer o ritmo. Mas nem toda a vida do aluno era um sofrimento. Na verdade, a grande proximidade com o *guru* permitia que a criatividade do mestre se expressasse toda vez que ele fosse tomado pela inspiração. A suscetibilidade para a inspiração – extremamente frágil na arte expressiva – era conservada e favorecida dentro de uma estrutura disciplinada de aprendizagem. Dois dançarinos me confirmaram isso: mesmo quando seu mestre tinha inspiração no meio da noite, ele não hesitava em chamar seus alunos para lhes transmitir seu saber.

Isso não significa que eles teriam aula de dança toda vez que o *guru* lhes chamasse. Outro aspecto muito importante da relação *guru-sisya*, mais frequente dentro do contexto *guru-kula*, é o "serviço" que o aluno presta ao mestre. Lavar suas roupas, preparar e transportar água quente para seu banho, fazer massagens e dar banhos de óleo são alguns dos trabalhos que muitos dançarinos citaram. Meu *guru* de Odissi falava dos serviços que prestava ao seu *guru*: lavava seus pratos, fazia suas compras e conduzia o culto – ou *puja* – na casa do *guru* quando ele estava ausente. Também vi alunos que remendavam roupas e preparavam as malas de viagem de seu *guru*. O serviço e a obediência nas tarefas mundanas parecem demonstrar a devoção e a humildade do estudante, provando que ele é digno de receber o conhecimento e a habilidade encarnados no mestre. Nos dias de hoje, assim como no passado, esse permanece sendo um elemento importante da relação *guru-sisya*.

Guru-daksina: *presentes e recompensas*

No antigo sistema de educação, não havia acordos preliminares de pagamento e, de fato, alguns textos condenam os mestres que combinavam uma recompensa como condição para aceitar os alunos. Em todo caso, a ideia do presente ao *guru*, *guru-daksina*, é uma prática tradicional aceita há muito tempo. Fontes antigas sugerem que o princípio ideal era dar um presente ao mestre apenas para alegrá-lo; não deveria ser o equivalente ao conhecimento recebido ou uma recompensa por ele. Esse ideal baseava-se na convicção de que o conhecimento era tão sagrado que, ainda que o *guru* ensinasse apenas uma letra do alfabeto, ele nunca poderia ser recompensado com bens mundanos. Apesar disso, era justo oferecer um presente (*daksina*) quando os estudos fossem concluídos. Uma antiga lei estabelece que, quando o aluno está prestes a voltar para casa, "ele pode oferecer algum presente para seu *guru*: um campo, uma vaca ou um cavalo, ouro, sapatos, um guarda-chuva, uma cadeira, trigo, verduras e roupas (todas essas coisas juntas ou apenas uma delas) podem dar prazer ao mestre". Naturalmente, essa tradição *guru-daksina* perpetuou-se até os dias de hoje. Um *guru* que ofereceu sua arte e seu amor espera receber gratidão e respeito em forma de presentes.

O presente mais importante é oferecido no momento em que a instrução de base é finalizada, momento que coincide, na dança, com a primeira representação, que no Bharata Natyam é chamada de *arangetram*. A prática comum é oferecer um presente segundo as possibilidades do aluno e as necessidades do mestre. O critério é elástico em seu conceito, ainda que novas expectativas influenciem consideravelmente a escolha e o valor do *daksina*. Geralmente, hoje, os *gurus* de dança recebem um pagamento específico por seu ensinamento; então, o *guru-daksina* se converte numa fonte de objetos de luxo. Uma lista de presentes adequados para o *guru-daksina* nos dias de hoje, depois que o aluno concluiu seus estudos, pode conter uma televisão, um aparelho de DVD, uma motocicleta ou o presente mais tradicional do vestuário: um xale de caxemira ou um colar de ouro.

Ekalavya, *discípulo extraordinário*

Há uma história especial sobre a relação *guru*-aluno retirada do *Mahabharata*, um exemplo impressionante de *guru-daksina*, que parece dominar a mente de várias pessoas. Meu *guru* de dança Odissi, Ramani Ranjan Jena, contou-me essa história, que transmito aqui para conservar o sabor da tradição oral.

> Drona foi o maior de todos os *gurus*, e foi mestre de *dhanur beda*, a arte do tiro com arco. Dava aulas para os filhos dos reis, tanto para os Pandava quanto para os Kaurava (as duas principais famílias da tradição épica que guerrearam entre si). Um dia, Ekalavya viu Drona e ficou maravilhado e cheio de amor pelo espírito do seu *guru*. Essa força tocou Ekalavya muito profundamente, mas ele vinha de uma família pobre e humilde, então não tinha nenhum direito de aprender o tiro com arco. Mas seu fervor foi tão grande que ele fez uma imagem do *guru* Drona e exercitou-se no tiro com arco diante dela, rezou diante da *rupa* [a imagem] e fez oferendas. Até que, um belo dia, Drona e seus alunos estavam na floresta quando, de repente, ele viu que o focinho de um cão que estava latindo tinha sido atravessado por uma flecha, reduzindo-o ao silêncio. Drona ficou impressionado porque só ele conhecia a arte de atirar a flecha daquela maneira, e quis saber quem era o responsável pelo feito. Ekalavya apareceu e admitiu que tinha sido ele, confessando como havia tomado Drona por seu *guru*, sem que o mestre o soubesse, e como havia aprendido a arte. Então, o *guru* Drona pediu o que lhe era de direito, o *guru-daksina*, o presente que se oferece ao mestre após o fim da instrução. Mas porque temia que Ekalavya se tornasse melhor do que ele mesmo, Drona pediu o polegar da mão direita do aluno. Feliz, Ekalavya deu ao mestre o que ele havia pedido. A mãe de Ekalavya chorava, mas a arte do tiro com arco devia ficar nas mãos da classe dominante. O cuidadoso aluno havia ultrapassado os limites e tinha ido além do que o destino havia imposto como possível em sua vida.

Esse conto – ainda que por si só seja uma situação não ortodoxa – ilustra bem vários aspectos da relação *guru-sisya*: a devoção, o exercício intenso, a obediência e a completa submissão da vontade do aluno às exigências do *guru*. Um detalhe importante, que não aparece na versão que mostramos aqui, é que Drona havia prometido ao seu aluno preferido, Arjuna, que nunca haveria um arqueiro melhor do que ele. Talvez o desejo do *guru* de se manter fiel à promessa feita a Arjuna, seu aluno escolhido e legítimo, pudesse explicar aquele pedido assim tão duro. E a completa disposição de Ekalavya em atender prontamente ao pedido do seu *guru* demonstra que suas bênçãos eram mais apreciadas do que o aprendizado de uma habilidade. Um mestre-dançarino idoso e famoso me dizia que o respeito, a obediência e o serviço prestados ao *guru* têm o objetivo de quebrar o ego até ele ceder gradualmente, deixando o verdadeiro eu emergir em toda a sua plenitude. À luz dessa indicação, é possível interpretar a história de Ekalavya – inicialmente perturbadora – como o conto de uma grande conquista pessoal em termos espirituais. Através da sua habilidade com o arco, ele chegou a dominar não apenas o arco, mas também a si mesmo.

Guru-sisya-parampara

Até agora consideramos a relação mestre-aluno principalmente como uma relação hierárquica, no sentido de que o jovem aluno deve respeitar o mestre idoso, que é a fonte do conhecimento. No entanto, a natureza da relação *guru-sisya* é claramente simbiótica. Um famoso *guru* de Bharata Natyam, Nana Kasar, cujas aulas assisti em Nova Délhi, estava sempre lembrando (diante de seus alunos) que o bom aluno faz o mestre aparecer, e o mestre pode se inspirar em seus alunos e neles se realizar.

Mas a relação simbiótica vai além da mútua dependência entre *guru* e *sisya*. Um dia, meu *guru* de Odissi declarou que acreditava que o *guru*, ou talvez o conceito de *guru*, existisse dentro de nós mesmos, que carregamos a imagem e a força do *guru* em nossa mente e em nosso coração. No início da relação, o mestre deve provocar o nascimento do ser artístico do aluno e alimentar suas capacidades, assumindo o papel do segundo pai. Em seguida, o *guru* e sua tradição são assimilados pelo discípulo, que passa a carregá-los dentro de si.

Sob o pano de fundo da tradição, o *parampara* – a relação entre *guru* e aluno – se transforma em algo mais que um simples encontro ou troca entre dois indivíduos. Funciona como o elo vital na continuidade da dança. As palavras de três artistas famosos que foram alunos de Muthukumara Pillai (1874-1960), o célebre mestre de Bharata Natyam, colhem o sentido da forte influência que um *guru* respeitado exerce sobre a geração sucessiva:

> Através da simplicidade de sua vida, ele encarnou o conceito do verdadeiro mestre, aquele dos tratados clássicos, cuja inspiração continua sendo uma iluminação na mente de seus alunos. (Mrinalini Sarabhai)

> Era o depositário de um enorme repertório. (...) Para alguns de nós, sua lembrança permanecerá viva e servirá como inspiração para passar aos outros tudo o que aprendemos. (Rukmini Devi)

> Sei que tudo o que ele ensinou, a mim e aos outros alunos, é imortal. (Ram Gopal)

Aqui, podemos enxergar o *guru* como a inspiração que fica com o discípulo e motiva a próxima transmissão. A dança continua a viver e o *guru* é imortalizado por seus sucessores.

CENOGRAFIA E FIGURINO

Não se trata de pintar a vida, mas de tornar viva a pintura.
(Pierre Bonnard)

O figurino cria a cenografia

Sabemos que, em geral, os teatros orientais não usam nenhum tipo de cenografia, se, por cenografia, entendemos qualquer tipo de artifício para representar, de forma mais ou menos realista, os lugares onde acontecem as ações dramáticas. Com exceção da complexa cenografia do Kabuki (ao qual o teatro europeu deve a invenção do palco giratório, entre outras coisas), podemos dizer que o espaço cênico dos atores orientais tem sempre um *fundo de cena fixo*: seja ele o do espaço fechado do Nô ou da Ópera de Pequim; seja aquele natural, ao ar livre, das paredes dos templos e das casas de um vilarejo, como vemos no Kathakali, nas danças balinesas ou em tantas outras formas de dança do Sudeste Asiático.

Então, como é possível que as histórias contadas nesses teatros sejam as narrações mais fantásticas de batalhas, viagens, caças, amores vividos nos lugares mais distantes do céu e da terra? Na verdade, é exatamente graças à falta de uma cenografia realística que, com poucos acessórios cênicos (uma mesa e duas cadeiras na Ópera de Pequim!), torna-se possível oferecer uma formidável fantasmagoria de lugares e situações aos olhos dos espectadores: graças à *omissão* da cenografia, dos lugares, mas, principalmente, graças à arte do ator, que é capaz de suscitá-los através das reações do próprio corpo. Trata-se de gestos convencionais, aceitos e compreendidos por todos os espectadores, só que executados com grande prontidão e habilidade: como, por exemplo, as famosas cenas "no escuro" da Ópera de Pequim, que, na verdade, acontecem em plena luz. Nelas, os atores fingem encontrar obstáculos e dão início a duelos *sem se ver*. Essas situações também existem na pantomima ocidental e já eram conhecidas pela tradição antiga, como nos lembram os espetáculos da Commedia dell'Arte, as encenações rudimentares dos mistérios medievais e o teatro elisabetano. No entanto, assim como chamaram de *cenografia verbal* a habilidade de Shakespeare para reconstruir os lugares com as palavras e, com elas, trazer novamente à vida as atmosferas que caracterizam seus dramas, também existe nos teatros orientais uma *cenografia em movimento*, representada pelo figurino do ator.

[1-5] O figurino como cenografia em movimento: (**acima, à esquerda**) um ator da Ópera de Pequim no papel de um general; (**acima, à direita**) um ator do Topeng balinês; (**no centro, à esquerda**) um tradicional *sári* indiano vestido por Sanjukta Panigrahi, dançarina de Odissi; (**no centro, à direita**) um quimono de gueixa vestido por Katsuko Azuma, dançarina de Buyo; (**abaixo**) o figurino que dilata o ator-dançarino de Teyamm, o teatro ritual do Kerala, na Índia.

CENOGRAFIA E FIGURINO

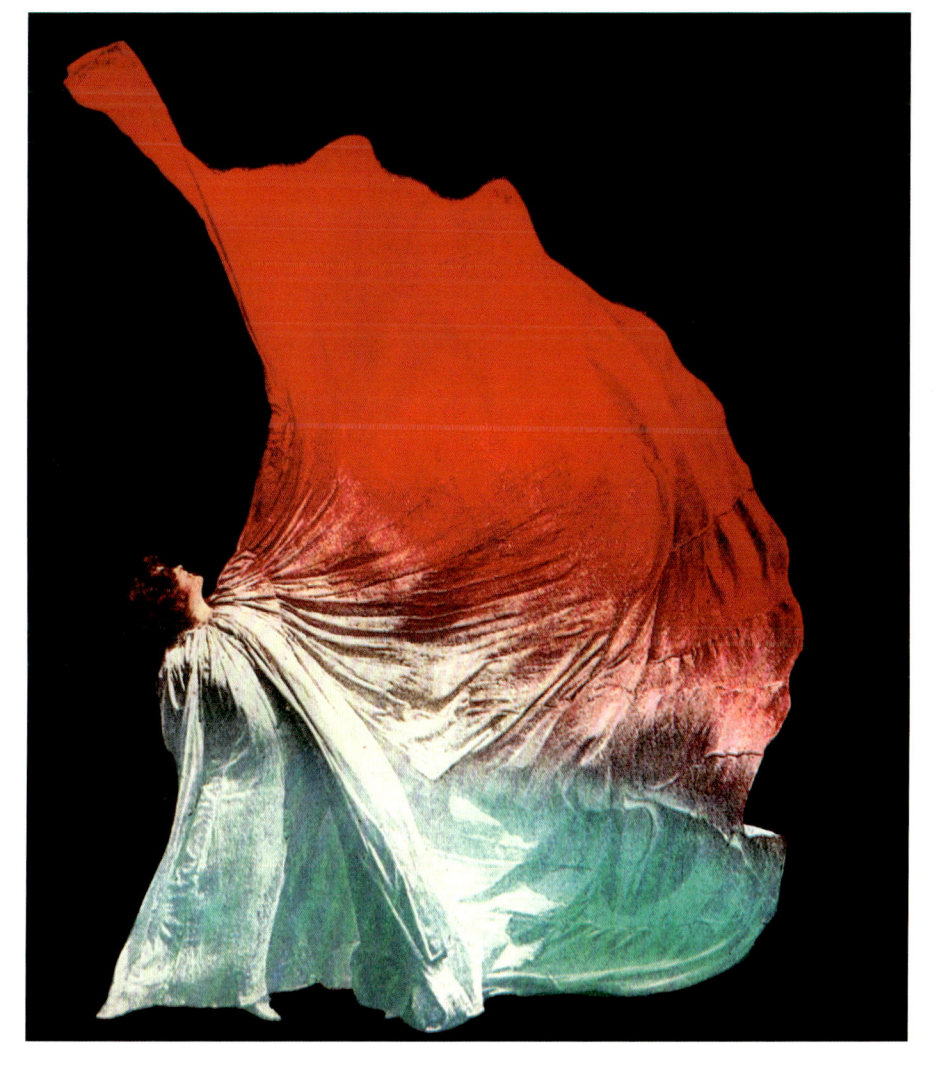

Dimensões, cores, decorações fulgurantes, máscaras e outros acessórios transformam o ator oriental em uma verdadeira cenografia em miniatura, que se desloca continuamente no palco e nos apresenta, a cada vez, diversas perspectivas e, assim, diversas dimensões e sensações. A origem desses figurinos está perdida no tempo, mas provavelmente eles nasceram de práticas militares, que duplicavam o tamanho de seus guerreiros para aterrorizar e impressionar o inimigo. Uma herança dessas armaduras passou diretamente para os figurinos da Ópera de Pequim: as bandeiras nos ombros, como se fossem aquelas estrelinhas que indicam os graus militares e quantos soldados são comandados pelo general (fig. 1, p. 42). O mesmo aconteceu com aquelas faixas compridas dos figurinos balineses, que agora são feitas com um tecido precioso, mas que evocam as lorigas dos velhos guerreiros.

No entanto, independentemente das origens, mesmo quando os figurinos dos atores orientais se inspiram na cotidianidade – como o *sari* indiano e o *kimono* japonês – eles não representam um puro embelezamento, uma casca dourada do corpo do ator: no Oriente, assim como em alguns exemplos de teatro ocidental, o princípio seguido é usar o figurino como um *parceiro vivo* que permite visualizar a dança das oposições, os equilíbrios precários e os complexos movimentos criados pelo ator. Há um grande cuidado, uma grande consciência dos efeitos que podem ser provocados pelo figurino: então ele se torna uma *prótese* (esta é uma definição de Grotowski, nos primeiros anos de trabalho no Teatrlaboratorium) que ajuda o corpo do ator, que o dilata e o esconde, transformando-o sem parar. Dessa maneira, o efeito de poder e de energia que o ator é capaz de pôr em campo se potencializa e se torna mais vivo, inclusive com as metamorfoses do figurino, numa relação de mutação recíproca entre ator-corpo, ator-figurino e ator-dentro-do-figurino.

[6-7] O figurino que dilata o ator-dançarino: **(acima)** *Um homem é um homem* de Bertolt Brecht, com Peter Lorre (1904-1964), Staatsteather, Berlim, 1931; **(abaixo)** Loïe Fuller (1862-1928), a famosa dançarina norte-americana, precursora da dança moderna: graças ao uso inteligente de feixes de luz colorida, ela dançava e dava vida a uma longa túnica de véu branco. Loïe Fuller foi uma das primeiras dançarinas a abolir o palco em perspectiva do século XIX usando um figurino cenográfico e utilizando as luzes de modo original.

[8-11] (**acima**) O ator inglês David Garrick (1717-1779) no papel de Sir John Brute, na peça *A Esposa Provocada*, de John Vanbrugh. O quadro de Johan Zoffany, que faz parte da Coleção do Teatro Nacional de Londres, mostra o personagem masculino travestido de mulher com fins cômicos e satíricos. Um movimento brusco feito pelo ator, enquanto interpreta uma cena de bebedeira, faz com que a frente de sua saia rodada se levante: isso permite que o público descubra – acentuando a comicidade – as calças do homem que se escondiam sob a roupa feminina.
(**abaixo, à esquerda**) Figurino de pastor-dançarino desenhado por P. Lior, que trabalhou na Inglaterra entre 1725 e 1750. Até o início do século XIX, os figurinos teatrais usados na Europa refletiam a moda contemporânea e, na maioria das vezes, consequentemente, eram distantes da verdade histórica do personagem representado. Antes que o teatro do período romântico introduzisse a fidelidade histórica na cena, nos figurinos e até nas atitudes dos atores, o figurino teatral era simplesmente uma roupa mais bonita e mais suntuosa que a roupa do dia a dia. A extraordinária elegância desse figurino de balé pastoral – desde as plumas de pavão até a saia sustentada por fios de ferro – faz parte da convenção de um dançarino que pertence à nobreza. Neste caso, a saia é um indumento tipicamente masculino, remanescente da túnica usada sob as armaduras. Naquela época, a amplitude da saia ultrapassava a abertura dos braços do ator;
(**abaixo, no centro**) um Arlequim, numa gravura do século XVIII, não sabe qual figurino lhe cai melhor: uma saia larga ou uma calça comprida? (**abaixo, à direita**) a *maulavi*, a grande saia dos dervixes que se desdobra como um enorme cone durante o rodopio de sua dança.

CENOGRAFIA E FIGURINO

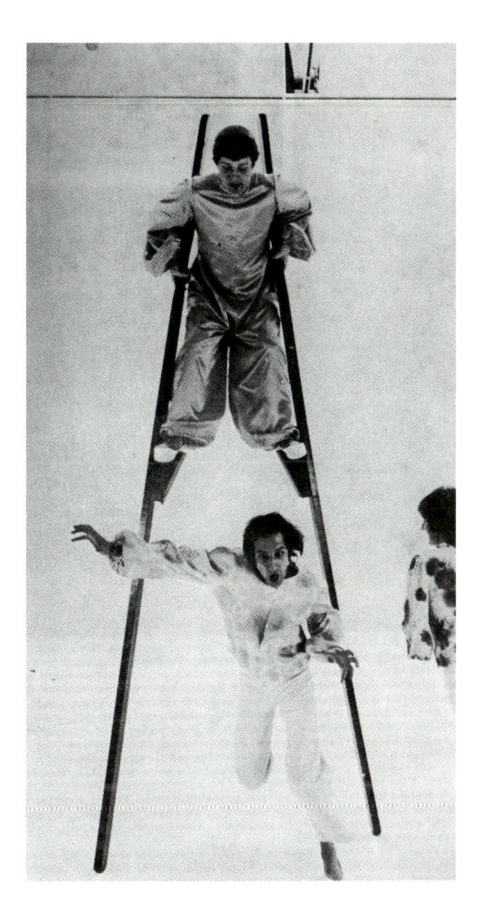

[12-17] (**acima, à esquerda**) Cena de *Sonho de Uma Noite de Verão*, dirigido por Peter Brook, com o The Royal Shakespeare Company (1970); (**acima, ao centro**) dança sobre pernas de pau da Guiné; (**acima, à direita**) o uso de um figurino especial e de acessórios, como pernas de pau, permite que o ator modifique a natureza cotidiana de um espaço ao ar livre, não exatamente teatral: Julia Varley em uma cena de teatro de rua em Nova York; (**ao lado, à esquerda**) Arlequim sobre pernas de pau: detalhe de uma gravura do Recueil Fossard (Museu de Estocolmo); (**abaixo**) atores maias sobre pernas de pau; (**ao lado, à direita**) ator com perna de pau: detalhe de uma pintura mural da dinastia Wei (220-265 d.C.) em Dunhuang (China).

A ARTE SECRETA DO ATOR

[18-23] *Shojo* é um leão mítico de origem chinesa. Aqui, Katsuko Azuma dança fazendo rodopiar a juba deste leão. O que caracteriza inúmeros figurinos balineses, indianos ou japoneses é sua grandeza. Isso significa que às vezes o ator deve suportar um peso de até 20 ou 30 quilos, o que o obriga a criar contraimpulsos que comprometem continuamente sua espinha dorsal. E para que os acessórios do figurino se tornem vivos, o ator deve trabalhar com o corpo todo. O *Shojo*, que já é incrível mesmo estando imóvel, de repente começa a se agitar e a fazer rodopiar sua enorme peruca para se livrar das borboletas que o incomodam. O efeito do figurino aumenta de forma extraordinária devido à precisão do corpo, comprometido num ritmo cada vez maior, e à peruca, que é lançada no ar para cima e para os lados, com bastante intensidade e energia.

CENOGRAFIA E FIGURINO

[24] A alteração do equilíbrio deste dançarino Maia, causada pela rotação de sua cabeça para trás, agora é mais clara: provavelmente, o dançarino é representado no ato de fazer rodopiar o ornamento de seu penteado, assim como acontece na dança do *Shojo* japonês.

[25-27] (**acima**) Else Marie Laukvik, atriz do Odin Teatret, usando acessórios durante o espetáculo *O Livro das Danças*. Neste caso, o acessório – duas bandeiras – muda de função o tempo todo: às vezes é uma arma, às vezes é um manto, ou até mesmo uma cortina que pode ser levantada para esconder o rosto. Um ininterrupto jogo de metamorfoses num simples e elegante tabuleiro de xadrez; (**abaixo**) Lin Chunhui no papel de Yu-chi, mulher-guerreiro da Ópera de Pequim. A atriz usa o mesmo figurino com dois acessórios diferentes que o modificam: um manto, como um grande volume que destaca seu rosto, e duas espadas que, num ato de defesa, também acabam emoldurando seu rosto. Em ambos os casos, o olhar aponta para a mesma direção, as pernas estão dobradas da mesma maneira e os braços se levantam acima da linha da cintura: mas, no primeiro caso, o efeito é extremamente doce (reparem na delicadeza dos mindinhos elevados); no segundo caso, o efeito é de extremo vigor.

Roupa cotidiana, figurino extracotidiano

O quimono (figuras no alto), o tradicional e cotidiano indumento nacional japonês, vira um figurino teatral extracotidiano: através das mudanças de posição da perna, não só se manifestam as tensões e as oposições do equilíbrio precário (fig. 28 e 29), mas também se cria um jogo visual de volumes que muda consideravelmente a percepção do espectador.

O quimono também tem o poder de transformar o efeito da estatura – quando o cinto (o *obi*) está posicionado bem acima da cintura – e de esconder a flexão das pernas (fig. 29): além disso, as amplas mangas do quimono criam proporções contrastantes entre a solenidade de sua estrutura piramidal e a finura do braço do ator (fig. 30 e 32). Quando Kosuke Nomura, o ator Kyogen, mostra as mesmas posições sem o quimono, tem-se uma percepção completamente diferente do corpo do ator (fig. 31 e 33).

É claro que não podemos falar de uma pré-expressividade do figurino. É sempre o ator quem lhe dá forma. Todavia, no caso do quimono, cortado com suas linhas geométricas e rígidas que respeitam as medidas originais dos rolos de seda (não há desperdício de tecido), o figurino tem uma influência considerável sobre o modo como o ator é percebido. Influência esta que os atores japoneses conhecem e utilizam sabiamente.

[28-33] (**acima**) A mudança na posição dos braços altera a percepção do espectador com relação ao volume do figurino do dançarino: Katsuko Azuma durante uma demonstração na ISTA de Bonn (1980); (**no centro e abaixo**) Kosuke Nomura, ator Kyogen, durante uma demonstração na ISTA de Volterra (1981): ele faz as mesmas ações com e sem o quimono, seu figurino.

As mangas de água

Não há nada que incomode mais um ator do que seus braços e suas mãos. E todas as posições que inventam para ambos – esconder as mãos nos bolsos, fumar um cigarro para obrigá-las a fazer alguma coisa, fechar os punhos ou cruzar os braços – incomodam o espectador ainda mais. Os atores da Ópera de Pequim, ou melhor, seus figurinos tradicionais, possuem *mangas de água*: um prolongamento artificial das mangas dos figurinos feito com outro pedaço de seda, normalmente branca ou reluzente (fig. 34). As *mangas de água* se movem continuamente até nos momentos de muita conversa ou de canto, quando os atores são obrigados a ficar praticamente imóveis para que seu falsete alcance o público. Elas então deslizam, fluem e se elevam como se fossem o curso d'água de uma montanha. O ator usa seus braços para controlar a fluidez daquela seda altamente deslizante: ele segue ou contradiz o ritmo da música enquanto a brancura do tecido em movimento ressalta a métrica das falas ou dos cantos com uma graça quase natural. As *mangas de água* são um importante recurso do ator chinês, mas o uso cênico de grandes mangas também era conhecido pelos atores europeus, como testemunham várias ilustrações antigas (fig. 35-38).

Esse detalhe do figurino, fiel parceiro do braço, funciona como um contrapeso. Verdadeiros elementos esculturais, essas mangas parecem ter vida própria e são capazes de se adaptar aos movimentos e às oposições criadas pelo ator. O imenso volume que possuem, assim como a energia necessária para dominá-lo, anulam e sublimam o incômodo que, muitas vezes, o ator experimenta com relação ao próprio corpo.

[34-38] (**acima**) Ator da Ópera de Pequim numa típica posição em que ele atua com as grandes mangas de seda branca chamadas de *shui xiu* (mangas de água); (**abaixo**) as "mangas de água" em diferentes tradições; em ordem, a partir da esquerda: um papel feminino da Ópera de Pequim; Pierrô em uma gravura do século XVII; *Pulcinella* em uma gravura do século XVIII; e, mais uma vez, Pierrô em uma gravura francesa do século XIX.

[39] O figurino como cenografia em movimento: os atores do Théâtre du Soleil, dirigido por Ariane Mnouchkine, em *Ifigênia em Áulis*, da tetralogia de *Os Átridas* (1990).

DILATAÇÃO

O CORPO DILATADO
Eugenio Barba

A *ponte*

Um corpo-em-vida é mais do que um corpo que vive.

Um corpo-em-vida dilata a presença do ator e a percepção do espectador.

Diante de certos atores, o espectador é atraído por uma energia elementar que o seduz sem mediação. Isso acontece antes mesmo que ele tenha decifrado cada ação, que tenha se interrogado sobre seu sentido e que o tenha compreendido.

Para um espectador ocidental, essa experiência é óbvia quando ele observa atores-dançarinos orientais de quem, geralmente, pouco conhece a cultura, as tradições e as convenções cênicas. Diante de um espetáculo cujo significado ele não pode compreender completamente e do qual não sabe apreciar – como especialista – a execução, de repente se vê na ignorância. Mas nesse vazio ele tem que admitir que, apesar de tudo, ali há uma força que o mantém atento, uma "sedução" que vem antes da compreensão intelectual.

Mas nem a sedução nem a compreensão podem resistir muito tempo se não ficarem ligadas uma à outra: a sedução duraria bem pouco, a compreensão não causaria interesse.

O espectador ocidental que observa um ator-dançarino oriental é somente um exemplo extremo. A mesma situação se apresenta toda vez que o teatro é bem feito. Mas quando o espectador está diante do "seu" teatro, tudo o que ele sabe – as perguntas que já conhece e que lhe indicam onde e como buscar as respostas – cria um véu que esconde a existência da força elementar da "sedução".

Muitas vezes chamamos essa força do ator de "presença". Mas ela não é algo que *existe* e que está ali na nossa frente. É mutação contínua, um crescimento que se dá diante dos nossos olhos. É um corpo-em-vida. O fluxo das energias que caracteriza nosso comportamento cotidiano foi dilatado. As tensões ocultas que regem nosso modo de estar fisicamente presente no cotidiano afloram no ator, tornam-se visíveis, imprevistas.

O corpo dilatado é um corpo quente, mas não no sentido sentimental ou emotivo. Sentimento e emoção sempre são uma consequência, tanto para o espectador quanto para o ator. Antes de tudo é um corpo vermelho de tanto calor, no sentido científico do termo: as partículas que compõem o comportamento cotidiano foram excitadas e produzem mais energia, sofreram um aumento de movimento, elas se afastam, se atraem, se opõem com mais força e mais velocidade num espaço mais amplo.

[1-2] Da postura ao figurino, da mímica aos movimentos, tudo contribui para a dilatação da presença do ator: (**à esquerda**) um dervixe dançante e (**à direita**) Helene Weigel (1900-1971) no papel principal de *Mãe Coragem e seus Filhos*, dirigida por Bertolt Brecht e Erich Engel (1952).

[3-4] O corpo dilatado: (**à esquerda**) Stephen Pier, em uma demonstração de trabalho; e (**à direita**) Stina Ekblad, em *Medeia*, durante a ISTA de Copenhague, 1996.

Se interrogarmos os mestres dos teatros orientais e ocidentais e compararmos suas respostas, vamos constatar que as diferentes técnicas estão baseadas em princípios semelhantes. Esses princípios podem ser reunidos em três linhas de ação:
1. a alteração do equilíbrio cotidiano e a busca de um equilíbrio precário ou "de luxo";
2. a dinâmica das oposições;
3. o uso de uma incoerência coerente.

Essas três linhas de ação implicam um trabalho contínuo de redução ou – ao contrário – de ampliação das ações que caracterizam o comportamento cotidiano. Enquanto este se baseia na funcionalidade, na economia das forças, na proporção entre as energias utilizadas e o resultado obtido, o comportamento extracotidiano do teatro e da dança baseia cada ação, por menor que ela seja, no desperdício, em um *excesso*.

Tudo isso fascina, mas às vezes engana: há quem acredite que se trate apenas de um "teatro do corpo", que só use ações físicas, e não ações mentais. Mas um modo de se deslocar no espaço revela um modo de pensar, é um movimento do pensamento que se desnuda.

De forma análoga, o pensamento também é um movimento, ou seja, algo que muda: partir de um ponto para alcançar outro, seguindo caminhos que de repente variam de direção. O ator pode partir do físico ou do mental: não importa, basta que, passando de um para o outro, ele reconstrua uma unidade.

Assim como existe um modo preguiçoso, previsível e cinza de se mover, também existe um modo cinza, previsível e preguiçoso de pensar. A ação de um ator pode ficar pesada ou bloqueada pelos estereótipos, assim como o fluxo do pensamento também se bloqueia com estereótipos, julgamentos e perguntas já prontas. Um ator que só usa o que já conhece acaba se fechando dentro de um charco, mesmo sem querer, utilizando sua energia de forma repetitiva, sem desorientá-la ou desviá-la com saltos em cachoeiras e cascatas, ou naquela quietude profunda que precede a fuga imprevista da água capturada por um novo declive. Continuando com a analogia, o pensamento – com as palavras e as imagens que o expressam – pode se mover ao longo de percursos plácidos e fundamentalmente desinteressantes.

Não fazemos um trabalho sobre o corpo ou sobre a voz: fazemos um trabalho sobre as energias. Assim como não existe uma ação vocal que não seja ao mesmo tempo uma ação física, também não existe uma ação física que não seja ao mesmo tempo uma ação mental.

Se há uma aprendizagem ou um treinamento físico, deve haver uma aprendizagem ou um treinamento mental.

É preciso trabalhar sobre a ponte que une a margem física e a margem mental do processo criativo.

A relação entre essas duas margens não se refere apenas a uma polaridade que pertence a cada indivíduo no momento em que ele age, compõe ou cria. Também conecta duas polaridades mais amplas e especificamente teatrais: aquela entre o ator e o diretor, e aquela entre o ator e o espectador.

O "corpo dilatado" evoca sua imagem oposta e complementar: a "mente dilatada".

Essa expressão não deve nos fazer pensar apenas numa coisa paranormal ou em estados de consciência alterada. Ela também indica um nível artesanal do ofício artístico.

Durante minha experiência como diretor teatral, observei um processo análogo em mim e em alguns dos meus companheiros: o contínuo trabalho cotidiano sobre o treinamento físico, transformado ao longo dos anos, ia lentamente se destilando em *patterns* internos de energia, que podiam ser aplicados ao modo de conceber e compor uma ação dramática, de falar em público, de escrever.

Há um aspecto físico do pensamento: sua maneira de se mover, de mudar de direção, de avançar irregularmente, de *saltar*, resumindo, seu "comportamento". Até nesse campo há um nível

A ARTE SECRETA DO ATOR

[5] Richard Wagner, *O Navio Fantasma ou O Holandês Voador:* gravura de Gustave Doré (1832-1883).

pré-expressivo que pode ser considerado análogo ao trabalho pré-expressivo do ator, aquele trabalho que se refere à "presença" (seu *bios*, sua energia cênica) e que vem antes – na lógica, se não cronologicamente – da verdadeira composição artística.

Peripécias

Os *saltos* do pensamento podem ser definidos como *peripécias*. Peripécia é uma trama de acontecimentos que fazem uma ação se desenvolver de maneira imprevista, ou a fazem terminar de forma oposta a que havia começado.

A peripécia age por negação. Sabemos disso desde os tempos de Aristóteles.

O "comportamento" do pensamento é visível nas "peripécias" das histórias, em suas mudanças imprevistas, quando passam de mão em mão ou de uma mente para a outra. Mudanças imprevistas não acontecem na cabeça de um artista solitário, mas são o trabalho de vários indivíduos que se juntam em torno de um mesmo ponto de partida: exatamente como acontece em um processo criativo teatral.

O Holandês Voador era o Capitão Van der Decken. Enquanto tentava dobrar o Cabo da Boa Esperança, o Capitão Van der Decken blasfemou contra Deus e o inferno: não cederia às forças das tempestades e do destino, continuaria a tentar até o último dos seus dias. Foi assim que, dos céus, ele ouviu uma voz repetindo-lhe suas mesmas palavras, transformadas numa condenação: "Até o último dia... Ao último dia".

E foi então que se formou o nó fundamental de uma história: um Capitão que permanece no mar sem nunca morrer. Um navio que continua a navegar. Mas depois que esse nó abandona o contexto original, ele salta para outros contextos.

A fantasia popular sobrepõe a figura do Capitão e seu eterno peregrinar àquela do judeu Ahasverus, o Judeu Errante, que não encontra paz. E assim a história de Van der Decken se transforma: dizem que ele foi condenado porque conduzia uma vida imoral, ateia, tanto que havia dado ordens de zarpar no dia sagrado da Sexta-Feira Santa, o dia em que o Salvador foi morto. Ou então: a figura do Capitão vai sumindo aos poucos e, em seu lugar, na imaginação, surge seu navio. O Navio Fantasma aparece de repente para os navegantes, é negro, com velas cor de sangue ou amarelas, ou talvez tenham cores mutantes e enfeitiçadas que podem mudar até dez vezes em uma única hora.

O tempo passa, e o tema do Capitão e de sua condenação se entrelaça com o tema da mulher que salva. Essa nova trama surge nos mesmos anos em que também se modifica a história de dois outros proverbiais adeptos do Inferno: Don Juan e Fausto. Eles também são salvos pelo amor de uma mulher.

Provavelmente, Heine foi o primeiro a entrelaçar esse novo tema à saga do Holandês Voador e do seu Navio Fantasma: de tempos em tempos, Van der Decken atraca seu navio em uma cidade em busca de um amor. Ele será salvo quando encontrar uma mulher que lhe será fiel até a morte.

No verão de 1839, Richard Wagner viajava de Riga para Londres. Sua mulher, Minna, estava com ele. Wagner conhecia a história do Holandês, mas só conseguiu entendê-la realmente quando o navio em que viajava foi pego pela tempestade entre os rochedos noruegueses. Os marinheiros falavam sobre o Navio Fantasma que preanuncia os naufrágios. Finalmente atracaram entre as altas paredes de um fiorde em Sandvik, a poucas milhas de Arendal.

Depois que a viagem terminou e Wagner chegou a Londres, ele se transferiu para Paris e começou a falar sobre a tempestade ao longo das costas da Noruega. Disse que o vento entre as enxárcias assobiava de modo sinistro e demoníaco. Contou que viu uma vela emergir da escuridão e acreditou entrever o Navio do Holandês.

[6] Pensamento em vida, não retilíneo, não unívoco: manuscrito representando o início da migração dos Astecas. Da esquerda para a direita: 1. o soberano em uma ilha: os hieróglifos ao redor da pirâmide representam seu nome e o nome de seis tribos; 2. A travessia: o hieróglifo, em um retângulo, representa a data do acontecimento; 3. Alguns rastros de pés indicam a marcha rumo à cidade de Colhuacan, representada pelo grande hieróglifo; 4. Outras oito tribos aguardam o soberano: cada tribo é designada por um hieróglifo e por um homem que fala. Extraído do livro *O Gesto e a Palavra* do antropólogo André Leroi-Gourhan (1911-1986).

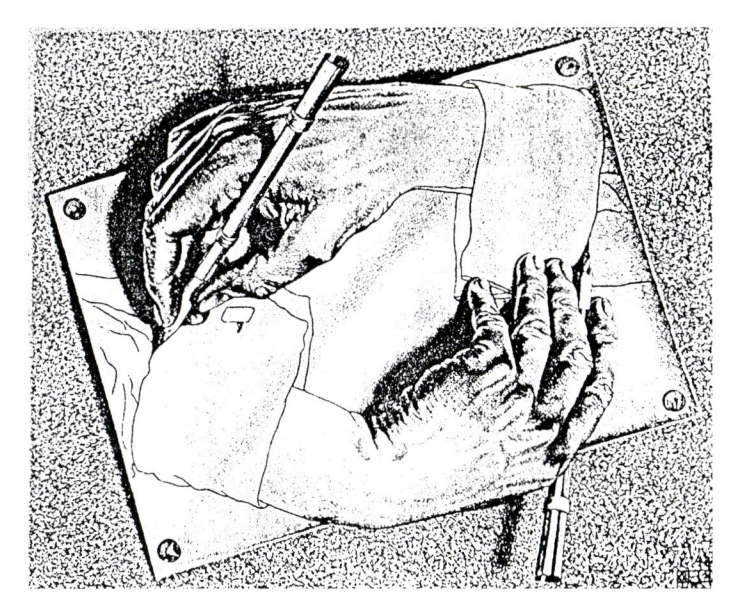

[7] Pensar o pensamento: *Dessiner*, litografia de 1948 de Maurits Cornelis Escher (1898-1972).

O que provavelmente aconteceu – dizem os amantes das anedotas, das histórias – foi que, em Sandwik, Wagner ficou hospedado na casa de um capitão norueguês e se interessou pela jovem que servia à mesa. Ouviu que ela era chamada de *jenta* (moça, doméstica) e achou que fosse um nome próprio. Mais tarde, mudou aquele nome para Senta, que não existe na Noruega, ou só existe na Noruega imaginada por Wagner para *Der Fliegende Hollander*. Wagner aceita o tema do amor que liberta o Holandês, mas o transforma em seu oposto. Acolhe a versão de Heine ao mesmo tempo em que nega seu sentido: de fato, Senta ama o Holandês e lhe jura fidelidade até a morte. Mas o Holandês ouviu – não viu – uma conversa entre Senta e Erik: a ele também, uma vez, Senta havia jurado fidelidade até a morte. Agora, amarrada por seu próprio destino, ligada indissoluvelmente ao Holandês, ela é obrigada a renegar a fidelidade que havia jurado a Erik. O Holandês decide voltar ao mar: a salvação lhe parece impossível, pois impossível é uma fidelidade até a morte. Ele é que salvará Senta, e não o contrário: de fato, ele teme que Senta o traia do mesmo modo que traiu Erik. E as mulheres que o traem são condenadas eternamente. O tema da condenação, que pode ser revertido por uma mulher, desdobra-se no tema de um novo destino de condenação, que agora também ameaça as mulheres que amam.

Sendo assim, o Holandês foge para salvar a mulher que deveria salvá-lo. Foge achando que seria um amor enganoso, mas esse amor acaba se revelando fiel até a morte: quando o navio parte, Senta se joga ao mar e, morrendo, é fiel ao seu juramento. O navio, então, para de navegar, lentamente afunda, enquanto o sol nasce e tanto Senta como o Holandês ascendem ao céu.

E eis agora uma nova metamorfose: a história transformada por Heine e desenvolvida por Wagner, através de uma série de oposições, é retomada por Strindberg, que faz explodir toda a energia potencial contida na variação final introduzida por Wagner. E quando essa energia potencial se manifesta, ela inverte o significado da história: agora, ao centro, está o tema da infidelidade, da dor que a mulher causa no homem que ama. É um tema que Stringberg sempre retoma em suas obras, e que aqui ele enfrenta novamente servindo-se da trama de ações encontrada por Wagner. Ele também a utiliza negando-a, traduzindo-a em seu oposto: a cada sete anos, o Holandês deve encontrar uma mulher e amá-la. Essa é a condição para que ele se salve, não porque a mulher irá libertá-lo, mas porque a redenção deve nascer da dor que as mulheres lhe causarão com sua infidelidade.

O tema do amor, que havia sido introduzido como o polo oposto ao da condenação, à eterna navegação do Holandês, agora salta novamente para o seu oposto e se sobrepõe ao tema da navegação, tornando-se um equivalente espiritual. A verdadeira punição do Holandês é a contínua falência do amor. O amor não o livra mais da punição, como acontecia em Heine e em Wagner, mas é a própria punição: uma punição que liberta e que também transforma o Navio Fantasma de prisão maldita em cruz.

Se pensarmos na origem da história, Strindberg parece estar mais próximo a ela do que seus antecessores. Só que ele também está muito distante dela. O nó essencial da história tornou-se mais profundo, mas sempre mantendo seu valor original: a tormenta da vagabundagem física é dilatada por seu duplo espiritual, e o marinheiro que tinha ficado parecido com o Judeu Errante, com Fausto e com Don Juan, volta a ser um marinheiro solitário, abandonado por uma mulher em cada porto.

Quando se fala de variações sobre um tema, pensa-se no virtuosismo, na arte mais sofisticada. Mas as variações da história do Holandês não são variações: a cada passagem, verificou-se uma mudança de estado.

É fácil observar o *comportamento por saltos* do pensamento quando ele se manifesta nas peripécias de uma história famosa. Difícil é sermos elásticos o suficiente para *não impedir* que esse comportamento se manifeste e desoriente o fluxo tranquilo do nosso pensamento.

[8] Pensar o pensamento: desenho do caricaturista romeno, naturalizado norte-americano, Saul Steinberg, usado pelo diretor Sergei Eisenstein (1898-1949) em seu livro *A Natureza Não Indiferente* (1947).

A ARTE SECRETA DO ATOR

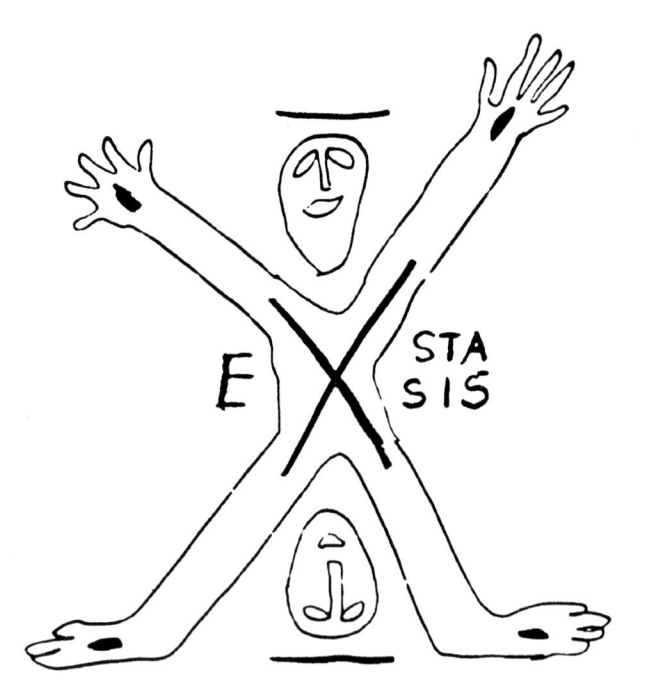

[9-10] (acima) *Extasis*, desenho feito por Sergei Eisenstein (1898-1948) durante sua estadia no México, em 1931. *Ex-stasis*: sair de si. Não é o ator que deve entrar em êxtase, e sim o espectador que deve sair de si, superando os limites da percepção direta e literal daquilo que o ator está fazendo, para *ver* por detrás do invólucro do que é evidente e conhecido; (abaixo) Augusto Omolú em uma demonstração durante a ISTA de Copenhague, 1986.

O princípio da negação

Tem uma regra que é bem conhecida pelos atores: começar uma ação partindo da direção oposta daquela aonde se quer ir. Essa regra reproduz uma característica fundamental de todas as ações que exigem uma certa energia na vida cotidiana: antes de dar um golpe, levamos o braço para trás; antes de saltarmos para o alto, dobramos os joelhos; antes de pular para frente, movemos o corpo para trás – *reculer pour mieux sauter*.

Nas atividades extracotidianas do ator, tal comportamento também é aplicado nas ações mais imperceptíveis: é uma das maneiras pelas quais ele pode dilatar sua presença física.

Poderíamos chamá-lo de "princípio da negação": antes de fazer uma ação, o ator a nega, executando seu oposto complementar.

O princípio da negação pode dar lugar a um formalismo vazio caso perca sua alma, ou seja, sua organicidade. Muitas vezes, no uso teatral ou não teatral da declamação trivial, ele se torna um modo de *inchar* o gesto, ou seja, ele se torna a paródia da ação *dilatada*.

Qual é a lógica interna que determina a força do "princípio da negação"? De um lado, é a dinâmica física e nervosa pela qual toda ação enérgica começa por seu oposto; do outro, é uma atitude mental. Uma das descrições mais claras dessa atitude mental recorrente pode ser encontrada no livro *The Sleepwalkers*[1] de Arthur Koestler, dedicado à "história das mudanças da visão que o homem tem do universo". Nesse livro, ele mostra como cada ato criativo – na ciência, na arte ou na religião – é realizado por meio de uma prévia regressão a um nível mais primitivo, a partir de um *reculer pour mieux sauter*, ou seja, um processo de negação ou desintegração que prepara o pulo para o resultado. Koestler chama esse momento de "pré-condição" criativa.

É um momento que parece negar tudo o que caracteriza a busca do resultado: não determina uma nova orientação; ele é, ao contrário, uma desorientação voluntária que obriga a ativar todas as energias do pesquisador, que aguça seus sentidos, como quando alguém caminha na escuridão. Essa dilatação das próprias potencialidades tem um preço alto: a pessoa corre o risco de perder o controle do significado da própria ação. É uma negação que ainda não descobriu que novidade sua afirmação contém.

O ator, o diretor, o pesquisador e o artista se perguntam com frequência: "qual é o significado do que estou fazendo?". Mas na hora da "negação da ação", ou da "pré-condição" criativa, essa pergunta não é fecunda. O que é essencial, a essa altura, não é o significado do que se faz, mas a precisão de uma ação que prepara o vazio onde se pode capturar um sentido, um significado imprevisto.

Os artistas de teatro, quase sempre obrigados a criar contando com a colaboração de outras pessoas, muitas vezes se atrapalham com o fetichismo pelos significados ou com a necessidade aparentemente "natural" de combinar, desde o início, os resultados que devem ser obtidos. Por exemplo, um ator executa uma determinada ação, que é o resultado de uma improvisação ou de uma interpretação pessoal do papel: é natural que ele dê um valor bem preciso àquela ação, que associe a ela determinadas imagens ou um determinado pensamento.

Mas se o contexto em que aquela ação é inserida torna seu significado impróprio ou incompreensível para o próprio ator, ele pensa que aquele fragmento deva ser retirado ou esquecido. Ou

---
[1] Publicado no Brasil em 1961, com o título *Os Sonâmbulos*. (N.T.)

seja, ele acredita que o casamento entre a ação e o significado a ela associado seja indissolúvel. Em geral, se dizemos a um ator que sua ação pode continuar intacta mesmo mudando completamente de contexto – e, consequentemente, de sentido –, ele acha que está sendo tratado como matéria inerte, que sua ação está sendo "explorada" pelo diretor, como se a alma de uma ação fosse seu próprio sentido, e não a qualidade de sua energia. Constatamos que muitos diretores teatrais têm esse mesmo preconceito: eles costumam acreditar que uma determinada imagem ou uma determinada sequência de imagens só pode obedecer a uma única lógica dramática, só pode transmitir *aquele* significado.

Mas o princípio de "negar a ação" indica exatamente o caminho oposto. Ele se desvincula da ordem pré-estabelecida, da dependência de um resultado específico que a pessoa *quer* obter. É como se o ponto de partida, passando através do seu contrário, se transformasse numa gota de energia que pode desenvolver todas as suas potencialidades expressivas *saltando* de um contexto a outro.

Na prática do trabalho teatral, tudo isso diz respeito às peripécias às quais uma ação (ou uma ideia) está sujeita, do momento em que ganha forma ao momento em que encontra um lugar no espetáculo já finalizado. Assim como acontece com o Holandês Voador – condenado a passar de uma época a outra, de um país a outro –, os núcleos de ações morrem para seus significados originais, ainda que continuem a viver: "saltando" de sentido, sem se perder.

O que distingue o pensamento criativo é exatamente o fato de avançar por saltos, através de uma desorientação imprevista que o obriga a se reorganizar de outra forma, abandonando sua couraça protetora. É o *pensamento-em-vida*, não retilíneo, não unívoco.

O aumento de significados imprevistos se torna possível graças a uma particular disposição de todas as nossas energias, físicas e mentais: ficar em um lugar bem alto à espera de levantar voo. Uma disposição que pode ser buscada ou destilada através de um treinamento.

Os exercícios do treinamento físico permitem desenvolver um novo comportamento, um modo diferente de se mover, de agir e reagir: uma certa habilidade. Mas essa habilidade fica estagnada numa realidade unidimensional se não toca em profundidade, se não penetra no profundo de uma pessoa, aquele lugar que é constituído por seus processos mentais, sua esfera psíquica, seu sistema nervoso. A ponte entre o físico e o mental determina uma leve mudança de consciência que permite superar a inércia, a monotonia da repetição.

A dilatação do corpo físico, na verdade, só é útil se acompanha a dilatação do corpo mental. O pensamento deve atravessar a matéria de forma tangível: não apenas se manifestando no corpo em ação, mas através do *óbvio*, da inércia, da primeira coisa que surge quando imaginamos, refletimos e agimos.

Pensar o pensamento

Um físico caminha ao longo da praia e vê um menino lançando pedras ao mar, tentando fazê-las quicar. Cada pedra não quica mais de uma ou duas vezes. O menino deve ter uns cinco anos, e o adulto, o físico, recorda que ele também, durante sua infância, costumava fazer as pedras quicarem sobre a água. Ou melhor: era muito bom naquela brincadeira. E assim o adulto mostra ao menino como fazer isso. Ele lança as pedras, uma após a outra, indicando como devem ser seguradas, com que inclinação devem ser lançadas, a que altura da superfície da água. Todas as pedras que o adulto lança quicam muitas vezes: sete, oito, até dez.

[11] Lógicas gêmeas: desenho de criança, Jens, três anos e meio: um parque infantil.

"Está bem" – diz então o menino – "elas quicam muitas vezes. Mas eu não estava tentando fazer isso. Elas fazem círculos redondos na água, e eu queria fazer círculos quadrados."

Conhecemos esse episódio porque Einstein também reagiu de modo imprevisto quando seu jovem amigo lhe contou sobre esse encontro: "Dê meus parabéns àquele menino, e diga a ele para não ficar chateado se as pedras não fizerem círculos quadrados na água. O importante é pensar o pensamento".

As perguntas que deram origem a várias das descobertas científicas mais importantes não eram, se prestarmos bem atenção, muito menos inúteis ou gratuitas do que as perguntas daquele menino ocupado em lançar suas pedras ao mar.

"Por que o ferro incandescente fica vermelho?", perguntava-se Max Planck aos cinquenta anos. "O que veria um homem que cavalgasse um raio de luz?", perguntava-se Einstein aos dezesseis anos. Em cima dessas perguntas foram desenvolvidas grandes descobertas científicas, mas esse fato não nos deve fazer ignorar que elas foram um salto no escuro, uma ideia veloz que fugiu pelas mãos.

Pensar o pensamento implica desperdício, mudança de direção, passagens repentinas, vínculos imprevistos entre níveis e contextos que antes não se comunicavam, caminhos que se cruzam e se perdem.

É como se diversas vozes, diversos pensamentos, cada um com sua própria lógica, estivessem presentes ao mesmo tempo e começassem a colaborar de forma não planejada, conjugando precisão e casualidade, gosto pelo jogo por si só e tensão para alcançar um resultado.

A imagem da pesquisa, nesse caso, é parecida com a imagem de uma matilha de cães que correm atrás de uma presa que pode existir ou não: avançam em grupo, separam-se, atravessam a rua, precipitam-se em matos ou fossas que colocam à dura prova suas habilidades e energias. E, quando reaparecem após ter perdido todos os rastros atrás desses matos e fossas, são obrigados a retornar. Mas às vezes os cães que estavam separados se reúnem, formam novamente a matilha, e ela reencontra a presa, desencava a ideia.

Não é certo que essa ideia a ser desencavada esteja ali para nos atrair ou nos fazer ir atrás dela. É pura potencialidade. Não sabemos do que se trata e nem para quê pode servir. Às vezes tudo isso não leva a lugar algum. Mas há vezes em que surge algo novo, uma surpresa que nos obriga a nos debruçar sobre um terreno imprevisto. Alguns cientistas mudam o campo da própria pesquisa. Certos escritores abandonam a história sobre a qual queriam trabalhar e seguem os novos acontecimentos dos personagens que parecem ter se introduzido ali sozinhos. No meio do trabalho para um espetáculo, nos damos conta de que, na verdade, aquele é *um outro espetáculo* que está nos conduzindo pelas mãos, sem que saibamos para onde está nos levando.

Às vezes também temos a sensação de que não somos nós que "pensamos o pensamento" e que tudo o que podemos fazer é calar os preconceitos que impedem o pensamento de pensar. No início, é uma experiência dolorosa. Antes de ser sensação de liberdade, de abertura a novas dimensões, é uma luta entre o que você sabe – o que já foi decidido, o que se almeja – e a mente-em-vida.

O risco de cair no caos é óbvio.

Quando alguém consegue realizar essa pré-condição criativa, pode até ter a sensação de estar possuído ou de sair de si. Mas é uma sensação que continua ancorada no sólido terreno do trabalho artesanal, do ofício.

Quando Eisenstein sentava-se junto à moviola, ele conseguia criar uma condição de trabalho na qual os próprios materiais – e não os resultados programados – ditavam sua lógica imprevista. Mesmo tendo estudado seu futuro filme enquadramento por enquadramento e tendo desenhado as composições no papel antes de montar tudo no *set*, ele era capaz de se colocar numa situação de ignorância diante dos materiais que ele mesmo havia criado.

Toda a programação que o tinha conduzido até aquele momento já não servia mais, e ele falava de um "êxtase da montagem". "Êxtase da montagem", "pensar o pensamento" e "mente-em-vida" são expressões que indicam, em sentido figurado, uma experiência parecida: diferentes fragmentos, diferentes imagens e diferentes pensamentos não se ligam entre si devido a uma orientação específica ou segundo a lógica de um projeto claro, mas se tornam parentes por *consanguinidade*.

O que significa, nesse caso, *consanguinidade*? Significa que os diferentes fragmentos, imagens e ideias que vivem no contexto onde os fizemos nascer revelam uma própria autonomia, estabelecem novas relações, ligam-se entre si segundo uma lógica que não obedece à lógica usada quando foram imaginados ou procurados. É como se vínculos ocultos de sangue ativassem outras possibilidades para além daquelas visíveis, que nos parecem úteis e justificadas.

No processo artístico, existe uma vida utilitária dos materiais com os quais trabalhamos, mas eles também têm uma segunda vida. A primeira, abandonada a si mesma, conduz a uma clareza sem profundidade. A segunda, por sua força incontrolada, corre o risco de nos levar ao caos. Mas é a dialética entre essas duas vidas, entre a ordem mecânica e a desordem, que nos conduz ao que os chineses chamam de *li*, a ordem assimétrica e imprevisível que caracteriza a vida orgânica.

Lógicas gêmeas

A relação dialética não existe em si e por si só. Ela nasce da vontade de dominar forças que, abandonadas a si mesmas, não fariam nada além de combater entre si. A dialética é um modo de pensar e de agir que pode ser aprendido.

No trabalho criativo, só é possível alcançar a ordem assimétrica do *li* através de um caminho paradoxal: a obra de arte, de fato, é uma obra totalmente artificial. E, paradoxalmente, a busca das oposições, das diferenças, deve ser a outra face da busca da unidade e da inteireza.

Como é possível examinar a fundo a diferença entre a ótica do ator e a ótica do espectador? Como é possível reforçar a polaridade entre o diretor e os atores? Ou melhor: como buscar uma relação mais forte entre as várias forças que estão em campo?

A possibilidade de dilatar o corpo do teatro depende da resposta a todas essas perguntas.

Às vezes, no decorrer do trabalho para um espetáculo, a ação de um ator começa a se tornar viva mesmo que ninguém entenda por que ele esteja agindo daquela maneira. O diretor é seu primeiro espectador, e pode ser que não saiba explicar racionalmente – dentro da moldura do espetáculo – o sentido do que o ator está fazendo. O diretor pode cair numa armadilha, manifestar sua dificuldade em aceitar aquela desconhecida fagulha de vida, pedir explicações, querer que o ator seja coerente. E assim ele destrói a relação de colaboração: tenta anular a distância que o separa do ator, pede demais a ele, e na verdade pede muito pouco, lhe pede o consenso, o acordo sobre as intenções, um encontro na superfície.

Quando se fala sobre o trabalho do ator, sobre sua técnica ou sua arte, sobre sua "interpretação", muitas vezes se esquece do nível elementar do teatro, que é sempre *relação*. Para os espectadores, as técnicas extracotidianas dos atores correspondem a uma necessidade primária: a espera daquele momento em que o véu da vida cotidiana se rasga e deixa brotar o inesperado. Uma coisa que antes era conhecida de repente se revela como nova.

Inclusive as reações mais profundas de um espectador, as matrizes de sua apreciação ou do julgamento que ele poderia formular com clareza, são secretas, informuláveis, imprevisíveis.

A força do teatro depende da capacidade de proteger, debaixo de uma epiderme reconhecível, a vida independente de outras lógicas. Porque uma lógica, ou melhor, uma série de passagens consequentes e motivadas, pode continuar sendo uma lógica ainda que secreta, incomunicável, mesmo quando suas leis não podem superar o horizonte de um único indivíduo.

Há um preconceito que nos leva a pensar que uma coisa só é lógica se ela segue uma lógica compartilhada. A outra face desse preconceito nos faz acreditar que o mundo íntimo, pessoal ou secreto esteja à mercê do acaso, das associações automáticas, do caos: um magma onde não existem *saltos*, só oscilações inconsequentes.

O que chamamos de irracionalidade pode ser essa oscilação abandonada à repetição mecânica de nossos cacoetes e obsessões, que se agitam, desaparecem e reaparecem sem se desenvolver. Mas, em vez disso, pode ser uma racionalidade que é só *nossa*, uma *raison d'être* que não serve para sermos entendidos, mas serve para nos comunicarmos com nós mesmos.

No teatro mental de cada indivíduo também existem relações de colaboração, fecundas ou ausentes.

Quando um adulto tenta reproduzir o modo de desenhar das crianças, normalmente se limita a desenhar mal, tenta renunciar à lógica do seu modo de ver, empobrecendo-a. Ele abandona a mão ao acaso, evita a precisão, imita as formas de um desenho infantil. Ou seja, ele se infantiliza.

Na realidade, os adultos acham que há alguma coisa faltando nos desenhos das crianças, que parecem mal feitos, que lembram rabiscos. Mas na verdade seguem uma lógica ferrenha. Uma criança não desenha o que vê e como vê, e sim o que experimentou.

Se a experiência que ela faz do adulto são duas pernas compridas e uma cara que, de repente, se vira e vai em sua direção, então ela vai desenhar esse adulto com um círculo em cima de duas varetas. Ou então, eis que ela faz o próprio "retrato" e representa a si mesma com dois pés enormes: porque está muito satisfeita com seu novo par de sapatos. Se ela acha que sua mãe é mais importante que seu pai, quando desenhar seus pais representará a mãe mais alta que o pai. Traçará um retângulo com uma haste em cada ângulo porque a mesa é um plano de quatro pernas.

Para as crianças ainda menores, aqueles rabiscos – chamados de "primeiros desenhos" por quem estuda o desenho infantil – também são o resultado de uma experiência direta. Não são representações, mas rastros das ações da mão relacionados a uma imagem mental: "aqui está um cachorro correndo".

O que torna "infantis" os desenhos das crianças não é seu caráter aproximativo ou "primitivo", é a presença de *uma única lógica*.

Mas muitos desenhos "bem feitos" de crianças maiores ou até de adultos também seguem uma única lógica. O fato de serem reconhecidos com mais facilidade, de demonstrarem que possuem regras compartilhadas, não os torna menos banais.

Nas obras de um pintor de verdade, *várias lógicas* estão em ação ao mesmo tempo. Ele se insere em uma tradição, usa suas regras ou as transgride com sabedoria, surpreendendo. Além de transmitir um modo de ver, ele também representa um modo de fazer experiência do mundo e traduz na tela não só a imagem, mas também o "*gestus*", a qualidade do movimento que conduziu o pincel. Nesse sentido, podemos dizer que o pintor "conservou a criança dentro de si", não porque tenha conservado a inocência e a ingenuidade (estranhamente a gente gosta de imaginar que as crianças são inocentes), não porque não está domesticado pela cultura, mas porque, na aridez do seu ofício, acabou tecendo lógicas paralelas, ou melhor, lógicas gêmeas, sem substituir uma pela outra.

Estar-em-vida é negar a sucessão das diferentes fases de um desenvolvimento e substituí-las pelo crescimento simultâneo em direção a tramas que se entrelaçam de maneira cada vez mais complexa.

Talvez seja por isso que Meyerhold – pelo que dizem – só aceitava um ator quando conseguia descobrir no adulto a criança que ele (o ator) tinha sido.

Tebas das sete portas

"Mas por que as pessoas vão ao teatro?".

Uma vez, Béla Balázs fez essa inútil pergunta a si e a seus leitores. Nunca se valoriza o bastante a importância das perguntas inúteis, das palavras que todos nós usamos quando dialogamos com nós mesmos.

Mas por que as pessoas fazem teatro?

Eu tinha quinze anos quando fui ao teatro pela primeira vez. Minha mãe me levou para ver *Cyrano de Bergerac*. O protagonista do espetáculo era Gino Cervi, um ator muito popular. O que mais me impressionou não foi nem ele nem os outros atores, nem mesmo a história que eles contavam, que eu seguia com certo interesse, mas sem me maravilhar. Foi um cavalo. Um cavalo de verdade. Ele apareceu puxando uma carruagem, um landau, de acordo com as normas mais racionais do realismo cênico. Só que, de repente, sua presença explodiu todas as dimensões que até então tinham reinado sobre aquele palco. Com a interferência imprevista de um outro mundo, o véu uniforme da cena parecia se rasgar diante dos meus olhos.

[12-14] Lógicas gêmeas: (**acima**) Alisdair, quatro anos: o gato é cheio de bigodes; (**no centro**) Chloe, seis anos: o gato possui bigodes e também um rabo; (**abaixo**) o gato visto por um adulto de cinquenta e nove anos: *Monólogo do Gatinho* (1938), desenho de Paul Klee (1879-1940).

Nos teatros que frequentei nos anos seguintes, busquei inutilmente aquela desorientação que tinha feito com que eu me sentisse vivo, aquela dilatação repentina dos meus sentidos. Os cavalos não apareceram mais. Até chegar a Opole (Polônia) e a Cheruttturuthy (Índia).

Hoje me parece óbvio que existe um paralelo que já podia ser visto nos trabalhos do Grotowski: a dilatação da presença do ator e da percepção do espectador corresponde a uma dilatação da *fábula*, da trama, da peça, da história ou da situação representada.

Assim como existe um comportamento extracotidiano do ator, também existe um comportamento extracotidiano no modo de pensar uma história.

Nos primeiros anos do meu trabalho teatral, eu achava que devia fazer interferências com o texto que era o ponto de partida do espetáculo, criando mudanças de direção imprevistas, rompendo com seu desenvolvimento retilíneo e compondo a ação geral através da montagem e da trama de duas ou mais ações simultâneas. O texto, nesses casos, é como um vento que sopra numa direção. O espetáculo navega contra o vento. Mas, mesmo avançando na direção contrária, é com a força do vento que a gente se move.

Logo depois, descobri e aceitei outra possibilidade, mas com resistência e temor: seguindo a lógica dos materiais que afloravam durante o trabalho de improvisação, afastando-me do ponto de partida e encontrando, só no final, a natureza do espetáculo e o sentido que ele poderia ter para mim e para os espectadores.

Antes de começar o espetáculo *Oxyrhincus Evangeliet* [O Evangelho de Oxirrinco] com o Odin Teatret, eu me dei conta de que todas essas experiências – que antes eu pensava serem fruto de um temperamento pessoal ou de circunstâncias materiais que condicionavam minha atividade – respondiam, pelo contrário, a uma necessidade objetiva: o pensamento que atravessava a presença pré-expressiva dos atores também atravessava, de modo cada vez mais claro, a minha maneira de conceber um espetáculo.

Na idealização da história do novo espetáculo, qual poderia ser o equivalente mental do nível pré-expressivo do ator? O pré-expressivo mental poderia ser uma imagem pronta para levantar voo.

Pensei: uma pessoa, em cima de uma montanha, num deserto. Quem é? Um homem? Um deus? Uma criança? O que ele faz? Espera por alguém ou é um eremita? Ele vê um arbusto queimando? É o Velho da montanha? E como se chama a montanha? Tabor? Ararat? Kilimanjaro? E qual é o deserto? O banco de gelo antártico de Scott ou o deserto dos Tártaros?

Mas uma imagem como essa não pode ser nem o equivalente da ação pré-expressiva do ator, nem o que estou chamando de "núcleo pré-expressivo". Um núcleo pré-expressivo deve ser algo que se dilata e se transforma mesmo mantendo o eixo de sua identidade, como na metamorfose da história do Holandês Voador e do seu Navio Fantasma.

No início de 1984, pedi a cada um dos meus atores para escolher um personagem de uma história diferente, para fazer cenas sintéticas sobre os fatos, para escrever um texto. Teríamos, então, seis histórias, que com a minha formariam as sete diferentes portas para entrar num único espetáculo.

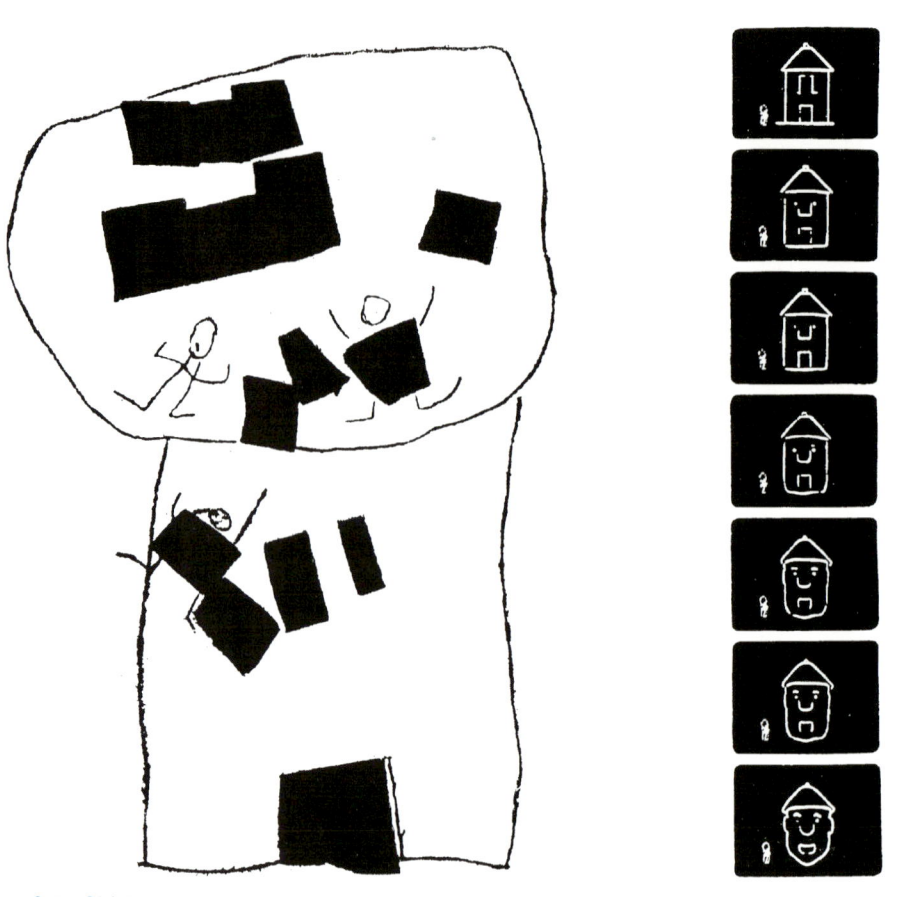

[15-16] Lógicas gêmeas, desenho de uma criança e de um adulto: (**à esquerda**) Maria, quatro anos, faz um homem se tornar um apartamento de dois quartos; (**à direita**) a casa se transforma em um chinês: filme de animação de 1911 feito pelo francês Emile Cohl (1857-1938), definido por Walt Disney como "o pai do desenho animado".

Os seis personagens foram:

Sabatai Tzvi, o judeu que se apresentou como se fosse o Messias e abjurou, convertendo-se em muçulmano;

Antígona;

Joana d'Arc;

Um jovem fora da lei brasileiro, um cangaceiro;

O Jovem Inquisidor de Sevilha;

Um judeu da seita dos chassídicos.

Esses personagens construíram o espetáculo.

Não foram escolhas casuais. Respondiam aos interesses de cada um dos atores, mas também a outras lógicas que existiam ao mesmo tempo e de forma independente.

Em 1982, tínhamos começado a trabalhar em um projeto cujo ponto de partida era um conto de Borges: *O Morto*. Um jovem fora da lei argentino, Benjamín Otálora, entra no bando uruguaio de Aureliano Bandeira, destaca-se como jovem corajoso, salva a vida do chefe, chega a seduzir sua mulher e a se tornar amante dela. Aureliano suporta tudo sem reagir. Sua posição torna-se mais frágil a cada dia que passa. Benjamín Otálora vai usurpando o comando de modo sempre mais claro. Certa noite, após um novo sucesso, quando todos os bandidos sentam-se à mesa, Benjamín ocupa abertamente o lugar do chefe. Aureliano Bandeira senta-se no fundo e é ignorado por todos. Do lado de Benjamín, senta-se a mulher que um dia foi de Aureliano e que agora é sua. O jantar termina. O lugar-tenente de Aureliano se aproxima de Benjamín e saca a pistola. Naquela hora, Benjamín compreende que sua ascensão só tinha sido tolerada e honrada por todos porque, desde o início, cada um sabia que havia sido condenado à morte por Bandeira. Ele era o único que não sabia que já era um homem morto. O lugar-tenente de Bandeira atira.

É desse conto que deriva a sétima história para o *Oxyrhincus Evangeliet*, a minha.

O texto de Borges tinha desencadeado uma série de associações que se orientavam segundo duas linhas diferentes. O bando dos fora da lei recordava o mundo dos jagunços e dos cangaceiros brasileiros, assim como são descritos nos livros de Euclides da Cunha, Eduardo Barbosa ou Billy Jaynes Chandler, ou nos filmes de Ruy Guerra e Glauber Rocha.

Mas o esquema da história (o velho chefe que manda matar o jovem, a última ceia, a sombra de um incesto) tinha feito minha imaginação saltar para outros contextos: o detentor da Lei que mata quem se revolta; Creonte que provoca a morte de seu filho e de Antígona, a esposa que havia prometido a ele; Judas que morre junto do seu Messias; o Filho Pródigo; Deus Pai que faz o Filho morrer.

A história de Deus Pai e de seu Filho, modelada a partir da história de Aureliano Bandeira e de Benjamín Otálora, acabava coincidindo com a interpretação gnóstica da história cristã, que via em Javé, o Deus da Lei, um demiurgo malvado que lutava contra as forças da luz.

E assim, o espaço do sertão brasileiro se povoava com as vozes que vinham da antiga cidade helenística de Oxirrinco (*Oxyrhincus*), atual Bahnasa do Egito, onde, entre 1897 e 1903, foram encontrados três fragmentos de manuscritos provenientes das coleções gnósticas de *logia*.[2]

Os dois caminhos – o dos cangaceiros e o dos gnósticos – encontraram pontos de encontro através de outros temas que estabeleciam canais entre um e outro. Um desses temas vinha da história de Antônio Conselheiro reconstruída por Vargas Llosa no romance *Guerra do Fim de Mundo*: os cangaceiros que se reúnem na "Nova Jerusalém", Canudos, a Cidade Santa construída pelo novo Messias lá no sertão baiano. Eles eram rebeldes que, em nome de seu Deus, venceram as expedições militares enviadas contra eles, mas que, no final, foram massacrados até o último homem.

Será que os anjos exterminadores do final dos tempos que aparecem nas mitologias religiosas poderiam ser representados como cangaceiros reunidos em Canudos? Ou será que esses últimos achavam que eram anjos que desceram à terra para instaurar a era da justiça?

E quem era aquele judeu chassídico que surgia entre os personagens escolhidos pelos atores? Um judeu que tinha atravessado o sertão em busca do Messias, do mesmo modo que o anárquico Galileo Gall tinha atravessado o sertão de Vargas Llosa em busca da Revolução?

Enquanto isso, o tema de Antígona e da Revolta sepultada viva estava se desenvolvendo autonomamente, segundo sua própria lógica. Mas o que será que aconteceria se, aos pés da Cruz, sobre o Calvário, se reunissem os homens e as mulheres da Revolta, santos e niilistas, Buda e Antígona, Francisco de Assis e Sabatai Tzvi, Maomé e Jacob Frank, o Capitão Ahab e Zaratustra?

---

[2] Logia (do grego "λόγια": ditos, sentenças; ou, no singular "λόγιον": logion) é um termo usado para designar uma hipotética coleção de citações de Jesus, normalmente creditada ao escritor Papias de Hierápolis e que viria a constituir o chamado Documento Q. Alguns fragmentos dessa coleção aparecem em três manuscritos encontrados em Oxirrinco, onde, entre inúmeros outros papiros, também foram descobertos os dois famosos *Evangelhos* que inspiraram o título do espetáculo do Odin Teatret. (N.T.)

Mas sobre cada panorama mental havia uma nuvem que, flutuando, formava e deformava a face paterna de Sossó Djugachvili, conhecido como Josef Stálin, que ria: ria babando sangue.

Todas essas associações e imagens tumultuadas – que estavam simultaneamente presentes – podiam ganhar um sentido e almejar a unidade mesmo convivendo entre si, pois ali também havia outra lógica, que se referia ao trabalho do grupo como um todo e ditava uma certa ordem.

O ponto de partida era sempre *O Morto* de Borges: cada ator ou colaborador do grupo pegava uma trama desse conto e a colocava em cena, dirigindo seus colegas. E, assim, havia mais de dez esboços de espetáculos, muito diferentes entre si, ainda que tivessem a mesmíssima origem. Cada espetáculo, embora fosse um embrião, continha fragmentos que possuíam uma força própria. Depois que tirei esses fragmentos do contexto, comecei a entrelaçá-los e a montar outro espetáculo, sempre a partir do tema de Borges.

Esse processo de trabalho não era em função do espetáculo, era apenas um *estudo* interno. Mas sua lógica surgiu novamente quando, em 1984, começamos a trabalhar para o *Oxyrhincus Evangeliet*.

Das sete histórias ligadas aos personagens que eu e seis atores escolhemos, surgiram tanto um texto autônomo quanto um espetáculo unitário. Eles não tinham nada a ver com o que eu e meus companheiros havíamos planejado, mas são o resultado de nossas orientações e desorientações.

Eram sete portas, mas Tebas era uma só.

O espectador entrará em Tebas: um espetáculo sobre as manifestações da fé no nosso tempo e sobre a revolta sepultada viva.

Mas as outras seis portas de Tebas ficam abertas.

Quem pode perceber a diferença entre o dançarino e sua dança?

[17] O corpo dilatado: *Morte de Laocoonte e de seus Filhos*, grupo marmóreo do final do século II d.C. (Museu Vaticano, Roma).

A mente dilatada
Franco Ruffini

Para falar da mente dilatada, é preciso começar pela noção geral do nível pré-expressivo. O nível pré-expressivo pode ser definido como aquele em que o ator constrói e dirige sua presença em cena, antes mesmo dos seus objetivos finais e dos seus resultados expressivos, e independentemente deles.

Com essa definição, a "presença" fica livre de qualquer conotação metafórica. É literal.

É óbvio que a presença do ator, sua maneira de estar organicamente em cena, é uma presença *física* e *mental*.

A pré-expressividade, como é física, também se manifesta em uma dimensão mental.

Usando a terminologia proposta por Eugenio Barba em *O Corpo Dilatado*, pela qual o corpo dilatado e a mente dilatada são, respectivamente, os aspectos físicos e mentais da presença cênica, é possível dizer que a presença cênica está relacionada com um corpo dilatado e uma mente dilatada numa interdependência recíproca.

A presença cênica é, ao mesmo tempo, física e mental: *sendo assim*, existe uma mente dilatada. Mas que provas nós temos de sua existência? E o que sabemos sobre seu modo de funcionar?

Assim como acontece com todas as perguntas que se referem ao teatro, as respostas às perguntas acima devem ser procuradas sem mergulhar e sumir no mundo das (próprias) ideias, mas voltando-se para o mundo dos fatos, comparando os artistas que fizeram e que fazem teatro na prática, ontem e hoje.

O homem de teatro que tentarei usar aqui na busca da mente dilatada é Stanislávski, mais especificamente o Stanislávski de *Robota Aktëra Nad Soboj v Tvorceskom Protsesse Pereživanie. Dnevnik Ucenika* [A Preparação do Ator] e *Robota Aktëra Nad Soboj Tvorceskom Protsesse Voplostcenia. Dnevnik ucenika* [A Construção da Personagem].[3] Para simplificar, indicaremos os dois livros de Stanislávski com o título único *Robota Aktëra*.[4]

As certezas que a historiografia acumulou sobre o "sistema" de Stanislávski encontram-se tão bem enraizadas que é preciso partir de algumas observações que podem parecer pedantes.

Antes de tudo, o trabalho do ator descrito em *Robota Aktëra*, como o próprio Stanislávski declara de modo insistente e explícito, não tem nada a ver com a interpretação de papéis, ainda que – é óbvio – seja a base dessa interpretação. O objetivo direto e declarado do trabalho do ator, segundo Stanislávski, é a recriação da organicidade. De acordo com o "sistema", o ator aprende a estar organicamente presente em cena, antes e independentemente dos papéis que deverá interpretar. O trabalho do ator descrito em *Robota aktëra* é, portanto, *um trabalho no nível pré-expressivo*.

Em segundo lugar, a *pereživanie* (que poderia ser traduzida como um "retorno à vida", num sentido quase biológico, assim como acontece quando uma semente congelada "retorna à vida") também não é o objetivo do sistema e nem seu único (e privilegiado) aspecto. É apenas a parte psicomental de um trabalho mais global, cujo aspecto físico é a "personificação". A *pereživanie*[5] ativa a sensibilidade cênica

[18-19] Stanislávski em *A Camareira*, de Goldoni (1898), e, na página ao lado, em *O Doente Imaginário* de Molière (1913).

---

[3] *Robota Aktëra Nad Soboj v Tvorčeskom Protsesse Pereživanie* e *Robota Aktëra Nad Soboj Tvorčeskom Protsesse Voploščenia* são o segundo e o terceiro volume da edição russa das obras de Stanislávski. Esses dois textos, como indiquei entre colchetes, referem-se, respectivamente, aos livros *A Preparação do Ator* e *A Construção da Personagem*, mas não são exatamente a mesma coisa. Na verdade, os dois textos americanos são edições editadas dos respectivos textos russos e, além disso, são organizados segundo um esquema que os estrutura por argumentos, o que não existe na edição original. Essa organização, além de amputar a continuidade do texto russo, também esconde a forma narrativa de diálogo, que no entanto é de fundamental importância para uma leitura correta da obra de Stanislávski. A edição italiana *Il lavoro dell'attore* (Bari, Laterza, 1956, 1975) é mais confiável, pois, mesmo reunindo num texto único o segundo e o terceiro volume da edição russa, é completa e não manipula a organização interna.

[4] Na página 325, no final do livro, o leitor poderá encontrar alguns esclarecimentos e informações sobre as publicações das obras de Stanislávski, inclusive no Brasil, até dezembro de 2012. (N.T.)

[5] O termo russo *pereživanie* costuma ganhar traduções que não correspondem integralmente ao sentido que lhe deu Stanislávski no decorrer de sua vida. Para evitar mal-entendidos, Barba e seus colaboradores costumam usar a palavra em russo, adotada neste livro pelas mesmas razões. O verbo *pereživat* e seu substantivo *pereživanie* – usados por Stanislávski principalmente na primeira fase do seu trabalho prático com os atores – são geralmente traduzidos em português como "reviver", "processo de reviver" ou "revivência". Estas transposições, porém, não colhem a complexidade semântica do termo. *Pereživanie* e *pereživat* eram termos que, dependendo do período e do contexto em que Stanislávski os utilizava, adquiriam significados diferentes, relacionados, sobretudo, com: sentimentos de emoção e paixão; mundo e pulsão interiores; bagagem de vida pessoal; sensações tristes de apreensão por viver momentos desagradáveis. No entanto, em nenhum momento Stanislávski afirma que o ator deve "reviver" em cena, noite após noite, suas memórias íntimas. De fato, não é fácil para um tradutor se mover com habilidade dentro dessas várias interseções semânticas. Mas a tentativa de usar uma expressão unívoca para traduzir esses

interior, enquanto a personificação ativa a sensibilidade cênica exterior. Mas o ator precisa alcançar uma sensibilidade cênica geral: a síntese, e não a soma, das duas sensibilidades, interior e exterior.

Para Stanislávski, a cena é realmente uma *segunda natureza*, porque, assim como na natureza, não pode haver uma ação cênica fisicamente coerente que não seja também psiquicamente coerente (justificada) e vice-versa. É também uma *segunda* natureza porque, ao contrário do que acontece na natureza, a coerência física e a coerência psíquica devem ser construídas através dos dois aspectos do trabalho do ator sobre si mesmo.

Já que o trabalho do ator sobre si mesmo é o trabalho no nível pré-expressivo, e já que esse trabalho é desenvolvido através da personificação e da *perežívanie*, a *perežívanie* é seu aspecto mental.

A *perežívanie* de Stanislávski é a concretização da mente dilatada do ator.

Como é possível conquistar essa *perežívanie* e como ela funciona? De acordo com um preconceito bem difuso e aceito, a *perežívanie* equivale à "identificação com o personagem", como se essa identifi-

---

termos acarretou, sem dúvida, absurdas distorções para uma compreensão ampla e correta das ideias de Stanislávski acerca do trabalho do ator sobre si mesmo. Ver Fabio Mollica, "Di Stanislavskij e del Significato di *Perežívanie*". *Teatro e Storia*, Bulzoni, Roma, n. 11, 1991. (N.T.)

cação fosse um conjunto de técnicas cujo objetivo é tornar vivos (ou fazer re-viver) os sentimentos do personagem.

Para negar esse preconceito, basta recorrer ao dicionário e à semântica.

No dicionário, a definição de *perežívanie* é "sentir fortemente". Do ponto de vista semântico (o que é muito importante considerar quando nos referimos a uma língua analítica, como a russa), o prefixo *pere* colocado antes de "viver" significa "em excesso". No entanto, mais do que traduzir *perežívanie* como um "retorno à vida", as pessoas deveriam falar de uma vitalização do horizonte mental. Em todo caso, *perežívanie* se refere mais a uma ideia de atividade e tensão do que de abandono, significado que é praticamente evocado como sinônimo de "identificação".

Considerações linguísticas à parte, vamos pegar um exemplo de *perežívanie* do *Robota Aktëra*. Torzov, porta-voz de Stanislávski na ficção literária, está trabalhando com seu estudante predileto, Kóstia. Kóstia tem que interpretar o papel de um carvalho sobre a colina. Quando Torzov se dá conta de que seu estudante ficou espantado, ele começa a bombardeá-lo com o "se": "Se eu fosse um carvalho sobre a montanha... Um entre vários ou um único carvalho? Sozinho, porque todas as outras árvores que estavam ao seu redor foram cortadas. Mas por que elas foram cortadas? Para poder usar o carvalho como um lugar de onde se pode avistar o inimigo...".

E, assim, após ter sido bombardeada com as "condições dadas" propostas tanto pelo mestre como pelo estudante, a mente de Kóstia começou a se vitalizar. Muitas vidas foram sacrificadas pelo carvalho: sua tarefa não é apenas importante, é inclusive santificada pelo sacrifício. Agora o carvalho não é mais um lugar de onde avistar o inimigo, é o próprio avistar. E ele vê inimigos se aproximando de forma ameaçadora. Treme de medo... A batalha começa. O carvalho está ansioso, consumido pelo medo de ser queimado...

Kóstia está pronto para agir. Será que ele se identificou com seu personagem? Se isso aconteceu, essa identificação não tem nada a ver com a ideia corrente de identificação. Se quisermos continuar a falar de identificação, temos pelo menos que considerá-la em termos concretos.

No sistema de Stanislávski, a *perežívanie* é a construção de um aparato psicomental substitutivo que toma o lugar de dois aparatos: o aparato cotidiano (com o qual seria impossível interpretar o papel de um carvalho sobre uma colina) e o aparato dos clichês interpretativos (com os quais o ator começaria a farfalhar, a flutuar no vento, assim como acontece em várias "improvisações").

É uma construção *fria*, mas que produz *calor*, um aumento de temperatura, um *surplus*; leva o ator a vitalizar sua própria mente, mais do que a re-viver alguma coisa em sua própria mente.

A mente do ator stanislavskiano é realmente uma mente dilatada quando está em *perežívanie*. Essa mente dilatada induz e justifica uma ação física coerente executada por um corpo dilatado, exatamente como acontece na natureza, mas graças a um trabalho consciente.

O exemplo do carvalho sobre a colina é eloquente, já que o personagem com o qual ele deve se identificar não é um ser humano e, em consequência, não é um personagem com uma psicologia a ser adotada. Mas todos os outros exemplos de *perežívanie* em *Robota Aktëra* (me vem à mente o exemplo do dinheiro queimado), se examinados sem preconceito, também podem revelar o mesmo padrão de filigrana.

Quando os atores têm uma tarefa cênica, eles modelam um aparato psicomental substitutivo; da mesma maneira que, paralelamente e em interdependência, modelam um aparato físico substitutivo, ou seja, um corpo dilatado.

[20-22] Stanislávski em *A Infelicidade de Ser Inteligente*, de Griboedov (1906); (**na página ao lado, acima**) em *Otelo*, de Shakespeare (1896), e (**abaixo**) em *Tio Vânia*, de Tchékhov.

A existência de uma forma de comportamento mental conectada ao nível pré-expressivo no sistema de Stanislávski nos obriga a aprofundar a investigação sobre as características da mente dilatada. Poderiam dizer que é uma "mente em excesso"; assim como o corpo dilatado é um corpo diferente devido a um excesso de energia.

Esse também poderia ser o ponto de partida para a busca de outras analogias com o corpo dilatado, ou seja, com o aspecto físico do nível pré-expressivo.

Eugenio Barba deu indicações significativas a esse respeito em *O Corpo Dilatado*. A "pré-condição criativa" (a mente dilatada) é, segundo Barba, caracterizada por três modalidades:
– peripécia;
– desorientação;
– precisão.

Nossa estratégia é clara. Queremos ver se, no momento em que se verificarem as correspondências entre o corpo dilatado e a mente dilatada, podemos encontrá-las no sistema de Stanislávski. A verificação desse "caso histórico" não é acidental, já que temos certeza de que, no sistema, o chamado "retorno à vida" não é nada mais que a mente dilatada, o aspecto mental da pré-expressividade do ator.

Não deve restar nenhuma dúvida de que as características da mente dilatada indicadas por Barba são análogas às características que – na teoria e através de experimentação – também se referem ao corpo dilatado.

A peripécia mental corresponde ao "salto" da ação-em-vida, ou seja, da "ação negada", como definiu Barba em *A Canoa de Papel*.[6] O salto energético, que se opõe à inércia e faz com que a ação se torne imprevisível, também poderia ser chamado de peripécia física, respeitando plenamente o significado aristotélico do termo.

A precisão da mente dilatada corresponde à eliminação da redundância na ação física do corpo dilatado.

A desorientação mental (da qual ainda vamos falar) equivale àquela negação do que é bem conhecido (*well-known*) e obriga o corpo-em-vida do ator a surpreender e a ser surpreendido com ações que não foram premeditadas, ações que nasceram no momento.

Esses processos mentais se aplicam a algo que não é o resultado criativo, e sim o caminho que torna esse resultado possível.

É daí que vem a importância metodológica do "caso histórico" representado por Stanislávski. Em *Robota Aktëra*, encontra-se a descrição exata do processo que conduz à mente dilatada (à *pereživanie*, na terminologia de Stanislávski), e não aos seus resultados. Quanto aos resultados, só existe o "eu acredito" ou o "eu não acredito" de Torzov.

Não vou me deter na descrição desse projeto, vou é tentar investigar o que não foi descrito. Não alguma coisa que esteja escondida (ou oculta), mas algo assim tão óbvio que não é visto como a descrição de um processo. Um pouco como acontece quando alguém não repara na moldura de um quadro, ainda que esteja tão exposta quanto o próprio quadro. Ou como a carta roubada que não pode ser encontrada, no conto de Edgar Allan Poe.

Se quando nos referimos a *Moja Zizn'v Iskusstvo* [Minha Vida na Arte][7] e a *Robota Aktëra* podemos geralmente falar de *forma narrativa*, temos que especificar que, em *Robota Aktëra*, a forma narrativa (o diário de um estudante imaginário na escola de Torzov-Stanislávski) se desenvolve principalmente por meio dos diálogos entre o mestre e os estudantes. As tensões que animam esses diálogos, assim como o ritmo e a modulação presente, nos fazem pensar imediatamente nos *Diálogos* de Platão.

Se *Moja Zizn'v Iskusstvo* possui uma forma narrativa genérica, *Robota Aktëra* é particularmente caracterizado pela forma narrativa do diálogo platônico.

Na hora em que reconhecermos a forma do diálogo platônico, temos que nos perguntar se ela se limita a emoldurar o conteúdo ou se é parte integrante dele.

Eu afirmo que a forma do diálogo platônico não é a forma dentro da qual são desenvolvidos os argumentos do "tratado": ela é *um argumento* do "tratado", e talvez seu principal argumento, tanto que foi protegida e ostentada como moldura do argumento.

Nos *Diálogos* de Platão, Sócrates se comporta com seus interlocutores exatamente da mesma maneira que Torzov-Stanislávski se

---

[6] Eugenio Barba, *La Canoa di Carta: Trattato di Antropologia Teatrale*. Bologna, Il Mulino, 1993. [No Brasil, editado como *A Canoa de Papel: Tratado de Antropologia Teatral*. Trad. Patricia Alves. Brasília, Teatro Caleidoscópio/Dulcina, 2010, p. 243-71. (N.T.)] Esta passagem encontra-se no subcapítulo "Cavalo de Prata", que é a transcrição de um seminário para coreógrafos conduzido por Eugenio Barba, em 1985, no México. O texto foi publicado pela primeira vez em um número especial da *Escénica* (1986), revista de teatro da Universidade Nacional Autônoma do México, editada por Patricia Cardona.

[7] *My Life in Art* é uma edição reduzida de *Moja Zizn'v Iskusstvo* (volume I da edição russa das obras de Stanislávski). A edição francesa, que possui um prefácio de Jacques Copeau, é feita a partir da edição norte-americana. Mas a edição italiana, *La Mia Vita nell'Arte* (Turim, Einaldi, 1963) é completa. [A edição brasileira de 1964 de *Minha Vida na Arte*, com tradução de Pontes de Paula Lima, foi publicada pela Ed. Civilização Brasileira, Rio de Janeiro, e foi realizada a partir da edição norte-americana. Já a última edição foi feita diretamente do russo por Paulo Bezerra e publicada em 1989, sempre pela Ed. Civilização Brasileira. (N.T.)]

comporta com seus alunos. Ele os estimula, os persegue com perguntas contínuas, até que a *ideia* do aluno emerja como algo que já estava ali e só precisava da força maiêutica do diálogo para vir à luz.

A maiêutica, que significa "a arte da parteira", é a arte de *trazer o pensamento para a vida* e, portanto, de fazer o pensamento respirar. Para Sócrates, a maiêutica não era exatamente um método de ensinamento, era um ensinamento em si, apesar de ficar escondido (protegido) como se fosse uma moldura.

Poderíamos dizer o mesmo para Torzov-Stanislávski. O mestre não ensina a técnica da *perežívanie*, quer dizer, a técnica da mente dilatada. Ou melhor: junto com as técnicas (uso da "memória emotiva", "condições dadas", etc.), ele ensina *a técnica de todas as técnicas*.

Essa *técnica de todas as técnicas* é a maiêutica na forma do diálogo platônico, ou seja, questionamento socrático. O aluno de Torzov aprende que a mente dilatada (*perežívanie*) só pode ser alcançada através de um questionamento implacável e acreditando que a ideia surgirá das respostas. Além disso, ele aprende que as memórias, as imagens e as histórias esboçadas a partir da *perežívanie* só vão transformar a ideia numa verdade se ele acreditar na ideia.

Na segunda natureza de Stanislávski, não se deveria acreditar em alguma coisa porque ela é verdadeira: pelo contrário, ela é verdadeira porque alguém acredita nela.

Se a maiêutica é a técnica da mente dilatada por excelência, o que podemos aprender da maiêutica sobre a própria mente dilatada? O que podemos aprender sobre o processo que ativa a mente dilatada e que determina seu modo de funcionar, ainda que apenas em relação ao "caso histórico" de Stanislávski?

Podemos aprender muita coisa se alguém revela imediatamente que a peripécia, a precisão e a desorientação são as características específicas e fundamentais do questionamento socrático. Na maiêutica, uma pessoa muda intencionalmente a direção de um questionamento, e o faz de uma hora para a outra, não para *confundir*, e sim para *desorientar* o fluxo do pensamento e libertá-lo do lugar comum.

A peripécia mental, os saltos no fluxo do pensamento, a desorientação... tudo isso pressupõe precisão. É a precisão do detalhe, o confronto cara a cara – e não a batalha à distância em nome de uma verdade oculta – que abatem as resistências que impedem o pensamento de fluir com uma vida multiforme, embora sempre coerente e verdadeira.

Se essas são as modalidades do questionamento socrático, seria importante recordar que o ator que questiona a si mesmo na busca da *perežívanie* é, ao mesmo tempo, quem pergunta e quem responde.

Quando a pergunta muda, mudam as respostas; quando alguém desorienta, também acaba se desorientando; ao insistir na precisão, uma pessoa se obriga a respeitar o detalhe que torna sua ideia crível, ou seja, verdadeira.

Se o diálogo platônico é a técnica primária para induzir o estudante do sistema à *perežívanie*, podemos dizer que o monólogo platônico é o estado mental dos atores que buscam a *perežívanie* sozinhos (o que acontece praticamente em todos os casos).

A mente em *perežívanie*, a mente dilatada do ator stanislavskiano, é então caracterizada pela peripécia, pela desorientação, pela precisão.

E assim fechamos o círculo da nossa estratégia.

A mente dilatada, com suas características específicas, está baseada nos mesmos princípios que definem o corpo dilatado. É, de fato e concretamente, a dimensão mental do nível pré-expressivo.

A mente dilatada corresponde ao corpo dilatado porque ambos são aspectos de uma presença indivisa e indivisível: presença física e mental. O corpo dilatado e a mente dilatada são as duas faces de um mesmo processo, que tem a ver com o corpo/mente-em-vida do ator.

DRAMATURGIA

O trabalho das ações
Eugenio Barba

A palavra *texto*, antes de significar um texto falado ou escrito, impresso ou manuscrito, significava "tessitura". Nesse sentido, não há espetáculo sem "texto".

O que está relacionado ao "texto" (à tessitura) do espetáculo pode ser definido como "dramaturgia", ou seja, *drama-ergon*, o trabalho das ações no espetáculo. Já o modo como as ações trabalham constitui a trama.

Nem sempre é possível distinguir, na dramaturgia de um espetáculo, o que pode ser chamado de "direção" e o que pode ser chamado de "escrita" do autor. Essa distinção só é clara em um teatro que deseja ser a interpretação de um texto escrito.

A distinção entre uma dramaturgia autônoma e o espetáculo em si tem origem no modo como Aristóteles encarou a tradição da tragédia grega (uma tradição que já era distante até para ele mesmo), indicando dois campos de pesquisa diferentes: o texto escrito e a forma de representá-lo.

A ideia de que existe uma dramaturgia que só pode ser identificada no texto escrito do espetáculo – que independe dele e ao mesmo tempo é sua matriz – é uma consequência daquelas situações históricas em que a memória de um teatro foi transmitida através das palavras faladas pelos personagens de seus espetáculos. Uma distinção desse tipo seria totalmente impensável se o objeto da análise fossem os espetáculos em sua integridade.

Concretamente, em um espetáculo teatral, *ação* (ou seja, tudo o que está relacionado à dramaturgia) não é apenas o que é dito ou feito pelos diversos atores, mas também os sons, os ruídos, as luzes, as mudanças do espaço. Em um nível superior de organização, as *ações* são os episódios da história ou as várias faces de uma situação, os arcos de tempo entre duas ênfases do espetáculo, entre duas mudanças do espaço. Ou ainda a evolução – com certa autonomia – de uma coluna sonora musical, das variações das luzes, das variações de ritmo e de intensidade desenvolvidas por um ator em cima de temas físicos bem precisos (maneiras de caminhar, de tratar os objetos, de usar a maquiagem ou o figurino). Também são *ações* os objetos que se transformam, adquirindo diferentes significados ou colorações emotivas. *Ações* são inclusive todas as relações, todas as interações entre os personagens entre si ou entre eles e as luzes, os sons, o espaço. Tudo o que age diretamente sobre a atenção do espectador, sobre sua compreensão, sua emotividade e sua cinestesia também é *ação*.

A lista poderia ficar tão extensa a ponto de ser inútil. O que importa não é fazer um levantamento de quantas e quais sejam as ações de um espetáculo. Importante é observar que as ações só começam a trabalhar quando se entrelaçam: quando se tornam tecido, textura = "texto".

Podem existir dois tipos de trama:

O primeiro tipo de trama tem a ver com o desenvolvimento das ações no tempo, através de uma concatenação de causas e efeitos ou através de uma alternância de ações que representam dois desenvolvimentos paralelos.

O segundo tipo de trama tem a ver com a presença simultânea de várias ações.

Concatenação e *simultaneidade* são duas dimensões da trama. Não são duas alternativas estéticas ou duas diferentes escolhas de método:

[1-2] O texto se torna ação: (**acima**) página do caderno de trabalho de Edward Gordon Craig (1872-1966) para a encenação do *Hamlet* de Shakespeare no Teatro de Arte de Moscou (1909-1910): Ato V, Cena II, duelo entre Hamlet e Laerte; (**à direita**) maquete do palco do Teatro de Arte de Moscou. Com esta maquete, que respeitava as proporções originais do teatro e contava com a ajuda de figurinhas de papelão, Craig explicava a Stanislávski e aos atores a sua ideia sobre a encenação de *Hamlet* e os movimentos de palco dos personagens. Nesta foto, à direita do palco, é possível ver as figuras de Hamlet e Laerte durante o duelo.

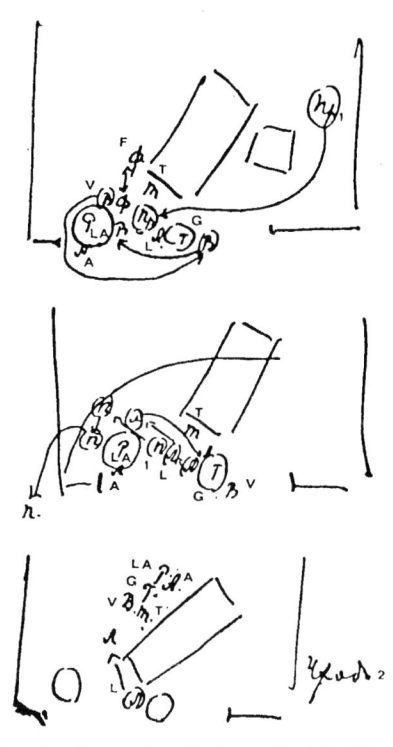

[3] Esquema de movimentos de cena desenhados por Stanislávski para a cena da aparição dos viajantes no segundo ato de *O Jardim das Cerejeiras* de Tchékhov (1904).

são os dois polos que, através de sua tensão ou de sua dialética, determinam o espetáculo e sua vida: o trabalho das ações – a dramaturgia.

Vamos retomar a importante distinção – examinada sobretudo por Richard Schechner – entre um teatro que se baseia na encenação de um texto escrito anteriormente e um teatro que se baseia no *performance text* (texto do espetáculo). Aparentemente, essa distinção é útil para caracterizar duas diferentes formas de abordar o fenômeno teatral e, por consequência, dois diferentes resultados de espetáculo.

Por exemplo: enquanto o texto escrito pode ser conhecido e transmitido antes e independentemente do espetáculo, o *performance text* só existe no final do processo de trabalho e não pode ser transmitido. Na verdade, seria tautológico afirmar que o *performance text* (que é o espetáculo) pode ser transmitido *pelo* espetáculo. A transmissão seria impossível, ainda que conseguíssemos utilizar uma técnica de transcrição parecida com aquela usada na música, quando várias sequências horizontais são arranjadas verticalmente: quanto mais fiel fosse a transmissão, mais ilegível ela seria. Mesmo as gravações sonoras e visuais do espetáculo só podem nos restituir uma parte do *performance text*, pois excluem (pelo menos nos casos dos espetáculos que não usam o palco italiano) as complexas montagens das relações de proximidade-distância entre atores e espectadores, privilegiando, em todos os casos em que as ações são simultâneas, apenas uma montagem entre muitas. Na realidade, ela nos restitui o olhar de *um único* espectador.

A distinção entre "um teatro que se baseia em um texto escrito" – composto *a priori* e usado como matriz da encenação – e "um teatro cujo texto significativo é apenas o *performance text*" representa muito bem, intuitivamente, a diferença entre "teatro tradicional" e "novo teatro". Mas essa distinção é especialmente útil se quisermos passar de uma classificação dos fenômenos teatrais modernos a uma análise feita ao microscópio, ou a uma investigação anatômica da peça e de sua vida: a dramaturgia.

Desse ponto de vista, a relação entre "*performance text*" e "texto composto *a priori*" não surge mais como contradição, e sim como complementaridade, oposição dialética. Portanto, o problema não é a escolha de um polo ou de outro, a definição de um tipo de teatro ou de outro. Pelo contrário, o problema é o *equilíbrio entre o polo da concatenação e o polo da simultaneidade*. A única coisa negativa é a perda do equilíbrio entre os dois polos.

Quando o espetáculo deriva de um texto de palavras, pode haver perda de equilíbrio por causa do domínio das relações lineares (a trama como concatenação), o que prejudica a trama entendida como tessitura de ações simultaneamente presentes.

Se o significado fundamental do espetáculo vem da interpretação de um texto escrito, então vamos ter a tendência a privilegiar essa dimensão do espetáculo que corresponde à dimensão linear da língua. Tenderemos a tratar como elementos periféricos todas as tramas que, ao contrário, derivam da presença simultânea de várias ações ao mesmo tempo. Ou tenderemos a tratá-las como ações que não se entrelaçam: ações de fundo.

A tendência a subestimar a importância do polo da simultaneidade para a vida da peça é reforçada, na mentalidade moderna, pelo espetáculo que Eisenstein já chamava, na sua época, de "o nível atual do teatro", ou seja, o cinema. No cinema, a dimensão linear é praticamente absoluta, e a dialética (a vida) da trama depende basicamente dos dois polos da concatenação das ações e da concatenação da atenção de um espectador abstrato: o olho-filtro que seleciona primeiros planos, planos americanos, contraplanos, etc.

A força do cinema sobre nossa imaginação aumenta o risco de perdermos o equilíbrio entre o polo da concatenação e o polo da simultaneidade em nosso trabalho teatral. Os próprios espectadores têm a tendência a não atribuir um valor significativo à trama de ações simultâneas, e se comportam – ao contrário do que normalmente acontece na vida cotidiana – como se no espetáculo teatral houvesse um elemento privilegiado para estabelecer o significado do texto dramático (as palavras, os fatos do "protagonista", etc.). Isso explica por que um espectador de teatro ocidental muitas vezes acha que não entendeu totalmente os espetáculos que se baseiam numa trama de ações simultâneas, e por que ele se vê em dificuldade diante da lógica de muitos teatros orientais, que lhe parecem complicados ou sugestivos por causa do seu "exotismo".

Empobrecer o polo da simultaneidade é o mesmo que limitar as possibilidades de fazer brotar significados complexos no espetáculo. Esses significados não derivam de uma complexa concatenação de ações, e sim do entrelaçamento de várias ações dramáticas, cada uma delas dotada de um "significado" próprio e simples. Ações que são compostas entre si, entrelaçadas através de uma única unidade de tempo. E, assim, o significado (aqui estou usando a palavra "significado" em seu sentido banal, aquele da língua comum) de um fragmento da peça não é determinado apenas pelo que o precede e pelo que virá depois, mas também por uma multiplicidade de facetas, por uma sua presença, digamos assim, tridimensional, que faz com que ele viva no presente com uma vida própria. Em muitos casos, isso significa que, quanto mais se torna difícil para o espectador interpretar ou avaliar imediatamente o sentido do que acontece diante de seus olhos e de sua mente, mais forte é sua sensação de viver uma experiência. Ou então – dito de maneira mais obscura, porém (talvez) mais próxima à realidade – mais forte é a experiência de uma experiência.

O entrelaçamento simultâneo de várias ações determina, no espetáculo teatral, algo equivalente ao que Eisenstein descreve com relação ao quadro de El Greco, *Vista de Toledo*: nesse quadro, o pintor não reconstrói uma "vista" real, ele constrói uma síntese de muitas "vistas", mostrando as várias faces, inclusive aquela mais obscura, de um edifício. E ele faz isso montando diversos elementos – tirados da realidade, um independentemente do outro – numa nova relação artificial (ver fig. 1, página 161).

Essas possibilidades dramatúrgicas pertencem a todos os diferentes níveis e a todos os diferentes elementos do espetáculo, tomados um por um, da mesma maneira que pertencem à trama superior.

O ator, por exemplo, obtém efeitos de simultaneidade no momento em que rompe o esquema abstrato dos movimentos para que o espectador não seja mais capaz de antecipá-lo. Monta (compõe = põe junto) sua ação em uma síntese que não é nada parecida com a do agir cotidiano: segmenta a ação escolhendo alguns fragmentos e dilatando-os, compõe ritmos, encontra um equivalente da ação "real" através daquilo que Richard Schechner chama de "restauração do comportamento".

O uso do texto escrito, quando não é interpretado somente como concatenação de ações, pode conduzir à trama simultânea, em uma nova síntese dramática de elementos e detalhes que, por si só, não são dramáticos.

De *Hamlet*, por exemplo, podemos extrair uma série de informações: rastros da secular disputa entre Noruega e Dinamarca encontram-se no conflito anterior que colocava Hamlet pai em oposição a Fortimbrás pai; a Inglaterra que deve pagar impostos para a Dinamarca faz ecoar o tempo dos *vikings*; a vida da corte lembra o Renascimento; as alusões a Wittemberg podem nos remeter à Reforma. Todas essas diversas facetas históricas (ou que podemos realmente utilizar como *diversas* facetas históricas) podem formar um leque de escolhas para interpretar o texto dramático: neste caso, uma faceta eliminará as outras. Mas, ao contrário, elas também podem estar entrelaçadas numa síntese de várias facetas históricas simultaneamente presentes, cujo "significado" como "interpretação de *Hamlet*" – ou seja, o que o texto dramático vai parecer para os espectadores – não é previsível. Quanto mais o autor do espetáculo trabalhar usando uma lógica simples ao entrelaçar os vários fios, mais o significado do espetáculo o surpreenderá, o motivará e será imprevisível para ele mesmo.

Também podemos dizer algo parecido com relação a Hamlet, o protagonista da peça. A concatenação das ações montadas por Shakespeare, em geral, fornece uma imagem do personagem como um homem cheio de dúvidas, indeciso, dominado pela doença da "melancolia", um filósofo sem aptidão para a ação. Mas nem todos os elementos dessa montagem correspondem a essa imagem: Hamlet age com determinação quando mata Polônio; falam de como ele falsificou – de modo decidido e frio – a mensagem de Cláudio para o rei da Inglaterra e de como derrotou os piratas; ele desafia Laerte; identifica rapidamente as armadilhas preparadas contra ele; mata o rei.

Para um ator (e para um diretor), todos esses detalhes, vistos um por um, podem ser usados como indícios para construir uma interpretação coerente do caráter de Hamlet. Mas também podem ser usados como indícios de comportamentos diferentes e contraditórios para serem montados em uma síntese que *não é o fruto de uma decisão preliminar* relacionada ao caráter que desejam encontrar em Hamlet.

Como podemos ver, com essa simples hipótese nos aproximamos bastante do processo criativo (= compositivo) de vários atores do Grande Teatro Ocidental. Em seu trabalho cotidiano, eles não partiam (e não partem) da interpretação do personagem, mas chegavam (e chegam) até ele – pelo menos aos olhos dos espectadores impressionados – seguindo um caminho que não se baseia em "*o quê?*" mas em "*como?*": montando numa síntese formalmente coerente alguns aspectos que, *a priori*, pareceriam incoerentes do ponto de vista do "realismo habitual".

O trabalho das ações (a dramaturgia) deve ser vivo para equilibrar o polo da concatenação e o polo da simultaneidade. Essa vida corre o risco de se perder quando a tensão entre esses dois polos é perdida.

Enquanto a perda do equilíbrio a favor da trama por concatenação leva a peça ao torpor de um reconhecimento confortável, a perda do equilíbrio a favor da trama na dimensão da simultaneidade pode resultar na arbitrariedade, no caos. Ou na incoerência coerente.

É fácil prever que esses riscos sejam bem maiores para quem trabalha sem a condução de um texto composto anteriormente. Texto de palavras, *performance text*, dimensão da concatenação ou linear, dimensão da simultaneidade ou tridimensional são elementos que não carregam em si nenhum valor positivo ou negativo.

Os valores, positivos ou negativos, dependem da qualidade de suas relações.

Quanto mais o espetáculo permite que o espectador faça a experiência de uma experiência, mais deve conduzir também a sua atenção, para que ele não perca, na complexidade da ação presente, o sentido da direção, do passado e do futuro, a *história*, não como anedota ou historinha, mas como "tempo histórico" do espetáculo.

Todos os princípios que permitem montar a atenção do espectador podem ser buscados na vida do drama (das ações que começam a trabalhar): a trama por concatenação e a trama por simultaneidade.

Criar a vida do drama, do texto dramático, não é só entrelaçar as ações e as tensões do espetáculo, mas também montar a atenção do espectador, montar os ritmos, induzir as tensões sem tentar impor a ele uma interpretação.

De um lado, a atenção do espectador é atraída pela complexidade, pela *presença* da ação; de outro, é continuamente chamada a avaliar essa presença e essa ação à luz do conhecimento do que acabou de acontecer e da previsão (ou do questionamento) sobre o que ainda acontecerá. Assim como a ação do ator, a atenção do espectador também deve poder viver num espaço tridimensional, governada por uma própria dialética que constitui um equivalente da dialética que governa a vida.

Em última análise, poderíamos reconduzir a dialética entre "trama por concatenação" e "trama por simultaneidade" à complementaridade (e não à oposição) entre hemisfério esquerdo e hemisfério direito do cérebro.

Dramaturgia e espaço cênico

Todos os espetáculos do Odin Teatret são caracterizados por uma diferente utilização do espaço. Os atores não se adaptam às dimensões do espaço que já existe (como no palco italiano), mas modelam a arquitetura de acordo com a exigência da dramaturgia e de cada nova produção.

No entanto, não são só os espaços ocupados por atores e espectadores que variam a cada espetáculo. Durante um mesmo espetáculo, os espectadores podem se encontrar ao redor da área de atuação ou no meio dela. Alguns vivem a ação como se fosse um primeiro plano, quando o ator está a poucos centímetros deles; outros, como se fosse um campo total, quando podem ver um espaço mais amplo.

Esses mesmos princípios são empregados em espetáculos feitos ao ar livre, usando praças, ruas, varandas e telhados das cidades ou dos vilarejos. Nesse caso, o ambiente já existe e, aparentemente, não pode mais ser transformado. Mas o ator pode usar sua presença para fazer uma característica dramática brotar daquela arquitetura que, por costume e hábitos cotidianos, não somos mais capazes de ver e não vivemos mais com o frescor do olhar.

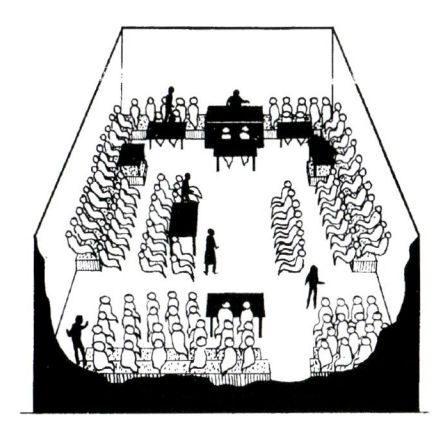

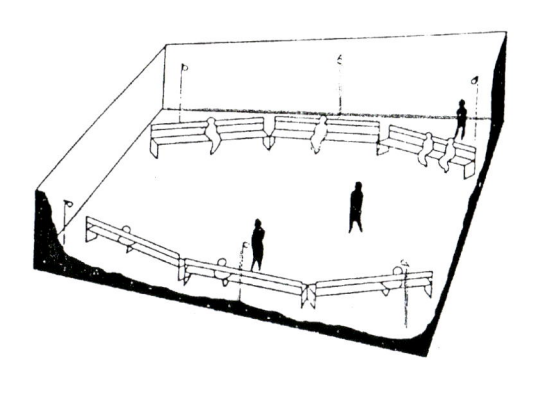

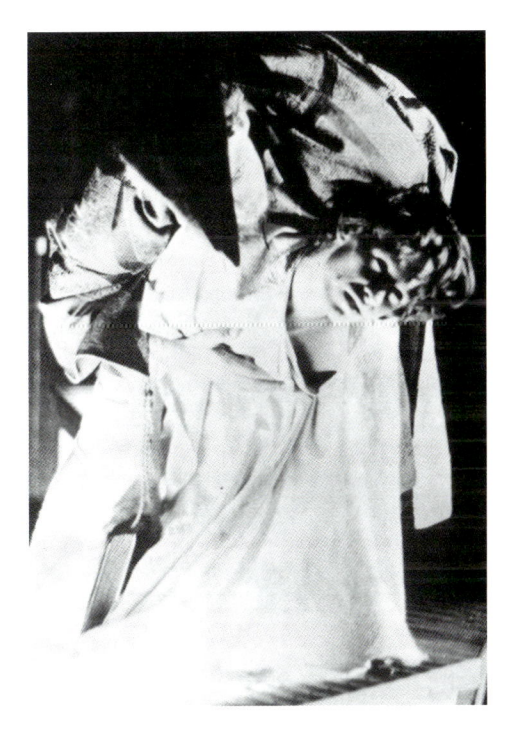

[4-9] A organização do espaço cênico – a disposição de atores e espectadores no espaço e a relação estabelecida entre eles – é uma das ações mais importantes na polaridade concatenação-simultaneidade de um *performance text*. Alguns exemplos de relações de proximidade entre atores e espectadores em diferentes espetáculos do Odin Teatret: (**à esquerda**) *Ornitofilene* [Os Amigos dos Pássaros] (1965); (**no centro**) *Kaspariana* (1967); (**à direita**) *Ferai* (1969).

[10-11] Odin Teatret: utilização do espaço em espetáculos de rua na região do Salento e na Sardenha (Itália, 1969).

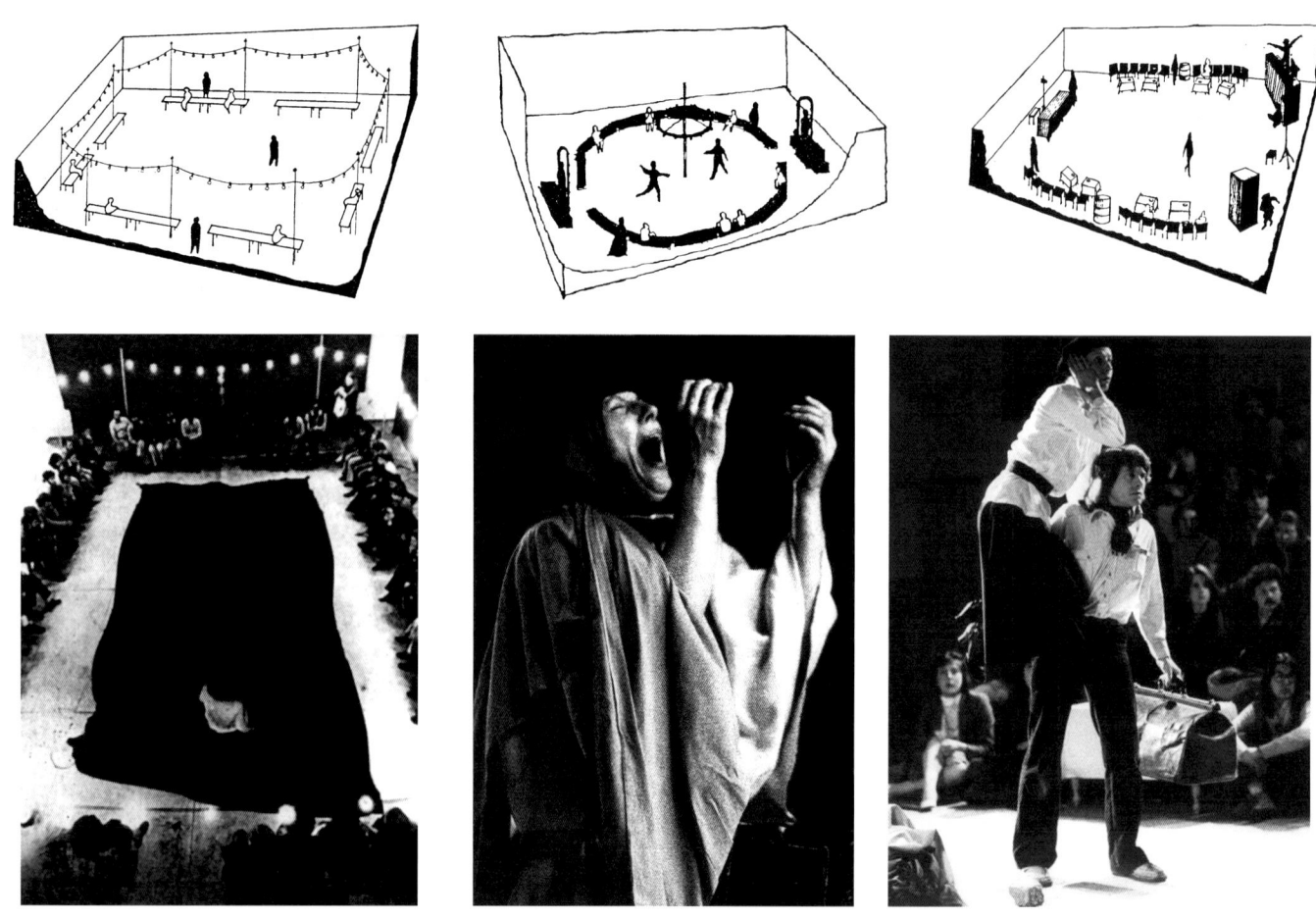

[12-17] A organização do espaço cênico nos espetáculos do Odin Teatret: (**da esquerda para a direita**) *Min Fars Hus* [A Casa do Pai] (1972); *Vem! E o Dia Será Nosso!* (1976); *Cinzas de Brecht* (1982).

[18-21] Odin Teatret: utilização do espaço cênico em espetáculos de rua no Peru e no Chile.

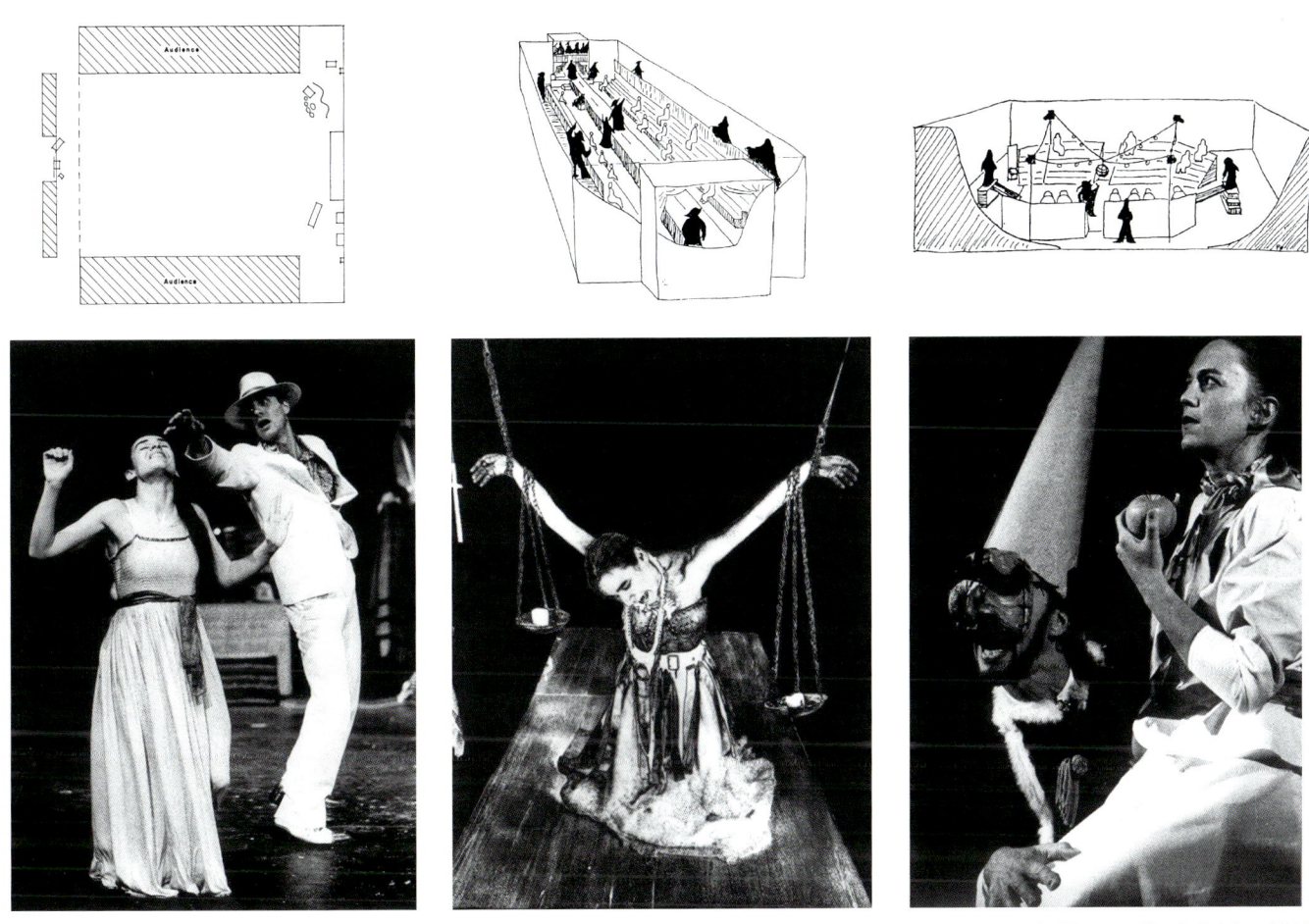

[22-27] A organização do espaço cênico nos espetáculos do Odin Teatret: (**à esquerda**) *O Milhão* (1979); (**no centro**) *Oxyrhincus Evangeliet* [O Evangelho de Oxirrinco] (1985); (**à direita**) *Talabot* (1988).

[28] Odin Teatret: *O Livro das Danças* (Peru, 1978).

ENERGIA

Energia: do grego enérgeia, *que deriva de* érgon (*obra, trabalho*). *Vigor físico, especialmente dos nervos e dos músculos, potência ativa do organismo (...); firmeza de caráter e resolução na ação (...); força dinâmica do espírito, que se manifesta como vontade e capacidade de agir (...). Na física, energia de um sistema, a capacidade de um sistema para realizar um trabalho.*

(*Vocabulário da Língua Italiana*. Roma, Istituto dell'Enciclopedia Italiana, 1987, vol. II, p. 266)

A energia do ator é uma coisa bem precisa que todo mundo pode identificar: sua força muscular e nervosa. O que nos interessa não é a pura e simples existência dessa força, porque ela já existe, por definição, em todos os corpos viventes. O que nos interessa é o modo como ela é modelada e em qual perspectiva.

Em cada instante da nossa vida, conscientemente ou inconscientemente, nós modelamos a nossa força. No entanto, há um surplus *teatral que não serve para nos movermos, para agir, para estarmos presentes e para intervir no mundo circunstante. Mas ele serve para agir, para nos movermos e estarmos presentes de modo teatralmente eficaz. Estudar a energia do ator, então, significa se interrogar sobre os princípios pelos quais os atores podem modelar, educar sua força muscular e nervosa segundo modalidades que não são aquelas da vida cotidiana.*

As diversas constelações desses princípios constituem a base das diferentes técnicas: a técnica de Decroux ou do Kabuki; a técnica do Nô ou do balé clássico; a técnica de Delsarte ou do Kathakali... Mas também a base das diferentes técnicas individuais: de Buster Keaton a Dario Fo, de Totò a Marcel Marceau, de Ryszard Cieślak a Iben Nagel Rasmussen...

(Ferdinando Taviani, *A Energia do Ator como Premissa*)

Kung-fu

Cada tradição teatral possui uma linguagem própria para dizer se o ator, enquanto tal, funciona ou não funciona para o espectador. E para definir esse "funcionamento" existem numerosos termos: no Ocidente, encontramos com frequência *energia*, *vida* ou, mais simplesmente, *presença* do ator.

As tradições teatrais asiáticas servem-se de outros conceitos, como vamos ver. É por isso que encontramos expressões como *prana* ou *shakti* na Índia, *koshi*, *ki-ai* e *yugen* no Japão, *chikara* e *taxu* em Bali, *kung-fu* na China.

Para conquistar essa força, essa vida – que é uma qualidade intangível, indescritível e impossível de ser medida – as várias formas teatrais codificadas recorreram a procedimentos bastante particulares, como treinamento e exercícios específicos. Esses procedimentos visam destruir as posições inertes do corpo do ator, para assim alterar o equilíbrio normal e eliminar aquelas dinâmicas de movimento que são típicas do cotidiano.

É um paradoxo pensar que essa qualidade inalcançável possa ser obtida através de exercícios concretos e tangíveis. Mas esse mesmo paradoxo está expresso na palavra *kung-fu*, que é, ao mesmo tempo, o exercício concreto e essa dimensão inalcançável que chamamos de "presença do ator".

Em chinês, *kung-fu* – termo mais conhecido no Ocidente como técnica de combate – significa, literalmente, "capacidade de resistir". Todavia, possui um campo semântico mais amplo: designa a

[1-2] Nas duas fotos vemos Mei Baoju, filho do famoso ator Mei Lanfang (1894-1961). Como o pai, ele também era um especialista em interpretar papéis femininos da Ópera de Pequim. (**acima**) Mei Baoju em uma demonstração de papel *tan* (feminino) e (**abaixo**) durante uma pausa na ISTA de Holstebro (1986).

ENERGIA

arte marcial nacional, mas também a disciplina, a faculdade ou a habilidade que só pode ser dominada através de um esforço contínuo. Pode significar trabalho realizado e levado até o fim, força, mas também o resultado de uma busca intelectual (o nome do filósofo chinês Confúcio é uma alteração ocidental de *Kung-futzu*).

Então esse termo não tem um significado único, tudo depende do contexto em que é utilizado. Muitas vezes, *kung-fu* é uma expressão genérica que se refere a um exercício. Além disso, cada mestre de uma arte ou de uma ciência poderia ser definido como possuidor de *kung-fu*.

Na realidade, como podemos constatar, o termo compreende uma série de conceitos complementares, que vão do exercício ou do treinamento até o resultado da atividade. Para um ator, possuir *kung-fu* significa estar em forma, ter praticado e continuar praticando um treinamento particular. Mas também significa possuir aquela qualidade especial que o faz vibrar e o torna *presente*, e que indica que ele já dominou todos os aspectos técnicos do seu trabalho.

[3-4] Nas duas fotos vemos Mei Lanfang, o famoso intérprete dos papéis femininos da Ópera de Pequim: (**acima**) com idade avançada e roupas cotidianas, demonstrando um movimento da Ópera de Pequim; (**abaixo**) no início da carreira, interpretando o papel da mulher-guerreiro.

A ARTE SECRETA DO ATOR

Energia e continuidade

Uma raríssima foto de 1935 (fig. 6) mostra um aluno da Ópera de Pequim aprendendo a dominar o uso dos *ts'ai chi'ao* e também tentando adquirir *kung-fu* com a ajuda do seu mestre. Os *ts'ai chi'ao* são sapatos particulares que obrigam a pessoa a se apoiar apenas sobre a ponta do pé. Tradicionalmente, eram usados pelas mulheres, que ficavam com os pés miniaturizados por serem enfaixados de modo bem apertado desde os primeiros dias de vida. Mais tarde foram adaptados e passaram a calçar os pés normais dos atores *tan*, os intérpretes dos papéis femininos.

Em sua autobiografia, Mei Lanfang (1894-1961) – sem dúvida o ator chinês mais famoso da Ópera de Pequim, conhecido tanto na China como no Ocidente – descreve como ele treinava e adquiria *kung-fu* durante o período de sua aprendizagem:

> Há certos movimentos de base para o papel de *tan-chingyi* (a mulher respeitável) que devem ser ensaiados durante muito tempo até se alcançar a precisão do alto dos *ts'ai chi'ao*. Esses movimentos incluem: caminhar, abrir e fechar uma porta, os movimentos da mão, indicar com os dedos, fazer oscilar as mangas, tocar os próprios cabelos na região das têmporas, tirar um sapato, levantar a mão e invocar o céu, balançar o braço para se lamentar de alguma coisa, caminhar sobre o palco e desmaiar sobre uma cadeira.
>
> Lembro-me de que eu usava um banco para me exercitar quando era jovem: colocava um tijolo sobre o banco e tinha que ficar em cima dele com os *ts'ai chi'ao* nos pés enquanto um bastãozinho de incenso queimava, do início ao fim. A primeira vez, logo no começo, fiquei com as pernas tremendo, foi uma verdadeira tortura. Tudo estava se tornando insuportável, eu não conseguia ficar nem mais um minuto ali, tive que pular para o chão. Mas, depois de algumas tentativas, minhas costas e minhas pernas desenvolveram os músculos adequados e eu aprendi a me equilibrar sobre o tijolo. No inverno, eu me exercitava a lutar e a caminhar sobre o gelo usando os *ts'ai chi'ao*: no início sempre caía, mas, assim que me acostumei a caminhar sobre o gelo, foi menos difícil fazer os mesmos movimentos no palco.
>
> Independentemente do que você estiver fazendo, se passar por um momento difícil antes de chegar ao momento mais fácil, verá que a doçura vale as fadigas amargas. Em geral, quando eu me exercitava em cima dos *ts'ai chi'ao*, ficava com bolhas nos pés e sentia muita dor. Achava que meu mestre

[5] *O lutador*, escultura olmeca (Museu Nacional de Antropologia, Cidade do México). Apesar da imobilidade, o lutador tem uma tensão que parece triturar e mostra uma força que irrompe da pedra. Ou, como já dizia um mexicano dos dias de hoje, Octavio Paz: "A imobilidade é o abraço de dois amantes".

[6] Escola da Ópera de Pequim (1935): treinamento com os *ts'ai chi'ao*, os sapatos dos papéis femininos para os pés deformados. O mestre conduz e ajuda o aluno: o bastão que ele leva embaixo do braço é um instrumento de correção que fala por si só.

[7-9] (**à esquerda e no centro**) Katsuko Azuma, dançarina de Buyo, em uma demonstração da maneira de caminhar característica do teatro clássico japonês e, também, em uma posição de energia no tempo (ISTA de Volterra, Itália, 1981). Sem o quimono, fica ainda mais evidente o modo de bloquear os quadris, dobrar as pernas e deslizar os pés graças às *tabi*, as típicas meias brancas japonesas com o dedão do pé separado; (**à direita**) Jas, uma jovem dançarina balinesa que está em equilíbrio precário sobre as pontas dos pés, imobiliza a dança em um momento de energia no tempo.

não deveria ter submetido uma criança de dez anos como eu a provas tão duras como aquelas. Eu achava que, em vez disso, ele deveria ter ficado atormentado. Mas hoje, com sessenta anos, quando ainda consigo ficar nas posições da mulher-guerreiro em dramas como *A Beleza Bêbada* ou *A Fortaleza da Montanha*, sei que sou capaz de fazê-lo porque meu mestre foi severo comigo no início da minha aprendizagem.

(Mei Lanfang, *Autobiografia*)

Koshi, ki-ai, bayu

No Japão, apesar de cada uma das tradições teatrais clássicas (Nô, Kyogen, Kabuki) possuir uma terminologia de trabalho própria, existe uma única palavra que todas elas usam para definir a presença do ator: *koshi*.

Koshi, em japonês, significa uma parte bem precisa do corpo: os quadris. Quando caminhamos, os dois quadris seguem os movimentos das pernas. Mas se quisermos reduzir esse movimento dos quadris – ou seja, criar um eixo fixo no corpo – somos obrigados a dobrar as pernas e a manter o tronco como se ele fosse um bloco único (ver fig. 7 e 8).
Ao bloquear os quadris, para evitar que sigam os movimentos das pernas, são criados dois níveis diferentes de tensão no corpo: na parte inferior (as pernas, que devem mudar de posição) e na parte superior (o tronco e a coluna vertebral, que está empenhada a pressionar os quadris).

A criação desses dois níveis opostos dentro do corpo obriga-o a adotar um equilíbrio particular que repercute sobre os músculos da nuca, do tronco, da bacia e das pernas. Todo o tônus muscular do ator fica alterado, ele passa a usar muito mais energia e deve se esforçar bem mais do que se caminhasse usando sua técnica cotidiana.

(Eugenio Barba, *Antropologia Teatral: Primeiras Hipóteses*)

No teatro Nô, em particular, encontramos um termo mais genérico para indicar a energia do ator: *ki-ai*, que significa "profundo acordo (*ai*) entre o espírito (*ki*, no sentido do espírito como *pneuma* e de *spiritus* como respiração) e o corpo". *Ki-ai* equivale ao sânscrito *prana*, que significa – literalmente – *pneuma*, e é usado pelos atores tanto na Índia como em Bali.

Em Bali, existem outras três palavras para definir a presença do ator: *chikara*, *taksu* e *bayu*. *Chikara* corresponde à força, ao poder, é obtido quando o ator é aplicado e treina regularmente; *taksu*, por sua vez, é uma espécie de inspiração divina que se apodera do dançarino independentemente de sua vontade. Um dançarino poderá dizer "essa noite havia ou não havia *taksu*", mas não poderá se desculpar pela falta de *chikara*.

Mas *bayu* – "vento", "respiração" – é o termo normalmente usado para definir a presença do ator: utiliza-se a expressão "*pengunda bayu*" para ressaltar a boa distribuição da energia em um ator. Assim como o *ki-ai* japonês, como "respiração", o *bayu* balinês é uma descrição literal do crescer e do decrescer de uma força que eleva todo o corpo e cuja complementaridade gera vida.

Animus-Anima

Venília e Salácia eram duas deusas romanas: uma era a deusa da onda que chega à rebentação, a outra era a deusa da onda que volta ao mar. Mas por que duas deusas se a onda é uma só, se a água que vem é sempre a mesma água que vai?

A força e a substância são iguais, mas a direção e a qualidade da energia são diferentes e opostas. A mesma variação da energia da onda, a mesma dança das duas deusas pode ser descoberta no substrato pré-expressivo do ator, no entrelaçamento dos dois perfis de sua energia bifronte, a energia *Animus* e a energia *Anima*.

Antes de ser pensada como uma energia puramente espiritual, antes de se tornar platônica e católica, a alma era um vento, um fluxo contínuo que animava o movimento e a vida do animal e do homem. Em muitas culturas, não só na Antiga Grécia, comparavam e comparam o corpo com um instrumento de percussão: *anima* (a alma) é o batimento, a vibração, o ritmo.

Esse vento – vibração e ritmo – pode mudar de face e continuar a ser ele mesmo graças a uma sutil mudança de sua tensão interna. Boccaccio, ao comentar Dante e ao sintetizar a postura de uma cultura milenária, dizia que, quando *Anima*, o vento vivo e íntimo, tende a se voltar para fora e a desejar alguma coisa, então ele se transforma em *Animus* (em latim: sopro, respiro).

Energia-*Anima* e energia-*Animus* são termos que não têm nada a ver com a distinção masculino-feminino, nem com arquétipos junguianos: designam uma polaridade bem perceptível que se refere a uma qualidade complementar da energia, difícil de ser definida em palavras e, sendo assim, difícil de ser analisada, desenvolvida e transmitida.

O ator pode alcançar um comportamento artificial, extracotidiano, através da técnica que a tradição lhe

[10-11] Em cada homem há uma mulher e em cada mulher há um homem. Este lugar-comum – ou esta verdade – não ajuda o ator a se dar conta da natureza dupla e afiada da energia individual, ou seja, da existência de uma energia *anima* e de uma energia *animus*. Seria um equívoco falar de energia masculina ou de energia feminina, ou fazer com que a energia *animus* e a energia *anima* coincidissem, respectivamente, com as duas primeiras. Ao mesmo tempo, seria um erro acreditar que um ator-dançarino seja levado apenas por uma dessas energias. As duas estão presentes simultaneamente, e um ator sábio conhece o modo de dosá-las, às vezes acentuando uma, às vezes acentuando a outra. Esse fluir alternado da energia se torna óbvio em atores universalmente conhecidos como Charlie Chaplin (1889-1980), aqui em *Carlitos nas Trincheiras*, ou como Anna Magnani (1908-1973), aqui em *Belíssima* (1951), de Luchino Visconti. A qualidade da energia de Chaplin é suave, tipicamente *anima*: ninguém teria a coragem de dizer que Chaplin é feminino. Já em Anna Magnani prevalece a qualidade *animus*: ninguém diria que ela é masculina.
É fácil perceber, com clareza, a alternância entre a energia *animus* e a energia *anima* se olharmos para os atores e as atrizes indianas, balinesas ou japonesas que contam ou dançam histórias que demandam muitos personagens. É igualmente fácil se olharmos para atores, mimos ou dançarinos ocidentais que se formaram com um treinamento que não diferencia os sexos. O fato de saber modelar a complementaridade da própria energia permitiu que muitos atores provocassem fascínio e surpresa, rompendo com os estereótipos de comportamento social homem-mulher. No cinema, basta pensar no lado *animus* de atrizes como Greta Garbo, Katherine Hepburn ou Bette Davis, ou na emanação *anima* de atores como Marlon Brando, James Dean, Montgomery Clift ou Robert De Niro.

ENERGIA

transmite ou através da construção de um personagem. Ele dilata a sua presença e, por consequência, dilata a percepção do espectador. Na ficção do teatro ou da dança, ele é um *corpo-em-vida*. Ou almeja sê-lo. Foi por isso que trabalhou anos a fio, treinando rigorosamente, às vezes desde a sua infância. Por isso utiliza processos mentais, "se mágicos", subtextos pessoais. É por isso que ele imagina seu corpo no meio de uma rede de tensões e resistências físicas irreais, porém eficazes. Usa uma técnica extracotidiana do corpo e da mente.

No nível visível, parece que ele está trabalhando sobre o corpo e sobre a voz. Na verdade, está trabalhando sobre algo invisível: a energia.

O conceito de "energia" (do grego *enérgeia* = "força", "eficácia", que vem de *en-érgon* = "entrar em ação", "trabalhar") é um conceito óbvio e difícil. Costuma ser associado ao ímpeto externo, ao grito, ao excesso de atividade muscular e nervosa. Mas também indica uma coisa íntima, que pulsa na imobilidade e no silêncio, uma força retida, que flui no tempo sem se difundir no espaço.

Normalmente, a "energia" é reduzida a modelos de comportamento imperiosos e violentos. Mas, em vez disso, é uma temperatura-intensidade pessoal que o ator pode identificar, despertar, modelar. Só que, antes de tudo, a energia deve ser explorada.

A técnica extracotidiana do ator-dançarino, ou seja, sua presença, tem origem numa alteração do equilíbrio e das posturas de base, no jogo das tensões contrapostas que dilatam a dinâmica do corpo. O corpo é re-construído para a ficção teatral. Esse "corpo de arte" – de consequência, esse "corpo não natural" – não é, em si, nem masculino nem feminino: no nível pré-expressivo, o sexo cotidiano do ator-dançarino tem pouca importância. Não existe uma energia típica dos homens nem uma energia típica das mulheres. Só existe uma energia específica deste ou daquele indivíduo.

A tarefa de um ator e de uma atriz é descobrir as tendências individuais da própria energia, proteger suas potencialidades, sua unicidade.

Aprender a representar usando duas perspectivas distintas que imitam a diferença entre os sexos é um

[12-13] (**acima**) Em Bali, a energia é definida como *bayu* (vento); no Japão, como *ki-hai* (espírito, respiro); na antropologia teatral, *animus* (em latim: ar, respiro). Mas quais são os passos concretos para fazer voar alto esse vento que anima as ações do ator? Para isso, é necessário dominar posições bastante precisas que se baseiam em uma diferença bem articulada de tensões delicadas e duras. Podemos observá-las em uma atriz balinesa, Desak Made Suarti Laksmi (durante a ISTA de Holstebro, em 1986). Todas as formas de dança balinesa são construídas a partir de uma série de oposições entre *keras* e *manis*; (**abaixo**) o ator I Made Bandem interpreta o personagem de Hanuman, o rei dos macacos no *Ramayana*. Nas histórias do Wayang Wong indonésio, Hanuman também é chamado de Bayuatmaja, "Filho do Vento". Na verdade, ele não é apenas o filho do Deus do Vento, ele mesmo também é muito veloz e tem poderes sobre-humanos. Na arte e na religião de Bali, há um vínculo essencial entre três elementos: o *bayu*, o *sabda* e o *idep*, respectivamente, a "ação", a "palavra" e o "pensamento". O brâmane que reza tem a oração na mente, a palavra nos lábios e a ação nas mãos (os *mudras*: ver *Mãos*): tudo ao mesmo tempo. Sendo assim, na dança, os três elementos existem para fazer a fusão entre o diálogo falado e as intenções, os movimentos e os gestos.

A ARTE SECRETA DO ATOR

[14-15] As duas fotografias foram tiradas durante a ISTA de Holstebro, em 1986. (**à esquerda**) O ator Kanichi Hanayagi interpreta um samurai; (**à direita**) o ator K. N. Vijayakumar interpreta um papel feminino do Teatro Kathakali.

ponto de partida aparentemente inofensivo. Mas isso tem uma consequência: a introdução, sem nenhuma justificativa, de regras e hábitos da realidade cotidiana no território extracotidiano do teatro.

No nível final, ou seja, no nível dos resultados e do espetáculo (nível expressivo), a presença do ator ou da atriz é "figura cênica", "personagem", de forma que uma caracterização masculina ou feminina torna-se inevitável e necessária. Mas essa caracterização é desnecessária e até prejudicial quando domina um terreno que não lhe pertence: o terreno pré-expressivo.

No período da aprendizagem, a diferenciação individual passa pela negação da diferenciação dos sexos. O campo das complementaridades se dilata: podemos ver isso no Ocidente, com a dança moderna e o mimo, quando o treinamento – o trabalho sobre o nível pré-expressivo – não leva em conta o masculino e o feminino. Ou quando, no Oriente, o ator representa indiferentemente papéis masculinos ou femininos. O caráter bifronte de sua particular energia aflora então com mais evidência. O equilíbrio entre os dois polos da energia, *Anima* e *Animus*, é preservado.

Os balineses, aliás, falam de um entrelaçamento contínuo de *manis* e *keras*. Os indianos falam de *lasya* e *tandava*. São termos que não se referem a homens e mulheres, ou a qualidades femininas ou masculinas, mas à *suavidade* e ao *vigor* como sabores da energia. O deus guerreiro Rama, por exemplo, muitas vezes é representado segundo uma natureza "suave": *lasya*.

Animus e *Anima* – independentemente de seu gênero gramatical – indicam os dois pratos de uma balança, uma *concordia discors*, uma interação entre opostos, que faz pensar nos polos de um campo magnético, na tensão entre corpo e sombra. Seria arbitrário lhes dar uma conotação sexual.

(Eugenio Barba, *Animus-Anima*)

[16-19] (**na página seguinte, abaixo, à direita**) Pei Yanling, a famosa atriz da Ópera de Pequim; nas outras fotos, Pei Yanling interpretando três diferentes papéis: (**acima, à esquerda**) o Rei dos Macacos; (**acima, à direita**) um gênio celestial e (**abaixo, à esquerda**) um guerreiro. Três exemplos diferentes, mas óbvios, de energia *animus*: três personagens masculinos que a intérprete mais famosa de personagens masculinos da China contemporânea tornou extraordinariamente vivos. Todas as fotos foram tiradas durante a ISTA de Holstebro, em 1986.

ENERGIA

79

[20] Kanichi Hanayagi, ator de Kabuki, representando uma jovem gueixa (**acima**) e um samurai (ver fig. 14, página 78). No início, por volta da metade do século XVI, o Kabuki era representado apenas por atrizes. No entanto, porque suas exibições haviam se tornado muito licenciosas, o governo do Shogun, por motivos de moral social, proibiu que as mulheres se apresentassem em público e decretou que os papéis femininos do Kabuki fossem representados apenas por homens. Esses atores passaram a se chamar *onnagata*. Por causa desse decreto, ou melhor, graças a ele, os *onnagata* puderam desenvolver uma série de técnicas refinadas e elaboradas para se aproximar da interpretação da mulher, alcançando tais ápices de perfeição que ainda hoje o fascínio do Kabuki é, em boa parte, devido à sua arte. Essa antiga e estável tradição japonesa de intérpretes masculinos que representam papéis femininos – tradição que, por razões análogas, também existe em outros teatros da Ásia, como a Ópera de Pequim ou o Kathakali – mostra que a interpretação não tem que depender, necessariamente, do sexo do ator, e sim de sua maneira de modelar a energia.

ENERGIA

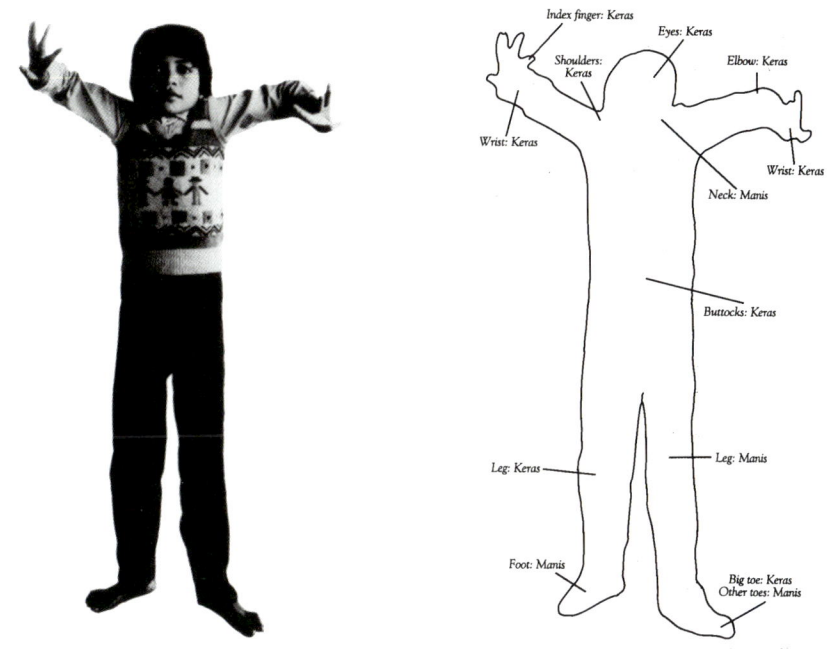

[21] Os princípios *keras* e *manis* (forte e suave) em uma posição de base da dança balinesa ilustrada por Jas, filha do mestre I Made Pasek Tempo. O esquema à sua direita indica a alternância desses mesmos princípios nas diferentes partes do corpo.

[22] O coreógrafo javanês Sardono W. Kusumo demonstra as posições *keras* e *manis* durante um seminário balinês no Odin Teatret (Holstebro, 1974).

Keras *e* manis

Para definir a energia, em Bali fala-se de *bayu* (vento), no Japão de *ki-ai* (espírito, respiro), em antropologia teatral usa-se o termo *animus* (do latim: ar, respiro). É um vento que anima as ações do ator-dançarino. Mas quais são os passos concretos para fazer esse vento voar alto? Para isso, é necessário dominar posições bem precisas que se baseiam em uma diferença bem articulada de tensões suaves e duras. Podemos observá-las em Bali: de fato, todas as formas de dança balinesa são construídas a partir de uma série de oposições entre *keras* e *manis*.

Keras significa forte, duro, vigoroso; *manis* significa delicado, macio, suave. Os termos *manis* e *keras* podem ser aplicados a diversos movimentos, às posições de várias partes do corpo em uma dança, aos movimentos sucessivos de uma mesma dança. Se examinarmos uma posição de base da dança balinesa, observamos como ela – que aos olhos de um ocidental pode parecer bizarra e fortemente estilizada – é o resultado de uma contínua alternância de partes do corpo em posições *keras* e partes do corpo em posição *manis*.
(Eugenio Barba, *Antropologia Teatral*)

Se examinarmos a imagem de Jas, a filha mais nova de I Made Pasek Tempo, constatamos que ela se encontra na típica posição da caminhada (fig. 21). Podemos ver as indicações da alternância de *keras* e *manis*. Até seu diafragma (em tensão) está em *keras*. Esse procedimento é característico em toda a Ásia e, na maioria das vezes, é ajudado pelo próprio figurino: para comprimir o diafragma, tanto em Bali quanto na China, os atores costumam usar faixas embaixo do figurino e cintos bem apertados. No Japão, o típico *obi*, que enfaixa o quimono entre o peito e o quadril, é amarrado muito mais apertado do que na vida normal.

Alargamos a visão do *keras* e do *manis* para além da cultura balinesa, alcançando uma cultura teatral diferente. E, apesar da mudança geral da postura (poderíamos dizer "étnica"), a analogia de alguns detalhes *keras* e *manis* é surpreendente. Basta reparar na posição do pescoço encaixado nas costas, que vemos em um dos primeiros Arlequins da Commedia dell'Arte, interpretado pelo ator Tristano Martinelli, assim como no personagem Scaramouche, interpretado pelo ator Tiberio Fiorilli, mestre de Molière.

[23-24] Um dos primeiros Arlequins da Commedia dell'Arte, o ator italiano Tristano Martinelli (**ao lado, à esquerda**), e o personagem Scaramouche, interpretado pelo célebre ator italiano Tiberio Fiorilli, mestre de Molière (**ao lado, à direita**): as duas figuras mostram uma surpreendente analogia com uma posição de base da dança balinesa (com o pescoço encaixado entre os dois ombros, como na figura acima). De fato, quando um ator fica nesta posição, ele compromete não apenas os ombros, mas todo o seu corpo, em uma série de tensões.

Lasya e tandava

A tradição indiana também trabalha dentro da polaridade da energia, sem buscar a coincidência entre o personagem e o sexo do ator-dançarino. Na verdade, os estilos da dança indiana são divididos em duas grandes categorias: *lasya* (delicados) e *tandava* (vigorosos), dependendo do modo como os movimentos são feitos, e não dependendo do sexo de quem os faz.

A distinção entre esses dois aspectos da dança é muito antiga e deriva de um mito associado ao deus Shiva, Senhor da Dança, em sua manifestação como Ardhanarishvara, que literalmente significa "Senhor que é metade mulher". De fato, a efígie de Ardhanarishvara é caracterizada por uma figura que é metade homem, o próprio deus Shiva, e metade mulher, sua mulher Parvati (ver fig. 39, página 28), que pode ser considerada a expressão da ação recíproca dos elementos masculinos e femininos no ciclo cósmico. A primeira dança criada por Shiva Ardhanarishvara foi tosca e selvagem (*tandava*), enquanto a dança criada por sua metade Parvati, que imitava seus movimentos, resultou delicada e suave (*lasya*).

O mundo da dança indiana retomou essas duas faces de uma mesma unidade: não só os estilos, mas inclusive cada elemento de um estilo (movimento, ritmo, figurino, música) é definido como *tandava*, se é forte, vigoroso e agitado; enquanto é definido como *lasya*, se é leve, delicado e suave. Portanto, assim como na maioria dos teatros asiáticos, os atores e dançarinos não interpretam seus personagens de acordo com a própria identidade sexual, mas segundo o modelamento da energia em uma direção forte ou delicada.

Há uma tradição, por exemplo, que sobreviveu até bem pouco tempo atrás nos templos dos vilarejos de Orissa, que preparava meninos pré-adolescentes para interpretar uma dança totalmente feminina, vestidos e maquiados como se fossem mulheres. Os *gotipua* – assim eles eram chamados – eram profissionais de verdade e se apresentavam não só no templo, mas também diante de um enorme público de fiéis. Isso acontecia, por exemplo, quando os senhores locais, durante certas festas religiosas, os convidavam para representar alguns episódios do *Krishnalila* ou de outras histórias mitológicas fora do templo, como parte integrante da celebração religiosa.

Tamé

Para falar da criação de uma nova qualidade de energia, a terminologia do Nô e do Kabuki acrescenta um conceito complementar àquele do *koshi*. Assim como acontece na física, a energia não deve se degradar ou se perder. Para isso, o ator deve construir "uma espécie de barragem" capaz de reter a energia que continuamente ele produz e renova. É o *tamé*.

Tanto no Nô como no Kabuki existe a expressão *tameru*, que pode ser representada por um ideograma chinês que significa *acumular* ou por um

[25-27] (**acima, à esquerda**) O *guru* Kelucharan Mahapatra (1926-2004) – ator, dançarino e coreógrafo – é considerado o arquiteto mais importante das criações contemporâneas de dança Odissi. Iniciou sua aprendizagem quando ainda era criança, interpretando papéis femininos dentro da tradição dos *gotipua* (ver fig. 26-31). Hoje, ele não só é reconhecido como um grande intérprete dos papéis femininos da dança Odissi, mas também como o mestre que, junto de sua aluna Sanjukta Panigrahi, restaurou seu estilo, tornando-a uma dança clássica indiana mundialmente admirada; (**abaixo**) Kelucharan Mahapatra e o pequeno aluno *gotipua* Gautam, em uma demonstração durante a ISTA de Holstebro, 1986.

ENERGIA

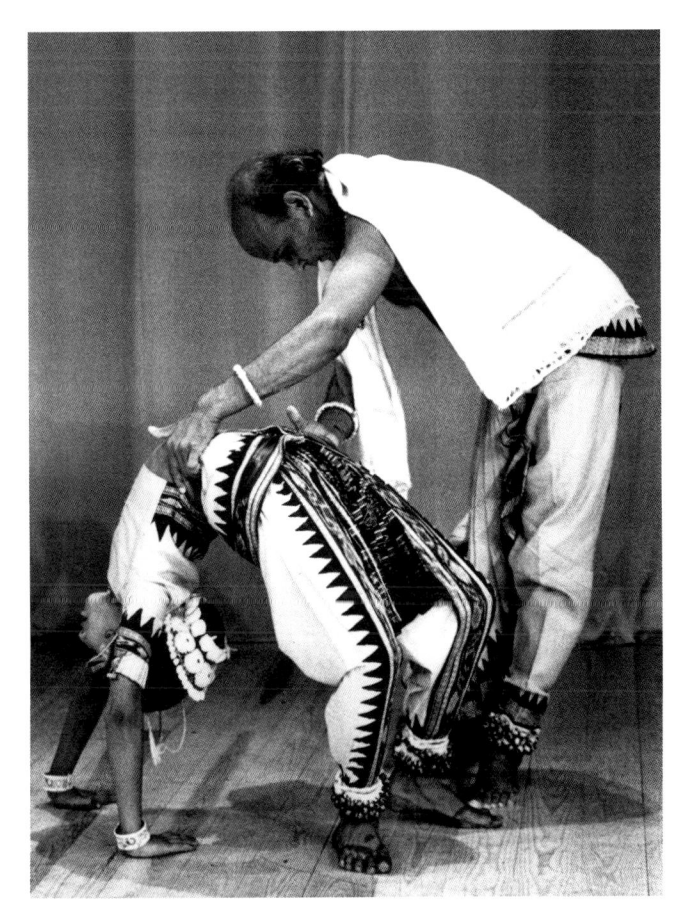

[28-31] Nestas fotos, Gautam, um aluno *gotipua* de onze anos, sendo conduzido em diferentes exercícios de treinamento pelo *guru* Kelucharan Mahapatra, durante as demonstrações da ISTA de Holstebro, 1986. Literalmente, *gotipua* significa "um único menino" e "dança *gotipua*", a dança executada por um único menino, caracterizada pela maquiagem e pelo figurino feminino. Os *gotipua*, cuja tradição remonta ao século XVI, ganharam importância na transmissão da técnica da dança Odissi quando a classe das Mahari (dançarinas dos templos) declinou.

ideograma japonês que significa *dobrar*, no sentido de dobrar alguma coisa que é flexível e resistente ao mesmo tempo, como, por exemplo, uma vara de bambu. *Tameru* indica reter, conservar. Daqui vem o *tamé*, a capacidade de reter as energias, de absorver, em uma ação limitada no espaço, as energias necessárias para uma ação mais ampla. Essa capacidade se torna, por antonomásia, um modo para indicar o talento do ator-dançarino em geral. Para dizer que um aluno tem ou não tem suficiente presença cênica, ou força suficiente, o mestre lhe diz que ele tem ou não tem *tamé*.

(Eugenio Barba, *Antropologia Teatral*)

Aqui podemos ver Katsuko Azuma (fig. 32). Ainda que esteja escondida sob seu rico quimono, ela nos permite ver a oposição criada entre a força que a empurra para frente e a força que a detém: o rastro visível está no pescoço e nas mãos, que estão bem à mostra, mas a estrutura "oculta" da energia está em uma curvatura da espinha dorsal, dos braços e das pernas, que estão comprimidas como uma mola pressionada. Nesta posição de uma queda para frente "que nunca irá acontecer", a atriz suspende a ação visível, mas continua a mostrar a energia que a atravessa. Na verdade, tanto o *koshi* quanto o *tamé* são o modo como o ator é capaz de transformar a imobilidade em ação, o modo de dilatar o seu corpo (ver *Dilatação* e *Pré-Expressividade*). E ele não faz isso através de uma amplificação dos movimentos no espaço, e sim através das tensões dentro do seu próprio corpo. No Japão, tudo isso também está descrito pelas palavras: fala-se claramente de *energia no espaço* e *energia no tempo*.

Energia no espaço e energia no tempo

Todo o meu corpo está em atividade, estou pronto, preparado para agir de forma extremamente precisa: pegar a garrafa que está em cima da mesa à minha frente. Meus músculos posturais estão ativados: o corpo se desloca minimamente, ainda que isso seja quase imperceptível para o observador, mobilizando as mesmas energias que seriam necessárias para a ação. Isso acontece porque eu ativo somente os músculos posturais, e não aqueles do deslocamento que fazem meu braço se mexer, nem os músculos de manipulação que permitem que meus dedos peguem a garrafa.

Uma regra do Nô diz que três décimos da ação do ator devem acontecer no espaço e sete décimos no tempo. Normalmente, se quero pegar essa garrafa que está na minha frente, eu mobilizo uma certa quantidade de energia. Mas no teatro Nô o ator usa sete décimos a mais, não para conduzir a ação no espaço, e sim para retê-la em si (energia no tempo). Isso significa que, para cada ação, o ator Nô usa mais do que o dobro da energia necessária para executá-la. De um lado, o ator projeta uma quantidade de sua energia no espaço; de outro, retém mais do que o dobro dessa energia em si mesmo, criando uma resistência que se opõe à sua ação.

(Eugenio Barba, *Antropologia Teatral: Primeiras Hipóteses*)

Sendo assim, a energia no tempo se manifesta por meio de uma imobilidade que está atravessada e carregada por uma tensão máxima: é uma qualidade especial de energia que não é, necessariamente, o resultado de um excesso de vitalidade ou do uso de movimentos que deslocam o corpo. Nas tradições orientais, o verdadeiro mestre é aquele que está vivo na imobilidade.

[32] Katsuko Azuma, dançarina de Buyo, mostra uma posição de energia retida, o *tamé*, durante uma demonstração na ISTA de Bonn (1980).

Principalmente nas artes marciais, a imobilidade é sinal de que a pessoa está pronta para a ação. No *tai chi* costumam dizer: "Meditar ativamente é cem, mil, um milhão de vezes melhor do que meditar em repouso". E ainda hoje há quem busque inspiração nesta máxima taoista: "A tranquilidade que tranquiliza não é uma tranquilidade verdadeira: o ritmo universal só se manifesta quando há tranquilidade em movimento". No teatro ocidental, essa situação é muito rara: apenas grandes atores conseguem ativar esse tipo de energia. Os atores da Ópera de Pequim têm o costume de parar de repente em certas posições, interrompendo uma determinada ação no ápice da tensão, detendo-a numa imobilidade que não é nem estática nem inerte, e sim dinâmica.

Como um ator chinês expressou em seu inglês elementar: "*Moviment stop, inside no stop*". A dança das oposições nessas poses chamadas de *shan-toeng* ou *lian-shan* (literalmente "parar a ação") é dançada *no corpo* e não com o corpo.

ENERGIA

[33-34] (**acima**) Sanjukta Panigrahi, dançarina de Odissi: a calma em movimento.

[35-36] A dançarina Katsuko Azuma interpreta um papel masculino (**à esquerda**) e um papel feminino de dança Buyo (**à direita**). Nem a energia no espaço (**à direita**) nem a energia no tempo (**à esquerda**) se dividem em categorias de masculino e feminino.

A ARTE SECRETA DO ATOR

Santai, *os três corpos do ator*

Desde as suas origens, o Nô é representado por homens que também interpretam personagens de mulher. Algumas vezes essa mulher é jovem e se apresenta com graça e doçura; outras, ela é velha, mas, ainda que seja mais lenta, suas ações são sempre fluidas e suaves. Às vezes também acontece o contrário: após uma primeira aparição nos modos descritos acima, a mulher volta à cena como um fantasma e se comporta como se estivesse possuída, como se fosse uma Fúria ou um demônio, usando uma energia mais parecida com a de um guerreiro. Como é possível que um mesmo ator dê vida a essas prodigiosas transformações?

Para compreender isso, podemos nos dirigir a Zeami (1363-1444), fundador do Nô. Em seu tratado *Shikadosho* [O Livro do Caminho que Leva à Flor], ele escreve: "Um ator que começa seu treinamento não deve descuidar das Duas Artes (*nikyo-ku*) e dos Três Tipos (*santai*: literalmente "Três Corpos"). Com Duas Artes, refiro-me à dança e ao canto. Com Três Tipos refiro-me às formas humanas que constituem as bases dos papéis-tipo (*rotai*, um velho; *nyotai*, uma mulher; *guntai*, um guerreiro)".

No entanto, os três tipos de base citados por Zeami não são os *papéis-tipo*, como normalmente são traduzidos. Mas, se prestarmos atenção em suas palavras, trata-se de *tai*, ou seja, de *corpos* levados por uma particular qualidade de energia que não tem nada a ver com o sexo. Os três tipos de base citados por Zeami, na verdade, são diferentes modos de levar o *mesmo* corpo, dando-lhe vidas diferentes, por meio de diferentes tipos de energia. Uma das outras acepções de *tai* é, de fato, *aparência*.

Para entender como isso acontece, é necessário olhar não para os corpos "extremos" – a mulher e o guerreiro –, mas para o corpo do velho, assim como é descrito e desenhado em outro tratado, o *Nikyoku Santai Ezu* [Duas Artes e Três Tipos]. Aqui, Zeami dá instruções lapidárias sobre como encarnar os três *tai*, ilustrando-os com desenhos, assim como segue:

1. *Tipo do velho*: serenidade de espírito, olhar distante. (...)

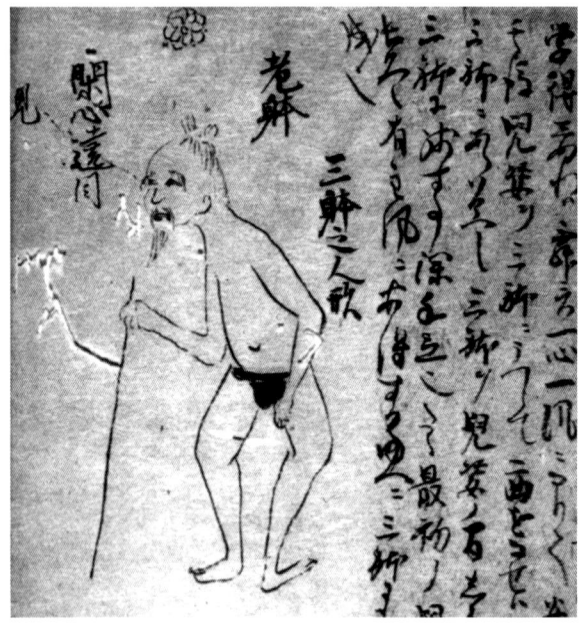

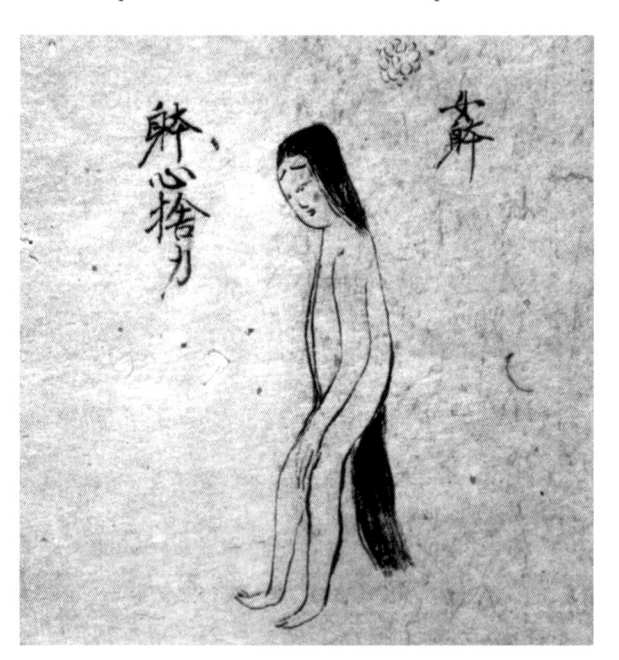

[37-44] Os papéis-tipo do teatro Nô desenhados por Zeami Motokiyo (1363-1444), fundador do Nô. Os desenhos – segundo alguns estudiosos, feitos não por Zeami, mas por seu cunhado Komparu Zenchiku – foram retirados de *As Duas Artes de Base* e *Os Três Papéis-Tipo*, um breve tratado de Zeami sobre a atuação que repete conceitos já expressos em sua obra mais conhecida, *Fushikaden* [Tratado de Transmissão da Flor da Interpretação]. As primeiras três figuras, sem os figurinos para que se veja melhor a postura, são as do Velho, da Mulher e do Guerreiro e

2. *Tipo da mulher*: sua substância é o espírito, não há lugar para violência. (...)
3. *Tipo do guerreiro*: sua substância é a violência, o espírito é encontrado nos detalhes.

E assim Zeami desenha os três corpos (*tai*) nus, sem figurinos. Isso nos permite descobrir a *substância*, ou seja, a posição da espinha dorsal. Então é interessante notar que, no desenho do velho que se apoia sobre um bastão, Zeami teve o cuidado de indicar a direção do seu olhar, voltado para o alto: essa direção contrasta com a posição encurvada de um indivíduo que é tão fraco a ponto de se apoiar sobre um bastão. Fazendo isso, cria-se uma tensão na nuca e na parte superior da espinha dorsal.

Esse desenho permite que o segredo dos *três corpos* aflore: através do corpo de um velho, o ator manipula conscientemente as duas faces da energia – *animus/anima* – que convivem dentro dele. Dessa maneira, o ator faz florecer o autêntico *hana*, a *flor* que, segundo Zeami, caracteriza o grande ator:

Interpretando o papel de um velho, ele representa o verdadeiro ápice da nossa arte. Esse papel é crucial, considerando que os espectadores que o observam podem imediatamente avaliar a verdadeira habilidade do ator. (...) Em termos de comportamento cênico, muitos atores, achando que assim vão parecer velhos, dobram os quadris e os ombros, encolhem seus corpos, perdem sua Flor e fazem um espetáculo árido e desinteressante.

É particularmente importante que o ator se abstenha de representar mancando ou como se estivesse fraco, mas se comporte com graça e dignidade. E mais fundamental que qualquer outra coisa é a postura da dança escolhida para o papel de um velho. É preciso estudar atentamente o preceito: representar um velho enquanto ele ainda tem a Flor. Como se, de uma velha árvore, uma Flor estivesse por desabrochar.

(Zeami, *Fushikaden*)

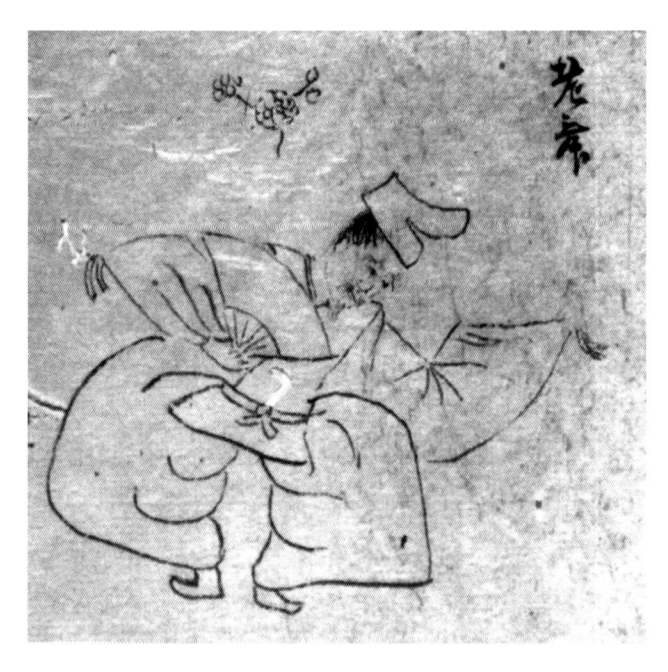

representam os três papéis-tipo do Nô (fig. 37, 38 e 39). A quarta figura representa um ser celestial (fig. 40). Reparem, no primeiro desenho do velho, que uma linha pontilhada sai do seu olhar e segue para o alto, o que cria uma oposição à tendência do corpo de um velho de se encurvar e se abaixar (fig. 37). Nesta página, outros desenhos de Zeami que representam outros papéis-tipo (fig. 41-44): um velho (**acima, à esquerda**), um guerreiro (**acima, à direita**), uma mulher (**abaixo, à esquerda**) e um demônio (**abaixo, à direita**).

A ARTE SECRETA DO ATOR

Frear os ritmos

O uso da energia no tempo e no espaço também se transfere para o *bios* e para o ritmo do espetáculo como um todo: Meyerhold chamava essa intervenção de *frear os ritmos*. Na prática, encontramos esse *frear os ritmos* em dois espetáculos do próprio Meyerhold: *O Professor Bubus*, de 1925, e *O Inspetor Geral*, de 1926.

O espaço cênico de *O Professor Bubus* prevê um grande palco sobre o qual os atores se movem ao ritmo de um fundo musical contínuo constituído de 46 fragmentos de Liszt e de Chopin: até o modo como eles falam é o resultado da combinação de ritmos longos e breves. Em 1926, em seu livro *O Outubro no Teatro*, Gausner e Gabrilovitch descreveram os resultados da seguinte forma:

> Em *Bubus*, a ação de *frear os ritmos* permite descobrir que as combinações dos segmentos de tempo podem ganhar um sentido. Elas também oferecem um novo procedimento teatral de extrema importância.
>
> Nesta ocasião, Ochlopkov revelou-se: é um ator especialista em *tempo* e até hoje é praticamente o único em seu gênero. Com seus segmentos – seus longos e seus breves –, ele representa *no tempo*. É assim que constrói o papel do general Berkovetz em *Bubus*, que se apoia completamente nessas alternâncias. Acumuladas, elas dão a impressão de sentimentos: ânsia, alegria, desespero, concupiscência. O jogo da mímica só é acrescentado como material auxiliar.
>
> Vamos ver a cena em que o general é chamado ao telefone pelo capitalista Van Kamperdaf. Sozinhos, os elementos mímicos – jogo da face e das mãos e uma sucessão de posturas do corpo – não expressariam nada se não estivessem sustentados pelo *tempo*, que confere a eles todo o seu sentido.
>
> Então o general é chamado ao telefone. Com um movimento brusco, ele levanta a cabeça e olha para o empregado: 8 segundos. Seu rosto permanece imóvel, mas a duração da pausa revela sua ansiedade. De repente ele se levanta, mas continua imóvel: 10 segundos. A tensão da ansiedade aumenta: 14 segundos. Ele cumprimenta devagar: 15 segundos. Desliza a mão sobre seu jaleco e a retira rapidamente: 4 segundos. O contraste entre o *tempo* lento da gradação anterior e a repentina descarga final (a retirada da mão de seu jaleco) anuncia que a comunicação telefônica deve ter sido desagradável.
>
> O papel da mímica (muito reduzida) e dos gestos (breves) é somente secundário. São sinais que servem para ressaltar a sucessão dos segmentos de tempo. (...) Não há dúvida de que este tipo de interpretação – *no tempo* – tem um efeito maior que o da mímica. Sendo assim, com *Bubus*, temos a demonstração de um novo gênero de interpretação, feito por um ator que soube interiorizar este procedimento.

Apresentando em 1926 sua encenação de *O Inspetor Geral*, Meyerhold explicou o uso do fundo musical como uma restrição do tempo. A música não só regulava as intenções e o timbre das falas, mas também tinha que acompanhar os diálogos dos atores: algumas vezes era uma variação melódica dos diálogos, outras vezes ela os contrastava. Cada personagem tinha seu próprio tema musical como se fosse um *leitmotiv* de Wagner.

Mas essas restrições no tempo também eram acompanhadas pela restrição do espaço. A área de atuação de *O Inspetor Geral* não era mais a grande plataforma de *Bubus*, e sim um palco em

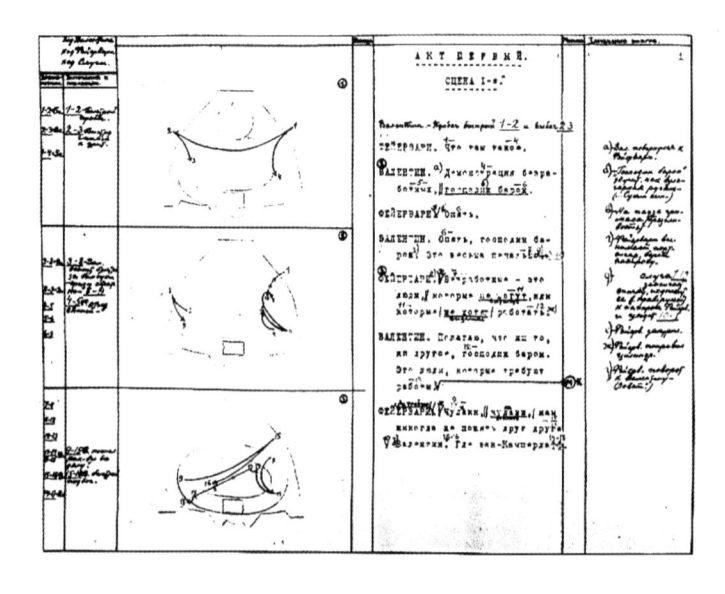

[45-47] (**acima**) Uma cena de *O Professor Bubus*, de A. Fajko, com direção de Meyerhold (1925); (**no centro**) esboço de I. Slepjanov para a cenografia circular do espetáculo acima; (**abaixo**) a primeira página da partitura do espetáculo, reconstruída por Tsetnerovitch (1926). A partir da esquerda, as diferentes colunas descrevem: o tempo em segundos para cada ação; o tempo de cada ação; um desenho do movimento do ator no espaço, segmentado e numerado em várias fases; o texto do autor no qual estão inseridos os tempos das pausas e a velocidade das falas; a relação entre música e texto; e, enfim, a exata indicação do modo como algumas palavras deviam ser pronunciadas ou como alguns movimentos deviam ser feitos.

semicírculo sobre o qual se abriam quinze portas laqueadas de vermelho. Ao centro, havia uma plataforma com dimensões reduzidas (3,55 m x 4,25 m). Todo o espetáculo se concentrava sobre essa pequena área da plataforma.

Um espaço cênico assim tão reduzido obrigava os atores a terem uma consciência extrema dos movimentos mais detalhados e do ritmo geral do espetáculo, para que não quebrassem a unidade da tensão musical e cênica. Meyerhold comenta:

> Em *Bubus*, representava-se bem porque havia sido criado um fundo musical que servia como autocontrole. O ator queria fazer uma pausa, mas a música corria atrás dele. Ou então ele queria se deixar levar pela improvisação e isso não acontecia, pois tudo era perfeitamente orquestrado como em um plano-sequência contínuo, tanto que muitos viam o espetáculo como se fosse um balé dramático.
>
> Em *O Inspetor Geral*, é preciso reunir todo o grupo dos atores em uma área de três metros quadrados, não mais que isso. É preciso concentrá-los em um palco muito pequeno, iluminando-o completamente como se fosse dia, mesmo quando a cena se passa à noite. Pois assim a interpretação mímica fica mais visível. Os personagens estão sentados em um sofá. O mais importante, porém, é que o praticável usado nessa cena esteja bem inclinado. Será difícil caminhar sobre ele. Até os móveis estarão inclinados na direção do público. Na frente do sofá haverá uma mesa de madeira, de modo que as pessoas que estão sentadas no sofá só poderão ser vistas da cintura para cima. Se alguém olhar embaixo da mesa, só poderá entrever as pernas dos atores; acima da mesa, verão as faces e as mãos. A superfície da mesa será escura: ali serão colocadas as mãos dos atores, que serão vistas pelo público. Então teremos um desfile de mãos e de faces. Os atores fumarão cachimbos de todos os tamanhos, pequenos e grandes. Um grupo de pessoas fumando, bufando, cochilando e até dormindo.
>
> (*Meyerhold Durante os Ensaios*, 20 de outubro de 1925)

E mais em geral ainda:

> No palco, não se trata de grupos estáticos, mas de ação: a ação que o tempo exerce no espaço. Além do princípio plástico, a atuação é regida pelo princípio do tempo, ou seja, pelo ritmo e pela música. Se vocês olharem para uma ponte, vão ver que é uma espécie de salto fixado no metal. Em outras palavras, ela não é a imobilidade, mas o movimento. O essencial na ponte não é a ornamentação que embeleza seu parapeito, mas a tensão que o expressa. A mesma coisa acontece com a atuação. Usando uma comparação de outra natureza, eu poderia dizer que a atuação dos atores se apresenta como melodia, e a encenação, como harmonia.
>
> (Alexander Gladkov, *Meyerhold Fala*, 20 de outubro de 1925)

[48-51] (**acima**) Décimo quarto episódio de *O Inspetor Geral* de Gogol, com direção de Meyerhold (1926). Primeiro plano do grupo dos atores concentrados sobre a plataforma móvel; (**no centro, à esquerda**) esboço de P. Kiselëv para a cenografia de *O Inspetor Geral*, baseada apenas em uma série de portas: no meio do palco, podemos ver o lugar da plataforma móvel indicado com uma linha pontilhada; (**no centro, à direita**) esboço da plataforma móvel e inclinada desejada por Meyerhold; (**abaixo**) *Jesus entre os Doutores* (1506) de Albrecht Dürer (1471-1528), obra que agora se encontra no Museu Thyssen-Bornemiza, Madri. Esta pintura, que Meyerhold tinha visto em Roma, no Palazzo Barberini, serviu-lhe como modelo para a composição concentrada das relações entre atores em *O Inspetor Geral* e, em particular, para as suas relações sobre a plataforma móvel.

A ARTE SECRETA DO ATOR

[52-58] O ator italiano Ermete Zacconi (1857-1948) na peça *No Telefone*, do francês André De Lorde, o autor mais aplaudido do Grand Guignol e, por essa razão, definido como *Prince de la Terreur*. A peça, aproveitando-se da atualidade da invenção do telefone, culminava em uma cena de terror em que o protagonista, falando ao telefone com a família, escutava, impotente, o desenrolar de um roubo que estava acontecendo naquele momento em sua casa, enquanto sua mulher e seus filhos eram assassinados. O episódio do telefonema exigia um crescendo de reações emotivas e, dessa maneira, uma dosagem de energia no tempo muito parecida com aquela exigida por Meyerhold em uma cena análoga ao telefone, a cena do general Berkovetz em *O Professor Bubus* (ver p. 88).

Presença do ator

Kung-fu no sentido de exercício e de presença, de energia em ação no tempo e no espaço. Isso fica claro nessa sequência de fotografias de uma atriz que vem de uma tradição teatral diferente e que aqui vemos num contexto de trabalho bem diverso.

Aqui, vemos Iben Nagel Rasmussen usando diferentes maneiras de caminhar, de parar, de utilizar o acessório que pertence ao seu treinamento cotidiano (baseado em exercícios que ela mesma elaborou) e no qual se encontram todos os princípios da técnica extracotidiana.

Na posição imóvel (fig. 59, no alto da página), "energia no tempo": a atriz para, mas para na ponta dos pés, em uma situação de equilíbrio precário ampliado pela posição *keras* do pescoço, como a de um enforcado. É essa posição *keras* do pescoço que faz com que ela levante os braços involuntariamente.

"Energia no espaço" (fig. 60, ao centro): a maneira de caminhar, a abertura das pernas – que alarga a distância entre os pés –, com uma torção do tronco que lembra o *tribhangi* indiano.

Enfim (fig. 61, embaixo), no movimento de corrida e de atividade dinâmica, baseando-se no equilíbrio precário, sobre um único pé, com os joelhos levemente dobrados (em uma situação que, na terminologia técnica do Odin Teatret, é chamada de *sats*, ou seja, "preparação para a ação, para se lançar, para estar a ponto de..."), com uma posição da cabeça que, alterando o equilíbrio, quebra organicamente as linhas do corpo.

O termo *sats* do Odin Teatret, ou seja, o impulso para a ação – que através do não movimento é energia no tempo – era definido por Stanislávski como "estar no ritmo certo":

> Stanislávski insistia:
> "Você não está no ritmo certo! Mantenha o ritmo! Como manter o ritmo? Caminhando, dançando, cantando no ritmo – sei lá, mas *mantenha-o*!".
> "Me perdoe Konstantin Sergeyevich, mas eu não tenho a mínima ideia do que seja o ritmo."
> "Isso não é importante. Naquele canto tem um rato. Pegue um bastão e o espere. Mate-o assim que ele aparecer... Não desta forma, senão ele foge. Olhe com mais atenção – *mais atenção*. Na hora em que eu bater as mãos você o golpeia com o bastão... Ah! Repare como você está atrasado! Mais uma vez. Concentre-se mais. Tente golpeá-lo com o bastão quase na mesma hora em que eu bato as mãos. Ok, está vendo como agora você está em um ritmo completamente diferente daquele anterior? Você vê a diferença? Um ritmo é estar em pé e esperar um rato; outro, completamente diferente, é esperar um tigre que está se arrastando em sua direção."
> (V.O. Toporkov, *Stanislavski in Rehearsal: The Final Years*. Nova York, Theatre Arts Books, 1979)

[59-61] Iben Nagel Rasmussen, atriz do Odin Teatret, em um espetáculo de rua na Sardenha (1975).

EQUILÍBRIO

Equilíbrio extracotidiano

O elemento que aproxima as imagens de atores e dançarinos de épocas e culturas distintas é o abandono das posições típicas de um equilíbrio cotidiano a favor de um *equilíbrio precário* ou extracotidiano. A busca de um equilíbrio extracotidiano exige um esforço físico maior: mas é a partir desse esforço que as tensões do corpo se dilatam e o corpo do ator nos parece vivo antes mesmo que ele comece a *se expressar*.

Os atores das várias tradições teatrais asiáticas codificaram a conquista de um novo equilíbrio e fixaram as posições de base que o aluno deve conhecer e dominar através do exercício e do treinamento. Na Índia, por exemplo, (fig. 2), o corpo é dividido segundo uma linha arqueada que passa através da cabeça, do tronco e dos quadris: esta posição fundamental é chamada de *tribhangi*, literalmente, *três arcos*. Ela também é conhecida através da estatuária dos templos, difundida em toda a área asiática de religião budista. E, por esse caminho, o *tribhangi* penetrou na cultura de um território que se estende do Nepal ao Japão (ver *Oposições*).

Também podemos encontrar uma cultura do equilíbrio precário no teatro ocidental, como mostra esse ator da Commedia dell'Arte do século XVII (fig. 1), que igualmente parece se exibir na posição do *tribhangi*. Se olharmos para a silhueta dessas duas figuras, reparamos que em ambos os casos o ator deformou a posição cotidiana das pernas, seu modo de ficar com o pé no chão, reduzindo, inclusive, a base de apoio. Parece que os dois corpos foram quebrados e depois remontados seguindo uma mesma linha. Na tradição mais recente do teatro ocidental, que separou o ator do dançarino, só é possível encontrar essa alteração do equilíbrio quando se usam técnicas altamente codificadas, como o mimo corporal (fig. 3) ou a dança clássica.

Equilíbrio de luxo

Deveríamos nos perguntar por qual razão, em todas as formas codificadas de representação, tanto no Oriente como no Ocidente, sempre encontramos essa constante, essa "lei": uma deformação da técnica cotidiana de caminhar, de se deslocar no espaço, de ficar com o corpo imóvel. Essa deformação da técnica cotidiana, essa técnica extracotidiana, está essencialmente baseada em uma alteração do equilíbrio. Sua finalidade é uma situação de equilíbrio permanentemente instável. Recusando o equilíbrio "natural", o ator oriental intervém no espaço com um "equilíbrio de luxo", um equilíbrio inutilmente complexo, aparentemente supérfluo e que custa muita energia.

Poderíamos afirmar que esse "equilíbrio de luxo" desemboca numa estilização, numa sugestividade estética. Geralmente, essa fraseologia é aceita sem que ninguém se interrogue sobre os motivos que determinaram a escolha de posições físicas que atrapalham nossa maneira de "ser natural", nosso modo de utilizar o corpo na vida cotidiana.

O que acontece exatamente? Dando um exemplo, é possível dizer que o equilíbrio – a capacidade que o homem possui de ficar ereto e de se mover no espaço nessa posição – é o resultado de uma série de relações e tensões musculares do nosso organismo. Quanto mais nossos movimentos se tornam complexos – dar

[1-2] *Frittellino*, personagem da Commedia dell'Arte **(à esquerda)**, em uma gravura de Bernard Picart (1696), e a dançarina de Odissi, Sanjukta Panigrahi (**à direita**): independentemente do fato de pertencerem a culturas diferentes, o personagem da Commedia dell'Arte e a dançarina indiana são atravessados por linhas de força idênticas e caracterizados pelo mesmo equilíbrio.

[3] Étienne Decroux em um típico *déséquilibre* do mimo.

EQUILÍBRIO

passos maiores dos que damos normalmente, ficar com a cabeça mais para trás ou mais para frente –, mais o equilíbrio fica ameaçado. E aí toda uma série de tensões entra em ação para nos impedir de cair. Uma tradição do mimo europeu usa exatamente o *déséquilibre* não como meio expressivo, e sim como meio de intensificação de determinados processos orgânicos, de determinados aspectos da vida do corpo. Uma consequência da alteração do equilíbrio são aquelas tensões orgânicas bem precisas que empenham e evidenciam a presença material do ator, só que em uma fase *pré-expressiva*: uma fase que antecede a expressão intencional e individualizada.

(Eugenio Barba, *Antropologia Teatral: Primeiras Hipóteses*)

[4-5] (**acima, à esquerda**) Dança em equilíbrio de um *Fool* medieval: estatueta de bronze alemã do século XV, talvez usada como candelabro (Victoria and Albert Museum, Londres); (**acima, à direita**) Eugeni Vakhtângov (1883-1922) em uma posição de equilíbrio precário, interpretando o papel do bufão em *A Décima Segunda Noite*, de Shakespeare (Estúdio de Arte de Moscou, 1919).

[6] Grete Wiesenthal (1885-1970), expoente da dança austríaca nos anos de 1930, em um excepcional passo de equilíbrio precário na coreografia *Donauwalzer*.

A ARTE SECRETA DO ATOR

[7-9] (**acima**) O pintor Diego Rivera ao lado de sua pintura *Dolores Olmedo* (Museu Olmedo, Cidade do México). Em contraste com o corpo real da modelo, sua imagem bidimensional sobre a tela parece dançar na própria imobilidade graças aos princípios técnicos do pintor: ele desloca todo o peso do corpo de Dolores para seu pé esquerdo e, desta maneira, altera seu equilíbrio ao colocá-lo em oposição à coluna vertebral, que resulta curvada como em um *tribhangi* (ver *Oposição*); (**abaixo, à esquerda**) a dançarina alemã Gret Palucca; (**abaixo, à direita**) figura do Pantaleão, de Jacques Callot (gravura, 1616). As posições incrivelmente parecidas desses dançarinos, separados por grandes distâncias no tempo e no espaço, são a prova incontestável do papel do equilíbrio extracotidiano nas artes do espetáculo.

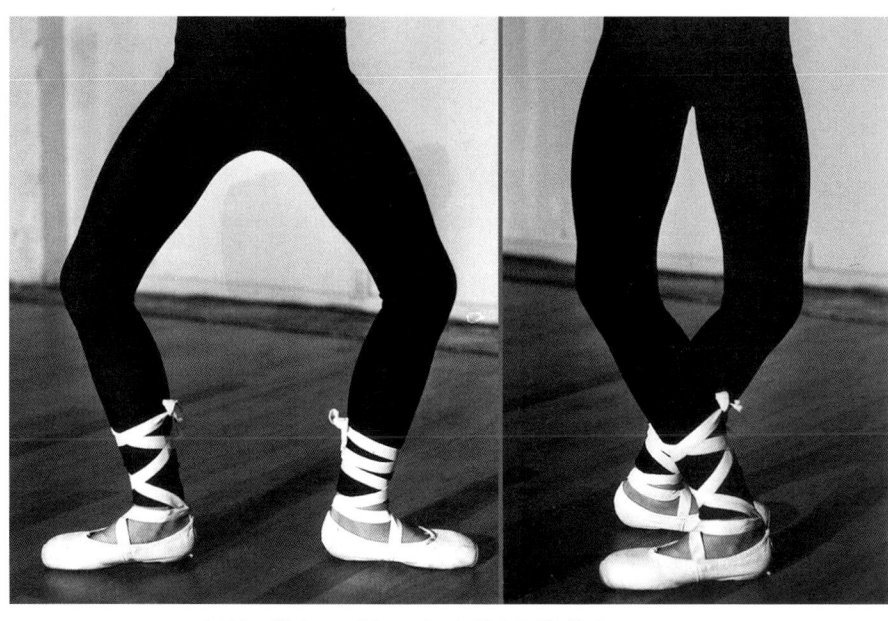

[10] Equilíbrio precário no *demi-plié* do balé clássico europeu.

[11-14] Posições de equilíbrio precário obtidas com um extremo afastamento das pernas: (**acima, à esquerda**) a atriz Roberta Carreri, do Odin Teatret; (**acima, à direita**) um dançarino Chhau da Purúlia (Índia); (**abaixo**) Shiva Nataraja (Deus da Dança), bronze do século X proveniente do sul da Índia; (**ao lado**) Pei Yanling, atriz da Ópera de Pequim.

Técnica extracotidiana: busca de uma nova postura

No teatro Nô japonês, o ator caminha sem nunca levantar os pés do chão. Ele sempre avança fazendo seus pés deslizarem no chão. Quando tentamos caminhar dessa maneira, imediatamente nos damos conta de que o centro de gravidade do nosso corpo se desloca e, como consequência, nosso equilíbrio é alterado. Se alguém quiser caminhar como um ator Nô, é obrigado a dobrar levemente os joelhos. O resultado é uma pressão da coluna vertebral – e então do corpo todo – para baixo, na direção do chão. Essa é exatamente a mesma posição que se assume quando alguém se prepara para saltar em qualquer direção.

No teatro Kabuki, também japonês, existem dois estilos diferentes: o *aragoto* e o *wagoto*. No *aragoto*, ou estilo exagerado, aplica-se a chamada lei da diagonal: a cabeça do ator deve ser uma das extremidades de uma linha diagonal fortemente inclinada, enquanto um de seus dois pés deve ser a outra extremidade (fig. 14). O corpo inteiro é regido por um equilíbrio alterado e dinâmico sustentado por uma única perna. Essa posição é contrária a de qualquer ator europeu que, para poupar suas energias, assume uma posição de equilíbrio estático, já que esta demanda um esforço menor.

No Kabuki, o *wagoto* é conhecido como o estilo "realista". O ator se move de um modo que lembra o princípio do *tribhangi* da dança clássica indiana. *Tribhangi* significa "três arcos". Na dança Odissi indiana, o corpo da dançarina deve se arquear como se uma letra "S" atravessasse sua cabeça, seus ombros e seus quadris. Em toda a estatuária clássica indiana, o princípio da sinuosidade do *tribhangi* parece evidente. No *wagoto* do Kabuki, o ator desloca seu corpo numa ondulação lateral. Esse movimento ondulatório implica uma ação contínua da coluna vertebral, que, por sua vez, produz uma mudança contínua do equilíbrio e, consequentemente, da relação entre o peso do corpo e sua base: os pés.

No teatro balinês, o ator-dançarino se apoia sobre a planta dos pés, mas eleva o máximo possível sua parte anterior e seus dedos. Essa posição diminui a base de sustentação do corpo quase pela metade. Para não cair, ele é obrigado a afastar as pernas e a dobrar os joelhos. Já o ator Kathakali se apoia nos lados externos dos pés, mas as consequências são idênticas. Essa nova base provoca uma alteração profunda do equilíbrio, cujo resultado é uma posição em que as pernas também ficam abertas e os joelhos dobrados.

Na Europa, a única forma codificada de representação é o balé clássico. Nele, há uma espécie de intenção que obriga o dançarino a se mover em um equilíbrio precário desde as posições de base. Essa intenção aparece claramente no esquema de movimentos como os *arabesques* ou as *attitudes*, nos quais todo o peso do corpo se apoia sobre uma única perna, na maioria das vezes, inclusive, sobre a ponta dos pés. Um dos movimentos mais importantes do balé clássico, o *plié*, consiste em dançar com os joelhos dobrados, a posição otimal de partida para uma pirueta ou um salto.
(Eugenio Barba, *Antropologia Teatral: Primeiras Hipóteses*)

Generalidades sobre o equilíbrio

O equilíbrio do corpo humano é uma das funções de um complexo sistema de contrapesos formado pelos ossos, pelas articulações e pelos músculos; e o *centro de gravidade* da figura humana se desloca de acordo com suas várias posturas e movimentos. (...)

O *sentido muscular* é a nossa percepção sobre o estado de contração ou repouso dos músculos e o esforço que estes fazem para sustentar um determinado peso. Também é a sensação tátil da planta dos pés que nos deixa perceber a desigualdade de pressão que o resto do corpo exerce sobre eles. Esse *sentido muscular* permite que nos mantenhamos em equilíbrio nas diversas posturas, porque, automaticamente, nos indica os limites dentro dos quais podemos mover uma parte do corpo sem cair (...)

Estática. A mecânica nos ensina que o *centro de gravidade* é o ponto de equilíbrio de todas as partes do corpo e que a *linha de gravidade* é a perpendicular que parte desse ponto até chegar ao chão.

Também sabemos que o centro de gravidade de um corpo está corretamente posicionado quando a linha de gravidade desce até o chão dentro dos limites de sua *base de apoio*. Isso acontece com o corpo humano na *posição ereta*. Mas, como o esqueleto é composto de várias partes móveis, o corpo humano não poderia se manter em equilíbrio se todas essas partes não estivessem imobilizadas pelos ligamentos que as unem e pela ação dos músculos. (...)

Por tudo isso, é possível deduzir que, para mantermos o corpo numa posição ereta simétrica e cômoda, só precisamos de uma pequena participação dos músculos, já que *o trabalho essencial é feito pelos ligamentos*, o que reduz imensamente o nosso esforço.

Mas se uma pessoa parte dessa posição ereta cômoda e se coloca na posição de sentido, os músculos extensores da coluna – o grande glúteo e o quadricípites – se contraem imediatamente. Isso acontece porque, nessa última posição, os eixos dos movimentos de extensão e flexão das articulações (a articulação entre o atlas e a cabeça, a coluna vertebral, a articulação do quadril, do joelho e do tornozelo) se encontram no mesmo plano vertical que passa pela linha de gravidade. E como o peso do corpo se encontra em condições de equilíbrio instável sobre essas articulações, os vários segmentos móveis devem ser imobilizados pela ação dos músculos. (...)

Nas várias posições que o corpo pode assumir quando se apoia no chão com os dois pés, há um deslocamento do centro de gravidade, que é proporcional ao deslocamento do eixo do próprio corpo, da linha perpendicular de gravidade. E, quanto maior for esse deslocamento, maior será o esforço muscular exigido para manter o corpo em equilíbrio.

(Angelo Morelli e Giovanni Morelli, *Anatomia per dli Artistis* [Anatomia para Artistas]. Faenza, Lega, 1974)

[15-16] (**acima**) O ator japonês Ichikawa Ennosuke, grande intérprete do Kabuki, em uma posição *aragoto* (estilo rude e exagerado); (**abaixo**) Alunos de teatro Kathakali na escola do Kalamandalam (Kerala, Índia), na típica posição de base ensinada no início da aprendizagem.

A partir desses fragmentos sobre o estudo do equilíbrio, é possível intuir como um *equilíbrio em ação* produz um *drama elementar*: a oposição das diferentes tensões no corpo do ator é percebida cinestesicamente pelo espectador como um conflito entre forças elementares. Mas para passar de um equilíbrio que é o resultado do mínimo esforço para uma visualização de forças contrárias – essa é a imagem do corpo de um ator que sabe dominar o equilíbrio – o equilíbrio deve se tornar dinâmico. Os músculos em ação devem tomar o lugar dos ligamentos para que a posição seja mantida.

O ator que não é capaz de dominar esse equilíbrio precário e dinâmico não é vivo em cena: ele conserva apenas a estática cotidiana do homem, mas, como ator, parece morto.

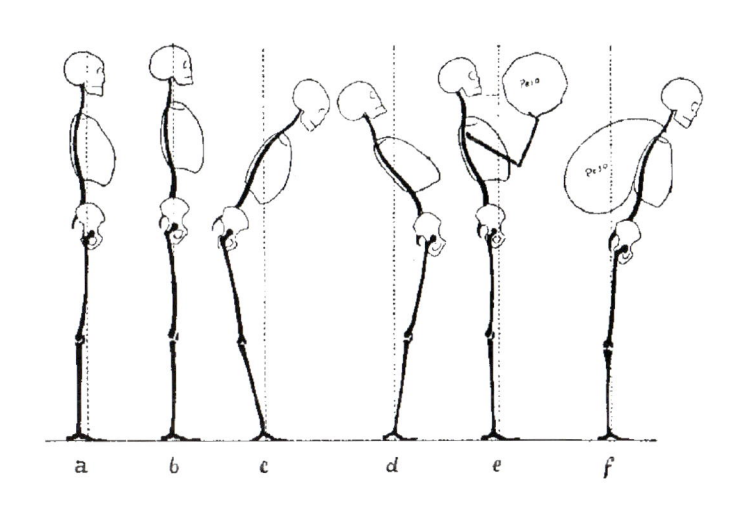

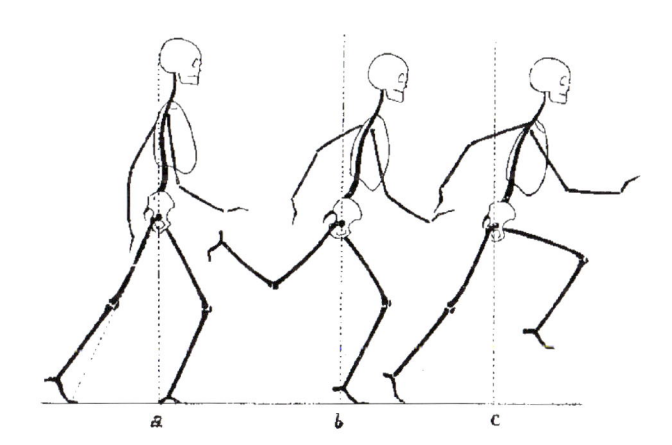

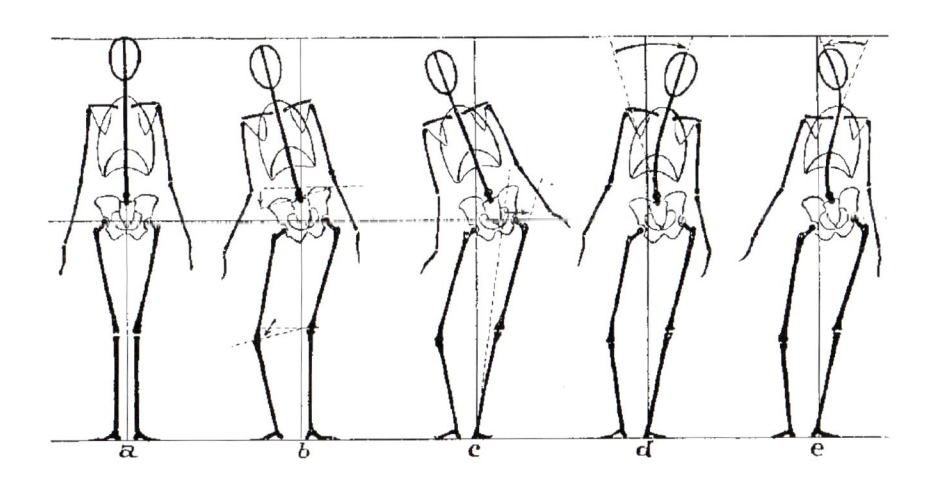

[17] Ilustrações sobre o equilíbrio provenientes do livro *Anatomia para Artistas*, de Angelo e Giovanni Morelli: (**acima**) deslocamentos do corpo em relação à linha de gravidade; (**no centro**) a linha de gravidade no ato de caminhar e de correr; (**abaixo**) mecanismo através do qual se realiza a passagem da posição ereta simétrica à posição ereta assimétrica. Neste último esquema, é igualmente visível a linha do *tribhangi* (três arcos) indiano (ver *Oposições*).

A ARTE SECRETA DO ATOR

[18] O equilíbrio dinâmico é claramente percebido nas poses estáticas desses dançarinos tailandeses: a tensão – e, em consequência, o dinamismo – é evidenciada pelo contraste que resulta da direção dos braços e das pernas (A e B) e do extremo afastamento das pernas (C e D).

EQUILÍBRIO

O equilíbrio em ação

O equilíbrio dinâmico do ator, baseado nas tensões corporais, é um *equilíbrio em ação*: produz no espectador a sensação de movimento mesmo quando há imobilidade.

Os artistas acham que essa é uma qualidade de grande importância. Para Leonardo da Vinci, uma figura pintada é duplamente morta se não possui essa qualidade: primeiro, é morta porque é uma ficção; depois, porque não mostra nenhum movimento da mente ou do corpo. Artistas modernos também demonstraram a mesma preocupação com relação a essa qualidade. Em 1951, durante uma entrevista com Charbonnier, Matisse afirmou: "A imobilidade não é um obstáculo para sentir o movimento. É um movimento situado num nível que não toca os corpos dos espectadores, mas suas mentes".

Os atores-dançarinos também devem considerar a imagem cinestésica do próprio corpo, ou seja, aquelas sensações que derivam dos movimentos dos seus órgãos e da percepção do espectador, que reage ao dinamismo de seus comportamentos cênicos.

[19-22] (**acima**) Dançarino Maia: pintura mural em Bonampak (México meridional, século IX d.C.). Em uma reconstrução da imagem sem o figurino, é possível visualizar melhor a alteração do equilíbrio na flexão da cabeça e do tronco; (**no centro**) a posição de base das danças balinesas torna-se explícita com uma alteração do equilíbrio que se dá com o cruzamento dos pés; (**abaixo, à esquerda**) dançarino etrusco em equilíbrio: afresco da tumba do Triclinium, em Tarquínia, Itália (480-470 a.C.); (**à direita**) Augusto Omolú, Dança dos Orixás, demonstração de trabalho durante a ISTA de Umeå, 1995.

Aço e algodão

Meu mestre dizia que era necessário encontrar o próprio ponto de força. Este ponto é como uma bola de aço que está no meio de um triângulo imaginário que possui seu vértice no ânus e sua base na bacia, na altura do umbigo. O ator deve ser capaz de centralizar seu próprio equilíbrio nesse ponto de força. Se ele o encontra (mas isso é difícil, ainda hoje nem sempre eu o encontro), aí sim todos os seus movimentos ganham força. Mas essa força não é sinônimo de tensão ou violência. Meu mestre dizia que a bola de aço é coberta por várias camadas de algodão, uma sobre a outra, parece uma coisa macia; só no mais profundo do seu centro é que ela esconde algo que é duro. É assim que o movimento do ator pode ser lento e doce e ocultar a sua força, da mesma maneira que a polpa de uma fruta esconde seu caroço.

(Katsuko Azuma)

[23-26] (**ao lado**) Ator da Ópera de Pequim numa posição de equilíbrio precário, acentuada pelo uso das típicas botas feitas de tecido e sola alta que designam os personagens das classes sociais elevadas, como imperadores, generais e professores. Os sapatos de cena dos atores da Ópera de Pequim são inspirados naqueles tradicionais da dinastia Qing (1644-1911), inclusive nos sapatos especiais usados pelas mulheres que ficam com seus pés deformados, os chamados "pés de lírio"; (**abaixo, à esquerda**) No Kabuki, são utilizados tamancos bem característicos para aumentar a altura e modificar o equilíbrio: aqui, o samurai Sukeroku exibe seu elegante figurino em uma típica posição de *déséquilibre*; (**abaixo, ao centro e à direita**) menestréis medievais europeus dançam sobre sapatos altos (miniatura de Limoges, França, século XI).

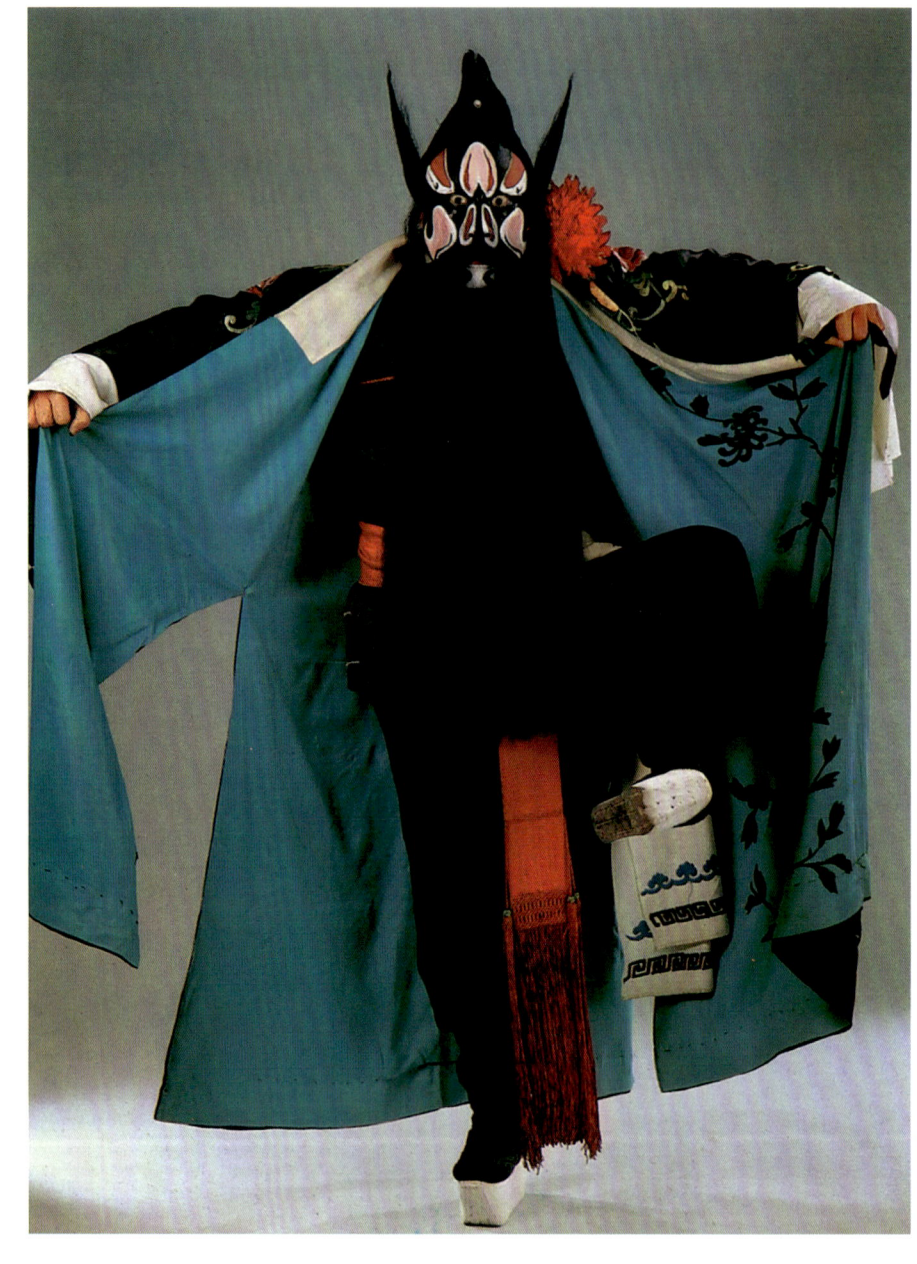

EQUILÍBRIO

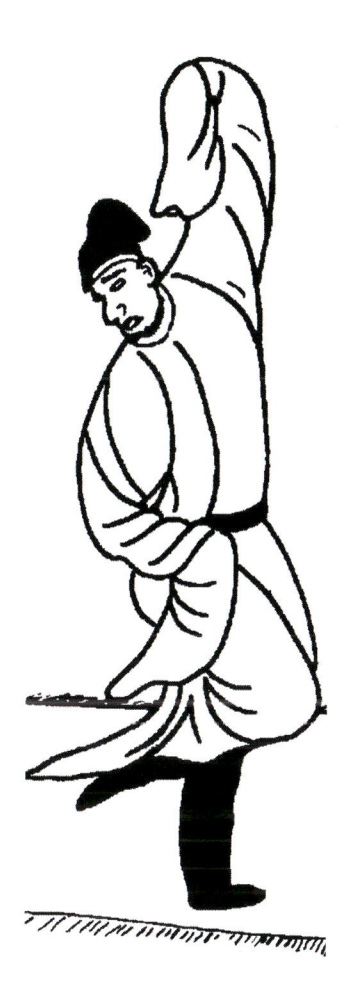

[27-30] (**à esquerda**) Dançarina coreana em uma pintura de Kim Hong-do (século XVIII). No detalhe ampliado da dançarina, é possível ver nitidamente o equilíbrio precário e inclusive a linha do *tribhangi* (três arcos) indiano (ver *Oposições*); (**no centro**) Katsuko Azuma em uma pose de dança Buyo: a amplitude do quimono e a abertura simultânea dos dois leques aumentam visivelmente (formando uma espécie de letra "V" em equilíbrio) a dificuldade da posição precária, que na verdade é solidamente dominada pela dançarina; (**à direita**) dançarino sogdiano (dinastia Tang, 618-907 d.C). A Sogdiana, região histórica da Ásia central que hoje corresponde ao Uzbequistão e ao Tadjiquistão e cuja capital é Samarcanda, era uma região-ponte entre Oriente e Ocidente.

[31-32] (**à esquerda**) Ator indiano de Kathakali em posição de equilíbrio precário e (**acima**) alunos de Kathakali durante o treinamento para manter a posição de equilíbrio. Os jovens alunos, ao contrário do ator adulto, sustentam a perna levantada segurando o dedão do pé.

A ARTE SECRETA DO ATOR

[33-37] A dança consiste na modelação contínua do equilíbrio. Daqui vem o aparente paradoxo de danças que não são executadas sobre as pernas, mas numa posição sentada sobre os joelhos, como nos exemplos que seguem: (**acima**) dançarinas balinesas na dança do Legong; (**no centro, à esquerda**) dança com echarpe de uma divindade chinesa (pintura mural de Dunhuang, China, Dinastia Tang); (**no centro, à direita**) Susanne Linke em uma de suas primeiras composições; (**abaixo**) Bedhaya Semang, danças femininas realizadas nas cortes javanesas do século XVI, fotografadas no final do século XIX, no palácio real de Jogyakarta.

A cinestesia

Por que o ator quer alcançar um equilíbrio de luxo? E o que será que o espectador vê no equilíbrio alterado do ator? Para responder a essas perguntas, é necessário introduzir a noção de *cinestesia*, ou seja, a percepção interior que todos nós temos dos movimentos do próprio corpo, ou de suas partes, através da sensibilidade muscular. Para o ator-dançarino, a percepção cinestésica, que também foi chamada de "sexto sentido" ou de "senso muscular", é fundamental, como nos explica Rudolph Arnheim, estudioso de percepção visual:

> Na dança – assim como no teatro – o artista, seu instrumento e sua obra estão fundidos num único objeto físico: *o corpo humano*. Uma consequência curiosa é que o espetáculo é essencialmente criado em uma esfera, enquanto se mostra para o público em outra. O espectador pode fruir uma obra de arte puramente visual. Algumas vezes, o dançarino usa um espelho. Outras vezes, ele também tem uma imagem visual mais ou menos vaga de sua própria coreografia. E, naturalmente, como membro de um grupo ou como coreógrafo, ele pode ver o trabalho de outros dançarinos. Mas, no que se refere ao seu próprio corpo, ele se vê criando, essencialmente, dentro da esfera das sensações cinestésicas presentes em seus músculos, tendões e articulações. Vale a pena observar esses fatos, ainda que apenas porque certos estetas afirmaram que só os sentidos superiores da visão e da audição constituem meios artísticos.
>
> Toda forma cinestésica é dinâmica. Michotte observou que "o movimento parece ser essencial à existência fenomênica do corpo e, provavelmente, a postura só é sentida como a fase final do movimento". Merleau-Ponty observa que "percebo meu corpo como postura", e que, em constraste com objetos observados visualmente, ele não possui uma espacialidade de posição, mas de situação. "Quando estou de pé diante da minha escrivaninha e nela apoio minhas duas mãos, a ênfase está em minhas mãos, enquanto o resto do meu corpo fica atrás delas como a cauda de um cometa. Não que eu não tenha consciência da localização dos meus ombros e dos meus quadris, mas eles ficam em função das minhas mãos e dessa minha postura, como se pudessem ser lidos através do apoio das mãos sobre a escrivaninha."
>
> O dançarino constrói sua obra através da sensação de tensão ou relaxamento, o senso do equilíbrio que faz distinção entre a estabilidade da vertical e as arriscadas aventuras de saltar ou cair. A natureza dinâmica das experiências cinestésicas é a chave para a surpreendente correspondência entre aquilo que o dançarino cria através de sua sensação muscular e as imagens do seu corpo vistas pelo público. A qualidade dinâmica é o elemento comum que unifica os dois meios expressivos. Quando o dançarino levanta um braço, antes de mais nada ele experimenta a tensão da elevação. Uma tensão parecida é transmitida visualmente ao espectador através da imagem dos movimentos do dançarino. (...)
>
> Enfim, para a arte do dançarino e do ator, é indispensável que a dinâmica visual seja bem diferente da simples locomoção. Reparei que o movimento parece morto quando se tem apenas uma impressão de deslocamento. É claro que, do ponto de vista físico, cada movimento é causado por uma força. Mas o que conta na execução artística é a dinâmica transmitida visualmente ao público, porque só a dinâmica cria a expressão e o sentido.
>
> (Rudolph Arnheim, *Art and Visual Perception: A Psychology of the Creative Eyes*. Berkeley, University of California Press, 1974[1])

Arnheim conclui que, para o público, o ator-dançarino consiste apenas em "o que dele podemos ver". Suas propriedades e ações são implicitamente definidas pelo modo como ele aparece e pelo que ele faz. Um peso de cem quilos na balança não será percebido pelo público, vai parecer que ele possui a leveza de uma libélula, seus turbamentos estão limitados ao que se vê de seus gestos e de suas posições.

[38-39] (**acima**) Na foto, à esquerda, Louis Jouvet (1887-1951) em *Escola de Mulheres* de Molière (Théâtre de l'Athénée, Paris, 1936). Nesta cena, o *déséquilibre* está traduzido na frágil tentativa de dar um chute no criado, assim como em sua fuga, para não levar o chute. Mas não devemos nos esquecer de que no teatro europeu moderno, no chamado "teatro à italiana", o palco era muito inclinado na direção da boca de cena: essa disposição, criada para facilitar a perspectiva da cenografia, obrigava os atores a afastar mais as pernas para manter o equilíbrio. O uso do palco inclinado só foi abandonado lá para o final do século XIX; (**abaixo**) corte do "Teatro alla Scala" de Milão, concluído em 1978 pelo arquiteto Giuseppe Piermarini (1734-1808): reparem na forte inclinação do palco.

---

[1] Rudolph Arnheim, "A Imagem Corporal Cinestésica". In: *Arte e Percepção Visual*. São Paulo, Cengage Learning, 2011, p. 398-399. Apesar de existir esta edição brasileira da obra, a tradução que consta aqui foi feita a partir da edição italiana de *A Arte Secreta do Ator*. (N.T.)

Equilíbrio e imaginação

Para buscar as bases fisiológicas do comportamento, foram conduzidos diversos experimentos para estudar "as relações entre a atividade tônica postural (sistema regulador do equilíbrio de base que permite ao homem ficar na posição ereta e manter seu equilíbrio no espaço) e a atividade motória que resulta no gesto e na pantomima". Esses experimentos foram feitos com diferentes sujeitos, mas o texto que segue se refere àqueles feitos com atores e atletas.

Do ponto de vista fisiológico, o sistema de equilíbrio é constituído de várias terminações sensório-motoras, que compreendem elementos exteroceptivos (visuais, auditivos, táteis) e proprioceptivos (musculares, tendíneos, articulares e vestibulares). O bom funcionamento desses sistemas permite que o homem conserve a projeção do seu centro de gravidade dentro do polígono de apoio.

Sabemos que tanto na posição ereta quanto na posição de repouso o homem nunca fica imóvel: ele oscila seguindo ritmos particulares e complexos, que são o resultado da atividade dos vários sistemas reflexos sensório-motores que garantem a regulação da atividade tônica postural. As oscilações do eixo do corpo têm uma amplitude e uma frequência particulares que podemos quantificar graças a uma plataforma estatocinesiométrica (fig. 41).

Durante um determinado período de tempo, esse aparelho fornece algumas informações sobre a posição:
1. Localiza a posição da projeção do centro de gravidade do corpo em relação ao centro do polígono de apoio;
2. Avalia a frequência e a amplitude do deslocamento;
3. Segue o fenômeno no tempo e no espaço.

Quando o sujeito é colocado sobre a plataforma, os resultados que obtemos sobre o osciloscópio do aparelho, após um tratamento eletrônico, podem ser lidos de duas formas:
1. *Vetorial*: onde são acumulados os deslocamentos ântero-posteriores e laterais. É o estatocinesigrama;
2. *Linear*: onde os deslocamentos ântero-posteriores são diferentes daqueles laterais e desenvolvidos no tempo. É o estabilograma.

No primeiro caso, mede-se a superfície percorrida pelo *spot* (mm²); no segundo, o comprimento do fio percorrido pelo *spot* (cm). Os quatro círculos concêntricos do painel do osciloscópio correspondem a diferentes limiares da pressão exercida sobre a plataforma, cujos valores de 5, 10 e 15 kg correspondem a deslocamentos

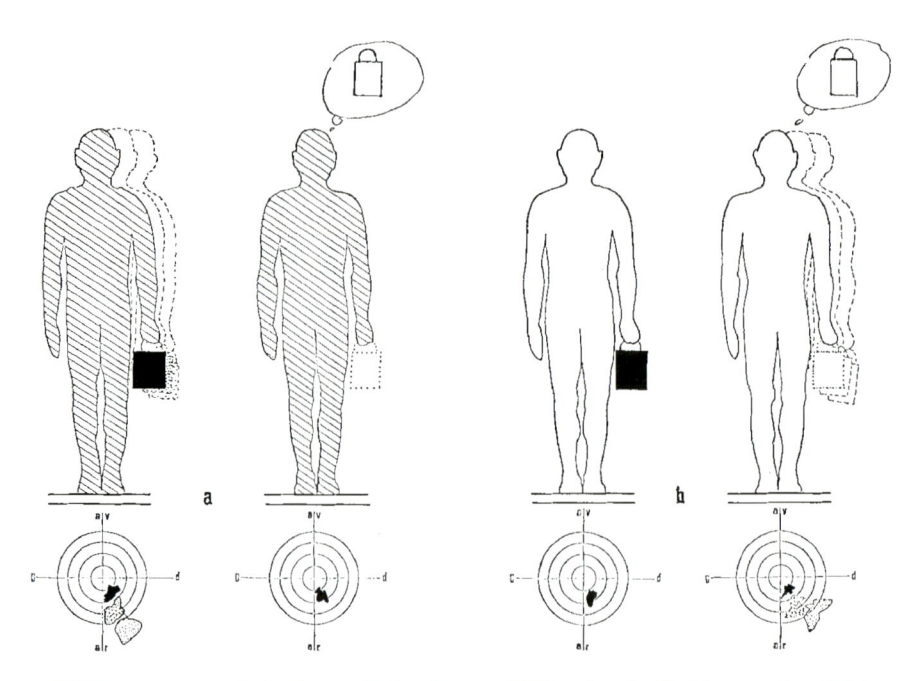

[40] Figura com os resultados da experiência sobre o equilíbrio e a imaginação: (a) no caso dos atletas, só há um deslocamento do equilíbrio quando eles carregam um peso de verdade; (b) já com os atores, acostumados a imaginar gestos e ações, há um deslocamento do equilíbrio mesmo durante a execução mimada da ação de carregar um peso.

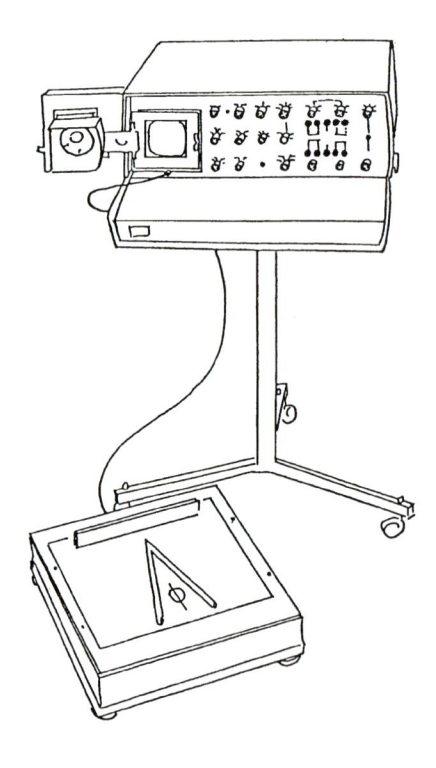

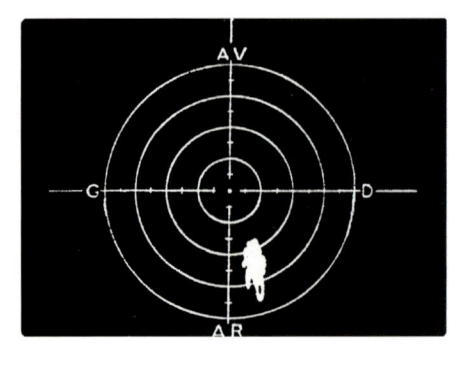

[41-43] (**acima, à esquerda**) A plataforma estatocinesiométrica: instrumento para quantificar a amplitude e a frequência das oscilações do eixo do corpo; (**abaixo, à esquerda**) o estatocinesigrama: resultado vetorial dos deslocamentos do equilíbrio medido pela plataforma cinesiométrica; (**à direita**) Charles Dullin (1885-1949) como Arpagão em *O Avarento*, de Molière (1913), em uma posição de equilíbrio extracotidiano.

EQUILÍBRIO

de 1, 2 e 3 cm de amplitude e a deslocamentos angulares do plano sagital do sujeito de 1, 2 e 3 graus. São registradas todas as oscilações do *spot* que ultrapassam o limiar determinado nas quatro direções cardeais.

Na primeira série de experiências, examinamos o comportamento postural de dois grupos de sujeitos que possuíam um bom esquema corporal:

1. Um *grupo de atletas* cujo esquema corporal é estabelecido pela expressão gestual adaptada à realidade;
2. Um *grupo de atores* cujo esquema corporal é estabelecido pela expressão gestual imaginária.

A experiência consiste em comparar os resultados antes e durante o carregamento de pesos (de 1, 2 e 5 kg) e durante a execução mimada dos mesmos gestos. Os resultados mostram que:

a. No *grupo dos atletas*, as variações do deslocamento do centro de gravidade do corpo são produzidas em proporção ao peso quando se carrega um peso real, enquanto que a execução mimada dos mesmos gestos não modifica os deslocamentos;
b. No *grupo dos atores*, acostumados a traduzir com o corpo e com os gestos uma ideia imaginária, há reações diferentes para as duas situações: o carregamento do peso praticamente não modifica as superfícies de deslocamento, enquanto a execução mimada faz aumentar os deslocamentos em proporção ao peso.

Para desenvolver uma atividade motória, o sujeito cujo esquema corporal é determinado pela expressão gestual adaptada à realidade (os atletas) usou principalmente informações provenientes de um estímulo real e tangível. Já os atores, cujo esquema corporal é determinado por uma expressão gestual mais elaborada, memorizada, que eles podem repetir sem nenhum suporte real, podem preparar a ação do corpo essencialmente partindo do imaginário.

(Ranka Bijeljac-Babic, "Utilizzazione di un Metodo Scientifico nello Studio dell'Espressione Sportiva e Teatrale" [Utilização de um Método Científico no Estudo da Expressão Esportiva e Teatral].
In: Franco Ruffini [org], *La Scuola degli Attori*. Florença, La Casa Usher, 1981)

[44-45] (**à esquerda**) O mimo francês Étienne Decroux e (**à direita**) um personagem da Commedia dell'Arte italiana (gravura do século XVII): ambos mantêm a mesma posição de equilíbrio precário.

[46-47] (**à esquerda**) Sanjukta Panigrahi, dançarina indiana de Odissi, e (**à direita**) um xamã pigmeu durante uma dança (desenho do antropólogo Le Roy, 1897): os dois estão em uma posição de equilíbrio precário bem parecida.

A dança ignorada de Brecht

A influência que Brecht teve no teatro como diretor, além da influência de todas as suas teorias, deve-se à sua habilidade em fazer emergir a "vida" dos seus atores. Isso foi testemunhado por todos aqueles que viram seus espetáculos e também através do seu *Modellbücher*, uma documentação dedicada aos espetáculos que ele dirigiu. Mas o diário de Hans Joaquim Bunge, assistente de Brecht em *O Círculo de Giz Caucasiano*, é o único documento no qual aparece, de modo evidente, a maneira de Brecht usar a desorientação e a precisão do detalhe. E Brecht se deixava guiar exatamente por essas práticas quando trabalhava no nível da organização da presença, da pré-expressividade. Durante inúmeros ensaios, é *como se* ele não se preocupasse com o resultado, como se não quisesse expressar ou dizer algo que já se soubesse. Esse modo intuitivo de proceder – "os pensamentos se relacionam por saltos", ele afirmava – confundia muitos dos seus atores, mas ajudava a destruir premissas ideológicas e recitativas, além de fazer emergir associações e significados inesperados nos personagens e nas sequências cênicas.

Exemplar nesse processo é o modo como Helene Weigel, dez dias antes da estreia, construiu o comportamento cênico da mulher do governador (fig. 51). O comentário de Bunge sobre o personagem de Helen Weigel é particularmente interessante: ele frisa que o personagem ganhou um valor socioestético que não estava presente quando Weigel começou a ensaiar, mas que foi o resultado do seu processo de trabalho.

Um livro indispensável para compreender a relação de Brecht com seus atores – tanto em sua vida particular quanto no trabalho (um campo ainda pouco estudado) – é *Brecht Regista: Memorie dal Berliner Ensemble* [Brecht Diretor: Memória do Berliner Ensemble], de Claudio Meldolesi, Laura Olivi e Berliner Ensemble (Bolonha, Il Mulino, 1989), do qual extraímos estes fragmentos do diário de Bunge:

27.11.1953 – 7º dia de ensaio.
Quando Brecht dirige, parece que esquece que é o autor do texto. Muitas vezes tem-se a impressão de que esteja vendo o texto pela primeira vez. (...) Às vezes, fica surpreso diante de certos acontecimentos do texto ou pede que lhe expliquem passagens pouco claras. Brecht pergunta ao intérprete de Azdak: "Mas como ele é na verdade?"; e Busch responde, rindo: "Eu não sei com certeza, não sou o autor"; e Brecht: "O autor, ah, bem, nem sempre o autor deve ser seguido".

8º dia de ensaio.
Os dois advogados apresentam seus argumentos de defesa. Brecht tem uma ideia: "Deve parecer uma dança, um balé. É por isso que pagam 500 piastras a eles". De repente Brecht sobe no palco e dança uma cena inteira para eles, representando algumas partes do texto. Mesmo após voltar à sua poltrona de diretor, ele continua mostrando alguns movimentos aos atores, sem nunca parar de dançar.

[48-50] Stanislávski, que dizia que o ator era "um mestre de ações físicas", teria apreciado a verdadeira linha de ações e contra-ações nesses três atores dirigidos por Bertolt Brecht: (**no alto**) Hans Gaugler como Creonte em *Antígona*, no Stadtheater Chur (1948); (**ao centro**) Leonard Steckel como Puntila em *O Sr. Puntila e Seu Criado Matti*, no Berliner Ensemble (1949); (**abaixo**) Ekkehard Schall como Eilif em *Mãe Coragem e seus Filhos*, no Berliner Ensemble (1952).

16º dia de ensaio.

O governador é levado embora. Dois lanceiros, representados por figurantes, seguem a procissão. Brecht pede que um ator de verdade interprete um dos lanceiros, para mostrar aos figurantes como devem fazer. Mas eles não conseguem reproduzir aquela atitude particular dos lanceiros: suas intepretações não têm cor. Maravilhado, Brecht diz: "Essa é a diferença entre um ator e um figurante: o primeiro cuida de todos os detalhes da menor das ações porque sabe de sua importância, o outro não sabe nem como começar".

22º dia de ensaio.

Normalmente, Brecht dá muita liberdade aos atores e está aberto a todo tipo de proposta. Os pontos que foram elaborados até agora são o esqueleto dos ensaios, mas não estão fixados. Os elementos que constituem os ensaios são, de um lado, os personagens criados poeticamente em ação, e, do outro, os movimentos que se tornaram automáticos por causa das repetições. Nessa fase, tudo o que já foi elaborado é fixado, mas ainda são feitas algumas mudanças. Dessa maneira, trabalhando com Brecht, tem-se sempre a impressão de que nada é definitivo.

41º dia de ensaio.

Brecht afirma: "Tenho medo de que a gente termine cedo demais". Com isso, ele quer dizer que certas cenas e certos detalhes são considerados "definitivos" cedo demais: é por isso que os atores se endurecem. Brecht usa todos os meios possíveis para evitar que isso aconteça. Uma cena é ensaiada até que suas linhas gerais resultem claras. Em seguida, ela é interrompida e se ensaia uma nova cena. Os atores pedem que os ensaios tenham continuidade para fixar melhor as ações e o personagem. Brecht não concede essas facilidades com muita boa vontade. Ele ensaia todas as cenas em sequência só para se convencer de sacrificar os pontos e os gestos que salvou em cenas específicas por sua simples beleza.

94º dia de ensaio.

Brecht ensaia a cena da ponte ininterruptamente por quase duas horas. Recomeça sempre do zero. As falas são inseridas em outro lugar, são canceladas, reintroduzidas, reduzidas, para no final serem recolocadas no mesmo lugar de antes, de acordo com a disposição original. A mesma coisa acontece com os gestos: alguns são mudados e outros são introduzidos até que sejam fixados, para depois serem transformados uma vez mais. Tudo pode ser mostrado de ângulos completamente diferentes.

Como de costume, Brecht gera um caos. Está sempre discutindo novas possibilidades. No final ninguém sabe mais o que aconteceu. Nem mesmo Brecht. Aí então ele interrompe o ensaio: "Agora vamos fazer uma pausa, porque não sabemos como avançar". Às vezes ele se comporta assim, quando não sabe mais o que fazer no palco. Mas, na maioria das vezes, é dessa confusão que nasce alguma coisa nova.

112º dia de ensaio.

A atriz que interpretava o papel da mulher do governador de repente ficou doente. Pela primeira vez não é possível contar com sua recuperação. Helene Weigel diz que está pronta para aceitar o papel e estudá-lo nos dez dias que faltam para a estreia. Ela começa a ensaiar com muita circunspecção. Brecht não espera que ela reproduza o modelo de Käthe Reichel e lhe deixa livre para interpretar o papel do jeito que quiser. É aí que acontece uma coisa surpreendente, ou seja, Weigel interpreta o papel da mulher do governador de modo completamente novo, enquanto os atores que interpretam os empregados mantêm, com exceção de algumas mudanças mínimas, as mesmas características adotadas com Reichel. Esta última havia visto na mulher do governador um personagem em constante movimento, e tinha mostrado uma enorme energia no palco: dependendo da situação, ela falava alto e de modo pungente, depois falava baixo e de modo sofrido, e assim por diante, e havia dominado o palco com muitos movimentos rápidos. Já Weigel dá a impressão de uma dominadora que nasceu utilizando métodos praticamente opostos.

[51] Helene Weigel como a mulher do governador em *O Círculo de Giz Caucasiano*, escrito e dirigido por Brecht (Berliner Ensemble, 1954). A aparente imobilidade esconde um nó de tensões não apenas pelo modo de romper com as tensões do corpo (pernas, torso, rosto e olhar), mas também pelo equilíbrio precário devido à maneira – pouco cômoda – de se sentar sobre as costas encurvadas de outra pessoa.

Em vez de usar variações históricas, típicas do registro vocal de Reichel, Weigel escolhe um tom regular e calmo. Fala com voz baixa, mas de forma dura e incisiva. E, em vez de voar de um lugar ao outro no palco, adota uma posição totalmente tranquila. Praticamente em todas as cenas, fica sentada em um único lugar e dali domina a cena toda. Não move um dedo, limita-se a dar ordens.

Brecht aprova uma ideia particularmente boa de Weigel após verificar sua eficácia no palco: a escrava deve estar sempre perto de sua patroa e, quando esta lhe faz um sinal, ela deve se ajoelhar e oferecer as próprias costas, como se fossem uma cadeira. Enquanto a mulher do governador de Reichel, com sua histeria, mostrava uma periculosidade superficial e se empenhava para exibir, mais do que qualquer outra coisa, o obtuso esnobismo de uma mulher que nasceu em berço de ouro – e que por isso não podia ser levada muito a sério –, a mulher do governador de Weigel mostra a face sedutora e brutal da estupidez: ela é evidentemente perigosa.

Graças à típica educação de uma família de classe alta, a mulher do governador tornou-se um rígido personagem mais parecido com uma marionete. Quando se relaciona com os empregados, nem parece um ser humano, o que é mostrado com perfeição através de sua gentileza fria e formal.

EQUILÍBRIO

[52-57] (**na página anterior**) Sacchi, a dançarina italiana equilibrista, no Covent Garden de Londres, em 1816. Todavia, a busca do ator-dançarino por um equilíbrio de luxo não se orienta na direção da acrobacia ou do virtuosismo, e sim na direção do extracotidiano. É o que mostram todas essas posições de diferentes culturas e gêneros artísticos: (**acima, à esquerda**) Julian Beck (1925-1985) no espetáculo do Living Theatre *Seis Atos Públicos*, durante a Bienal de Veneza de 1975; (**acima, à direita**) Pei Yanling, atriz da Ópera de Pequim; (**abaixo, à esquerda**) a dançarina balinesa Ni Made Wiratini; (**abaixo, no centro**) Isadora Duncan; (**abaixo, à direita**) Natsu Nakajima, a dançarina japonesa de Butô.

[58-61] A atriz Iben Nagel Rasmussen fazendo alguns exercícios sobre o equilíbrio durante o treinamento (ver *Treinamento*) no Odin Teatret (1971).

EQUILÍBRIO

[62] Quatro atitudes de Ryszard Ciéslak (1937-1990) em *O Príncipe Constante* (1965), uma adaptação a partir da obra de Calderón de la Barca, feita por Juliusz Slowacki e dirigida por Grotowski. Um exemplo de "teatro que dança": um ator contemporâneo sintetiza a dança do equilíbrio em todas as posições possíveis: em pé, de joelhos, sentado.

EQUIVALÊNCIA

Traduzir o vento invisível através da água que o esculpe ao passar.
(Robert Bresson)

Equivalência: ter igual valor mesmo sendo diferente.
(De um dicionário)

A arte é o equivalente da natureza.
(Pablo Picasso)

Em A Porta da Barreira (Sekinoto, 1784), por exemplo, no momento em que se canta "Ky-ya-ho...", o ator não se dá conta de que essas palavras são escritas com caracteres que significam, respectivamente, "vivo", "selvagem" e "noite". E, em vez de mimá-las, ele mima os homófonos "árvore", "flecha" e "bastão". Talvez esta seja, no mundo inteiro, a única forma de dança baseada num jogo de palavras.
(James Brandom)

O princípio da equivalência

Se observamos a mão de uma pessoa na vida cotidiana, podemos notar imediatamente que cada dedo é animado por uma tensão que é diferente da tensão dos outros dedos. A partir de uma codificação que determina a posição dos cotovelos, a angulação do pulso e a articulação dos dedos, o ator oriental reconstruiu um equivalente da variedade das tensões da vida real. Os grandes artistas sempre buscaram inspiração na ideia da arte como um equivalente da natureza, e não na reprodução da natureza. A variedade das tensões no pulso e nos dedos do *David* de Michelangelo anima o mármore com aquela energia perpetuamente vibrante, que é característica da vida (fig. no alto, à direita).

A *belle courbe* apresentada por Ingmar Lindh (ver fig. 10-13, página 115) é um bom exemplo do jogo das tensões extracotidianas no corpo de um mimo de Decroux. A análise da *belle courbe* nos ajudará a compreender como alguém consegue criar um equivalente usando o contrapeso, além de mostrar as respectivas funções das diferentes partes do corpo do ator.

O tronco e as pernas nunca mudam de posição – *la belle courbe* –, enquanto a posição dos braços pode variar. As pernas dividem o peso do corpo respeitando o princípio do contrapeso: a perna que está estendida para trás (fig. 4) só favorece o equilíbrio (contrapeso), enquanto o peso do corpo é totalmente sustentado pela perna dobrada que está na frente. É como se essa perna da frente estivesse atravessada por uma linha de chumbo que começa nos ombros e só termina no meio do arco do metatarso. A perna estendida para trás, que funciona como contrapeso, pode se mover ou até se levantar sem comprometer a posição do corpo e seu equilíbrio (fig. 5).

A *belle courbe* não é uma posição escolhida arbitrariamente pelo mimo Ingmar Lindh para fornecer um equilíbrio precário ao próprio corpo. Mais do que isso, ela é o resultado de duas coisas: da exigência técnica do ator e da precisa observação da realidade que ele deseja representar. Vamos ver o que acontece.

Quando, na nossa realidade cotidiana, alguém empurra alguma coisa (fig. 6), o peso do corpo costuma se apoiar na perna que fica esticada para trás e nos braços que empurram o peso concreto. Essa é uma imagem conhecida para indicar tanto uma alavanca de

[1-2] (**acima**) Detalhe da mão direita do *David* (1503) de Michelangelo (1475-1564) e (**abaixo**) do braço esquerdo de Kosuke Nomura, ator japonês de Kyogen, na posição de base chamada de *kamae* (ver *Pré-Expressividade*).

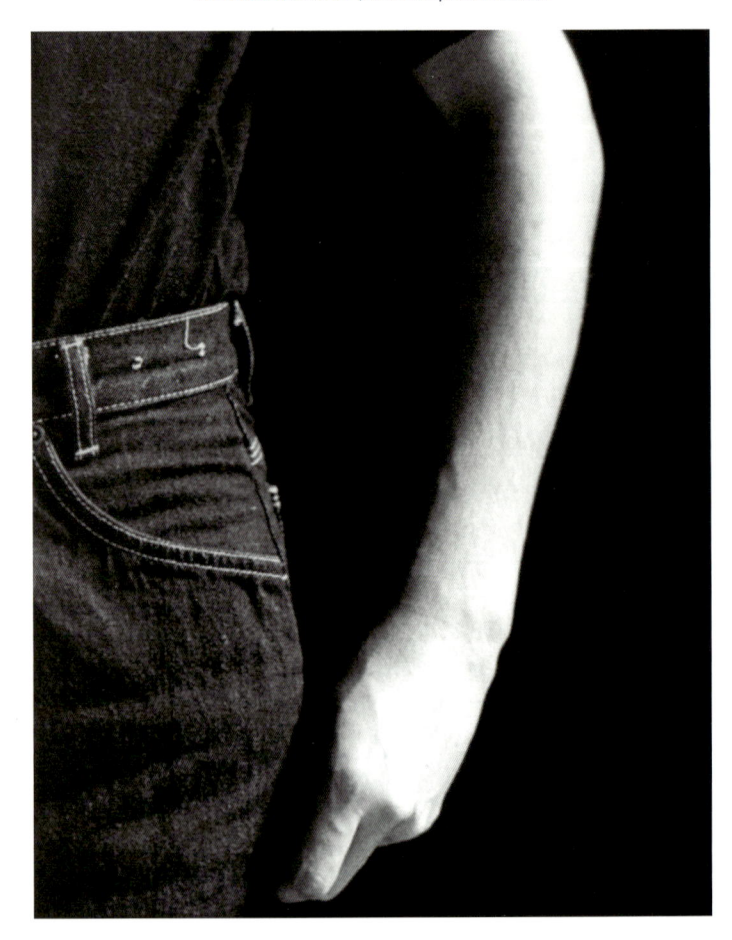

primeiro grau quanto o esforço no trabalho humano. Mas quando um mimo dá um "empurrão" (fig. 7), ele não pode fazer isso da mesma maneira, pois a ausência da oposição concreta faz com que uma das duas bases de apoio desapareça. Mas, como é possível perceber, a mesma tensão do esforço pode ser vista na posição de Ingmar Lindh: ele *mostra que está empurrando*. Simplesmente ele encontrou no próprio corpo uma posição equivalente.

A equivalência, que é o contrário da imitação, reproduz a realidade usando outro sistema. A tensão dos gestos permanece, mas é *deslocada* para outra parte do corpo. Neste caso, a força do mimo se desloca dos braços para a perna da frente, que está dobrada. É a pressão desta perna sobre o chão (fig. 7), e não a pressão dos braços, que faz o esforço concreto.

Mas o que vê o espectador?

O espectador vê a ficção que o mimo lhe sugeriu. Só que essa força não é simulada. Por convenção, o mimo trabalha eliminando toda a realidade material, descartando qualquer objeto que possa usar para fazer a ação. Mas por causa dessa mesma convenção,

[3] Detalhe de *Guernica* (1937), de Pablo Picasso (1881-1973), no Museu Reina Sofia, Madri.

ele não pode prescindir da realidade que constitui sua esfera de compreensão com o espectador, e sem a qual seu gesto seria gratuito e estéril. É dessa negação de uma realidade que nasce sua técnica de imitação indireta, a busca de um equivalente através da única realidade da qual ele dispõe, ou seja, a utilização orgânica do próprio corpo.

Esse princípio não muda nem quando o mimo explora com seu trabalho terrenos bem menos realísticos, como o chamado *mimo abstrato*, que conserva os mesmos princípios da equivalência e no qual encontramos criações e invenções que não são nem arbitrárias nem casuais.

Sendo assim, no nível da interpretação, o mimo sugere ao espectador a natureza concreta do esforço. Mas o objetivo desse esforço, o que ele quer "contar", depende dos braços. No começo, vimos como o tronco nunca muda de posição nesta sequência (fig. 10-13), enquanto os braços assumem várias posições sem alterar a posição de base. Isso significa que a oposição das tensões que ressaltam a energia do corpo está totalmente localizada no tronco: os braços não são nada mais que *a narrativa, a literatura*. Em outras palavras, a essência do gesto está na posição do tronco e das pernas que o sustentam.

Esse fenômeno, que aparentemente é paradoxal mais por um hábito mental do que visual e que nos leva

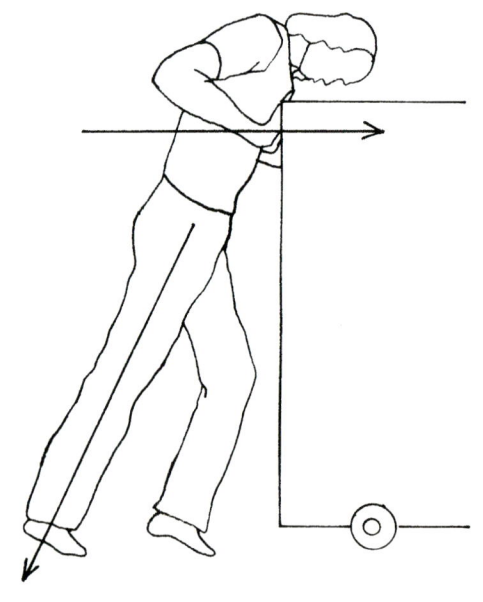

[4-9] (**acima**) A perna direita, que pode ser levantada do chão, é o contrapeso, enquanto a perna esquerda sustenta todo o peso do corpo. Demonstração feita na ISTA de Volterra (1981) pelo mimo sueco Ingmar Lindh, aluno de Decroux; (**no centro, à esquerda**) diagrama da direção de força quando um peso está realmente sendo empurrado, e quando o peso é mimado (**no centro, à direita**): podemos ver claramente que o mimo usa um equivalente para esta força; (**abaixo**) nestes desenhos da pintora Valentine Hugo, que ilustram uma figura do balé *Sacre du Printemps* (1913), coreografado por Nijinsky com música de Stravínski, a dançarina mantém a mesma tensão nas pernas e no tronco, enquanto a posição introvertida ou extrovertida dos braços e da cabeça sugere duas histórias diferentes.

EQUIVALÊNCIA

a considerar *braços e mãos* como símbolos da ação, é bem conhecido nos teatros orientais (ver *Mãos*), mas também em alguns exemplos de arte ocidental.

Como afirmam todos os frequentadores dos museus clássicos, as estátuas acéfalas e sem braços dos escultores gregos e romanos normalmente conservam uma tensão notável, mesmo quando não passam de fragmentos. Mas não vamos repetir aqui tudo o que já foi escrito sobre a posição dos braços da Vênus de Milo. Além disso, a posição do resto do corpo não autoriza nenhuma conjectura confiável. Em vez disso, vale recordar uma observação do poeta Rainer Maria Rilke sobre as estátuas de Rodin. Querendo dar às suas esculturas uma qualidade audaciosa e primordial, Rodin foi levado a buscar em suas próprias obras *a força* dos fragmentos das estátuas antigas, amputando suas próprias estátuas com violência e reduzindo-as a apenas o torso, como em *l'Homme qui Marche* (fig. 14), que se encontra nos jardins do Museu Rodin de Paris. Ele mesmo afirmava, brincando, que a cabeça não servia para caminhar. Mas Rilke achava que essas amputações estavam certas, assim como estava certo o método de trabalho, tanto que ele o comparava à interpretação que a atriz italiana Eleonora Duse fazia de *La Gioconda*, de Gabriele D'Annunzio, já que ela não usava os braços (fig. 15).

[10-15] (**acima e no centro**) *La belle courbe* do mimo corporal, segundo Decroux, apresentada aqui por Ingmar Lindh: os braços, que mudam de posição, constituem a narrativa, enquanto a essência do gesto, ou seja, a vida, está na posição do tronco que não muda nunca; (**abaixo, à esquerda**) *L'Homme qui Marche*: detalhe de uma escultura de Auguste Rodin (1840-1917), Museu da Escultura, Barentin, França; (**abaixo, à direita**) Eleonora Duse (1858-1924) na *Gioconda* de D'Annunzio (1899).

A ARTE SECRETA DO ATOR

[16-24] Sanjukta Panigrahi em uma demonstração do "tiro com arco" (*dhanu*) na dança Odissi (ISTA de Volterra, 1981): "O teatro e a dança indiana são o lugar onde ainda é possível ver o equivalente físico de palavras como *deus*, *deusa*, *divino*; o lugar onde os olhos de repente podem se transformar na imagem do sol, na qual o ator ou a dançarina podem ser o arqueiro ou o arco em tensão, a flecha que voa e a pequena cerva ferida" (Ferdinando Taviani).

Dhanu: *tiro com arco na dança indiana Odissi*

O arco e a flecha não estão lá (ver *Omissão*), mas, mesmo assim, quando olhamos para essa sequência de imagens estáticas (fig. 16-24), podemos perceber um equivalente das tensões e das forças necessárias para lançar a flecha. Uma constatação válida para toda a sequência: ao buscar a equivalência, a atriz dilata seu corpo ao máximo, de modo que a imagem visual oferecida em cada momento da ação seja a mais dinâmica e ampla possível (ver "O teste da sombra", em *Oposições*). Todas as posições pretendem ressaltar e amplificar a ação *como se* a atriz manejasse um arco e uma flecha de verdade: a força usada para puxar o arco, a direção do lançamento da flecha, a concentração necessária para mirar no alvo. Vamos agora para o detalhe da ação. A atriz não "mostra" uma pessoa que está lançando uma flecha. Pelo contrário, ela recria uma relação dialética homem-arco-flecha: a posição estática do arqueiro *versus* a partida-velocidade do dardo lançado. Essa relação é representada por uma série de oposições criadas: as torsões da espinha dorsal para pegar a flecha na aljava (fig. 17 e 18), o deslocamento do peso do corpo na segunda fase da ação, quando o arqueiro encaixa a rabeira na corda do arco (fig. 19-21).

O esforço necessário para puxar o arco é recriado pelo trabalho da perna esquerda, que fica na frente e sustenta o peso, e pelo trabalho do braço encurvado como se fosse um arco, que encontra eco na grande curva formada pela cabeça, pela espinha dorsal e pela perna direita (fig. 23). E, finalmente, o ápice da ação – o lançamento repentino – é representado pelo imprevisto impulso do corpo para frente, que corresponde à flecha que parte em direção ao alvo: uma pequena cerva, tímida e indefesa (fig. 25, abaixo). Sem conhecer o tema da ação, teríamos dificuldade de entender que se trata de um "tiro com arco" e, com dificuldade, poderíamos mostrar o valor das equivalências ali encontradas. Mas, mesmo sem conhecer o tema da ação, entendemos, a partir das forças ali presentes e irradiadas pelo corpo do ator, que há uma total mobilização das forças vitais. Isso acontece desde o início das ações, nos mínimos detalhes: por exemplo, quando Sanjukta Panigrahi, após ter colocado o arco diante de si, vira-se e, com os olhos, *nos mostra* a flecha que ela tira da aljava (fig. 18 e 19); ou então quando ela, ao puxar a corda, mostra a extrema tensão dos dedos de sua mão direita (fig. 22-23). Para terminar, vale ressaltar que toda essa sequência foi repetida "friamente" pela atriz diante da máquina fotográfica.

[25-26] (**à esquerda**) Sanjukta Panigrahi: posição e *mudra* (ver *Mãos*) da pequena cerva na dança Odissi; (**à direita**) Ida Rubinstein (1885-1960) no papel de São Sebastião, no balé *Le Martyre de Saint Sébastien* (1911), escrito por D'Annunzio e musicado por Debussy. Duas posições equivalentes: o corpo tensionado para a direita, a cabeça e o olhar em direção oposta, o peso do corpo sobre a perna esquerda, a perna direita que se apoia unicamente sobre uma parte do pé. Diferenças culturais à parte, o corpo cênico dos atores parece se equivaler: mas enquanto, para a Rubinstein, o arco não passa de um mero acessório ornamental que só representa o que ele é, um simples apoio, a tensão do arco em repouso pode ser percebida no jogo das oposições presentes na posição *tribhangi* de Sanjukta Panigrahi (ver *Oposições*).

A ARTE SECRETA DO ATOR

Como se lança uma flecha no teatro japonês Kyogen

É interessante notar que, apesar de este ator estar ajoelhado e ter sua estatura reduzida, ele ainda consegue deslocar seu peso de uma perna para outra, como se estivesse de pé. Só que ele não pode trabalhar esse deslocamento do equilíbrio de um pé para outro, como a atriz-dançarina de Odissi. Mesmo com essa limitação, o ator respeita o princípio da equivalência: ele explora a única possibilidade que tem e usa os joelhos para deslocar seu equilíbrio, enquanto os pés são usados como se fossem apenas um terceiro e precário suporte – isso acontece porque são as pontas dos pés que se apoiam no chão, e não o dorso.

O lançamento da flecha é representado pelo *voo* dos braços (fig. 37-39), e o ato de acertar o alvo é representado pela queda repentina dos braços – veloz no movimento – e pelo som das mãos, que batem forte nas coxas. Um som seco é o ponto final do som gutural produzido pela voz do ator durante a ação de puxar a corda do arco. Mesmo respeitando as regras de base da tradição japonesa do tiro com arco, o ator rompe com o automatismo da ação cotidiana e cria seu equivalente ao transformar os "estímulos" visuais em sons que têm uma eficácia parecida. Como dizia Eisenstein de modo exemplar, "no teatro japonês nós ouvimos o movimento e vemos o som".

Já que evocamos o mundo do cinema e da montagem, vamos prestar atenção em outro detalhe. Observando a posição de Kosuke Nomura (fig. 36), poderíamos pensar que, para reproduzir o movimento do lançamento da flecha, a mão direita deveria ir para trás, assim como acontece na realidade. Mas, ao contrário, o ator *corta* a ação: ele vai direto para as posições seguintes (fig. 39), que, unidas rapidamente pelo movimento, evocam o voo veloz da flecha para o alto e impedem a reprodução mecânica da contração do braço.

[27-28] O uso do arco em duas farsas Kyogen. Inseridas como entreatos humorísticos entre os dramas Nô, as farsas Kyogen são representadas sobre o mesmo palco (ver *Pés*), mas com uma interpretação mais realista. No entanto, apesar dessa ênfase realista, os atores Kyogen usam poucos acessórios e, em particular, assim como no teatro Nô, servem-se de um leque que pode indicar diferentes objetos (arco, espada, chapéu, etc.). Nessas gravuras, todavia, o arco e a flecha foram explicitamente incluídos para ampliar a legibilidade da figura. Se o princípio da equivalência é válido em todas as artes, diferentes convenções regulam sua utilização: às vezes, o que é válido na representação teatral não é igualmente válido na arte figurativa.

[29-31] As posições da demonstração presentes na página 119 (fig. 34-36) são feitas aqui com o figurino e o leque. Reparem como o corpo do ator está praticamente mimetizado pelo quimono: o figurino esconde a tensão para o alto provocada pelo quadril e também o modo de ficar com as pontas dos pés dobradas. No entanto, as pregas esticadas do *akama* (a elegante saia-calça cerimonial que os homens japoneses vestem sobre o quimono) e o caimento vertical das grandes mangas parecem devolver, ainda que através de outro tipo de equivalência, a tensão da ação. Sendo assim, o leque não é ornamental, mas faz alusão ao arco e, como em outras dezenas de ocasiões, ele conduz, como se fosse uma varinha de condão, a uma infinita variedade de objetivos equivalentes.

[32-39] Kosuke Nomura em uma demonstração do tiro com arco no Kyogen, durante a ISTA de Volterra, 1981.

Tiro com arco na biomecânica

Esse exercício da biomecânica de Meyerhold não manifesta apenas o princípio da equivalência, ele também demonstra claramente como uma de suas finalidades era obter uma contínua variação da postura do "arqueiro", o que resulta numa verdadeira "dança do equilíbrio". Erast Garin, um dos atores de Meyerhold em 1922, assim descreve o exercício "tiro com arco":

> Com a mão esquerda o aluno pega um arco imaginário. Ele prossegue com o ombro esquerdo virado para frente. Assim que identifica o alvo, ele para, mantendo o equilíbrio sobre os dois pés. A mão direita descreve um semicírculo para alcançar uma flecha em uma aljava imaginária que está nas costas. O movimento da mão empenha o corpo todo, e assim, o equilíbrio se desloca para o pé de trás. A mão pega a flecha e arma o arco. O equilíbrio se desloca para o pé da frente. Ele mira. Puxa o arco, e o equilíbrio volta para o pé de trás. A flecha é lançada, e o exercício termina com um salto e um grito".

Através desse exercício, que foi um dos primeiros, o aluno: começava a compreender a si mesmo em termos de espaço; adquiria um autocontrole físico; desenvolvia a elasticidade e o equilíbrio; dava-se conta de que o menor dos gestos – falar com as mãos – ressoa no corpo todo; e praticava o *otkaz*, a "recusa". Além disso, nesse exercício, a "recusa" (o que vem antes do gesto em si) é a mão que pega a flecha atrás das costas. Toda essa descrição é um exemplo de "sequência de ações", que compreende intenção, realização e reação.

[40-51] *Tiro com Arco*: sequência de um dos exercícios de biomecânica de Meyerhold de 1922, executada durante a ISTA de Copenhague (1996) por Gennadi Bogdanov, aluno de Nicolai Kustov, ator de Meyerhold.

EQUIVALÊNCIA

[52-55] Em toda tradição teatral, encontramos exercícios ou cenas de espetáculo em que o ator usa "arco e flecha". O objetivo não é apenas ilustrar o lançamento de uma flecha, mas recriar no corpo as dinâmicas que caracterizam a tensão de um arco. O arco, na verdade, é a encarnação de um jogo, de uma dança de oposições (ver *Oposições*): (**no alto, à esquerda**) a dançarina russa Tamara Karsavina (1885-1978) em *Coq d'Or*, com coreografia de Mikhail Fokine (Paris, 1914); (**no alto, à direita**) o dançarino norte-americano Ted Shaw (1891-1972) em *Grossienne* (1923); (**embaixo, à esquerda**) a dançarina norte-americana Martha Graham (1894-1991) em uma dança solo sem título (1924); (**embaixo, à direita**) Mary Wigman (1886-1973) em *Dream Figure* (1927), parte de seu ciclo de danças solo *The Visions*.

EXERCÍCIOS

Partitura e subpartitura
O significado dos exercícios na dramaturgia do ator
Eugenio Barba

No século XX, houve uma revolução do invisível. A importância de estruturas ocultas impôs-se tanto na física como na sociologia, na psicologia como na arte ou no mito. No teatro também aconteceu uma revolução desse tipo, mas com uma particularidade: nesse caso, as estruturas invisíveis não eram algo a ser descoberto para compreender o funcionamento da realidade, mas algo a ser recriado na cena para dar à ficção do teatro uma qualidade de vida eficaz.

O "invisível" que dá vida ao que o espectador vê é a subpartitura do ator. A subpartitura não deve ser entendida como um pilar oculto, e sim como um processo profundamente pessoal, muitas vezes difícil de compreender ou verbalizar, cuja origem pode ser uma ressonância, um movimento, um impulso, uma imagem, uma constelação de palavras. Essa subpartitura pertence ao nível básico de organização sobre o qual se regem todos os outros níveis de organização do espetáculo (desde a eficácia da presença de cada ator até a trama de suas relações; da organização do espaço até as escolhas dramatúrgicas). A interação orgânica desses vários níveis de organização é o que provoca o sentido que o espetáculo passa a ter para o espectador.

O subtexto – como o chamava Stanislávski – é uma forma particular de subpartitura. Na verdade, a subpartitura não consiste necessariamente nas intenções ou nos pensamentos não expressos de um personagem, na interpretação de seus "porquês". A subpartitura pode ser constituída de um ritmo, de um canto, de um modo particular de respirar ou de uma ação que não deve ser executada em suas dimensões originais, mas que é absorvida e miniaturizada pelo ator, que, mesmo sem mostrá-la, deixa-se conduzir por seu dinamismo, ainda que na quase-imobilidade.

Uma ação física: a menor ação perceptível

Stanislávski, que foi considerado por muita gente um mestre da interpretação psicológica, analisava o caráter e as motivações com a sutileza de um romancista. Seu objetivo era retirar da densa rede do subtexto uma série de pontos de apoio para a vida das "ações físicas". E quando falava de "ações físicas", ele entendia principalmente toda uma sucessão de posturas ou movimentos dotados de uma interioridade própria.

Se tenho que definir para mim mesmo o significado de "ação física", penso no leve sopro de um vento sobre uma espiga. A espiga é a atenção do espectador: ela não se mexe como se estivesse sob a rajada de um temporal. Mas aquele sopro é o suficiente para deslocar levemente sua perpendicularidade.

Se eu tiver que indicar a ação física para um ator, então sugiro que ele a reconheça por exclusão, distinguindo-a do simples "movimento" ou do simples "gesto". Digo a ele: uma "ação física" é "a menor ação perceptível" e pode ser reconhecida quando toda a tonicidade do corpo se altera ainda que a partir de um movimento microscópico (por exemplo, levantar delicadamente a mão). Uma ação verdadeira produz uma mudança das tensões em todo o corpo e, por consequência, uma mudança na percepção do espectador.

Em outras palavras: tem origem no tronco, na espinha dorsal. Não é o cotovelo que move a mão, não é o ombro que move o braço: todos os impulsos dinâmicos afundam suas raízes no torso. Essa é uma das condições para a existência de uma ação orgânica.

É óbvio que a ação orgânica não basta. Se no final ela não for habitada por uma dimensão interior, fica vazia, e o ator parece se definir pela forma de sua partitura. Não acredito que haja um único método para fazer a interioridade brotar. Acredito que o método seja "em negativo": não impedir que a interioridade se desenvolva. É possível aprender a fazer isso, basta agir *como se* não fosse possível aprender a fazê-lo.

A idade dos exercícios

A revolução do invisível marcou, no teatro, a idade dos exercícios. Um bom exercício é um paradigma de dramaturgia, ou seja, um modelo para o ator. A expressão "dramaturgia do ator" refere-se a um dos níveis de organização do espetáculo, ou então a uma das faces da tessitura dramatúrgica. Na verdade, em cada espetáculo há inúmeros níveis dramatúrgicos, alguns mais evidentes que outros, mas todos necessários para recriar a vida em cena.

Mas o que diferencia essencialmente um exercício (o que antes defini como "um paradigma de dramaturgia") da dramaturgia no sentido tradicional, das comédias, das tragédias ou das farsas? Tanto em um caso como no outro, trata-se de uma trama de ações muito bem construída. Mas enquanto as comédias, as tragédias e as farsas têm uma forma e um conteúdo, os exercícios são pura forma, desenvolvimentos dinâmicos entrelaçados que não possuem uma trama, uma história. Os exercícios são pequenos labirintos que o corpo-mente do ator pode percorrer e repercorrer para incorporar um modo de pensar paradoxal, para se distanciar do seu agir cotidiano e deslocar-se no campo do agir extracotidiano da cena.

Os exercícios são como amuletos que o ator carrega consigo não para exibi-los, mas para deles extrair determinadas qualidades de energia das quais, lentamente, se desenvolve um segundo sistema nervoso. Um exercício é feito de memória, memória do corpo. Um exercício se torna memória que age através de todo o corpo.

Quando, no início do século XX, Stanislávski, Meyerhold e seus colaboradores inventaram os "exercícios" para a formação dos atores, eles deram vida a um paradoxo. Seus exercícios eram muito diferentes das exercitações feitas nas escolas de teatro. Tradicionalmente, os atores se exercitavam com a esgrima, o balé, o canto e, principalmente, recitando fragmentos exemplares do repertório teatral. No entanto, os exercícios eram partituras elaboradas e codificadas nos mínimos detalhes, e finalizadas em si mesmas.

Isso é o que podemos ver nos exercícios mais antigos que chegaram até nós, aqueles que Meyerhold idealizou e chamou de biomecânica, cujo objetivo era ensinar "a essência do movimento cênico".

Interioridade e interpretação

Os exercícios possuem uma série de características que explicam sua eficácia como uma dramaturgia reservada ao trabalho não público dos atores, ou seja, ao trabalho sobre si mesmo:

1. Os exercícios são, antes de mais nada, uma ficção pedagógica. O ator *aprende a não aprender a ser ator*, quer dizer, aprende a não aprender a atuar. O exercício ensina a pensar com todo o corpo-mente.
2. Os exercícios ensinam a fazer uma ação real (não "realística", e sim *real*).

[1-3] Três ilustrações tiradas do livro de Mikhail Tchékhov, *To the Actor* (publicado pela primeira vez por Harper and Row, Nova York, 1953), que descreve inúmeros exercícios. Mikhail Tchékhov (1891-1955), neto do grande dramaturgo, foi aluno de Stanislávski, ator do Teatro de Arte de Moscou e mestre de atores, inclusive no Ocidente, após sua fuga da Rússia em 1928. É possível encontrar estas ilustrações na edição brasileira, Michael Chekhov, *Para o Ator*. São Paulo, Martins Fontes, 2003.

3. Os exercícios ensinam que a precisão da forma é essencial em uma ação real. O exercício tem um início e um fim, e o percurso entre esses dois pontos não é linear, mas rico de peripécias, mudanças, saltos, reviravoltas e contrastes. Até os exercícios mais simples pressupõem uma grande quantidade de variações e tensões, modificações de intensidade imprevistas ou graduais, acelerações de ritmo, ruptura do espaço em várias direções e níveis.

4. A forma dinâmica de um exercício é um *continuum* constituído de uma série de fases. Ele deve ser segmentado para ser aprendido com precisão. Esse processo ensina a pensar um *continuum* como uma sucessão de fases minúsculas que são ações perceptíveis. O exercício é como um ideograma, ou seja, é formado de pedaços que devem sempre seguir a mesma ordem. Mas cada pedaço pode variar de espessura, de intensidade, de impulso.

5. Cada fase do exercício compromete o corpo todo. A transição de uma fase a outra é um *sats*.

6. Cada fase do exercício dilata, refina ou miniaturiza alguns dinamismos do comportamento cotidiano. Aí então esses dinamismos são isolados e montados, destacando o jogo das tensões, dos contrastes, das oposições, ou seja, os elementos de uma dramaticidade de base que transforma o comportamento cotidiano em comportamento extracotidiano da cena.

7. As diversas fases dos exercícios possibilitam experimentar o próprio corpo como uma coisa que não é unitária, mas que, em troca, se torna sede de ações simultâneas. Em um primeiro momento, essa experiência coincide com um senso de dolorosa expropriação da própria espontaneidade. Mas logo depois se transforma na qualidade fundamental do ator, na sua "presença", pronta a se projetar em direções divergentes e capaz de magnetizar a atenção do espectador.

8. O exercício ensina a repetir. Aprender a repetir é relativamente fácil, até o momento em que o problema é saber executar uma partitura de modo cada vez mais preciso. A tarefa se torna árdua na etapa seguinte: quando a dificuldade consiste em continuar a repetir sem perder o brilho, descobrindo e motivando novos detalhes, novos pontos de partida dentro da partitura conhecida.

9. Os exercícios permitem, *através da ação*, assimilar uma maneira paradoxal de pensar, ultrapassar os automatismos cotidianos e se adequar ao comportamento extracotidiano da cena.

10. O exercício é o caminho da recusa: ensina a renúncia através da fadiga e do comprometimento com uma tarefa humilde.

11. O exercício obriga a ultrapassar os estereótipos e os condicionamentos do próprio comportamento masculino/feminino.

12. O exercício não é um trabalho sobre um texto, mas um trabalho sobre si mesmo. Coloca o ator à prova através de uma série de obstáculos. Permite que o indivíduo se conheça ao encontrar seus próprios limites, e não através de uma autoanálise.

13. Os exercícios desembocam numa autodisciplina que também é autonomia, com relação às expectativas e aos hábitos da profissão. É um novo início, o nascimento de um corpo-mente cênico que não depende das exigências da representação, mas que está pronto para realizá-las.

O exercício ensina a trabalhar sobre o visível usando formas que podem ser repetidas. Essas formas são vazias. No começo, elas são preenchidas pela concentração necessária para executar bem a sucessão das várias fases. Quando são dominadas, essas formas morrem ou são preenchidas pela capacidade de improvisar, ou seja, de variar a execução da mesma sucessão de fases, variando as imagens (por exemplo: mover-se como um astronauta sobre a lua), os ritmos (seguindo uma música) ou os encadeamentos das associações mentais. É assim que se desenvolve uma subpartitura, começando da partitura de um exercício.

O valor do visível e do invisível, da partitura e da subpartitura, gera a possibilidade de fazer com que dialoguem, cria um espaço dentro do desenho dos movimentos e da sua precisão.

O diálogo entre o visível e o invisível é exatamente aquilo que ator sente como interioridade e, em alguns casos, até como meditação. E é aquilo que o espectador experimenta como interpretação.

A complexidade da emoção

O espetáculo é um verdadeiro sistema que integra diversos elementos – com cada um deles obedecendo a uma lógica própria – que se relacionam entre si e também com o ambiente externo.

Dramaturgia do ator significa, sobretudo, capacidade de construir o equivalente da complexidade que caracteriza a ação na vida. Essa construção, que é percebida como um personagem, deve causar um impacto sensorial e mental sobre o espectador. O objetivo da dramaturgia do ator é a capacidade de estimular reações afetivas.

Há uma ideia ingênua de que a emoção é uma força que toma e arrasa uma pessoa. Na verdade, uma emoção é um conjunto de reações a um estímulo. A complexa trama de reações que está contida no termo "emoção" caracteriza-se pela ativação de, pelo menos, cinco níveis de organização que, às vezes, inibem uns aos outros, mas que estão sempre presentes simultaneamente:

1. uma mudança subjetiva, que normalmente chamamos de "sentimento": por exemplo, o medo (um cachorro se aproxima de mim no meio da rua);
2. uma série de avaliações cognitivas (eu acho que o cachorro está bem domesticado);
3. o surgimento de reações autônomas que não dependem da minha vontade (a aceleração do batimento cardíaco e da respiração, a transpiração);
4. o impulso para reagir (acelerar o passo e se afastar);
5. a decisão sobre o modo de se comportar (eu me esforço para caminhar com tranquilidade).

O que o ator tem que reconstruir é a complexidade da emoção, e não o resultado enquanto sentimento. Então é preciso trabalhar sobre todos os níveis que identificamos como aqueles que caracterizam uma "emoção", os quais, mesmo pertencendo ao mundo do invisível, são fisicamente concretos. Além disso, cada um desses níveis é guiado por uma própria coerência.

A complexidade é alcançada entrelaçando elementos simples, em contraposição ou em consonância, mas sempre ao mesmo tempo. Tudo isso oferece infinitas possibilidades, teatralmente falando. Posso construir minha reação diante do cachorro trabalhando separadamente com as diferentes partes do corpo: as pernas, por exemplo, se comportam corajosamente; o tronco e os braços, levemente virados para dentro, revelam avaliação e reflexão; a cabeça mostra a reação para se afastar, enquanto o ritmo das batidas dos cílios tenta construir o equivalente das reações autônomas.

A complexidade do resultado é alcançada trabalhando sobre elementos simples, separados entre si, montados um nível após o outro, entrelaçados, repetidos, até se fundirem em uma unidade orgânica que revela a essência da complexidade que caracteriza toda forma vivente.

O que o exercício ensina é essa passagem do simples ao "múltiplo simultâneo": o desenvolvimento de minúsculas ações perceptíveis, não lineares, que estejam disponíveis para peripécias, mudanças, reviravoltas e contrastes através da interação de fases bem definidas.

Em uma palavra: o exercício, ao reconstruir artificialmente a complexidade, encontra o *drama*.

[4-5] (**acima**) Ryszard Ciéslak (1937-1990): exercícios plásticos de Grotowski (1970).
(**abaixo**) O clown Romano Colombaioni ensina acrobacia (1969).

EXERCÍCIOS

[6-9] (**acima, à esquerda**) Exercícios no Instituto Jacques-Dalcroze de Hellerau (1911-1914); (**abaixo, à esquerda**) Georges Carpentier (1894-1975), o maior boxeador europeu entre 1908 e 1925, campeão mundial na categoria dos meio-pesados em 1920. Étienne Decroux lhe dedicou esta homenagem: "Vigor e graça; força e elegância; fulgor e pensamento; gosto pelo risco e sorriso. Ele nunca teria imaginado que foi a imagem motriz do nosso mimo corporal". O boxe foi o esporte que mais fascinou os reformadores do teatro europeu. Foi uma das matérias de estudo na escola de Meyerhold e continuou sendo obrigatória mesmo nos anos em que seus atores não executavam mais os exercícios de biomecânica. Eisenstein também estudou esse esporte, e uma luta de boxe se tornou a cena culminante do seu espetáculo *O Mexicano* (1921), baseado em uma novela de Jack London. Brecht, além de compor poesias sobre os campeões de boxe, definidos por ele como "máquinas de combate humano", escreveu a biografia do boxeador alemão Samson-Körner (ver F. Ruffini, *Theatre and Boxing: The Actor Who Flies*. Holstebro/Marlta/Wroclaw, Icarus Publishing Enterprise, 2011); (**acima, à direita**) exercícios de ginástica de Rudolf Bode (1922). Aluno de Jacques-Dalcroze, o médico alemão Rudolf Bode (1881-1970) elaborou um método de treinamento físico que chamou de "ginástica expressiva", no qual o corpo humano era considerado um organismo e cada movimento o envolvia completamente. "O movimento natural é aquele que é, ao mesmo tempo, movimento de todo o corpo." Fundamentais na teoria de Bode eram o *princípio da totalidade* (cada movimento sempre envolve a totalidade do corpo) e o *princípio do centro de gravidade* (um movimento, não importa de qual parte do corpo ele seja, sempre tem origem no centro de gravidade). Eisenstein conhecia a "ginástica expressiva" e, junto com o escritor S. M. Tretiakov, escreveu um longo ensaio em 1922, comentando o livro de Bode, *Ausdrücksgymnastik* [Ginástica Expressiva].

[10-12] (à esquerda) Exercício de ginástica de Rudolf Bode (1922); (no centro) exercício de biomecânica de Meyerhold (1922); (à direita) exercícios do Odin Teatret (1967).

A relação real

O teatro é uma arte de relações que se manifestam em um diálogo que pode usar palavras ou não. As relações cênicas são falsas. Então, para lhes dar força de persuasão, é fundamental encontrar seu sistema muscular, uma rede física de ações e reações. Os esportes baseados na luta oferecem a condição elementar do jogo de ações e reações entre dois indivíduos. São a ginástica natural das relações, do diálogo físico. A dinâmica do ataque, do drible e da parada não se calibra com circunstâncias fictícias, mas com circunstâncias reais. Nesse contexto, o boxe tem valor não como exercício de força, mas como diálogo físico.

É por isso que, tanto na tradição do teatro europeu quanto na tradição dos teatros asiáticos, as artes marciais assumiram um papel importante na formação do ator. Nos programas das escolas de teatro tradicionais, a esgrima, como esporte, estava sempre presente. Muitas vezes era justificada pela exigência de interpretar as cenas de duelo dos clássicos do repertório teatral (basta pensarmos em *Romeu e Julieta*, em *Hamlet*, em *Cyrano*). Por trás dessas justificativas, ocultava-se uma consciência tácita de que a esgrima modelava as bases físicas do diálogo.

Até mesmo os exercícios acrobáticos da formação dos atores podem ser considerados uma variação da luta. A dificuldade e a relativa periculosidade do exercício não visam transformar o ator em um acrobata. Ensinam o ator a reagir, de modo decidido, a uma sucessão de empurrões e contraempurrões que continuamente correm o risco de transformar o chão ou o acessório num adversário capaz de atingi-lo e de punir sua imprecisão. A acrobacia também é uma ginástica das relações. Ela transforma o peso, o equilíbrio e os objetos inanimados em interlocutores críticos de um diálogo vivo de ações e reações.

O esporte como dança

Os programas de estudo das escolas dos reformadores – Jacques-Dalcroze, Meyerhold, Copeau e Dullin –, além dos exercícios físicos que eles mesmos inventaram, também incluíam ginástica, atletismo leve ou esportes particulares: principalmente esgrima, tênis, boxe e lançamento de disco.

No tênis, na esgrima e no boxe é necessário afastar as pernas para ganhar uma base e ficar alerta, estar pronto para reagir. O atleta não pode prever se precisa ir para frente, para trás, para o lado. Ele age e reage adequando-se a um estímulo externo. Às vezes está imóvel, num estado de máxima tensão, pronto a disparar, a se defender, a atacar ou a atravessar um adversário com o florete, o que também exige uma certa força e uma certa tensão – assim como para lançar uma bola de tênis para o fundo do campo. O peso se desloca continuamente de uma perna para outra, com impulsos que variam, saltos, pulinhos, passos deslizantes, largos, que voam, "*staccato, legato, pizzicato*" (aqueles "ornamentos da caminhada" que eram ensinados em Hellerau). É uma dança cujo princípio é o deslocamento contínuo e irregular do peso de uma perna para outra. O tênis, a esgrima e o boxe são um balé da energia em ação, rigoroso e funcional. Então os reformadores privilegiaram esses esportes porque se baseavam em um fluxo incessante de *sats*, como respostas a estímulos precisos que pressupunham ações reais.

Por outro lado, no lançamento de disco, o atleta gira rapidamente ao redor de si mesmo e logo em seguida atira o disco bem longe, prestando atenção para controlar o equilíbrio e parar no limite de uma linha que não deve ser ultrapassada. O mesmo princípio pode ser encontrado em vários exercícios da dança moderna ou em Decroux. Você pode frear repentinamente uma sucessão de ações de ritmos velozes e vigorosos numa imobilidade que contém, dinamicamente, a direção para a qual elas se projetavam.

O diálogo físico com os espectadores

A relação entre atores e espectadores se funda no que Coleridge chamou de *suspension of disbelief* (suspensão da incredulidade). Para que essa relação – que se baseia numa trama de ilusões – seja eficaz, ela deve se sustentar em um terreno sólido, deve se apoiar em uma consistência física. Tal consistência pode ser indicada com o termo "cinestesia", o sentido que permite aos espectadores "sentir" no próprio corpo, apesar de sua aparente inatividade, os impulsos físicos que correspondem aos movimentos da cena.

Até nesse caso, o atletismo, a ginástica e a acrobacia se tornam um ponto de referência útil para o teatro. Indicam um dos substratos musculares que ligam o ator ao espectador.

As ações atléticas ou acrobáticas entretêm o espectador com uma relação primária de natureza cinestésica, uma rede de

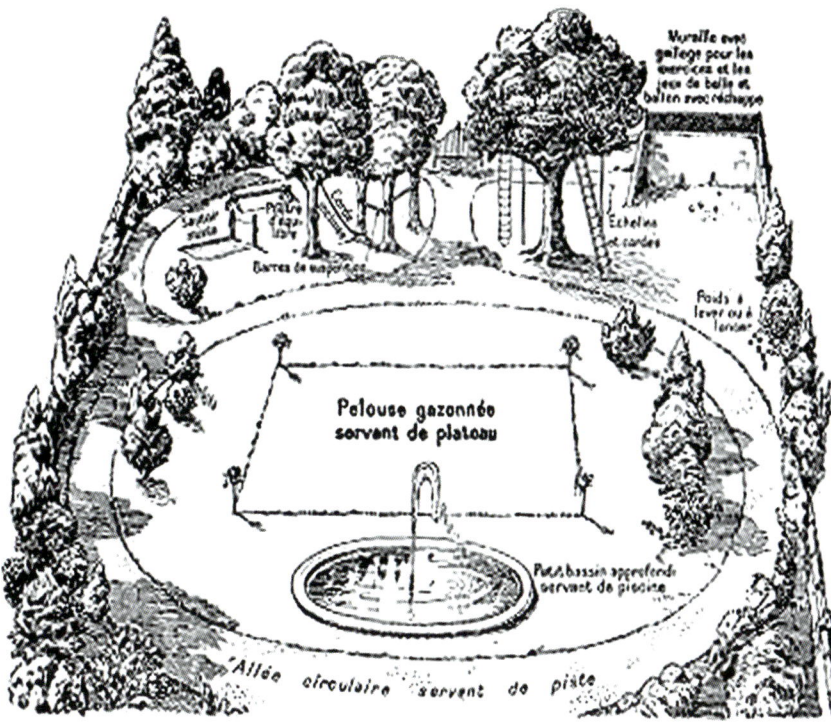

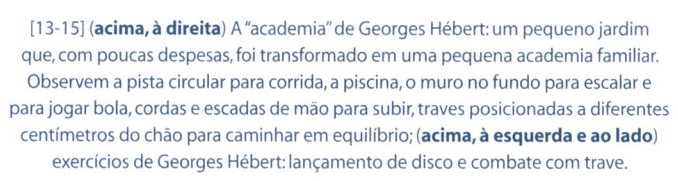

[13-15] (**acima, à direita**) A "academia" de Georges Hébert: um pequeno jardim que, com poucas despesas, foi transformado em uma pequena academia familiar. Observem a pista circular para corrida, a piscina, o muro no fundo para escalar e para jogar bola, cordas e escadas de mão para subir, traves posicionadas a diferentes centímetros do chão para caminhar em equilíbrio; (**acima, à esquerda e ao lado**) exercícios de Georges Hébert: lançamento de disco e combate com trave.

ações e reações que prescinde do significado. Os espetáculos circenses – baseados quase que exclusivamente em suas *atrações* – alcançaram, num estado elementar, uma força que frequentemente faltava nos espetáculos teatrais mais elaborados, apesar de sua força estética e literária. É por isso que o circo e os saltimbancos se tornaram um modelo para os reformadores do teatro do século XX e das vanguardas, começando pelos futuristas. Permitiam que eles imaginassem um teatro que fosse capaz de transmitir as tragédias mais profundas e a poesia mais refinada com a vitalidade, os choques e praticamente as descargas elétricas dos espetáculos que se baseiam na pura fisicidade dos acrobatas e dos atletas. Um teatro onde os diálogos e os encontros entre personagens tivessem a necessidade nua e viva de um encontro de boxe.

A *ação real*

Certos esportes e métodos de ginástica estão em relação direta com a prática teatral porque ajudam a desenvolver uma capacidade de reações imediatas que agem sobre o sentido cinestésico dos espectadores. Além disso, ensinam os atores a dominar os fundamentos físicos da profissão, nas dimensões individual (o uso da energia), dialógica (a relação com os companheiros) e pública (a relação com os espectadores).

Ainda que as ações do ator se passem dentro de um contexto caracterizado pela ficção, elas devem ser *reais* em sua essência, ações psicofísicas de verdade, e não uma gestualidade vazia. No nível primário de organização, o nível do *bios* cênico, as ações só se mostram eficazes se são um verdadeiro *trabalho* que transforma a energia física e mental em uma ação capaz de atingir o sistema nervoso dos espectadores e de guiar sua atenção. Nesse nível básico, os atores podem aproveitar os princípios de alguns tipos de ginástica que consistem em adaptar o esforço e a lógica da ação ao obstáculo e às dificuldades. Conscientes desse fato, os reformadores teatrais do século XX aplicaram os métodos de exercitação física da ginástica de Georges Hébert ou de Rudolf Bode (ver *Aprendizagem* e *Treinamento*).

O francês Georges Hébert (1875-1957) chamou sua exercitação física de "ginástica natural", liberando-a dos exercícios e dos aparelhos de ginástica e fixando suas raízes nas ações necessárias para superar obstáculos "naturais". Para Hébert, os estádios ou academias de ginástica ideais seriam um jardim de espaço reduzido – parecido com um palco teatral – que pudesse reproduzir a variedade de uma vasta paisagem natural onde fosse possível nadar, correr, saltar, escalar. Não era um palco construído para fingir, e sim para se confrontar com ações reais.

Hébert era um oficial da marinha. Durante suas viagens, havia observado como os homens das sociedades chamadas primitivas exercitavam o corpo e tinha feito uma comparação com a artificialidade dos exercícios de ginástica realizados nas academias das sociedades evoluídas. Ele constatou que a ginástica baseada em exercícios e aparelhos criados para colocar o físico "em forma" em ambientes artificiais responde a critérios abstratos e corre o risco de se tornar estetizante e um fim em si mesma. Ele era levado pelo desejo de superar os próprios limites e de encontrar a harmonia da ação econômica determinada pelas circunstâncias e pela natureza do obstáculo.

Por essas razões, a "ginástica natural" de Hébert foi escolhida por Jacques Copeau como a base para o trabalho do ator, que optou por ela e não pela eurítmica de Jacques-Dalcroze ou pela dança. Esse tipo de consideração também foi o ponto de partida para as investigações de Meyerhold sobre a biomecânica e de Decroux sobre o mimo corporal.

A ficção tem a tendência a se transformar em falsidade ou inautenticidade. Trata-se sempre, então, de contrastar essa tendência. Isso é o que carcome o teatro: o risco de que a *ficção* degenere simplesmente num ineficaz e inócuo *faz de conta*.

A fissão teatral de Meyerhold

Meyerhold foi quem identificou concretamente um modo de criar uma espécie de fissão da prática teatral, liberando suas energias potenciais tanto para quem faz teatro quanto para quem o vê. O primeiro passo tinha a característica de uma humilde invenção artesanal. Meyerhold explicou como e por que a "ação plástica" do ator podia não se harmonizar com as palavras do personagem. Ele indicou que as raízes dessa complementaridade – ou independência – entre o plano das palavras e o dos gestos estão na vida cotidiana. As palavras representam as intenções explícitas nas relações entre os indivíduos, sejam elas sinceras, convencionais ou mentirosas. Os gestos, as posturas, as distâncias, os olhares e os silêncios muitas vezes não acompanham as palavras, não se limitam a evidenciar as relações que elas enunciam, mas revelam *quais sejam na realidade tais relações*, tanto do ponto de vista emotivo quanto social. Ele mostrou como o ator podia modelar conscientemente esses dois níveis de comportamento, desenhando os próprios movimentos segundo uma lógica que tecia novas relações com as palavras, sem se limitar a ilustrá-las.

Era um procedimento técnico cujos efeitos levavam o espectador a não se deter na superfície e a olhar, ao mesmo tempo, as múltiplas dinâmicas presentes nas várias realidades do indivíduo e de suas relações com a sociedade. A defasagem entre os dois níveis da encenação – o do comportamento físico e o do texto – trazia profundidade à visão do espectador, tornando-o *perspicaz*.

A busca da *perspicácia* diz respeito tanto ao espectador quanto ao ator. O que não significa que tanto um quanto o outro vejam e compreendam da mesma maneira, assim como não significa que tanto o ator quanto o espectador vivam a mesma *experiência de uma experiência* assistindo a uma ficção teatral ou realizando-a. Um ator pode fazer sua própria exploração e buscar um sentido *no e com o* microcosmo do seu corpo-mente. No entanto, esse sentido continua sendo independente em relação ao sentido e à exploração feita pelo espectador quando assiste a um espetáculo. Um mesmo espetáculo pode se tornar uma verdadeira *expedição antropológica* tanto para o ator quanto para o espectador, mas não necessariamente essa expedição é *a mesma* para um e para outro.

A fissão realizada por Meyerhold no núcleo da prática teatral é a premissa para encarar a dramaturgia em termos de complexidade. A "dramaturgia", como "texto performativo" (cênico), é um organismo composto por diferentes níveis de organização: cada um deles deve viver por si só, interagindo com os outros, assim como as diversas linhas de uma composição musical.

Há o nível de organização narrativo, com suas tramas e peripécias – que foi imensamente explorado pelo teatro tradicional centrado no texto.

Outro nível de organização é o da dramaturgia orgânica, que compõe a dinâmica das ações e o fluxo dos impulsos voltados aos sentidos do espectador. Essa natureza de "teatro que dança" dá às ações uma coerência que não depende do significado, e sim da capacidade de convencer, de manter acordados e de estimular os sentidos do espectador como uma música que não se dirige ao ouvido, mas ao sistema nervoso do ator e do espectador.

Por fim, na falta de uma expressão mais adequada, existe aquela que eu chamo de *dramaturgia das mudanças de estado*. Eu poderia defini-la como o conjunto de nós ou de curtos-circuitos dramatúrgicos que alteram radicalmente o sentido da narração e fazem precipitar os sentidos dos espectadores em um vazio imprevisto, que condensa e desorienta suas expectativas. Meyerhold sempre destacou a importância desse terceiro nível de organização dramatúrgica, utilizando e comentando o conceito do *grotesco*. Seu aluno Eisenstein aplicou os princípios do grotesco na montagem fotográfica. Falou do *êxtase* em seu sentido literal, como *ex-stasis*, um pular para fora da dimensão ordinária da realidade.

A densidade que resulta da manipulação dos três níveis de organização dramatúrgica não quer só causar um impacto na percepção do espectador. Ela também é útil ao ator, ao seu trabalho sobre si mesmo. Nesse caso, a dramaturgia não é um espetáculo, mas uma partitura chamada de "exercício". Os exercícios de biomecânica idealizados por Meyerhold são organismos teatrais compostos para quem faz teatro, e não para quem o vê. São mais que um treinamento físico, são formas incorporadas de uma maneira de pensar.

A história salvou o pedaço de um filme que apresenta alguns exercícios de biomecânica que foram compostos por Meyerhold e executados por seus atores. Esse documento nos transmite, numa linguagem cifrada, o pensamento-em-ação de Meyerhold. É como se pudéssemos vê-lo vivo, cara a cara. Meyerhold afirmava que o ator deve saber "viver na precisão de um desenho". À distância de tempo, o documento nos permite constatar isso com nossos próprios olhos. Podemos ver claramente como os atores vivem os exercícios, não se limitando a executá-los. Tudo acontece como se o desenho fosse um código que ganha vida e floresce na organicidade de um determinado indivíduo.

A organicidade é do ator. Mas o desenho é de Meyerhold. É o rastro de um pensamento que vive de contraimpulsos e se apoia em contrastes; que dilata alguns detalhes e ao mesmo tempo os monta com outros detalhes que "normalmente" pertencem a fases sucessivas da ação; que inventa a peripécia como uma série de desvios em relação à linha de conduta previsível. A peripécia não se refere apenas ao desenvolvimento de uma história, ela se torna comportamento físico, desenho dinâmico, dança do equilíbrio e das tensões contrastantes. Cada exercício dura poucos segundos, mas é o suficiente para condensar a visão e a realização do teatro como descoberta e desnudamento da ossatura que se esconde sob as aparências do visível.

Os "exercícios" de biomecânica não são modelos para se exercitar, são metáforas sensoriais que mostram como o pensamento se move. Eles exercitam o pensamento. São ações que destilam a maneira de se manifestar daquilo que chamamos de "vida" nos diferentes níveis de organização, do nível da presença pré-expressiva e do *bios* cênico ao nível expressivo e dramatúrgico, social e político.

O "desenho" dos exercícios nos restitui Meyerhold mais do que qualquer fotografia ou retrato.

Eugenio Barba (*Avós e Órfãos*)

EXERCÍCIOS

[16-17] (**acima**) Cena da *Antígona* de Sófocles, dirigida por Meyerhold em 1914 para o seu Estúdio. Já durante esse período, Meyerhold se concentrou na fissão do movimento, tentando reconstruir na cena uma dinâmica que impactasse o sistema nervoso do espectador; (**ao lado**) esta cena da tragédia de Sófocles antecipa claramente a biomecânica.
[18-19] (**abaixo**) Gennadi Bogdanov interpreta o personagem Lucky de *Esperando Godot* de Beckett, seguindo os princípios da biomecânica (ISTA de Copenhague, Dinamarca, 1996).

A ARTE SECRETA DO ATOR

O exercício como modelo de dramaturgia orgânica e dinâmica

Um exercício pode ser considerado um modelo de dramaturgia orgânica ou dinâmica. A dramaturgia é uma sucessão de eventos ligados entre si. Sua técnica consiste em fornecer uma peripécia para cada ação da obra. Por peripécia, entendemos uma mudança de direção e, consequentemente, de tensão. A dramaturgia não diz respeito somente à literatura dramática, às palavras ou à trama narrativa.

Também existe uma dramaturgia orgânica ou dinâmica que orquestra a composição dos ritmos e dos dinamismos que envolvem o espectador em nível nervoso, sensorial e sensual.

Os sistemas de exercícios inventados e aplicados durante o século XX – desde Stanislávski e Meyerhold até Grotowski, o Living Theatre, o Open Theatre ou o Odin Teatret – constituem a base para incorporar os princípios da presença cênica. Esses princípios induzem o ator a pensar/agir com todo o seu corpo e são fundamentais para que ele elabore sua própria dramaturgia orgânica em um espetáculo.

A dramaturgia é um modo de pensar. Esse pensamento incorporado se manifesta através de uma técnica que organiza uma linha de ações – uma partitura –, fase após fase, criando, descobrindo e tecendo relações. É um processo que transforma um conjunto de fragmentos em um organismo unitário no qual os vários detalhes e elementos não podem mais ser percebidos como entidades separadas.

Executar um exercício significa infundir vida a uma forma e a uma estrutura que não tem nada a contar. O aluno aprende a forma exata de cada fase, as suas sucessões, as precisas mudanças de tensão e direção. Por meio da repetição, ele restaura uma unidade orgânica caracterizada por um ritmo e um fluxo que variam o tempo todo.

Forma, ritmo, fluxo

Forma, ritmo e fluxo são os nomes de três diversas perspectivas relacionadas à ação do ator. Não indicam princípios técnicos diferentes ou partes distintas da composição. Designam as três faces de uma mesma realidade. Podemos distingui-las provisoriamente e operacionalmente, tendo consciência de que essa distinção é uma ficção útil para a pesquisa.

Uma partitura física (seja ela fixada ou improvisada), uma série de exercícios ou uma dança podem ser tratadas como:
a. uma forma, um desenho no espaço e no tempo que resulta de uma montagem;
b. uma escansão e uma alternância de tempos, acentos, velocidades e cores diferentes da energia;
c. um dique que permite o fluxo orgânico das energias.

[20-25] (**Nas duas páginas**) "Três-Três", uma sequência de exercícios de Roberta Carreri e Julia Varley (demonstração feita na ISTA de Montemor O-Novo, Portugal, 1998). A sequência "três-três" é executada por dois ou mais atores, que percorrem suas várias fases sincronizando os *sats*, os impulsos e a forma de cada ação e postura. Essa sequência de exercícios está baseada na

EXERCÍCIOS

O resultado final faz com que seja impossível distinguir o fluxo, o ritmo e a forma da ação. Do mesmo modo, é impensável separar a ação física da ação mental, o corpo da voz, a palavra da intenção, o nível pré-expressivo do ator da sua eficácia expressiva, a dramaturgia de um ator da dramaturgia de outro ator ou do diretor.

Conhecimento tácito

Cada treinamento físico tem a tendência a inervar determinados esquemas de ação que permitem agir sem precisar refletir sobre *como* fazer. É como se o próprio corpo, a mão, o pé ou a espinha dorsal pensassem, sem que o programa da ação tenha que passar pela cabeça. É assim, por exemplo, que aprendemos a dirigir um carro, após um período de aprendizagem no qual cada movimento deve ser compreendido, assimilado e memorizado. No final, dirigimos sem termos que nos lembrar de todos os procedimentos. Também sabemos reagir apropriada e imediatamente quando surge um obstáculo imprevisto, por exemplo, enquanto escutamos uma música, falamos com um vizinho ou seguimos o fio dos nossos pensamentos.

A capacidade de reagir apropriada e imediatamente não significa executar de modo automático um esquema de ações já memorizado. Consiste em saber imaginar um esquema novo e imprevisto, executando-o antes mesmo de ter a consciência do seu desenho, segundo um comportamento que possui regras precisas e incorporadas.

Aprender o ofício do ator significa se apropriar de certas competências, habilidades, modos de pensar e de se comportar que se manifestam em cena – para usar as palavras de Stanislávski – como uma "segunda natureza". O comportamento cênico se torna, para o ator treinado, tão "espontâneo" quanto o comportamento cotidiano. É o resultado de uma espontaneidade reelaborada. O objetivo dessa *reelaboração da espontaneidade* é a capacidade de executar, com decisão, ações que resultem orgânicas (vivas) e eficazes (convincentes) para os sentidos do espectador.

A espontaneidade reelaborada não é a desenvoltura que *simula* o comportamento espontâneo. É o ponto de chegada de um processo que reconstrói, no âmbito extraordinário da arte, uma dinâmica equivalente àquela que rege o agir cotidiano: o equilíbrio entre "o que sabemos que sabemos" e "o que sabemos sem saber que sabemos". Ou então, para usar a terminologia de Michael Polanyi, o equilíbrio entre o "conhecimento focado" e o "conhecimento tácito".

imobilidade dinâmica, interrompida por "transições". Outra característica do "três-três" é a atitude centrípeta e implosiva das posturas. Esses exercícios, inventados pelos atores mais velhos do Odin, que têm mais de trinta anos de treinamento, não destacam uma exuberância vital que se propaga no espaço, e sim uma imobilidade que permanece em tensão e que irradia energia.

HISTORIOGRAFIA

Os textos a seguir comparam duas artes da memória: de um lado, temos a "memória incorporada", que é transmitida oralmente através de uma particular terminologia ou através de ritmos físicos e sonoros, junto com a biografia profissional de cada ator-dançarino no momento em que ele passa sua experiência a outra pessoa; do outro lado, temos a "memória escrita", ou historiografia, baseada na descrição de acontecimentos, relações, documentos, notas, histórias contadas e lembranças, ou seja, relíquias visuais e verificáveis quando se tenta reconstruir, penetrar e conectar os fragmentos do passado. A historiografia – não como uma sucessão de acontecimentos, mas como um modo de apresentar essa sucessão – é uma memória baseada numa escolha que, ao ser descrita, se transforma em interpretação. Sendo assim, a historiografia preserva um passado reconstruído através dos modos de ver e do grau de experiência da pessoa que faz a descrição. Essa reconstrução é uma contínua sucessão de reinterpretações: a historiografia não como memória do que não é mais visível, mas como um "modo de ver".

A língua enérgica
Ferdinando Taviani

A expressão "língua enérgica" é metafórica e tem sabor de ironia. É metafórica porque aplica ao nível pré-expressivo do ator um termo que deriva de algumas tradições esotéricas, tradições que acreditam na existência de uma língua primordial e *eficaz* (ou seja, de uma língua capaz de *transformar* e não só de *nominar*). E essa língua primordial é chamada de "língua enérgica" ou "língua dos pássaros". Muitas vezes, a expressão é usada com ironia porque parece que a eficácia do ator deriva de forças misteriosas, enquanto pode ser estudada com atitude científica e com um método experimental. Essa expressão também é irônica porque não é menos imprecisa do que aquelas tentativas de definição que aplicam conceitos "científicos" ao teatro e ao ator de forma inexata: elas só dão a ilusão da exatidão. Uma imprecisão consciente já é uma forma de precisão. Mas uma precisão ilusória, ao contrário, é o ápice da confusão.

Com o termo "língua enérgica" tocamos aquele saber do ator que é útil para ele se tornar *vivo* em cena, ou seja, para ele construir sua *presença* extracotidiana em uma situação de representação. Vestígios desse saber podem ser encontrados antes mesmo de Stanislávski, quando se tornou objeto de uma análise científica explícita.

A partir de Stanislávski, começam a ser analisados os *princípios gerais* que fundamentam as práticas do ator para a construção da sua *presença*. É por isso que podemos falar de uma "ciência". A antropologia teatral e o conceito da pré-expressividade, no qual ela está baseada, são o resultado dessa pesquisa. Mas antes mesmo que o trabalho sobre a pré-expressividade se tornasse objeto de uma análise científica, ele existiu como *prática*, ainda que não existisse uma *teoria*.

Essa prática era humilde: não só porque ainda não podia se inserir num campo teórico capaz de enobrecê-la como *técnica* ligada a uma *ciência*, mas também porque se referia aos aspectos menos nobres da arte do ator. Ou seja, não se referia nem à interpretação crítica do personagem nem àquela particular força expressiva e criativa que fazia do ator um artista, um criador, em vez de um simples executor. As práticas pré-expressivas do ator eram a "cozinha" da arte. Sendo assim, era normal que os atores nunca falassem sobre isso, ou que falassem pouco, quando explicavam o próprio trabalho aos outros. Para encontrar os vestígios desse conhecimento submerso, temos que nos transformar em arqueólogos e escavar os documentos e os papéis que os atores deixaram para trás.

Foi assim que a antropologia teatral deixou de ser apenas uma investigação experimental e se tornou um método para estudar o ator do passado. Das escavações, emergem os vestígios de certas práticas que podem se transformar em instrumentos úteis para o trabalho do ator. E assim fica estabelecido o ciclo do conhecimento: do trabalho empírico aos instrumentos teóricos. Esses instrumentos ajudam a esclarecer alguns aspectos relativos à história dos atores, aspectos pouco conhecidos até hoje e que, eventualmente, podem fornecer novos pontos de partida para a experimentação prática.

Os exemplos a seguir se referem a atores que, na falta de uma tradição bem codificada, inventaram sua própria técnica pré-expressiva: uma espécie de dança oculta (oculta para o espectador) que torna viva a sua presença cênica.

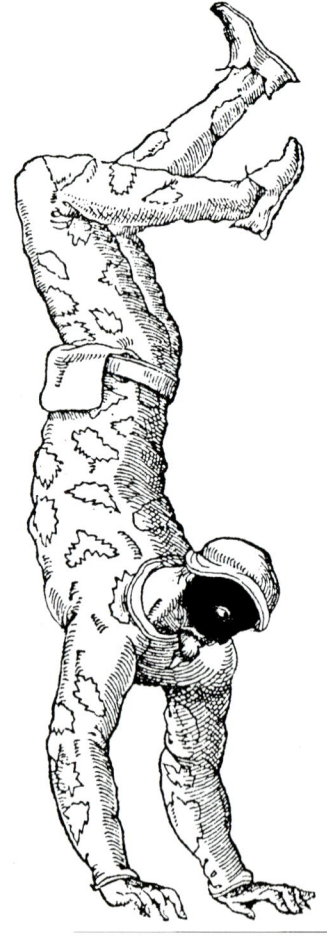

[1-2] A *língua enérgica* do velho Pantaleão e de Arlequim: detalhes de gravuras do *Recueil Fossard*, um álbum com raríssimas gravuras do século XVI, todas relacionadas às máscaras da Commedia dell'Arte, reunidas por um certo Monsier Fossard para Luís XIV. O *Recueil Fossard* ficou esquecido até o início do século XX, quando Agne Beijer descobriu-o no meio dos arquivos não catalogados do Museu de Estocolmo. Foi publicado pela primeira vez em 1928, em Paris, pela editora de Pierre Louis Duchartre, um dos primeiros historiadores das companhias de Commedia dell'Arte.

[3] A *língua enérgica* de Arlequim: detalhes de gravuras anônimas do *Recueil Fossard*.

Henry Irving ao microscópio

Irving nasceu em 1838 e morreu em 1905. Em 1930, Gordon Craig publicou um livro sobre ele chamado *Henry Irving* (Nova York/Toronto, Longmans/Greens and Co., 1930). Vou citar as páginas 66 e 67.

Craig considerava Irving seu próprio mestre, a pessoa que o introduziu na exatidão da arte teatral e que, antes de tudo, limpou o terreno da falsa contraposição entre naturalidade/artificialidade:

> Mas a gente sempre faz a mesma pergunta: "Ele era natural?". De fato, ele era natural, mas natural como um relâmpago, e não como um macaco (...).
> Irving era natural, mas também terrivelmente artificial (...). Era artificial assim como certas plantas podem parecer artificiais (...). Era artificial como uma orquídea, como um cacto, exótico e majestoso, ameaçador, e sua composição era tão curiosa que poderíamos chamá-la de arquitetônica, fascinante, como tudo o que é bem proporcionado.

Para compreender o segredo de Irving, é preciso penetrar sob a forma de suas interpretações e descobrir a estrutura oculta da *presença*. É preciso examiná-lo como se estivesse ao microscópio. Craig reprova a incompetência dos críticos nesse campo. Eles só olham para os resultados, desconhecem o processo. Particularmente, ele reprova William Archer, que, em 1883, publica *Henry Irving, Artist and Manager: A Critical Study*. Archer se perguntava, por exemplo, como alguém poderia definir a particularíssima maneira de caminhar que caracterizava Irving em cena. Ele falou sobre isso de modo vago, praticamente como se fosse uma bizarrice. Craig responde:

> Se tivesse me perguntado o que ele poderia dizer sobre a maneira de caminhar de Irving e como poderia descrevê-la, eu lhe responderia: meu caro Archer, se você realmente tiver que falar sobre isso, descreva-a como se fosse uma língua completamente à parte! E eu teria sido obrigado a acrescentar: se é que você entende o que eu quero dizer. (...) Não, o competente William Archer não deve ter compreendido o que eu quis dizer quando afirmei que a maneira de andar de Irving era uma língua em si. Ele não compreendeu nada sobre Irving e transmitiu essa incompreensão ao seu amigo, Sr. Bernard Shaw. Mas Archer sempre tentou falar a verdade.

Mas por que será que Irving caminhava daquele jeito tão estranho?

> Acho que todas as pessoas que o viram caminhando fora de cena, no meio da rua ou em alguma sala, devem ter percebido que ele caminhava perfeitamente (...). Ele caminhava de modo perfeitamente natural, mas apenas em sua vida particular. A partir do momento em que pisava no palco do seu teatro para ensaiar, algo se somava a sua caminhada – uma consciência (...). Proibido de assistir aos ensaios, Archer tinha autorização para entrar no teatro à noite, mas só se ficasse sentado do outro lado da ribalta. Ele torcia as mãos por desespero e gemia: "O que posso dizer sobre sua caminhada? Isso não é uma caminhada!".
> Meu caro Archer, você tem razão, ainda que uma única vez. Ele não caminha. Ele dança!

A dança oculta de Irving não lhe foi transmitida por uma tradição. Assim como fará Stanislávski em seguida, Irving também encontra no texto todas as indicações para construir sua própria *presença*. Mas, ao contrário de Stanislávski, ele não se faz perguntas sobre o personagem:

> Obrigado a trabalhar fora de qualquer estrutura de formação, Irving fez o mesmo que muitos atores ingleses: tomou Shakespeare como guia e como mestre (...).

[4] A *língua enérgica* de Tristano Martinelli (1556 ca-1630), um famoso Arlequim. Páginas e detalhes da *Composition de Rhétorique de M. don Arlequin*, um libreto de 70 páginas que o ator Tristano Martinelli fez imprimir em 1601 para Henrique IV. Foi conservado como único exemplar na Biblioteca Nacional de Paris. Um curioso detalhe que testemunha a natureza bizarra do autor é que, das 70 páginas do libreto, 59 estão em branco.

E Shakespeare ajudou-o, porque em Shakespeare existe um ritmo magnífico e estranho, e Irving conseguiu dominar esse ritmo (...). Irving conseguiu captar o ritmo shakespeariano mais difícil e adaptou a ação à palavra (...). E foi assim que Irving (como se fosse Michail Fokin) chegou a criar danças que se encaixavam perfeitamente no ritmo da prosa de Shakespeare.

A dança (oculta) de Irving, comparada ao "subtexto" de Stanislávski, revela-se como o resultado de uma técnica completamente diferente, mas que segue critérios fundamentalmente análogos. Ela responde à mesma pergunta profissional: como reconstruir a organicidade da presença cênica do ator? O que Irving encontra em Shakespeare é uma linha paralela aos "significados" do texto, uma linha que fornece uma partitura pré-expressiva que pode se desenvolver, inclusive, em outros contextos muito distantes de Shakespeare:

Quando encarou o melodrama, como *The Bells, The Lyons Mail* ou *Louis XI*, ele entendeu que devia usar mais a dança para montar esses dramas, e foi então que, utilizando todo o seu talento, fez o palco pegar fogo e dançou seu papel como um diabo. Quando o que ele fazia tinha a ver com Shakespeare, bastava tocar de leve os magníficos espelhos. Todos os seus movimentos eram medidos. Ele estava sempre contando – um, dois, três – pausa – um, dois, três – um passo, outro passo, uma pausa, o esboço de um giro, outro passo, ficar à espreita. (Podemos chamar isso de "uma batida", "um pé" ou "um passo", tudo isso é uma única coisa. Eu gosto mais de usar a palavra "passo"). Isso é o que constitui uma de suas danças. Mesmo quando ele estava sentado em uma cadeira ou atrás de uma mesa: levantava seu copo, bebia, depois abaixava as mãos e o copo – um, dois, três, quatro – suspensão – seu olhar esboçava um passo – cinco – uma sucessão de passinhos rápidos e velozes – duas sílabas lentas – outro passo – mais duas sílabas –, e assim ia desenvolvendo outra fase de sua dança. Durante toda a representação, qualquer tipo de representação, nenhum movimento era feito por acaso. Ele não deixava que nada ficasse vago. No início, como também no final, todos os seus gestos eram precisamente decididos, ligados entre si por um ritmo extremamente sutil: o ritmo de Shakespeare.

Quando Craig escreve seu livro sobre Irving, as pesquisas de Stanislávski e de Meyerhold já haviam determinado um novo modo de abordar a arte do ator. Então é provável que Craig projetasse essa nova maneira de olhar sobre o passado recente para descobrir a lógica secreta de seu antigo mestre.

O capítulo sobre a interpretação de Irving é um verdadeiro ensaio sobre a antropologia teatral *avant la lettre*. Observem, por exemplo, a importância que Craig passa a dar para a oposição: *técnica cotidiana do corpo / técnica extracotidiana*. E considerem, acima de tudo, o método usado para analisar a dança oculta de Irving. Ela está oculta não só porque não é exibida, mas, sobretudo, porque cada hora salta de uma parte diferente do corpo e da voz para outra. Não é uma composição gestual, mas um modelo de energia que pode se dilatar a se restringir no espaço, que em um determinado momento pode orientar a maneira de caminhar e, em outro, pode dirigir o impulso da mão ou o micromovimento dos olhos, ou até o modo de pronunciar uma palavra ao despedaçá-la.

Mármore vivo

A "língua enérgica" do ator, na verdade, é a dança da energia. Para que a energia possa dançar, o ator não deve se concentrar diretamente na energia, mas nos canais onde fazê-la passar. De modo semelhante, quando um arquiteto de chafarizes deseja que a água dance, com certeza ele não é assim tão louco a ponto de tentar intervir na natureza da água, mas constrói canais seguindo todas as regras da ciência hidráulica. Os canais não são a dança. Mas, quando a água passar através desses canais, ela vai começar a dançar.

As pesquisas científicas conduzidas por Stanislávski e Meyerhold, assim como as "práticas sem teoria" dos grandes atores europeus, respondem a um requisito fundamental: permitir que os atores trabalhem sobre duas linhas paralelas. A primeira é a linha da interpretação e se refere à construção do sentido. A segunda, mais profunda e menos evidente para o espectador, é a linha da "língua enérgica" e se refere à construção da *presença*. Para que funcione, essa linha deve ser detalhada, ou seja, deve ser composta através de uma montagem de microações físicas que devem ter um início e um fim muito precisos, pois o fim de uma microação é o início de outra. Essas microações podem ser os vários "passos" de uma dança oculta (como era para Irving), ou as diferentes sequências de imagens interiores que o ator projeta para si mesmo como se fosse um filme mental (como

[5-6] (**acima**) Três ilustrações do tratado *Lezioni di Declamazione e d'Arte Teatrale* (Florença, 1832) de Antonio Morrocchesi; (**abaixo**) detalhe da pintura *A Morte de Sócrates* (1771), de Jacques-Louis David (Museu do Louvre, Paris).

Stanislávski às vezes ensinava). Podem existir inúmeras técnicas, mas a exigência fundamental é basicamente a mesma: uma linha de ação que é relativamente independente do trabalho de interpretação e que pode ser decomposta em segmentos muito precisos.

Com esse objetivo, alguns atores usavam verdadeiros clichês figurativos. Podemos encontrar um ótimo exemplo dessa técnica em algumas páginas do livro do ator italiano Antonio Morrocchesi. Ele foi o maior ator trágico entre o final do século XVIII e o início do século XIX. Morreu em 1838, quando Irving estava nascendo. No final de sua carreira, fundou uma escola de interpretação e publicou um tratado sobre a arte de interpretar, (*Lezioni di Declamazione e d'Arte Teatrale* [Aulas de Declamação e de Arte Teatral]. Florença, Tip. All insegna di Dante, 1832).

Os espectadores de Morrocchesi achavam que ele era um ator impetuoso, passional. Às vezes parecia "possuído" pelo personagem. Mas em seu livro ele mostra exatamente o contrário: revela como a matéria de sua arte era clássica, premeditada em seus mínimos detalhes, como a obra de um escultor. Ele escolhe alguns fragmentos das obras mais famosas que interpretou. Para cada segmento de frase, às vezes para cada palavra, ele depois desenha uma figura, uma pose ou uma atitude estatuária que lembra os heróis pintados por Jacques-Louis David. Os desenhos reproduzidos por Morrocchesi, vistos em seu conjunto, *parecem* ilustrar seu modo de atuar. Na realidade, eles não são, de forma alguma, a representação das ações que o ator fazia em cena: são sua radiografia. Basta pensar na *velocidade*. Precisa-se de muito pouco tempo para dizer uma palavra, o fragmento de um verso ou o segmento de uma frase. Isso significa que as duas, três ou quatro poses feitas, uma após a outra, durante uma única fala do texto, só podem ser isoladas abstratamente. Elas só podem ser apresentadas de forma separada quando a ação do ator está sob um olhar analítico que a decompõe em todos os seus fragmentos, ou quando o ator a compõe com um detalhe após o outro. Mas quando a ação está sendo feita, as poses individuais desaparecem e o que o espectador vê é uma única ação, normalmente frenética.

Quem lê o livro e olha para as figuras acaba pensando que as diferentes *posições* também são *pausas* da ação. Não são. Assim é possível compreender por que, aos olhos de seus espectadores, Morrocchesi podia parecer impetuoso e espontâneo, enquanto, aos seus próprios olhos, em sua visão mental, ele estava executando uma composição (uma dança) baseada em atitudes neoclássicas.

Para os espectadores, os clichês só parecem clichês, ou melhor, atitudes convencionais, quando são reconhecíveis e podem ser distinguidos um do outro. Paradoxalmente, o ator parece artificial (no sentido negativo da palavra) quando está usando poucos clichês. Se usa muitos clichês, ele se torna "natural". Esses vários clichês são como um canal através do qual jorra a energia, a vida.

Mesmo nesse caso (um exemplo entre muitos), o ator deduz sua dança oculta partindo do texto, e faz isso através de uma técnica pessoal. Ele estabelece uma linha de ação que não leva em consideração o significado da interpretação, mas apenas a eficácia da *presença*. De fato, é verdade que o ator usa as palavras para encontrar suas várias posições, seus diferentes clichês, mas também é verdade que, depois, eles não servem para representar as palavras e acabam sendo queimados pela velocidade da ação.

Diante de atores que trabalham com esse tipo de técnica pessoal, alguns espectadores – como os poetas Musset e Lamartine – afirmam ter vivido a estranha experiência de um "mármore vivo", de uma estátua contraditoriamente atravessada pelo calor e pelo fluxo da vida. O ator, segundo as palavras de Craig, "era natural, mas também terrivelmente artificial".

Sob o figurino de Arlequim

Uma história fascinante que ainda deve ser escrita é a do silencioso terremoto que aconteceu no teatro europeu quando a arte da representação se separou da arte da dança (e do canto). A separação não se deu apenas na teoria, mas também na prática. Até o final do século XVII, as danças codificadas orientam o comportamento do ator: o ator as oculta, o dançarino as exibe. Mas o mesmo "saber físico" está na base do trabalho de ambos.

O mestre de bailes ainda continuará ao lado do ator nos séculos seguintes, sobretudo como seu professor. Mas a partir do século XVIII, seus ensinamentos só servirão para dar graça e decoro aos movimentos. Serão mais orientados à superfície da ação do que à sua íntima estrutura.

No entanto, se olharmos para trás no tempo, pensando na época em que se formaram as primeiras grandes companhias italianas profissionais, aquelas que construíram o que hoje chamamos de Commedia dell'Arte, descobrimos uma interpenetração bem diferente entre dança e atuação.

Vamos observar as imagens dos atores italianos que fazem parte do *Recueil Fossard*, uma coleção de gravuras que hoje estão conservadas em Estocolmo e que foram publicadas pela primeira vez por Agne Beijer, em 1928 (a edição mais recente é de 1982, Paris, Librairie Théâtrale). Elas mostram atores atuando na corte da França entre 1575 e 1589. O que mais impressiona nessas figuras de atores italianos retratados durante uma ação cênica é que pouco se ressalta de sua ridícula aparência. Para se dar conta disso, basta comparar esses desenhos com as ilustrações de Callot em *I Balli di Sfessania*. Os atores retratados nas gravuras do *Recueil Fossard* são caracterizados por gestos que dilatam as tensões orgânicas e mostram as forças que, de forma enérgica, regulam um corpo em movimento. A dilatação do gesto não serve simplesmente para construir uma caricatura: ela dá energia à presença cênica do ator.

Tudo isso fica particularmente evidente no personagem Pantaleão: é um velho, mas o ator compõe sua figura com gestos amplos e vigorosos. Ele não imita, por exemplo, a maneira de caminhar de um velho encurvado, mas a reconstrói por meio de um contraste que transmite a ideia de um velho sem reproduzir sua fraqueza. A coluna é curva, mas tão curva que se torna potente, exatamente como uma mola comprimida. Cada passo é mais amplo que o normal, de modo que o equilíbrio naturalmente precário do velho seja reconstruído por meio de um *déséquilibre* que implica um *excesso*, e não uma *falta* de energia.

Se cobrirmos o rosto de um desses Pantaleões do *Recueil Fossard*, descobrimos que, quando a máscara e a longa barba não fazem mais parte de sua imagem, não sobra mais nada que o "*chenu vieillard*" (o velho ancião) que o ator interpreta. E assim, tanto a presença física do ator quanto seu vigor muscular ficam claramente visíveis.

Podemos fazer a mesma experiência com Arlequim: se, usando a imaginação, nós o despimos do seu figurino cheio de retalhos e conservamos apenas sua silhueta, não saberemos mais distingui-lo de um personagem trágico. Vemos apenas suas poses, muito parecidas com as das esculturas clássicas (heróis moribundos, homens implorando perdão, guerreiros).

Mesmo na imobilidade e nas ações menos movimentadas, as posturas básicas do ator que representa Pantaleão ou Arlequim mantêm o investimento de energia que os acrobatas usam para suas provas de força e habilidade. O nível pré-expressivo desses atores parece derivar das danças carnavalescas, das danças de espadas, da luta e da acrobacia. Neles encontramos a mesma qualidade de energia, embora retida, transformada em dança oculta.

O fascínio que a Commedia dell'Arte despertou inicialmente em espectadores de toda a Europa se deve, provavelmente, ao modo como os atores italiano foram capazes de criar uma tensão entre o nível expressivo e o nível pré-expressivo de sua própria atuação: uma expressão cênica engraçada, farsesca, construída para fazer rir. No entanto, essa técnica se desenvolvia a partir de uma base enérgica, vigorosa, "acrobática", considerando a palavra "acrobacia" em seu sentido original, ou seja, mover-se pelas extremidades, caminhar na ponta dos pés, mas também levando qualquer tipo de tensão ao seu limite, buscando um equilíbrio instável.

No início da história do ator moderno, naquela Commedia dell'Arte que passa a inspirar tão profundamente os reformadores teatrais do século XX, encontramos, com particular evidência, a capacidade de separar dois diferentes níveis de organização, para depois os reunir em um *contraste vivo*.

[7-8] (**acima**) Arlequim e Pantaleão: detalhes de gravuras do *Recueil Fossard*; (**abaixo**) trocar as cabeças de um com o outro e despir Arlequim de sua roupa de retalhos nos leva a prestar atenção na vigorosa forma física de Pantaleão e na atitude trágica de Arlequim: vemos que tudo depende da atitude do corpo, e não do rosto de cada um. As posturas de base dos atores que personificam o velho Pantaleão e Arlequim são determinadas pela postura pré-expressiva do corpo, que contrasta fortemente com seus papéis.

O "sistema" de Stanislávski
Franco Ruffini

Com a palavra, Stanislávski

Após concluir um curso de dois anos centrado no *trabalho do ator sobre si mesmo*, Torzov (o porta-voz de Stanislávski na ficção literária) disse a seus alunos:

> Tudo o que vocês aprenderam nesses dois anos agora pesa sobre suas mentes de modo confuso. Não será fácil reorganizar e fixar todos os elementos analisados e extraídos, um por um, através da nossa sensibilidade. Ao mesmo tempo, esse estado é basicamente *a mais simples e normal condição humana* (...). É desconcertante perceber que uma coisa tão banal, que costuma surgir espontaneamente, desaparece de repente sem deixar rastro na hora em que o ator pisa em cena; e para reencontrar isso é necessário tanto trabalho, tanto estudo e tanto técnica (...). A sensibilidade cênica geral, sendo o resultado de cada elemento que a compõe, é *a mais simples e natural condição humana*. No palco, no inerte reino da cenografia, entre as coxias, as cores, o papelão e os acessórios de cena, a sensibilidade cênica geral é a voz da vida humana, da realidade.[1]

Há muitos preconceitos sobre o "sistema" de Stanislávski: dizem que ele se refere apenas à identificação com o personagem, que só é útil para atores naturalistas ou realistas, que seria a consequência de uma poética precisa, e por aí vai. Mas, como já vimos, Stanislávski não pensa assim. Ele diz que o "sistema" serve para construir a "sensibilidade cênica geral", ou seja, para recriar em cena "a mais simples e normal condição humana".

"A mais simples condição humana": o corpo-mente orgânico

Uma reflexão sem preconceitos sobre o "sistema" de Stanislávski é necessária para mudar a perspectiva comum. O ponto de partida não pode ser a poética ou o gosto do grande diretor russo, como normalmente acontece. Deve ser a definição daquilo que Stanislávski chama de "a mais simples e normal condição humana". Esse é o verdadeiro objetivo do "sistema", que não tem nada a ver com as escolhas estéticas operacionais do diretor.

Mais tarde, em *A Criação de um Papel*, Stanislávski dirá:

> Cada diretor possui seu próprio método e seu próprio plano de desenvolvimento para trabalhar sobre um papel: não existem regras fixas. No entanto, as etapas iniciais e os procedimentos psicofisiológicos que têm origem em nossa própria natureza devem ser respeitados com exatidão.[2]

A condição humana sobre a qual Stanislávski fala, baseada em "procedimentos psicofisiológicos que têm origem em nossa própria natureza", pode ser definida como *corpo-mente orgânico*.

Aceitando a "ficção da dualidade", podemos dizer que um corpo-mente é orgânico quando o *corpo* responde às exigências propostas pela *mente* sem ser "redundante", "negligente" e "incoerente", ou seja, quando:
- o corpo responde *apenas* às exigências propostas pela mente;
- o corpo responde a *todas* as exigências propostas pela mente;
- reagindo a todas as exigências propostas pela mente, e somente a estas exigências, o corpo *se adapta a elas*, busca satisfazê-las;

A organicidade do corpo-mente se revela em um corpo que não age em vão, que não foge da ação necessária, que não reage de modo autocontraditório e contraprodutivo.

Stanislávski tem razão. O corpo-mente orgânico é mesmo "a mais simples e normal condição humana". E é realmente desconcertante que ela "desapareça de repente sem deixar rastro na hora em que o ator pisa em cena".

Desconcertante, mas a gente sabe que é verdade. Basta o corpo entrar em cena que ele tende a se tornar redundante, negligente e incoerente: ele age em vão, se recusa a agir e se contradiz. Perde a organicidade que tinha antes de entrar em cena e que voltará a ter logo que tiver saído do palco. Para recriar a organicidade, a "voz da vida humana, da realidade", é preciso "trabalho, estudo e técnica". O "sistema" é isso.

A mente faz exigências: a pereživanie[3]

Visto que o corpo deve reagir e se adaptar a todas as exigências propostas pela mente, e somente a elas, em primeiro lugar é preciso treinar a mente do ator a *construir exigências*. E "mente", para Stanislávski, significa intelecto, vontade e sentimento numa inter-relação recíproca.

Na vida cotidiana, isso não é necessário. As exigências que a mente propõe ao corpo são reais. Em cena, é preciso tornar reais as exigências que não são reais. Essa é a tarefa da *pereživanie*: treinar a mente do ator a construir exigências, ou seja, estímulos que obrigam o corpo a reagir de forma adequada.

A partir daí é que surge a necessidade e, ao mesmo tempo, a dificuldade da *pereživanie* no "sistema" de Stanislávski. A mente do ator não deve se limitar a criar um "contexto" lógico, motivador e emocionante da reação. É preciso que esse contexto funcione *como se* fosse uma exigência real. O ator deve acreditar no contexto que ele criou. Se, e só se, o ator acredita, acreditará também o espectador, assim como ele acredita nas pessoas que agem fora de cena.

A *pereživanie* só termina quando o contexto de justificações racionais, volitivas e emocionais torna-se uma exigência real. A essa altura, a reação, não tendo ainda se desenvolvido como movimento, já está ativa. Para Stanislávski, a *pereživanie* já é "impulso para a ação", ou, poderíamos dizer, "ação em impulso", ainda que não esteja em ato.

O corpo responde adequadamente: a personificação

São as técnicas da *personificação* que permitem a transição da "ação em impulso" para a "ação em ato".

---

[1] Esta citação provém do livro de Stanislávski *Il lavoro dell'attore su se stesso*, Bari, Editori Laterza, 1975, p. 607-08. Em inglês, *An Actor Preprares* e *Building a Character*, London, Eyre Methuen, 1980. As edições em inglês são incompletas, são versões revisadas da edição russa original. Por essa razão, estas citações foram retiradas da edição italiana. [O conteúdo presente na citação de Ruffini encontra-se nas edições brasileiras de *A Preparação do Ator* e de *A Construção da Personagem*. (N.T.)]

[2] Esta citação provém do livro de Stanislávski *Il lavoro dell'attore sul personaggio*. Bari, Editori Laterza, 1988, p. 106. Em inglês, *Creating a Rôle*. Londres, Eyre Methuen, 1981, que é a edição em inglês do terceiro volume das obras de Stanislávski. As edições em inglês são incompletas, são versões revisadas da edição russa original. Por essa razão, estas citações foram retiradas da edição italiana. [O conteúdo presente na citação de Ruffini encontra-se na edição brasileira de *A Criação de um Papel*. (N.T.)]

[3] O termo russo *pereživanie* é traduzido em italiano como *riviviscenza*. Algumas vezes, é traduzido para o inglês como "retorno à vida", outras vezes é parafraseado de modo mais ou menos apropriado. Para evitar confusão, aqui foi usado o termo russo (ver *Dilatação*).

[9] Stanislávski no papel de Astrov em *Tio Vânia*, de Tchékhov, no Teatro de Arte de Moscou (1899): observem a posição de equilíbrio extracotidiano, acentuada pelo desnível dos ombros e pela inclinação da cabeça, que lembram um *tribhangi* indiano (ver *Oposições*).

Aqui há uma particular incongruência. Quanto mais a *perežívanie* é necessária no "sistema" de Stanislávski, mais a *personificação* parece gratuita. De fato, se a mente é capaz de criar uma exigência real, o corpo não pode deixar de responder, ou reagir, de modo adequado. Então, para que treiná-lo?

No entanto, é preciso lembrar que a *perežívanie não é* uma exigência real, ela só funciona *como se fosse* uma exigência real. Esse é o ponto. Para funcionar como exigência real, a *perežívanie* não pode ser simples, linear: *deve* ser complexa, dinâmica e cheia de contrastes. Ou seja, deve seguir o modelo daquelas situações que, na vida cotidiana, são excepcionais, ou melhor, são *situações extremas.*

Há uma passagem famosa de um texto de Stanislávski no qual ele estimula o ator a buscar sempre o bem dentro do mal, a estupidez na sabedoria e a tristeza na alegria. Vale a pena citar aqui a sua conclusão: "Esse é exatamente um dos métodos para *engrandecer a paixão humana*".[4]

Isso é válido para o personagem como um todo, e também para cada elemento da *perežívanie*. Mas não se trata de uma "escolha expressiva". Muito pelo contrário: em cena, para que a paixão funcione como mola da ação, ela *deve ser* "engrandecida", amplificada, vitalizada pela complexidade.

E assim podemos compreender a necessidade e a importância das técnicas de personificação no "sistema" de Stanislávski. Se, para funcionar como se fosse real, a exigência criada pela mente deve ser vitalizada pela complexidade, a reação adequada do corpo também deverá ser "amplificada".

O corpo do ator deve ser treinado para responder a cada mínimo impulso da mente, assim como um Stradivarius responde ao mais leve dos toques da mão do artista. De fato, Stanislávski não parava de fazer essa analogia entre o corpo do ator e um precioso instrumento musical.

É claro que, na vida cotidiana, também existem exigências "complexas" às quais o corpo responde automaticamente e de modo adequado. Mas trata-se de situações extremas, excepcionais. Na vida em cena, porém, acontece exatamente o contrário: *cada* situação é extrema, já que, se não fosse assim, não seria (não poderia funcionar como) uma situação real. O que é a norma do corpo-mente em cena, é a exceção do corpo-mente na vida cotidiana.

A organicidade em cena é uma amplificação da organicidade cotidiana. Por isso, ela deve ser recriada através do "sistema". A sensibilidade cênica interior, construída através das técnicas da *perežívanie*, e a sensibilidade cênica exterior, construída através das técnicas da personificação, devem se juntar e se integrar na sensibilidade cênica geral, que é a "segunda natureza, normal e orgânica" do ator.[5]

Corpo-mente orgânico, personagem, papel

O corpo-mente orgânico é a segunda natureza do ator. Se este é o objetivo declarado (e analiticamente perseguido, passo a passo) pelo "sistema" de Stanislávski, é preciso se perguntar qual é a função do corpo-mente orgânico dentro da estratégia global do ator.

De fato, existe uma estratégia global do ator que vai além do "sistema": é a interpretação do papel (ou seja, a interpretação das palavras e das ações que o texto escrito recomenda para o personagem).

---

[4] Em *Creating a Rôle*, p. 62. [Em *A Criação de um Papel*. (N.T.)]

[5] Em *An Actor Prepares*, p. 607. [Em *A Preparação do Ator*. (N.T.)]

Qual é a função do corpo-mente orgânico na interpretação do papel? Já que isso diz respeito a Stanislávski, podemos responder nos seguintes termos:
1. o corpo-mente orgânico é a *condição de sentido* do personagem.
2. o personagem é a *condição de sentido* do papel.

Então temos que partir do personagem.

Existem três etapas no processo stanislavskiano da interpretação de um papel:
1. construção do corpo-mente orgânico;
2. construção do personagem, começando pelo papel (escrito);
3. construção do papel (atuado[6]), começando pelo personagem.

Essas três etapas são *teórica e metodologicamente diferentes*, mas na prática estão entrelaçadas entre si.

O que é o personagem para Stanislávski? O personagem é o corpo-mente orgânico do ator nas "circunstâncias dadas" pelo papel (escrito).

O que é o papel (atuado)? É o personagem orientado para o "superobjetivo", canalizado, poderíamos dizer, na "linha de ação contínua".

O personagem também deve existir no passado e no futuro do papel, ou seja, mesmo quando o papel não está presente no tempo. O personagem também deve existir em ações que não estão previstas pelo papel, ou seja, mesmo quando o papel não está presente no espaço. As recomendações de Stanislávski, nesse sentido, são contínuas e inequívocas.

O personagem é uma *pessoa*, independentemente das ações executadas pelo papel. Ainda que ele se adapte às "circunstâncias dadas" por *um papel*, o personagem poderia atuar *outros papéis*. Na história do teatro, há inúmeros exemplos de um mesmo ator-personagem atuando diferentes papéis. E a experiência que compartilhamos como espectadores só confirma que, por trás de um mesmo papel (escrito), podem existir diferentes personagens. Existem milhares de Hamlets, um para cada ator: esse é um lugar comum que esconde uma profunda verdade.

O que é o personagem em relação ao papel? O personagem não se identifica com o papel, não o inclui nem é incluído por ele. Apenas constitui sua "condição de sentido".[7]

Se o ator perde (ou não encontrou) o personagem – estas são considerações de Stanislávski –, o papel perde o sentido. Se o ator construiu *um* personagem, o papel adquire *um* sentido. Se o personagem construído pelo ator fosse *outro*, o papel teria *outro* sentido, mas, ainda assim, teria um sentido.

---

[6] Em português, não é comum ouvir ou ler a expressão *"atuar* um papel" ou "papel *atuado*". Normalmente, usa-se "representar ou interpretar um papel". Esta expressão, que aqui surge quase como um neologismo, pretende se manter fiel: 1) ao texto escrito por Ruffini em italiano, no qual se lê *"la parte (agita)", "agire altre parti", "uno stesso attore-personaggio agisce parti diverse"* – *agire* como "agir", "atuar", palavras que envolvem "ação" (na tradução do livro em inglês, encontramos "*the* (acted) *rôle*". O papel "atuado", executado em cena pelo ator, funciona aqui em contraposição ao papel "escrito" e descrito no texto da peça; 2) à terminologia usada pelo próprio Stanislávski, que escreveu: "A própria palavra drama, em grego, significa 'ação que se faz'; em latim, corresponde a '*actio*'; e da raiz '*act*' vieram nossas palavras 'atividade', 'ator', 'ato'. Sendo assim, o drama, em cena, é uma ação que é feita sob os nossos olhos, e o ator que está em cena se torna 'uma pessoa que age'". Citação proveniente de *Il lavoro dell'attore su sé stesso*, Bari, Laterza, 2010, p. 42. (N.T.)

[7] *Condição de sentido* são todos os elementos físicos e psíquicos que, em seu conjunto e em suas inter-relações, dá ao ator a possibilidade de tornar o personagem (e depois o papel) coerente e cheio de sentido.

[10-11] O teatrinho da Liubimovka, a casa de verão da família Stanislávski, onde o diretor, nos anos de sua juventude, fazia teatro com familiares e amigos: "Era verão, e nós atores vivíamos todos juntos na Ljubimovka. Então podíamos ensaiar o tempo todo e, eventualmente, nos apresentávamos quando tínhamos oportunidade. Aproveitávamos esta possibilidade ao máximo. Durante a manhã, nos levantávamos, íamos nadar e ensaiávamos um *vaudeville*. Depois tomávamos café da manhã e ensaiávamos outro *vaudeville*. Íamos dar um passeio e ensaiávamos novamente o primeiro *vaudeville*. À tarde, se alguém viesse nos visitar, perguntávamos imediatamente: Querem nos ver em cena? Claro – respondia a pessoa que tinha acabado de chegar. Acendiam as lâmpadas de querosene – as cenografias nunca saíam dali –, baixavam as cortinas; uma pessoa vestia uma blusa, outra vestia um avental, uma toca, um quepe... e o espetáculo ia começar, para um único espectador".
(K. Stanislávski, *Minha Vida na Arte*)

Mas como o papel não pode ter sentido sem o personagem, da mesma forma o personagem não pode ter sentido sem a organicidade do corpo-mente do ator. Se o corpo-mente do ator não é orgânico, as ações do personagem, mesmo se adaptando às "circunstâncias dadas" pelo papel, não podem ser respostas ou reações adequadas às exigências. Podem ser apenas execuções mecânicas de ordens que vêm de fora.

Se a organicidade do corpo-mente se desintegra, o personagem também se desintegra: ele deixa de ser uma pessoa, então não pode mais dar sentido ao papel.

Para Stanislávski, o corpo-mente orgânico é o fundamento do sentido do papel; ele constitui sua *condição primeira* sobre a qual é possível construir aquela *última condição*: o personagem.

Condições de sentido e nível pré-expressivo

"Construção do corpo-mente orgânico" e "construção do personagem a partir do papel (escrito)": essas duas etapas do trabalho global do ator para a interpretação do papel vêm *antes* da "manifestação do sentido". Elas estabelecem as condições básicas para que o sentido possa se manifestar na construção do papel (atuado), começando pelo personagem.

Vamos repetir: *na prática*, é difícil (ou mesmo impossível) isolar as primeiras duas etapas da última; assim como é igualmente difícil isolar a primeira etapa da segunda.

Isso não significa que no trabalho global do ator de Stanislávski não exista, teórica e metodologicamente, um nível que seja anterior à manifestação do sentido, que seja *anterior à expressão* e que seja uma condição para a expressão.

[12-15] Stanislávski com seus atores "amadores" em algumas cenas de *Mikado*, opereta de W. S. Gilbert e A. Sullivan (1887). As posições não recordam a imagem estereotipada do realismo, normalmente associada a Stanislávski. A composição de cada posição, assim como dos detalhes – reparem nos equilíbrios e nas oposições –, é o resultado daquela busca de vida no palco, uma vida que deve fluir, ser nova e fresca a cada noite, tanto para o ator quanto para o espectador. Essas imagens também estão bem longe do que seria a imitação das posições usadas pelos atores japoneses: Stanislávski ainda não tinha visto atores japoneses quando essas fotos foram tiradas. Portanto, o que pode ser considerado um *japonismo* nada mais é do que um conjunto de elementos convencionais (*uslovny*) – os mesmos que Meyerhold, mais tarde, usará como base para a sua pesquisa.

Esse nível é o nível pré-expressivo do qual fala a antropologia teatral. Reciprocamente: o nível pré-expressivo, em geral, pode ser definido como o nível no qual se constroem as condições do sentido.

No "sistema" de Stanislávski, o trabalho do ator é um trabalho no nível pré-expressivo e é completamente independente da poética e/ou das escolhas estéticas do diretor.

Stanislávski afirma isso categoricamente. Stanislávski, o realista, o naturalista, o monumento de uma poética, falando sobre o "sistema", diz: "Não se trata de 'realismo' ou de 'naturalismo', e sim de um processo indispensável para nossa natureza criadora".[8] É verdade que "não existem regras fixas" para a manifestação do sentido, *mas devem existir as condições para a manifestação do sentido*, naturalmente.

Poderíamos dizer o mesmo para a construção das condições de sentido, para o trabalho no nível pré-expressivo: não existem regras fixas, sistemas fixos. O "sistema" de Stanislávski é *um* sistema, e não *o* sistema.

Podemos não aceitar seu sistema, assim como podemos não aceitar sua poética, desde que o corpo-mente do ator encontre, de alguma forma, a sua organicidade.

No último período de sua vida, Stanislávski se isolou do teatro, junto um grupo de atores conhecidos, para fazer uma experiência que, aparentemente, não tinha sentido algum. Eles foram trabalhar sobre o *Tartufo* de Molière, mas não para encená-lo. O objetivo deles era outro: foram explorar as "leis naturais" do teatro, aprofundando-as o máximo possível.

Toporkov, um dos "alunos", nos deixou um inesquecível diário que fala daqueles dias de trabalho e investigação.

Desde o início, Stanislávski deixou claro que a experiência servia para que o ator que estivesse trabalhando sobre *um* papel aprendesse a trabalhar, ao mesmo tempo, sobre *todos* os papéis possíveis: "A arte começa quando ainda não existe um papel, quando só existe o 'eu' nas 'circunstâncias dadas' pela peça".[9]

Antes do papel, existe o personagem. Mas e antes dele? Qual é a condição básica para a "verdade" em cena?

Stanislávski, que nunca usou o termo "corpo-mente orgânico", recorreu a essa analogia para responder:

> Independentemente do grau de refinamento que um artista der à sua pintura, se a pose da modelo não respeitar as leis da física, se a verdade não estiver na pose, se, digamos, a representação que ele fizer de uma figura sentada não corresponder de fato a uma figura sentada, nada tornará sua pintura crível. É por isso que o pintor, antes mesmo de pensar em dar à sua pintura os estados psicológicos mais sutis, deve nos fazer acreditar que sua modelo esteja realmente sentada, em pé ou deitada.[10]

Esse era o objetivo do "sistema" em suas infinitas variações: fazer com que o ator, *antes* de representar e para *dar sentido* à sua representação, estivesse realmente, verdadeiramente – sentado ou de pé –, organicamente presente em cena.

---

[8] Em *An Actor Prepares*, p. 471. [Em *A Preparação do Ator*. (N.T.)]

[9] Em italiano: Vasilij O. Toporkov, *Stanislavskij alle Prove: Gli Ultimi Anni*. Milão, Ubulibri, 1991 (última edição: 2003). Em inglês: V. Toporkov, *Stanislavsky in Rehearsal: The Final Years*. Nova York, Theatre Arts Books, 1979 (última edição: Londres, Methuen Drama, 2009). [Até a presente data, o livro não foi publicado no Brasil. (N.T.)]

[10] Em *An Actor Prepares*, p. 471. [Em *A Preparação do Ator*. (N.T.)]

Meyerhold: o grotesco, ou seja, a biomecânica
Eugenio Barba

Uma plástica que não corresponde às palavras

Vsevolod E. Meyerhold começa a trabalhar com Nemiróvitch-Dantchênko no final do século XIX. É um dos alunos escolhidos para criar o Teatro de Arte de Moscou junto com Stanislávski. Ele fica trabalhando lá até 1902. Em seguida, cria sua própria companhia teatral, vai para o interior e só volta em 1905, convidado pelo próprio Stanislávski, para dirigir um "Estúdio Teatral".

É nesse estúdio que Meyerhold começa a pôr em prática e a tornar mais precisas as suas ideias sobre o "novo teatro", que ele chama de *uslovny*, "estilizado" ou "de convenção". O "velho teatro" (como o teatro naturalista de Stanislávski) formou atores que representam utilizando a arte da metamorfose e da encarnação, mas sem utilizar os meios plásticos (*plastika*).

> No velho teatro, a plástica também era um meio de expressão necessário. Salvini, tanto em *Otelo* como em *Hamlet*, sempre nos impressionou com sua plástica. O fator plástico, efetivamente, já existia, mas não é desse tipo de plástica que estou falando. Aquele tipo de plástica estava intimamente vinculado às palavras, enquanto eu falo da *plástica que não corresponde às palavras*.
> O que significa *plástica que não corresponde às palavras*?
> Duas pessoas falam do tempo, da arte, da casa. Uma terceira pessoa as observa de fora. Desde que seja sensível e perspicaz, ela pode estabelecer, com precisão e independentemente do conteúdo da conversa, que tipo de relação as duas têm entre si: se são amigos, inimigos, amantes. Ela pode fazer isso porque os dois interlocutores gesticulam, ficam em determinadas posições, abaixam o olhar de um jeito particular. Isso é possível porque se movem de uma maneira que não tem nada a ver com as palavras, uma maneira que revela a relação entre elas. (1907)[11]

Para Meyerhold, a plástica – palavra-chave para ele – é o dinamismo que caracteriza a imobilidade ou o movimento. Para que um espectador se torne perspicaz, é necessário ter um desenho de movimentos cênicos.

> Os gestos, as atitudes, os olhares e os silêncios determinam a verdade das relações humanas. As palavras não dizem tudo. Então é necessário ter um desenho de movimentos cênicos para tornar o espectador um observador perspicaz. (...) As palavras valem para o ouvido, a plástica para os olhos. A fantasia do espectador trabalha sob o impulso de duas impressões: visual e auditiva. A diferença entre o velho e o novo teatro consiste no fato de que, neste último, a plástica e a palavra seguem cada uma o seu próprio ritmo, às vezes sem coincidir. (1907)

Isso significa que o ator não permite que o próprio corpo siga o ritmo das palavras. O que Meyerhold afirma em 1907 é que é preciso romper com a sincronia entre ritmo vocal e ritmo físico.

[16] Meyerhold como ator em *Acrobatas*, de F. Shentan, enquanto ele dirigia a New Drama Association, em Kherson, de 1902 a 1905.

Até Meyerhold fazer essa distinção, o ator era considerado uma totalidade, pelo menos na teoria do teatro. Acreditava-se que o impulso para exercer uma certa tarefa, e assim o trabalho para materializá-la, tivesse que envolvê-lo em sua inteireza. Meyerhold propõe romper com essa inteireza. Durante o processo de trabalho, o ator pode separar os diferentes níveis, agindo independentemente sobre cada um deles para depois reintegrá-los na fase final do resultado. O ator pode proceder desse modo. Mas por quê? A resposta está em outro texto de Meyerhold, no qual ele fala de...

> ... um ritmo cênico que libera o ator da arbitrariedade do seu temperamento pessoal. A essência do ritmo cênico está no polo oposto ao cotidiano. (...) Qual é o caminho que permite que o corpo alcance o máximo de suas possibilidades? É o caminho da dança. Porque a dança é o movimento do corpo humano na esfera do ritmo. A dança é, para o corpo,

---
[11] V. Meyerhold, "First Attempts at a Stylized Theatre". In: Edward Braun, *Meyerhold on Theatre*. London, Methuen, 1969, p. 49-58.

o mesmo que a música é para o sentimento: uma forma criada artificialmente sem a ajuda do conhecimento. (1902)[12]

O ator do teatro *uslovny* renuncia a uma parte que integra sua personalidade, renuncia à sincronia orgânica entre ritmo vocal e ritmo físico, mas deve alcançar um ritmo cênico. Ele se afasta daquelas manifestações que pertencem ao próprio modo de se mover e de reagir. É como se tivesse que eliminar a própria "naturalidade" para seguir outras leis que são específicas da cena, com o objetivo de chegar à plástica, ao ritmo cênico, que é a dança. Mas de que dança Meyerhold está falando? Dos balés que se viam no Marinski ou de alguma outra coisa? Angelo Maria Ripellino, o estudioso que evocou as produções de Meyerhold de modo mais poético, assim descreve o *Don Juan* (de Molière, 1910):

> Após retirar as luzes da ribalta, Meyerhold manobrou os personagens sobre um amplo proscênio que se estendia como um semicírculo por cima da orquestra, ressaltando cada gesto, cada ruga, cada careta. O proscênio exigia do ator um cuidadoso *Nuancespiel*, uma micromímica sutil intensificada pela dupla iluminação do palco e da plateia. O intérprete precisava saber equilibrar suas poses com flexibilidade, tecer com meticulosa minúcia a teia de aranha dos seus movimentos.[13]

Essa descrição usa as mesmas palavras do artigo de Meyerhold sobre *Don Juan*. Há uma única expressão diferente: a "teia de aranha" de seus movimentos. A dança como um "desenho", como uma "teia de aranha", cujo dinamismo não segue o da vida cotidiana.

O grotesco

Quem faz uma "teia de aranha"? Uma aranha. E ela não faz isso por motivos estéticos, e sim para capturar algo. Meyerhold diz explicitamente o que o ator quer atrair, com sua dança, para sua "teia de aranha" de movimentos: os sentidos do espectador.

> Nós estimulamos a atividade cerebral do público e o forçamos a pensar e a discutir. Esse é um aspecto do teatro. Mas também existe outro aspecto, muito diferente: ele estimula a sensibilidade (*chuvstvo*) do espectador e o guia através de um complexo labirinto de emoções.

Meyerhold explica que não se trata de uma sensibilidade emocional, e sim de uma sensibilidade sensorial, como quando alguém diz, por exemplo, "sinto calor" ou "sinto frio".

"E, mais uma vez, o primeiro lugar pertence ao ator, transmissor de energias."[14] (1929)

Meyerhold quer provocar no espectador um reflexo emocional que, necessariamente, não passa através de um canal intelectual, mas se baseia na sensibilidade sensorial e na cinestesia.

O procedimento cênico que pode ser usado para alcançar esse efeito é o grotesco, que se baseia em contrastes e permite deslocar

[17-18] Duas cenas da peça de Maeterlinck, *Irmã Beatriz*, interpretada por Vera Komissarjévskaia e dirigida por Meyerhold em 1906. Ainda que a composição pareça um *tableau vivant*, o dinamismo da plasticidade é evidente na direção dos olhos, na posição das mãos e na tensão do pescoço.

continuamente os planos de percepção do espectador. Recusando esse termo como sinônimo de cômico, Meyerhold escreve:

> A arte do grotesco está baseada na luta entre conteúdo e forma. O grotesco não privilegia *apenas* o alto (o sublime) ou *apenas* o baixo (o vulgar), mas mistura os contrastes criando conscientemente violentas contradições. (...) O grotesco aprofunda a vida cotidiana até que ela pare de representar só o que é habitual. O grotesco faz a síntese dos contrários e induz o espectador a tentar resolver o enigma do incompreensível.
> (...) Através do grotesco, o espectador é obrigado a manter constantemente uma dupla atitude para com a ação teatral, que está submetida a viradas bruscas e imprevistas.
> No grotesco há uma coisa essencial: a constante tendência do artista a transportar o espectador de um plano que ele acabou de alcançar a outro plano, que para ele é absolutamente inesperado.

---

[12] V. Meyerhold, "Tristan and Isolde". Op. cit., p. 80-98.

[13] Angelo Maria Ripellino, *Il Trucco e l'Anima*. Turim, Einaudi, 1965, p. 151. [O texto correspondente encontra-se na página 136 da edição brasileira: *O Truque e a Alma*. São Paulo, Perspectiva, 1996. (N.T.)]

[14] V. Meyerhold, "The Reconstruction of the Theatre". Op. cit., p. 253-74.

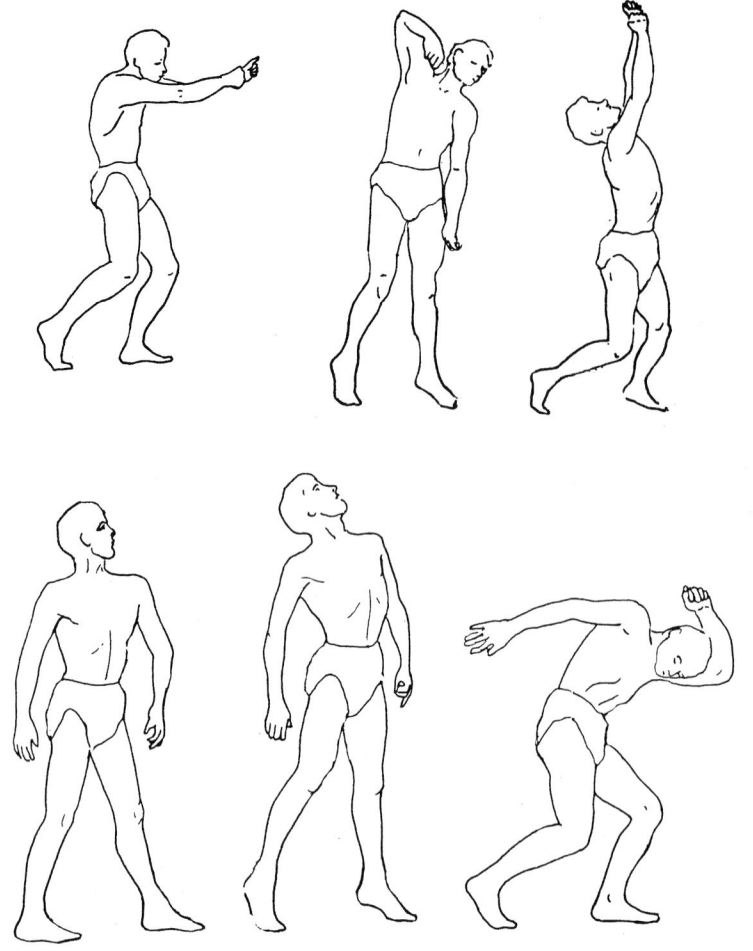

[19-24] Exemplo de *otkaz* (recusa) no exercício da biomecânica "Tiro com Arco" (ver *Equivalência*, fig. 40-51, para ver a toda a sequência do exercício).

Diante do enigma, o espectador é obrigado a se mobilizar para decifrá-lo, para compreendê-lo, para se orientar. Em uma só palavra, ele é transformado em uma pessoa *perspicaz*, em um "observador vigilante". E eis que, mais uma vez, a dança surge de novo. "No método do grotesco escondem-se elementos de dança, porque somente através da dança o grotesco pode se expressar" (1905).[15]

O ator, em sua ação, deve ser capaz de criar uma síntese que contenha a essência dos contrastes. E essa síntese deve ser materializada através da plástica, através de um desenho de movimentos cênicos que Meyerhold também chama de dança.

Só que, mais uma vez, que tipo de dança? Para tentar defini-la, Meyerhold usa Loïe Fuller e Charlie Chaplin como exemplos. Ele começa uma viagem que é ao mesmo tempo transcultural e intracultural, rumo a formas de teatro "exóticas" ou rumo a épocas que foram negligenciadas pela cultura contemporânea. Ele cita teatros orientais que nunca viu, como o Kabuki, o Nô ou a Ópera de Pequim. Volta ao passado do teatro ocidental, ao *Siglo de Oro* e, sobretudo, à Commedia dell'Arte.

Estamos em 1914. Meyerhold é diretor do Teatro Imperial. Mas ao mesmo tempo abriu um Estúdio para buscar, junto com seus alunos, uma resposta para sua antiga obsessão: como será que um ator deve se mover em cena, como será que ele deve imprimir aquele "desenho de movimentos" que concretiza a relação ator-espectador em um nível sensorial, antes mesmo de envolver uma interpretação intelectual e psicológica? O programa do seu Estúdio inclui, entre outras coisas: "técnica do movimento cênico" (dança, música, atletismo, esgrima, lançamento de disco), os princípios fundamentais da Commedia Dell'Arte, os procedimentos tradicionais do teatro dos séculos XVIII e XIX, as convenções do drama indiano e dos modos de atuar dos teatros japoneses e chineses.

Em 1922, depois da revolução e da guerra civil, Meyerhold apresenta os últimos resultados de sua pesquisa: a biomecânica.

A *biomecânica*

> Se observamos um trabalhador especializado em ação, notamos: 1) ausência de movimentos supérfluos e improdutivos; 2) ritmo; 3) um correto posicionamento do centro de gravidade do corpo; 4) estabilidade. Movimentos baseados nesses princípios se distinguem por sua qualidade de dança. Um trabalhador especializado em ação sem dúvida nos lembrará um dançarino. (...) Cada artesão – um ferreiro, um fundidor, um ator – deve ter familiaridade com as leis do equilíbrio. Um ator que ignora as leis do equilíbrio é menos que um aprendiz. (...) A deficiência fundamental do ator moderno é sua absoluta ignorância das leis da biomecânica (1922).[16]

Igor Ilinsky, o principal ator dos espetáculos de Meyerhold daquele período, participou da elaboração da biomecânica.

> Meyerhold queria que tanto os nossos gestos quanto as dobras do nosso corpo seguissem desenhos precisos. Ele dizia: se a forma está certa, os tons e os sentimentos também estarão, pois eles são determinados pelas posturas físicas. (...) Os exercícios biomecânicos não deveriam ser inseridos nos espetáculos. Seu objetivo era dar a sensação do movimento consciente, de como se movimentar no espaço cênico.[17]

Cerca de doze exercícios biomecânicos eram praticados todos os dias: um ator pula no peito do outro; atira uma pedra; dá um golpe de punhal; lança uma flecha com um arco imaginário; dá um tapa na cara do outro; salta nas costas do outro, que começa a correr; coloca o corpo de um companheiro sobre os ombros. Havia exercícios ainda mais simples: pegar a mão de outra pessoa; puxá-la pelo braço; empurrá-la.

É possível perceber duas linhas de ação em todos esses exercícios. A primeira é o *otkaz*, a recusa. Cada fase das ações deve começar pelo seu oposto: para dar um tapa na cara de alguém, o braço se move primeiro para trás, depois para frente. Assim o exercício não era a execução linear de uma ação, mas um tortuoso avançar em zigue-zague. A segunda linha de ação é a repetição de uma sequência dinâmica de três fases (como se fosse um dátilo), que se desenvolve: de (A) uma posição neutra de ficar em pé; para (B) um movimento para o alto que inclina a espinha dorsal para trás e obriga a pessoa a se apoiar na ponta dos pés; para depois (C) dobrar os joelhos com um movimento vigoroso para baixo, enquanto leva os braços para trás e o peso para a perna que está na frente.

---

[15] V. Meyerhold, "Le Grotesque au Théâtre". In: Nina Gourfinkel, *Le Théâtre Théâtral*. Paris, Gallimard, 1963, p. 104-09.

[16] V. Meyerhold, "Biomechanics". Op. cit., p. 198-200.

[17] I. Ilinsky, *Pamietnik Aktora*. Warsaw, Widawnictwa Artystyczne i Filmowe, 1962, p. 177.

[25] Mei Lanfang e Meyerhold. O grande ator chinês Mei Lanfang encontrou muitos artistas russos durante sua turnê em Moscou, em 1935. Esses encontros históricos foram imortalizados através de várias fotografias. Quando Meyerhold foi preso (1939) e depois fuzilado (1940), esta fotografia desapareceu dos arquivos russos: só reapareceu há pouco tempo na China, em um álbum dedicado à biografia de Mei Lanfang.

Analisando minuciosamente os exercícios biomecânicos, descobre-se que nenhum deles segue em linha reta. Todos avançam através de uma série de transições de uma postura a outra, com um deslocamento contínuo do centro de gravidade, mudando de perspectiva a cada vez. É como se o ator estivesse executando *as leis do movimento*, e não aprendendo uma habilidade. Está tecendo uma teia de aranha bastante dinâmica na qual "tema" e "ação" não coincidem o tempo todo. Essa total oscilação de contrastes do centro de gravidade dá ao desenho dos movimentos uma qualidade parecida com a da dança.

"Bios" significa vida, e "mecânica" é o ramo da física que estuda o equilíbrio e o movimento dos corpos. O que Meyerhold está chamando de *biomecânica* são as leis do corpo-em-vida, o mesmo que, dez anos antes, ele chamava de *grotesco*.

"A lei fundamental da biomecânica é muito simples: todo o corpo participa de cada um dos nossos menores movimentos."

Meyerhold dizia isso em 1937 para se defender da acusação de que a biomecânica era um procedimento formalista. Mas era algo que ele já havia descoberto e praticado no Estúdio de Stanislávski em 1905.

Os princípios da dança (ou seja, da vida cênica), que Meyerhold havia buscado no passado e no Oriente, foram-lhe revelados pelo presente e pelo Ocidente através das regras de Frederick Taylor, o pioneiro do *management* e da produção operária.

Meyerhold falava de posições instáveis, de equilíbrio precário, de dinâmica dos contrários, de dança da energia. Só que usava outros termos. Tinha o costume de dizer: "Na arte, é melhor adivinhar do que saber". Os princípios do grotesco, ou melhor, da biomecânica, não foram suposições casuais. Foram a engenhosa interpretação dos mesmos princípios que hoje, à luz da antropologia teatral, reencontramos na base do nível pré-expressivo do ator.

MÃOS

As mãos são extremamente loquazes, línguas são os dedos, clamoroso o silêncio.
(Aurelio Cassiodoro)

Pois para onde quer que a mão se mova, os olhos a seguem; para onde quer que os olhos vão, o pensamento os segue; para onde vai o pensamento, vai atrás o sentimento; e onde vai o sentimento, é lá que está o rasa.
(Nandikeshvara)

Na obra de Rodin encontramos mãos, pequenas mãos autônomas que, mesmo sem pertencer a nenhum corpo, têm vida. Mãos que se erguem, irritadas e cheias de raiva, mãos cujos cinco dedos parecem latir como cinco gargantas de um cão infernal. Mãos que caminham, que dormem, mãos que despertam; mãos criminosas, agravadas com taras hereditárias, e mãos cansadas, sem mais vontade, que se prostraram em algum canto como animais doentes, sabendo que ninguém lhes virá ajudar. Mas elas continuam a ser um organismo complexo, um delta no qual conflue muita vida que vem de longe para transbordar na grande corrente da ação. As mãos possuem uma história, uma cultura, uma beleza particular; a elas damos o direito de ter um desenvolvimento próprio, um desejo próprio, sentimentos, caprichos e paixões.
(R. M. Rilke)

Fisiologia e codificação das mãos

A codificação (o ato de fixar gestos, poses ou movimentos em um código) pode ser considerada uma passagem de uma técnica cotidiana a uma técnica extra-cotidiana por meio de um equivalente (ver *Equivalência*). Essa perspectiva da codificação fica evidente quando estudamos a codificação das mãos nas diversas culturas teatrais das tradições orientais: a mão – seja quando tem um significado, como nos *mudras* indianos, seja quando não tem um significado (ou que o perdeu), como no caso dos dançarinos balineses ou na dança pura indiana (*nritta*) – tende a recriar o dinamismo da "mão-em-vida".

Nossas mãos, e principalmente nossos dedos, assim como nossos olhos, mudam continuamente de tensão e de posição não só quando falamos – gesticulação – mas quando agimos ou reagimos para pegar, empurrar, apoiar, acariciar. No caso de uma ação ou de uma reação, a posição e as tensões dos dedos variam no momento

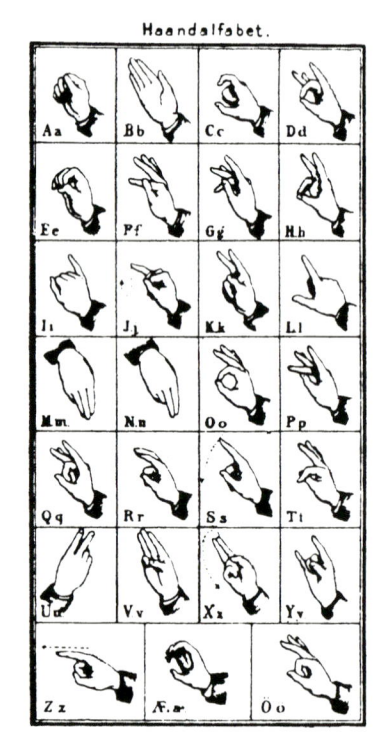

[1-2] (**ao lado**) Buda prega a sua doutrina: desenho extraído de uma pintura parietal do século VII d.C. (Bezekliy, Índia). O detalhe da mão direita mostra o *mudra* do *vitarka*, que indica o raciocínio, a exposição da doutrina ou o ato de contar uma história; (**acima**) o mesmo gesto da mão de Buda da figura anterior, mas extraído da *Quirologia* de Bulwer (Londres, 1644): aqui, ele significa "distinguir os contrários", ou seja, "saber raciocinar".

[3-5] (**ao centro, à esquerda**) Linguagem dos índios Cheyenne, quadro extraído do livro *Le Geste* [Gesto], de Charles Hacks (Paris, Librairie Marpon et Flammarion, 1890). Em sentido horário, começando pelo alto, à esquerda: "amigo", "moribundo", "é falso", "o sol", "quase morto", "assassinado"; (**ao centro, à direita**) alfabeto para surdos-mudos retirado de um manual dinamarquês do século XIX, *De Dövstummes Haandalphabet* [Linguagem de Sinais para Surdos-Mudos], de A. C. Nyegaard (Copenhague, 1898); (**abaixo**) sinais secretos usados por membros da delinquência parisiense: "é um traidor", "nos vemos lá fora", "temos problemas", retirado do livro *The International Dictionary of Sign Language* [Dicionário Internacional da Linguagem de Sinais], de Theodore Brun (Milão, 1976).

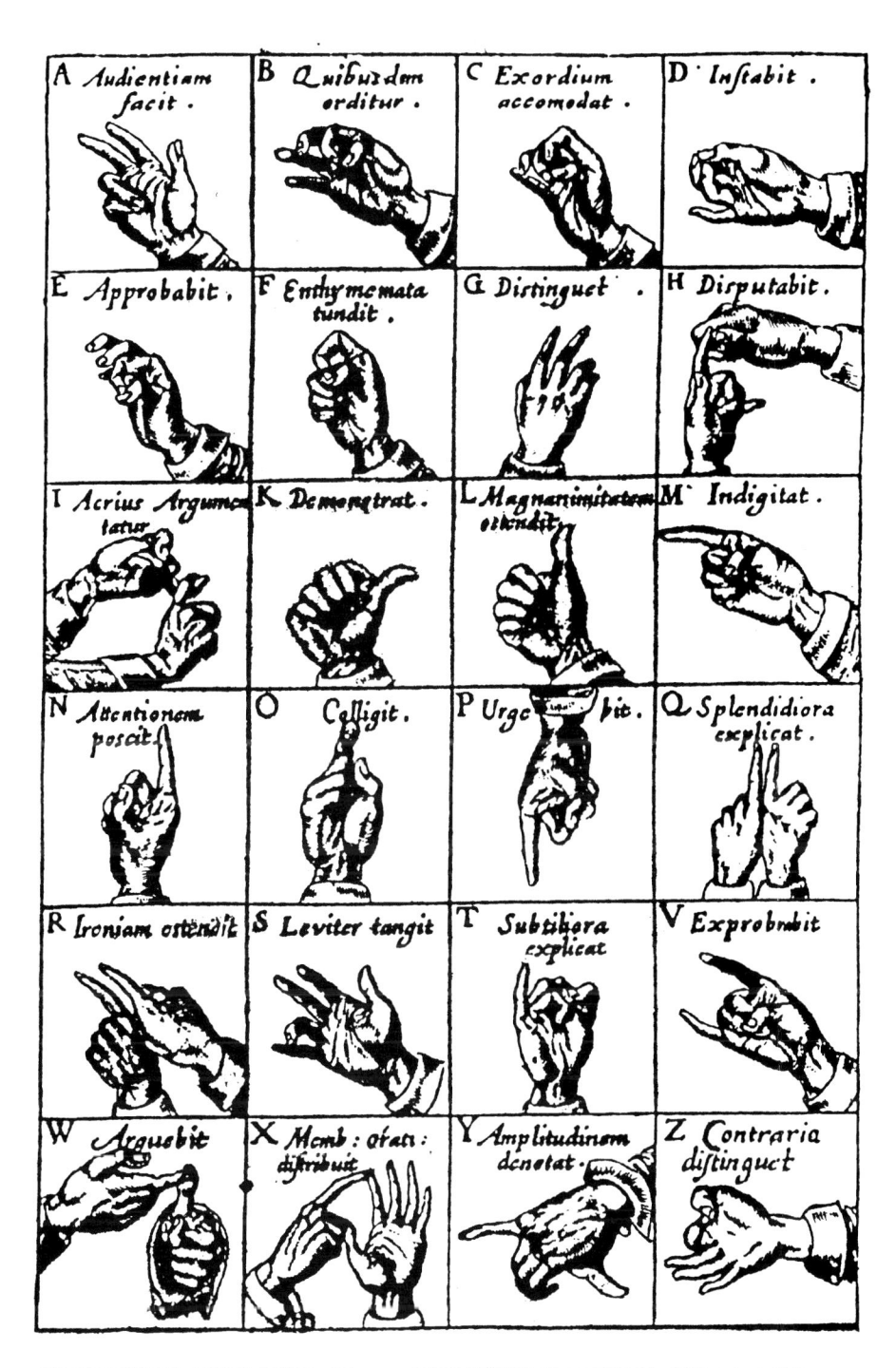

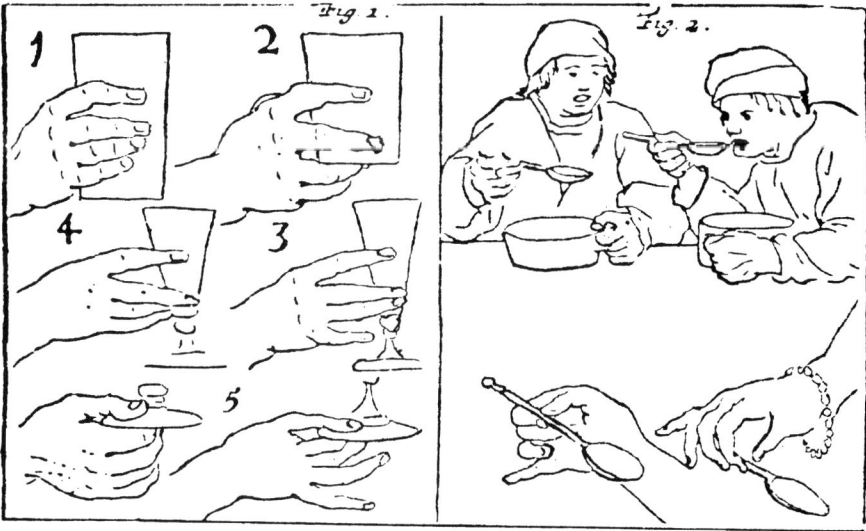

em que o olho transmite a informação: por exemplo, se vamos pegar uma farpa de vidro afiada ou um miolo de pão, um dicionário pesado ou um balão cheio de ar. A assimetria dos movimentos orgânicos dos nossos dedos é um sinal de "credibilidade": ela se manifesta através das tensões dos músculos de manipulação, que estão prontos para agir dependendo do peso, da fragilidade, da temperatura, do volume e do valor do objeto na direção do qual a mão se estende; mas ela também se manifesta através do estado emocional que o próprio objeto desperta em nós.

Sendo assim, a mão age, e, agindo, ela fala. Esse "falar" pode ser literal, como uma palavra que representa alguma coisa, ou pode ser apenas um som, como puro dinamismo vocal provocado pela mudança contínua das tensões e articulações do aparelho vocal (lábios, língua, cordas vocais). Neste último caso, a mão se articula como um som que não diz nada literalmente. As mãos que podem ter um significado – tanto fora quanto dentro do teatro – são as mãos usadas pelos índios da América do Norte, pelos surdos-mudos ou pelo mundo do crime, apenas para citar algumas das linguagens mais características. No teatro, as codificações mais elaboradas foram as indianas, chamadas de *hasta/mudra*.

As mãos: puro som ou silêncio

Graças à complexidade da sua estrutura anatômica, graças às suas possibilidades de articulação (só nos movimentos dos dedos, existem infinitas modificações de forma e de atitude) e graças às suas qualidades comunicativas, a mão foi explorada não só teatralmente: várias mentes brilhantes, fascinadas pelas potencialidades da mão, em épocas diversas, tentaram criar uma língua universal, desenvolvendo uma codificação artificial de gestos cotidianos.

Em 1644, o inglês John Bulwer publicou um livro muito avançado para sua época, intitulado *Chirologia*, que reunia mais de duzentas imagens de gestos feitos com as mãos. Ele se inspirou nas tradições grega, romana e hebraica, com a intenção de criar uma língua compreensível a todos. Esse foi o primeiro exemplo ocidental, na época moderna, a considerar a mão mais do que um instrumento para indicar os números.

Em sua *Descoberta da Quironomia* (1797), Vincenzo Requeno, um abade espanhol naturalizado italiano, examinou autores gregos e latinos dedicando particular atenção às passagens que celebravam a antiga arte da pantomima, com o objetivo de divulgar "uma arte perdida" e de restaurar sua utilização (fig. 8). Mas suas ilustrações não vão além de um certo gosto literário neoclássico e não mostram nada além de mãos indicando números, assim como se fazia na tradição clássica dos séculos XV e XVI (fig. 8-10).

[6-7] (**No alto**) Quadro de *quirogramas* (literalmente, escrito com as mãos), extraído da *Quirologia* de Bulwer (Londres, 1644); (**abaixo**) gestos habituais e cotidianos do proletariado e da burguesia ao beber e ao comer, desenhados por Gérard de Lairesse e presentes em seu livro *Grot Schilderboek* (Amsterdã, 1707). Gérard de Lairesse (1641-1711) era um pintor de cenas de guerra, mas este seu livro sobre a pintura tornou-se tão popular que foi capaz de influenciar a prática mímica do século XVIII.

Em 1806, Gilbert Austin, outro inglês, endereçou sua *Quironomia* para atores, dançarinos, oradores e políticos, visando levá-los a uma retórica codificada de gestos inspirados nos tratados de Quintiliano e de Cicerone. Um ano depois, Henry Siddons, filho da atriz Sarah Siddons, fez uma adaptação em inglês do *Idden zu einer Mimik* [Ideias sobre a Mímica], do alemão Engel, sempre com o objetivo de disponibilizar esse estudo para a utilização no teatro e na oratória (para a obra de Engel, ver *Pré-Expressividade*).

Essas foram algumas das tentativas, no Ocidente, de codificar os gestos das mãos com um interesse teatral mais explícito – ainda que fosse mais teórico e literário –, tanto que raramente elas influenciaram a prática contemporânea. Podemos dizer que, enquanto no teatro oriental o comportamento das mãos foi recriado, adquirindo um verdadeiro valor simbólico, no Ocidente a única codificação cuidadosa foi a da linguagem dos surdos-mudos, que, mesmo existindo desde os tempos mais remotos, só no século XIX encontrou sua sistematização definitiva, inclusive no que diz respeito à sua difusão internacional. Essa codificação, todavia, pertence à esfera do cotidiano.

Nos últimos dez anos, porém, surgiu um teatro para surdos-mudos. Esse teatro pode resultar fascinante mesmo para os espectadores que não conhecem o alfabeto de sinais: isso se deve à dinâmica pura das mãos que falam no silêncio. É o mesmo que acontece quando nós, ocidentais, ficamos fascinados com os *mudras* indianos mesmo sem conhecer seu significado.

Através desses poucos exemplos, podemos entender o que foi definido antes como a "fala" das mãos como um "puro som". Podemos encontrar um equivalente teatral para a dinâmica e a linguagem das mãos na vida cotidiana. Esse equivalente faz com que as mãos possam, ao mesmo tempo, falar (transmitir conceitos) e existir como "puro som". Mas quando não há um código preciso, somos levados a prestar atenção apenas na expressividade das mãos, esquecendo que seus atributos são igualmente o resultado de uma série de tensões e articulações que, apesar de não serem fixadas, continuam seguindo princípios específicos que dão forma à expressividade.

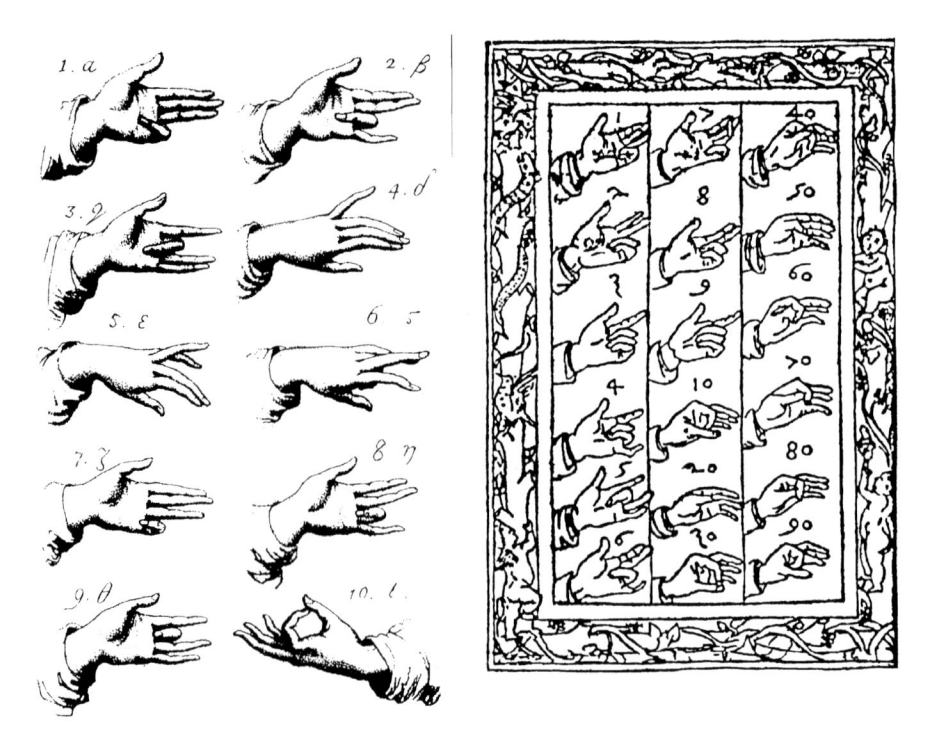

[8-10] (**acima, à esquerda**) Quadro extraído da *Descoberta da Quironomia*, de Vincenzo Requeno (Parma, 1797); (**acima, à direita**) numeração digital em *De Arithmetica*, de Filippo Calandri (Florença, 1491); (**abaixo**) numeração digital em um ábaco para comerciantes do século XVI.

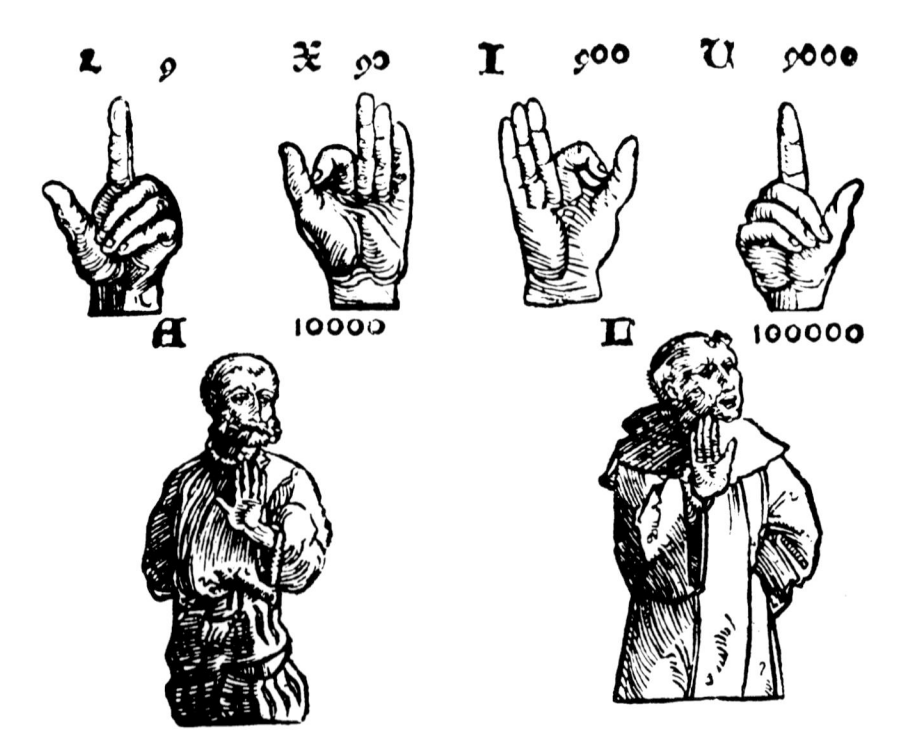

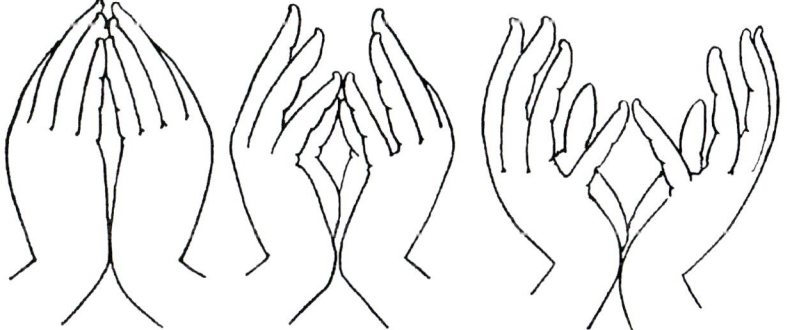

[11-13] (**no alto**) A estátua de Buda no templo de Todaiji (Nara, Japão). Mesmo sendo a maior estátua de bronze do mundo, tanto que possui mais de 15 m de altura, o artista cuidou igualmente dos detalhes: as tensões dos dedos foram conscientemente respeitadas, e ele também foi capaz de restituir integralmente a vitalidade e a delicadeza das mãos vivas; (**acima**) as mãos juntas que se abrem para indicar o *mudra* da flor de lótus no Teatro Kathakali. O mesmo gesto pode adquirir diferentes significados, dependendo do contexto: na gestualidade cotidiana do Ocidente, por exemplo, poderiam significar "oração" ou "esfera"; (**à direita**) detalhe da escultura *Catedral* de Rodin (Museu Rodin, Paris): a catedral é representada por duas mãos que se unem em oração. Falando sobre este trabalho, Rodin declarou que considerava a ogiva o elemento essencial da arquitetura gótica e que ele havia reencontrado nas mãos unidas, que retomavam a forma da ogiva, uma forma *equivalente* à forma da catedral.

A ARTE SECRETA DO ATOR

Como inventar mãos em movimento

As melhores ações da mão não devem, necessariamente, ser cópias fiéis da realidade. De fato, a lógica pictórica, as exigências do desenho e a concepção geral da obra impõem certas condições. Todas as pessoas que viram as soluções interpretativas e expressivas encontradas por Leonardo da Vinci, Michelangelo, Grünewald ou Rodin poderão compreender a necessidade do artista de criar formas que respondam ao seu impulso intuitivo. Um bom ponto de partida para desenhar a mão em ação, de modo original e pessoal, consiste em esboçar, ou até mesmo copiar, qualquer imagem dos vários gestos da mão. Não é preciso que o esboço já mostre uma determinada atitude, e muito menos uma forte semelhança com o resultado desejado. O esboço pode ser simplesmente um ponto de partida do qual desenvolver uma visão pessoal.

No esboço mostrado (fig. 15), podemos ver como um simples movimento do dedo indicador "pra cima e pra baixo" pode expressar um senso de excitação e várias outras nuances de significados. As mudanças de posição do dedo mindinho conferem outras nuances emocionais ao movimento. Neste desenho, cada mudança da posição do dedo altera o significado do gesto. Uma pessoa poderia estudar estes desenhos e vivenciar diversos significados emocionais ao mover os desenhos em diferentes posições.

(Burne Hogarth, *Drawing Dynamic Hands*.
Nova York, Watson-Guptill Publications, 1977)

Essas afirmações do ilustrador norte-americano Burne Hogarth, muito famoso por seus desenhos do Tarzan (fig. 16), foram extraídas de um curso de desenho dirigido aos estudantes da Escola de Artes Visuais de Nova York, da qual ele mesmo é um dos fundadores. O que é interessante para nós é que o estudo proposto por Hogarth – a análise anatômica do movimento – não prejudica a expressividade, pelo contrário: são exatamente alguns detalhes anatômicos, como a mudança de posição do dedo mindinho, que informam "friamente" a expressividade do desenho.

Vamos pegar outro exemplo sobre a pré-expressividade da mão, extraído de um manual para cartunistas de desenho animado. O objetivo desse manual – mostrar como "se animam" os desenhos – lembra as preocupações do ator que não possui uma codificação (fig. 14):

> Para desenhar a mão, é necessário começar como se ela fosse uma meia-luva (A e B). Depois devem ser feitos os dois dedos do meio como na figura seguinte (C). Aí então você pode inserir o dedo mindinho, variando-o de todas as maneiras possíveis para evitar a monotonia (D). Costuma ser uma boa ideia exagerar a base do polegar. As mãos dos desenhos animados são armadilhas. Por isso, desenhei aqui essa mão média em várias posições, para dar-lhes algumas ideias. Reparem como os dedos deveriam ser colocados de maneira não uniforme para evitar a monotonia.
>
> (Preston Blair, *Animation*)

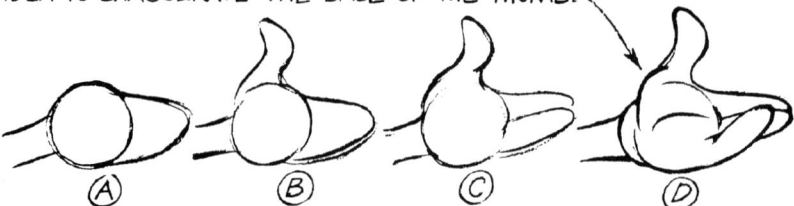

[14] Animação da mão para histórias em quadrinhos e desenhos animados: imagem retirada do manual para ilustradores *Cartoon Animation*, de Preston Blair (Califórnia, Laguna Hills, 1994).

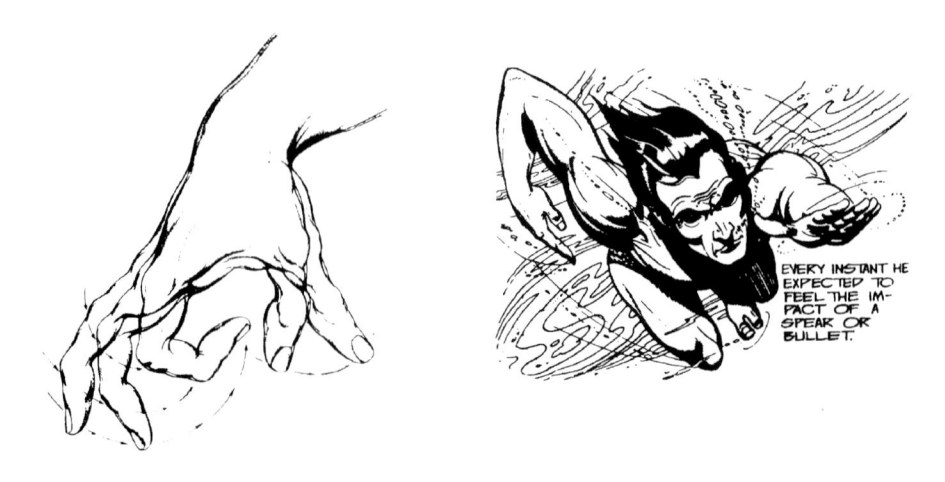

[15-16] **(à esquerda)** O movimento da mão nos desenhos de Burne Hogarth: análise do movimento e **(à direita)** gravura de um de seus quadrinhos de Tarzan.

MÃOS

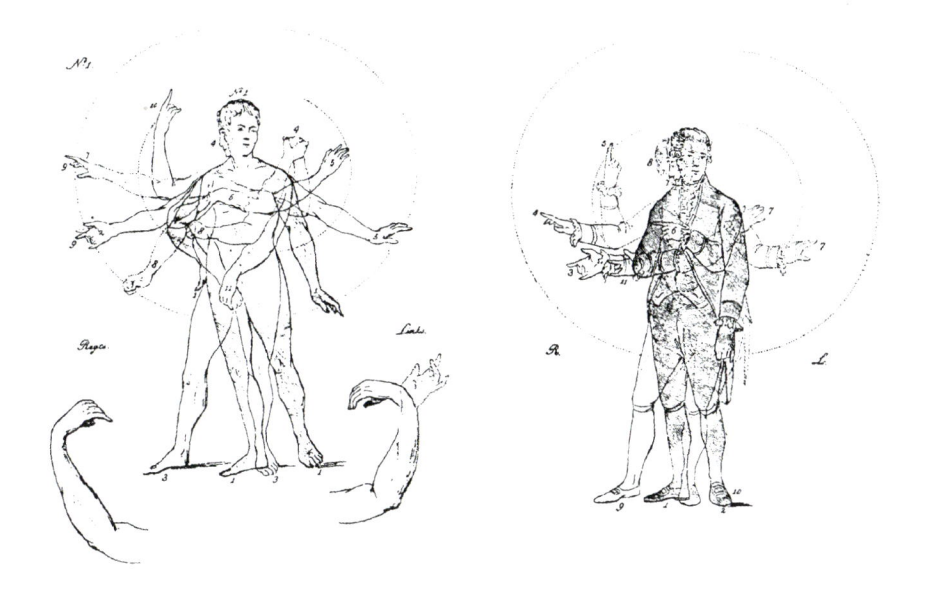

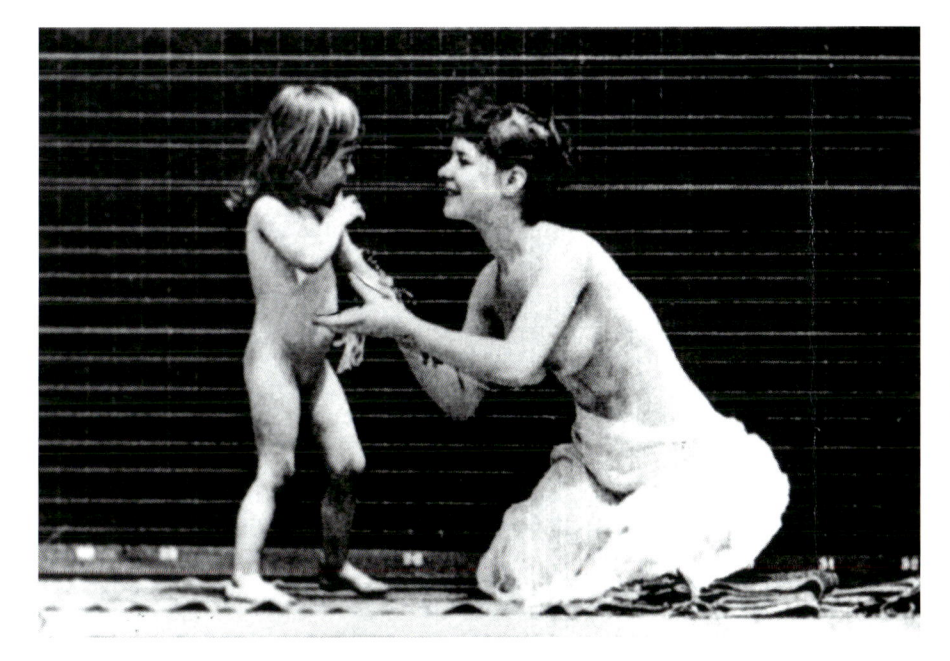

As breves declarações que o cartunista faz sobre os esboços de seus desenhos sugerem pelo menos três informações preciosas. Antes de mais nada, a *omissão* de um dos três dedos centrais: sua remoção elimina um elemento supérfluo e permite ressaltar o que é essencial (ver *Omissão*) sem fazer com que a mão remodelada perca sua identidade de "mão". Em segundo lugar, há uma leve ênfase sobre uma parte da mão: a base do polegar, que adquire protagonismo tanto na articulação quanto na dialética com os outros dedos. E, finalmente, há uma contínua condenação à uniformidade: nesses desenhos, assim como no palco, *aquele* dedo que *muda* de posição destrói a monotonia e rompe com o automatismo. A passagem de *keras* para *manis* (ver *Energia*) de um único dedo pode alterar a percepção da mão como um todo.

Entre as agudas e minuciosas observações feitas por François Delsarte (1811-1871) sobre os gestos expressivos das mãos, existem algumas que dizem respeito exatamente ao comportamento de cada um dos dedos. Durante anos, enquanto Delsarte passeava pelo Jardim de Luxemburgo, em Paris, ele comparava os gestos das mulheres que se inclinam na direção das crianças: se a mulher era uma babá e não gostava da criança, ela abria seus braços e ficava com o polegar virado para dentro; mas, se ela gostava da criança, seu polegar ficava virado para cima. Se a mulher era a mãe da criança, seu polegar alcançava o máximo da extensão (fig. 19). Delsarte também notou que, no trabalho de Michelangelo, a vontade e a energia são expressas pelo polegar estendido e virado para fora, enquanto os cadáveres do necrotério, por sua vez, têm o polegar virado para dentro. Essa é a vida das mãos que o ator deve desafiar, com ou sem codificação.

[17-18] (**acima, à esquerda**) Longo movimento dos braços na tragédia e (**acima, à direita**) movimento curto dos braços na comédia: gravuras de Jelgerhuis em *Theoretische Lessen Over de Gesticulatie Mimik* [Aulas Teóricas sobre a Mímica do Gesto], Amsterdã, 1827. Jelgerhuis, um ator alemão com experiência na arte da interpretação, também deu aulas sobre a prática teatral. Depois ele teve suas aulas publicadas em dois volumes: no primeiro, ele apresentou mais de cem desenhos extremamente claros para explicar a gramática do movimento de palco nos vários gêneros dramáticos; no segundo, dedicado às mãos, ele explica a função dos braços em relação às mãos. Na verdade, os gestos das mãos são idênticos tanto na tragédia quanto na comédia, e os gestos usados na comédia parecem ser diferentes devido à impressão de distância do corpo, causada por uma diversa apertura dos braços;
[19] (**no centro**) mãe abrindo os braços para seu filho (fotografia de Muybridge). Reparem como os dois polegares estendidos para cima confirmam a teoria de Delsarte sobre a ligação entre a abertura dos polegares e a relação da mulher com a criança;
[20-21] (**ao lado**) *A Dança das Mãos*: solo criado pela dançarina norte-americana Loïe Fuller (1862-1928).

Índia: mãos e significado

Hasta (mão, antebraço) e *mudra* (selo) indicam, em sânscrito, os gestos das mãos cujo uso remonta às representações sagradas desde os tempos dos Vedas (cerca 1.500 a.C.). Esses gestos eram usados pelos sacerdotes enquanto repetiam os *mantras*, as palavras mágicas religiosas. Também havia uma lista tradicionalmente fixada com seis *mudras*, que indicavam gestos precisos de Buda e que correspondiam a momentos de sua vida histórica.

A introdução dos *mudras* na dança, a partir do período clássico da arte indiana, é descrita e codificada em inúmeros tratados (muitos deles ainda manuscritos) sobre os quais se fundam os vários gêneros da dança indiana, começando pelo Bharata Natyam, a forma mais clássica, até chegar ao Kathakali e à dança Odissi, além das outras formas menos conhecidas, mas, mesmo assim, difundidas em quase todas as regiões da Índia (ver *Restauração do Comportamento*).

Apesar de os *mudras* terem normalmente a mesma posição em todas as formas de dança, eles possuem nomes e usos distintos. No Bharata Natyam, por exemplo, existem 28 (ou 32) raízes de *mudra*, enquanto no Kathakali existem 24. Já a dança Odissi usa aproximadamente vinte *mudras* que também estão presentes em outras formas de dança, as quais, por sua vez, possuem seus próprios *mudras*. Mas, independentemente dessas raízes, o Katakhali é a forma de dança que desenvolveu o maior número de combinações de *mudras*, divididos em três possibilidades: *sanyukta*, o mesmo *mudra* em ambas as mãos; *asanyukta*, *mudra* feito por uma única mão; *misra*, um *mudra* diferente em cada mão. Usando esses *mudras* de maneiras diferentes no espaço, em relação à expressão do corpo e do rosto, o ator-dançarino de Katakhali pode criar um vocabulário de aproximadamente novecentas palavras.

Só que talvez a característica mais interessante dos *mudras*, do nosso ponto de vista da pré-expressividade, seja a sua utilização em relação às duas principais categorias nas quais todo o teatro-dança indiano e as próprias raízes da codificação estão subdivididas. Na dança interpretativa (*nrytia*), os *mudras* têm o valor daquela verdadeira linguagem da qual falamos, ou seja: literalmente, eles significam palavras, contam histórias. Já na dança pura (*nritta*), que está sempre inserida em alguma forma de conto, os *mudras* têm um valor exclusivamente decorativo e são utilizados como "puro som". Além disso, na base da codificação em sinais precisos – *hasta/mudra*: mão/selo –, existe uma classificação chamada de *hasta prana*, a vida das mãos, que distingue as principais posições em que as mãos devem ser colocadas. Eis aqui a lista dos *hasta prana*:

– *kuncita*: dedos dobrados para dentro;
– *prerita*: dedos virados para trás;
– *recita*: mãos em rotação;
– *apavestita*: palma virada para baixo;
– *udvestita*: palma virada para cima;
– *punkhita*: dedos flutuantes;
– *vyavrtta*: voltar para trás;
– *bhujanga*: movimentos serpentinos;
– *prasarana*: dedos relaxados ou separados.

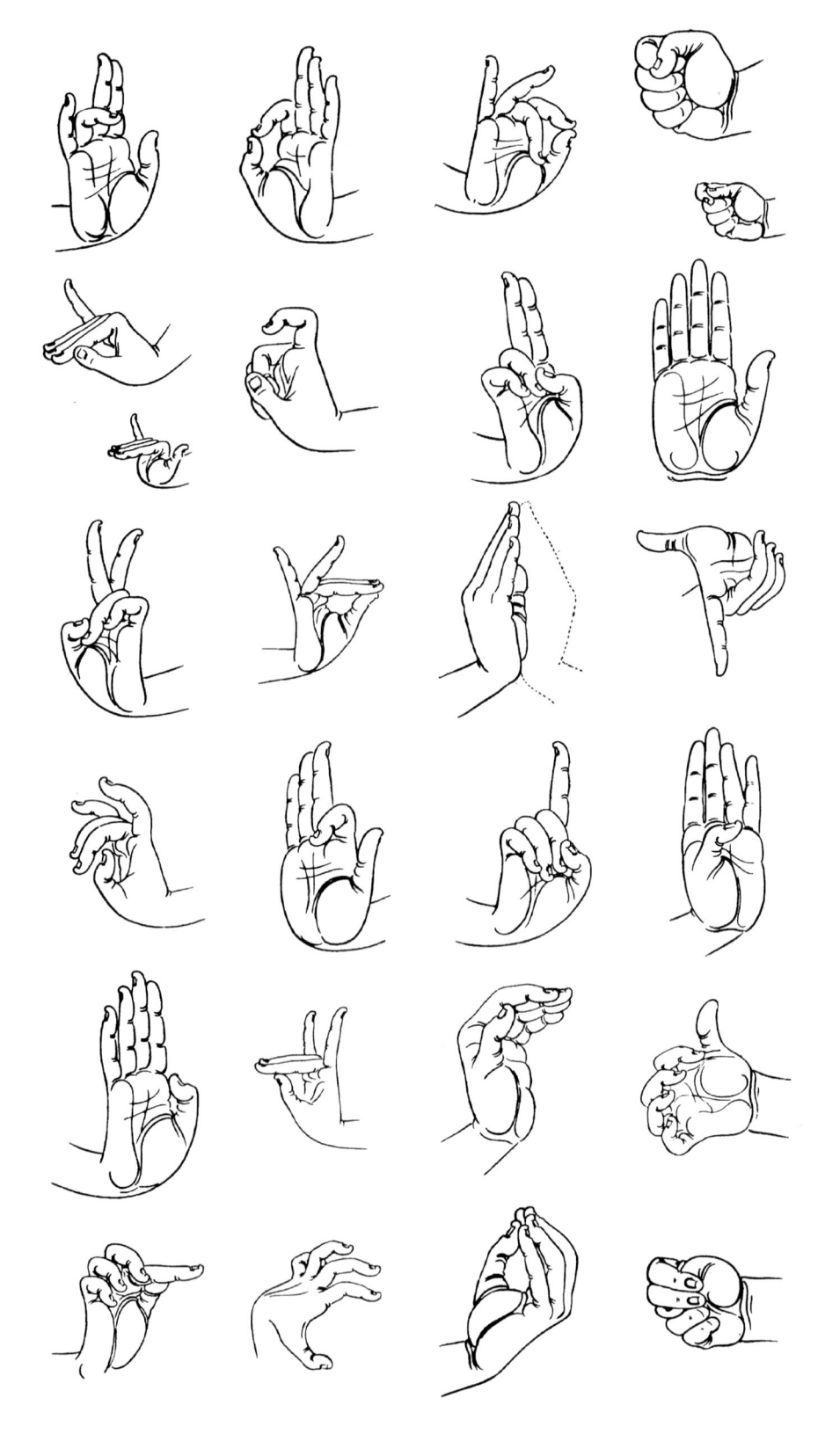

[22] As 24 raízes dos *mudras* no Teatro Kathakali: 1. *Pataka*; 2. *Mudrakya*; 3. *Kataka*; 4. *Mushti*; 5. *Kartarimukha*; 6. *Sukhatunda*; 7. *Kapitthaka*; 8. *Hamsapaksha*; 9. *Sikhara*; 10. *Hamsasya*; 11. *Anjali*; 12. *Ardhachandra*; 13. *Mukura*; 14. *Bhramara*; 15. *Suchikamukha* ou *Suchimukha*; 16. *Pallava*; 17. *Tripataka*; 18. *Mrigasirsha*; 19. *Sarpasirsha*; 20. *Vardhamanaka*; 21. *Arala*; 22. *Urnanabha*; 23. *Mukula*; 24. *Katakamukha*. Cada *mudra* pode ter vários significados. Vamos tomar como exemplo apenas o primeiro *mudra*, *pataka*. Se as duas mãos fazem o *mudra pataka*, isso significa: (1) sol, rei, elefante, leão, touro, crocodilo, arco, planta, trepadeira, bandeira, onda, caminho, *patala* (mundo subterrâneo), terra, lombo, navio, palácio, tarde, meio-dia, nuvem, formigueiro, perna, servo, pé, arma de Vishnu, assento, iluminação, entrada, frio, roda do carro, calmo, corcunda, curvado, porta, travesseiro, canal, superfície superior do pé, dardo. Mas se *pataka* é feito por uma única mão, significa: (2) dia, jornada, maneira de caminhar, língua, testa, corpo, como, parecido, esse, som, mensageiro, praia, areal, macio, broto.

É essa precisa pulsação – feita de tensões que variam continuamente de um significado a outro, de um dinamismo a outro – que confere e garante a vida das mãos de um ator, para além de qualquer codificação cultural.

[23-24] (**ao lado e abaixo, à esquerda**) Alunos da escola de Kathakali do Kalamandalam (Cherutturuthy, Kerala, Índia) aprendem os mudras.

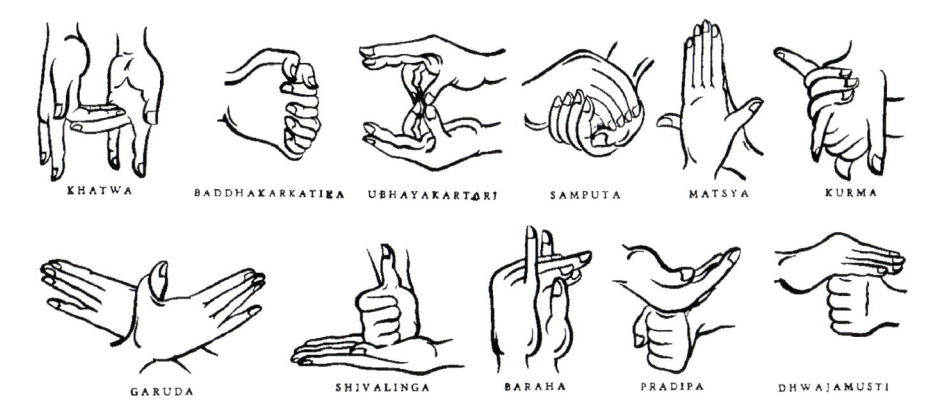

[25-26] (**ao lado**) O ator de Kathakali M.P.S. Namboodiri durante uma demonstração de *mudras* na ISTA de Holstebro, 1986; (**abaixo**) exemplos de *mudras* com as duas mãos na dança Odissi.

KHATWA BADDHAKARKATIKA UBHAYAKARTARI SAMPUTA MATSYA KURMA

GARUDA SHIVALINGA BARAHA PRADIPA DHWAJAMUSTI

As mãos e a Ópera de Pequim

No teatro chinês, existem mais de cinquenta posições convencionais das mãos, uma consequência da necessidade de ressaltar, com clareza, a diferença entre os vários papéis em que se dividem os personagens da Ópera de Pequim. Especificamente, elas existem para distinguir os personagens masculinos dos personagens femininos, considerando que, até pouco tempo atrás, estes últimos eram interpretados exclusivamente por atores masculinos. Sendo assim, além da maquiagem e do figurino, era necessário reconstruir inclusive um comportamento das mãos que fosse apropriado ao sexo e ao *status* social do personagem: as mulheres, por exemplo, para indicar algo, tendem a afunilar a mão, enquanto os jovens indicam discretamente escondendo o polegar; os anciãos e os guerreiros, por sua vez, elevarão o polegar para enfatizar a força do gesto.

Todavia, como demonstra o número de posições, as mãos dos atores respeitam uma convenção extremamente complexa, que tende a repetir e a amplificar o gesto cotidiano. Além disso, para representar emoções complexas que não podem ser traduzidas com

[27-28] (**ao lado**) Alguns exemplos de uso convencional das mãos na Ópera de Pequim: 1. embaraço (papéis masculinos); 2. apontando o indicador para o peito: mostrar a si mesmo (papéis masculinos e femininos); 3. início de um gesto que expressa vontade de defesa; 4. palma da mão assim como na posição 1: o polegar escondido também indica a falta de vontade; 5. incerteza (papéis femininos); 6. uma das vinte maneiras de mostrar algo (papéis femininos); 7. para excluir um personagem de uma conversa, aponta-se o indicador de uma das mãos para o outro braço que está levantado; 8. outro gesto de defesa que deve ser acompanhado de um rápido movimento da cabeça para a direita; 9. os papéis masculinos (protagonistas e antagonistas) com o polegar virado para baixo indicam uma situação que não tem saída. Ao centro: dois personagens da Ópera de Pequim, um *clown* e um jovem, mostram como o gesto de uma só mão é, na verdade, uma ação do corpo todo; (**abaixo**) Mei Lanfang (1894-1961), grande ator e mestre da Ópera de Pequim, mostra a uma aluna a tensão certa dos dedos.

um simples gesto ou com uma das várias posições do corpo, o ator chinês vira de costas ou esconde o rosto atrás das enormes *mangas de água* que alongam artificialmente o figurino (ver *Cenografia e Figurino*). Enfim, não podemos esquecer que, ao contrário dos atores indianos ou balineses, os atores chineses falam e cantam em cena durante muito tempo: então, as mãos são utilizadas para definir uma pose especial ou para ressaltar as palavras do texto ditas pelo ator, mas não para substituí-las.

As mãos e a dança balinesa

A dinâmica das mãos é expressa pelos dançarinos balineses através da posição *keras* e *manis* (ver *Energia*), a força e a suavidade dos dedos, da palma da mão e do pulso. Essa oposição entre os princípios que governam o corpo inteiro do ator é o que confere às mãos – quando já perderam um significado originário – o dinamismo de um *puro som*.

A postura desse dançarino balinês (fig. 29) mostra como o ator manda suas tensões para direções distintas: sua cabeça olha para uma direção; seu tronco está voltado para outra direção; seus braços, e com eles suas mãos, dirigem-se para outro ponto do espaço (ver *Oposições*). Também vale notar como as mudanças constantes nas tensões das mãos provocam uma mudança constante na posição dos braços: estes, por sua vez, têm influência sobre todo o tronco e a cabeça, cuja ênfase é o olhar *keras* e *manis*.

[29-30] (**ao lado**) Tensão *keras* e *manis* (forte e suave) em uma posição de dança balinesa ilustrada por I Made Bandem durante a ISTA de Salento (1987); (**abaixo**) o dedo indicador acentua a tensão *keras* (forte) das mãos do dançarino balinês I Wayan Bawa (Odin Teatret, Holstebro, 1999).

As mãos e o teatro japonês

No modo de dobrar a mão na posição base do corpo, *kamae* (ver *Pré-Expressividade*), no modo como a mesma mão usa os acessórios e os objetos de cena, assim como na sua participação ativa nas poses dinâmicas (ver o termo *mié*, em *Olhos e Rosto*) e nos gestos mais realistas, o que os artistas de qualquer gênero de teatro e dança do Japão tendem a mostrar é a natureza orgânica e essencial da posição da mão. Enquanto eles reproduzem cada variação, cada dinamismo da mão em vida, as posições das mãos são ditadas por uma economia do supérfluo em seus mínimos detalhes. A codificação das mãos nos atores-dançarinos japoneses não expressa palavras, mas sim um significado preciso (ver *Visão*), que é fruto de um processo que visa reter apenas o que é essencial e pode ser considerado um exemplo, por excelência, da transição de uma técnica cotidiana a uma técnica extracotidiana.

[31-33] (**embaixo, à direita**) Mãos de atores Kabuki. (B) O modo particular de dobrar o pulso em um *kamae* (posição de base) é uma das tensões características que tornam as mãos dos atores japoneses ao mesmo tempo vivas e extracotidianas. Reparem como nesta figura (A), tirada de um manual para atores do século XVIII, o simples fato de dobrar uma folha de papel representa um exercício complexo de prestidigitação; (**abaixo, à esquerda**) estudo de mãos e de pés do pintor japonês Kyosai. A pintura japonesa, que é essencialmente gráfica (ao contrário da pintura ocidental, por exemplo, ela não prevê sombras), confere uma grande importância ao estudo dos detalhes e das linhas que devem expressar as tensões típicas da mão em vida; (**acima**) a dançarina Katsuko Azuma interpretando o personagem mítico do leão Shishi.

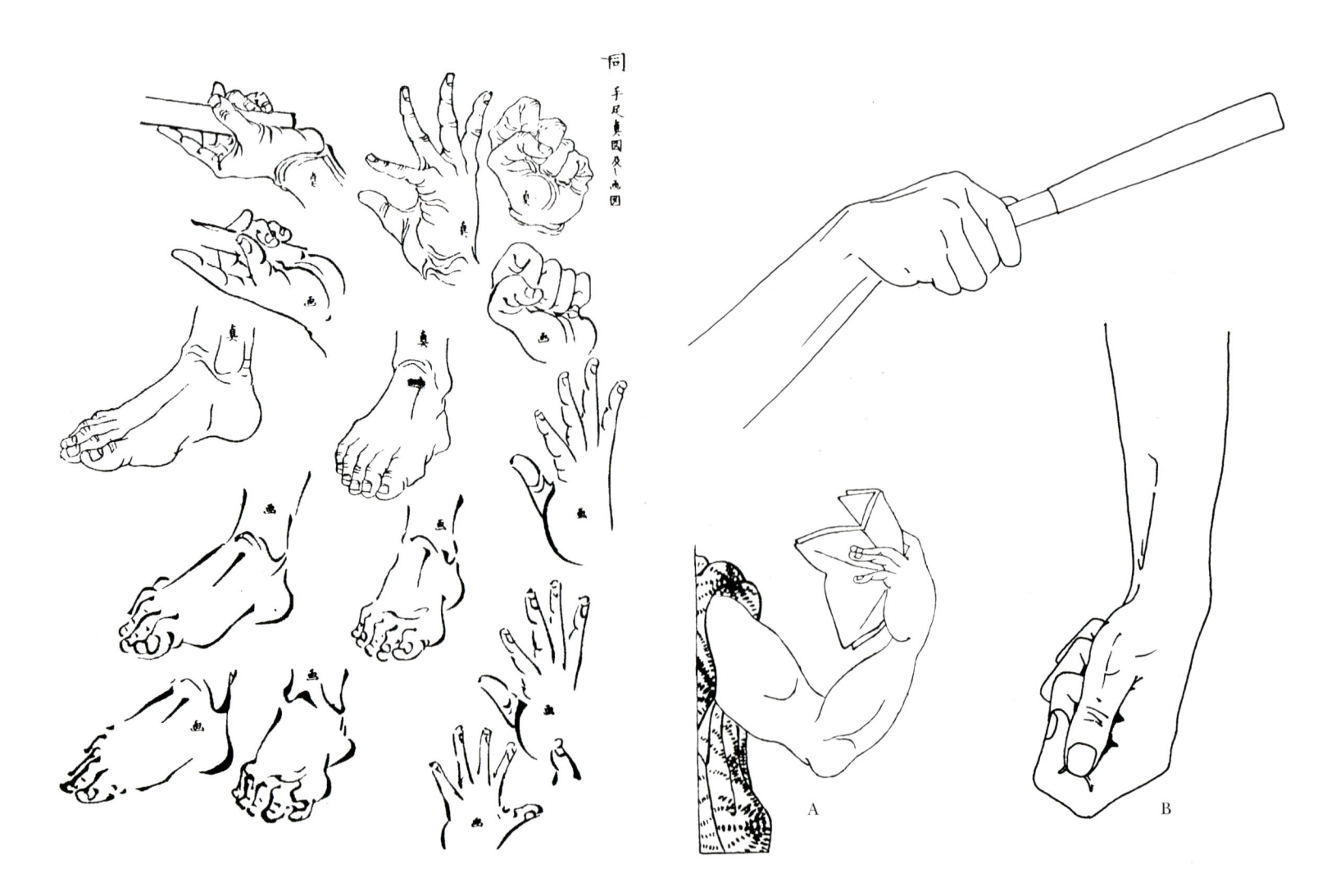

As mãos e o balé clássico

Assim como acontece no teatro balinês e no teatro japonês, mesmo diante de uma codificação precisa das posições, as mãos dos bailarinos clássicos não expressam nada mais que puro dinamismo, estando desconectadas de qualquer significado literal e imediato. Georgette Bordier afirma:

> O único objetivo desse estudo é mostrar como o mecanismo do braço e da mão é preciso, exato. Os movimentos do braço, que são um prolongamento e um acompanhamento do ritmo do corpo e da cabeça, expressam as nuances, indicam o significado do movimento. Eles demandam reflexão e sensibilidade para evitar que se transformem em uma gesticulação que a grande liberdade dos movimentos articulares poderia autorizar.
> (Georgette Bordier, *Anatomie Appliquée à la Danse: Le Corps Humain, Instrument de la Dance.* Paris, Amphora, 1975)

[34-36] (**ao lado**) As mãos na dança moderna: Carolyn Carlson em uma demonstração durante a ISTA de Copenhague (1996); (**abaixo, à esquerda**) Mãos e braços no balé clássico: gravura extraída de *Anatomie Appliquée à la Danse* [Anatomia Aplicada à Dança], de G. Bordier (Paris, 1980); (**abaixo, à direita**) uso das mãos e dos braços no balé clássico do século XVIII: gravura de Pierre Rameau em *Le Maître à Danser* [O Mestre que Dança], Paris, 1725.

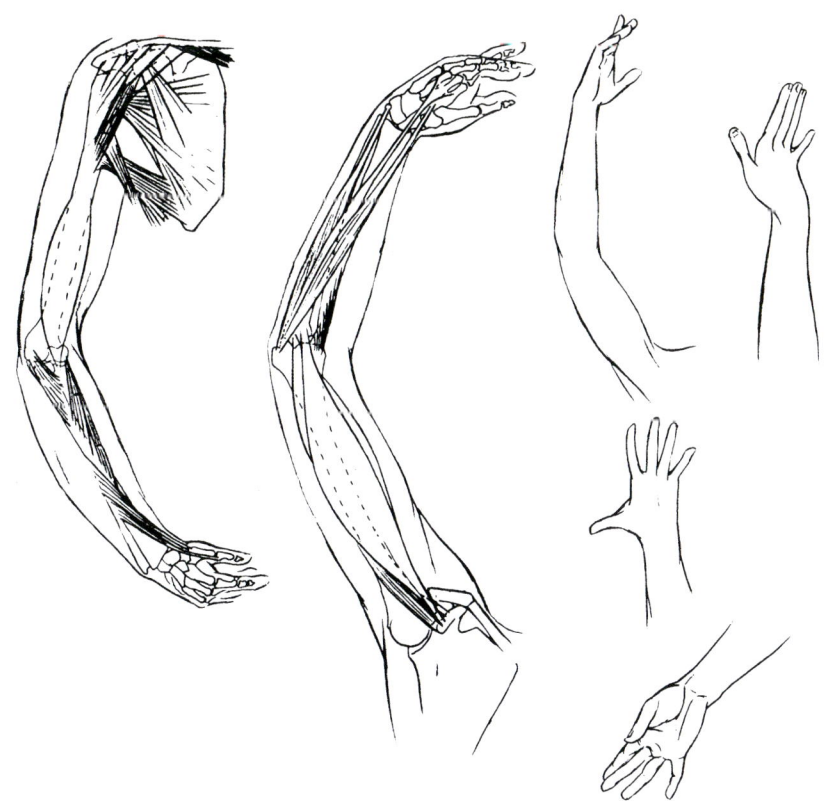

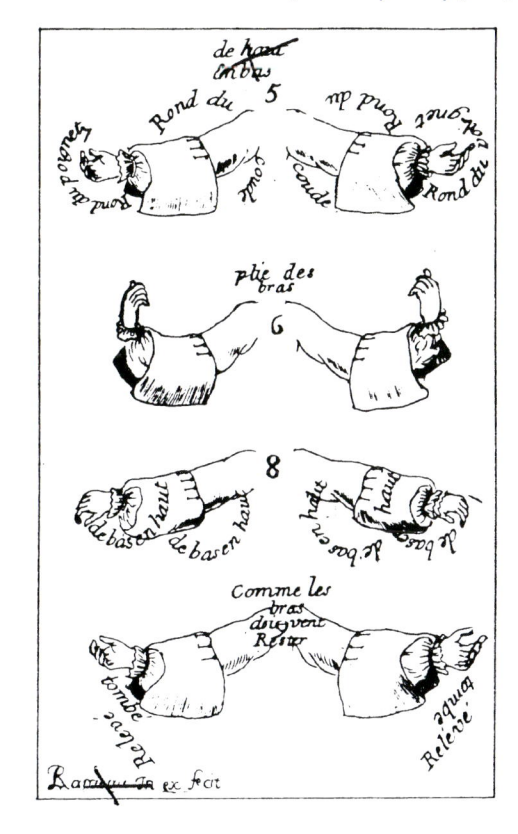

Dois exemplos de teatro ocidental contemporâneo

Já vimos que o uso das mãos é um processo codificado para o ator-dançarino oriental e que é *expressivo* para o espectador até quando é mostrado *friamente*. O mesmo efeito de "vida nas mãos" – transformado de tal maneira para recriar as tensões da mão em vida – pode ser alcançado pelos artistas ocidentais através de um processo individual, muitas vezes psico-técnico, que se serve de improvisações. Mas, ainda que seja proveniente de improvisações pessoais, o processo pode ser *fixado*, sem por isso perder a riqueza da vida.

[37-38] (**ao lado**) O ator canadense Richard Fowler no espetácolo *Wait for the Dawn* (1984); (**abaixo**) a atriz norueguesa Else Marie Laukvik no espetáculo do Odin Teatret *Come! And The Day Will Be Ours* [Vem! E o Dia Será Nosso!] (1978).

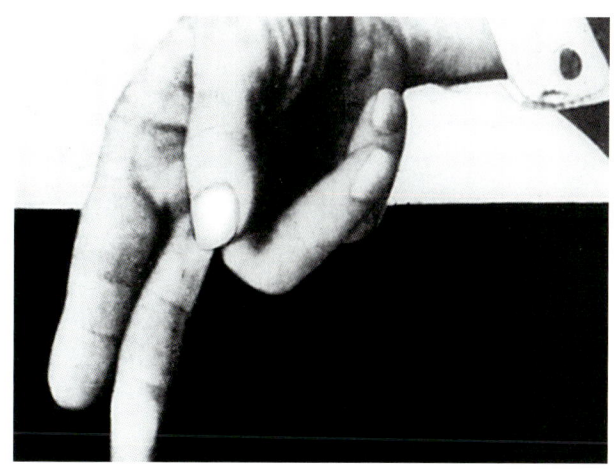

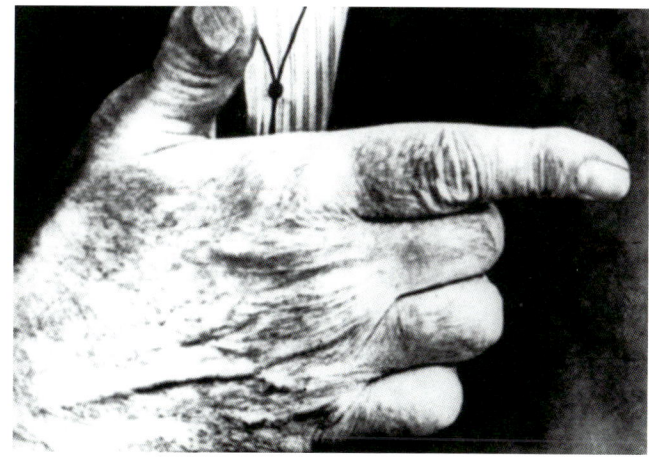

[39-41] As três imagens referem-se à interpretação de Stanislávski como Dr. Stockmann na peça de Ibsen *Um Inimigo do Povo* (1910): (**acima**) duas fotos de sua mão e (**à direita**) uma escultura de corpo todo feita por S.N. Sud'binin. Somente através de imagens raras como essas é possível imaginar o comportamento físico e os típicos gestos da mão deste personagem, que foi uma das melhores interpretações de Stanislávski. Seu biógrafo David Magarschack escreve: "Naquele momento de sua carreira, Stanislávski, como diretor, ensinou a seus atores o método para tocar a natureza interior dos próprios papéis, servindo-se das idiossincrasias exteriores de qualquer pessoa que conhecessem de verdade e que lhes parecesse a mais próxima do quadro mental do personagem que tinham que representar. Stanislávski foi tão longe nesse sentido que estimulou seus atores a se maquiarem como a pessoa que tinham em mente como modelos dos papéis que deveriam representar. O próprio Stanislávski pegou o compositor Rímski-Kórsakov como modelo para criar a maquiagem do Dr. Stockmann. Stanislávski achou que, ao interpretar esse papel, seu comportamento cênico e seus gestos estavam vindo até ele sozinhos. Mas isso era só aparência. Quando foi capaz de analisar sua interpretação, descobriu que, enquanto acreditava que os gestos, os passos e a postura do Dr. Stockmann tinham chegado até ele por intuição, na verdade eles já tinham surgido prontos de seu subconsciente, onde ele havia armazenado um grande número de impressões de pessoas que tinha encontrado ao longo de sua vida e, depois, tinha inconscientemente extraído aquelas que eram mais típicas e características do Dr. Stockmann: seus passos apressados, seu modo de caminhar com a parte superior do corpo desequilibrada para frente e, particularmente, o uso expressivo que fazia de seus dedos – o indicador e dedo médio para frente e os outros dedos juntos com o polegar por cima – eram todos tomados da vida. (...) Assim como seu modo de 'segar o ar' enquanto se dedicava a uma discussão calorosa, com o polegar em tensão, o indicador junto do médio e o mindinho junto do anular, com essas duas últimas partes de dedos separadas como as lâminas de uma tesoura: para esse gesto, ele tinha se inspirado em Maxim Górki, que costumava ressaltar seu próprio ponto de vista dessa maneira." (David Magarschack, *Stanislavsky: A Life*. Londres, Macgibbon & Kee, 1950). Em 1933, durante uma conferência em Karkhov, Meyerhold afirmará: "Como nascem os personagens? No começo surge um braço, depois um ombro, depois uma orelha, depois uma maneira de caminhar". (em *Théâtre en Europe*, vol. 18, 1988).

[42-43] A atriz Itallana Franca Rame em um de seus monólogos (1984). As mãos ressaltam e amplificam a ação vocal. A mão direita se abre como se fosse uma boca, numa ação vigorosa que contrasta com a ação delicada da mão esquerda (**abaixo, à direita**); essa complementaridade também é encontrada em outra imagem: o sopro que escapa de seus lábios é ressaltado pela ação feita pelo corpo todo, a mão de cima que se abre fazendo vibrar a mão que está embaixo (**abaixo, à esquerda**).

Montagem

Montagem do ator e montagem do diretor
Eugenio Barba

"Montagem" é uma palavra que hoje substitui o velho termo "composição". "Compor" (pôr com) também significa "montar", colocar junto, tecer ações: criar o drama (ver *Dramaturgia*).

A composição é uma nova síntese de materiais e fragmentos retirados de seu contexto original. É uma síntese *equivalente* ao fenômeno e às relações "reais" que evoca ou representa.

Ela também é uma *dilatação*, que corresponde àquele processo do ator que o leva a se isolar e a fixar alguns processos fisiológicos ou alguns modelos de comportamento como se os colocasse sob uma lente de aumento, fazendo de seu corpo um *corpo dilatado* (ver *Dilatação*).

Dilatar implica, antes de tudo, isolar e selecionar: "Uma cidade e um campo, de longe, são uma cidade e um campo; mas, à medida que nos aproximamos, viram casas, árvores, telhas, folhas, formigas, pernas de formigas e assim ao infinito".

O cineasta Robert Bresson cita essa frase de Pascal e deduz que para "compor" é necessário saber ver a realidade que nos circunda, subdividindo-a em suas partes constitutivas. É preciso saber isolar essas partes, torná-las independentes, para lhes dar uma nova dependência.

Um espetáculo teatral nasce de uma relação específica e dramática entre elementos e detalhes que, se vistos separadamente, não são dramáticos, nem parecem ter alguma especificidade em comum.

O conceito de "montagem" não implica apenas uma composição de palavras, imagens ou relações. Implica sobretudo uma montagem de ritmo, não para *representar* ou *reproduzir* o movimento. Com a montagem do ritmo, na verdade, estamos olhando para o próprio princípio do movimento, para as tensões, para o processo dialético da natureza e para o pensamento. Ou melhor: para o "pensamento que atravessa a matéria" (ver *Energia*).

As páginas de Eisenstein sobre El Greco são particularmente importantes para a montagem, pois mostram como ela é a própria construção do significado.

Eisenstein mostra como El Greco, montando cada uma das partes ("enquadramentos", como dizia Eisenstein) de suas pinturas, chega não a *representar* personagens estáticos, mas a uma *construção estática* do quadro, forçando o olho do espectador, seu próprio corpo, a percorrer o caminho do criador.

Inspirando-se nas cuidadosas análises do crítico de arte J. E. Willumsen, Eisenstein analisa o quadro de El Greco *Vista de Toledo*: foram tão reduzidas as proporções do enorme hospital de Don Juan Tavera, nas encostas do morro, que agora parece que o edifício é pouco maior que uma casinha, "senão ele teria escondido a vista da cidade". Portanto, o que El Greco pinta não é a paisagem assim como ela surge de uma determinada perspectiva, mas o equivalente de uma *vista* que não permite que esse gigantesco edifício seja um grande obstáculo.

Não só: ao pintar o hospital de Don Juan Tavera, o pintor prefere mostrar a fachada principal do edifício, ainda que esta, na verdade, não seja visível do ângulo em que o quadro foi feito.

Eisenstein afirma: "Não é possível ter essa vista de Toledo de nenhum ponto de vista real. Ela é um complexo montado, uma representação composta por meio de uma montagem na qual intervêm,

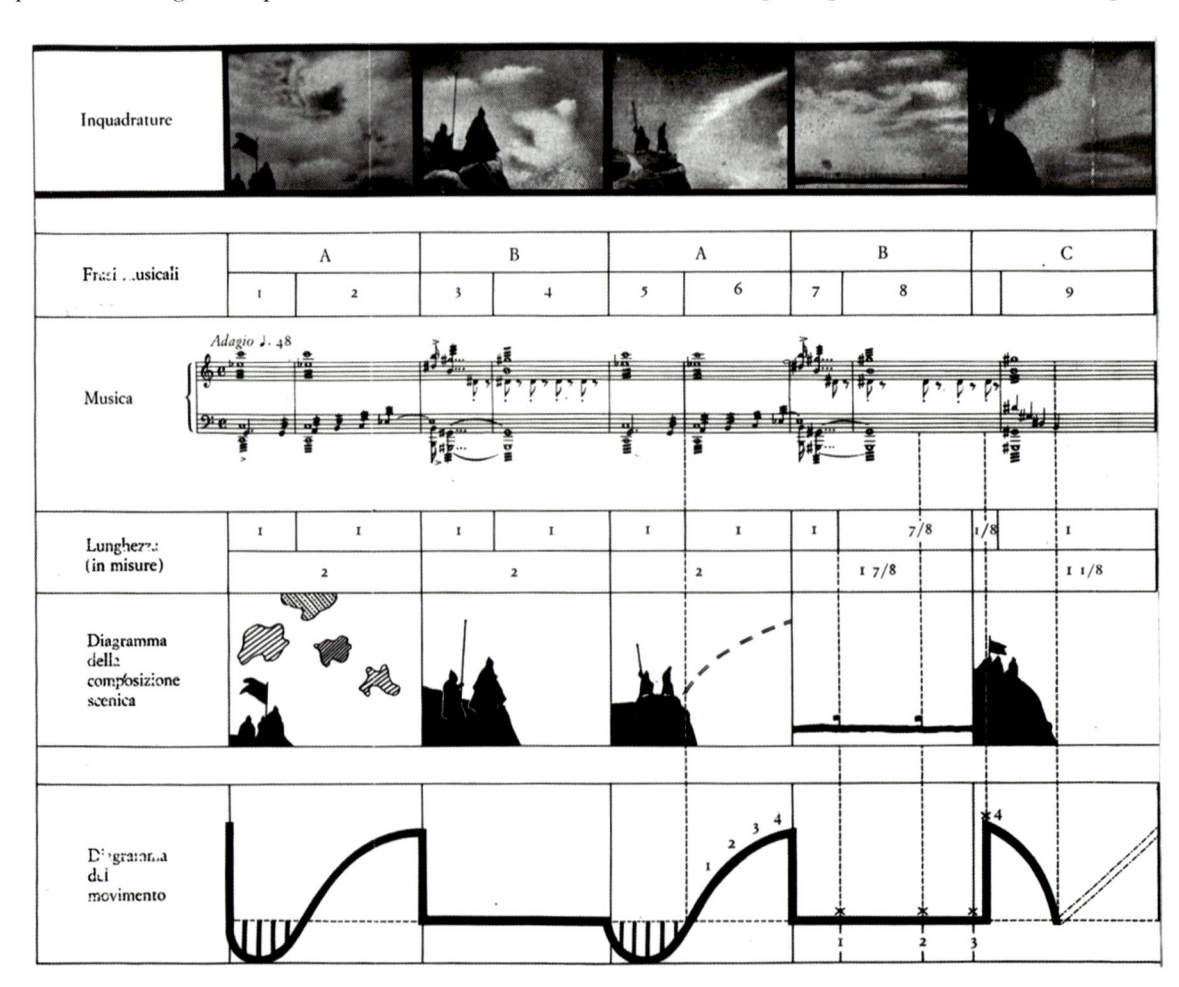

[1-2] (**acima**) *Vista e Mapa de Toledo*: pintura de El Greco (1541-1614), realizada entre 1608 e 1614 (Museu El Greco, Toledo); (**na página anterior e abaixo**) À espera da batalha sobre o lago gelado: sequência do filme *Alexander Nevsky* (1938) de Sergei Eisenstein (1898-1948): o diagrama audiovisual mostra a correspondência entre os enquadramentos, a música (que era de Prokofiev), a composição cênica e o movimento. Eisenstein usou esse exemplo para demonstrar como o elemento plástico do movimento e o movimento musical devem coincidir para alcançarem o máximo da expressividade: "A arte da composição plástica" – escreveu Eisenstein – "consiste em dirigir a atenção do espectador ao longo de um traçado preciso, na ordem exata desejada pelo autor da obra. Isso acontece com o movimento do olho sobre a superfície de uma tela pictórica, se a composição é expressa em pintura, ou sobre a superfície de uma tela de cinema, se estamos examinando um enquadramento (Sergei Eisenstein, *Film Form*. Nova York, Harcourt Brace & World, 1949).

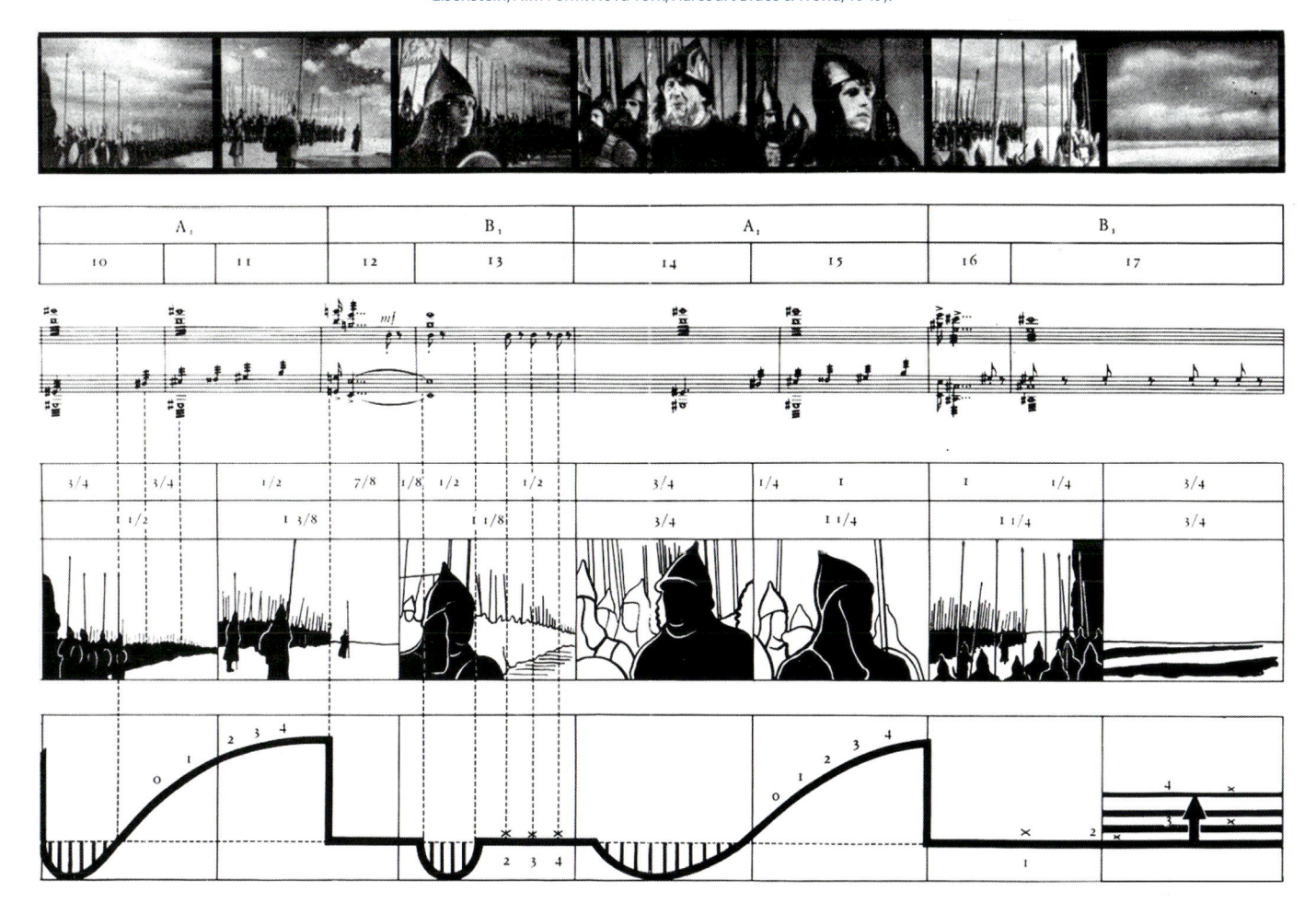

'fotografados' isoladamente, objetos que, no meio da natureza, se escondem um do outro ou viram de costas para o espectador".

Resumindo, o quadro é composto por "elementos escolhidos independentemente uns dos outros e reunidos em uma construção arbitrária, inexistente de um único ponto de vista, mas completamente coerente com relação à lógica interna da composição". E ainda: "El Greco pintou esse quadro em sua casa, em seu ateliê. Ou seja, não se baseou em um olhar, mas em um saber. Não em um ponto de vista único, mas na união de motivos isolados, escolhidos enquanto ele passeava na cidade e em seus arredores".

Sendo assim, a montagem está na base do trabalho dramatúrgico como um trabalho sobre as ações, ou melhor, sobre o efeito que as ações devem causar no espectador. Ela consiste em guiar o olhar do espectador sobre o tecido (*text*) do espetáculo (*performance*), ou seja, em fazer com que ele experimente o *performance text*. O diretor concentra a atenção do espectador através das ações dos atores, das palavras do texto, das relações, da música, dos sons, das luzes e do uso dos acessórios.

Montagem do ator

É possível distinguir dois âmbitos ou duas direções de trabalho distintas: a do ator que trabalha dentro de um sistema codificado de representação e a do ator que deve inventar e fixar seu modo de estar presente em cada um dos diferentes espetáculos em que atua, tomando cuidado para não repetir o que já fez no espetáculo anterior.

O ator que trabalha em um sistema codificado de representação constrói a "montagem" alterando seu comportamento "natural" e "espontâneo". O equilíbrio é modificado e modelado, torna-se precário: assim novas tensões são produzidas em seu corpo, dilatando-o.

Do mesmo modo que certos processos fisiológicos podem ser dilatados e codificados, os contínuos movimentos dos olhos (*saccades*) – que na vida cotidiana acontecem duas ou três vezes por segundo e que se alternam com as fases de fixação (*nystagmus*) – também foram estruturados com uma codificação: através de regras bem precisas que dirigem os movimentos dos olhos do ator, essa codificação recria um equivalente para essa vida contínua dos olhos em nossa realidade cotidiana.

O mesmo acontece com as mãos. Na vida cotidiana, os movimentos dos dedos são continuamente percorridos e animados por tensões que individualizam cada dedo. Essas tensões são reconstruídas no teatro através dos *mudras*, que podem ter um valor semântico ou um valor puramente dinâmico. Em todo caso, eles recriam o equivalente da vida dos dedos, que se movem continuamente de uma posição codificada a outra, igualmente precisa.

Analogamente, é possível recriar o equivalente da vida que regula o equilíbrio cotidiano. Isso pode ser feito nas posições de não movimento, quando este equivalente é regulado como "ação no tempo" através da dilatação das tensões dos músculos posturais. No equilíbrio cotidiano, a imobilidade não existe, e a aparente imobilidade é constituída de minúsculos movimentos de ajuste (ver *Equilíbrio, Olhos e Rosto, Mãos*).

Todos esses processos que utilizam os fenômenos do comportamento e da fisiologia para amplificá-los, criando um equivalente deles, chegam a uma série de fragmentos bem precisos e fixados. Os atores que utilizam esses fragmentos têm à sua disposição um verdadeiro *bios* cênico, que constitui um comportamento realmente novo e que dilata sua presença em cena.

Richard Schechner fala de uma "restauração do comportamento", que é usada em todas as formas de espetáculo, do xamanismo ao teatro estético:

> Um comportamento restaurado é um comportamento vivo tratado da mesma forma que um cineasta trata a sequência de um filme. Cada sequência deve ser reorganizada, reconstruída. Não depende do conjunto de causas (sociais, psicológicas, tecnológicas) que a criaram: ela tem um comportamento próprio. A "verdade" original ou a "motivação" daquele comportamento pode ter sido perdida, ignorada ou escondida, elaborada ou distorcida pelo mito. As sequências de comportamento, ao dar origem a um processo – usadas durante os ensaios para obter um novo processo: o espetáculo –, não são mais um processo em si, são objetos, são *materiais* (ver *Restauração do Comportamento*).

O que Schechner escreveu para explicar como certas danças rituais (que hoje são consideradas "clássicas") foram "restauradas" aplica-se perfeitamente ao ator que trabalha baseando-se em uma codificação ou, então, fixando improvisações como se fossem "sequências de comportamento" sobre as quais é possível fazer um trabalho de montagem.

A "restauração", ou seja, um trabalho de seleção e dilatação, só pode acontecer se existe um processo de fixação.

É assim que acontece, por exemplo, quando os atores de Kabuki se reúnem para um novo espetáculo: mesmo que nunca tenham representado esse espetáculo (ou uma sua variação), eles podem atuar utilizando "materiais" já prontos, que foram usados em outras situações cênicas. Esses materiais são então remontados para o novo contexto. Eu mesmo vi um *onnagata* que nunca tinha interpretado um determinado papel ir ao palco depois de ter ensaiado só duas vezes: ele havia feito uma montagem usando materiais que vinham de outros papéis que já conhecia.

Montagem do diretor

Se as ações dos atores podem ser consideradas análogas a sequências cinematográficas que já são o resultado de uma montagem, é possível usar essa montagem não como um resultado, mas como materiais para uma nova montagem. Normalmente, essa é a tarefa do diretor, que pode entrelaçar as ações dos vários atores de duas formas: numa sucessão em que uma ação parece estar respondendo à outra ou num acontecimento simultâneo, no qual o sentido de cada ação deriva diretamente do fato de que estão presentes ao mesmo tempo.

Vamos dar um exemplo – tosco como qualquer exemplo, tanto que vamos usar imagens fixas, fotografias utilizadas como se fossem fotogramas – para ilustrar um processo cujo sentido depende do ritmo e do desenvolvimento das ações no tempo e no espaço.

No entanto, por mais que o exemplo seja tosco, ele pode ilustrar o nível mais elementar (gramatical) da "montagem do diretor".

Podemos imaginar que nosso ponto de partida é um texto bem preciso: "Então a mulher viu que a árvore era boa de se comer, agradável à vista, desejável para adquirir o conhecimento. Pegou seu fruto e comeu-o. Deu-o inclusive ao marido, que estava com ela e também o comeu" (*Gênesis* 3,6).

Também vamos mostrar aqui duas montagens feitas por atores, duas sequências de "comportamento restaurado": uma do ator Kosuke Nomura e outra de Étienne Decroux.

[3-13] Primeira montagem do ator: Kosuke Nomura na *sequência A*: como se colhe da árvore um fruto suculento para depois comê-lo em uma cena de Kyogen.

Primeira montagem de ator

Sequência A: Kosuke Nomura, ator Kyogen, mostra como se colhe um fruto (uma ameixa) e como ele é comido segundo a tradição de sua arte. Vemos, na prática, o princípio da seleção e da dilatação: (fig. 3) com a primeira mão ele agarra o ramo, com a segunda começa o movimento para pegar o fruto, partindo do lado oposto; (fig. 4) pega o fruto e, para arrancá-lo, não o puxa, mas... (fig. 5) faz ele girar, mostrando seu tamanho; (fig. 6) o fruto é levado à boca, mas ele não faz isso usando uma linha reta, e sim um movimento circular. Os dedos ficam vivos ao apertar o fruto, movendo-se de um modo que põe em evidência o tamanho, a maciez e o peso; (fig. 7-10) com um movimento que parte do alto, o fruto é aproximado da boca; (fig. 11) não é a boca que espreme o fruto, e sim a mão, que, teatralmente, faz uma ação *equivalente* àquela que na realidade é feita pela boca; (fig. 12) o fruto é engolido (mais uma vez é a mão que faz a ação: o ator não mostra um homem que engole, mas sua mão torna visível uma ação – engolir – que, de outra maneira, seria invisível); (fig. 13) o homem sorri, satisfeito por ter provado o fruto.

Segunda montagem de ator

Sequência B: o grande mestre Étienne Decroux mostra como um objeto é colhido do chão (uma flor) segundo os princípios do mimo corporal. Ele também parte da extremidade oposta àquela na qual a ação se dirige, primeiro com os olhos, depois com o ato em si (fig. 14-27, p. 165).

As duas sequências apresentadas pelos dois atores, apesar de suas distintas motivações e dos diferentes contextos de proveniência, podem, por sua vez, ser montadas uma junto da outra. E assim vamos obter uma nova sequência cujo significado dependerá do novo contexto em que está inserida: o texto bíblico que escolhemos como exemplo para nosso ponto de partida. Naturalmente, nesse caso, não vamos levar em conta o sexo dos dois atores: de fato, nada impede que o ator japonês Kosuke Nomura se disponha a interpretar o papel de Eva.

Agora, sigam as duas sequências dos atores como se fossem uma sequência única: Eva acabou de ceder à tentação da serpente, colhe o fruto e o prova. Sua reação final é um sorriso por causa do novo mundo escancarado diante dos seus olhos (p. 164).

Aqui está faltando uma ação que podemos imaginar com facilidade: Eva, querendo que Adão também caia na tentação, coloca o fruto do conhecimento no chão, do lado dele. E eis que Adão olha para os lados, como se tivesse medo de estar sendo vigiado pelo anjo de Deus. Ele dá início ao movimento de pegar o fruto partindo da extremidade oposta: o princípio da oposição agora pode ser lido como uma primeira reação de rejeição. Em seguida, Adão se inclina em direção ao chão, colhe o fruto, vira de costas como se fosse embora ou para comer o fruto sem que ninguém o visse, ou porque tem vergonha do que fez. Ou, então, tendo ficado sozinho, sai à procura de Eva (fig. 16, p. 165).

Seria possível fazer uma montagem desse tipo porque os dois atores podem repetir perfeitamente cada uma das ações, cada um dos seus detalhes. É por isso que o diretor pode criar uma nova relação entre as duas sequências, pode extrapolar do seu contexto original e criar uma nova dependência entre elas, relacionando-as com um texto que é seguido com fidelidade. Na verdade, o texto bíblico não diz *como* Eva dá o fruto para Adão. Dessa maneira, o diretor pode preencher a lacuna visível do texto, e as sequências que já foram fixadas pelos atores permitem que ele encontre um modo particular de preenchê-la. Alguns detalhes da ação ainda podem ser amplificados, tornando-se ainda mais dramáticos, *interpretados.* Vamos voltar ao nosso exemplo, aos "materiais" oferecidos pelos atores, sem acrescentar nada de novo.

Visto que as duas sequências dos atores já são o resultado de uma "restauração do comportamento", visto que são perfeitamente fixadas e então podem ser tratadas como duas sequências de um filme, o diretor pode extrair alguns fragmentos da sequência de um ator e remontá-los entrelaçando-os com os fragmentos provenientes da sequência de outro ator, mas tomando cuidado para que após os cortes e a nova montagem haja uma coerência física, uma sincronia comportamental que permita passar de um movimento a outro de maneira orgânica (a sequência fotográfica permite adivinhar essa coerência).

E agora vamos ver o exemplo de uma nova montagem que entrelaça fragmentos provenientes das sequências apresentadas pelos dois atores – sequências que antes eram autônomas e independentes (fig. 28-37, p. 167).

MONTAGEM

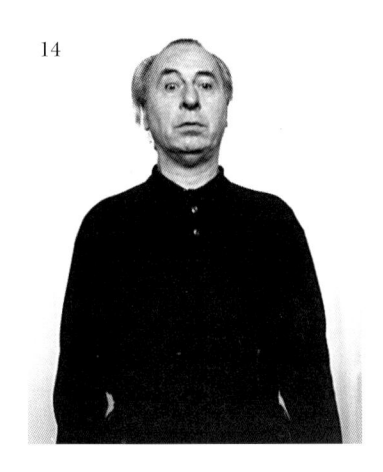

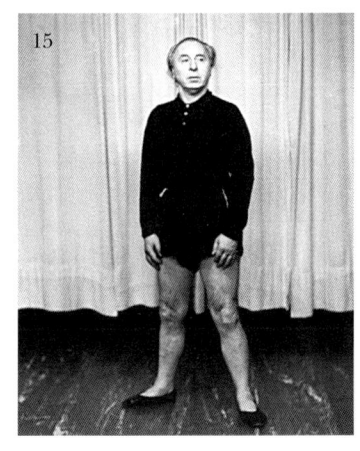

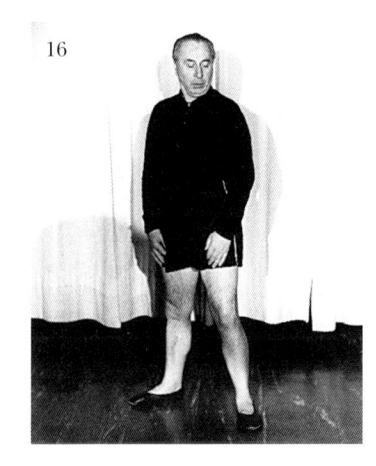

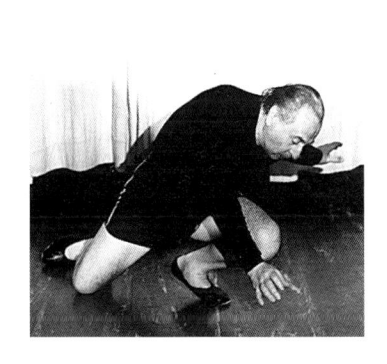

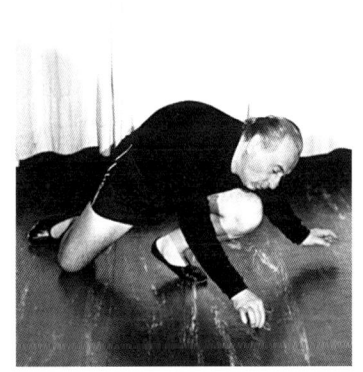

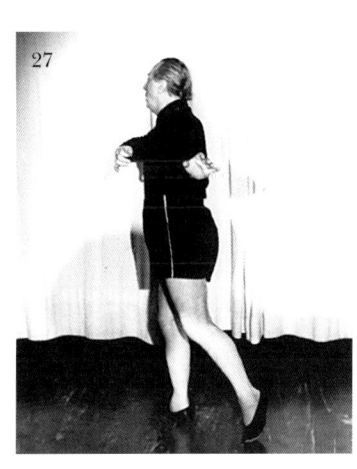

[14-27] Segunda montagem do ator: Étienne Decroux na *sequência B*:
como se colhe uma flor na arte do mimo corporal.

Outra montagem do diretor

Se trouxermos essa montagem para o nosso tema (Adão e Eva), descobrimos o sentido da nova ação, que se torna um momento particular do tema geral: (fig. 28, p. 167) incrédulo, Adão observa...; (fig. 29) Eva colhe o fruto proibido e está prestes a comê-lo; (fig. 30) Adão: "Prometemos não comer o fruto dessa árvore!"; (fig. 31) Eva insiste e traz o fruto proibido para perto de sua boca; (fig. 32) Adão: "A espada de Deus nos punirá"; (fig. 33) Eva está quase mordendo o fruto; (fig. 34) Adão: "Não faça isso!"; (fig. 35) Eva come o fruto proibido; (fig. 36) Adão se estatela no chão; (fig. 37) enquanto Eva está inebriada pelo conhecimento.

No começo, o contexto de referência das ações fixadas pelos atores – suas sequências de "comportamento restaurado" – é que sugere o sentido que elas podem assumir.

A mesma montagem que usamos para a história bíblica, na verdade, pode ser usada para uma montagem de *O Pai*, de Strindberg: Laura (a esposa: mais uma vez o ator Kosuke Nomura é chamado a interpretar um papel feminino) faz o Capitão suspeitar que não é o pai da filha deles: o homem é ridicularizado e destruído. O diretor percebeu nas ações de Kosuke Nomura (originalmente uma sequência baseada no ato de colher uma ameixa e comê-la) uma referência ao adultério e, sobretudo, à imagem da "vagina dentada" que castra e destrói o homem. No final, Laura diz: "É estranho, mas nunca pude olhar para um homem sem me sentir superior a ele!" (*O Pai*, Ato I, cena IX)

Vistas sob a luz de seu novo contexto strindberguiano, as ações entrelaçadas dos atores deverão se transformar, pequenos detalhes serão modificados para torná-los coerentes com o significado que as ações acabaram de conquistar. Além disso, o ritmo e a intensidade com os quais as ações se entrelaçam levarão os materiais apresentados pelos atores – as duas sequências de comportamento restaurado – a adquirir uma nova vida, e não apenas a perder sua vida original.

O nível que essa montagem de "fotogramas" toscamente exemplifica é elementar, gramatical: o essencial, ou seja, o trabalho artístico, ainda está por vir. Estamos diante de um corpo friamente construído, um corpo "artificial" no qual a vida não flui. Mas esse corpo artificial já contém todos os circuitos por onde pode fluir o *bios* cênico do teatro, ou seja, a vida recriada através da arte. Para que isso aconteça, é necessário que alguma coisa "quente", que não pode mais ser analisada ou anatomizada, amalgame a obra dos atores e do diretor num todo único onde não é mais possível distinguir a ação de uns e a montagem do outro. Essa é a fase do trabalho na qual as regras não existem mais. As regras só servem para tornar esse acontecimento possível, para criar as condições em que a verdadeira criação artística possa se realizar sem ter mais que respeitar limites ou princípios.

Para que as ações se tornem dramáticas na montagem do diretor, elas devem receber outro valor que ultrapasse o significado e as motivações que levaram os atores a criá-las. É esse novo valor que faz as ações irem além do ato que elas, por si só, representam. Se eu caminho, caminho e basta. Se eu me sento, me sento e basta. Se eu como, não faço nada além de comer. Se eu fumo, não faço nada mais que fumar. São atos que só ilustram a si mesmos, que se esgotam em si.

O que faz as ações transcenderem e irem além do seu significado ilustrativo são as relações criadas no novo contexto em que foram inseridas. Colocadas em relação com outras coisas, tornam-se dramáticas. Dramatizar uma ação significa introduzir um salto de tensão que a obriga a se desenvolver na busca de significados diferentes dos originais.

Resumindo, a montagem é a arte de inserir as ações em um contexto que as faça desviar do seu significado implícito.

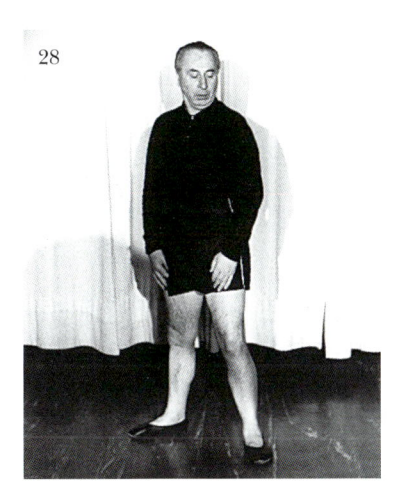

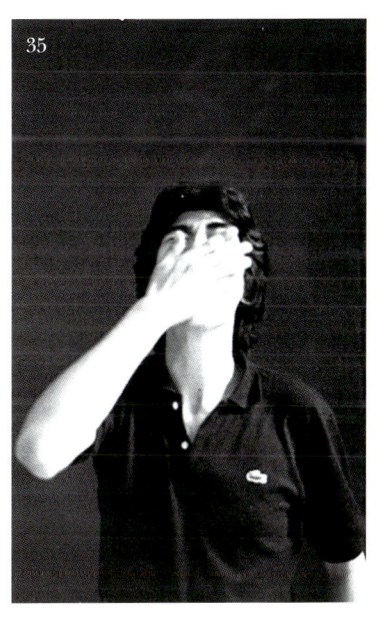

[28-37] Montagem do diretor: a nova sequência obtida após elaborar as *sequências A e B* dos atores e as novas possíveis variações de conteúdo: *Gênesis* 3, 6 ou a peça de A. Strindberg, *O Pai* (1887), Ato I, cena IX. Se trouxermos essa nova montagem ao primeiro dos nossos temas – o fruto proibido –, eis o sentido da nova ação: (**fig. 28**) incrédulo, Adão observa...; (**fig. 29**) Eva colhe o fruto proibido e está prestes a comê-lo; (**fig. 30**) Adão: "Prometemos não comer o fruto desta árvore!"; (**fig. 31**) Eva insiste e traz o fruto proibido para perto de sua boca; (**fig. 32**) Adão: "A espada de Deus nos punirá"; (**fig. 33**) Eva está quase mordendo o fruto; (**fig. 34**) Adão: "Não faça isso!"; (**fig. 35**) Eva come o fruto proibido; (**fig. 36**) Adão se estatela no chão; (**fig. 37**) enquanto Eva está inebriada pelo conhecimento. A mesma montagem que aplicamos à história bíblica pode ser aplicada a uma cena de *O Pai* de Strindberg: Laura (a esposa: mais uma vez o ator Kosuke Nomura é chamado a interpretar um papel feminino) faz o Capitão (o marido: Étienne Decroux) suspeitar que não é o pai da filha deles. O homem é ridicularizado e destruído. O diretor percebeu nas ações de Kosuke Nomura (originalmente uma sequência baseada no ato de colher uma ameixa e comê-la) uma referência ao adultério e, sobretudo, à imagem da "vagina dentada" que castra e destrói o homem. No final, Laura diz: "É estranho, mas nunca pude olhar para um homem sem me sentir superior a ele!". (*O Pai*, Ato I, cena IX)

NOSTALGIA

Nostalgia ou paixão pelos retornos
Nicola Savarese

Longe de Ítaca, Ulisses não sofria de *nostalgia*. Essa palavra, apesar de ser composta por palavras gregas (*nostos*, retorno e *algos* dor), só foi inventada no século XVII. Foi criada por um médico holandês, que criou esse termo para definir aquela particular doença que atingia as pessoas obrigadas a viver longe da pátria por muito tempo. Os primeiros a serem diagnosticados com "nostalgia" foram os suíços que emigravam das montanhas em busca de trabalho.

Até o final do século XIX, a palavra "nostalgia" continuou sendo um termo exclusivamente médico. Depois saiu dos livros de medicina e entrou no léxico dos estetas do decadentismo europeu com o sentido de "vaga inspiração" e "melancolia". Foi com esses matizes que a palavra entrou no vocabulário comum.

Vamos usar o termo *nostalgia* no sentido original – paixão pelos retornos –, enriquecendo-o com uma nuance sutil introduzida pelo poeta italiano Niccolò Tommaseo em seu famoso dicionário da língua italiana, no qual definiu o termo como um "nobre privilégio dos países pobres". Nesse sentido, a nostalgia é uma característica da atividade artística do século XX e é particularmente adequada ao teatro.

Um estudo sobre os atores do passado ou de outras culturas, assim como de seus comportamentos cênicos e de suas técnicas, surgiu no início do século XX, quando, diante do aparecimento dos meios de comunicação de massa, os homens de teatro começaram a buscar novas formas de linguagem teatral e uma nova identidade para o teatro.

Atores, dançarinos e os diretores que iam surgindo começaram a se voltar para os patrimônios historicamente ou geograficamente distantes da tradição europeia. Eram patrimônios de cultura teatral que poderiam inspirar alternativas viáveis ao teatro do século XIX, fornecer argumentos importantes para uma nova estratégia cultural e, sobretudo, caminhos diferentes e mais ricos para a linguagem do ator. Foi assim que nasceram os mitos da Commedia dell'Arte, do antigo teatro grego e dos teatros orientais.

Era natural que essas origens extremamente diversas – tão distantes no tempo e no espaço a ponto de parecerem míticas ou legendárias – inspirassem nostalgia na imaginação dos artistas. Numa época de grandes mudanças, eles olharam para essas fontes distantes como se fossem as "idades de ouro" do teatro. Era mais uma busca técnica pelo ponto de partida do que o eterno desejo de retorno às origens; era mais uma investigação para além dos limites e dos confins da própria cultura do que uma vaga nostalgia pelo infinito.

Não só a Commedia dell'Arte, o antigo teatro grego e os teatros orientais foram redescobertos, estudados e reinventados, mas também formas mais populares de espetáculo, do circo ao cabaré. Todas essas descobertas enriqueceram as ideologias e as práticas da arte teatral, influenciando decisivamente o desenvolvimento e as reviravoltas da cena moderna no Ocidente.

Essas formas teatrais tinham certas características em comum que podiam ser usadas tanto para criar uma oposição aos cânones do teatro burguês do século XIX quanto para subverter a mais recente tradição da linguagem do ator: em primeiro lugar, a recusa de um certo naturalismo em favor de uma estética que não se baseava na mimese, mas num sistema de signos; em segundo lugar, a eliminação da barreira entre ator e espectador – a famosa "quarta parede" – para descobrir novas possibilidades de relação entre a cena e o público; e, finalmente, a ruptura das unidades dramáticas através da montagem da ação em espaços e tempos simbólicos.

[1] Isadora Duncan (1878-1927), em uma dança inspirada na Grécia Clássica. Ela também interpretou o mito da dança grega em um sentido antiacadêmico, como um retorno às origens: uma estratégia para dar uma nova direção à dança sem ofender a tradição do balé clássico, mas trabalhando segundo outros princípios dinâmicos.

E assim, diretores e atores, dançarinos e todas as pessoas do mundo do espetáculo viram-se diante de novos exemplos de comunicação teatral que podiam ser acessados com certa liberdade: eram exemplos culturalmente prestigiosos, tecnicamente perfeitos e suficientemente estranhos para serem recuperados e revirados, até mesmo *inventados*, sem todo aquele medo que os modelos mais próximos despertam.

A Commedia dell'Arte e os teatros orientais, particularmente, sugeriam uma arte do ator livre de todo condicionamento psicológico. Além disso, ela também se baseava numa meticulosa técnica do corpo que era o único elemento – e o único instrumento – do ator capaz de representar *inclusive* as emoções. A Commedia dell'Arte foi interrompida no final do século XVIII, mas os atores orientais ainda estavam encarnando suas antigas tradições. E assim podemos facilmente compreender como eles puderam se tornar os únicos modelos que não só eram diferentes, mas também estavam *vivos* e podiam ser exportados diretamente.

É óbvio que essa nostalgia não ficou imune a riscos e armadilhas: as modas, o desejo pelo exótico e pelo diferente, a interpretação superficial foram todas facetas de uma utopia de teatro total que aspirava à simbiose com o grande público. Mas todos esses fenômenos também deram origem a mal-entendidos mais ou menos férteis, muitos dos quais influenciaram a história do teatro mais recente. Mas não podemos perder de vista o essencial: o contato direto com culturas teatrais distantes levou os artistas de teatro a descobrir que a arte do ator é a pedra fundamental do espetáculo e que o teatro só existe porque existem os atores.

Esse foi o primeiro resultado histórico da nostalgia: foi o início de um processo que orientou a pesquisa teatral do Ocidente para uma pedagogia do ator livre das demandas da produção e do mercado (ver "Exemplos Ocidentais", em *Aprendizagem*).

O ator ocidental, que até aquele momento era classificado pela tradição segundo os diferentes gêneros teatrais – ator, dançarino, mimo, cantor, acrobata – pode então sonhar com a unidade e a dignidade do artista: a nostalgia da integridade, do *indivíduo ator* em sua acepção etimológica, do *ator indivisível*. Esse foi um dos primeiros resultados históricos da *nostalgia*.

O segundo resultado da nostalgia levou mais tempo para se afirmar: a necessidade de reencontrar as origens do teatro europeu junto com a pesquisa historiográfica para descobrir quando, no Ocidente, se deu realmente essa divisão, essa fratura da unidade ator-dançarino.

Estudos mais recentes confirmam que a divisão se deu no século XVII, quando o balé e a dança separaram profissionalmente o *ator* do *dançarino*. De fato, durante o Renascimento, mas principalmente nos espetáculos da Commedia dell'Arte, os atores cantavam, dançavam e recitavam exatamente como no Kabuki ou na Ópera de Pequim.

A dança dos atores

A Commedia dell'Arte se baseava principalmente na dança dos atores, por isso é realmente muito estranho que ela tenha sido tão pouco estudada pelos especialistas da dança e, ao contrário, tão explorada pela crítica literária.

O processo de construção de um espetáculo baseava-se na criação coletiva da história, no texto e na composição de movimentos, e concentrava-se na contribuição e nas convenções específicas de cada personagem, de cada máscara. No entanto, os ingredientes essenciais eram a dança e a acrobacia, junto com a "língua enérgica" da ação e do movimento (ver F. Taviani, "A Língua Enérgica", em *Historiografia*). Então o ator não tinha apenas que falar, cantar e tocar ao menos um instrumento musical, ele também precisava ser dançarino e acrobata. Eles faziam saltos mortais desafiadores, alguns até andavam na corda bamba enquanto recitavam textos vivos e eloquentes. Com certeza, realizavam proezas bastante difíceis que exigiam muita agilidade, e a natureza espetacular dessas façanhas trouxe fama para muitos atores e grupos de Commedia dell'Arte. E depois, como se oito atos não fossem suficientes, o espetáculo ainda terminava sempre com uma série de músicas e danças.

Após estudos mais recentes, podemos dizer que essa especialização na Commedia dell'Arte foi o resultado de: uma necessidade de competição dos artistas profissionais; uma necessidade de se apresentarem diante de públicos diferentes (diferentes em termos de classes sociais e idiomas, já que muitos artistas emigraram para o resto da Europa, sobretudo para a França); uma eventual necessidade de compensar a insuficiente iluminação de alguns ambientes; uma necessidade de usar todo o potencial do corpo em ação devido ao uso da máscara, que reduzia a expressividade do rosto. Claro que as danças desses artistas não eram convencionais, como o minueto ou a sarabanda, eram danças pessoais cujo estilo estava intimamente ligado ao personagem e, acima de tudo, ao ator.

Do ponto de vista profissional, esse modo de compor ações específicas para cada personagem – que transformava a maneira de se moverem numa verdadeira dança – não deve ter sido muito diferente do método de compor personagens usado pelos atores do Kabuki ou da Ópera de Pequim, que seguem suas tradições multisseculares.

A "dança dos atores" entrou na França através da Commedia dell'Arte e se afirmou na corte com as *comédie-ballets* de Molière e de Lulli. Molière tinha sido aluno dos cômicos italianos, por isso conhecia muito bem não só as técnicas, mas também o valor dramatúrgico e espetacular das "ações dançadas". Esse aspecto da atividade de Molière não foi suficientemente estudado. Na verdade, Molière não foi apenas um grande dramaturgo, foi também um ator, um mimo, um cantor e um dançarino, assim como os atores italianos de quem tinha sido atentíssimo aluno. Poderíamos dizer que teve uma aprendizagem sobre como se mover no palco. Também sabemos que sua companhia representava breves espetáculos de balé durante as turnês de província, o que fazia o nome de Molière surgir com frequência no meio dos dançarinos. Esse aspecto do seu trabalho culminou nas *comédie-ballets*, que, com a colaboração de Lulli, se tornaram tão conhecidos. Mas tanto a historiografia teatral quanto a crítica literária acabaram subestimando essa atenção que Molière dava à dança, considerando secundária a produção de suas *comédie-ballets*, principalmente se comparada ao restante de suas criações, que possuíam um "aspecto dramatúrgico superior".

No entanto, no século XIX, Théophile Gautier lamentava que as obras de Molière já não eram mais representadas com o "sabor" de antes; ele achava que elas não tinham mais todos os artifícios previstos pelo autor, seus surpreendentes e decorativos "acompanhamentos", como o balé de *O Doente Imaginário*.

Há uma grande semelhança entre os métodos de composição da Commedia dell'Arte e os do balé clássico. Nas origens do teatro moderno, no Ocidente, a dança e o teatro não eram considerados duas coisas separadas. A única distinção estava na hierarquia das tarefas de um ator ou de um grupo de atores, ou seja, não tinha nada a ver com a diversidade de gêneros. Essa unidade original comporta algumas considerações importantes, que podem ser sintetizadas em dois pontos.

Em primeiro lugar: se é verdade que na origem do teatro ocidental não havia uma distinção evidente entre "ator" e "dançarino", então podemos afirmar que, no começo, as práticas e os métodos atoriais do ator-dançarino ocidental eram bastante parecidos com aqueles adotados pelos atores-dançarinos orientais, apesar das diferenças culturais de base. De fato, o ator-dançarino ocidental também utilizava técnicas extracotidianas que deviam ser aprendidas através de uma disciplina baseada na construção de uma partitura de ações, passos e movimentos prefixados. Resumindo: o espetáculo era fruto de uma série de elementos pré-elaborados, combinados e compostos dentro de uma história que, de tempos em tempos, podia mudar, de acordo com as exigências dos atores, do público e do produtor.

Em segundo lugar: essa primeira perspectiva do teatro moderno ocidental não chegou até nós através da historiografia teatral, já que suas histórias *não privilegiaram* uma ideia e uma concepção do teatro baseadas naquele processo criativo e produtivo originário, mas *privilegiaram* uma imagem do teatro no ápice de um momento em que estavam sendo elaboradas as primeiras "histórias do teatro", segundo esquemas bem distantes da prática teatral: em se tratando de obras criadas principalmente no século XIX, o lugar de honra foi naturalmente concedido ao texto dramático-ideológico, e não à arte do ator.

Seguindo essa linha, durante muito tempo a história do teatro ignorou o tratado de Domenico da Piacenza intitulado *De la Arte di Ballare et Danzare* [Sobre a Arte de Bailar e Dançar], escrito em 1435, relegando-o à historiografia do balé. Foi a primeira obra escrita na Europa que, além de fundamentar a dança como arte autônoma, também afirma aquele método de composição das ações cênicas que constitue a base do profissionalismo do ator-dançarino, seja ele um expoente da Commedia dell'Arte ou das grandes tradições orientais.

[2-7] Paralelo entre pinturas vasculares gregas e atores da Comédie Française. Essa justaposição não foi feita por nós, mas aparece em 1899 na prestigiosa revista francesa *Le Théâtre*, num artigo de D. B. Laflotte chamado "Théâtre Antique, Gestes Modernes". O texto indicava as origens da moda *arqueológica* dos atores clássicos franceses, além de mostrar as analogias entre a sociedade grega e as aspirações socializantes e populares do teatro francês da época. Em ordem: (fig. 2) Mounet-Soully (1841-1916) no papel de Creonte, na *Antígona* de Sófocles; Sarah Bernhardt (1844-1923) nos personagens de Medeia, na homônima peça de Catulle Mendès (fig. 3), e de Fedra, na homônima peça de Racine (fig. 4). Como podemos ver, o desejo de buscar inspiração nas origens do teatro – ou seja, no teatro grego – manifestou-se, no início, através de uma imitação exterior dos figurinos, ainda que com uma pátina *liberty* e uma genérica *atitude trágica*. Mas não havia uma conexão real com a estrutura física das figuras gregas, cujas atitudes mais parecem ser negadas, quase contraditas, pelas atitudes físicas mais claramente retóricas dos dois atores franceses.

Além dessas importantes afirmações – a necessidade da técnica, de fixar os movimentos, de agir em todo o espaço –, Domenico da Piacenza sugeriu uma divisão fundamental dos passos de dança em *naturais* e *acidentais*: os primeiros derivam de movimentos naturais, enquanto os segundos resultam de uma elaboração artificial, "artística".

Bem, do ponto de vista da antropologia teatral, não é difícil reconhecer nessas definições a distinção entre movimentos *cotidianos* e *extracotidianos*. De fato, com sua definição, Domenico da Piacenza tinha a tendência de estabelecer a diferença entre: a dança popular espontânea e a dança de corte, nobre e mais refinada; o dançarino profissional, após aprender um certo número de passos prefixados – *extracotidianos* –, era capaz de articulá-los numa partitura pessoal para várias representações autônomas.

Seguindo os passos de Domenico da Piacenza, seus alunos Antonio Cornazano e Guglielmo Ebreo ocuparam-se principalmente dessa dança "fabricada" (ainda *extracotidiana*), que não era construída a partir de uma simples reorganização dos passos, mas tendo por base um conto, uma história.

Sendo assim, quais eram as características essenciais dessas primeiras representações dançadas do Ocidente? Música, atores, movimentos cênicos e história constituíam um único complexo que podia ser reproduzido sem que a criação original fosse perdida, o que trazia grande vantagem para o profissionalismo dos atores-dançarinos, para seu público e para o produtor. Os movimentos prefixados e já aprendidos podiam ser retomados e recombinados segundo novas histórias que iam surgindo, o que gerava novos espetáculos, sem que os atores-dançarinos tivessem que recomeçar do zero, desde a aprendizagem dos passos. Resumindo: eram um método e uma técnica de composição profissionais muito parecidos com os que seriam adotados mais tarde pelos atores da Commedia dell'Arte, e que também está na origem da profissão teatral dos atores-dançarinos orientais.

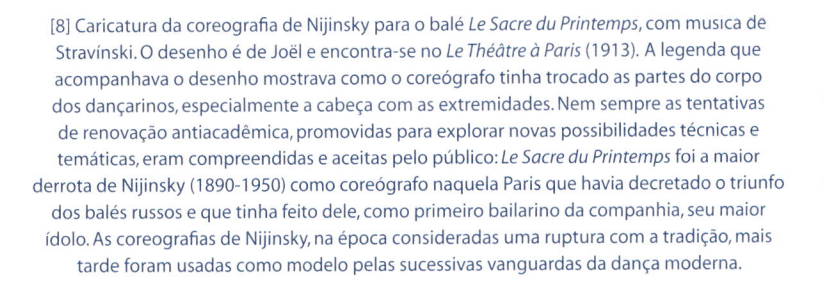

[8] Caricatura da coreografia de Nijinsky para o balé *Le Sacre du Printemps*, com musica de Stravínski. O desenho é de Joël e encontra-se no *Le Théâtre à Paris* (1913). A legenda que acompanhava o desenho mostrava como o coreógrafo tinha trocado as partes do corpo dos dançarinos, especialmente a cabeça com as extremidades. Nem sempre as tentativas de renovação antiacadêmica, promovidas para explorar novas possibilidades técnicas e temáticas, eram compreendidas e aceitas pelo público: *Le Sacre du Printemps* foi a maior derrota de Nijinsky (1890-1950) como coreógrafo naquela Paris que havia decretado o triunfo dos balés russos e que tinha feito dele, como primeiro bailarino da companhia, seu maior ídolo. As coreografias de Nijinsky, na época consideradas uma ruptura com a tradição, mais tarde foram usadas como modelo pelas sucessivas vanguardas da dança moderna.

[9] Vaslav Nijinsky (1890-1950) em *Aprés-Midi d'un Faune* (Londres, 1912). Nijinsky, assim como Isadora Duncan, inspirou-se na Grécia Clássica e utilizou várias de suas imagens antigas, já que podiam lhe oferecer a ruptura com o academismo do balé clássico. O ápice dessa pesquisa foi a coreografia do *Aprés-Midi d'un Faune*, na qual ele abandonou seus prodigiosos *entrechats* (ver *Pés*) a favor de um movimento em que parecia estar pregado no chão. Devido ao realismo de algumas atitudes eróticas do fauno, o balé foi julgado escandaloso e despertou imensa polêmica.

[10-11] (**à esquerda**) A dançarina americana Ruth Saint-Denis em uma "dança birmanesa" (1923); (**à direita**) Ted Shawn na *Dança Cósmica de Shiva*, coreografia que ele criou na Índia durante a turnê de 1924. A carreira de Ruth Saint-Denis (1877-1968) pode ser considerada um clássico exemplo da relação dos dançarinos ocidentais com o teatro-dança asiático. Interessada nas danças primitivas e principalmente no mito do Oriente, Ruth Saint-Denis estreou espetáculos impregnados de puro exotismo. Mas, depois que viajou pela Ásia com Ted Shawn, (1891-1972) – seu companheiro de trabalho e de vida –, começou a investigar diretamente as raízes das várias danças asiáticas, familiarizando-se com os aspectos técnicos essenciais que antes ela só inventava ou intuía: e é aí que ela transforma o exotismo primitivo de antes em habilidades técnicas e artísticas. Dessa maneira, Ruth Saint-Denis transformou o exotismo primitivo de sua dança em uma verdadeira experiência técnica e artística das danças orientais. Por unanimidade, a influência dos Denishawn – a companhia de dança dirigida por ela e Ted Shawn – é considerada fundamental na formação da dança moderna.

[12] Cena da *Fedra* de Racine, com direção de Aleksandr Taírov (1885-1950), no Teatro de Câmera de Moscou, em 1921. Nessas imagens, é possível reconhecer a tendência à chamada "modernização dos textos clássicos", que se afirmou nas direções teatrais europeias do início do século XX e que também deu origem a várias combinações entre peças antigas e arte moderna. Neste caso, o tema grego retomado por Racine é apresentado com uma cenografia que, mesmo respeitando a simplicidade e a geometria grega, é inspirada no cubo-futurismo e no construtivismo.

[13] Cena final do *Turandot* de Carlo Gozzi, com direção de Vakhtângov (1883-1922), no Teatro de Arte de Moscou, em 1922. O mundo mítico da Commedia dell'Arte foi considerado um elemento de teatralidade pura: a nostalgia do passado dentro de uma reconstrução que não é nem superficial nem mimética torna-se imediatamente uma nostalgia do futuro. Essa revitalização dos *lazzi* e das máscaras, desejada por homens de teatro como Craig, Meyerhold, Vakhtângov e Copeau, na busca pelas fontes da teatralidade moderna, é responsável pela ideia difusa de que a Commedia dell'Arte – grande fenômeno do teatro europeu dos séculos XVI e XVII e que entrou em declínio no século XVIII – era um gênero que nunca tinha desaparecido dos palcos e que estava enraizado no teatro italiano.

[14-15] (**à esquerda**) Ruth Saint-Denis e Ted Shawn em *Fantasias Balinesas*; (**à direita**) Ruth Saint-Denis em uma "dança do pavão" de inspiração indiana.

[16-17] (**à esquerda**) *Sakuntala*, obra do grande dramaturgo indiano Kalidasa (ca. IV séc. d.C.), com direção de Jerzy Grotowski no Teatro das Treze Filas de Opole, em 1960. A escolha de uma peça exótica, no tempo e no espaço, permitia que os atores explorassem uma gestualidade menos naturalística. Mas segundo o próprio Grotowski, a busca formal de uma gestualidade – é possível notar as mãos dos atores contraídas numa espécie de *mudra* (ver *Mãos*) – terminou com uma série de estereótipos ainda menos convincentes do que a interpretação naturalista: e foi aí que esse impasse sugeriu a próxima investigação, por parte do ator, de um treinamento capaz de eliminar seus comportamentos estereotipados. Assim nasceram o "teatro pobre" e o mítico "treinamento". (**à direita**) no verão de 1962, Jerzy Grotowski viaja à China e encontra o Dr. Ling, um especialista de trabalho vocal para atores da Escola de Ópera Tradicional de Xangai. As viagens de Grotowski para a China, em 1962, e as viagens de Barba para a Índia, em 1963, marcam um ponto de ruptura: os homens de teatro do Ocidente param de esperar pelas esporádicas turnês de atores e dançarinos orientais e passam para outra fase, a do "estudo de campo" das grades tradições espetaculares da Ásia. Nos anos 70 e 80 do século XX, a Ópera de Pequim, o Kathakali, o Kabuki, o Nô, as danças balinesas e várias outras formas de teatro-dança asiáticas tornam-se um patrimônio estável, e fertilíssimo, da cultura e das práticas do nosso teatro contemporâneo.

OLHOS E ROSTO

A palavra convulsa, que usei para definir a beleza, aos meus olhos perderia todo significado se fosse vista no movimento, e não no preciso momento em que este mesmo movimento deixa de existir. Em minha opinião, não pode haver beleza – beleza convulsa – se não afirmarmos a relação recíproca que vincula um objeto, considerado em seu estado de movimento e em seu estado de repouso.

(André Breton, *L'Amour Fou*)

Fisiologia e codificação

A figura ao lado (fig. 1) mostra o movimento das pupilas de um sujeito que está olhando para um desenho baseado no quadro de Paul Klee, *Figura de Pessoa Idosa*. As manchas pretas representam os pontos em que o sujeito fixou o olhar no desenho, enquanto os números de 1 a 14 mostram o percurso dessas fixações durante vinte segundos. As linhas entre as manchas pretas representam as *saccades*, os velozes movimentos dos olhos entre uma fixação e outra.

Os olhos são os órgãos sensoriais mais ativos que existem no homem: enquanto outros receptores sensoriais, como as orelhas, aceitam com bastante passividade qualquer sinal que encontram, os olhos se movem sem parar à medida que examinam e inspecionam todos os detalhes do mundo visual. (...)
O ato de olhar para objetos imóveis pressupõe a alternância de momentos de *fixação* (quando os olhos miram um ponto fixo no campo visual) e de *saccades*, os movimentos velozes dos olhos. Cada *saccade* conduz a uma nova fixação em um diferente ponto do campo visual. É normal que existam duas ou três *saccades* por segundo. Mas os movimentos são tão velozes que só ocupam cerca de 10% do tempo da vista. (...)
A aprendizagem visual e o reconhecimento comportam um armazenamento e uma recuperação de lembranças. Através das lentes, da retina e do nervo ótico, as células nervosas do córtex visual do cérebro são estimuladas, e é aí que se forma a imagem do objeto observado. O sistema mnemônico do cérebro contém uma representação interna de cada objeto que foi reconhecido. Assimilar mentalmente um objeto e se familiarizar com ele é o processo de reconstrução dessa representação. Ademais, reconhecer um objeto quando ele é visto novamente é o mesmo que ligá-lo à sua representação interna no sistema mnemônico.
Sabemos que os olhos fixam melhor as linhas que possuem ângulos ou curvas acentuadas: o cérebro seleciona o movimento curvo para recordar e reconhecer os objetos. Quando observamos um objeto, esse duplo movimento feito de pontos fixos e deslocamentos (*saccade*) constrói praticamente uma série de trilhas que servem para tomarmos consciência do objeto.
Esses itinerários do olhar, típicos da fase de assimilação mental do objeto, podem ser encontrados durante a

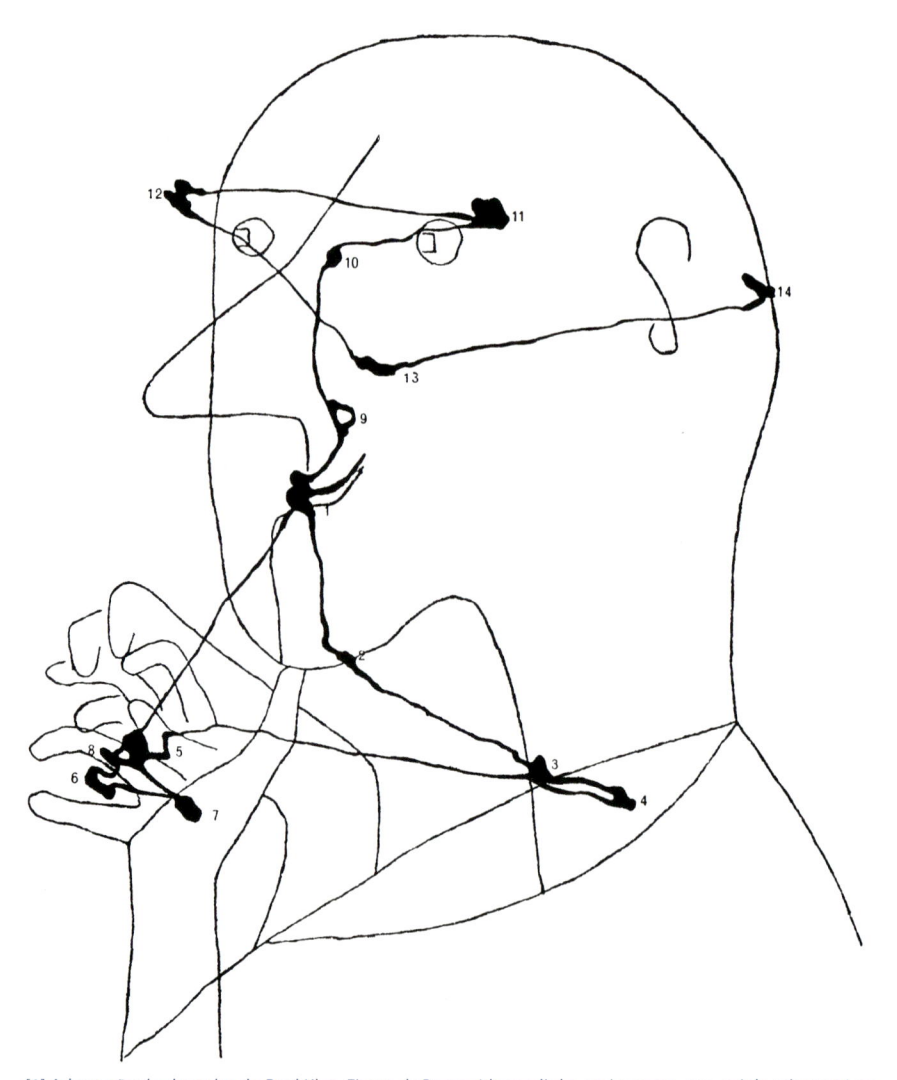

[1] Adaptação do desenho de Paul Klee, *Figura de Pessoa Idosa*: a linha mais grossa, que vai do número 1 ao número 14, não pertence ao desenho de Klee, mas representa o percurso do olho de alguém que o vê pela primeira vez. Os números mostram as etapas do percurso do olhar num período de 20 segundos: as manchas numeradas representam os momentos de fixação, enquanto as linhas entre as manchas representam as *saccades*, os movimentos rápidos do olho.

[2] (**acima**) Aluno de teatro Kathakali – do Kalamandalam (Kerala, Índia) – fazendo treinamento com os olhos;
[3-5] (**página ao lado**) alunos de teatro Kathakali – do Kalamandalam (Kerala, Índia) – fazendo treinamento com os olhos em relação às figuras das mãos ou *mudras* (ver *Mãos*).

fase do reconhecimento. Na verdade, os primeiros movimentos dos olhos que olham para a mesma imagem normalmente vão seguir os mesmos itinerários estabelecidos para aquela imagem durante a fase de assimilação mental do objeto.

(David Noton e Lawrence Stark, *Eyes Moviments and Visual Perception* [Os Movimentos dos Olhos e a Percepção Visual]. Califórnia, W. H. Freeman, 1971)

Esse contínuo movimento do olho fornece informações muito especiais ao ator que deve *mostrar que está olhando*: como demonstram as *saccades*, o olho nunca está em repouso. Exatamente da mesma forma que deslocamos nosso peso em continuidade de uma parte a outra do pé, mesmo no equilíbrio aparentemente mais estático, existem sempre micromovimentos no mais fixo dos nossos olhares. Os atores orientais reconstruíram o equivalente dessa movimentação dos olhos: de um lado, criando tensões e direções artificiais para ressaltar o olhar (fig. 2); do outro, e acima de tudo, obrigando os olhos a se moverem para só depois fixarem pontos fixos específicos no espaço circunstante, nas mãos e no horizonte (fig. 4-5).

Normalmente olhamos para frente, 30° para baixo. Mas se olhamos para frente e levantamos o olhar 30° para cima, a cabeça fica na mesma posição enquanto se cria uma tensão nos músculos da nuca e da parte superior do tronco, tensão essa que se repercute no equilíbrio, alterando-o.
Com os olhos, o ator Kathakali segue as mãos que compõem os *mudras* e que ficam um pouquinho acima do seu campo óptico habitual. Os atores-dançarinos balineses têm o olhar voltado para o alto. Em todos os *shan-toeg* (ou *lian-shan*, as posições "congeladas" do ator, ver *Energia*) da Ópera de Pequim, os olhos também estão voltados para o alto. Os atores Nô dizem que perdem o senso do espaço e que é difícil conservar o equilíbrio com aquelas minúsculas fissuras da máscara, que os impede de ver. Essa é uma das explicações para aquele seu modo particular de caminhar, deslizando os pés, sem nunca tirá-los do chão – assim como fazem os cegos, que também caminham deslizando os pés para explorar o terreno com cuidado, prontos para parar caso surjam obstáculos imprevistos. Todos esses atores mudam o ângulo do olhar que é comum na vida cotidiana. A atitude física muda com isso: o tônus muscular do tronco, o equilíbrio, a pressão sobre os pés. Transformando a técnica cotidiana do olhar, eles provocam uma mudança qualitativa de suas energias. Através das posições físicas, são capazes de mobilizar diferentes níveis de energia.

(Eugenio Barba, *Antropologia Teatral: Primeiras Hipóteses*)

Mais uma vez, a codificação (ou seja, a formalização) dos processos fisiológicos ajuda o ator a destruir os automatismos cotidianos de seu modo de usar os olhos. Portanto, *dirigir o olhar* passa a ser mais do que uma reação mecânica: para o ator, torna-se também uma ação, a *ação de ver*.

[6-7] (**ao lado, à esquerda**) O ator italiano Giovanni Grasso (1873-1930) interpretando o personagem Turiddu, em *Cavalleria Rusticana*, de Giovanni Verga (1912). Seu corpo encontra-se em uma sólida posição frontal, seus punhos estão fechados, seu olhar é turvo. Mas a impressão de ameaça é dada por uma particular torsão da espinha dorsal. Reparem também que, para mostrar o próprio olhar aos espectadores, Grasso não se coloca de lado, mas de frente para o público. Dessa maneira, para olhar seu adversário, ele é obrigado a posicionar suas pupilas completamente no canto do olho. Meyerhold viu Giovanni Grasso durante uma turnê na Rússia e, segundo Gladkov, afirmou: "Descobri várias leis da biomecânica vendo em cena o ator trágico siciliano Giovanni Grasso"; (**abaixo**) a dançarina espanhola Carmen Tórtola Valencia (1882-1955), no início do século XX, em sua exótica interpretação de *A Africana*. Ao contrário do que muitos podem pensar, o olhar também tem uma importância fundamental para os dançarinos.
[8] (**página ao lado**) A dança das oposições: Kazuo Ohno (1906-2010) em *Admiring La Argentina* (1977). No Butô, até a ação de olhar segue o princípio das oposições. Para ser capaz de olhar para dentro de si, o dançarino atua com o olhar "fora de foco".

OLHOS E ROSTO

O olhar concreto

Quando alguém observa as diferentes maneiras como os atores orientais usam os olhos e o olhar, fica imediatamente impactado por aquela forma particular de ficar rodando os olhos ou de apontar o olhar para direções muito precisas: mas, quando seguimos a linha do seu olhar, nos damos conta de que o ator fixa um ponto que é... vazio. Isso não tira a concretude do olhar, pelo contrário, serve para estabelecer uma qualidade espacial bem precisa para o espectador, e também para fazer com que personagens e animais teatrais e históricos ganhem vida, ainda que não existam *fisicamente* no palco. A concretude do olhar também é acompanhada por uma contínua dialética entre as tensões *keras* e *manis* (forte e suave, ver *Energia*), que faz com que o espectador seja capaz de seguir tanto a vida *interior* quanto a vida *exterior* do ator. Esse efeito de mostrar o próprio *interior* é muito mais forte para o espectador oriental, já que uma característica de muitos povos asiáticos é não deixar transparecer aos outros os próprios sentimentos. Essa é a origem da impenetrabilidade de muitos olhares cotidianos e, do lado oposto, de uma extrema vivacidade dos olhares na extracotidianidade do espetáculo.

Voltando à mobilidade dos olhos, vamos ver mais de perto as várias maneiras de dirigir e de mostrar o olhar.

Tanto na Ópera de Pequim (fig. 9 e 10) quanto em Bali (fig. 13 e 14), os olhos estão voltados – como já vimos – para o alto, acima da linha habitual e cotidiana do olhar: observem a passagem de *keras* a *manis* nos olhos da pequena Jas e a maneira com a qual Lin Chunhui começou focando seus olhos em uma direção, para só depois chegar à direção contrária (ver *Oposições*).

A ação de arregalar os olhos e a radiosa expressão de Sanjukta Panigrahi é enfatizada pela atriz com ajuda dos dedos e dos braços: os olhos acabam se encontrando no ápice de um triângulo formado pelos braços, enquanto os dedos alongam as curvas convexas dos arcos das sobrancelhas (fig. 11 e 12).

O olhar tímido de Katsuko Azuma, voltado para o chão (fig. 15), torna-se intenso e penetrante graças ao leque, que enfatiza o olhar de um único olho, capturando e direcionando a atenção do espectador exatamente para onde ele quer (fig. 16).

OLHOS E ROSTO

[9-16] Maneiras de dirigir o olhar e de chamar a atenção do espectador em diferentes culturas teatrais asitáticas: (**página anterior, no alto e ao centro**) Lin Chun Hui na Ópera de Pequim; (**página anterior, abaixo**) Sanjukta Panigrahi na dança Odissi da Índia; (**no alto e ao centro**) a jovem Jas na dança balinesa do Legong; (**abaixo**) Katsuko Azuma na dança Buyo japonesa.

A ARTE SECRETA DO ATOR

[17-18] (**à esquerda**) Ator Kabuki em uma gravura japonesa do século XVIII: reparem como a ação de olhar para frente com os olhos corresponde a um deslocamento da espinha dorsal para trás; (**à direita**) um ator da Comédie Française do começo do século XX expressando terror: a expressão é acentuada pela curvatura da espinha dorsal.

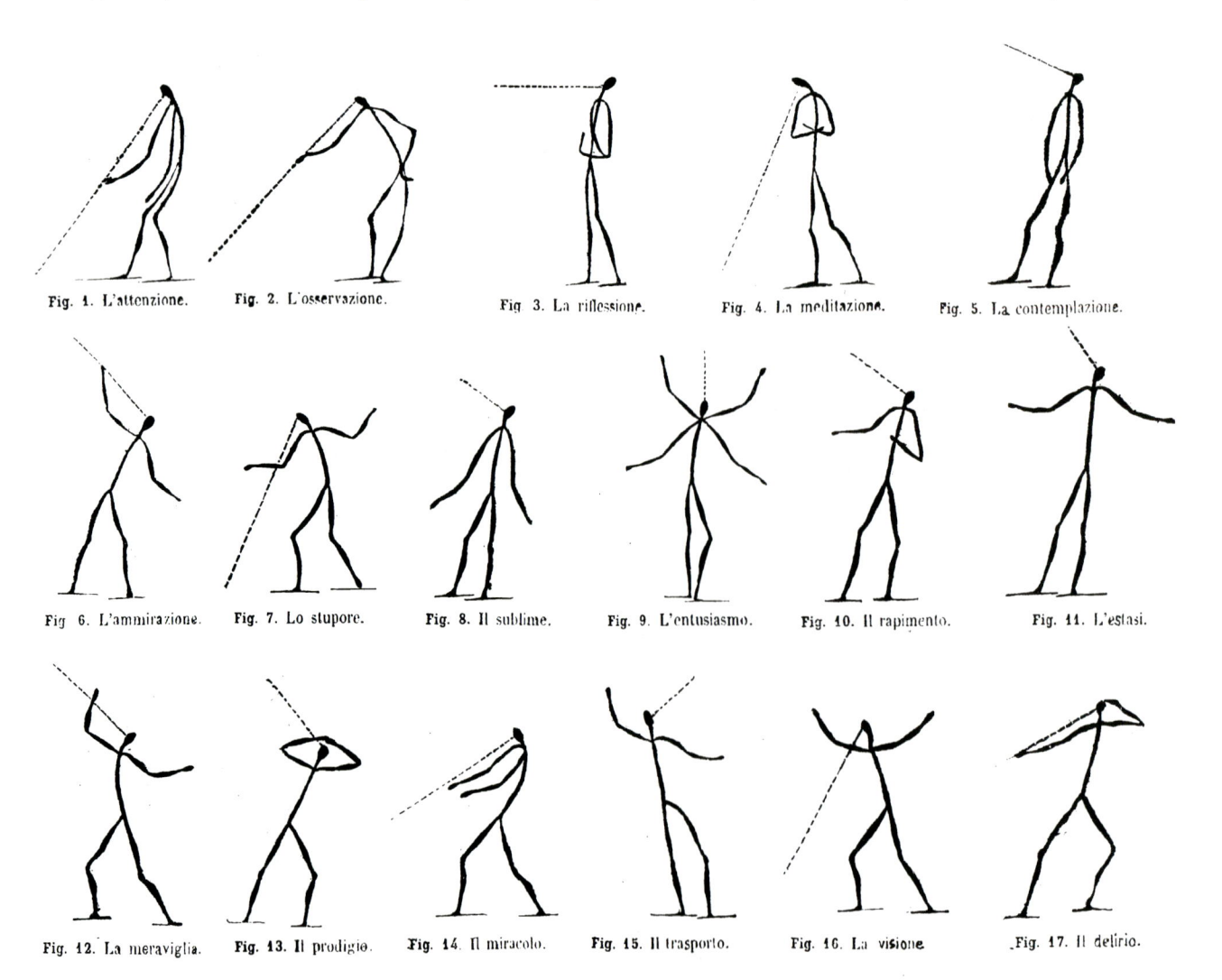

Fig. 1. L'attenzione. Fig. 2. L'osservazione. Fig. 3. La riflessione. Fig. 4. La meditazione. Fig. 5. La contemplazione.

Fig. 6. L'ammirazione. Fig. 7. Lo stupore. Fig. 8. Il sublime. Fig. 9. L'entusiasmo. Fig. 10. Il rapimento. Fig. 11. L'estasi.

Fig. 12. La meraviglia. Fig. 13. Il prodigio. Fig. 14. Il miracolo. Fig. 15. Il trasporto. Fig. 16. La visione. Fig. 17. Il delirio.

[19] Direção do olhar e emoções nos diagramas de Carlo Blasis (1795-1878), dançarino e teórico da dança italiano, na figura da obra *O Homem Físico, Intelectual e Moral* (*L'Uomo Fisico, Intellettuale e Morale*, Milão, 1857): 1. Atenção; 2. Observação; 3. Reflexão; 4. Meditação; 5. Contemplação; 6. Admiração; 7. Estupor; 8. Sublime; 9. Entusiasmo; 10. Arrebatamento; 11. Êxtase; 12. Maravilha; 13. Prodígio; 14. Milagre; 15. Transporte; 16. Visão; 17. Delírio. Reparem que a cada mudança na direção do olhar corresponde uma outra mudança na espinha dorsal.

OLHOS E ROSTO

A ação de ver (olhos e espinha dorsal)

> Depois que Siddharta abandonou a vida no palácio de seu pai e saiu em busca da última verdade, ficou seis anos estudando filosofia e praticando uma vida ascética num mosteiro perdido nas montanhas. Mas não teve nenhuma iluminação. Ficou desesperado. Nesse estado mental, acabou olhando para cima e viu a estrela da manhã, cujos raios penetraram em todo o seu ser. Foi aí que teve sua iluminação. Saiu do mosteiro e começou a rodar o mundo para que sua experiência se tornasse conhecida, de modo que os outros também pudessem participar da liberdade que ele estava gozando.
>
> Estamos diante da ação de ver. Você viu uma estrela milhares de vezes e de repente o simples fato de vê-la de outra forma gera uma compreensão, uma experiência. É a ação de ver: reagindo a essa ação, você descobre a si mesmo e o "outro" é revelado a você.
>
> (Eugenio Barba, *Colóquio com os Atores*, ISTA de Bonn, 1980)

Os olhos podem ver tudo, menos a si mesmos: então o ator deve olhar com seus segundos olhos. É Zeami quem sugere isso: *mokuzen shingo*, "olhos na frente, coração atrás". O que ele quer dizer, na verdade? No palco, o ator pode ver o que está à sua esquerda e à sua direita, e, diante de si, pode ver tudo o que seus olhos podem abraçar. Mas enquanto ele não pode ver o que está atrás, o espectador pode. Aí só resta uma opção: dilatar seu campo visual. Ou seja, ver também o que está atrás dele com o próprio coração (*kokoro*). Então ele deve trabalhar conscientemente com dois níveis opostos entre si: na frente, com os olhos, e atrás, com o coração. *Mokuzen shingo*.

Aceitando a definição poética de Zeami sobre o sexto sentido especial do ator, também descobrimos que é uma metáfora para uma verdade física. Para os atores, ver o que está atrás significa prestar atenção em algo que está atrás dele. Essa consciência, que mais parece um alarme, cria uma tensão na espinha dorsal, como um "impulso para estar pronto". Ao mesmo tempo, cria-se uma oposição no corpo do ator, que olha para frente enquanto presta atenção ao que acontece atrás de si. Tensão e oposição ativam a espinha dorsal, como se ela ficasse pronta para reagir, para virar: então o ator vê com seus segundos olhos, ou seja, com sua espinha dorsal. Ver, para o ator, significa estar pronto para agir, ou seja, para reagir.

A figura de um ator japonês na página anterior (fig. 17) mostra isso claramente: o ator está olhando para frente, mas a posição do seu corpo (pés, pernas e principalmente o tronco encurvado e em tensão) parece indicar que ele está pronto para se levantar. Enquanto seu olhar aponta para frente, suas costas se inclinam para trás. As mãos, abertas como se fossem um leque, parecem enfatizar a natureza circular a 360° da tensão que atravessa o ator. Não há dúvida de que esse ator, nesse momento, também está vendo com o coração.

Não devemos achar que o teatro ocidental desconhecia a equivalência *olhos/espinha dorsal*. Em Zeami, está velada por uma pátina de paradoxo poético, o que faz com que, na prática, ela se torne incompreensível *aos não iniciados*. Da mesma forma, no Ocidente, a prática dessa equivalência ficou confusa inclusive ao ser adotada por atores, pois acaba sendo sufocada pelo problema da expressividade, mais entendido no sentido psicológico do que físico.

Vamos observar os desenhos de um coreógrafo e mestre de dança e pantomima, o italiano Carlo Blasis (1795-1878). Cada desenho, com sua respectiva legenda, descreve as várias atitudes de um corpo expressando suas emoções: atenção, maravilha, entusiasmo, desejo, delírio, etc. (fig. 19). Mas os esboços, assim como foram concebidos, também podem ser lidos de maneira completamente diferente: quando os olhos trabalham de forma precisa e fixam em alguma coisa, no mesmo instante o olhar altera a posição da espinha dorsal. Os olhos e a espinha dorsal, independentemente do *atrás*, aqui estão trabalhando juntos. Alguém poderia até dizer que as figuras do desenho olham de uma certa maneira *para expressar* as várias emoções. Mas o contrário também pode ser verdade, ou seja, é a maneira de olhar que determina a expressão. Para um ator, ver não é olhar com os olhos, é uma ação que compromete o corpo inteiro.

Alexander Gladkov atribui a Meyerhold o seguinte texto:

> Posso sempre distinguir um ator original de um ator pobre pelos seus olhos. O bom ator conhece o valor do seu olhar. Com uma única mudança em suas pupilas, da linha do horizonte para a direita ou para a esquerda, para cima ou para baixo, ele dará a ênfase necessária à sua atuação, o que será compreendido pelo público. Os olhos dos atores pobres e amadores são sempre impacientes, mirando para os lados aqui e ali.

[20-21] Sanjukta Panigrahi mostra dois *rasas* ou representações do sentimento na dança Odissi: (**à esquerda**) o medo e (**à direita**) o desgosto. Os nove *rasas* (1. Amor; 2. Heroísmo; 3. Compaixão; 4. Maravilha; 5. Riso; 6. Choro; 7. Cólera; 8. Medo; 9. Paz) são os mesmos em todas as formas e estilos das tradições de teatro-dança da Índia e dependem muito da expressão do rosto. Ainda que o resto do corpo – como os braços e as mãos – reforce a representação do sentimento, ele não é determinante para a sua manifestação. Até nesse caso podemos ver que existe uma relação dialética entre a direção dos olhos e do olhar e a direção do tronco e da espinha dorsal: aqui, a *ação de ver* já é uma *reação do sentir*.

A ARTE SECRETA DO ATOR

Mostrar que está vendo

Antigamente, quando toda a iluminação do teatro Kabuki só contava com velas e candeeiros de azeite – assim como no teatro ocidental –, os atores faziam suas cenas praticamente no escuro, ainda que a sala estivesse quase toda iluminada. Por isso, no Kabuki, um servidor de cena seguia o protagonista no palco segurando uma longa vara, que tinha uma vela em cima de um pratinho na outra extremidade. Isso permitia que o rosto do ator e a área ao seu redor (o busto e os braços) estivessem sempre iluminados, sem que o ajudante entrasse no campo visual do espectador. Mas, mesmo assim, era preciso que o público tivesse tempo suficiente para colher a expressão do ator, pelo menos nos momentos cruciais do drama. E na penumbra da cena, era ainda mais difícil colher essa expressão, já que, boa parte do tempo, o público estava ocupado com outras atividades, como comer, beber chá e bater papo.

Parece que foi dessa situação que teve origem aquele costume dos atores Kabuki de parar, ou melhor, de *cortar*, segundo sua própria gíria, um *mié*, literalmente, *mostrar*. Por que cortar? A pose do ator em um *mié* equivale a algo como parar um filme em um fotograma no qual o ator está mostrando um particular estado de tensão: daqui vem o sentido de "cortar" a ação e de "ficar bloqueado" em uma imobilidade que é viva. Já falamos sobre esse fenômeno no capítulo *Energia*, quando nos referíamos a uma posição do ator da Ópera de Pequim chamada de *shan-toeng* (ou *lian-shan*) – parar a ação – que, com toda probabilidade, é a origem mais exata do *mié*.

O *mié* continua sendo praticado no teatro Kabuki, mesmo que hoje o palco fique completamente iluminado. Na verdade, o *mié* é uma das técnicas mais espetaculares do ator Kabuki, um virtuosismo que é compreendido e admirado pelos espectadores, que acham que ele corresponde totalmente às gravuras mais famosas dos pintores japoneses. Mas o que é um *mié* exatamente?

Na verdade, podemos afirmar que o Kabuki passa, literalmente, de um *mié* a outro, ou seja, de uma pose a outra, de um ápice da tensão a outro. O tempo entre essas poses é fluido porque, na realidade, elas surgem no final de cada cena. Às vezes o *mié* vira uma superpose, um grande *tableau vivant* do qual participam, com uma série de ações cuidadosas e silenciosas, todos os atores secundários e os servidores de cena: eles dão suporte aos protagonistas, arrumando com esmero as mangas de um quimono, levantando sua cauda ou mudando a direção dos acessórios no espaço (um longo sabre ou um ramo florido), criando uma série de raios concêntricos ao redor do ator que está fazendo o *mié*. Mas o termo *mié* só diz respeito à pose do ator principal, e não a tudo o que acontece ao seu redor: o centro de sua pose, o fulcro de toda a sua exibição, são seus olhos, que se destacam e inevitavelmente atraem a atenção do espectador. Por quê?

[22-24] Exemplos de *mié* (mostrar que está vendo) no teatro Kabuki: em uma gravura de Sharaku de 1794 (**abaixo, à esquerda**) e em atores contemporâneos.

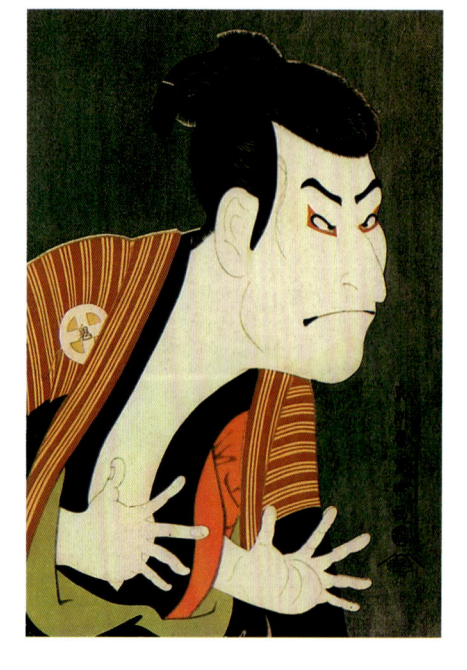

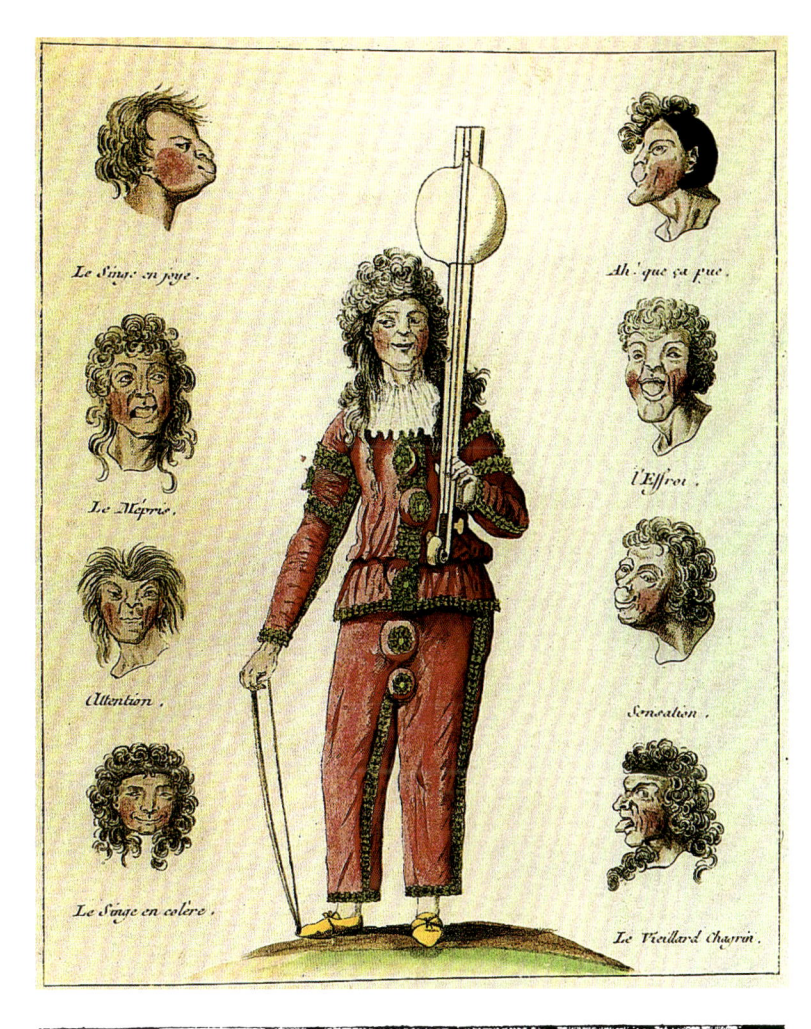

Para um ator Kabuki, *cortar um mié* significa parar de repente, congelar, após ter feito vários movimentos com os braços e ter arregalado os olhos no meio de todo aquele vórtice criado: suas pupilas se cruzam, seus olhos se reviram sem parar, como se fossem sair de órbita. Mas o que poderia ser considerado um artifício bizarro para "mostrar" como um ator pode olhar, na verdade é um jogo dramático mais sutil: as pupilas do ator se cruzam – uma só ou as duas – de acordo com o lugar para onde ele quer dirigir sua atenção, e também a nossa. Elas funcionam como uma teleobjetiva que faz o *zoom* no primeiro plano que deve ser posto em evidência.

Vamos supor que um servo esteja sentado à direita de um samurai e que lhe fale de uma desatenção sua, irremediável e perigosa para o patrão. Para ressaltar sua desaprovação e fixá-la em um *mié*, o ator que interpreta o samurai dirige seu olho esquerdo para o servidor que está sentado à sua direita, enquanto seu olho

[25-28] (**no alto**) Pôster de Paris do século XVIII para um espetáculo de caretas e jogos públicos de fisionomia. Muitos *grimacier*, atores bastante admirados pelo público daquela época, ganhavam seus aplausos em espetáculos que não consistiam em nada mais que apresentar uma série de caretas (*grimaces*) para fazer o público rir: numa sala escura, iluminada apenas com velas – o que acentuava ainda mais as feições de seus rostos e chamava a atenção dos espectadores para seu olhar –, os atores mimavam todas as várias paixões que podem ser expressas pelo rosto humano; (**acima**) um servidor de cena ilumina o rosto do ator com uma vela, que foi colocada na extremidade de uma cana de bambu: uma convenção conhecida como *tsura akari* (gravura ocidental do século XIX); (**ao lado, acima e abaixo**) exemplos de *mié*: atores Kabuki do século XVIII "mostram que estão vendo".

direito está virado para os espectadores que ele tem diante de si, como se olhasse para o vazio. Se a situação exigisse que os dois – samurai e servo – atuassem ao mesmo tempo, então seus olhares se cruzariam, um dirigiria o olhar para o outro. Pode acontecer que mais de um personagem "congele" em um *mié*: o resultado é um fantástico cruzamento de olhares numa extravagante triangulação.

Tanto essa focalização da atenção quanto a tensão produzida no ator são comunicadas ao público e destacadas de duas formas. A primeira, através da interrupção de todas as outras ações cênicas: os atores que não estão envolvidos no *mié* ficam parados até que a cena chegue à sua conclusão. A segunda, através dos golpes desferidos por um músico usando baquetas de madeira: dois golpes são desferidos no início do movimento que leva à pose; depois vêm todas as outras batidas, uma saraivada de golpes que são desferidos durante toda a imobilidade do *mié*; e, enfim, dois golpes avisam que tudo acabou. Os golpes desferidos intensificam a emoção e despertam o público para a importância do momento dramático. Hoje, normalmente, os espectadores aplaudem quando reconhecem que os atores, assim como eles mesmos, alcançaram o ápice do *clímax*. Só que esse ápice, esse *máximo* do ator Kabuki, é expresso através de uma tensão que, em vez de explodir, é retida. Ainda que imóvel, o corpo do ator nunca está inerte.

Entretanto, a coisa mais importante é o uso *dramatúrgico* dos olhos: por meio de uma deformação de sua óptica, do seu aparelho óptico, o ator nos mostra – fisicamente – as vicissitudes do drama através da relação entre seus personagens.

Se, como já dissemos, teatro é "mostrar a relação entre as pessoas", o Kabuki confirma que isso tem a ver com um ato que passa exclusivamente através do corpo do ator.

(Nicola Savarese, *Il Teatro nella Camera Chiara*)

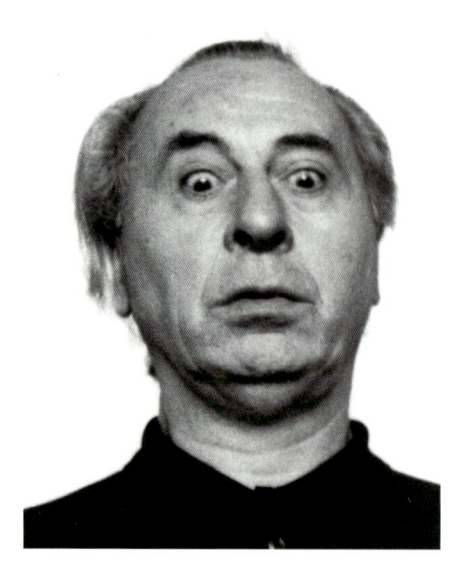

[29-32] Exemplos de "energia no tempo" com o olhar: (**no alto, à esquerda**) Étienne Decroux; (**no alto, à direita**) Dario Fo; (**ao centro**) o ator chinês Mei Lanfang; (**abaixo**) Charles Dullin.

OLHOS E ROSTO

[33-35] O rosto máscara: três expressões de Roberta Carreri, atriz do Odin Teatret, durante o espetáculo *Judith* (1987).

O rosto natural

Ao destacar em seus estudos certas capacidades inatas do homem e do animal, o etologista Eibl-Eibesfeldt chama atenção para o fato de que a ação de mostrar os dentes em sinal de ameaça é comum tanto no homem quanto nos antropomórficos. Isso é particularmente evidente se pensarmos nos dentes caninos, ainda que "nossos caninos superiores hoje sejam menores". Isso significa que "o módulo motor sobreviveu à redução do órgão que antigamente ficava à mostra".

Vamos retomar aqui as ilustrações apresentadas por Eibl-Eibesfeldt: trata-se de um babuíno, de um ator Kabuki "que mima a ira" e de uma criança cheia de ira (fig. 38). Ao falar em "mimar a ira", o etologista quer ressaltar a transformação de uma técnica cotidiana em uma técnica extracotidiana: na verdade, tudo isso equivale a um *mié* do ator Kabuki. "Mostrar os dentes" é uma expressão tão significativa que passa da fisiologia à proverbialidade; e todos nós sabemos que os olhos, os músculos faciais, a boca e até mesmo as orelhas (quando ficam vermelhas) são elementos importantes para compreendermos as intenções e os sentimentos dos seres vivos. Mas estas considerações, além de serem óbvias, não devem nos afastar de outra observação: assim como nos mostra um ator Kabuki que "mima a ira", basta que os olhos e os músculos assumam uma determinada posição para que – automaticamente e independentemente dos sentimentos do ator – o espectador perceba certas intenções e sentimentos.

Essa é uma das várias implicações da pré-expressividade, conhecida tanto pelos atores ocidentais quanto pelos atores orientais, como provam as gravuras de Aubert em *A Arte Mímica* (1901) e as máscaras usadas no teatro Nô japonês (fig. 36-37). O rosto se transforma em uma máscara e a máscara em um rosto: aqui, o estudo não está na psicologia dos sentimentos, e sim na anatomia das formas.

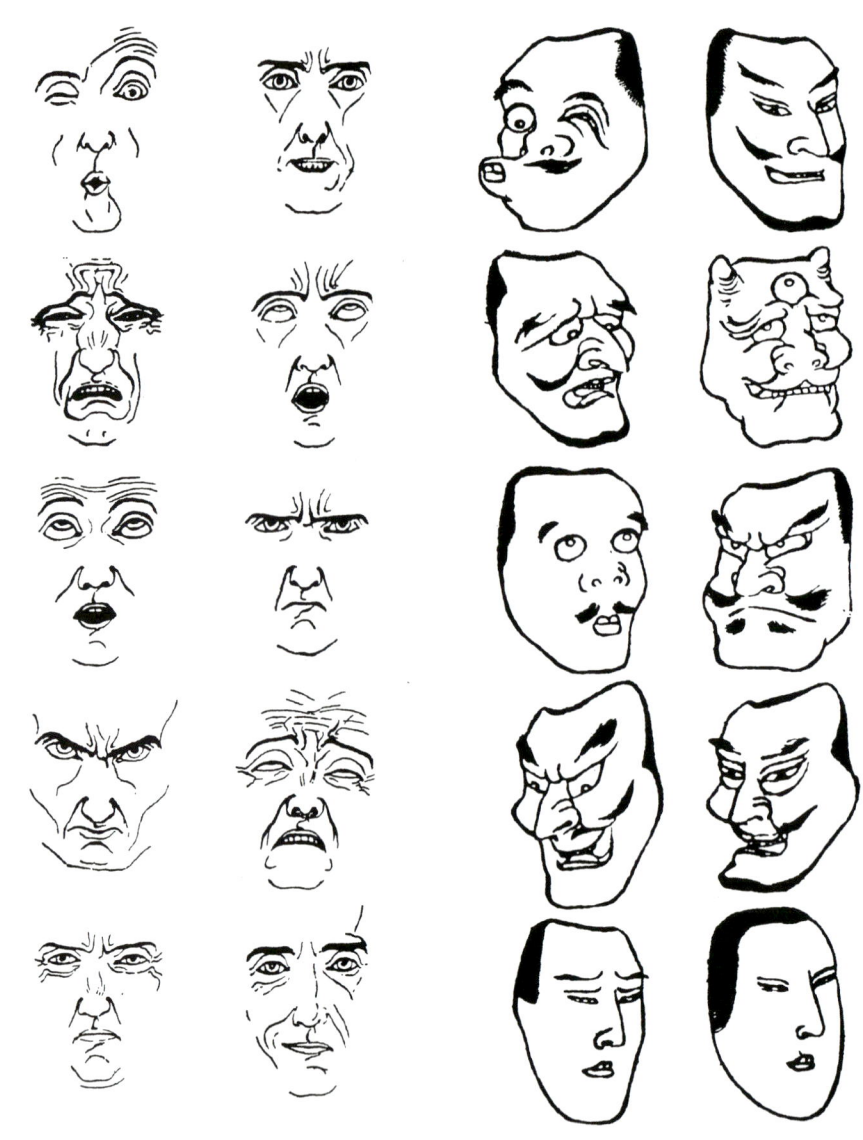

[36-37] Mímica Facial: (**à esquerda**) figura do livro de Aubert, *A Arte Mímica* (Paris, 1901), e (**à direita**) máscaras japonesas do Nô e do Kyogen. A correspondência quase perfeita entre as expressões do rosto desenhadas por Aubert e as expressões das máscaras japonesas é impressionante. Além disso, sabe-se que máscaras autênticas do Nô estiveram presentes nas primeiras exposições europeias do final do século XIX, tendo sido cuidadosamente estudadas não só por artistas e críticos de arte, mas também por médicos e cientistas, que as consideraram um testemunho anatômico excepcional.

[38] A capacidade inata do animal de mostrar os dentes (os caninos) também pode ser encontrada no homem, apesar da redução do sistema dentário: para fazer uma demonstração, o etologista Eibl-Eibesfeldt faz uma comparação entre um babuíno, um ator de teatro Kabuki e uma criança com raiva (desenhos extraídos do livro de Irenäus Eibl-Eibesfeldt, *Love and Hate: On the Natural History of Basic Behaviour Patterns* [Amor e Ódio: Sobre a História Natural de Padrões de Comportamento Básicos]. Londres, Methuen, 1970).

OLHOS E ROSTO

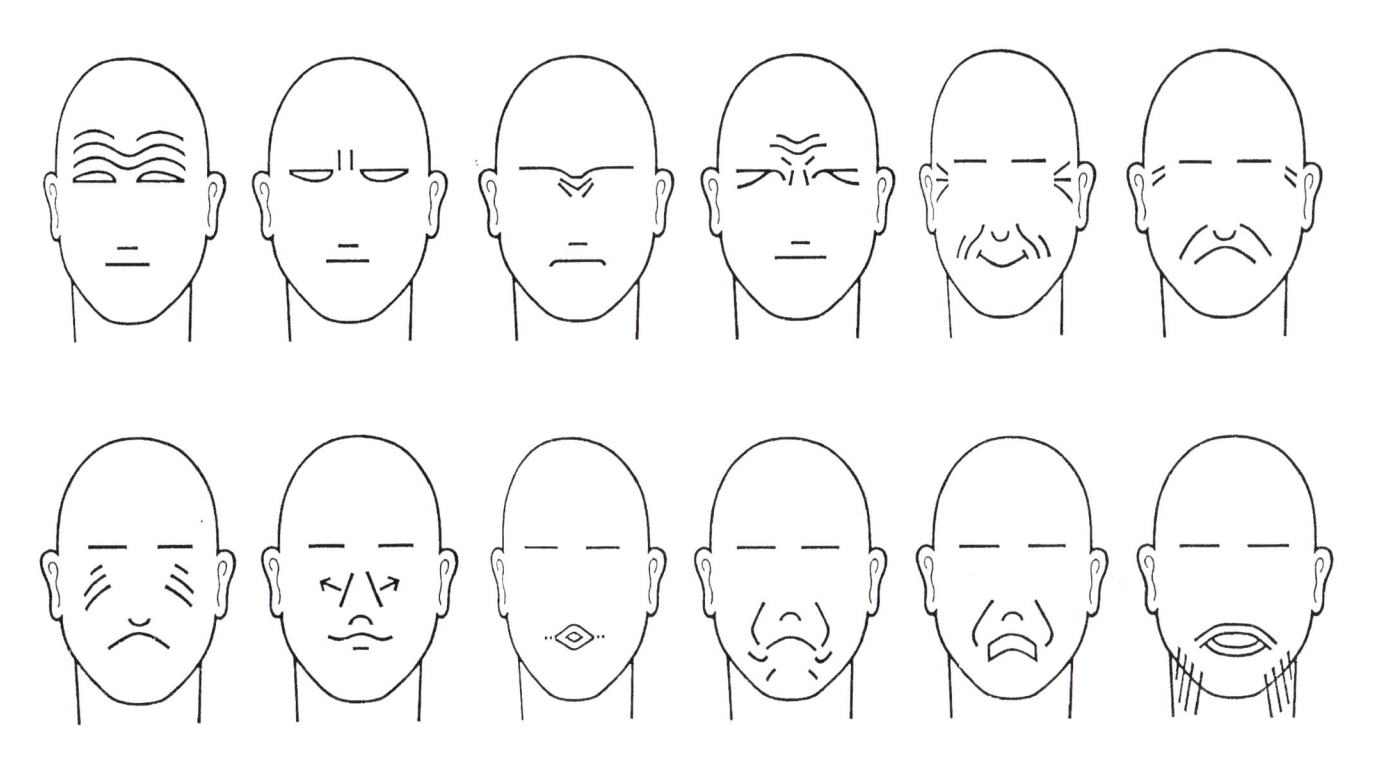

[39] Os músculos do rosto, também chamados de "músculos expressivos", não agem independentemente um do outro, mas é a prevalência de um ou de outro que determina a expressão do rosto. O anatomista francês Duval indica, nesta ilustração de seu livro *Anatomia para Artistas*, qual seria o efeito se os músculos do rosto agissem isoladamente. As expressões que daí resultam indicam claramente que o puro movimento físico já tem, em si, um efeito sobre a percepção do espectador. Músculos envolvidos e expressões: **(primeira linha, a partir da esquerda)** 1. *frontalis*: atenção, surpresa; 2. *orbicularis oculi*: reflexão, meditação; 3. *procerus*: severidade, ameaça, agressão; 4. *corrugator*: desagrado, dor; 5. *zygomaticus major*: riso; 6. *levator labii superioris et alae nasi*: descontentamento, aflição; **(segunda linha)** 7. *levator labii*: aflição extrema, lágrimas; 8. *compressor naris*: atenção, sensualidade; 9. *orbicularis oris*: fazer cara feia; 10. *depressor anguli oris*: desprezo; 11. *depressor labii inferioris*: desgosto; 12. *platysma*: raiva, dor, tortura, esforço extremo.

[40] Rosto pintado e penteado de um dançarino de Teyyam (Kerala, Índia).

O rosto provisório

De um lado, há o desejo de teatralizar o rosto do ator, ou seja, de dramatizá-lo, e isso acontece quando o rosto é dilatado. De outro lado, no caso de uma codificação definida, existe a necessidade de respeitar as regras da vida: já vimos isso ao falar daquela técnica em que os olhos podem olhar 30° acima da linha do horizonte para alterar as tensões da espinha dorsal. Mas também existe outra possibilidade, outro modo de dar ao rosto uma dimensão extracotidiana: a máscara.

Quando o ator veste uma máscara, é como se de repente seu corpo fosse decapitado. Ele renuncia a todos os movimentos e a todas as expressões da musculatura facial. Com a máscara, toda a extraordinária riqueza do seu rosto desaparece. Há uma tal resistência criada entre o *rosto provisório* (*kamen*, em japonês) e o corpo do ator, que o fato de transformar o próprio rosto em algo aparentemente morto pode parecer uma decapitação.

Na verdade, esse é um dos maiores desafios para o ator: transformar em movimento um objeto que é estático, imóvel e fixo. Teatros como o Nô fizeram com que o uso das máscaras alcançasse o máximo das possibilidades, descobrindo e adaptando suas leis expressivas e desenvolvendo técnicas extremamente refinadas de construção, que transformaram as máscaras do Nô em esculturas, em verdadeiras obras de arte. Esse objeto, que em princípio é destituído de vida, pode ser "animado" através de oscilações pequenas e bem calculadas, dependendo de como o ator inclina a máscara e aproveita todo o jogo de luzes e sombras que resulta desses movimentos. Tudo isso, somado à tensão que ele imprime em sua espinha dorsal, faz a máscara ganhar realmente uma nova vida (fig. 44).

Hoje em dia, o teatro ocidental rejeita a máscara por considerá-la uma coisa artificial que reprime o ator. E mesmo quando Decroux quer esconder o rosto (Decroux dizia que o rosto e as mãos são os instrumentos da mentira e os apóstolos da fofoca), ele utiliza máscaras neutras ou véus transparentes, e não um *rosto provisório* ou as *meias máscaras* que só cobrem metade do rosto (geralmente, a parte superior do rosto, como vemos na Commedia dell'Arte e no teatro balinês), garantindo uma certa liberdade ao rosto do ator.

Mas seria um erro pensar que um ator que veste uma máscara se esquece do próprio rosto. De acordo com a tradição balinesa, o rosto que está sob a máscara conserva sua mobilidade. Ou melhor, se eles querem que a máscara viva, seu rosto deve assumir a mesma expressão da máscara (fig. 43): o rosto deve sorrir ou chorar com ela. Isso não é um excesso de zelo. Atuar usando uma máscara, usá-la para expressar reações e sentimentos, ser capaz de se orientar no espaço mesmo com a diminuição do campo visual são todas ações que obrigam o resto do corpo a trabalhar de uma certa maneira. Qualquer pessoa que use a máscara em cena sabe, por experiência, que mesmo fazendo as mesmas ações – com a máscara ou sem a máscara – ela usa seu corpo de modo totalmente diferente.

[41] I Made Bandem, dançarino e especialista de teatro balinês, mostra a correspondência que o ator deve encontrar entre o rosto "verdadeiro" e o rosto "falso", caso ele queira tornar a máscara viva.

[42] Meia-máscara do Topeng, o teatro de máscaras de Bali, usada por I Made Djimat em uma demonstração em Holstebro, em 1999.

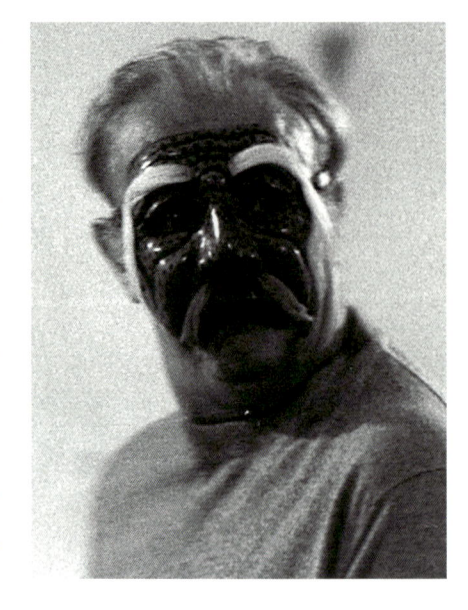

[43-44] (**ao lado, à esquerda**) Dario Fo em uma demonstração durante a ISTA de Volterra (1981), com uma máscara balinesa de Topeng parecida com a máscara do Pantaleão da Commedia dell'Arte; (**à direita**) máscara de madeira do Nô: personagem de um velho.

OLHOS E ROSTO

[45-46] (**ao lado**) Meyerhold (sentado) durante um ensaio da cena final do *Inspetor Geral* de Gógol: o diretor russo mostra a seus atores como congelar a expressão final do rosto; (**abaixo**) os atores Zbigniew Cynkutis e Ryszard Ciéslak em uma cena de *Akropolis*, texto clássico do dramaturgo polonês Stanislaw Wyspianski (1869-1907), readaptado e dirigido por Grotowski para o Teatro das Treze Filas (Opole, 1962). Durante toda a representação, os atores conservavam a mesma expressão mímica graças a uma composição do rosto que se tornava, através do uso particular dos músculos, uma máscara de verdade.

O rosto pintado

Todas as culturas teatrais sempre tentaram dramatizar os traços do rosto ressaltando-os, deformando-os ou ampliando-os. Os atores Kathakali praticam um exercício particular cujo objetivo é reforçar os músculos do bulbo ocular e aumentar a mobilidade das pupilas (fig. 2, p. 174). Além disso, antes de entrar em cena, eles colocam um grão de pimenta sob as pálpebras: a irritação causada pelo grão de pimenta faz com que o sangue corra para a região dos olhos e torne "sobrenaturais" os rostos dos heróis e dos demônios, pintados de verde e azul.

A maquiagem usada pelos atores da Ópera de Pequim transforma seus rostos em verdadeiras máscaras (fig. 48 e 49) e informa o espectador sobre o papel do personagem e sua principal característica: coragem, astúcia, sabedoria, estupidez, maldade, etc. E as combinações de cores, com suas várias nuances, ressaltam os traços dos rostos produzindo estranhos efeitos. Já os papéis femininos são caracterizados por um rosa muito forte que faz sobressair aqueles olhos enormes (antigamente, eles costumavam puxar a pele da testa para aumentar ainda mais a abertura dos olhos).

Essas mesmas cores fortes podem ser encontradas nos rostos dos atores Kabuki (fig. 50), e o efeito é duplicado pela distorção das pupilas durante o *mié* (mostrar que está vendo). Além disso, eles usam penteados enormes, que *levantam* a testa até a metade do crânio, para que as sobrancelhas possam ser desenhadas mais acima e os olhos pareçam ainda maiores. Por sua vez, os mímicos usam uma técnica particular para *puxar* a musculatura do rosto (ver fig. 36, página 186) e levar a expressão para além dos limites das poses cotidianas e das convenções.

Exercícios desse tipo, junto com o uso da maquiagem, penteados especiais e de cores artificiais, permitem que o ator transforme completamente a sua expressão, utilizando-a – de modo frio e calculado – com uma consciência extracotidiana. Na China e no Japão, já existe um sistema de proporções geométricas para calcular o desenho da maquiagem do ator com base na dimensão do seu rosto. O abundante suor que escorre do rosto do ator durante o espetáculo dará às cores normalmente opacas da maquiagem aquela pátina particular, brilhante e viva, que amplia a ilusão de vida, a sua *credibilidade*. Na verdade, essas cores não parecem ser totalmente artificiais para o espectador, já que o rosto do ator conserva toda a sua mobilidade.

[47] A maquiagem do rosto de M. P. Sankaran Namboodiri, ator de Kathakali, durante uma demonstração na ISTA de Holstebro (1986).

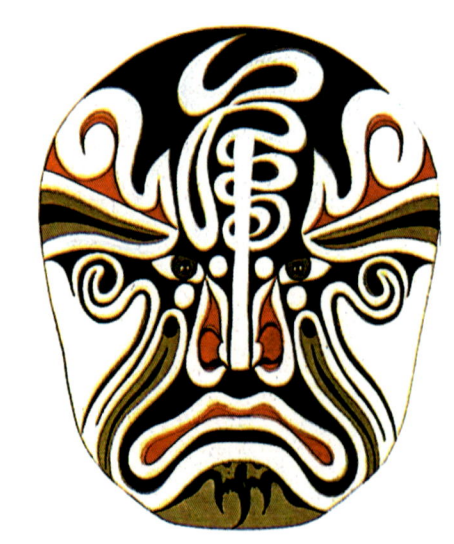

[48-49] Proporção de linhas e cores em duas maquiagens faciais para os papéis *jing* da Ópera de Pequim. Os atores que interpretam os papéis *jing*, destinados aos antigos personagens legendários, aos potentes generais, aos heróis, mas também aos fantasmas, devem pintar seu rosto completamente e, por isso, também são chamados de *hua lian*, "rostos pintados". As combinações das figuras e das cores correspondem a cada um dos personagens e são todas codificadas porque têm uma relação estreita com a barba, os penteados e o figurino: no entanto, pode-se dizer que cada cor corresponde a um significado geral. Por exemplo, o vermelho indica personagens corajosos, virtuosos, mas também sanguinários; o preto indica uma natureza orgulhosa, mas rudimentar; o azul denota crueldade; e o branco simboliza traição e falta de lealdade.

OLHOS E ROSTO

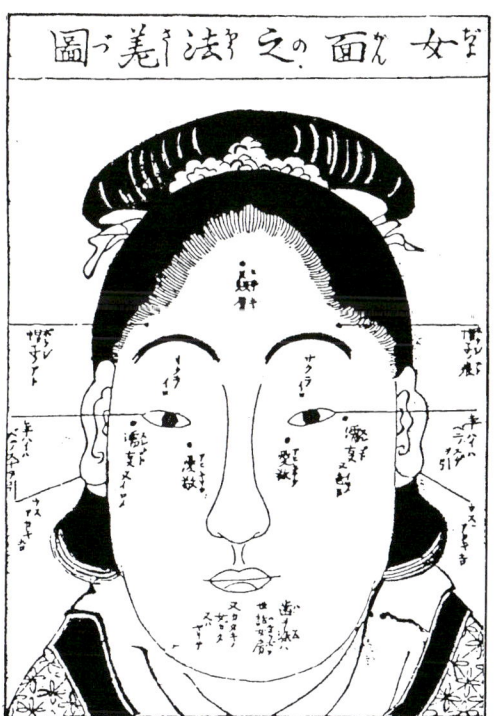

[50-52] (**acima**) Maquiagem facial de um ator Kabuki fazendo um *mié* (mostrando que está vendo): reparem como a exigência de uma maquiagem extracotidiana chega a colorir inclusive o interior da boca; (**à esquerda**) esta gravura, encontrada em um livro japonês de teatro Kabuki e publicada em 1802, mostra a "cartografia" do rosto de um *onnagata*, o ator que interpreta personagens femininos. Esta "cartografia" não deve apenas transformar um rosto masculino em um rosto feminino, deve também ressaltar a sensualidade dos olhos. Antes de tudo, o rosto é completamente coberto por uma grossa camada de pasta branca. As indicações no desenho mostram os pontos que devem ser preenchidos com as cores. Uma sombra avermelhada, que é o primeiro sinal da sensualidade, é aplicada sobre os lóbulos das orelhas, que normalmente ficam escondidos pela peruca, e também sobre as sobrancelhas, cuja forma varia de acordo com os papéis (na maioria das vezes elas são raspadas). O rosa se transforma em vermelho sob as sobrancelhas, para evitar o violento contraste do traço preto sobre o fundo branco. Seguem as zonas do rosto que são erógenas por excelência: a boca vermelho fogo, sempre pequena, mas com o lábio inferior carnudo, e os cantos dos olhos. O olho é pintado como se dele saísse uma erótica lágrima selvagem: o traço vermelho é arrastado até o canto, elevando a borda inferior do olho e subindo levemente para fora. Sob os olhos, ao lado do nariz, reside o natural fascínio, a graça sem malícia do rosto que se confunde com a graça sensual. Os dentes são pintados de preto nas mulheres casadas, nas donas dos prostíbulos e nas mulheres más; (**à direita**) o rosto pintado de Bando Tamasaburo, provavelmente o ator *onnagata* mais famoso dos dias de hoje.

O MISSÃO

Antigamente, os quadros começavam e terminavam por fases. Cada dia trazia algo novo. Uma pintura consistia em uma soma de adições. No meu caso, a pintura é uma soma de destruições. Eu faço o quadro e depois o destruo. Mas no final nada se perde. O vermelho que tirei de um lugar reaparece em outro lugar.

(Picasso)

O que o ator não faz é interessante.

(Zeami)

Fragmentação e reconstrução

"Uma cidade, um campo, de longe são uma cidade e um campo; mas, à medida que nos aproximamos, são as casas, as árvores, as telhas, as folhas, o gramado, as formigas, as pernas das formigas, *ad infinitum*."

Ao comentar essa afirmação de Pascal, o diretor de cinema Robert Bresson diz: "A fragmentação é indispensável se não quisermos cair na descrição. Ver os seres e as coisas em suas partes separáveis. Isolar essas partes. Torná-las independentes para lhes dar uma nova dependência".

A vida do corpo do ator em cena é o resultado de uma série de eliminações: vem do trabalho de isolar certas ações – ou fragmentos de ações – para só depois revelá-las. Richard Schechner chama esse processo de *restauração do comportamento* (ver *Restauração do Comportamento*). Exatamente da mesma forma que um diretor de cinema faz uma montagem, cortando o filme e colando as partes escolhidas, um diretor de teatro ou um coreógrafo pode trabalhar com o *filme* das ações de um ator ou de um dançarino. É por isso que as partituras de movimentos e de ações dos atores e dos dançarinos parecem ser muito mais complexas do que os movimentos cotidianos. A partitura de um ator é o resultado de uma *dramaturgia* e de uma *montagem* (ver *Dramaturgia* e *Montagem*), feita antes pelo ator e depois pelo diretor, ou seja, é o resultado de um trabalho que se baseia na fragmentação e na reconstrução.

Toda ação é analisada em cada um de seus detalhes e impulsos, para depois ser reconstruída em uma sequência cujos fragmentos iniciais podem ter sido amplificados ou mudados de lugar, sobrepostos ou simplificados. A omissão é o princípio que se torna imediatamente evidente à medida que alguém começa a eliminar alguns elementos visuais das ações dos atores, como, por exemplo, um acessório ou um instrumento. A flauta é um instrumento tão antigo e popular a ponto de ser conhecida em todas as culturas humanas (fig. 1-4). Para tocar a flauta transversa, é necessário obrigar o tronco a assumir uma específica posição oblíqua em relação ao resto do corpo: a cabeça deve estar levemente inclinada de modo que a boca e os dedos possam apoiar-se confortavelmente sobre as várias aberturas do bastão. A posição necessária para tocar a flauta transversa lembra um *tribhangi* indiano (ver *Oposições*). De fato, o *tribhangi* da flauta é um dos mais conhecidos da dança indiana, pois representa o próprio deus Krishna.

Essa posição também pode ser mantida sem o instrumento: assim que o instrumento é eliminado (fig. 5), surge uma imagem completamente diferente. Ou seja, fica o jogo das tensões, mas a ação e a posição – destacadas de seu contexto necessário, original, histórico, psicológico ou causal – se transformam em um comportamento

[1-4] A flauta transversa em quatro diferentes culturas: (**no alto, à esquerda**) o deus Krishna (de um baixo-relevo do templo de Kesava, em Somnathpur, Índia); (**no alto, à direita**) o deus Hanxianzi, padroeiro dos músicos na China (de uma gravura popular chinesa); (**abaixo, à esquerda**) a flauta sul-africana *naka ya lethlake*; (**abaixo, à direita**) o flautista de uma banda militar francesa de *O Tocador de Pífaro* (1866) de Édouard Manet.

[5] Pregoeiro público medieval na Alemanha do século XIV. A omissão da flauta dá à posição um novo valor, uma nova disponibilidade: mas a posição permanece intacta e pode ser usada como fragmento em um contexto completamente diferente

sobre o qual o ator, o diretor ou o coreógrafo podem trabalhar depois. Nesse caso, a omissão do elemento visual faz com que a ação e a posição se tornem independentes: mas, ainda que mantenham toda a sua organicidade, elas também podem adquirir uma nova dependência, um novo significado. Então, no Teatro Kathakali, o ato de tocar a flauta não indica mais a ação em si, mas a própria chegada do deus Krishna, a aproximação de sua presença divina.

A virtude da necessidade

A virtude da omissão não é apenas um jogo teatral, é também a regra lógica de uma *síntese*. Nas artes marciais chinesas e japonesas, as posições dos dedos – a articulação característica da mão como uma pata com garras ou então achatada – são o resultado de uma síntese. E é no percurso que vai do treinamento à pratica que se dão as diferentes omissões que acabam permitindo que o praticante domine seus músculos, mesmo aqueles menos usados, como os das mãos. Essa técnica é conhecida como *kanshu* ou "penetração da mão".

Uma das origens dessa técnica remonta à ocupação japonesa de Okinawa, que aconteceu há cerca de quatrocentos anos. Os moradores da ilha foram proibidos de carregar consigo qualquer tipo de arma, então, para manter viva a capacidade de se defender dos invasores, eles desenvolveram o caratê em um nível particularmente alto, tanto que eram capazes de atingir uma armadura e penetrá-la com um punho nu, assim como de desviar e escapar dos golpes de espada (fig. 8).

Em todo caso, a técnica do *kanshu* é um método antigo de treinamento que deriva da China (fig. 7a e 7b): um vaso ou uma jarra são preenchidos com um pó bem leve, e o aluno treina enfiando sua mão neste pó em variadas posições. Gradualmente, o pó é substituído por arroz, areia, feijões e, finalmente, pedras. O gesto de agarrar é treinado da mesma maneira – simples e eficiente –, com firmeza: o estudante deve agarrar um grande vaso de barro pelas bordas do bocal, para depois segurá-lo e carregá-lo por um bom tempo (fig. 7c). No começo, o vaso está vazio, mas, à medida que o treinamento avança, ele é preenchido com areia ou água.

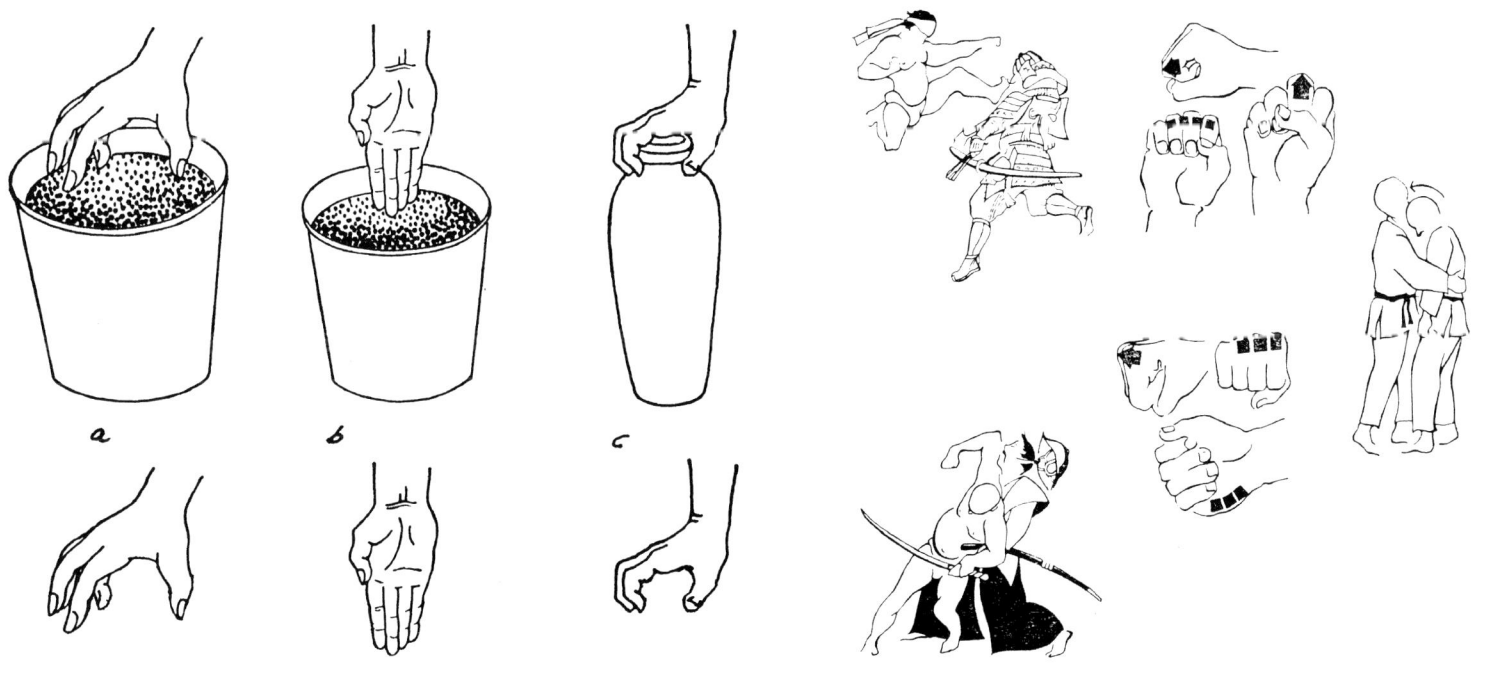

[6] Jovem aluno de teatro Kathakali na posição do deus Krishna tocando a flauta.

[7-8] (**à esquerda**) A técnica do *kanshu* ou penetração da mão nas artes marciais chinesas e japonesas; (**à direita**) A omissão das armas no caratê: a cabeça, os braços, os punhos e os pés como armas naturais.

A ARTE SECRETA DO ATOR

Representar a ausência

Quando falamos antes sobre o princípio da equivalência, vimos que no mimo corporal os braços não são considerados essenciais em relação ao resto do corpo: são apenas *anedota*, *literatura*. Decroux quase sempre utilizava um processo que concentrava toda a energia no tronco, como acontece em várias tradições asiáticas. Aqui também podemos falar de omissão, ou seja, da eliminação do elemento supérfluo da ação, de modo que seu aspecto necessário e essencial se torne mais claro. Então, a oposição que se cria entre "a força que leva à ação" e "a força que retém uma parte desta ação" produz aquele particular tipo de energia que chamamos de *energia no tempo* (ver *Energia*). Isso é o que acontece quando um ator elimina um acessório de cena ou uma parte de si. Mas o que será que acontece quando o ator elimina a si mesmo completamente sem nem sair do palco?

No teatro ocidental, o uso das coxias e do fundo de palco permite que o ator saia de cena, troque o figurino ou mude de papel sem que o espectador o veja. Já os teatros orientais, que originalmente eram apresentados ao ar livre, fizeram uso de uma série de convenções (que não tem nada a ver com ilusionismo) que são normalmente aceitas pelos espectadores. Por isso, os espectadores aceitam a presença dos servidores de cena, que ajudam e facilitam as ações do ator (fig. 9), assim como também aceitam que o ator vire as costas para eles. Esta última ação era severamente proibida nos teatros ocidentais, cuja frontalidade obrigava o ator a caminhar para trás para não ofender os espectadores.

Mas os atores orientais não tiram proveito dessa convenção aceita pelo público, muito pelo contrário. Conscientes de que são vistos mesmo quando não veem, eles se *ausentam* segundo modalidades bastante complicadas que normalmente os obriga a uma presença bem mais difícil do que a simples *presença*. Aqui temos dois exemplos: Katsuko Azuma (fig. 10), obrigada a inclinar-se para trás para mostrar o decote do quimono (considerado erótico e elegante), e Sanjukta Panigrahi, sentada em uma posição desconfortável e com o rosto escondido, mostrando sua longa trança preta (também considerada erótica e elegante) e sua mão, com gestos quase convidativos.

[9] Katsuko Azuma interpreta a dança do *Shojo*, uma espécie de leão-macaco da mitologia japonesa. As borboletas que se encontram sobre uma flexível vara de bambu são manipuladas por um *kuroko*, literalmente *homem negro* ou *nada*. O *kuroko*, um silencioso servidor de cena, é precioso e essencial na economia dos teatros clássicos japoneses: sua presença, indispensável para a troca de figurinos no palco e para o posicionamento dos acessórios no decorrer do espetáculo, elimina a ilusão do realismo da cena japonesa.

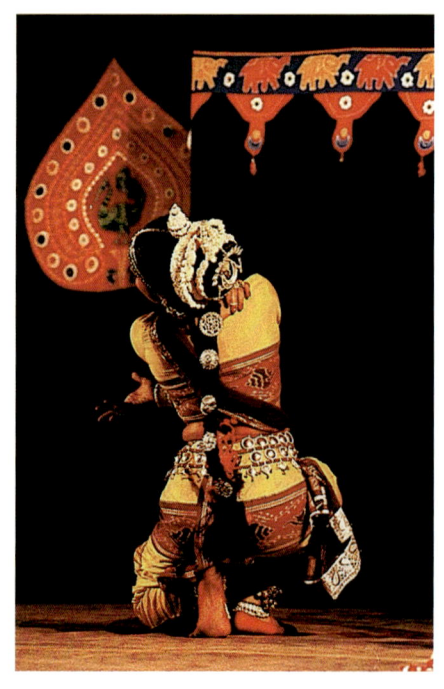

[10-11] (**à esquerda**) Representação da ausência: um servidor de cena (*kuroko*) arruma o figurino de Katsuko Azuma diante do público, durante um intervalo entre dois fragmentos de dança; (**à direita**) Sanjukta Panigrahi *se ausenta* do espetáculo, mas, virando suas costas para o público de forma teatral, ela *representa sua ausência*.

A virtude da omissão

A *virtude da omissão*, tanto no teatro como nas artes marciais e nas artes figurativas, é a condição necessária para se chegar a uma *síntese*: no caso das artes marciais, ela reforça a *funcionalidade* e, no caso do teatro, reforça o *bios* cênico, a presença do ator.

Dario Fo, conhecido por suas características de ator-dramaturgo, compõe seus personagens selecionando cuidadosamente ações e reações físicas específicas, ou apenas fragmentos de ações. Ele omite todas as passagens e os comportamentos explicativos que seriam necessários para estabelecer uma ligação entre essas ações e esses fragmentos: ou seja, faz uma *síntese* dramatúrgica na qual ele mesmo é o material, o instrumento e o autor (fig. 12).

Talvez não seja uma coincidência que os desenhos animados sejam o resultado calculado de uma escolha feita pelo ilustrador: *to strip*, em inglês, significa *tirar um pedaço de cada vez*, e a *strip*, a tirinha, é então – inclusive – o resultado de uma série de omissões e cortes (fig. 13).

[12] Dario Fo em uma sucessão de ações e reações físicas que revelam a síntese em seu espetáculo *História de um Tigre*, durante uma demonstração na ISTA de Volterra (1981).

[13] A riqueza e a força da partitura de Dario Fo (fig. 12) permite que ele isole e remonte cada uma das ações para depois juntá-las em uma nova síntese. Na verdade, na nova sequência, essas quatro posições são usadas numa história diferente, com sua nova composição dramatúrgica e seu novo significado, exatamente como podemos ver na tirinha de uma história em quadrinhos.

POSIÇÕES

Manet é o mais forte de todos nós: ele constrói a luz usando o preto.

(Camille Pissarro)

A dança das oposições

Para compreender realmente o significado da dialética no nível material do teatro, temos que estudar os atores orientais. Para eles, o princípio da oposição é a base sobre a qual constroem e desenvolvem todas as suas ações.

Um ator chinês sempre começa uma ação pelo seu oposto. Por exemplo: enquanto um ator ocidental, para olhar para uma pessoa que está sentada à sua direita, costuma mover sua nuca de forma linear e direta, um ator chinês – assim como a maioria dos atores asiáticos – começaria esse movimento olhando para uma direção diferente. Só depois ele mudaria a direção, bem de repente, e dirigiria seu olhar para a pessoa escolhida. Ou seja, o ator chinês começaria a sua ação pela direção contrária, para só depois terminá-la onde deve ser finalizada. Segundo esse princípio, se alguém quiser ir para a esquerda, deve começar indo para a direita e, de repente, vira para ir em direção à esquerda. Se alguém quiser se abaixar, deve começar se levantando na ponta dos pés, para só depois se abaixar.

No começo, eu achava que eram convenções cênicas usadas pelo ator chinês para amplificar suas ações e torná-las mais perceptíveis, criando um efeito de surpresa e orientando a atenção do espectador. Isso é verdade, sem sombra de dúvida. Mas agora eu sei que não se trata apenas de uma típica convenção do teatro chinês, essa é uma regra que também vale para todo o Oriente.

A linha reta não existe no teatro oriental, a não ser quando é utilizada de modo particular, como acontece no teatro Nô. Se alguém vê um dançarino balinês, um ator Nô (mesmo quando está apenas carregando um leque na frente do rosto), um ator Kabuki do estilo *aragoto* ou *wagoto* (figura 15, p. 96, *Equilíbrio*), um dançarino clássico indiano ou um ator-dançarino do estilo Khon tailandês, é possível notar que seus movimentos nunca se dão em linha reta, mas sempre através de linhas arredondadas, sinuosas. Essas curvas são ressaltadas principalmente pelo tronco, pelos braços e pelas mãos. Enquanto no Ocidente dançam com as pernas, no Oriente dançam com os braços.

(Eugenio Barba, *Antropologia Teatral: Primeiras Hipóteses*)

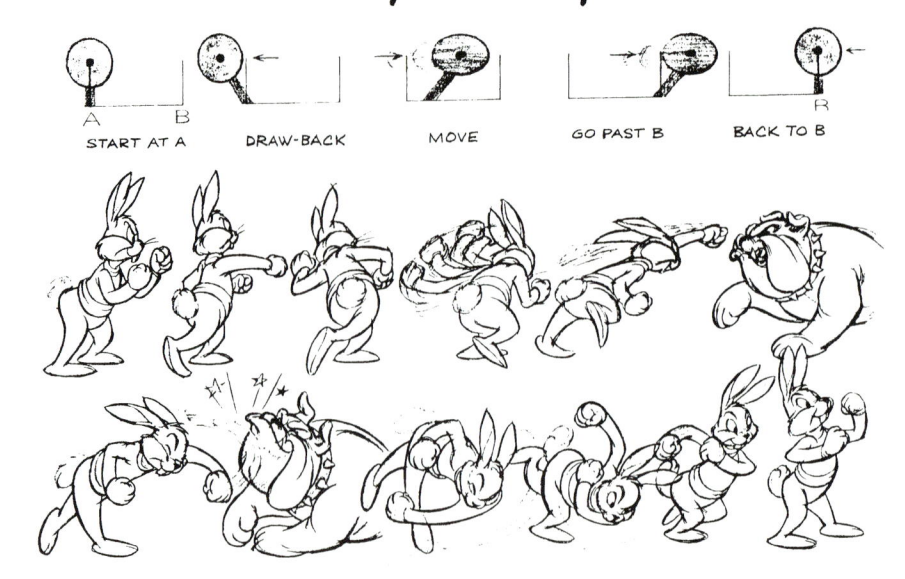

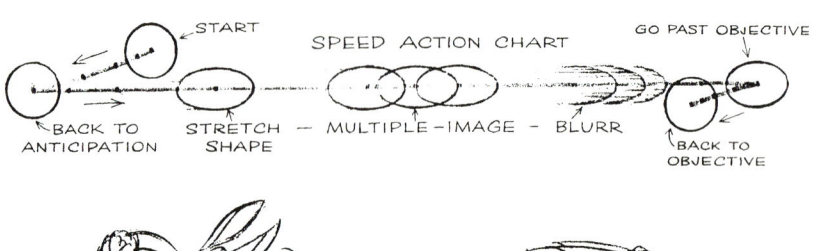

[1] Para ir em uma direção é necessário partir da direção oposta: ou melhor, acentua-se o efeito do movimento ao antecipá-lo – do manual de histórias em quadrinhos de Preston Blair, dirigido a cartunistas. Segundo Meyerhold, a técnica do *otkaz* (recusa), que fazia parte do treinamento pedagógico de sua escola, era um "movimento oposto ao que se quer realizar e que vem logo antes do movimento desejado para acentuar a expressão".

[2] Princípio do movimento através da oposição: de um manual dos anos de 1950 para atores da Ópera de Pequim.

OPOSIÇÕES

[3-4] (**à esquerda**) Esboços à caneta, feitos por Paulet Thevenaz, que ilustram algumas fases do método eurítmico do suíço Émile Jaques-Dalcroze (1865-1900): vê-se claramente a antecipação dos movimentos, que começam do lado contrário à direção final. As investigações de Dalcroze sobre o ritmo e o movimento tiveram forte influência no ambiente do teatro e, sobretudo, da dança ocidental entre o final do século XIX e o início do século XX; (**à direita**) Exercícios sobre as oposições de base, de um livro de 1895 de Alfonse Giraudet, aluno de Delsarte. O francês François Delsarte (1811-1871) foi o primeiro, no século XIX, a aprofundar o estudo sobre os movimentos, os gestos e as expressões do corpo humano; através de seus inúmeros alunos, como Dalcroze e Ted Shawn, sua influência alastrou-se no mundo todo, inclusive entre os pioneiros do teatro e da dança moderna.

[5] Um exemplo de oposição sendo usada por um ator europeu: reparem o modo não linear de passar de uma reação de medo a outra de desgosto. Do livro *Chironomia*, de G. Austin's (Londres, 1806).

[6-8] O ator chinês Zhang Yunxi, da Ópera de Pequim, fotografado pela estudiosa tchecoslovaca Dana Kalvodova na escola para atores de Pequim. A sequência mostra os movimentos feitos pelo ator para entrar em cena no papel do herói militar (*wu sheng*). Após os dois primeiros passos para entrar em cena, o ator para (**fig. 6**) e suas mãos pegam as partes laterais do seu figurino-armadura (mas aqui o ator está trabalhando sem o figurino); logo depois, ele dobra a perna esquerda e a leva um pouco para a direita, na altura do joelho (**fig. 7**); em seguida, ele a desdobra completamente, apontando-a para a esquerda, na altura do quadril (**fig. 8**); aí então ele está pronto para caminhar direto até o centro da cena. Essa entrada em cena, baseada em uma série de oposições, também é típica de outros papéis da Ópera de Pequim e combina com um modo de caminhar pelo palco (**fig. 9**) que também é elaborado segundo o princípio de avançar em direções opostas ao ponto onde se quer chegar.

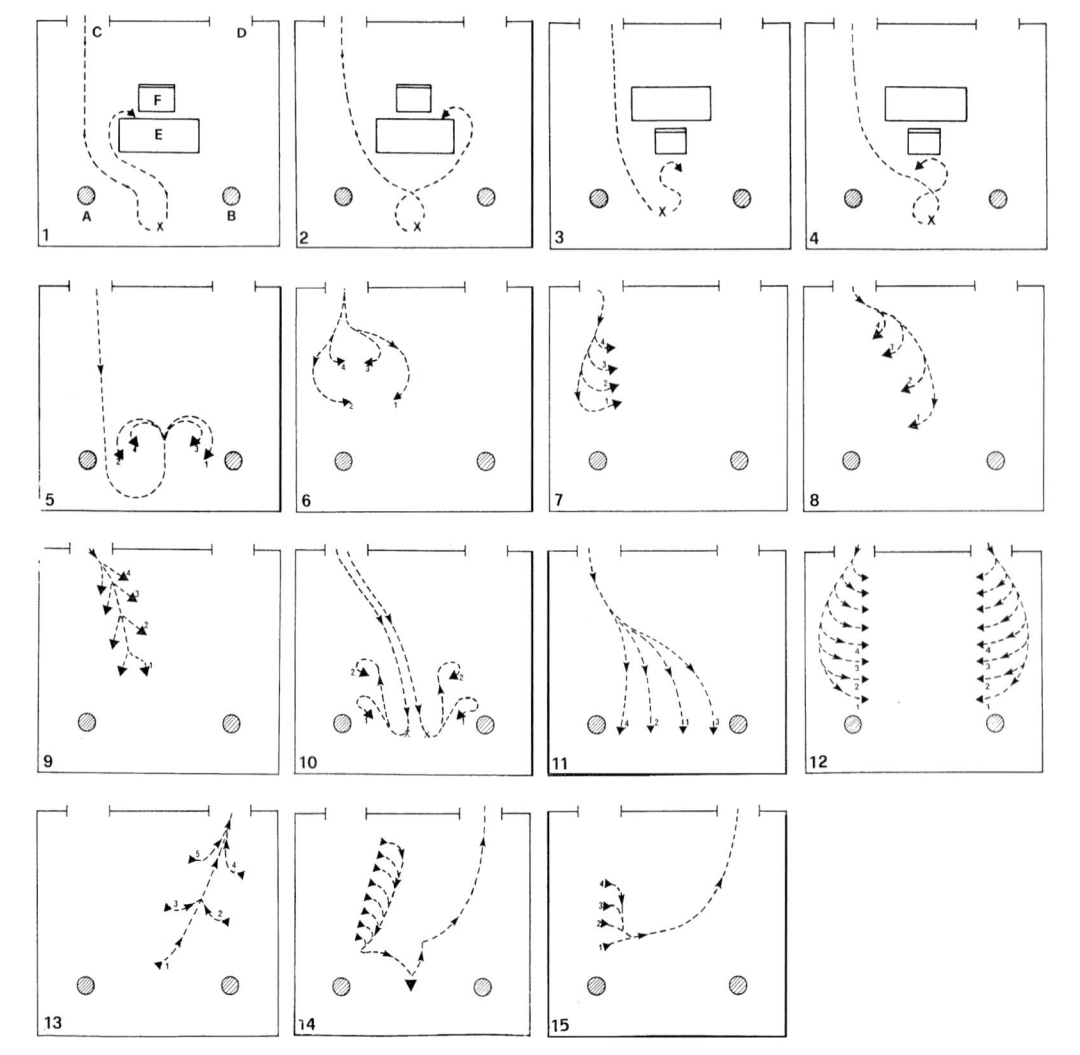

[9] O espaço cênico tradicional da Ópera de Pequim – que antigamente ficava sempre ao ar livre, mas que hoje em dia também fica em lugares fechados – é formado por: um palco quadrado, normalmente bem pequeno e caracterizado por duas pilastras (**A e B**) que sustentam um teto; uma parede de fundo vazia onde só existem duas portas: por convenção, a porta que fica à esquerda (**C**) é usada para a entrada dos atores, enquanto a porta que fica à direita (**D**) é usada para a saída. Não existe nenhuma cenografia, os acessórios de cena são poucos e todos muito simples: uma mesa (**E**) e uma ou mais cadeiras (**F**) que, por convenção, podem se transformar – a cada vez – em uma "cama" ou em uma "montanha". Os atores "preenchem" o espaço pequeno, mas completamente vazio, com seus suntuosos figurinos e com as complicadíssimas evoluções dos seus movimentos. Esses diagramas mostram as entradas dos vários papéis, ou grupos de atores, assim como os caminhos que eles fazem, por convenção, até chegar à posição pré-estabelecida de onde começarão a falar, a cantar ou a dançar (o "X" indica uma pausa): 1. papel masculino; 2. papel feminino; 3. papel masculino; 4. papel feminino; 5. entrada do cortejo (servidores, soldados, acompanhantes): primeiro estilo; 6. entrada do cortejo: segundo estilo; 7. entrada do cortejo: terceiro estilo; 8. entrada do cortejo: quarto estilo; 9. entrada do cortejo: quinto estilo; 10. entrada do cortejo: sexto estilo; 11. entrada do cortejo: sétimo estilo; 12. entrada do cortejo: oitavo estilo; 13. saída do cortejo: primeiro estilo; 14. saída do cortejo: segundo estilo; 15. saída do cortejo: terceiro estilo.

OPOSIÇÕES

[10-13] (**ao lado**) A dançarina balinesa Swasti Widjaja Bandem em uma demonstração de caminhada durante a ISTA de Holstebro, em 1986. A maneira como os dançarinos balineses se movem sobre o palco, usando contínuas variações de posturas anguladas e quebradas a partir de uma série de oposições, impressionou profundamente Artaud quando ele viu o teatro balinês na Exposição Colonial de Paris de 1931. Observando como esses movimentos e esses gestos impregnavam a cena sem deixar de utilizar nenhuma parte do espaço, Artaud falou de uma "nova linguagem física" no teatro, baseada em signos e não em palavras, e comparou os atores de Bali a "hieróglifos animados". (**acima**) Algumas ilustrações de atores que voltam sempre neste livro como um *leitmotiv*: aqui, elas mostram que as oposições são criadas dentro do corpo do ator: um personagem da Commedia dell'Arte e uma dançarina Odissi. (**abaixo**) Na dança, a simetria das posições produz figuras equilibradas e sem oposições; já as posições assimétricas, ao contrário, tendem a criar condições de desequilíbrio e de oposição de forças. Os dançarinos devem conhecer e usar ambas as possibilidades, mas respeitando sempre a fluidez das linhas. Diagramas tomados do livro de Doris Humphrey, *The Art of Making Dances*. Nova York, Rinehart, 1959.

A linha da beleza

Na Índia, o princípio das oposições ganha uma forma característica tanto na dança quanto nas artes figurativas: chama-se *tribhangi*, que significa *três arcos*. O corpo do dançarino toma a forma de uma letra "S" (cabeça, tronco e membros): o resultado é um equilíbrio precário que cria novas resistências e novas tensões, produzindo a arquitetura extracotidiana do corpo. A linha serpentina do *tribhangi* também faz parte da tradição artística ocidental.

Foram os gregos que descobriram que a beleza de um corpo não se expressa somente através das proporções corretas, mas também através de uma particular postura anatômica. O escultor Policleto foi o primeiro a estabelecer um cânone para a representação escultórica do corpo ao determinar as proporções exatas e, mais especificamente, a relação de 1 a 7 entre a cabeça e o resto do corpo. As figuras criadas por Michelangelo e Rafael testemunham a validade dessa lei, que permaneceu inalterada durante séculos.

No entanto, o que queremos destacar aqui não são as proporções do corpo, e sim essa postura característica que é a mesma em toda a estatuária grega e helenística, do *Efebo* de Policleto à *Vênus de Milo*. Esta última escultura, por exemplo, é caracterizada por um deslocamento lateral do quadril provocado pelo apoio do equilíbrio sobre um único pé e, também, pelo deslocamento lateral de sua cabeça, gerado pela torção do busto.

Essa ondulação dinâmica do corpo ao redor de um eixo, que torna a figura mais "viva", foi retomada pelo *hanchment* dos escultores florentinos do século XIV. Para eles, era uma forma de reagir ao achatamento e à imobilidade das figuras bizantinas e medievais. Naturalmente, foi rejeitada pelos artistas do Renascimento, que se inspiravam diretamente na arte clássica. O gosto pessoal do artista, assim como o gosto particular de uma época, certamente tem um papel fundamental nessas escolhas. Mas foi Dürer quem afirmou que não havia apenas um tipo de beleza, mas vários. No entanto, a representação dinâmica do corpo através de um movimento que gira ao redor de um eixo central continua sendo o princípio fundamental da "vida" de uma obra de arte.

No século XVIII, essa linha dinâmica inspirou William Hogarth, que acabou definindo-a como "a linha da beleza": uma linha sinuosa inscrita em uma pirâmide (fig. 18). Uma combinação de movimento e repouso, de equilíbrio e assimetria, de dança das oposições.

[14] *Tribhangi* (três arcos) na estatueta de Vajravarahi, prata tibetana do século XVII-XVIII (Museu de Newark – EUA).

[15] Macuilxochitl (ou Xochipilli): uma série de oposições na pose da deusa asteca da música, do canto e da dança, do amor e da primavera (Código do Ciclo Borgiano). Segundo o estudioso mexicano Cayuqui Estage Noel, o rosto negro da deusa seria uma máscara.

[16] Afrodite, também conhecida como *Vênus de Milo* (Museu do Louvre, Paris), em uma posição *tribhangi*.

[17] Antigo uso dinâmico do *hanchement* (deslocamento do quadril) na escultura europeia: estátua de um profeta do século XV (Catedral de Pistoia, Itália), atribuída ao grande arquiteto florentino Filippo Brunelleschi (1377-1446).

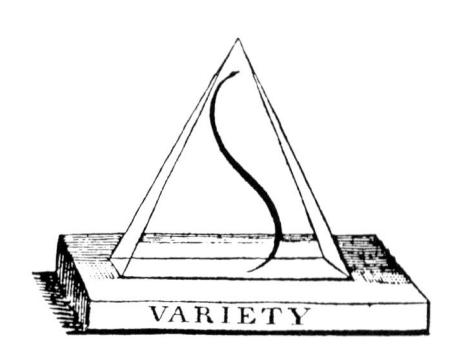

[18] A "linha da beleza", ou seja, da "variedade", em uma gravura de 1753 do pintor inglês William Hogarth (1697-1764).

OPOSIÇÕES

Tribhangi *ou três arcos*

O *tribhangi*, que pode ser identificado imediatamente na dança e na estatuária indiana, também pode ser encontrado em atores de outras culturas. Aqui, a "dança das oposições" é expressa mais internamente, é dançada *no* corpo. Vejam as posições de Sanjukta Panigrahi, dançarina Odissi, e da bailarina Natalia Makarova (fig. 19-20).

O contraste pode ser percebido imediatamente: Natalia Makarova transmite graça e leveza, como se um ser etéreo estivesse levitando, enquanto Sanjukta Panigrahi tem algo de extremamente terrestre e sensual. Mas, atrás dessas aparências superficiais, as duas estão usando a espinha dorsal da mesma maneira: só muda a forma de mostrar o trabalho. A dançarina de balé clássico faz uso de uma dinâmica que torna seu corpo longo, afilado e filiforme; parece que está tentando fazer uma escalada. Já a dançarina de Odissi tem uma força que parece querer agarrar algo; nela, as oposições trabalham para alcançar um efeito de máxima sinuosidade (todos os ângulos que quebram a forma dos braços de Sanjukta Panigrahi, por exemplo, são reduzidos a uma leve torção dos punhos de Natalia Makarova).

Na dançarina de balé clássico, as oposições são reveladas pelo enorme esforço para manter o equilíbrio precário, pelo modo de olhar para trás, por como ela apoia o queixo sobre o ombro direito, com tal resistência e tal tensão no pescoço que seu ombro esquerdo acaba ficando mais alto que o direito. A posição do queixo quebra a simetria do impulso para cima e o equilíbrio é precário: precário por causa da posição, só que mais precário ainda devido à torção da cabeça, que ao se apoiar no ombro acaba criando outra oposição assimétrica entre os dois ombros.

[19-22] (**acima, à esquerda**) Sanjukta Panigrahi em um *tribhangi* (três arcos) clássico da dança Odissi; (**acima, à direita**) a dançarina de balé clássico Natalia Makarova em *O Lago dos Cisnes*, coreografia de Petipa e música de Tchaikovski; (**abaixo, à esquerda**) o ator russo Igor Ilinsky interpretando o personagem de Shastlivtsev na peça *A Floresta*, de A. N. Ostrovsky, encenada por Meyerhold em 1924: a posição do ator é essencialmente um *tribhangi*. Ilinsky, que trabalhou ininterruptamente no Teatro de Meyerhold de 1920 a 1935, deu uma contribuição determinante para a invenção da biomecânica; (**abaixo, à direita**) é interessante notar como a presença desta "atriz" está baseada na alteração do equilíbrio e em um refinado *tribhangi*: trata-se de uma modelo que não quer expressar nada, mas apenas *apresentar* uma roupa de Dior de 1947.

[23] (**ao lado**) Linha do *tribhangi* em uma estátua de madeira da Virgem Maria de 1300 (Museu de Skellefteå, Lövånger, Suécia).

[24-26] Oposições de atores ocidentais: Franca Rame em um de seus monólogos; Henry Irving interpretando o Cardeal Wolsey no *Henrique VIII* de Shakespeare; e a dançarina alemã Mary Wigman em *Tanzgesänge*.

[27] Ação, reação, oposição. Os atores ingleses A. Youge e H. Nye interpretando, respectivamente, os papéis de Estéfano e Trínculo, em *A Tempestade*, de Shakespeare (gravura de G. Greatbach de 1840, aproximadamente, tomada de um daguerreótipo).

[28] Jogo das oposições em um ator Kabuki: Ichikawa Danjuro I (gravura japonesa do século XVIII).

[29] O ator alemão Ludwig Devrient (1784-1832) interpretando o papel de Franz Moor em *Os Salteadores*, de Schiller (de uma litografia de 1830): a oposição é acentuada pelo uso extracotidiano do acessório, um candelabro usado como arma.

[30] Sequência de pequenas embarcações no porto de Odessa do filme *O Encouraçado Potemkin*, de Eisenstein (1925). Toda a sequência foi planejada para criar uma montagem baseada não só nas oposições entre os vários enquadramentos, mas também nas oposições entre as linhas de direção desses enquadramentos. A partir de *Que Viva Eisenstein!*, de B. Amengual (Lausanne, 1980).

A ARTE SECRETA DO ATOR

O teste da sombra

O ator desenvolve a resistência ao criar oposições: essa resistência aumenta a densidade de cada movimento, dando-lhe outra intensidade energética e outro *tônus* muscular. Mas essa amplificação também acontece no espaço. Através da dilatação no espaço, a atenção do espectador é dirigida e colocada em foco; ao mesmo tempo, a ação dinâmica feita pelo ator se torna compreensível. O ator pode verificar esse dinamismo fazendo o *teste da sombra*, uma regra bastante conhecida e utilizada por ilustradores e cartunistas para ver se suas figuras bidimensionais são imediatamente compreensíveis (fig. 37).

Aqui, Ingemar Lindh mostra como uma ação de indicar que respeita a oposição (fig. 33) pode se tornar pouco clara se for vista de frente (fig. 34). A visão frontal não passa pelo *teste da sombra* e é tão *bad* (ruim) para o ator quanto para o cartunista. Walter Benjamin, justamente, já tinha reparado nisso: "O ator deve espacejar seus gestos assim como um tipógrafo deve espacejar suas palavras. Ele deve fazer com que seus gestos possam ser citados".

[31-34] (**à esquerda**) O mimo Ingemar Lindh em uma demonstração na ISTA de Volterra (1981) sobre os diferentes modos de indicar do mimo segundo Decroux: a oposição criada pelas linhas oblíquas do corpo torna a ação mais dramática. A posição 33, quando é mostrada de frente (34), fica pouco visível.

[35-36] (**à direita**) Um dançarino deve privilegiar posições e direções que permitam que o público tenha uma visão total de sua figura. Segundo Doris Humphrey, uma direção é "incorreta" quando o corpo do dançarino se coloca de tal forma que ele não tem um impacto total com o público, mas é "correta" quando o dançarino consegue mostrar completamente seus braços e suas pernas.

[37] O *teste da sombra* no manual de história em quadrinhos de Preston Blair.

Afirmação e confirmação

Eis aqui alguns exercícios do mimo de Decroux. Estão baseados no princípio segundo o qual é possível criar oposições no corpo como *afirmação* e *confirmação*. Aqui podemos observar três posições: a posição de base (fig. 38, 42, 46); o primeiro movimento (fig. 39, 43, 47) – vemos que os dois primeiros são idênticos em todos os três exercícios; a terceira e decisiva posição (fig. 40, 44, 48). Esses exercícios demonstram claramente a função das oposições, apontando o papel das linhas quebradas e oblíquas, que são mais *interessantes* que as linhas retas e contínuas (fig. 40 e 48).

Por caminhos diferentes, mais próximos da civilização ocidental, esses exercícios do mimo corporal – que lembram a biomecânica de Meyerhold – parecem ser uma simplificação da complexa arquitetura do *tribhangi* indiano. No entanto, em sua simplificação, reencontramos a clareza e o rigor de um trabalho cujo objetivo é descobrir as leis do movimento do ator segundo modo com o qual os espectadores o percebem. *Afirmação*, *confirmação* e *contradição* são uma forma explícita de colocar em cena a atenção do espectador, a partir dos monossílabos "sim" e "não".

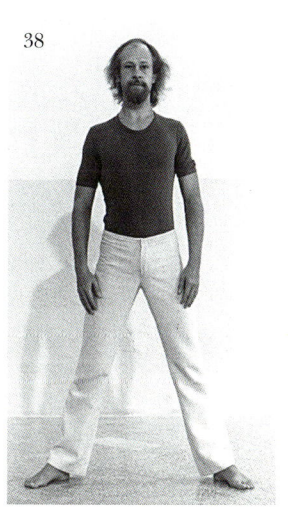

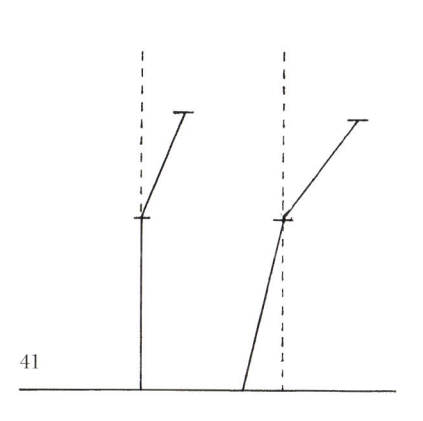

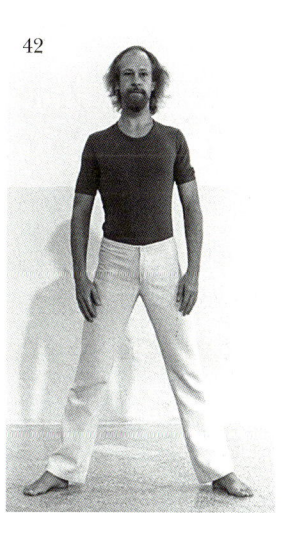

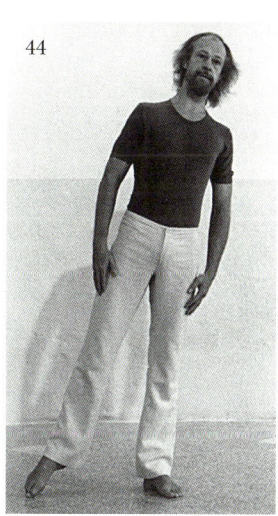

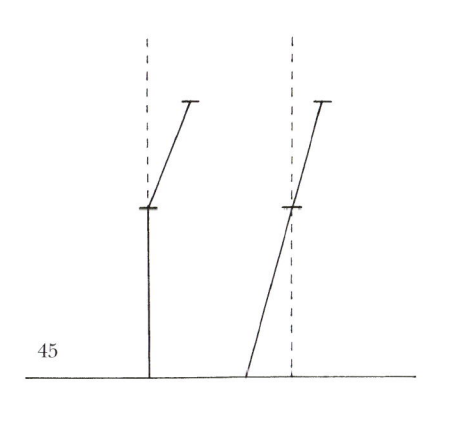

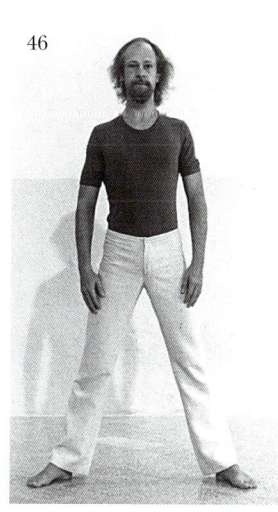

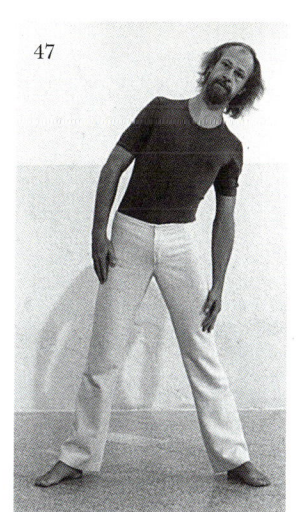

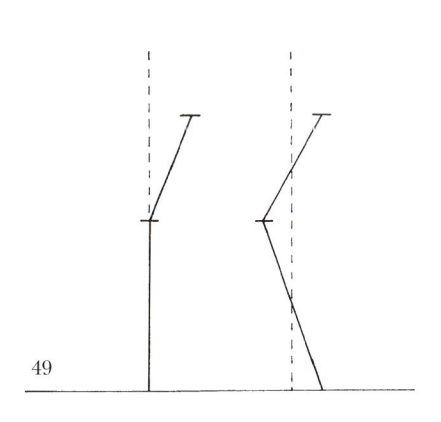

[38-49] Três exercícios de mimo segundo Decroux, demonstrados por Ingemar Lindh: *afirmação* (**acima**), *confirmação* (**no centro**), *contradição* (**abaixo**).

ORGANICIDADE

ORGANICIDADE, PRESENÇA, *BIOS* CÊNICO
Eugenio Barba

> *Organicidade: qualidade ou estado do ser orgânico.*
> *Orgânico: de, relativo a, ou derivado de um organismo vivo.*
> (New Shorter Oxford Dictionary)

Tanto no teatro como na dança, o termo *orgânico* é usado como sinônimo de "vivo" ou "crível". Quem o introduziu na língua do trabalho teatral do século XX foi Stanislávski. Para o reformador russo, *organichnost'* (organicidade) e *organicheskij* (orgânico) eram qualidades essenciais nas ações de um ator, a premissa para que um espectador reagisse com um "eu acredito" absoluto.

A organicidade está intimamente relacionada à presença e ao bios cênico.

Para os artistas teatrais europeus, a necessidade de um novo modo de *estar presente* em cena e na sociedade surgiu com a mutação antropológica vivida por sua profissão no final do século XX. Stanislávski, Appia, Craig, Meyerhold, Vakhtângov, Mikhail Tchékhov e Copeau – a primeira geração dos reformadores – sentiram, cada um à sua maneira, a exigência de se opor à perda da existência da arte teatral. A palavra "existência" deve ser compreendida literalmente: uma capacidade de *estar e se sentir vivo*, e de transmitir essa sensação aos espectadores.

Suas investigações caminharam para duas direções complementares: de um lado, foram buscar um novo sentido e uma nova presença social do espetáculo; de outro, havia o esforço de criar métodos para desenvolver uma condição de vida ou uma presença eficaz na arte do ator. Artaud afirma que é preciso restituir a vida ao teatro. Antes dele, Stanislávski já tinha falado em organicidade e Meyerhold em biomecânica, o movimento da vida (*bios* = vida; mecânica = aquela parte da física que estuda o movimento).

O objetivo de suas investigações era levar o ator a alcançar a "autenticidade", a "sinceridade", a "crueldade", uma *dinamis* pessoal que pudesse materializar a essência poética dos textos de Ibsen, Strindberg, Tchékhov. Mas que processo o ator deveria seguir para provocar no espectador essa sensação de vida, esse *efeito de organicidade*?

É nessa perspectiva que precisamos ver a criação de uma nova pedagogia, assim como a introdução de uma formação que se baseia nos exercícios, uma prática que até então era ausente na aprendizagem do ator europeu (ver *Aprendizagem, Exercício, Treinamento*).

O que é orgânico para o ator / O que é orgânico para o espectador

Mas às vezes o ator vive certas ações como sendo "orgânicas" quando nem o diretor nem o espectador sentem a mesma coisa. Também acontece o oposto: o diretor e os espectadores podem perceber como "orgânicas" ações que os atores vivenciam como "inorgânicas", duras ou artificiais.

Essa disparidade de opiniões, ou sensações, vai contra a ingenuidade teatral e a fé na sintonia entre ator e espectador. Na verdade, não há sintonia entre a ação do ator e a reação do espectador, mas pode haver um encontro. É o efeito do encontro que decide sobre o sentido e o valor do teatro.

A eficácia depende do efeito de organicidade que o ator alcança diante do espectador. "Efeito de organicidade" é o mesmo que a capacidade de levar o espectador a fazer a experiência de um corpo-em-vida. A principal tarefa do ator não é ser orgânico, é criar a percepção de organicidade *nos sentidos e diante dos olhos do espectador*. Para o ator, o verdadeiro problema está relacionado à escolha de uma direção em seu trabalho, de um método a ser adotado e de um caminho para construir sua presença de modo eficaz, para construir seu *bios* cênico. Se o ator utiliza a própria sensação de ação orgânica como critério (ou seja, se ele perde o ponto de referência constituído pela percepção de quem o vê de fora), provavelmente vai perceber logo que sua própria organicidade é ilusória, inclusive para si mesmo.

Os caminhos mais curtos, apesar do que dizem as nossas ilusões, são sempre curvos. São caminhos que devem começar se afastando para alcançar sua meta, com o único objetivo de alcançá-la com sucesso.

Para o ator, a busca pelo *efeito de organicidade* é sempre acompanhada por uma sensação de incômodo, pela sensação de que tanto sua ação como seu corpo são inorgânicos. Só após um longo e árduo processo de "afastamento" – e só em alguns casos – é possível haver um encontro entre a nova organicidade das ações do ator e a percepção do espectador.

A nova organicidade que nasce de um longo processo de aprendizagem – aquela que Stanislávski e Copeau chamavam de "segunda natureza" – é a consequência e a metamorfose do incômodo. É a aplicação de uma física, de uma fisiologia e de uma lógica que tornam paradoxal o espaço-tempo em que os atores e os espectadores se encontram. Esse paradoxal e extracotidiano modo de agir e pensar, que se afasta dos critérios cotidianos, é o pressuposto para a eficácia e a razão de ser do teatro.

[1-2] Ryszard Ciéslak (1937-1990) em *O Príncipe Constante*, com direção de Jerzy Grotowski (1965). A posição é inspirada no Cristo *frasobliwy* (triste), uma imagem muito conhecida na iconografia religiosa popular polonesa.

ORGANICIDADE

[3-4] Ni Made Nugini (**acima**) e Ni Made Sarniani (**abaixo**) em uma cena de *Gambuh*, uma antiga forma de drama dançado balinês. Após uma primeira impressão de forte sugestividade, ganhamos consciência da composição detalhada e artificial da postura das duas dançarinas. Esse efeito de organicidade percebido pelo observador – uma percepção de vida ou de pulsação e até mesmo na imobilidade – é consequência das tensões que nasceram nas duas "espinhas dorsais": o torso e os olhos. A cabeça vai em uma direção e os olhos em outra, a espinha dorsal está fortemente arqueada, os ombros estão um pouco levantados. A impressão de que as duas posições são diferentes vem, como diria Decroux, da "história" contada pelos braços (ver "A ação de ver", em *Olhos e Rosto*). Peter Brook também ressaltou a centralidade de uma presença cênica do ator: "O que me interessa é que existe um tipo de ator capaz de permanecer imóvel sobre o palco e de concentrar sobre si toda a nossa atenção, e um outro tipo de ator que não nos comunica nada. Qual é a diferença? Em que consiste, do ponto de vista químico, físico, psicológico? Carisma? Personalidade? Não, é fácil demais e não é uma resposta. Não sei qual é a resposta, mas sei que ela existe e que nessa interrogação podemos encontrar o ponto de partida de toda a nossa arte" (Peter Brook, *Il Punto in Movimento: 1946-1987*. Milão, Ubulibri, 1988, p. 210) [Peter Brook, *O Ponto de Mudança. Quarenta Anos de Experiências Teatrais: 1946-1987*. Rio de Janeiro, Civilização Brasileira, 1995, (N.T.)].

"Natural" e "orgânico"
Mirella Schino

O uso do adjetivo "orgânico" para designar uma certa qualidade do trabalho do ator surgiu no século XX. Antes, para indicar um ator "crível" e "eficaz", dizia-se que ele era "natural".

Durante séculos, o surgimento de um "Grande Ator" novo, dotado de um estilo original, era visto como a manifestação da própria Natureza, em contraposição à artificialidade dos seus antepassados. E assim, um ator considerado famoso por sua "naturalidade" era logo superado no gosto dos espectadores por outro ator que, finalmente, parecia mais "natural" que ele e colocava em evidência a artificialidade do seu antepassado. No momento em que um novo astro nascia para balançar as emoções dos espectadores, ele é que passava a ser, por sua vez, "artificial". Na segunda metade do século XIX, ou seja, no período em que surgiam tantos "Grandes Atores", cada nova geração, ou cada novo estilo de atuação, era recebido como "finalmente natural".

Nesse contexto, "natural" não tem nada a ver com fidelidade à representação da vida cotidiana. Todos os atores queriam parecer *verossímeis*. Mas mesmo assim, de uma forma ou de outra, todos eles construíam um comportamento cênico artificial, camuflado sob a aparência da verossimilhança.

Aqui, "natural" não tem a ver com realismo: está mais ligado ao *efeito de coerência* provocado no espectador. Quando os espectadores e os especialistas falavam de um ator que era "finalmente natural", eram testemunhas de uma composição tão coerente em todos os seus detalhes a ponto de fazer com que eles se esquecessem da artificialidade do comportamento cênico. Era como se naquele instante não existisse outro modo de se mover e de se comportar, como se o ator tivesse gerado, com sua arte, um fragmento de natureza.

Aqui, um ator "natural" deve ser compreendido como aquele que cria uma complexidade e uma coerência do comportamento análogas e equivalentes à coerência e à complexidade que caracterizam um organismo vivo.

"Natural" e "Natureza" provocam confusão com muita facilidade: de um lado, porque trazem a ideia da imitação; de outro, porque podem se ligar, injustamente, à corrente artística e literária do "naturalismo".

No século XX, junto da atuação "verossímil", outras formas de atuação explicitamente artificiais também são apreciadas e procuradas. Elas mostram visões deformadas da figura e do comportamento humano. O termo "organicidade" é usado para indicar complexidade e coerência no comportamento humano, sustentando a ilusão de um estilo de atuação que segue as regras de uma outra natureza que é diferente. A palavra "orgânico" agora indica o efeito produzido no espectador, assim como antes aconteceu com o adjetivo "natural". Ela caracteriza o modo como a composição do ator é *percebida*, e não os processos que o levam ao resultado.

De um lado, o "Grande Ator" se mistura com os demais atores; de outro, ele podia ser percebido como um mundo à parte, como se forças múltiplas e opostas dialogassem dentro do seu corpo até transformá-lo num campo de contradições cuja potência era capaz de preencher todo o espaço do teatro. Estruturalmente, o "Grande Ator" era uma presença contraditória. Como *figura*, era um indivíduo entre outros; como *campo de energias* era um mundo inteiro, capaz de se dilatar até monopolizar a inteligência e os sentidos do espectador. Todo o espetáculo, assim como todo o espaço vibrante do palco, pareciam estar concentrados dentro do seu corpo.

Durante o século XX, os inventores da direção teatral reviraram os termos dessa contradição. Eles transformaram as várias figuras dos atores num único *campo de energia*. Antes, o "Grande Ator" fazia brotar a multiplicidade partindo de sua própria particularidade individual. Agora, os reformadores do século XX trabalharam sobre a multiplicidade dos indivíduos como se eles fossem partes de uma

[5-8] (**à esquerda**) Sarah Bernhardt (1844-1923); (**no centro**) Tommaso Salvini (1829-1915); (**à direita**) Élisabeth Rachel Félix, mais conhecida como Rachel (1821-1858); (**na página ao lado**) Adelaide Ristori (1822-1906). A expressão "Grande Ator" não significa, necessariamente, um ator muito bom. Trata-se de uma expressão que foi usada para falar de um fenômeno ligado à arte do ator. Esse fenômeno, difundido em toda a Europa, formou-se aproximadamente na metade do século XIX e durou até o começo do século XX. Durante o espetáculo, o "Grande Ator" tinha uma função paradoxal que contrastava com as normas de atuação da época; então, ele também contrastava com os demais atores de sua companhia. Essa função de contraste também se aplicava às normas de interpretação de um texto, que divergia da lógica do modo de pensar habitual, dos comportamentos emotivos considerados óbvios e dos reflexos condicionados dos espectadores. Esse efeito de contraste foi descrito na época com expressões como: "complexidade da interpretação", "naturalidade mais forte do que a própria natureza", "mobilidade prodigiosa". Outra característica fundamental do "Grande Ator" era uma particular capacidade de se impor – quase com violência – à atenção do público, preenchendo todo o espaço cênico de modo prepotente, tanto com sua presença física quanto com sua voz, alcançando um resultado semelhante ao da potente qualidade vocal de um cantor lírico. A consequência dessa impetuosidade não era pura sedução ou fascinação, e sim força, potência: um efeito que se perde nas imagens, sejam elas retratos ou fotografias, mas que talvez deixe rastros em algumas caricaturas (ver "A Língua Enérgica", em *Historiografia*).

unidade orgânica única e paradoxal. O espetáculo inteiro tornava-se então um único organismo vivo.

Essa invenção do espetáculo como um "corpo único" (contraditório, complexo, atravessado por pulsões e tensões multiformes, por ritmos e respirações dançantes) caracterizou, de modo mais ou menos evidente, todos os reformadores do teatro do século XX: Appia e Meyerhold, Stanislávski e Copeau, Craig e Vakhtângov, Reinhardt e Dullin. Ela também impregna as visões de Artaud, aparentemente fantásticas, mas na verdade fundadas em uma série de detalhes extremamente precisos.

Quando o espetáculo é visto como um corpo único, sua célula de base não é mais um indivíduo (seja ele ator ou personagem), mas consiste em unidades ainda menores. Até o início do século XX, a menor unidade de medida para a composição cênica coincidia com o corpo e a psicologia de um ser humano (ator, *persona* ou personagem). Essa unidade podia conter contradições, mas nunca seria dividida.

A busca pelos princípios da arte do ator, a pesquisa científica sobre o movimento e a construção da organicidade levam os mestres da reforma do século XX a identificar as ações de cada parte do corpo e a considerá-las como unidades de base. Essas unidades (ou células) de ação devem estabelecer relações com outras partes do mesmo corpo. Mas elas também podem formar conexões com as unidades de ação de outros corpos, criando uma viva e emaranhada rede de diálogos, contrastes, assonâncias, dissonâncias e ritmos.

Então é possível trabalhar sobre a totalidade do espetáculo como se ele fosse um corpo único, começando por células de base (as unidades de ação) que são bem menores do que o indivíduo, visto como unidade. Essa perspectiva amplia a percepção da organicidade, que vai de cada ator até o espetáculo como um todo. Antes, os espectadores podiam ver um espetáculo inteiro no corpo de um "Grande Ator". Hoje, por trás do espetáculo como um todo, eles podem vivenciar uma unidade orgânica.

O "Grande Ator" mascarava a profunda artificialidade da sua natureza cênica com um véu de verossimilhança que ficava na superfície. A companhia-corpo único, ao contrário, pode tornar visível e perceptível, mesmo na superfície, a sua natureza diferente, deixando o espectador perceber sua qualidade orgânica independentemente da aparência dos organismos naturais.

Graças à qualidade orgânica, inventada pelos "pais da direção teatral" no começo do século XX, o espetáculo se torna o exemplo de uma natureza *diferente*, quer dizer, ele se transforma num campo privilegiado de verdadeiras *experimentações sobre a organicidade*.

Meyerhold, Copeau, Craig, Appia, Fuchs e Reinhardt, assim como Stanislávski, têm consciência de uma dupla problemática: de um lado, o corpo do ator se apresenta como um microcosmo, ou seja, como um sistema de partes *separáveis*; de outro, a companhia pode ser considerada como um corpo único que deve ser visto em sua totalidade. Essa dialética implica um estudo aprofundado sobre as *relações* entre as diferentes partes, independentemente das histórias que são representadas, das capacidades de cada ator e das características dos personagens.

A consequência da mudança gerada por uma transformação tão pouco visível (o fim da unidade de medida antropocêntrica) é evidente em todos os campos da composição cênica. Do ponto de vista dramatúrgico, por exemplo, mina a centralidade do texto. O indivisível corpo humano foi substituído por uma subdivisão de fragmentos autônomos que devem ser conectados com outros. O diretor se vê tendo que trabalhar com um número bem maior de unidades muito menores, que são menos complexas e que podem ser muito bem elaboradas. As relações entre essas menores unidades de medida do corpo humano oferecem um campo de trabalho imensamente maior e radicalmente diferente daquele campo constituído por uma série de indivíduos que são considerados uma unidade indivisível.

Os vários segmentos orgânicos podem estabelecer conexões e correlações segundo critérios semelhantes aos que são tradicionalmente usados para criar relações entre as presenças de cada ator ou de cada personagem. Passo, olhar, direção do movimento, peso, tronco, texto, braços, pernas, mãos, pés, ritmo, velocidade, intensidade do movimento, tensão e relaxamento podem ser tratados como temas de relações. Podem ser orquestrados segundo sua própria dramaturgia, que por sua vez pode ser sintonizada ou colocada em oposição à verdadeira dramaturgia: o enredo dramático.

A centralidade do texto durante o processo de trabalho fica balançada por dois aspectos problemáticos: o corpo do ator como um microcosmo com células orgânicas autônomas e diferentes, e o conjunto de todos os atores como partes de um único organismo. Esse duplo problema não faz com que o texto seja menos importante. Significa apenas que não é mais o único instrumento condutor para a criação de um espetáculo. Outros fatores devem ser somados ao conteúdo do texto, à lógica da sua profundidade e da sua superfície, às suas alusões e significados implícitos: as lógicas evidentes ou escondidas, os princípios, os ritmos e a organicidade de uma natureza diferente.

Tanto na prática quanto na teoria, a questão do "corpo como um microcosmo" e do "espetáculo como um corpo único" teve consequências bastante parecidas com as da descoberta da vida da célula para o trabalho e o modo de pensar dos biólogos, ou da descoberta do mundo subatômico para os físicos. A sensação do tempo em que o espetáculo navega se transforma. Presente, passado e futuro podem se entrelaçar ao mesmo tempo que se entrelaçam as diferentes ações e as diferentes faces da mesma história.

Esse procedimento caracterizou a arte do "Grande Ator": a capacidade de multiplicar as lógicas ao modular sua própria presença cênica, evitando uma interpretação ambígua do texto dramático. Hoje, a multiplicidade de perspectivas tornou-se um modo comum de trabalhar. Ou melhor, é *o modo* de trabalhar no teatro.

A possibilidade de trabalhar com células infinitamente menores que o ser humano permite o desenvolvimento de uma vida cênica – uma *organicidade* – que não é necessariamente realista. Mas ela deve refletir e reproduzir a complexa rede de relações que caracterizam

A ARTE SECRETA DO ATOR

a organicidade em um nível biológico. O mimetismo com a "realidade" cotidiana se torna uma função secundária, um acessório que não diz respeito aos princípios de base do trabalho de um ator e de um diretor.

Diretores de gostos radicalmente diferentes com relação ao resultado final de seus espetáculos, como Stanislávski ou Meyerhold, podem compartilhar os mesmos fundamentos artísticos. O essencial, no teatro, é a construção de uma realidade paralela, seja do estilo que for. O estilo não é a diferença mais significativa. A diferença mais significativa é a ânsia da pesquisa científica e a obstinação contra as certezas e as aparentes seguranças do teatro, do seu modo de ser arte e de sua função na sociedade. As experimentações com a organicidade são, por si só, revolta técnica e existencial.

Línguas de trabalho
Eugenio Barba

Cada tradição teatral tem sua própria língua de trabalho, que é precisa e fácil de ser entendida por quem é "de dentro", mas difícil de ser explicada para quem é "de fora". Isso vale tanto para as grandes quanto para as pequenas tradições, para as tradições que são transmitidas de geração em geração e para aquelas que, ao contrário, consistem em um número limitado de pessoas que possuem uma história em comum e um conhecimento que não sobreviverá quando elas desaparecerem. Há também outra língua de trabalho ainda mais exclusiva, a que cada pessoa usa para falar consigo mesma, para refletir sobre o próprio modo de se comportar profissionalmente.

O conjunto dessas línguas de trabalho – algumas codificadas e outras pessoais, algumas secretas e outras tão explícitas que acabam parecendo teorias – gera um labirinto de palavras e sombras que escondem a concretude da experiência. Muitas vezes, ao raspar a superfície das palavras, das imagens e das metáforas, encontramos princípios recorrentes e conhecimentos compartilhados por gente de teatro que chega de lugares muito diferentes e distantes.

A presença

Existem atores que não escutamos. Eles têm vozes bonitas, uma dicção impecável, temos o prazer de vê-los e a eles são confiados papéis importantes. Na hora que entram em cena, ficamos atentos, mas depois de cinco minutos toda a nossa atenção é tomada por um ator desconhecido que interpreta um personagem secundário, mas que possui o maravilhoso dom da "presença".

Estar lá (agradar ou não agradar). Causar interesse, mesmo irritando. Ainda que não se queira ser observado, *preencher o próprio lugar no espaço, tornar-se necessário*. A presença é uma qualidade discreta que emana da alma, que irradia e se impõe. O ator, quando tem consciência da própria presença, ousa exteriorizar aquilo que sente e o faz de modo apropriado, porque não precisa se esforçar: o espectador o segue, o escuta.

[9-11] Em toda tradição teatral, a construção da presença cênica e do efeito de organicidade começa com uma rigorosa alteração do equilíbrio, de acordo com princípios de uma ciência pragmática incorporada. Nas fotos, diferentes sessões de trabalho durante uma ISTA: (**acima**) os exercícios do "três-três" do Odin Teatret, com Julia Varley (ISTA de Montemor O-Novo, Portugal, 1998); (**no centro**) a Dança dos Orixás com Augusto Omolú (ISTA de Montemor O-Novo, Portugal, 1998); (**abaixo**) I Wayan Bawa ensina o *agem*, posição de base do teatro balinês (ISTA de Sevilha, Espanha, 2004).

Esse desdobramento necessário se dá sob o efeito de uma sensação física que faz o ator dizer, ao sair de cena: "Meu Deus, como atuei mal, não senti o público". Por uma razão que não depende da nossa vontade, não estávamos lá, interpretávamos nosso papel mais ou menos bem, porém não o vivíamos. O fantasma do personagem não tinha nos seguido até a cena, e nós o procurávamos em vão durante todo aquele ato.

A arte do ator tem algo de misterioso. Seu sucesso não depende apenas do estudo, da preparação, da inteligência e da vontade. Até o maior especialista sobre as questões da nossa arte, ainda que tenha um corpo admirável e uma voz divina, pode ser um ator abominável. Essa ideia é expressa de várias maneiras em nossa gíria teatral. O grande Mounet-Sully dizia: "hoje à noite, a divindade não desceu". Um ator instintivo de melodrama exclamava: "meu personagem não calçou meus sapatos". O vaidoso vai dizer: "que público estúpido hoje à noite". Outro ator, saindo de cena, vai pigarrear e tocar suas cordas vocais.

A única coisa certa é que tanto um quanto o outro precisam dessa presença (que está neles mesmos) e que não depende totalmente deles.
(Charles Dullin, *Souvenirs et Notes de Travail d'Un Acteur*.
Paris, Librairie Théâtrale, 1985)

[12-14] (**acima**) Uma postura do Kathakali de M. P. Sankaran Namboodiri (ISTA de Bielefeld, Alemanha, 2000); (**abaixo, à esquerda**) uma demonstração de Jacques Lecoq, mestre de gerações de atores (Odin Teatret, 1968); (**abaixo, à direita**) aula sobre a posição dos pés na dança japonesa, com Kanichi Hanayagi (ISTA de Bielefeld, 2000).

Axé, shinmyong, taksu

Nas línguas de trabalho de outras tradições teatrais não encontramos as palavras *organicidade* ou *presença*. Mas todas elas possuem termos ou metáforas para indicar essa qualidade do ator.

Nas culturas em que o transe ainda é um fenômeno difuso, utiliza-se o vocabulário ligado à possessão. Augusto Omolú, que conhece profundamente uma dança afro-brasileira inspirada no candomblé, fala de *axé*, uma energia sutil que vem dos *orixás*, divindades que encarnam diferentes manifestações da força da natureza.

Augusto Omolú afirma que não é certo que hoje à noite, dançando, ele vá receber o *axé*. É uma transformação que não depende dele, é "algo" que chega. O *axé* é doado. Só então ele tem a sensação concreta de manipular algo desconhecido, como se tivesse penetrado um território dentro do seu próprio corpo, um território que contém forças misteriosas.

Na Coreia, onde a cultura xamanista ainda é muito viva, usa-se o termo *shinmyong*, a entrada dos espíritos em um ser humano. A mesma expressão é usada em relação a um ator quando ele prende a atenção do espectador.

Já os atores balineses falam de *taksu*, que literalmente significa "o lugar que recebe a luz". O ator é iluminado por "outras" energias que agem sobre o espectador. É uma espécie de inspiração divina que passa a possuir o ator e que foge do seu controle. Assim como acontece com o *axé* e o *shinmyong*, também não é o ator que decide pelo *taksu*. Um ator poderá apenas constatar: "essa noite tinha *taksu*" ou "essa noite não tinha *taksu*" (ver *Energia*).

Matah, mi-juku, kacha

Em Bali também há consciência de que essa transformação das energias representa uma qualidade diferente de vida. *Ngidupan* (ou *menjivai*) significa "dar vida". *Hidup* significa "vida". Se não há *hidup*, o ator (ou a dança) está *matah*, como um fruto "imaturo", verde, e não é capaz de dar à sua arte o "sabor" apropriado. Não existe o termo "maduro" em contraposição à *matah*. Eles costumam dizer *wayah*, velho. Não no sentido de decrépito ou carente de energia, mas, ao contrário, de vigor e carga vital. O sol está velho ao meio-dia, e jovem ao pôr do sol.

Wayah é o conhecimento incorporado. *Sampun wayah* é uma dança incorporada a tal ponto que ela não dá, de forma alguma, a sensação de ser "imatura" e "indecisa". O mestre balinês I Made Djimat afirma que a escola pode ensinar como dançar corretamente, mas mesmo assim os dançarinos podem ser incapazes de *ngidupan*, ou seja, de "dar vida" ao que estão dançando. Um ator pode ser correto sem ser *wayah*. Como havia dito Charles Dullin: a presença (ou o efeito de organicidade) não depende do domínio técnico.

No Japão, *mi-juku*, imaturo, indica o ator que ainda não está maduro. Exatamente como o balinês *matah*, o termo *mijuku* define o principiante, ou aquele que ainda não incorporou uma partitura ou uma dança ao ponto de dar-lhe vida. No Japão, as pessoas também têm consciência de que o ator pode ser tecnicamente perfeito e, mesmo assim, não ter *iki iki*, ou seja, a qualidade necessária para deixar o espectador "deslumbrado". *Iki iki* significa "vívido, brilhante, reluzente".

Sanjukta Panigrahi, a grande dançarina indiana de Odissi, falava quase sempre dessa imagem que reaparece na língua de trabalho dos atores de várias culturas. Em *oriya*, sua língua natal, o ator que não tem presença é chamado de *kacha*, imaturo ou cru, em oposição a *pakka*, maduro, o ator que sabe se impor aos espectadores.

Trabalhar sobre as ações físicas: a dupla articulação

Marco De Marinis

Os Pais Fundadores do novo teatro contemporâneo mostraram de forma irrefutável que não se pode chegar à ação real – ou seja, a agir realmente em cena – pegando o atalho do "espontaneísmo" ou do naturalismo. Para alcançar esse objetivo, é necessário seguir o longo caminho da disciplina, da aprendizagem técnica e do trabalho sobre a forma. Em cena, uma ação física só pode se transformar em ação real se ela se tornar uma forma artificial, uma partitura fundada nas constrições de princípios rígidos. Só assim ela poderá se livrar de qualquer forma de estereótipo, de automatismo e de confusão inorgânica: resumindo, da *falsa espontaneidade*. A falsa espontaneidade é a fase que vem *antes* da precisão (da técnica), *antes* do controle voluntário da ação. Consequentemente, além de ser uma falsa espontaneidade, ela é também uma liberdade fictícia, ou seja, ilusória.

Para o ator que está em cena, a *verdadeira espontaneidade* é a que vem *depois* da técnica, que está *além* da sua precisão. Então ela é feita de uma liberdade efetiva, pois se baseia no controle voluntário da ação. Mesmo sendo necessárias, a artificialidade e as constrições técnicas não são suficientes para conquistar as qualidades da verdadeira espontaneidade. Uma ação física, para ser *real* (e então, *eficaz*) em cena, deve ser autêntica, sentida, sincera, vivenciada. Deve estar fundada numa correspondência orgânica entre o "lado de fora" e o "lado de dentro" do ator, deve ser executada por seu "corpo-mente". As duas condições necessárias para que uma ação seja real em cena (ou seja, consciente-voluntária), pode ser resumida da seguinte forma:

1. a *precisão*, como coerência formal externa (muitas vezes garantida por uma partitura);
2. a *organicidade*, como coerência interna, garantida pela presença integral do ator e que, por sua vez, pode ser facilitada com o uso de uma *subpartitura*. Somente a organicidade, como "inteireza psicofísica da ação", garante a margem indispensável de liberdade dentro da precisão, ou melhor, de improvisação dentro da partitura, permitindo adquirir as qualidades da verdadeira espontaneidade.

A *primeira articulação*

Existe um acordo substancial entre os mestres de teatro do século XX sobre as *condições* da ação real em cena. Agora precisamos ver se não é possível encontrar um acordo análogo inclusive sobre *como* criar essas condições, ou seja, no que diz respeito aos princípios e aos procedimentos técnicos através dos quais esses mestres tentaram criar aquelas condições. Um acordo desse tipo realmente existe, e eu gostaria de chamá-lo de *dupla articulação*. Também poderíamos falar de *dupla desarticulação*, a partir do momento em que seu objetivo primário é romper (desarticular) os automatismos físicos e mentais que vinculam o ator no uso do corpo e na montagem da ação em cena. A primeira articulação (desarticulação) está relacionada ao corpo, a segunda ao movimento e à ação cênica.

Chamo de "primeira articulação" o trabalho de segmentação feito no corpo humano e, em particular, no corpo do ator. O corpo é decomposto em vários pedaços (praticamente como se fosse uma marionete ou uma máquina) para em seguida ser recomposto, mas segundo as regras de combinação de uma anatomia artificial. O objetivo é transformar o corpo vivo, biológico e cotidiano em um "corpo-em-vida" (Barba), fictício, extracotidiano, pronto para realizar ações cênicas.

François Delsarte, um especialista do movimento cênico, foi o primeiro a indicar a primeira articulação ao segmentar todo o corpo humano e cada um de seus membros, segundo a Lei da Trindade (introversão, extroversão e neutral) e o "acorde de nona" (gestos que partem de nove regiões do corpo e se repartem em três focos). Em Delsarte também encontramos os princípios fundamentais que regulam o funcionamento da anatomia artificial produzida pela aplicação da primeira articulação:

1. *a primazia do tronco*, que se torna o centro expressivo do corpo através da inversão da normal hierarquia dos órgãos;
2. *a independência dos segmentos*, ou seja, das diversas partes do corpo: cada parte deve poder fazer uma ação autônoma ainda que contrastando com a ação de todas as outras partes do corpo.

Agora vamos focar um instante no princípio da independência dos órgãos, que tanto Meyerhold quanto Decroux investigaram e enunciaram de maneira muito radical, ainda que em termos aparentemente opostos:

> Toda a biomecânica está fundada no seguinte princípio: se alguém move a ponta do nariz, todo o corpo se move. O corpo inteiro participa do movimento do menor dos órgãos.
>
> (Meyerhold)

> Então é necessário mover apenas o que se deseja mover: um único órgão ou vários órgãos. A parte do corpo que alguém não deseja mover deve então ficar imóvel. Todo mundo sabe disso, mas é preciso repetir. Muita gente acha que, para ficar imóvel, é necessário não ter vontade de se mover. Na verdade, já que nos movemos mesmo involuntariamente, é necessário não querer se mover.
>
> (Decroux)

Essas duas formulações só são opostas na aparência. Se observarmos bem, vemos que ambas sustentam a mesma ideia:

1. o corpo cênico como um conjunto de órgãos diferentes e parcialmente autônomos;
2. a necessidade de um total controle que o ator deve ter sobre seus órgãos;
3. a imposição de um uso não natural e não cotidiano desses órgãos, ou seja, do próprio corpo, para poder romper com os automatismos e as reações mecânicas que condicionam seu uso "natural" ou "cotidiano".

Permitir que todo o corpo participe de um mínimo movimento, assim como bloquear uma parte do corpo para agir apenas com outra, são dois exemplos claros de comportamento artificial. Esses comportamentos não naturais, não espontâneos e não fáceis devem ser aprendidos. Eles pressupõem certas técnicas que começam exatamente com um controle total. Resumindo, todos os dois, mesmo que de forma diferente, vão contra o princípio do menor esforço que regula o comportamento cotidiano.

O que chamo de "primeira articulação" – que inclui particularmente o princípio da independência dos órgãos – é encontrado em todas as experiências fundamentais do século XX relacionadas ao treinamento corporal do ator e do dançarino: de Dalcroze a Laban, de Stanislávski e Meyerhold a Decroux, até chegar a Grotowski, a Barba e a Pina Bausch, passando por tantos outros. Nos anos de 1940, Artaud nos deu a imagem mais forte e mais poética ao definir o teatro como "esse cadinho de fogo e carne de verdade onde, anatomicamente, de tanto pisotear ossos, membros e sílabas, os corpos são refeitos".

Não podemos nos esquecer, enfim, de que o princípio da independência dos membros do corpo também está presente em todo tipo de teatro-dança asiático e na dança moderna, na qual foi codificado com o termo "*isolation*".

A segunda articulação

Chamo de "segunda articulação" o trabalho de segmentação aplicado ao comportamento físico, ou melhor, às sequências de gestos-movimentos-atitudes com os quais o ator trabalha improvisando ou montando suas cenas.

Esse processo pode transpor ou não uma ação concreta da vida cotidiana, assim como pode ter ou não uma referência externa. Na prática dos mestres do século XX, podemos observar uma tendência recorrente para *decompor* o comportamento cênico em suas articulações menores (átomos ou células de ação) para em seguida submetê-lo a procedimentos de *recomposição*, tanto segundo o eixo horizontal da sucessão quanto – e principalmente – no eixo vertical da simultaneidade. Os procedimentos de recomposição podem ser diferentes de um artista para outro, mas sua lógica, no fundo,

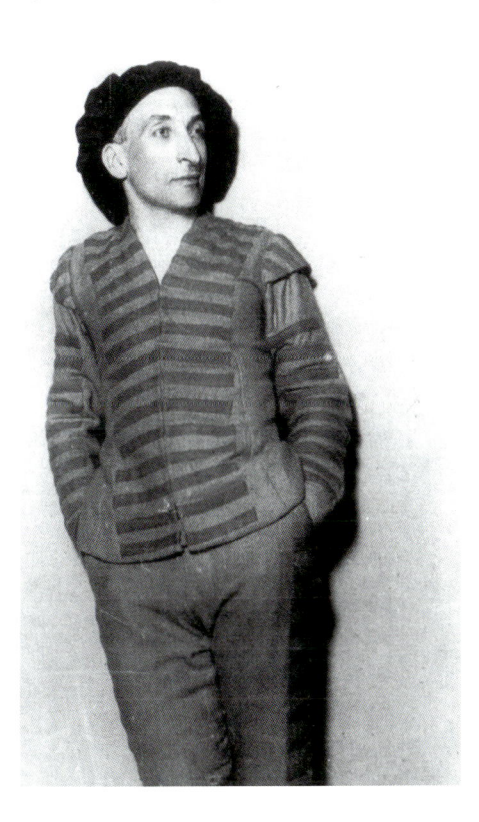

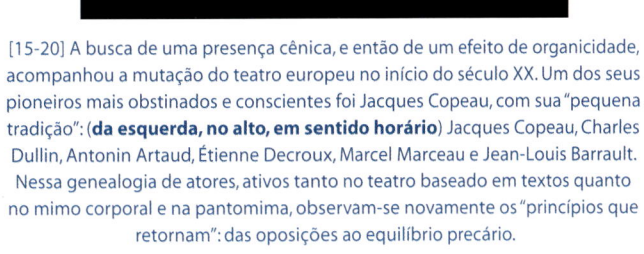

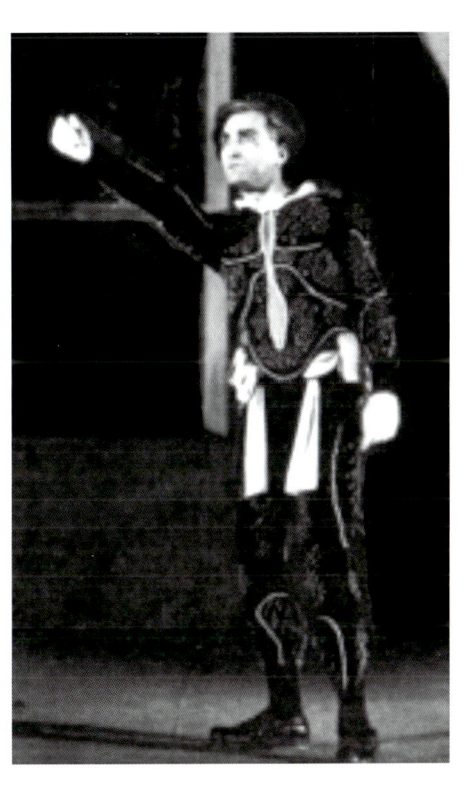

[15-20] A busca de uma presença cênica, e então de um efeito de organicidade, acompanhou a mutação do teatro europeu no início do século XX. Um dos seus pioneiros mais obstinados e conscientes foi Jacques Copeau, com sua "pequena tradição": **(da esquerda, no alto, em sentido horário)** Jacques Copeau, Charles Dullin, Antonin Artaud, Étienne Decroux, Marcel Marceau e Jean-Louis Barrault. Nessa genealogia de atores, ativos tanto no teatro baseado em textos quanto no mimo corporal e na pantomima, observam-se novamente os "princípios que retornam": das oposições ao equilíbrio precário.

é a mesma para todos. Apesar das aparências, não se trata absolutamente de uma lógica da verossimilhança e da imitação realista, mesmo no caso de Stanislávski. É uma lógica bem diferente cujo objetivo é preservar a vida cênica da ação, ou seja, o que faz com que ela se torne real – e não realista – para o espectador. Já em 1910, Meyerhold escreve: "A essência do ritmo cênico está nos antípodas da essência da realidade, da vida cotidiana".

O objetivo da primeira articulação é romper com os automatismos na produção de cada movimento-gesto-atitude, enquanto o objetivo da segunda articulação é romper com os automatismos que condicionam a composição de outros movimentos-gestos-atitudes para não limitar a dramaturgia da ação cênica.

Mais uma vez, encontramos tanto em Meyerhold como em Decroux exemplos de duas investigações particularmente profundas. Mas não seria justo esquecer a importância de Stanislávski (muitas vezes considerado, erroneamente, o campeão do realismo psicológico), que sempre se dedicou à atividade da segmentação. Ele exigia que tanto o aluno-ator quanto o ator-experiente dominassem essa atividade de segmentação em cada fase do treinamento e do processo criativo: de um lado, *no trabalho sobre si mesmo*, para chegar, por exemplo, ao chamado "movimento plástico", ou seja, fluido, ininterrupto, sustentado pela "sensação interior de movimento"; de outro, *no trabalho sobre o personagem*, por exemplo, através da segmentação progressiva de cada cena e de suas relativas ações, com seus respectivos objetivos e tarefas.

Princípios gerais

Eu gostaria de fixar – claro que sem a pretensão de completeza – alguns princípios gerais que me parecem regular esse trabalho de decomposição/recomposição da ação cênica. O primeiro princípio a ser lembrado é exatamente aquele que foi estabelecido por Stanislávski nas páginas sobre os movimentos plásticos que acabei de citar: a fluidez ininterrupta da ação cênica constitui um equivalente, e não uma imitação, da fluidez e da continuidade da ação física da vida real. Essa fluidez só pode ser obtida passando por seu oposto, ou seja, pela segmentação e pela descontinuidade. Trata-se, para o ator, de aprender a pensar um *continuum* como uma sucessão de fases minúsculas e bem definidas.

No que diz respeito, mais precisamente, aos princípios de recomposição-montagem da ação cênica, acho que três são os mais importantes:

1. *Jogo dos contrastes* (rítmicos, dinâmicos, etc.): depois de terem sido decompostos, os diversos segmentos (átomos) da ação devem ser remontados *seletivamente* segundo uma lógica de variação contínua e brusca de velocidade, intensidade, qualidade de energia, etc.

2. *Não linearidade da ação*. Esse princípio, por sua vez, pode ser composto em três subprincípios:

    a) ausência de uma rigorosa concatenação lógico-causal: o *antes* pode ser remontado *depois* e vice-versa;

    b) repetição diferente: a mesma ação (ou partícula de ação) pode ser proposta mais vezes segundo diferentes perspectivas (esse é um dos princípios da composição cubista; é por isso que muita gente falava de "atuação cubista" quando se referia aos atores de Meyerhold);

    c) montagem vertical: várias ações acontecem simultaneamente (outro princípio cubista). Evidentemente, esse resultado só pode ser alcançado a partir do processo preliminar da primeira articulação.

3. *Não previsibilidade da ação*: toda ação deve ser executada pelo ator de forma que o espectador nunca seja capaz de *pre*-ver em *qual direção* e *como* ela irá continuar, ou seja, a partir de quais modalidades rítmicas e dinâmicas ela vai se desenvolver.

Como compor uma cena de ações reais que o espectador não seja capaz de prever? No momento, as respostas que encontro são as seguintes:

– é preciso criar variações contínuas segundo o jogo dos contrastes (princípio n.1);

[21] Ritual xamanista do grupo coreano Jindo Sitkim Kut em uma demonstração no Odin Teatret (Holstebro, 1999). Nesse sentido, é interessante notar que Grotowski falou sobre a "linha orgânica das ações" no teatro ou no ritual em 1998, no Collège de France, em Paris, durante suas últimas aparições públicas.

[22-23] (**acima**) Nobushige Kawamura, ator Nô, ensina ao filho Kotaro uma partitura vocal que será repetida durante o espetáculo (**ao lado**). Nos teatros clássicos asiáticos, ao contrário dos teatros de origem e derivação europeia, a transmissão da presença cênica se dá junto com aprendizagem de partituras de ações e de palavras que pertencem aos espetáculos (ver *Aprendizagem, Exercícios e Treinamento*).

– é preciso segmentar e pontuar a ação continuamente usando signos (ou melhor, sinais) que a "negam", ou seja, usando microações que tenham características opostas: ir pra frente antes de ir pra trás, ou então ir para a esquerda antes de ir para a direita, abaixar antes de levantar, e assim por diante (podemos pensar no *otkaz* da biomecânica e no *toc* no mimo corporal).

É óbvio que todo esse trabalho pode alcançar um nível de miniaturização muito refinado e muito complexo, unindo o princípio da oposição (como também podemos chamar o princípio da não previsibilidade da ação) ao princípio da independência dos órgãos.

(Marco De Marinis, *In Cerca dell'Attore: Un Bilancio del Novecento Teatrale*. Roma, Bulzoni, 2000)

PÉS

Microcosmo, macrocosmo

Na posição de base dos pés dos atores Kathakali e dos atores balineses (fig. 1), podemos encontrar todos os princípios da técnica extracotidiana e também do que chamamos de "pré-expressividade do ator" (ver *Pré-expressividade*):

- a alteração do equilíbrio;
- a oposição das direções;
- a anulação do peso e da força de inércia a partir do jogo das tensões *keras* e *manis* (ver *Energia*), que recriam o equivalente das tensões dos dedos dos pés na vida cotidiana.

O pé mostra um tipo de vida particular, como se fosse um microcosmo. A vida, cujo fluxo atravessa todo o corpo dos recém-nascidos, pode ser vista com evidência quando observamos os dedinhos dos seus pés, que não param de se mexer. A posição dos pés dos atores-dançarinos indianos e balineses parece sugerir que eles estão tentando descobrir um equivalente da vida de quando eram bebês, recém-nascidos, quando seus pés ainda não tinham sido aculturados por uma certa forma de caminhar e pelo uso dos sapatos.

Mas é interessante observar o modo como essa vida é reconstruída através de outra aculturação do pé. A revolução da dança moderna, dizem, nasceu quando os dançarinos começaram a dançar descalços, afirmando, com o abandono das rígidas sapatilhas de cetim, a *liberdade* do pé. E isso é verdade, tanto que trabalham descalços: todos os atores e dançarinos indianos (Kathakali, Bharata Natyam, Odissi); os dançarinos do sudeste asiático, do Camboja à Indonésia; os atores japoneses e chineses, que, com exceção de alguns personagens, têm seus pés cobertos apenas por meias especiais que lhes permitem deslizar os pés sobre o palco com mais facilidade.

Mas se à primeira vista o pé descalço pode parecer *livre*, não podemos nos deixar enganar: em todos os tipos de teatro codificado, o pé descalço é obrigado a se deformar ou a se submeter a posições que o deformam, como se usasse sapatos especiais. São essas autodeformações que permitem a variação do equilíbrio, as maneiras particulares de caminhar e de sustentar a diferente tensão do corpo como um todo.

Estejam os pés livres ou presos por sapatos especiais, são eles que definem a tonicidade do corpo e seus deslocamentos no espaço.

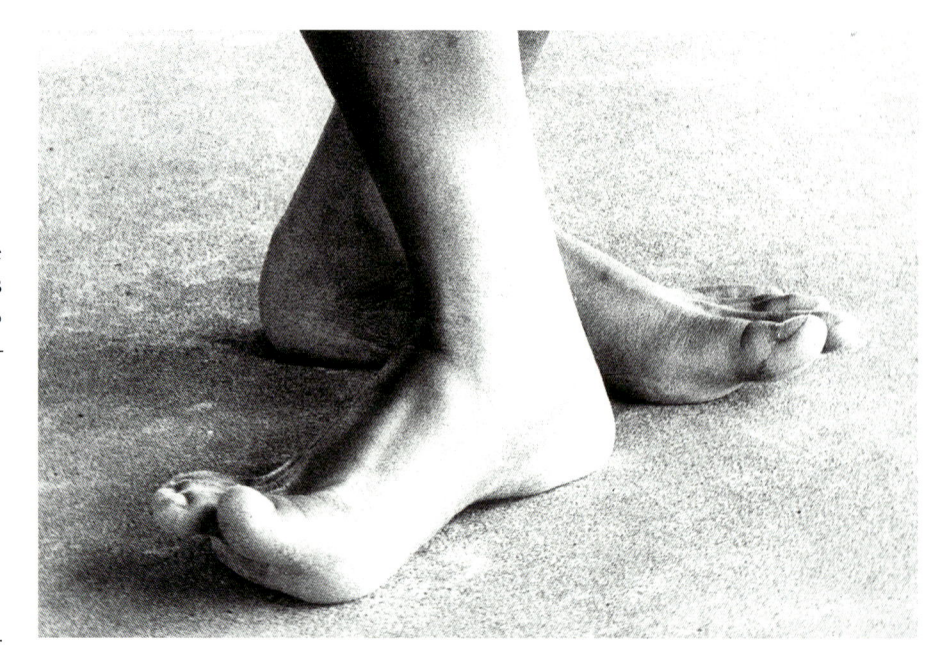

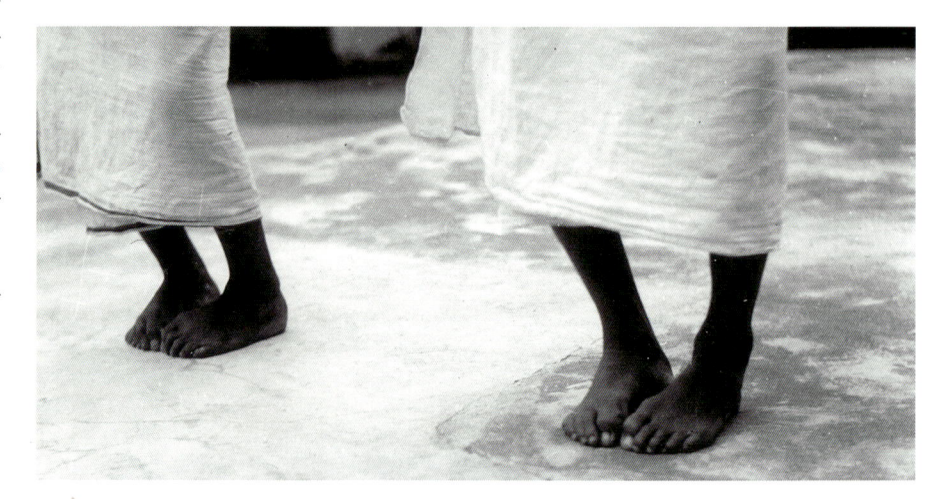

[1-3] (**acima**) Posição de base dos pés na dança balinesa: observem a tensão do polegar, virado para cima; (**no centro e abaixo**) posição de base dos pés no teatro Kathakali: observem que as pontas dos pés viram para dentro e que o apoio do corpo está sobre o arco externo dos pés.

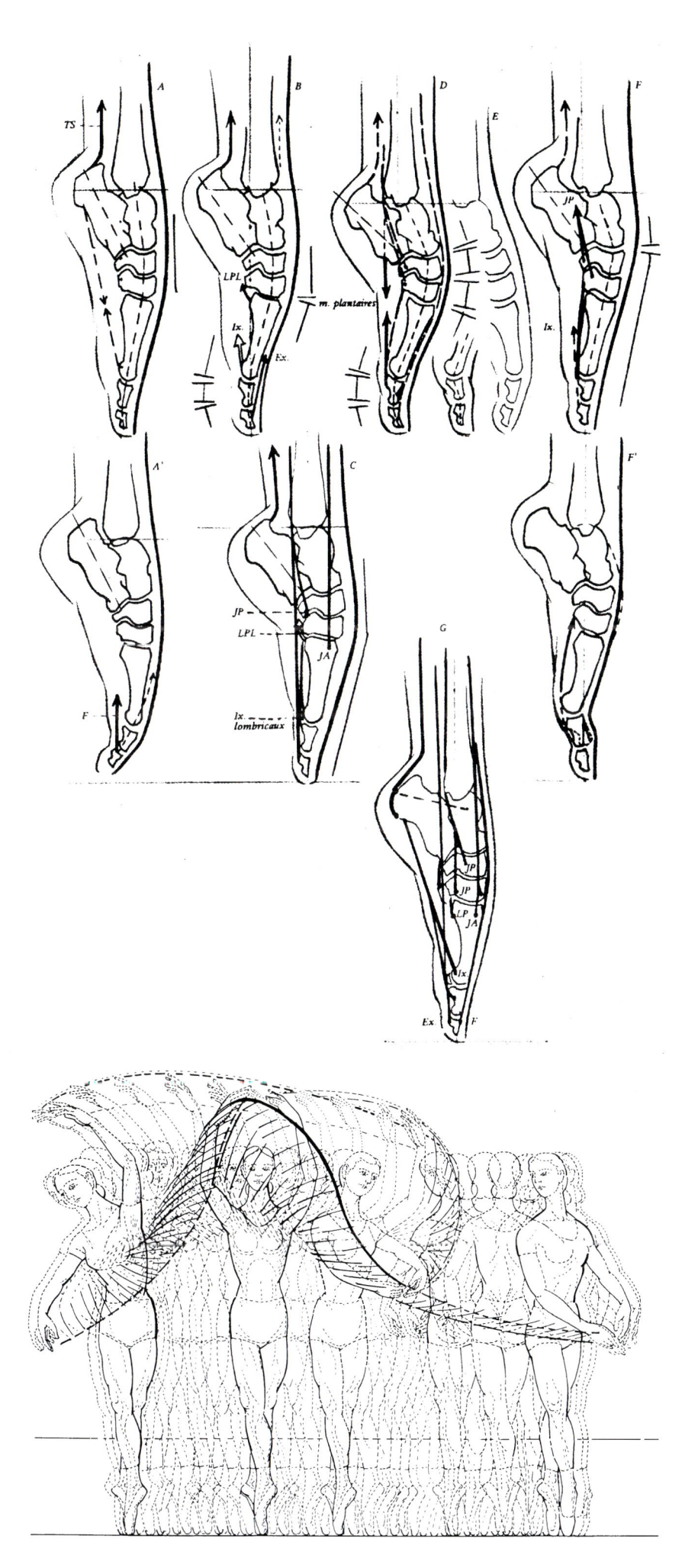

Sobre as pontas

Petipa, o grande coreógrafo francês que fundou um particular estilo de dança clássica, afirmava que ficar na ponta dos pés servia para dar "o toque final ao quadro como um todo". De fato, esse virtuosismo dos bailarinos é praticamente um símbolo do balé clássico ocidental, é somente a última de uma série de *possibilidades* para o uso do pé. Esse virtuosismo nasceu por volta de 1880, a partir das novas técnicas desenvolvidas por Carlo Blasis, que mandou construir sapatos especialmente reforçados para que isso fosse possível.

As *pointes*, assim como muitos outros passos e movimentos da dança clássica, são testemunhas do intenso trabalho de uma tradição que gira em torno de uma específica parte do corpo, na tentativa de explorar e melhorar todas as suas potencialidades, no que se refere ao extracotidiano. Desde que Noverre, em 1760, em suas *Lettres sur la Danse*, estabeleceu os sete movimentos fundamentais (*dobrar-se, alongar-se, levantar-se, saltar, escorregar, lançar-se* e *rodar*) não houve um único bailarino ou coreógrafo que não tenha acrescentado, interpretado ou corrigido, a seu modo, a tradição francesa.

Mas a grande revolução de Noverre, cujo mérito foi favorecer os movimentos livres do corpo, ainda que fixando algumas regras, foi ter estabelecido um princípio fundamental que nenhum dos seus sucessores foi capaz de recusar: ninguém pode considerar os sete movimentos isoladamente, ninguém pode fixar regras para cada parte do corpo se elas forem consideradas *separadamente*.

A anatomia do nosso corpo é estruturada de tal forma que mesmo um único movimento de uma única parte do corpo provoca uma espécie de eco muscular em todas as outras partes. Consequentemente, as *regras* que governam os pés, tanto na dança clássica como em outras formas de teatro codificado, só podem ser consideradas em relação ao resto do corpo. Uma consideração assim tão essencial, no fundo tão simples, poderia parecer óbvia, mas é ela que acaba distinguindo, na dança clássica, os grandes mestres e os grandes dançarinos. Ela distingue quem só se preocupa com a técnica e com as regras que organizam as várias partes do corpo e seus movimentos, de quem domina a técnica e é capaz de coordenar a ação do próprio corpo em uma síntese pessoal, criando seu próprio *estilo*.

[4-5] (**acima**) Anatomia do pé de um dançarino de balé clássico na posição "sobre a ponta": como podemos ver, o diagrama mostra que existem várias possibilidades de estar "sobre a ponta" dos pés, dependendo da articulação de seu polegar; (**abaixo**) diagrama do movimento "sobre a ponta" dos pés tirado do manual de balé clássico de Lincoln Kirstein. Acompanhado pela oscilação dos braços, o corpo da bailarina se move no espaço através de mudanças quase imperceptíveis na posição do polegar do seu pé. O movimento normal ou cotidiano das pernas, que seguem uma depois da outra, aqui não existe: o corpo parece flutuar em cena.

[6] Uma das maneiras de caminhar dos atores de *Akropolis* (1962), do dramaturgo Stanislaw Wyspianski (1869-1907) e com direção de Grotowski. A ação acontecia em diferentes planos e os espectadores ficavam sentados entre esses vários planos (podemos ver seus rostos ao fundo). Assim, as pernas e os pés dos atores (deformados por enormes tamancos de madeira) estavam quase sempre na linha de visão dos espectadores. O ritmo e o artificial modo de caminhar evocavam o exaustivo trabalho dos prisioneiros em um campo de extermínio nazista, onde Grotowski tinha ambientado este clássico polonês do início do século XX.

[7-8] A maneira de caminhar no balé clássico ocidental com uma nova aculturação dos pés: (**à esquerda**) Nijinsky sobre as pontas no balé *La Péri*, capa do programa do Ballets Russes, desenhada por Léon Bakst (1866-1924); (**à direita**) o enorme figurino da dançarina não consegue cobrir o passo cruzado: ilustração para *Hippolyte et Aricie*, trágica ópera-balé de Jean-Philippe Rameau (1683-1764).

PÉS

[9-10] A famosa bailarina vienense Fanny Essler (1810-1884) em uma gravura do século XIX. A maneira de caminhar no balé clássico ocidental está baseada nos mesmos princípios de oposição que se observam em outras culturas teatrais (ver *Oposições*, fig. 11-18). Antes de 1880, os calçados usados na dança clássica eram simples sapatilhas que não tinham nenhum reforço de metal. O pé não sofria nenhuma constrição, e a planta do pé ficava completamente apoiada no chão. Apesar da tensão para o alto e da aspiração à leveza, típica da dança clássica, a posição do pé no chão era parecida com a de numerosas danças orientais: um pé totalmente apoiado no chão e outro sobre a ponta, como vemos nesta posição de Fanny Essler; (**abaixo**) diagrama de um *entrechat* (literalmente, "entrelaçar") desenhado por Friederich Albert Zorn. Zorn foi o autor do *Grammatik der Tanzkunst* (Lipsia, 1887), um prestigioso manual que sintetizava as informações técnicas sobre a dança acumuladas entre 1600 e 1885. O *entrechat* é aquele salto típico do balé clássico: o diagrama mostra o número crescente das batidas de panturrilha. Hoje, os bailarinos chegam a dar oito batidas, mas Nijinsky chegava a dez. Foi através da evolução desse salto – que é uma forma de o bailarino mostrar que "não tem peso" – que o balé clássico, na época do Romantismo, perdeu definitivamente o contato com o chão.

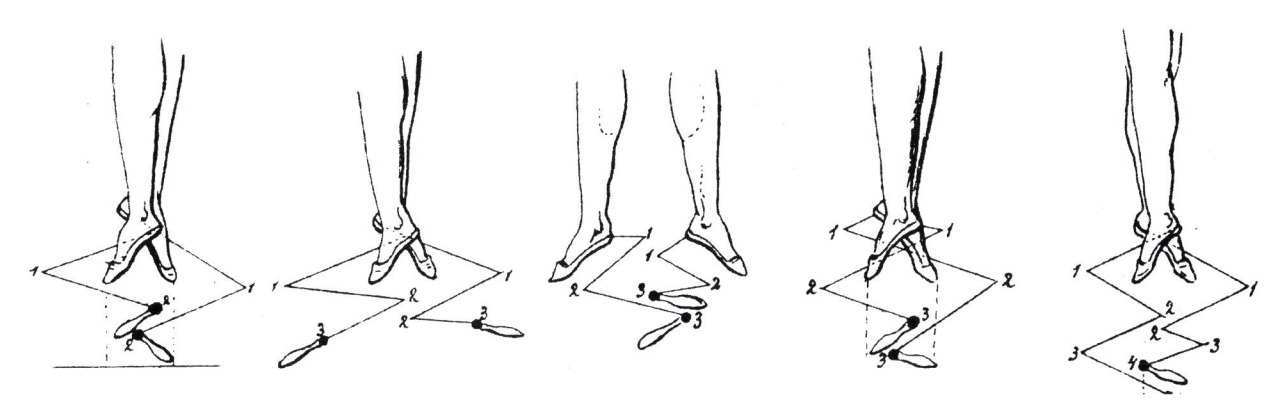

A ARTE SECRETA DO ATOR

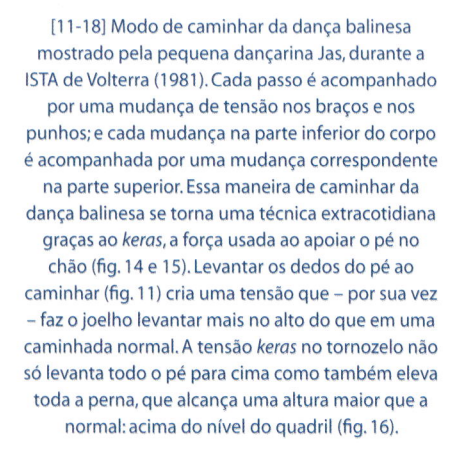

[11-18] Modo de caminhar da dança balinesa mostrado pela pequena dançarina Jas, durante a ISTA de Volterra (1981). Cada passo é acompanhado por uma mudança de tensão nos braços e nos punhos; e cada mudança na parte inferior do corpo é acompanhada por uma mudança correspondente na parte superior. Essa maneira de caminhar da dança balinesa se torna uma técnica extracotidiana graças ao *keras*, a força usada ao apoiar o pé no chão (fig. 14 e 15). Levantar os dedos do pé ao caminhar (fig. 11) cria uma tensão que – por sua vez – faz o joelho levantar mais no alto do que em uma caminhada normal. A tensão *keras* no tornozelo não só levanta todo o pé para cima como também eleva toda a perna, que alcança uma altura maior que a normal: acima do nível do quadril (fig. 16).

PÉS

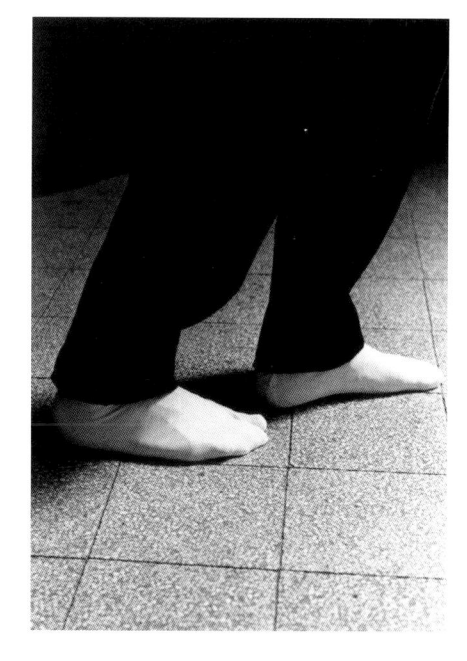

[19-26] Caminhada deslizante (*hakobi*) no Kyogen, em demonstração de Kosuke Nomura durante a ISTA de Volterra (1981). Os pés nunca desgrudam do chão, mas deslizam obrigando o corpo a encontrar uma posição mais baixa para que os joelhos se dobrem. O resultado é um modo de andar bastante particular, já que os ombros não se levantam nem se abaixam, como acontece quando caminhamos em nosso dia a dia. O ator Kyogen se movimenta muito lentamente e sem oscilar: ele muda a velocidade para não alterar a arquitetura do conjunto do seu corpo. E é assim que o ator – vestido com um enorme quimono que deixa apenas seus pés à mostra, favorecidos por um piso de madeira muito liso e por aquelas meias de algodão (*tabi*) que impedem qualquer tipo de atrito – parece praticamente flutuar sobre o solo.

A ARTE SECRETA DO ATOR

A gramática dos pés

O modo de usar os pés constitui a base da interpretação teatral. São os pés que decidem a forma do corpo: os movimentos dos braços e das mãos não fazem mais do que acrescentar um pouco de expressividade. Em muitos casos, a posição dos pés também determina a potência e as nuances da voz do ator. Um ator poderia até representar sem usar os braços e as mãos, mas uma interpretação sem o uso dos pés seria inconcebível. Muitas vezes o teatro Nô foi definido como "a arte de caminhar", um mundo artístico criado pelos movimentos dos pés dos atores. A técnica fundamental de caminhar, no teatro Nô, chama-se *rakobi* e consiste em deslizar os pés. O ator caminha, vira, bate os pés, sem nunca parar de deslizar, enquanto a parte superior de seu corpo permanece praticamente imóvel, seus braços se movem muito pouco. O ator pode caminhar ou ficar imóvel, mas o centro das atenções está sempre em seus pés. Esses pés são os responsáveis por um dos maiores prazeres que o Nô causa nos espectadores ao observá-los: vestidos com aquelas meias brancas que têm o polegar separado, mais conhecidas como *tabi*, eles se movimentam para frente, para trás, para a direita, para a esquerda, para cima e para baixo com um ritmo próprio e independente. O Nô criou um estilo de caminhada que está intimamente ligado àquela forma particular e àquela superfície lúcida do palco: a verdadeira vida da arte do Nô depende da possibilidade de fixar e aprofundar a relação dos pés com o palco para tornar o movimento cada vez mais expressivo e refinado. Mas, na verdade, esse tipo de consideração sobre a arte de caminhar pode ser feito em todas as formas teatrais.
(Tadashi Suzuki, *The Way of Acting: The Theatre Writings of Tadashi Suzuki*. Nova York, Theatre Communications Group, 1986)

Após ter assistido a uma representação do Teatro de Arte de Moscou, um crítico teatral japonês do início do século XX afirmou que os japoneses não teriam sido capazes de levar ao palco autores e dramas ocidentais: ou melhor, ele achava que era inútil correr atrás da experiência do teatro "traduzido", porque "nós, japoneses, temos as pernas e os braços mais curtos que os dos ocidentais". Pode parecer curioso que essa primeira crítica à imitação do teatro europeu no Japão esteja baseada em uma observação física: na verdade, ela vinha de uma realidade bem mais complexa. Os primeiros atores japoneses que tentaram introduzir autores e dramas ocidentais no Japão, dando continuidade ao enorme esforço de ocidentalização de toda a nação, se esforçavam em imitar o realismo e o naturalismo do teatro europeu começando pelas ações mais superficiais e cotidianas: o modo de fumar, de comer, de usar um lenço, de cumprimentar alguém ou de caminhar. Eram todas ações *novas* para eles, que não encontravam eco em seu cotidiano. Nessa imitação exterior, eles deviam parecer tão ridículos quanto nós ao nos

[27] Inauguração do Teatro Real de Turim, 26 de dezembro de 1740, em uma pintura de Pietro Domenico Oliviero. O painel de fundo cenográfico, feito em perspectiva, foi desenhado pelos Bibbiena.

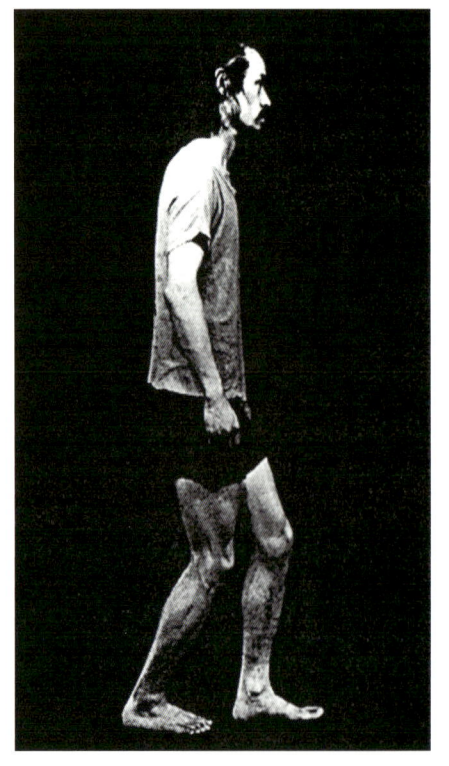

[28-29] Ator da companhia de Tadashi Suzuki caminhando de duas maneiras diferentes, durante seu treinamento de caminhadas.

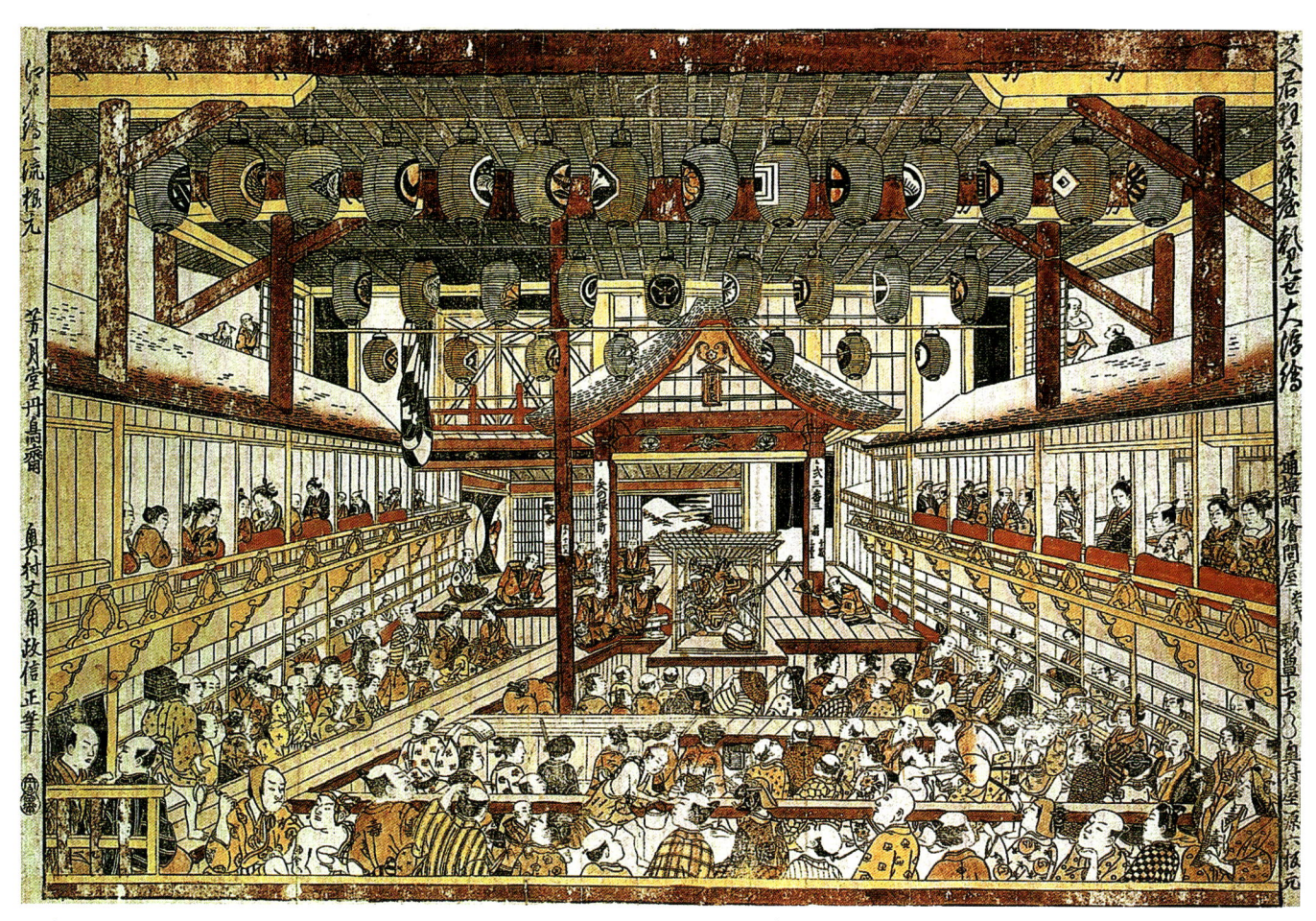

[30] Gravura feita em 1740 pelo pintor Okamura Masanobu, representando o interior de um teatro Kabuki. É possível ver a disposição do palco e da passarela conhecida como *hanamichi* (caminho das flores), que divide a plateia e é usada pelos atores para entrar e sair de cena com uma série de caminhadas que respeitam técnicas muito particulares. A gravura não mostra apenas a arquitetura interna do teatro, mas também o espetáculo e o fenômeno social que ele constituía: durante a representação, os espectadores bebiam, comiam e conversavam. Os *mon*, os brasões dos atores principais, estão pintados nas lanternas que ficam no fundo do palco. Os títulos dos espetáculos e das danças que fazem parte do programa estão pintados nos cartazes que se encontram pendurados nas duas pilastras que ficam à esquerda e à direita do palco central. As figuras que vemos lá no alto, à esquerda e à direita, são os funcionários do teatro que controlam a quantidade de luz que entra na sala ao fechar ou abrir os painéis de correr: no Japão, até o final do século XIX, os espetáculos aconteciam somente durante o dia.

[31-32] (**esquerda**) O único *corral* de madeira – ou pátio interno para espetáculos – que sobreviveu até os dias de hoje, em Almagro, na Espanha. Existe uma extraordinária semelhança entre o *corral* e o palco do Kabuki (disposição da plateia e dos camarotes, o teto sobre o palco, a iluminação que vem de cima, e inclusive a mesma cor vermelha nas pilastras de madeira). No entanto, os dois espaços cênicos têm diferenças bem marcadas, pois criam diferentes relações entre os atores e os espectadores; (**à direita**) ator Nô. Paul Claudel escreveu: "O drama é algo que acontece, o Nô é alguém que chega".

esforçarmos para usar aqueles dois pauzinhos de madeira para comer, ou para sentar sobre os calcanhares com os joelhos dobrados, que é o modo japonês de sentar no chão. E não há dúvida de que eram desajeitados.

Tadashi Suzuki – uma das personalidades do teatro contemporâneo japonês entre as mais interessadas em comparar as técnicas do ator – faz justamente o seguinte comentário:

> A arte do teatro não pode ser julgada pelo modo como o ator recria ou reproduz a vida cotidiana em cena, ainda que o faça da forma mais próxima possível. Um ator usa suas palavras e seus gestos para tentar convencer seu público sobre algo que é profundamente verdade: essa sim é a tentativa que deve ser julgada. Nestes termos, a maior parte dos atores japoneses, ainda que tenha os braços e as pernas curtas e grossas, seria capaz de interpretar os dramas ocidentais. Mas um ator, seja ele japonês ou ocidental, mesmo tendo braços e pernas compridas, pareceria ridículo se não fosse capaz de projetar sobre o público um senso de verdade profunda. Neste caso, a nacionalidade do ator não teria importância. Desde que o teatro moderno teve início no Japão, o uso artístico dos pés deixou de ser desenvolvido: isso é triste, porque o realismo teatral poderia inspirar uma infinidade de estilos de caminhada. Mas a partir do momento em que se aceita, de comum acordo, que o realismo é um modo de descrever genericamente a realidade, a arte de caminhar foi mais ou menos reduzida a formas simples do movimento naturalista. Mas, na cena, cada movimento é uma ficção definida. Porque no realismo, você tem mais possibilidades de movimento do que no teatro Nô ou no Kabuki. Essas várias possibilidades de caminhar poderiam existir de modo artístico. Então eu acho que o teatro moderno é muito chato de ver, porque ele não tem pés.
> (Tadashi Suzuki, *The Way of Acting: The Theatre Writings of Tadashi Suzuki*. Nova York, Theatre Communications Group, 1986)

Nos palcos japoneses, os pés, protagonistas da *arte de caminhar*, têm um longo percurso à sua inteira

[33-34] (**acima, à direita**) Planta de um teatro Nô e visão frontal da cena: podemos ver claramente a ponte (*hashigakari*) que o ator, sob os olhares do público, deve atravessar para passar da "sala do espelho", onde ele acaba de vestir o figurino, até o palco propriamente dito. Os números indicam os pontos de referência essenciais de um palco Nô: 1. pilastra do *waki* (segundo ator); 2. escadas; 3. pilastra de orientação; 4. porta para os nobres; 5. pilastra do flautista; 6. pilastra do *shite* (primeiro ator); 7. porta de correr para a entrada do coro; 8. parede lateral; 9. parede de fundo, onde sempre aparece uma pintura; 10. pilastra do assistente de cena; 11. pilastra do *kyogen* (ator cômico); 12. primeiro pinheiro; 13. pilastra que marca o espaço; 14. segundo pinheiro; 15. terceiro pinheiro; 16. janela para ver a cena por trás; 17. cortina; 18. espelho na sala, que assim é chamada por causa dele; 19. pilastra da porta da cortina; 20. parede de fundo da ponte; (**abaixo, à direita**) teatro Nô ao ar livre: esse palco do século XVI, construído dentro do templo Nishi Hongan-ji de Kyoto, é considerado um dos mais antigos e belos do Japão.

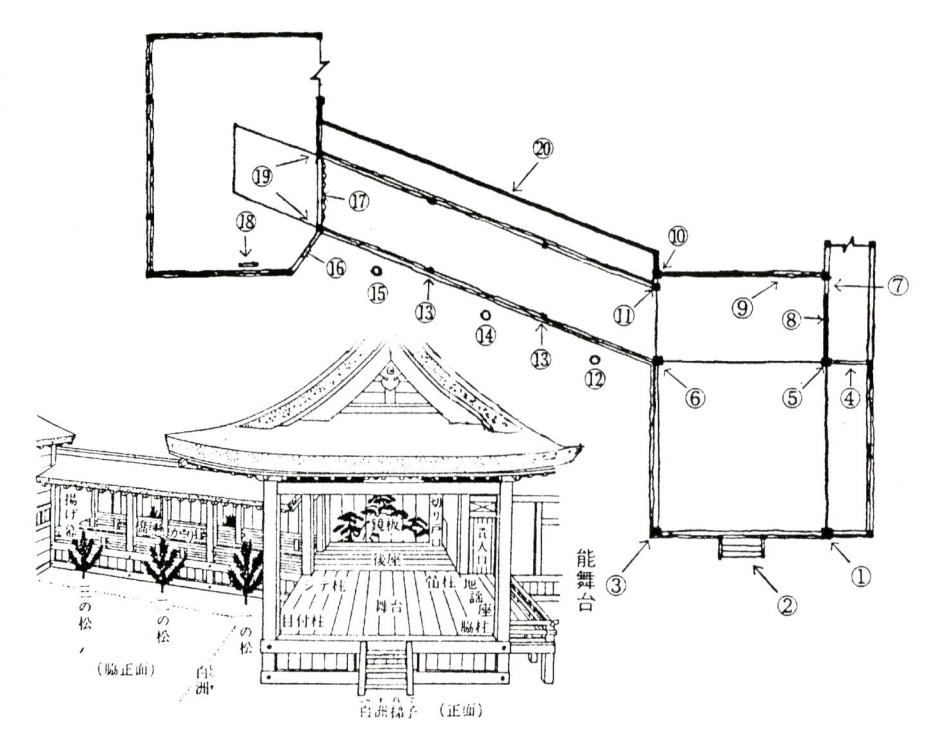

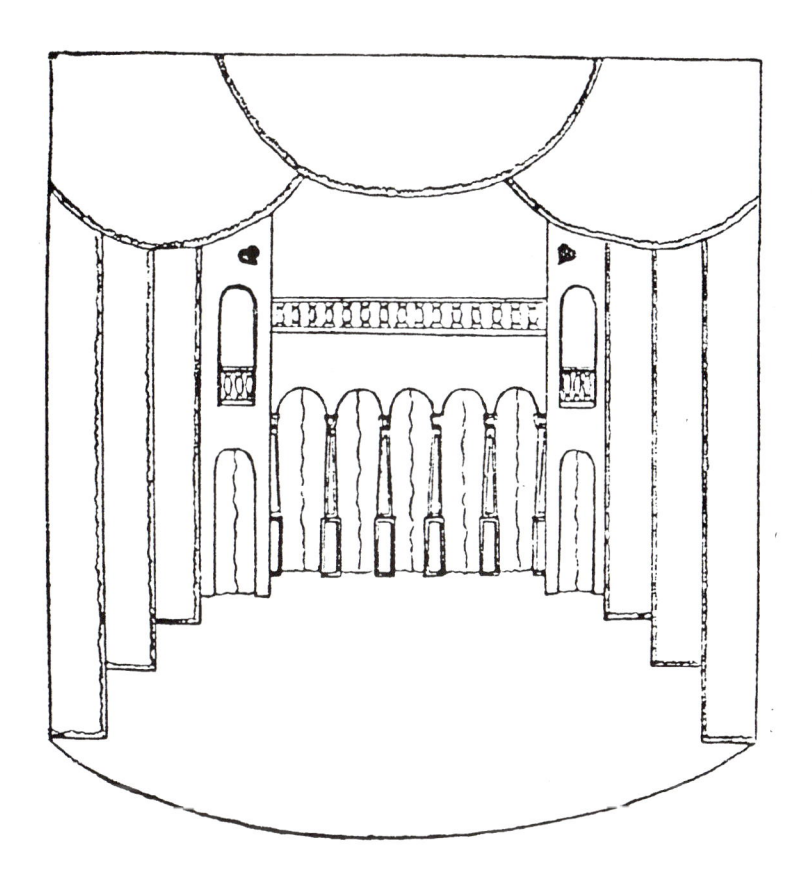

PÉS

disposição: tanto no teatro Nô como no Kabuki (fig. 30 e 33), uma ponte liga o fundo do palco à boca de cena. Os personagens entram através dessa ponte, e é lá que os *corpos fictícios e dilatados* surgem, dando ao espectador a possibilidade de admirar a dimensão extracotidiana do ator. Não é por acaso que a longa ponte do Kabuki se chame *hanamichi*, o *caminho das flores*: é ao longo desse caminho que ganha forma a "flor maravilhosa", o mais alto grau da arte do ator, segundo Zeami. Ainda que os atores ocidentais não fizessem uso de um recurso como a *ponte* da cena japonesa, eles também usavam um artifício que lhes permitia ostentar a extracotidianidade do espaço e de sua solene caminhada: eles entravam em cena atravessando as coxias, e nunca avançavam em direção à ribalta em linha reta (fig. 39); pelo contrário, seguiam um percurso oblíquo, até mesmo tortuoso.

A *horizontalidade* do espaço cênico japonês (característica que também pertence aos primeiros espaços cênicos europeus – fig. 31) torna-se *profundidade* no teatro ocidental, e é acentuada pelas cenografias de perspectiva ilusionista (fig. 27). Nos dois casos, porém, a arte de caminhar é rigorosamente respeitada.

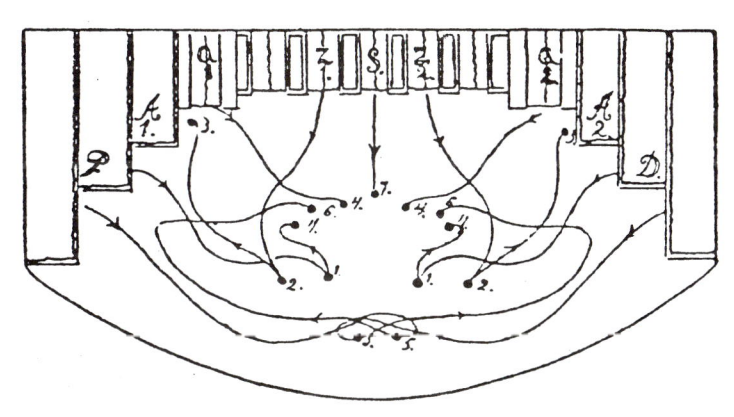

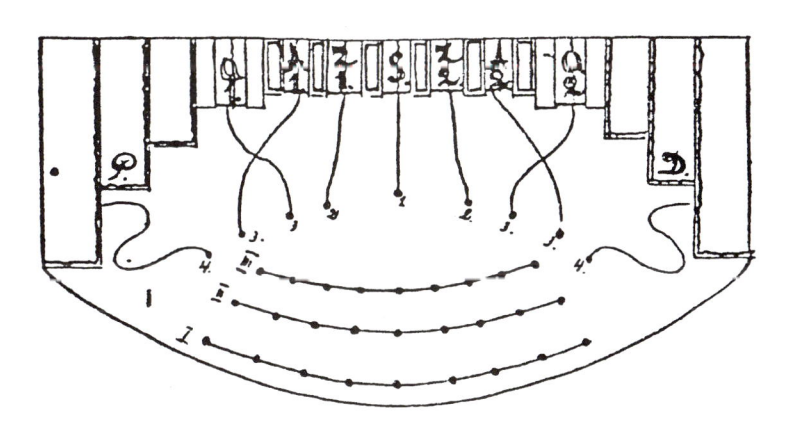

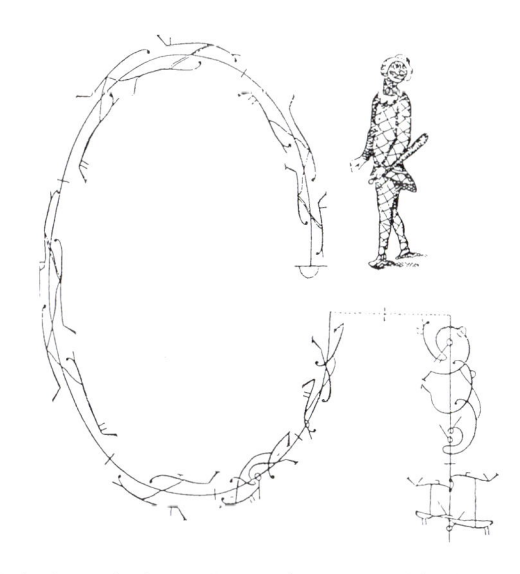

[38-39] (**acima**) Desenho de uma *Ciaccona*, dança para um Arlequim apresentada em Londres em 1730: os deslocamentos mostram um modelo de percurso circular, tortuoso, quase dançado, que o personagem deve seguir quando entra em cena. (**abaixo**) Entradas e percursos sinuosos para os diferentes personagens, segundo o tratado cênico de Jelgerhuis, *Theoretische lessen over de Gesticulatie en Mimik*. Amsterdã, 1827. Várias linhas laterais indicam as coxias, e a linha continua sob a ribalta. Observem: ainda que o palco seja estreito e frontal, os atores têm a possibilidade de caminhar graças ao aumento do percurso.

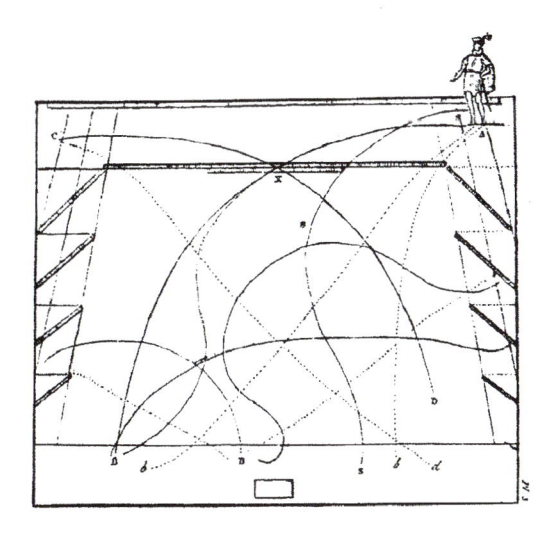

[35-37] (**acima**) Desenho da cenografia usada por Meyerhold e por Soloviev para suas aulas sobre a Commedia dell'Arte no Estúdio da Rua Borodinskaya (1915-1917); (**no centro e abaixo**) os diagramas (**A**) e (**B**) mostram os deslocamentos dos atores em duas cenas do espetáculo *A Gruta de Salamanca*, de Cervantes: no primeiro (**A**), entradas dos atores para a cena do encontro; no segundo (**B**), entradas para a parada final: os três arcos indicam as linhas de onde os atores se inclinarão para o público.

Pré-expressividade

Como pessoa física, o ator possui um corpo de sangue e ossos cujo peso físico é controlado por forças físicas; possui experiências sensoriais do que acontece dentro e fora do seu corpo; ele também tem sentimentos, desejos, aspirações; mas como instrumento artístico, o dançarino é – pelo menos para o seu público – somente o que dele pode ser visto. Suas propriedades e suas ações são implicitamente definidas por como ele aparece e pelo que realiza. Um peso de cem quilos na balança não será percebido pelo público se parecer que ele possui a leveza de uma libélula; seus turbamentos se limitam ao que surge dos seus gestos e das suas posições.

(Rudolph Arnheim, *Arte e Percepção Visual*)

A totalidade e seus níveis de organização

O que era a *disciplina etrusca* para os romanos? Para os romanos, ciência ou disciplina etrusca era aquele conjunto de doutrinas que tinha a ver com a interpretação da vontade divina, manifestada através de sinais celestes, fenômenos particulares e prodígios. Também tinha a ver com os possíveis ritos de expiação que podiam afastar os efeitos desfavoráveis de um mau presságio.

A interpretação dos fenômenos naturais também deveria incluir a observação de suas dinâmicas físicas, mas isso não levou os etruscos a elaborarem uma ciência racional sobre os fenômenos naturais. Sêneca, que em suas *Questões Naturais* nos transmitiu o maior número de notícias sobre a disciplina etrusca, desaprovou esse comportamento misticista, pois acreditava que ele ia contra todo tipo de racionalidade que governou a ciência desde a época de Aristóteles.

"Existe essa diferença" – escreveu Sêneca – "entre nós, romanos, e os etruscos. Nós acreditamos que os raios se formam depois que as nuvens se chocam, enquanto eles acreditam que as nuvens se choquem para que os raios se formem. Eles dão uma justificativa divina a tudo, e isso os faz acreditar que os eventos aconteçam porque devem ter um significado, e não que tenham um significado porque aconteceram."

Muitos espectadores acreditam que a natureza do ator depende da sua expressividade, assim como frequentemente acreditam que a expressividade, por sua vez, derive das intenções do ator. Esses espectadores se comportam como os etruscos: as nuvens se chocam para que os raios se formem, os atores agem para se expressar. Na realidade, principalmente nas tradições de teatro codificado, acontece exatamente o contrário: o ator plasma o próprio corpo segundo determinadas tensões e formas, e são exatamente essas tensões e essas formas que desencadeiam os raios no espectador. É daí que vem o paradoxo do ator que não se emociona mas é capaz de emocionar o espectador.

Como é que podemos chamar esse nível das tensões e das formas dos atores?

Quando vemos um organismo vivo em sua totalidade, sabemos, através da anatomia, da biologia e da fisiologia, que ele possui vários níveis de organização. No corpo humano, por exemplo, há um nível de organização das células, um nível de organização dos órgãos e outros níveis de organização para nossos vários sistemas (nervoso, arterial, etc.). A mesma coisa acontece no âmbito do espetáculo: a totalidade de uma ação de um ator, por exemplo, também é constituída de diversos níveis de organização.

A antropologia teatral postula um nível básico de organização que é comum a todos os atores, e o chama de *pré-expressivo*.

O conceito de pré-expressividade pode parecer absurdo ou paradoxal, já que não leva em consideração as intenções do ator, seus

[1] A imperatriz Maria Teresa de Áustria, retratada em uma pintura por um mestre anônimo do século XVIII (Palácio do Arcebispo, Praga): antes que alguém repare no cetro e na coroa, a postura da figura e seu modo de olhar revelam claramente a origem real do personagem. O escritor Henry James, ao buscar técnicas narrativas nas quais predominassem o mistério e a ambiguidade, fez as seguintes anotações em seu bloco de notas sobre a trama de uma história centrada exatamente no reconhecimento de uma presença real. Escreve James:

> Um pintor (Pasolini), em Veneza, após ter retratado a imperatriz Frederica (Vitória, imperatriz da Alemanha e filha da Rainha Vitória da Inglaterra), disse: "Só as imperatrizes sabem como se portar, como posar. Acostumaram-se a isso exatamente porque sabiam que estariam sendo observadas. É três vezes mais fácil pintar imperatrizes do que qualquer outra pessoa". Foi a partir daí que tive a ideia para uma pequena história: uma mulher procura um pintor para se propor como modelo a pagamento. Ela é pobre, perfeita para posar e bastante misteriosa. Ele se pergunta como é que ela pode ser assim tão perfeita. No final, ele descobre que ela é uma princesa deposta, obrigada a fazer mistério para sobreviver.

> Sobre esse mesmo tema, Stanislávski disse a seus atores: "Se vocês atuarem usando a linha das ações físicas, mesmo sem utilizarem o texto, sem direção teatral e só conhecendo o conteúdo de cada cena, já terão 30% do seu papel. Antes de tudo, devem fixar a sequência lógica das suas ações físicas. Independentemente do grau de refinamento que um artista der à sua pintura, se a pose da modelo não respeitar as leis da física, se a verdade não estiver na pose, se, digamos, a representação que ele fizer de uma figura sentada não corresponder de fato a uma figura sentada, nada tornará sua pintura crível. É por isso que o pintor, antes mesmo de pensar em dar à sua pintura os estados psicológicos mais sutis, deve nos fazer acreditar que sua modelo esteja realmente sentada, em pé ou deitada. A linha das ações físicas de um papel tem exatamente o mesmo significado na arte do ator. Assim como o pintor, o ator deve fazer com que seu personagem esteja sentado, em pé ou deitado. Mas isso é mais complicado para nós, atores, já que nos apresentamos tanto como artistas quanto como modelos. Não temos que encontrar uma pose estática, mas as ações orgânicas de uma pessoa nas mais diferentes situações. Antes de encontrar essas ações orgânicas, antes que o ator justifique a verdade através de um comportamento físico correto, ele não vai poder pensar em mais nada." (V. Toporkov. *Stanislavsky in Rehearsal: The Final Years*. Nova York, Theatre Arts Books, 1979).

PRÉ-EXPRESSIVIDADE

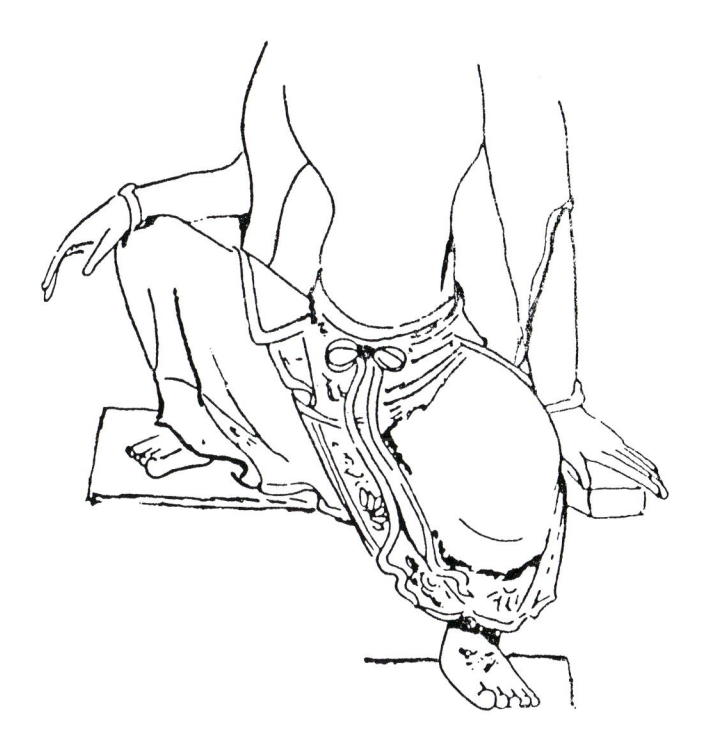

sentimentos, sua identificação ou falta de identificação com o personagem, suas emoções, ou seja, toda a psicotécnica. De fato, a psicotécnica dominou a formação profissional do ator e a relativa pesquisa científica sobre o teatro e a dança pelo menos nos últimos dois séculos.

A psicotécnica leva o ator a *querer expressar*: mas o "querer expressar" não determina *o que* ele tem que fazer. Na verdade, a expressão do ator deriva – ainda que *apesar dele mesmo* – das suas ações, do modo como ele usa a sua presença física. É o *fazer* e o *como é feito* que determina o que a pessoa expressa.

De acordo com a "lógica do resultado", o espectador vê um ator que expressa sentimentos, ideias, pensamentos e ações, ou seja, o espectador vê a manifestação de uma intenção e de um significado. Essa expressão é apresentada aos espectadores em sua totalidade: então ele é levado a identificar *o que* o ator está expressando com o *como* ele o expressa.

Naturalmente, é possível analisar o trabalho do ator a partir dessa lógica. No entanto, ela leva a uma avaliação geral que muitas vezes não facilita a compreensão de *como* aquele trabalho foi realizado no nível técnico, ou seja, através do uso do corpo e da sua fisiologia.

A compreensão do *como* pertence a uma lógica complementar à lógica do resultado: a lógica do processo. De acordo com essa

[2] Posição convencional na escultura budista chamada de *maharajalilasana*, que literalmente significa "a posição confortável do rei", caracterizada pelo apoio dos pés em dois planos diferentes. Na arte indiana do período clássico, assim como nos dias de hoje, e principalmente no teatro e na dança, todas as ações e emoções são representadas por meio de uma vasta escolha de gestos (*mudra* e *hasta*) e de poses codificadas. Uma linguagem convencional de gestos e poses prefixadas, compreendida somente por iniciados e especialistas, tanto naquela época como ainda hoje, foi usada por uma simples razão: representar Buda com uma série de gestos bem definidos que pudessem ser reconhecidos por todos. Esses gestos codificados permitiam que os fiéis reconhecessem imediatamente – numa cena narrativa, esculpida ou pintada – os momentos mais memoráveis da vida e dos ensinamentos de Buda.

[3-4] (**à esquerda**) Kuan Yin, deusa da misericórdia e uma das divindades mais amadas dos chineses, muitas vezes colocada ao lado da figura da Virgem Maria dos cristãos, é uma divindade budista de origem indiana. Esta figura, ainda que retratada em uma porcelana da Dinastia Qing (1644-1911), com seu modo particular de estar sentada, revela não apenas a proveniência budista, mas, também, a própria nobreza: estar sentada apoiando os pés em dois planos diferentes é, de fato, uma convenção da arte budista atribuída a personagens superiores, reais ou divinos; (**à direita**) durante um ensaio de *Ivan, o Bom-para-Nada e Seus Dois Irmãos*, extraído do conto homônimo de Tolstói, Vakhtângov mostra aos atores como interpretar o papel de um diabinho (desenho de B. Zachava de 1919). Vakhtângov posiciona as pernas de forma desalinhada para tornar o personagem cenicamente vivo e assim capturar imediatamente a atenção do espectador. Nessa fase do trabalho, Vakhtângov não trabalha sobre a psicologia do personagem, mas sobre a qualidade das ações do ator para criar a sua presença. Este é o nível de organização do ator que a antropologia teatral chama de *pré-expressivo*.

[5] Dançarina cambojana vestida como se fosse um príncipe: exemplo de uma técnica aculturada.

lógica, é possível distinguir e trabalhar separadamente os níveis de organização que constituem a expressão do ator.

O nível que se ocupa de como tornar cenicamente viva a energia do ator, ou seja, de fazer com que ele se torne uma presença que atrai imediatamente a atenção do espectador, é o nível pré-expressivo. Esse é o campo de estudo da antropologia teatral.

Esse substrato pré-expressivo faz parte do nível da expressão, da totalidade percebida pelo espectador. No entanto, ao mantê-los separados no processo de trabalho, o ator pode intervir no nível pré-expressivo, *como se*, nessa fase, o objetivo principal fosse a energia, a presença, o *bios* de suas ações, e não seu significado.

Então, concebido dessa maneira, o nível pré-expressivo é um *nível operacional*: não é um nível que pode ser separado da expressão, mas uma categoria pragmática, uma práxis que, no decorrer do processo de trabalho, visa fortalecer o *bios* cênico do ator.

A antropologia teatral postula que o nível pré-expressivo esteja na raiz das várias técnicas atorais e que, independentemente da cultura tradicional, exista uma "fisiologia" transcultural. De fato, a pré-expressividade utiliza alguns princípios para que o ator-dançarino conquiste presença e vida. O resultado desses princípios surge com mais evidência nos gêneros codificados, nos quais a técnica que *põe em forma* o corpo também é codificada, independentemente do resultado-significado.

E é assim que a antropologia teatral confronta e compara as técnicas dos atores e dos dançarinos em um nível transcultural, e, através do estudo do comportamento cênico, descobre que alguns princípios da pré-expressividade são mais comuns e universais de quanto, à primeira vista, se possa imaginar.

Técnica de inculturação e técnica de aculturação

Para ser mais eficaz em seu contexto, para fazer brotar sua identidade histórico-biográfica, o ator-dançarino usa formas, maneiras, comportamentos, procedimentos, astúcias, distorsões e aparências que nós chamamos de "técnica". A técnica caracteriza todo ator-dançarino e existe em todas as tradições. Olhando com atenção para além das culturas (Oriente, Ocidente, Norte, Sul), para além dos gêneros (balé clássico, dança moderna, ópera, opereta, musical, teatro de texto, teatro de corpo, teatro clássico, contemporâneo, comercial, tradicional, experimental, etc.), atravessando tudo isso, chegamos ao primeiro dia, à origem, quando a presença começa a se materializar em técnica, em *como* se dirigir ao espectador de modo eficaz. Encontramos dois pontos de partida, dois caminhos.

No primeiro caminho o ator usa a sua espontaneidade, elaborando o comportamento que ele considera natural, aquele que aborveu desde seu nascimento na cultura e no meio social no qual cresceu. Os antropólogos chamam de "inculturação" este processo de passiva impregnação sensório-motora de comportamentos cotidianos próprios de uma cultura.

A adaptação gradual de uma criança aos modos e normas de vida da sua cultura – o condicionamento a uma "naturalidade" – permite uma transformação orgânica que também é crescimento.

Quem deu a maior contribuição metodológica ao caminho dessa espontaneidade elaborada ou "técnica de inculturação" foi Stanislávski. Ela consiste em um processo mental que "vivifica" a naturalidade inculturada do ator. Através do "se mágico", através de uma codificação mental, o ator altera seu próprio comportamento cotidiano, modifica sua maneira natural de ser e materializa o personagem que vai representar. Esse também é o objetivo do distanciamento ou do gesto social de Brecht. Refere-se sempre a um ator que, durante seu processo de trabalho, modela seu comportamento natural e cotidiano em um comportamento cênico extracotidiano, com evidências ou subtextos sociais.

O caminho da técnica que usa variações da inculturação é transcultural. O teatro camponês de Oxolatlán, feito por índios em uma montanha isolada do México, usa uma técnica que se baseia na inculturação. É a mesma técnica usada no Living Theatre de Khardaha, na periferia de Calcutá, onde os atores são camponeses, proletários e estudantes. Há um modo de ser ator na Europa ou na América, na Ásia e na Austrália, que se manifesta através de ténicas de inculturação.

Ao mesmo tempo, em todas as culturas, é possível observar outro caminho para o ator-dançarino: a utilização de técnicas específicas do corpo que são diferentes das técnicas usadas na vida cotidiana. Os dançarinos de balé clássico ou moderno, os mimos ou os atores dos teatros tradicionais da Ásia recusaram a "naturalidade" e adotaram outro tipo de comportamento cênico. Eles se submeteram a um processo forçado de "aculturação", imposto de fora, com modos de estar em pé, de caminhar, de parar, de olhar, de ficar sentado, que são diferentes dos modos cotidianos.

A "técnica de aculturação" torna artificial (ou, como se costuma dizer, "estiliza") o comportamento do ator-dançarino, mas ao mesmo tempo cria outra qualidade de energia. Todos nós fizemos essa experiência vendo um ator clássico indiano ou japonês, um dançarino moderno ou um mimo. É fascinante observar até que ponto

PRÉ-EXPRESSIVIDADE

[6-7] (**acima**) Ruggero Ruggeri (1871-1953) intepretando o personagem de Aligi em *A Filha de Jorio*, de Gabriele D'Annunzio (1904): exemplo de técnica inculturada; (**acima, à direita**) uma cena do espetáculo *Two Cigarettes in the Dark* (1985) de Pina Bausch. É interessante notar como dançarinos formados através de uma técnica de aculturação bem específica, como a técnica da dança clássica, tentam se livrar desta técnica buscando modelos de técnica inculturada.

eles conseguiram modificar a "naturalidade" transformando-a em leveza, como no balé clássico, ou no vigor de uma árvore, como na dança moderna. A técnica de aculturação é a distorção da aparência, do que aparece, para recriá-la sensorialmente de um modo mais real, fresco e surpreendente.

No caminho da "aculturação" é difícil distinguir o ator do dançarino. O ator-dançarino "aculturado" irradia, através de sua presença, uma qualidade de energia que está pronta para ser canalizada em dança ou em teatro, segundo a intenção ou a tradição.

Mas o caminho da "inculturação" também leva a uma riqueza de variações e gradações do comportamento cotidiano, a uma essencialidade da ação vocal, a um fluir de nós de tensões, de saltos de ritmo e de intensidade, de cores e timbres sonoros que dão vida a um "teatro que dança".

Tanto o caminho da inculturação quanto o caminho da aculturação ativam o nível pré-expressivo: uma presença pronta para representar. Por isso não importa evidenciar as diferenças expressivas entre os teatros clássicos orientais com seus atores aculturados e o teatro ocidental com seus atores inculturados, visto que as analogias encontram-se no nível pré-expressivo.

(Eugenio Barba, *A Terceira Margem do Rio*)

[8-9] Demonstrações durante a ISTA de Salento (1987). Improvisação de dois atores que usam uma técnica aculturada: no primeiro plano, a atriz Roberta Carreri, do Odin Teatret, e o dançarino balinês I Made Bandem; no segundo plano, Iben Nagel Rasmussen (**à esquerda**) e Ni Putu Ary Widhiasti Bandem (**à direita**), fazendo improvisações vocais.

Fisiologia e codificação

A *codificação* é a consequência visível dos processos fisiológicos do ator, para dilatá-los e para produzir um equivalente das mecânicas, das dinâmicas e das forças que funcionam na vida. Codificação é formalização. Por essa razão, foi reconhecida como qualidade visual e a ela também atribuíram um *valor* estético.

A codificação busca um *corpo dilatado* por um duplo caminho: por meio de uma dilatação no espaço, que amplifica a dinâmica dos movimentos, ou por meio de uma série de oposições que o ator provoca dentro do seu corpo, inclusive ativando seu tônus muscular. No primeiro caso, a expansão das ações do ator no espaço – segundo modelos que não se inspiram no cotidiano – desafia os habituais automatismos do corpo. No segundo caso, o ator cria um obstáculo e não permite que a ação se desenvolva: pelo contrário, ele a retém. Então assistimos a uma dilatação das tensões, do esforço necessário para mantê-las, para criar uma qualidade diversa de energia que possa ser percebida mesmo em situações de imobilidade. Em ambos os casos, a codificação exige uma técnica extracotidiana do corpo.

[10-13] (**à esquerda, acima e abaixo**) Dançarinas chinesas: terracota pintada (Dinastia do Norte, 386-581, Museu de Taipei, Taiwan); (**à direita, acima**) dançarino etrusco, candelabro de bronze do século V a.C. (Karlsruhe Museum); (**à direita, abaixo**) dançarina etrusca, base de um candelabro de bronze do início do século V a.C. (British Museum, Londres).

[14] O *corpo dilatado*: Visvarupadarshanam, uma das múltiplas manifestações de Krishna (pintura do Rajastão, Índia, do início do século XIX).

Codificação entre Oriente e Ocidente

Tanto o Oriente quanto o Ocidente sempre buscaram uma codificação que pudesse dar ao ator um corpo pré-expressivo. Mas no Ocidente, devido àquela tradicional categorização dos artistas do palco (ator, dançarino, mimo, cantor, etc.), essa busca só trouxe resultados raros e esporádicos, com exceção, como já foi dito, de formas como o balé clássico e o mimo corporal. Nos teatros orientais, devido à continuidade de uma tradição viva representada pela figura do mestre, a codificação tem sido transmitida sem interrupções por meio daquele processo de imitação que caracteriza todas as formas de pedagogia teatral direta.

No entanto, além das respectivas histórias das várias culturas teatrais, é comum encontrarmos surpreendentes analogias, sobretudo no que se refere às regras elementares que definem as atitudes de base de um ator em cena. Sabemos, por exemplo, que todos os atores do Conservatório de Paris do século XIX obedeciam a certas regras fundamentais: as mãos tinham que estar sempre acima da linha da cintura; ao apontar, a mão tinha que ficar sempre acima do nível dos olhos. Os atores de Kathakali e os atores-dançarinos balineses usam os mesmos princípios: as mãos, e em consequência os braços, nunca devem ficar pendurados ao lado do corpo durante uma cena, mas devem sempre ficar acima da cintura, e o gesto de apontar, assim como muitos outros, deve ser feito acima do nível dos olhos, para que resulte amplo e visível.

No Ocidente, a descontinuidade na tradição, a busca do realismo – ou melhor, do naturalismo – assim como as bases psicológicas e não fisiológicas da ação, aos pouquinhos, foram dissolvendo um patrimônio de regras da ação do ator. Com certeza, essas regras existiram no teatro europeu nos tempos da Commedia dell'Arte. Mas esse legado foi perdido porque a pedagogia teatral direta, tanto no Ocidente quanto no Oriente, não possue registro escrito. Algumas tentativas foram feitas no teatro europeu para fixar os movimentos do corpo dentro de uma forma particular, na busca de cânones para o movimento que estivesssem separados de qualquer motivação expressiva, assim como os cânones das proporções do corpo nas artes figurativas (fig. 19 e 26). Mas essas tentativas foram ainda mais totalizantes e obsessivas que seus autores, pois na ausência de qualquer tipo de codificação ou de critérios mais ou menos objetivos de classificação, eles tentavam explicar e racionalizar, ou seja, tentavam "cientificizar". É fácil compreender por que essas tentativas, ainda que se baseassem em um corpo físico, tendiam a relacionar a expressividade do ator a critérios psíquicos, já que eram feitas por homens que tinham muito pouco contato com a prática teatral.

A tendência a relacionar a expressividade a critérios psíquicos é uma das razões pelas quais, na cultura ocidental, o paradoxo do ator – que é capaz de provocar emoções sem necessariamente sentir a emoção – ainda é mal-entendido. Ao mesmo tempo, esse mal-entendido sempre foi bastante fértil, exatamente pela inclinação do teatro europeu para investigar as emoções do ator.

[15-18] (**primeira e segunda fileiras**) Gravuras extraídas da obra de Johan Jacob Engel, *Ideen zu einer Mimik* [Ideias para a Mímica]. Berlim, 1785-1786; e desenhos da obra de Antonio Morrocchesi, *Lezioni di Declamazione e d'Arte Teatrale* [Aulas de Declamação e de Arte Teatral]. Florença, Tip. All insegna di Dante, 1832. Essas duas obras representam duas correntes que dominaram a cultura teatral do século XIX: de um lado, a codificação do ator através dos estados de ânimo, proposta por Engel (1741-1802), autor dramático e diretor teatral que virou teórico e sistematizou a estética de Lessing; de outro lado, a investigação pessoal do ator italiano Antonio Morrocchesi (1768-1838), que tende a dar dignidade científica à sua arte; (**terceira fileira**) o repouso na obra de Engel e na obra de Henry Siddons, *Practical Illustration of Rhetorical Gesture and Action* [Ilustrações Práticas de Gestos e Ações Retóricas]. Londres, impresso por Richard Phillips, 1807; (**quarta fileira**) as leis geométricas para a transformação teatral do corpo humano (1925) segundo Oscar Schlemmer (1888-1943), um dos maiores expoentes da reforma teatral da Bauhaus.

A ARTE SECRETA DO ATOR

A semelhança entre a gravura do *Chironomia* (1806) de Austin (fig. 23) – destinada a atores, dançarinos e até oradores – e o diagrama da posição de base da dança indiana Odissi (fig. 25 e 26) não tem a intenção de estabelecer nenhum paralelo entre as duas figuras. Mais do que isso: queremos chamar a atenção para a necessidade que o teatro europeu teve de encontrar e fixar todas as possibilidades do ator, de descobrir aspectos sobre sua presença cênica.

Olhando para esses dois diagramas sob a perspectiva do que foi dito acima, podemos ter a impressão de que esses dois corpos não estão expressando nenhum sentimento, nenhuma reação. Mas, ao mesmo tempo, vemos que estão prontos, que podem agir, como se estivessem *em uma emboscada...* Esse é o *bios* cênico, a *pré-expressividade*, ou seja, uma vida pronta a se transformar em ações e reações bem definidas.

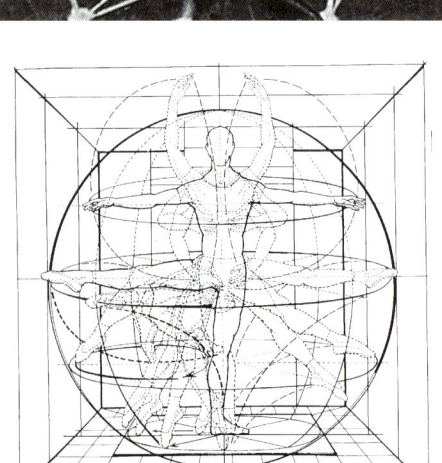

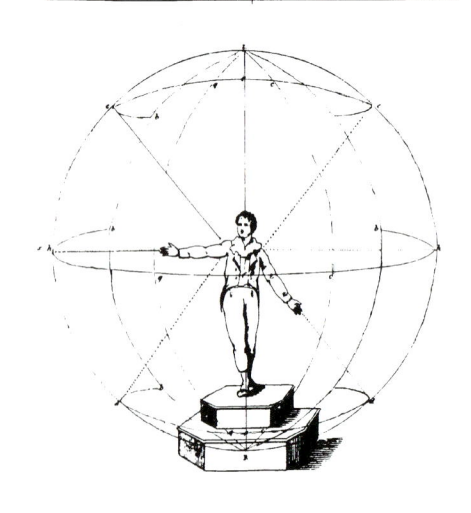

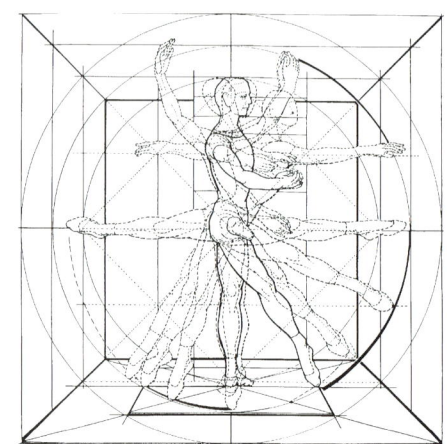

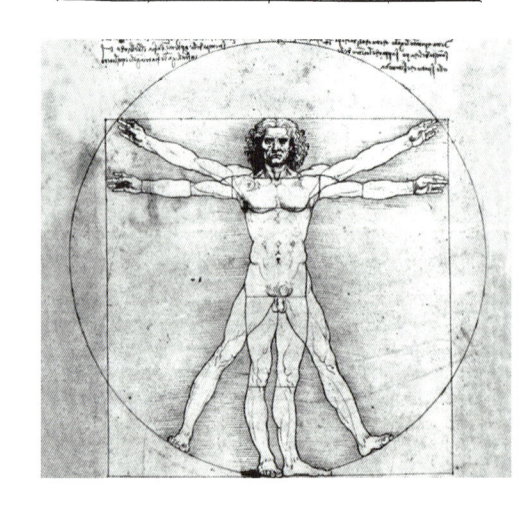

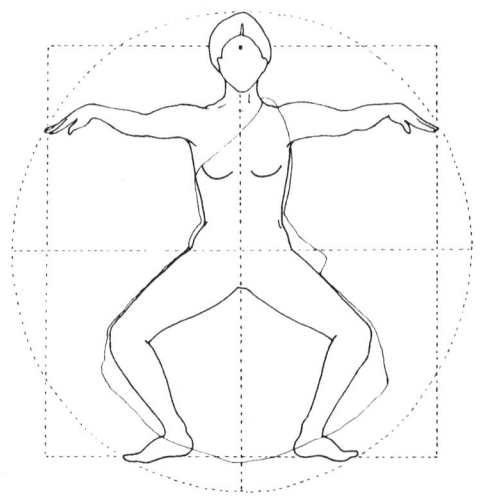

[19-26] (**primeira fileira**) O icosaedro (uma figura sólida com vinte faces iguais) de Rudolf Von Laban (1879-1958), usado para medir as ações do dançarino no espaço (1920). O método de notação da dança inventado por Laban é, ainda hoje, a única tentativa de transcrever graficamente a codificação do movimento (ver fig. 38, página 235); (**segunda fileira**) esquemas gráfico-espaciais de dois movimentos do balé clássico, desenhados por Carlus Dyer para o manual de Lincoln Kirstein. (**terceira fileira, à esquerda**) análise espacial de um gesto na *Chironomia* de Gilbert Austin (Londres, 1806); (**terceira fileira, à direita**) esquema das proporções do corpo humano em um desenho de Leonardo da Vinci (1452-1519) no Museu do Louvre (Paris); (**quarta fileira**) análise do *asana*, posição de base da dança Odissi.

[27-29] *O corpo dilatado*: (**acima, à esquerda**) Tom Leabheart (tradição do mimo corporal de Decroux, EUA) e I Made Djimat (tradição do Topeng, Bali) durante a ISTA de Umeå, 1995; (**acima, à direita**) Augusto Omolú (tradição da Dança dos Orixás, Brasil); (**abaixo**) o ator japonês Nô, Akira Matsui (tradição do Nô, Japão), com os participantes da ISTA de Sevilha (2004).

A ARTE SECRETA DO ATOR

O corpo fictício

O teatro ocidental, pelo menos o teatro ocidental moderno, funda-se na identificação do corpo individual cotidiano com o corpo fictício do personagem. Acredita-se, ou pelo menos acreditou-se, que existam somente esses dois níveis. Na maioria das formas tradicionais do teatro japonês, ao contrário, percebemos facilmente um nível intermediário entre "o corpo cotidiano do ator" e o que poderíamos chamar de "o corpo imaginário do personagem". Vamos dar um exemplo bem simples.

Quando um ator Nô sai de cena, porque para todos os efeitos o espetáculo já acabou, ele tem um costume muito particular: ele vai saindo bem devagar, como se essa saída fizesse parte do espetáculo. Ele não está mais no personagem, porque a ação do personagem já terminou, mas também ainda não é o ator em sua realidade cotidiana. É exatamente algo de intermeditário, e isso pode durar até um minuto. De uma certa forma, ele representa a sua ausência. Mas a ausência é importante neste espetáculo, então é uma ausência presente. Dito dessa maneira, parece um paradoxo, mas na prática isso fica muito evidente. O mesmo acontece no Kabuki: os atores não devem se cancelar, mas se mostrar e se manter em um estado *fictício*. (...)

De modo arbitrário, porque não encontrei palavras mais apropriadas, chamei esse fenômeno de corpo *fictício*. Não uma ficção dramática, mas o corpo que se coloca em uma zona "fictícia", que não finge a ficção, mas simula uma espécie de transformação do corpo cotidiano em um nível pré-expressivo.

(Moriaki Watanabe, *Entre Oriente e Ocidente*)

[30-32] (**acima, à esquerda**) O *corpo dilatado*: Arlequim em uma gravura italiana do pintor Giuseppe Maria Metelli (1634-1718); (**acima, à direita**) o *corpo fictício*: o ator Motomasa Kanze na peça Nô, *Hagoromo*; (**ao lado**) o *corpo dilatado*: Augusto Omolú (Brasil) e Sanjukta Panigrahi (Índia) em Holstebro, 1994.

PRÉ-EXPRESSIVIDADE

[33-34] (**esquerda**) Cena de um espetáculo do Nyt Dansk Danseteater de Copenhague. A dança clássica ocidental, mais conhecida como "balé clássico", regulada por princípios e técnicas que se baseiam em movimentos e passos prefixados, é a única forma codificada da tradição teatral do Ocidente. Enquanto os primeiros movimentos e as primeiras regras nasceram do trabalho dos teóricos italianos do século XV – Domenico da Piacenza, Antonio Cornazano e Guglielmo Ebreo –, a codificação da dança clássica foi feita pela Académie Royale de la Danse, fundada em Paris em 1661, que também determinou a terminologia ainda hoje usada nas escolas e nas Academias. Mas é preciso lembrar (ver *Nostalgia*) que quando o teatro ocidental moderno teve início, entre o final do século XVI e o começo do século XVII, a arte do dançarino não era separada da arte do ator, como testemunham inúmeros exemplos: um exemplo fundamental nos é dado por Molière (1622-1673), dramaturgo e ator, mas também autor e intérprete de famosas *comédie-ballet* encenadas em colaboração com Giovambattista Lulli (1632-1687), dançarino, coreógrafo e compositor; (**à direita**) cena de um espetáculo de Wayang Wong (literalmente, "drama com seres humanos"). O teatro-dança javanês teve início na corte do sultão de Jacarta, na segunda metade do século XVIII, e nos conta sobre os gestos dos heróis do *Mahabharata*, do *Ramayana* e do ciclo *Panji*. Ainda que sua criação seja recente, os atores do Wayang Wong se movem e dançam de acordo com um sistema codificado muito antigo, inspirado – dizem – nos movimentos das marionetes e nas figuras do teatro de sombras ou Wayang Kulit.

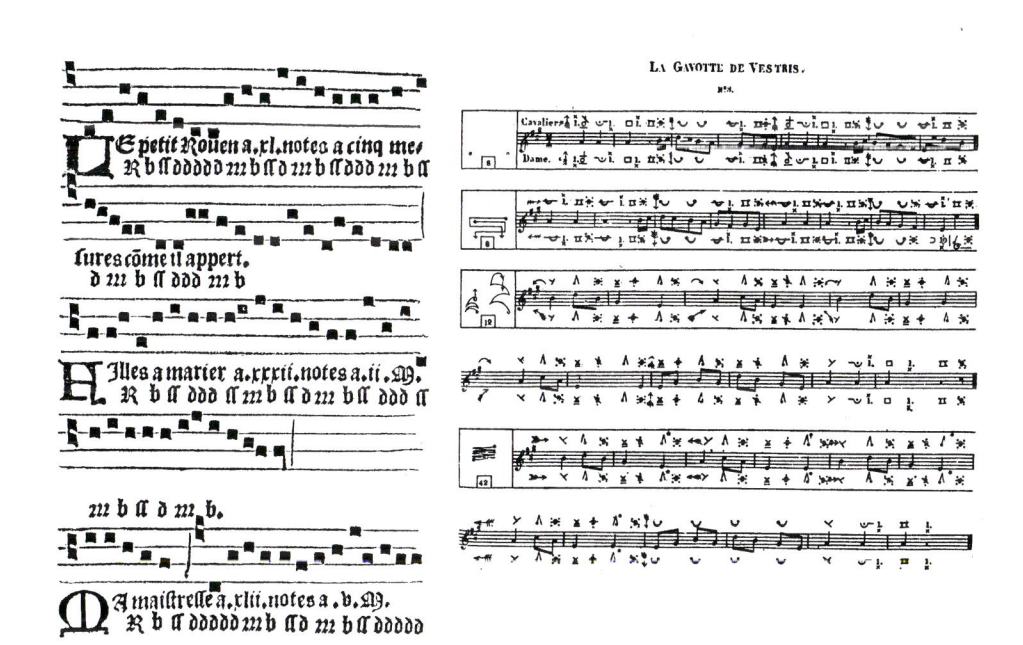

[35-38] Quatro diferentes sistemas de notação de dança: (**primeira fileira, à esquerda**) primeira página do *L'Art et l'Instruction de Bien Danser* [*A Arte e a Instrução para Dançar Bem*], um pequeno manual que provavelmente é o primeiro livro ocidental sobre a dança, impresso em Paris por Michel Toulouze no final do século XV. Logo abaixo do pentagrama musical, lê-se o título da composição, o ritmo e algumas letras do alfabeto que indicam os passos que devem ser feitos; (**primeira fileira, à direita**) *La Gavotte*, de Vestris, segundo o sistema Theleur (1831), um dos primeiros sistemas que adotaram símbolos abstratos; (**segunda fileira, à esquerda**) notação coreográfica de uma partitura musical: o início da música *Après-Midi d'un Faune*, de Debussy, desenhado por Nijinsky (1912); (**segunda fileira, à direita**) o sistema de Rudolf Von Laban (Labanotation): diagrama dos movimentos das mãos e da echarpe no *Bapang*, um tipo de movimento usado no teatro-dança javanês Wayang Wong por personagens masculinos fortes, violentos e orgulhosos (de: Soedarsono, *Wayang Wong: The State Ritual Dance Drama in the Court of Yogyakarta*. Jacarta, Gadjah Mada Univ Press, 1984). A notação de Laban traduz todos os movimentos do dançarino em símbolos abstratos, sem levar a música em consideração. Exatamente como neste caso, ela pode ser usada para fazer a transcrição de qualquer movimento codificado, independentemente da tradição à qual ele pertence.

Artes marciais e teatralidade no Oriente

A técnica extracotidiana do corpo não é visível apenas em situações de representação, mas também em outras situações em que o comportamento não cotidiano é usado, como, por exemplo, nas artes marciais.

Extremamente conhecidas e praticadas através de todo o continente asiático, as artes marciais usam processos fisiológicos concretos para destruir os automatismos da vida cotidiana e criar outras qualidades de energia no corpo. Nesse sentido, as artes marciais são baseadas em técnicas de aculturação, ou seja, em uma forma de comportamento que não respeita a "espontaneidade" da vida cotidiana. Foi exatamente esse aspecto da técnica de aculturação que inspirou certas formas de teatro codificadas.

As pernas levemente dobradas, a contração dos braços – posição de base fundamental de qualquer arte marcial asiática – mostram o *corpo decidido*, pronto para disparar, pronto para a ação. Essa posição das artes marciais, que podemos comparar ao *plié* do balé clássico, também pode ser encontrada nas posições de base dos atores orientais e dos atores ocidentais. Não é nada mais que uma codificação, em forma de técnica extracotidiana, da posição de um animal que está prestes a atacar ou a se defender. Quando o escultor japonês Wakafuji (responsável por várias figuras deste livro) viu uma das poses mimadas de Dario Fo (fig. 40), ele notou que a pose era muito parecida com o início de um movimento do caratê chamado *neko hashi daci*, que literalmente significa "ficar de pé com pés de gato". O desenho mostra o ator italiano em um momento do seu espetáculo *História de um Tigre*.

Recentemente, foram feitos vários estudos sobre a relação entre as artes marciais e a personalidade. Viram que aprender uma arte marcial por meio da repetição de ações físicas leva o estudante a ter outra consciência sobre si mesmo e sobre o uso do seu próprio corpo. Um dos objetivos das artes marciais é aprender a estar presente no momento exato da ação. Esse tipo de presença é extremamente importante para os atores que desejam ser capazes de recriar, a cada noite, essa qualidade de energia que faz com que estejam vivos diante dos olhos do espectador. Talvez esse objetivo comum – e não os diferentes resultados – explique a influência das artes marciais sobre a maioria das formas de teatro asiático: elas não possuem um estilo, mas formas concretas e orgânicas de organizar o corpo, um admirável senso das forças que governam a ação.

Devido a contingências históricas, as artes marciais perderam seu valor militar. Até certo ponto, esse patrimônio transformou-se: algumas artes marciais viraram danças e seus exercícios também se tornaram a base de outras formas de teatro.

Em Bali, por exemplo, a dança *Baris* (fig. 41) significa, etmologicamente, "linha, fila, formação de soldados". Era o nome de um exército de voluntários locais usado por vários príncipes durante os períodos de desordem. O *Baris* balinês deu origem a sete danças diferentes, que lentamente perderam sua natureza

[39-40] (**à esquerda**) Dançarino tailandês de Khon em uma posição de base derivada das artes marciais; (**à direita**) Dario Fo em uma demonstração de trabalho durante a ISTA de Volterra, 1981.

[41] Diversas posições do Baris, a dança balinesa de origem guerreira. Os desenhos são do pintor e explorador mexicano Miguel Covarrubias, que permaneceu em Bali durante muito tempo nos anos de 1930.

PRÉ-EXPRESSIVIDADE

[42-43] (**acima**) Combate de bastões entre dois praticantes de Kalaripayattu, a arte marcial que é muito conhecida no Kerala (Índia). A habilidade do lutador da direita permite que ele mantenha uma posição bastante estável, ao mesmo tempo em que está pronto para se lançar no decorrer da luta; (**abaixo**) Katsuko Azuma e Kanho Azuma durante uma sessão da ISTA de Holstebro, em 1986, em uma cena de Kabuki que demanda o uso de armas tradicionais japonesas: a espada (*katana*) e a alabarda (*naginata*).

de treinamento militar para se tornarem o que hoje conhecemos com este nome: uma espécie de drama dançado que é tipicamente masculino. Em Bali ainda há o *Pentjak-Silat*, uma forma nacional indonesiana de autodefesa (na Malásia ela é chamada de *Bersilat*) que se baseia nos movimentos de um tigre. Foi ela que deu origem à dança do *Pentjak*.

O que o médico chinês Hua To está fazendo (fig. 46, página 238)? Suas diferentes posições, que mais parecem uma espécie de dança, de fato ilustram uma série de exercícios que se baseiam em cinco animais: o veado, o pássaro, o tigre, o macaco e o urso. Hoje, esses movimentos são a base de muitos exercícios de várias escolas de combate chinês (fig. 44, acima, p. 238). É interessante notar que podemos encontrar os mesmos movimentos de animal nos exercícios do Kathakali, no sul da Índia.

O Kathakali também foi influenciado por uma arte marcial: o *Kalaripayattu*, que literalmente significa "o lugar onde se treina", do sânscrito *Khalorica*, o terreno para as exercitações militares (fig. 42). O Kathakali pegou do *Kalaripayattu* (ambos tiveram origem no mesmo estado, no Kerala, onde ainda hoje são muito praticados) não apenas os exercícios de treinamento e as particulares massagens, mas também uma precisa terminologia e algumas poses: o leão, o elefante, o cavalo e o peixe. No estado de Manipur, no norte da Índia, outras artes marciais como o *Thengou*, o *Takhousarol* e o *Mukna* (essa última é uma forma de autodefesa que ainda é muito popular como esporte nas aldeias) influenciaram as danças tradicionais da região, cujo estilo tem afinidades com as danças da Mongólia e com as danças clássicas indianas descritas no famoso tratado *Natyashastra*.

Se finalmente olharmos para o teatro tradicional da China e do Japão, como para a Ópera de Pequim e o Kabuki, vemos com mais clareza ainda a íntima relação que existe entre as artes marciais e o espetáculo na Ásia: o duelo, a luta e até mesmo a batalha entre tropas armadas não são somente a base do treinamento do ator, e sim verdadeiros fragmentos espetaculares nos quais a origem se funde com o presente através de uma das mais altas e refinadas técnicas extracotidianas do corpo.

A ARTE SECRETA DO ATOR

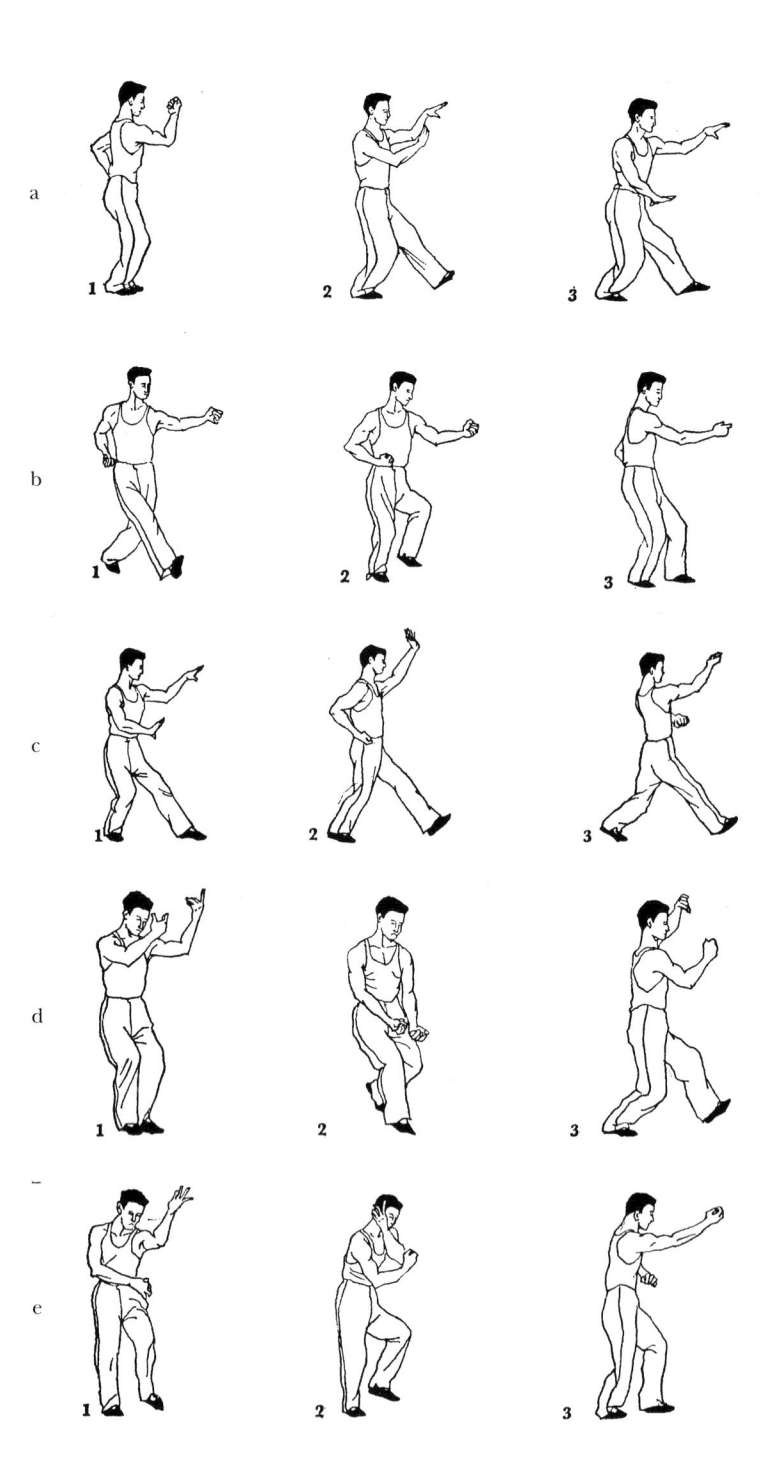

[44-46] (**ao lado**) As cinco técnicas de base do Hsingi, uma particular forma de ginástica chinesa conhecida como T'ai chi (literalmente, "o ápice do boxe"):
a. *P'i ch'uan* (dividindo): elevação e descida, como quando alguém faz um corte com um machado;
b. *Peng ch'uan* (comprimindo): expansão e contração simultâneas;
c. *Ts'uan ch'uan* (seminando): fluxos em correntes curvas;
d. *P'ao ch'uan* (caminhando lentamente): chamas repentinas como projéteis de um fuzil;
e. *Heng ch'uan* (cruzando): golpes para frente com uma energia circular.

Geralmente, todas essas formas de golpe são praticadas separadamente: primeiro só com o braço esquerdo, depois só com o direito; em seguida, as ações dos dois braços são coordenadas.

(**acima**) presença cênica: demonstração da postura de base de um toureiro durante a ISTA de Sevilha (2004). García Lorca escreveu: "O toureiro, que com sua temeridade assusta o público na arena, não toureia; ele simplesmente fica nesta posição ridícula – que pode ser assumida por qualquer pessoa – de quem está *colocando a própria vida em risco*. Mas o toureiro que é mordido pelo *duende* dá uma aula de música pitagórica e faz o público esquecer que ele está constantemente jogando o coração contra os chifres do touro". (*Teoria e Gioco del Duende: Interviste, Conferenze e Altri Testi sul Teatro*. Milão, Ubulibri, 1999).

(**abaixo**) O médico e cirurgião chinês Hua To, que viveu durante a última Dinastia Han (25 a.C.-220 d.C.), mostra uma série de posições baseadas na estratégia de combate de cinco animais: da esquerda à direita, o veado, o pássaro, o tigre, o macaco e o urso. Essas posições são usadas ainda hoje, na China, como ponto de partida para as diferentes artes marciais.

PRÉ-EXPRESSIVIDADE

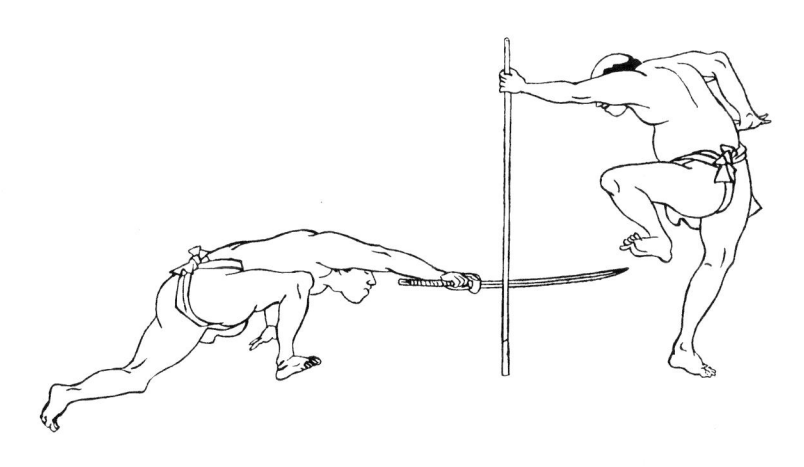

Artes marciais e teatralidade no Ocidente

A relação entre a teatralidade e as artes ligadas às técnicas de combate também está documentada na cultura ocidental desde a antiguidade, principalmente no que se refere ao papel destas artes para o desenvolvimento da dança.

Sabe-se que na Antiga Grécia os comandantes das batalhas eram chamados de "dançarinos principais". O próprio Sócrates afirmava que "o homem que dança melhor é o melhor guerreiro". A *pirrica*, uma dança grega de origem cretense, representava, de acordo com a descrição transmitida por Platão, as várias fases de um combate. Primeiro foi dançada em Esparta, por um único dançarino; depois em Atenas, transformando-se numa dança coletiva na qual duas filas de dançarinos se "enfrentavam". Uma das representações mais famosas com a dança *pirrica* aconteceu quando os coreutas (dançarinos) mimavam proteger o bebê Zeus das perseguições de Cronos-Saturno.

Na Antiga Roma, durante a festa anual em homenagem a Marte, o deus da guerra, os sacerdotes sálios saíam armados em procissão pelas ruas. Obedecendo aos comandos do seu líder, o *praesul*, eles começavam uma dança que consistia em uma série de movimentos ondulados de três passos durante os quais eles mantinham o ritmo batendo as lanças com força contra os escudos.

De acordo com alguns estudiosos de tradições populares, certas danças medievais europeias de forte natureza mímica também teriam nascido de danças armadas e de origem guerreira. Em alguns casos, essas danças teriam até dado origem a representações teatrais de verdade. Na Itália, por exemplo, a *dança da espada*, encontrada facilmente em várias áreas do Norte e do Sul do país, reproduzia o conflito armado entre cristãos e turcos, e era frequentemente transformada em representações populares nas quais os dançarinhos tinham inclusive alguns diálogos.

Representada pela primeira vez no século XVI, a *dança da espada* italiana, por sua vez, teve sua origem na *moresca*, uma dança medieval difundida em toda a Europa (*morisca* na Espanha; *mauresque*, na França; *morris dance*, na Inglaterra; *mohrentanz*, na Alemanha) que também tinha nascido como representação da luta entre cristãos e mouros (sarracenos) e que, simbolicamente, queria fazer uma alusão ao conflito entre Ocidente e Oriente, entre "civilização e barbárie".

No século XVI, a *moresca* se afastou de suas origens bélicas e, mesmo conservando uma natureza popularesca, saiu do âmbito popular para se tornar dança de corte. Em alguns casos, a ação fortemente mímica da *moresca* era combinada com diálogos entre os personagens, o que resultava em verdadeiras representações dramáticas. Em outros casos, foi usada como dança de entreato entre as representações de comédias e tragédias.

A *dança da espada*, na Itália, o *bal du sabre* no Sul da França e a *moresca* em toda a Europa são testemunhas de que no Ocidente, assim como no Oriente, existiu uma íntima relação entre técnicas de agressão e defesa e as origens da arte extracotidiana do ator.

[47-49] (**acima**) Uma gravura ocidental do século XIX mostra o treinamento para diferentes artes marciais em uma típica academia japonesa ao ar livre chamada de dojo: *do* (o "tao" dos chineses) significa "estrada, caminho"; *jo* significa "lugar". Então, literalmente, a palavra significa "o lugar onde se estuda o caminho"; (**no centro e abaixo**) duelo durante um treinamento e duelo durante um espetáculo no teatro Kabuki, em duas gravuras japonesas do século XIX. Observem que, durante o espetáculo, o duelo se torna ainda mais dramático devido ao uso de duas armas diferentes: um frágil guarda-chuva de papel contra uma espada de aço. No entanto, apesar da variação do acessório, a tensão recíproca entre os corpos dos atores continua sendo exatamente a mesma.

A ARTE SECRETA DO ATOR

[50-51] (**ao lado**) Dança guerreira da Grécia Antiga chamada de *pirrica*, pintada em uma copa e atribuída ao pintor Poseidon; (**abaixo**) passo de "dança-esgrima", que hoje só é praticada no dia da festa popular de San Rocco, em Torrepaduli (Lecce, Itália). Essa forma de duelo dançado, que é extremamente antiga, pode ser encontrada no sul da Europa, no Mediterrâneo, e é praticada com gestos codificados, fixados e muito precisos. Normalmente, é um duelo feito com armas, e em geral usam facas. Aqui, a faca foi substituída pela mão: podemos ver a palma da mão aberta e em tensão.

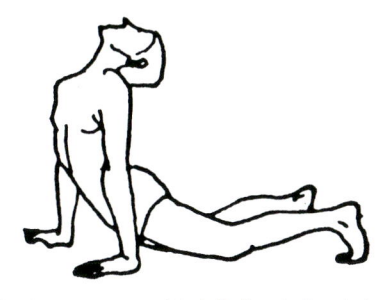

[52-53] (**acima**) Exercício chamado de *danda* (em sânscrito, significa "braço") ou "alongamento do gato": é praticado nas artes marciais da Índia e do Paquistão para desenvolver a força dos braços e da parte superior do corpo; (**abaixo**) no início dos anos de 1960, o Teatro Laboratório polonês, dirigido por Jerzy Grotowski (que depois passou a se chamar "Teatro das Treze Filas", com sede em Opole), desenvolveu uma série de exercícios para os atores, inspirando-se em formas de teatro e de artes marciais indianas. Na foto, vemos o ator Antoni Jaholkowski fazendo o exercício de alongamento chamado de "gato".

[54-55] (**abaixo, à esquerda**) Duelo com bastões que obriga o ator a reagir muito rapidamente, saltando: exercício desenvolvido pelos atores do Odin Teatret como parte do seu treinamento, inspirado nos exercícios acrobáticos da Ópera de Pequim. Na foto, vemos os atores Torgeir Wethal e Iben Nagel Rasmussen em 1966, pouco depois da fundação do grupo. (**abaixo, à direita**) Augusto Omolú e Jairo da Purificação durante a ISTA de Copenhague, em 1996, em uma demonstração de *capoeira*, a dança-luta dos escravos africanos no Brasil, transformada depois em uma forma artística e esportiva.

A arquitetura do corpo

A posição de base *kamae* (fig. 56-58), típica de todas as formas de teatro tradicional japonês, do Nô ao Kabuki, passando pela dança Buyo, significa literalmente "atitude", "pose do corpo" e, assim, "arquitetura de base do corpo". Os ideogramas com os quais a palavra *kamae* é composta em japonês, de fato, são usados inclusive em outros contextos para indicar "estrutura", "construção". O termo também é usado para indicar a postura de base correta nas artes marciais japonesas.

Muitas vezes, na terminologia teatral das culturas orientais, diversas palavras estão ligadas a outras manifestações artísticas: pintura, escultura, arquitetura. Um exemplo bem particular é a palavra indiana *sutradhara*, que literalmente significa "porta corda", que designa o responsável por uma companhia de teatro. Antes de tudo, a palavra significa "arquiteto" (aquele que possui a corda para medir). Na verdade, o responsável por uma companhia de teatro é ao mesmo tempo um arquiteto e um diretor, é quem "junta os fios" do drama, do mesmo modo que um marionetista (que em sânscrito também é chamado de *sutradhara*) comanda os fios de seus bonecos. *Sutra* ("corda" ou "fio") também designa o texto que deve ser memorizado e que funciona como um fio condutor em uma ciência ou em um ofício. Sendo assim, o diretor da companhia também é "aquele que possui o texto", já que conhece de memória os textos fundamentais da arte dramática.

Fazendo investigações sobre esses significados tão particulares, Gordon Craig, um grande admirador do teatro indiano, conseguiu capturar a imagem de um diretor que é, ao mesmo tempo, um arquiteto do espetáculo e um arquiteto do ator "super-marionete".

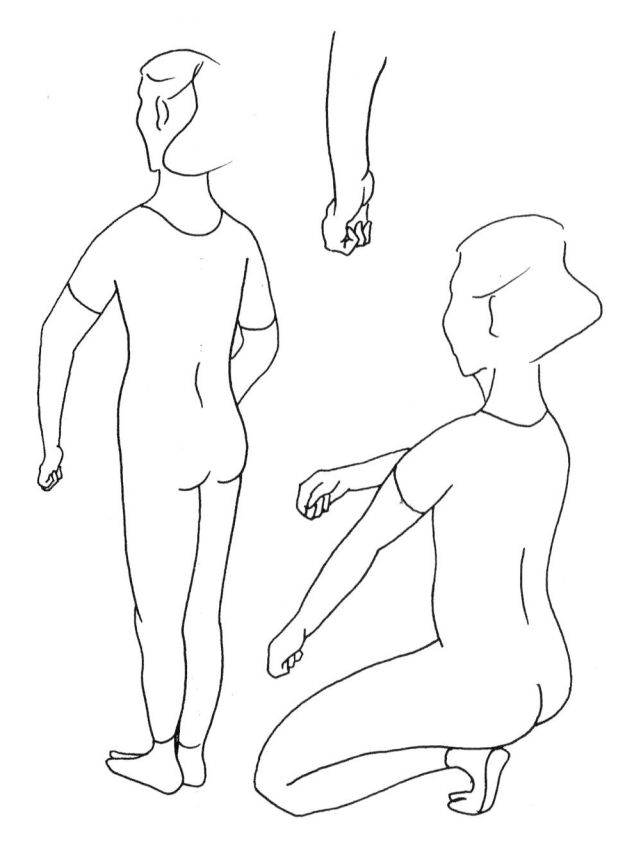

[56-58] (**abaixo**) Duas variações (ajoelhada e de pé) da posição de base do ator japonês, chamada de *kamae*, ilustrada pela dançarina de buyo Katsuko Azuma durante a ISTA de Bonn (1980); (**acima**) no desenho, os detalhes dos braços e das mãos mostram claramente a tensão dos braços e o trabalho feito pela espinha dorsal para manter a posição.

A pré-interpretação do espectador

O estado pré-expressivo do ator pode corresponder a um particular estado da visão do espectador que, como uma espécie de reação imediata, vem antes de qualquer interpretação cultural ou pessoal. Esse estado poderia ser chamado de *pré-interpretação*. A pré-expressividade do ator se manifesta antes do seu desejo de expressar; de modo semelhante, no espectador, vemos que existe uma resposta "fisiológica" que independe da cultura, dos sentimentos ou do particular estado de ânimo no momento da visão. Enquanto os estudos sobre a fisiologia do ator estão apenas começando, importantes pesquisas vêm sendo feitas sobre a natureza da visão. Ainda que essas pesquisas não tenham nos levado a teorias definitivas, elas viabilizaram a formulação de algumas hipóteses interessantes que podem ser aplicadas àquele modo particular de olhar que é típico do espectador de teatro.

Para se ter uma ideia desse problema, é preciso aprofundar o conhecimento sobre o fenômeno da *percepção visual*, ou seja, sobre a interação entre fenômenos biológicos e fenômenos psicológicos produzidos entre o olho e o cérebro. Hoje, os estudos sobre a percepção visual estão bastante avançados para que seja possível modificar, consideravelmente, as teorias anteriores que dizem respeito ao funcionamento da nossa vista e aos processos gerais do nosso cérebro. Esses estudos também nos levaram a hipóteses contraditórias e não definitivas, ligadas, na maioria das vezes, à visão de formas imóveis, ainda que animadas por algum dinamismo. O espectador teatral, que reage à percepção de formas em movimento, é um fenômeno muito mais particular e complexo.

Os estudos que, por afinidade de situação, podem ser relacionados ao espectador de teatro, têm a ver com a visão das obras de arte figurativas. Nós os encontramos no livro *Arte e Percepção Visual*, de Rudolph Arnheim. Professor de Psicologia da Arte em Harvard, ele baseia suas hipóteses relacionadas ao espectador de obras de arte nos princípios psicológicos da *Gestalt* (que poderia ser traduzida como "forma"). Ele analisa a arte (a pintura, a escultura e a arquitetura, assim como formas de movimento como a dança, o teatro e o cinema) baseando-se em uma série de princípios como equilíbrio, forma, desenvolvimento, espaço, movimento, dinâmica e oposição das formas. Segundo Arnheim, esses princípios, ou melhor, essas "regras da criação", repetem-se historicamente em distintas latitudes e determinam a *criação* da obra de arte, mas eles também organizam o modo como a própria obra de arte é vista.

Existem afinidades surpreendentes entre os estudos de Arnheim e nossos critérios de avaliação sobre a pré-expressividade. Através deste livro, falamos de conceitos como equilíbrio e dinamismo, ou como a oposição das formas. Conscientes das semelhanças e das diferenças existentes entre as várias fenomenologias da "arte", trouxemos para cá algumas citações de Arnheim, comentários sobre a particular reação de um espectador que antecede a interpretação: esse estado da visão que Arnheim define como *percepção indutiva*, que vem antes da *inferência lógica*.

> A experiência visual é dinâmica (…). O que uma pessoa e um animal percebem não é só um aglomerado de coisas, cores e formas, de movimentos e dimensões. Talvez seja, antes de tudo, uma interação entre tensões dirigidas. Essas tensões não são uma coisa acrescentada pelo observador, por razões pessoais, a imagens estáticas. Pelo contrário, elas fazem parte de cada coisa percebida, como a dimensão, a forma, a posição, a cor de um corpo. Como elas têm magnitude e direção, essas tensões podem ser descritas como "forças" psicológicas. (…)
>
> Há mais coisas no campo visual do que a retina pode perceber. Não são raros os exemplos de "estrutura induzida". O desenho de um círculo incompleto surge como um círculo completo com uma parte que falta. Em uma pintura feita segundo a perspectiva central, o ponto de fuga pode ser fixado pelas linhas convergentes ainda que, efetivamente, não se veja nenhum ponto onde elas se encontram. Em uma melodia, a regularidade do compasso pode ser "ouvida" por intuição, e um tom sincopado pode ser percebido como deviação.
>
> Tais induções perceptivas são diferentes das inferências lógicas. A inferência é um processo intelectual que, ao interpretar um determinado fato visual, acrescenta uma contribuição própria. Às vezes a indução perceptiva é uma interpolação baseada em um conhecimento adquirido anteriormente. Mas geralmente é um elemento integrante que, durante a percepção, deriva espontaneamente da configuração dada pelo modelo (*pattern*).
>
> (Rudolf Arnheim, "Equilíbrio", em *Arte e Percepção Visual*)[1]

[59-60] A atriz e cantora brechtiana Sonja Kehler em seu espetáculo de textos e canções brechtianas durante a ISTA de Holstebro (1986). A presença cênica não é dada pela interpretação de um personagem, e sim pelo uso da técnica de inculturação que transforma posições e atitudes cotidianas em "teatro que dança".

---
[1] O texto correspondente na edição brasileira encontra-se em *Arte e Percepção Visual*, op. cit., p. 4-5. Esta tradução foi feita a partir da versão italiana presente no livro de Barba e Savarese. (N.T.)

Restauração do Comportamento

Aqui vocês encontram apenas um fragmento do longo ensaio – que leva o mesmo título – em que Richard Schechner compara a restauração do comportamento em diferentes lugares do mundo: das formas teatrais tradicionais aos rituais, às situações históricas como a reconstrução de aldeias antigas que não existem mais. É interessante notar que o que Schechner chama de comportamento restaurado (considerando "restaurado" no duplo sentido de "restituído" e "reconstruído") depende de uma série de leis que se baseiam necessariamente na pré-expressividade. A versão definitiva do texto encontra-se em Between Theatre and Anthropology (*University of Pennsylvania, 1984*).

Restauração do comportamento
Richard Schechner

Comportamento restaurado é o comportamento vivo, tratado da mesma forma com que um diretor de cinema trata uma sequência cinematográfica. Essas sequências de comportamento podem ser redistribuídas ou reconstruídas. Elas independem dos sistemas causais (social, psicológico, tecnológico) que as geraram. Possuem vida própria. A "verdade" ou "fonte" que causou o comportamento pode ser perdida, ignorada ou contradita, ainda que, aparentemente, essa verdade ou fonte continue a ser honrada e observada. O modo como a sequência de comportamento foi feita, encontrada ou desenvolvida pode ser ignorado ou ocultado, elaborado, distorcido pelo mito e pela tradição. Ainda que essas sequências de comportamento tenham nascido como processo, tenham sido usadas durante o processo dos ensaios para dar origem a um novo processo – um espetáculo –, elas não são um processo em si: são coisas, pedaços, são "material". O comportamento restaurado pode durar muito tempo, como em certos dramas ou ritos, ou pode durar muito pouco, como em certos gestos, danças e *mantras*.

O comportamento restaurado é usado em todos os tipos de *performance*:[1] do xamanismo e do exorcismo ao transe, do ritual à dança estética e ao teatro, dos ritos de iniciação aos dramas sociais, da psicanálise ao psicodrama e à análise transacional. Na verdade, o comportamento restaurado é a principal característica da *performance*. Quem pratica todas essas artes, ritos e curas acredita que alguns comportamentos – sequências organizadas de eventos, ações roteirizadas, cenas, textos conhecidos, partituras de movimentos – existam separadamente de quem os "executa": os *performers*. Graças a essa dicotomia – de um lado, o comportamento, de outro, a pessoa que se comporta – o comportamento pode ser armazenado, transmitido, manipulado, transformado. Os *performers* entram em contato com essas sequências de comportamento ao recuperá-las, recordá-las ou, inclusive, ao inventá-las. Em seguida, eles se re-comportam de acordo com essas sequências, mesmo sendo absorvidos por elas (interpretando o papel, entrando em transe) ou existindo ao lado delas (o *Verfremdungseffekt*,[2] de Brecht). O trabalho de restauração acontece durante os ensaios e/ou durante a transmissão do comportamento, do mestre ao aluno. O modo mais apropriado para estabelecer uma conexão entre a *performance* estética e a *performance* ritual é através da compreensão do que acontece durante o treinamento, os ensaios e as oficinas, ou seja: trabalhar sempre "no subjuntivo", sem certezas, no decorrer de todo esse processo.

O comportamento restaurado está "lá", longe de "mim". Está separado. Por isso, é possível "trabalhar sobre ele", é possível mudá-lo, mesmo que "já tenha acontecido". O comportamento restaurado contém uma vasta gama de ações: ele pode ser "eu" em outro momento/estado psicológico, como em uma ab-reação psicanalítica; pode existir em uma esfera não cotidiana da realidade sociocultural, como a Paixão de Cristo ou o *re-enactment*[3] da luta entre a Rangda e o Barong, em Bali; pode ser definido pela convenção estética, como no drama e na dança; pode ser aquele particular tipo de comportamento que se "espera" de alguém que participa de um ritual tradicional – como por exemplo, a coragem de um menino Gahuku, da Papua-Nova Guiné, que durante a sua iniciação não derrama nenhuma lágrima enquanto folhas dentadas cortam o interior de suas narinas; também podemos citar a timidez de uma esposa norte-americana que fica com a cara vermelha no dia do seu casamento, mesmo que ela e seu noivo já vivam juntos há dois anos.

O comportamento restaurado é simbólico e reflexivo: ele não é vazio, mas cheio de polissemias. Esses termos difíceis expressam um único princípio: o eu pode agir em/como um outro; o eu social ou transindividual é um papel ou um conjunto de papéis. Comportamento simbólico e reflexivo é o mesmo que teatralizar processos sociais, religiosos, estéticos, médicos e educacionais. *Performance* significa: jamais pela primeira vez. Significa: da segunda à enésima vez. *Performance* é "comportamento repetido".

Nem a pintura, nem a escultura e nem a escrita mostram o comportamento do momento flagrante como de fato ele aconteceu. Mas milhares de anos antes do cinema, os rituais eram construídos com sequências de comportamento restaurado: ação e estagnação coexistiam no mesmo evento. Essas *performances* rituais provocavam um grande alívio, consolavam. O povo, os antepassados e as divindades participavam simultaneamente dessas *performances*, como pessoas que existiram, existem e existirão. Aquelas sequências de comportamento eram repetidas inúmeras vezes. Artifícios mnemônicos garantiam que as *performances* fossem "corretas" – transmitidas através de várias gerações com poucas variações acidentais. Ainda hoje, o terror da estreia não é a presença do público, mas saber que os erros não podem mais ser perdoados.

Essa constância na transmissão é ainda mais surpreendente porque o comportamento restaurado implica escolhas. O comportamento dos animais se repete assim como se repetem as fases da lua. Mas um ator pode dizer "não" a cada ação. Essa questão

---

[1] Nos casos em que a palavra *performance* ou *performer* foram deixadas sem tradução nos textos de Schechner presentes neste livro, escritos originalmente em inglês, elas devem ser entendidas exatamente (e apenas) nas acepções explicitadas pelo autor, quando ele cita espetáculos (teatro e dança) e situações típicas dos rituais ou quando se refere a quem executa as ações da *performance*, seja ele um ator, um dançarino ou um xamã. Assim, além de usar termos que no Brasil já vêm sendo adotados no âmbito dos "Estudos da Performance", evitamos os mal-entendidos que poderiam resultar do uso da tradução "representação". (N.T.)

[2] No Brasil, a palavra alemã *Verfremdungseffekt* costuma ser traduzida como "efeito de estranhamento" ou "efeito de distanciamento". (N.T.)

[3] A palavra foi deixada em inglês porque assim vem sendo utilizada no Brasil, sobretudo em âmbito acadêmico. O sentido do termo é o de "re-fazer" ou "re-atualizar" algo que já existiu. Por exemplo: a "releitura prática" de uma *performance* ou de um ato do passado. (N.T)

[1] Uma posição de base da dança indiana Bharata Natyam.

de bispos, mestres de cerimônias rituais e grandes xamãs: mudam a partitura das *performances*. Uma partitura pode ser mudada porque ela não é um "evento natural", mas um modelo de escolha humana individual e coletiva. Uma partitura existe, como diz o antropólogo norte-americano Victor Turner, "no subjuntivo", no que Stanislávski chamava de "como se". Existindo como "segunda natureza", o comportamento restaurado está sempre sujeito a uma revisão. Essa "secundariedade" é dialética, combinando o que é negativo com o que é hipotético (o "subjuntivo").

(...) As restaurações não devem ser explorações. Às vezes elas são feitas com tanto cuidado que, após algum tempo, o comportamento restaurado se transplanta em seu suposto passado, assim como em seu contexto cultural presente, como se fosse uma segunda pele. Nestes casos, temos a rápida consolidação de uma "tradição" e é difícil julgar sua autenticidade. Vou dar alguns exemplos da Índia e de Bali.

O Bharata Natyam

Estudiosos da Índia apontam registros do Bharata Natyam, a dança clássica indiana, não só no antigo texto sobre o teatro chamado de *Natyashastra* (séc. II a.C. – séc. II d.C.), que descreve poses de dança, mas também em algumas esculturas de templos construídos séculos atrás que também mostram essas poses. Entre todas as esculturas, as mais conhecidas são as do grupo que se encontra em Cidambaram, no sul de Madras, no templo de Nataraja (Shiva, deus dos dançarinos), construído no século XIV. Muitos escritos afirmam que há uma tradição contínua que liga o *Natyashastra*, as esculturas dos templos e a dança de hoje. Isso é o que diz Kapila Vatsyayan, que na Índia é a pessoa mais reconhecida por seus estudos teóricos e históricos sobre a dança:

> Talvez o Bharata Natyam seja a mais antiga de todas as formas contemporâneas de dança clássica indiana. (...) A dançarina podia ser a *devadasi* do templo ou a dançarina da corte do rei Maratha de Tanjore: em ambos os casos, sua técnica seguia rigidamente os mesmos esquemas usados há anos.[4]

Todas as vezes que as formas contemporâneas de Bharata Natyam, de Manipuri e de Odissi evoluíram, duas coisas apareceram muito claramente:

> Primeiro, elas seguiam amplamente a tradição do *Natyashastra* e praticavam princípios técnicos parecidos desde o início; segundo, a estilização do movimento havia começado nos séculos VIII e IX. Alguns estilos contemporâneos conservam os elementos característicos desta tradição de forma mais rigorosa que outros: o Bharata Natyam usa os *adhamandali* [posições] de base de modo mais rigoroso.[5]

A opinião de Vatsyayan é compartilhada praticamente por todos os estudiosos de dança indiana. Só que, na verdade, ninguém sabe quando o Bharata Natyam "clássico" foi extinto, ou melhor, se algum dia ele realmente existiu. Certamente, as esculturas e os

da escolha não é fácil. Alguns etologistas e especialistas do cérebro garantem que não existe nenhuma diferença significativa – nenhuma diferença de nenhum tipo – entre o comportamento animal e o comportamento humano. Mas pelo menos existe uma "ilusão de escolha", a sensação de ter uma escolha. E isso já é suficiente. O xamã que é possuído, a pessoa que entra em transe, o ator que é perfeitamente treinado e que, por isso, tem o texto da representação como sua segunda natureza: todos cedem ou resistem. E também são suspeitos os que dizem "sim" com muita facilidade ou que dizem "não" rápido demais. Há um *continuum* entre a mínima-possibilidade-de-escolha do ritual e a máxima-possibilidade-de-escolha do teatro estético. A função dos ensaios, no teatro estético, é limitar as escolhas ou, pelo menos, esclarecer as regras da improvisação. Os ensaios servem para construir uma partitura, e essa partitura é um "ritual por contrato": um comportamento fixado que todo participante aceita respeitar.

O comportamento restaurado pode ser vestido assim como se veste uma máscara ou um figurino. Sua forma pode ser vista de fora, e pode ser mudada. Isso é o que fazem diretores teatrais, concílios

---

[4] Kapila Vatsyayan, *Indian Classical Dance*. Nova Delhi, Publications Division, Ministry of Education and Broadcasting, 1974, p. 15-16.
[5] Kapila Vatsyayan, *Classical Indian Dance in Literature and the Arts*. Nova Delhi, Sangeet Natak Akademi, 1968, p. 325 e 365.

[2] A dançarina indiana Rukmini Devi, fundadora do Bharata Natyam contemporâneo.

textos antigos demonstram que havia alguma forma de dança, mas quando, nas primeiras décadas do século XX, foram dados os primeiros passos para "preservá-la", "purificá-la", "fazê-la reviver", nada foi lembrado desta dança, nem mesmo seu nome.

Havia uma dança do templo chamada de *sadir nac*, dançada por mulheres de famílias que eram hereditariamente ligadas a certos templos. De acordo com Milton Singer:

> As dançarinas, seus professores e os músicos costumavam se apresentar não apenas nas ocasiões de festas e cerimônias do templo, mas também em festas particulares, principalmente casamentos, e nas festas do palácio. Muitas vezes, companhias especiais de dançarinas e músicos ficavam ligadas às cortes de modo permanente.[6]

Muitas jovens ligadas aos templos eram prostitutas. Como diz o estudioso de dança Mohan Khokar:

> (...) a tradição das *devadasis* (ou dançarinas do templo), respeitada por ter se mantido inalterada por tanto tempo, acabou caindo em ignomínia, tanto que as jovens, consideradas sagradas, continuaram sendo consideradas sagradas, só que de outro modo: como prostitutas. E com essa dança que professaram – sem sombra de dúvida, o divino Bharata Natyam – elas rapidamente perderam todo senso de pudor.[7]

A partir de 1912, alguns reformadores indianos e ingleses empenharam-se em uma violenta campanha para acabar com o sistema das *devadasis*. Mas uma contrapropaganda, liderada por E. Krishna Iyer, queria "erradicar o vício, porém conservando a arte". Na imprensa de Madras o debate foi quente, principalmente em 1932, quando Muthulakshmi Reddi, a primeira mulher legisladora da Índia britânica, fez um ataque contra o sistema das *devadasis* e, ao mesmo tempo, Iyer e "advogados, escritores, artistas e até as próprias *devadasis* juntaram-se ao motim".

> O resultado de toda essa confusão foi que Krishna Iyer e seus companheiros saíram triunfantes. O movimento *antidevadasi* – como acabou sendo chamada a cruzada da Dra. Reddi – foi jogado para escanteio. A dança deve continuar a viver, mesmo que as *dasis* desapareçam: era o *slogan* mais popular daquela época.[8]

E isso foi exatamente o que aconteceu – em certo sentido. Em janeiro de 1933, durante a Conferência da Academia de Música de Madras, Iyer, pela segunda vez (a primeira havia sido em 1931, mas não tinha despertado muito interesse), apresentou a dança *devadasi*, não como uma arte do templo nem como publicidade ou acessório ligado à prostituição, mas como arte secular.

> As *dasis* (...) tiraram o máximo proveito desse inesperado e grande interesse por sua arte: muitas delas – entre as quais Balsaraswati, Swarnasaraswati, Gauri, Muthuratnambal, Bhanumathi, Varalkasmi e Pattu, só para citar algumas – deixaram na mesma hora a casa de Deus pelas luzes da ribalta e rapidamente se transformaram em ídolos do público.[9]

O estudioso e crítico V. Raghavan cunhou a palavra Bharata Natyam para substituir os termos associados à prostituição no templo. O termo Bharata Natyam, além de estar ligado ao *Natyashastra*, também corresponde aos elementos básicos dessa antiga/nova dança: *bha* = *bhara*, ou sentimentos; *ra* = *rasa*, ou sabor estético; *ta* = *tala*, ou ritmo; *natyam* significa dança.

Bem antes de 1947, quando o estado de Madras declarou que o sistema *devadasi* estava fora da lei, a dança já tinha saído do templo. Já dançavam pessoas que não descendiam de famílias *devadasi*, e até os homens dançavam. Rukmini Devi, uma brâmane de posição particularmente elevada e mulher do presidente internacional da Sociedade Teosófica (...), viu que o Bharata Natyam era uma arte importante, sublime, e que era urgente intervir para salvá-la das influências corruptas. Devi não só dançava: ela e suas companheiras codificaram o Bharata Natyam. A solução para salvar a dança era restaurá-la. Devi e suas companheiras queriam usar o *sadir nac*, mas livrando-se de sua má reputação. Elas limparam a dança *devadasi*, introduziram gestos baseados no *Natyashastra* e na arte dos templos e desenvolveram métodos comuns de

---

[6] Milton Singer, *When a Great Tradition Modernizes*. London, Pall Mall Press, 1972, p. 172.

[7] Mohan Khokar, "The Greatest Step in Bharatanatyam". *Sunday Statesman*, Nova Delhi, 16 January, 1983, p. 1.

[8] Ibidem, p. 1.

[9] Ibidem, p. 1.

ensinamento. Defendiam o Bharata Natyam afirmando que era muito antigo. E, obviamente, foram capazes de demonstrar uma conformidade dessa dança com textos e artes antigas: cada movimento do Bharata Natyam foi avaliado segundo fontes que eram consideradas um "vestígio vivo". As diferenças entre o *sadir nac* e as fontes antigas foram atribuídas à degeneração. A nova dança, agora legitimada por sua antiga descendência, não só absorveu o *sadir nac*, mas também atraiu as filhas das mais respeitáveis famílias indianas, que começaram a praticá-la. Hoje, muita gente estuda o Bharata Natyam para aperfeiçoar sua boa educação. É dançado em todos os cantos da Índia por amadores e profissionais. É um importante artigo de exportação.

A "história" e a "tradição" do Bharata Natyam – suas raízes na arte e nos textos antigos – são, efetivamente, uma restauração do comportamento, uma construção baseada nas investigações de Raghavan, de Devi, entre outros. Eles viram no *sadir nac* não uma dança em si, mas um resíduo descolorido e distorcido de alguma dança clássica antiga. Aquela "dança clássica antiga" é uma projeção para o passado: sabemos como era porque temos o Bharata Natyam. Rapidamente, todos acreditaram que a antiga dança tivesse levado ao Bharata Natyam, quando, na verdade, foi o Bharata Natyam que levou à antiga dança. Uma dança é criada no passado para depois ser restaurada para o presente e para o futuro.

O Chhau da Purulia

O Chhau da Purulia, uma dança mascarada que vem da árida região de Bengala Ocidental e que une Bihar e Orissa, é uma dança dramática atlética cheia de saltos, cambalhotas, batidas de pé no chão, marchas pomposas e poses plásticas. Normalmente, suas histórias vêm de poemas épicos indianos e dos *Puranas*, e quase sempre descrevem duelos e batalhas. Percussionistas da casta Dom tocam tímpanos enormes e outro tambor grande e alongado, desafiando os dançarinos a saltar e a dar piruetas frenéticas no ar, a gritar e a combater. No Festival Anual de Matha, uma cidadezinha de montanha, a rivalidade é feroz entre os vilarejos que participam das competições. Segundo Asutosh Bhattacharyya, professor de Folclore e Antropologia da Universidade de Calcutá que se dedicou inteiramente ao Chhau desde 1961, a região da Purulia é habitada por muitas tribos aborígenes cujos

> costumes religiosos e festas sociais mostram pouquíssimas semelhanças com os do hinduísmo (...). Mas também é verdade que os Mura da Purulia são ardentes dançarinos de Chhau. Em alguns casos, mesmo sem ter quase nenhuma instrução e posição social, os membros dessa comunidade têm praticado essa arte – baseada nos episódios do *Ramayana*, do *Mahabharata* e da literatura clássica indiana – através de várias gerações (...). Às vezes um vilarejo inteiro, ainda que muito pobre e habitado somente pelos Mura, sacrifica suas economias, adquiridas com tanto esforço, para organizar encontros de dança Chhau.[10]

Isso representa um problema para Bhattacharyya: "Hoje, a dança Chhau obedece a um sistema que não pode ter sido elaborado pela população aborígene que pratica a dança. Na verdade, ela é a

[3] Mrinalini Sarabhai, dançarina de Bharata Natyam e diretora da *Darpana Academy* de Ahmedabad (Índia).

contribuição de uma cultura mais elaborada que possui um refinado senso estético".[11]

Ele acha que os percussionistas, os tocadores de tambor da casta Dom, é que podem ter dado origem ao Chhau, já que antigamente eram "uma comunidade altamente sofisticada (...), soldados corajosos da infantaria dos chefes feudais locais". Tendo ficado sem trabalho depois que os ingleses pacificaram a região no século XVIII, incapazes de cultivar a terra por aquilo que Bhattacharyya chamou de "a vaidade decorrente de sua antiga tradição de guerreiros", foram reduzidos ao atual estado de párias (intocáveis): pessoas que trabalham o couro, tocadores de tambor. Mas sua dança guerreira continua vivendo no Chhau. Nas histórias de Bhattacharyya, encontramos distorções reveladoras. As populações aborígenes não possuem um senso estético desenvolvido; dançarinos que pertencem a uma casta elevada são transformados em tocadores de tambor de classe inferior após ter transmitido sua dança de guerra porque eram orgulhosos demais para trabalhar a terra (Então, por que não usaram suas espadas para roubar a terra e apoderar-se delas?).

---

[10] Asutosh Bhattacharyya, *Chau Dance of Purulia*. Calcutá, Rabindra Bharat University Press, 1972, p. 14.

[11] Ibidem, p. 23.

A competição anual de Matha não é uma tradição antiga, mas um festival iniciado por Bhattacharyya em 1967. Ele conta:

> Em abril de 1961, visitei um vilarejo do interior do distrito de Purulia com uma turma de alunos da Universidade de Calcutá e, pela primeira vez, vi um espetáculo de dança Chhau (...). Achei que essa dança tinha uma estrutura e um método fixado com exatidão que estava bem conservado. Mas estava em declínio por falta de qualquer tipo de ajuda externa. Eu quis chamar a atenção do mundo exterior para essa nova forma de dança.[12]

E foi o que ele fez. Companhias de "primeiros bailarinos" de Chhau rodaram a Europa em 1972, a Austrália e os Estados Unidos em 1975, e depois o Irã. Dançaram em Nova Delhi, como nos conta alegremente Bhattacharyya:

> Chamei a atenção da Sanget Natak Academy [a agência governativa de Nova Delhi criada para promover e preservar as artes tradicionais do mundo do espetáculo] para esta forma de dança. Eles se interessaram na mesma hora e me convidaram para apresentar espetáculos de dança Chhau em Nova Delhi. Em junho de 1969, fui para Nova Delhi com um grupo de 40 artistas dos vilarejos que, pela primeira vez na vida, saíam de sua cidade de origem. Foram apresentados espetáculos para importantes convidados indianos e estrangeiros (...). Os espetáculos foram mostrados até na TV de Nova Delhi. Bastaram três anos para que também fossem exibidos na BBC de Londres e, cinco anos depois, também passaram na NBC de Nova York.
>
> (Programa usado em 1975 na Universidade de Michigan, p. 3)

Observem como Bhattacharyya fala da dança como se fosse dele: "me convidaram para apresentar espetáculos de dança Chhau". Isso não é vaidade, mas reconhecimento da situação: sem um protetor (padroeiro-patrocinador), as pessoas do vilarejo não teriam chegado a lugar nenhum. E numa situação desse tipo, não é só do dinheiro que um protetor precisa: ele precisa ter competência e desejo de se dedicar à forma que está restaurando. É o governo que dá o dinheiro.

A partir de 1961, o Chhau torna-se uma criação que mistura o que Bhattacharyya encontrou com o que ele inventou. Como estudioso de antropologia e folclore, ele escavou o passado e construiu uma história do Chhau, assim como uma técnica, que depois continuou a restaurar com total fidelidade. Seu festival anual de Matha coincidia com as celebrações de Chaitra Parva, comuns em toda região, e também com os festivais anuais de Chhau em Seraikela e em Mayurbhanj (formas de dança parecidas). Esses festivais, que antigamente eram pagos pelos marajás, agora são patrocinados pelo governo, com menos abundância. Em 1976, fui até Matha. Lá, as danças continuam durante a noite toda, por duas noites seguidas.

Quem vinha dos vilarejos, e levava até dois dias para chegar ali, acampava. Era possível construir um teatro precário juntando os vários *charpai* (espécie de cama, uma armação bem leve feita de madeira e cordas entrelaçadas). Mulheres e crianças assistiam a tudo e dormiam, sentadas e reclinadas sobre os *charpai*, que ficavam a dois metros e meio do terreno ou mais. Homens e rapazes ficavam de pé sobre o chão. Um corredor estreito ligava o lugar onde os dançarinos vestiam os figurinos e as máscaras até o espaço de formato circular onde dançavam. As companhias passavam pelo corredor, paravam, se apresentavam, até que de repente começavam a dançar. A dança toda é feita com os pés descalços sobre a terra nua, livre das pedras mais grossas, porém sempre irregular, cheia de pedrinhas, montinhos de terra e arbustos. Tudo aquilo mais parecia um rodeio numa cidade estagnante. Tochas e lampiões de querosene lançavam uma luz cheia de sombras, os tambores latiam e rosnavam, os *shenai* (uma espécie de clarinete) estridulavam enquanto as companhias concorrentes se apresentavam uma após a outra. A maioria das companhias tinha de cinco a nove dançarinos. Algumas máscaras decoradas com penas de pavão ultrapassavam de um metro a cabeça dos dançarinos. A máscara de Ravana, com dez cabeças, tinha mais de um metro e vinte de altura. Usando essas máscaras, os dançarinos faziam saltos mortais e piruetas no ar. As danças são vigorosas e faz muito calor sob as máscaras de papel machê, e assim, cada dança não dura mais que dez minutos. Cada vilarejo dançava duas vezes. Não havia prêmios, mas havia competição, e todo mundo sabia quem dançava bem e quem dançava mal.

Se houvesse alguma dúvida, Bhattacharyya criticava as apresentações nas tardes que seguiam as madrugadas de dança. E durante as danças, ele ficava sentado atrás de uma escrivaninha, diante de dois lampiões de queronese que o transformavam na figura mais

[4] Dançarino balinês em transe na dança do *kriss*.

---
[12] Ibidem, Introdução.

iluminada do evento. Perto dele ficavam seus assistentes da Universidade. Ele passava a noite toda observando e escrevendo. No dia seguinte, um por um, todos os vilarejos iam encontrá-lo. Eu ouvi o que ele disse. Aconselhou uma companhia a não usar elementos de histórias que não pertenciam aos clássicos hindus. Reclamou com outro grupo porque não estava vestido com o figurino padrão de base, com uma sainha sobre uma calça decorada com anéis brancos, vermelhos e pretos. Bhattacharyya escolheu esse figurino de base a partir de um dos vilarejos, e tornou-o padrão. Quando lhe fiz algumas perguntas a esse respeito, ele disse que os figurinos que escolheu eram os mais autênticos, os menos ocidentalizados. Em poucas palavras, Bhattacharyya supervisionava todos os aspectos do Chhau da Purulia: o treinamento, os temas das danças, a música, os figurinos, os passos.

Em janeiro de 1983, assisti a um espetáculo de Chhau "não bhattacharyyano" numa cidade perto de Calcutá. As histórias vinham do *Mahabharata* e eram dançadas energicamente. Esses dançarinos, também oriundos de vilarejos, apresentavam-se para artistas e estudiosos ali reunidos para participar de uma conferência em Calcutá. Mas cantaram uma música que, com certeza, não teria sido aprovada por Bhattacharyya. Traduzindo-a:

> *Não ficaremos na Índia,*
> *Iremos para a Inglaterra.*
> *Não vamos comer o que existe aqui,*
> *Mas comeremos pão e biscoitos.*
> *Não dormiremos sobre farrapos,*
> *Mas sobre colchões e travesseiros.*
> *E quando formos à Inglaterra,*
> *Não teremos que falar bengalês,*
> *Mas falaremos híndi.*

Os habitantes dos vilarejos achavam que a "língua nacional" da Inglaterra fosse a mesma da Índia, o híndi. A pergunta: será que devemos condenar os Chhau deste vilarejo, tão cheios de aspirações contemporâneas, por não serem "clássicos"? Ou será que a mistura sincrética do *Mahabharata* com a Inglaterra deve ser aceita como o "desenvolvimento natural" da dança?

Bhattacharyya escolheu indivíduos de diferentes vilarejos para formar as companhias que participariam das turnês, compostas apenas por "estrelas". Ele supervisionou os ensaios e partiu para as turnês com essas "companhias estrangeiras". Os dançarinos e os músicos que viajaram voltaram para suas casas com uma reputação ainda maior. As turnês, na verdade, tiveram profundos efeitos sobre o Chhau. Depois da primeira turnê, em 1972, foram criadas três "companhias estrangeiras": 19 pessoas foram para a Europa, 16 para o Irã, 11 para Austrália e os Estados Unidos. Mas como os estrangeiros não ficariam sentados durante nove horas de dança, Bhattacharyya montou um programa de apenas duas horas. E porque ele pensava que ninguém gostaria de ver os peitos nus dos dançarinos, desenhou um casaco baseando-se num modelo antigo. Essas duas mudanças tornaram-se padrão depois que eles voltaram para a Purulia. Muitos dos que foram para o exterior acabaram formando seus próprios grupos dentro de seus vilarejos. E cada um desses grupos passou a ser chamado de "companhia estrangeira": eles mesmos se apresentavam assim nos programas, pois isso lhes dava *status* e poder, facilitando as negociações para ganharem mais. Agora existe uma demanda de espetáculos como espetáculos, fora do calendário religioso. É possível comprar um espetáculo por umas 1.000 rupias, bem mais barato que o Jatra, a diversão mais popular da zona rural do Bengala. Mas 1.000 rupias ainda significam muito dinheiro para os dançarinos do Chhau.

Essas mudanças estão ligadas à figura de Bhattacharyya. Ele é o grande homem do Chhau, e sua notoriedade raramente é colocada em discussão. Ele é um professor, um estudioso de Calcutá. Quando escreve sobre o Chhau, chama a atenção para suas raízes rurais, típicas dos vilarejos, e ressalta suas antigas origens. Sugere até uma possível ligação entre o Chhau e as danças de Bali. (Por volta do século III a.C., o império Kalinga, que hoje equivale a Bengala e Orissa, provavelmente mantinha atividades comerciais até Bali). Mas dificilmente ele fala do seu próprio papel na restauração da dança. No máximo, diz que a "descobriu".

Transe e dança em Bali

Às vezes, as mudanças nas *performances* tradicionais são feitas por quem é de dentro, e não por quem é de fora. Um dos filmes mais conhecidos sobre formas de *performance* não ocidentais é *Transe e Dança em Bali*, de Margaret Mead e Gregory Bateson (1938). Durante uma exibição desse filme no Museu Americano de História Natural de Nova York, pouco antes de morrer, a Mead contou que – enquanto preparavam a luta entre a Rangda e o Barong – os balineses ligados ao clube do transe de Pagutan acharam que os visitantes estrangeiros da equipe da filmagem gostariam de ver uma mulher jovem caindo em transe e dando punhaladas no próprio peito com o *kriss*. Normalmente, só os homens e as velhas fazem isso. Naquela época, em Bali, as mulheres costumavam sair às ruas sem cobrir o peito – os seios nus, em Bali, não têm o mesmo significado erótico que em Nova York. Mas para as filmagens elas cobriram o peito, talvez para agradar, ou pelo menos para não ofender os estrangeiros. Além disso, as dançarinas mais velhas foram substituídas por outras mais jovens.

Sem dizer nada para a Mead e para o Bateson, os homens do clube do transe ensinaram as jovens mulheres tanto as técnicas adequadas para cair em transe quanto o modo de manipular o *kriss*. Logo depois, com muito orgulho, eles contaram à equipe do filme sobre as mudanças que haviam feito para essa filmagem tão especial. O filme em si não menciona essas mudanças. Em *Transe e Dança em Bali*, há uma velha que, como diz o narrador, havia anunciado antes que "não cairia em transe"; mas apesar disso, "inesperadamente", ela foi possuída. A câmera a segue: ela está com o peito descoberto, em transe profundo e com seu *kriss* apontado com força contra o próprio peito. Em seguida, lentamente, um velho sacerdote a tira do transe. Ela fica um tempo sentada, mesmo depois que o drama já terminou, mas suas mãos continuam seguindo os movimentos da dança.

Parece que os membros do clube do transe ficaram enfurecidos com essa velha senhora porque sentiam que o seu transe havia perturbado as sutilezas estéticas que eles haviam preparado para os olhos – e as lentes – dos estrangeiros. Mas o que aconteceu foi que a equipe de filmagem da Mead e do Bateson prestou muita atenção naquela velha senhora: ela parecia, e era, uma pessoa que caía realmente em transe. Mas de um ponto de vista especificamente balinês, o que é autêntico? São autênticas as jovens mulheres preparadas pelos próprios balineses ou a velha solitária que faz as coisas tradicionais? Será que não existe, em Bali, uma tradição de modificar as coisas para os estrangeiros? É exatamente quando as mudanças nutrem as formas tradicionais, substituindo-as, que presenciamos uma restauração do comportamento.

[5-8] Dançarinos Chhau da Purulia (Índia): (**acima, à esquerda**) Ravana, o rei gigante dos demônios, com sua característica máscara cheia de cabeças e braços; (**acima, à direita**) um personagem feminino; (**abaixo, à esquerda**) um guerreiro; (**abaixo, à direita**) uma divindade. Observem as calças usadas pelos dois primeiros personagens, com listras brancas, pretas e vermelhas: esse figurino foi recentemente montado pelo professor Bhattacharyya, tornado-se o figurino padrão dos dançarinos Chhau da Purulia. A riqueza dos figurinos e dos penteados também é resultado de uma "restauração do comportamento".

RESTAURAÇÃO DO COMPORTAMENTO

[9] Dançarinos balineses em transe durante a dança do *kriss* (1938).

RITMO

Je rythme, donc je suis.
(Marcel Jousse, L'Anthropologie du Geste)

O ritmo é uma emoção liberada em movimentos ordenados.
(Platão)

O tempo esculpido

O ator ou o dançarino é aquele que sabe esculpir o tempo. Concretamente: ele esculpe o tempo dando-lhe ritmo, dilatando ou contraindo suas ações. A palavra "ritmo" vem do verbo grego *reo*, que significa correr, escorrer. Literalmente, ritmo significa "uma forma particular de fluir".

Durante um espetáculo, o ator-dançarino "sensorializa" o fluxo do tempo que, no dia a dia, é experimentado de modo abstrato (o tempo medido pelos relógios ou pelos calendários). O ritmo materializa a duração de uma ação por meio de uma linha de tensões homogêneas ou variadas. Cria uma espera e uma expectativa. Sensorialmente, os espectadores experimentam uma espécie de pulsação, uma projeção orientada para algo que muitas vezes ignoram, um fluir que varia repetidamente, uma continuidade que nega a si mesma. Ao esculpir o tempo, o ritmo faz com que ele se torne um tempo-em-vida.

O ritmo tem suas leis. Da mesma forma que não somos livres para ordenar as sílabas de uma palavra ou as notas de um pentagrama como queremos, também existem: sucessões de duração que fazem nascer a sensação do ritmo e sucessões de duração – muito mais numerosas – que não dão a sensação do ritmo de jeito nenhum.

Em algumas línguas, por exemplo, o ouvido percebe uma impressão rítmica quando sílabas breves seguem sílabas longas – e vice-versa – segundo uma certa ordem (segundo uma métrica), quando frases que são fortemente acentuadas se alternam com frases sem acento, quando as inflexões da voz separam as notas fortes de uma melodia de base mais profunda, ou quando o material sonoro é interrompido por silêncios mais ou menos regulares.

Quando se fala de ritmo, fala-se também de silêncio ou pausa. Na verdade, a pausa ou o silêncio são o tecido fundamental sobre o qual o ritmo se desenvolve. Se não se tem consciência do silêncio ou da pausa, o ritmo não existe. E o que faz com que dois ritmos sejam diferentes não é o som ou o barulho produzidos, e sim o modo como o silêncio e a pausa são organizados.

Há um tipo de fluidez que é alternância contínua, variação, respiração, que protege o perfil individual, tônico e melódico de cada ação. E há outro que é monotonia e se parece com a consistência do leite condensado. Este último tipo de fluidez, ao invés de manter acordada a atenção do espectador, adormece-a.

O segredo de um ritmo-em-vida, assim como as ondas do mar, as folhas ao vento, as chamas do fogo, está nas pausas. Elas não são paradas estáticas, e sim transições,

[1-2] (**acima**) *Ideia Musical* (1931), desenho mexicano de Eisenstein; (**ao lado**) uma linha, negando a si mesma, torna-se tensão: *Pasiphae* (1944), linoleogravura de Henri Matisse (1869-1954).

[3] O ritmo desta cena é dado por uma linha fixa: a dançarina de Buyo, Katsuko Azuma, interpreta um papel masculino e contrasta com a linha oscilante, o *onnagata* (intérprete de papéis femininos) Kanichi Hanayagi. Juntos, criam uma imagem que ao mesmo tempo é de repouso e de movimento para uma cena de encontro de dois namorados.

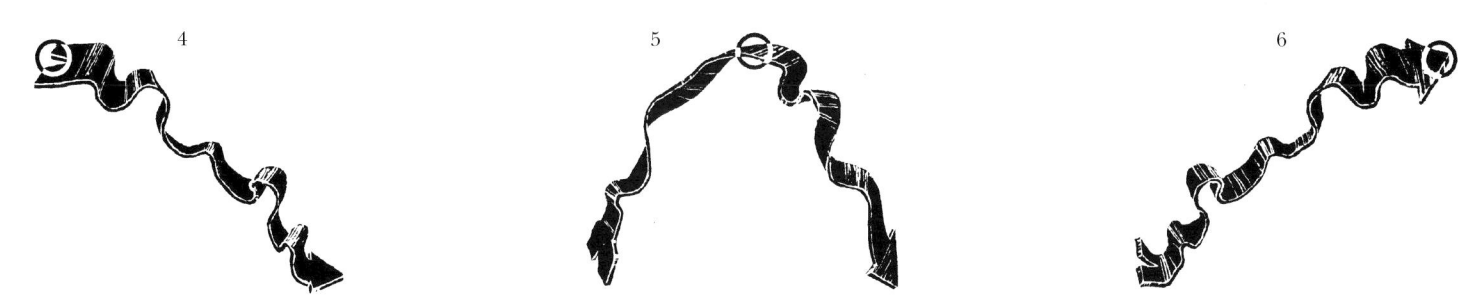

[4-6] O ator-dançarino se torna ritmo não só através dos movimentos, mas também através da alternância de movimentos e repousos, através de uma combinação de proporções – no tempo e no espaço – de impulsos, retenções e *appuis* (apoios) do corpo. Aqui, Doris Humphrey indica, graficamente, três possíveis desenvolvimentos de uma fase de dança: A. um *clímax* no início da fase que depois declina (fig. 4); B. uma fase que começa lentamente tem seu *clímax* no meio, antes de enfim declinar (fig. 5); C. uma fase que começa lentamente alcança seu *clímax* e só aí termina (fig. 6).

mudanças entre uma ação e outra. Uma ação termina e o ator a detém por uma fração de segundos, e assim cria um impulso que é impulso para a próxima ação. Uma saída para fugir dos esquemas e dos estereótipos é criar silêncios dinâmicos: energia no tempo.

Quando a pausa-transição perde sua "pulsação retida", uma pulsação que está pronta para continuar, ela coagula e morre. A transição dinâmica vira uma pausa estática.

É preciso aprender até que ponto as pausas-transições podem ser dilatadas. Elas permitem que o ator-dançarino concatene suas ações e, à medida que modelam cada detalhe/ação de uma sequência, elas também modelam e dirigem a percepção do espectador. Brincar com o dinamismo do ritmo permite romper com a influência da inculturação ou da aculturação técnica, ou seja, com o modo pelo qual nossa cultura ou uma técnica particular nos ensinaram a utilizar as possibilidades posturais ou cinéticas do nosso organismo. Isso acontece porque nós manifestamos nossa presença no tempo e no espaço por meio de descargas ou esquemas dinâmicos, induzidos pela prática e pelos hábitos adquiridos desde a primeira infância biológica e profissional.

Em geral, um dançarino ou um ator sabe muito bem qual será sua próxima ação. Enquanto faz uma ação, já pensa na que vem depois. Ele antecipa mentalmente, mas isso implica automaticamente em um processo físico que se repercute em seu dinamismo e é percebido pelo sentido cinestésico do espectador.

Agora podemos entender por que, com tanta frequência, um espetáculo não é capaz de estimular nossa atenção: isso acontece porque, no nível sensorial, podemos prever o que o ator-dançarino está por fazer.

O problema é: de que modo o ator-dançarino – que conhece a sucessão das ações que deverá fazer – pode estar presente em cada ação ao mesmo tempo que faz surgir a ação successiva como se ela fosse uma surpresa para ele e para o espectador?

O ator-dançarino deve executar sua ação negando-a.

Há muitas maneiras de negar uma ação. Ao invés de continuar na direção previsível, pode-se mudar de rumo. Pode-se começar pela direção oposta. Pode-se desacelerar a ação, mas respeitando a precisão do seu desenho. Pode-se dilatar as pausas-transições. Executar uma ação negando-a significa inventar, dentro dela, uma infinidade de microrritmos. E isso obriga a estar 100% presente na ação que está sendo feita. Desse modo, a ação sucessiva nascerá como se fosse uma surpresa para o espectador e para o próprio ator-dançarino.

Esse efeito está baseado na cinestesia: a consciência que temos do nosso corpo e de suas tensões. Ela também nos faz perceber a qualidade das tensões de outra pessoa. A cinestesia nos faz adivinhar as intenções dos outros: por exemplo, se alguém está se aproximando com a intenção de nos acariciar ou de nos bater. A cinestesia não nos deixa esbarrar nos transeuntes quando atravessamos a rua. É um radar fisiológico que nos permite identificar impulsos e intenções, e nos leva a reagir antes mesmo do pensamento intervir. O sentido cinestésico é essencial em todo tipo de espetáculo. Ele permite que o espectador siga, veja, perceba – e muitas vezes até possa prever – as intenções do ator-dançarino, ainda que ele não se dê conta totalmente. Muitas vezes, o sentido cinestésico faz com que o espectador descubra a intenção do ator antes mesmo que ele a materialize, destruindo, assim, o efeito de surpresa que sua ação deveria ter suscitado.

Eugenio Barba (ver Eugenio Barba, "Cavalo de Prata".
In: *A Canoa de Papel: Tratado de Antropologia Teatral*.
São Paulo-Campinas, Hucitec, 1994, p. 243-71)

Jo-ha-kyu

No Japão, a expressão *jo-ha-kyu* indica as três fases que constituem cada ação do ator e do dançarino. A primeira fase é determinada pela oposição entre uma força que tende a se desenvolver e outra que a detém (*jo*, deter); a segunda fase (*ha*, romper, quebrar) tem início a partir do momento em que o ator se livra dessa força, até chegar à terceira fase (*kyu*, rapidez), na qual a ação alcança o seu ápice, desdobra todas as suas forças para depois parar de repente como se estivesse diante de um obstáculo, de uma nova resistência.

No teatro clássico japonês, a escansão rítmica *jo-ha-kyu* não diz respeito somente às ações do ator ou do dançarino, mas governa todos os diversos níveis de organização do espetáculo: é aplicada ao gesto, à música, a cada unidade dramática assim como à alternância dos fragmentos representados, e, enfim, decide até o ritmo da jornada do espetáculo. Em todo caso, seu conhecimento é fundamental para os alunos atores e dançarinos, porque os ensina a incorporar o ritmo desde o início da aprendizagem.

Para ensinar a sua aluna a se mover usando os princípios dinâmicos do *jo-ha-kyu*, Katsuko Azuma lhe cria algumas resistências, gerando novas tensões. Na primeira imagem (fig. 9), vemos o mestre atrás da aluna, pois antes a estava segurando pela cintura. A aluna, que estava "presa", deve se esforçar para dar o primeiro passo: ela dobra os joelhos, pressiona o chão com os pés, inclina o tronco um pouco para frente. Quando de repente Katsuko Azuma a solta, ela avança rapidamente até alcançar o limite predeterminado pelo movimento, parando bruscamente. Na segunda imagem (fig. 10) o procedimento é parecido, mas aqui o mestre está na frente da aluna. Ele cria resistência fazendo pressão contra o guarda-chuva, depois diminui gradualmente essa pressão permitindo que a aluna avance rapidamente até o ponto em que ela é freada bruscamente pelo mestre, que faz uma nova resistência contra o guarda-chuva.

Aprender a executar as ações usando ritmos variáveis é importante inclusive para os atores ocidentais. Eis o que nos diz Toporkov sobre o trabalho de Stanislávski nesse sentido:

> Stanislávski demonstrou, de modo admirável, sua habilidade para usar os diferentes ritmos. Ele pegaria o mais simples episódio da vida cotidiana: por exemplo, comprar um jornal no quiosque de uma estação de trem. Em seguida, ele o leria segundo ritmos completamente diferentes: ele compraria o jornal quando ainda faltava uma hora inteira para o trem partir e não sabia como fazer o tempo passar; ou quando o primeiro ou o segundo sino de aviso já tinha tocado; ou então, quando finalmente o trem já estava pronto para partir. As ações eram sempre as mesmas, ainda que com ritmos completamente diferentes, e Konstantin Sergeyevich era capaz de executar esses exercícios em qualquer ordem: aumentando o ritmo, diminuindo-o, mudando-o de repente. E assim, eu me dei conta do domínio, da técnica, da técnica tangível da nossa arte. Ele era capaz de dominar todos os ritmos graças ao perseverante trabalho sobre si mesmo.
>
> (V. O. Toporkov, *Stanislavski in Rehearsal: The Final Years*. Nova York, Theatre Arts Books, 1979)

[7-8] (**acima**) A cena se transforma em ritmo: o pano de boca praticamente se torna o teclado de um piano em *O Professor Bubus*, encenado por Meyerhold em 1925; (**abaixo**) a pausa como transição dinâmica: qual será a próxima ação? O ator espanhol Toni Cots e a dançarina indiana Sanjukta Panigrahi em uma demonstração na ISTA de Malakoff (França), em 1985.

Movimentos biológicos e microrritmos do corpo

Os seres humanos compartilham com outras espécies animais a habilidade para perceber o que está vivo. Numerosas observações, feitas em experimentações com animais e homens, indicam que a percepção de um congênere, assim como de um indivíduo de outra espécie, induz variações tônicas, motrizes, humorais e comportamentais. Muitas experimentações provaram que alguns tipos de movimento podem ser associados às características dos organismos viventes.

Quando alguém coloca um pequeno número de lâmpadas acesas sobre os membros e as articulações de um ser humano em movimento, o deslocamento desses pontos luminosos – chamados por Johansson de "movimentos biológicos" (*biological motions*) – é suficiente para permitir que os observadores adultos reconheçam imediatamente uma atividade humana. Complexas combinações de sinais visíveis e móveis também podem ser decifradas como relativas a determinadas atividades humanas. Os pesquisadores acreditam que seja um comportamento perceptivo inato do sistema visual, e não um conhecimento adquirido com a experiência.

As artes do espetáculo, assim como os esportes espetaculares, em parte estão baseados na organização e na valorização de "movimentos biológicos". Os códigos que sustentam a atividade do ator, do dançarino e do esportista parecem restaurar a organização dos microrritmos corporais dos comportamentos eficazes assim como estes aparecem no mundo animal, embora no homem esses comportamentos se atenuem sob o efeito do princípio da economia e da aprendizagem cultural. Na verdade, o desenvolvimento cultural faz com que a eficácia do corpo primitivo se torne secundária: nos dias de hoje, não precisamos capturar um animal selvagem para nos nutrirmos. Um homem frágil e desajeitado pode desencadear um cataclismo nuclear. Em contrapartida, o prazer de ver corpos ativos e exercitados é algo que permanece.

É bem provável que o sucesso de vários filmes publicitários que apelam para dançarinos e atletas se baseie nessa pulsão escópica gerada pelo que está vivo. A percepção de corpos em movimento provoca uma espécie de eco de sutis variações tônicas no observador, que responde aos movimentos percebidos com o próprio corpo. Essa resposta motriz aos estímulos transmitidos – durante uma cerimônia religiosa, uma manifestação política ou um espetáculo – acaba criando uma ligação particular entre espectadores e atores. Isso também acontece durante as projeções cinematográficas e as transmissões televisivas de competições esportivas – especialmente de atletismo e tênis – sob a forma de movimentos reflexos da perna.

(Jean-Marie Pradier, "Eléments d'une Physiologie de la Seduction". In: Jean-Marie Pradier et al. (orgs.), *Le Téléspectateur Face à la Publicité: L'Oeil, l'Oreille, le Cerveau*. Paris, Nathan, 1989)

[9-10] A transmissão da experiência no Japão: várias maneiras pelas quais um mestre (Katsuko Azuma) ensina ao aluno (Mari Azuma) a "matar o tempo" (ISTA de Volterra, 1981).

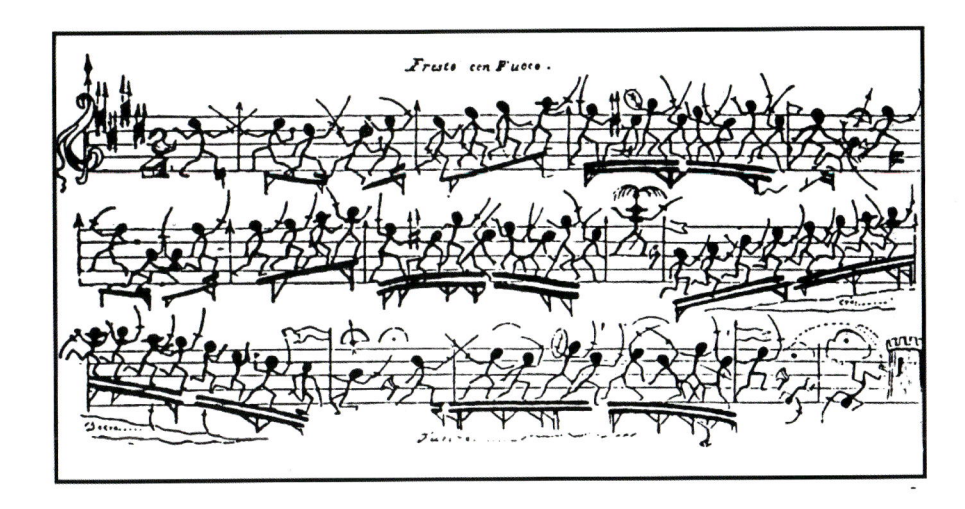

[11-12] (**acima**) Ritmo antimusical: animação das notas da *Marcha Heroica* de Beethoven, na interpretação do caricaturista francês Jean Grandville (1803-1847); (**ao lado**) ritmo sintético: as bandas desenhadas por Fischinger. As pesquisas do alemão Oskar Fischinger sobre os desenhos animados o levaram a criar um particular mundo musical. Fischinger foi atraído pela hipótese segundo a qual um desenho apresentado a partir de um ritmo "decorativo" poderia produzir sons. E, de fato, a leitura de suas composições desenhadas maravilhou o artista: os novos sons obtidos a partir da repetição de motivos geométricos não se assemelhavam a nada conhecido e, inclusive, o desenho das "fileiras de cobras", inspirado na estilização dos egípcios, produzia sons parecidos com os da serpente! Anéis concêntricos viravam sinais sonoros de todo tipo e um colar de pérolas reproduzia o fagote. Com esses experimentos, começava o procedimento de síntese da música: de fato, quando os desenhos de Fischinger eram colocados diante da célula fotoelétrica, podiam reproduzir uma vasta gama de sons sintéticos. Vamos citar alguns: 1. assobio do vapor; 2. buzina de ônibus; 3. sons elétricos; 4. toques de um despertador; 5. toques de telefone; 6. sirene de alarme; 7. código Morse; 8. sirene de um navio.

Meyerhold: a essencialidade do ritmo

Desde os primeiros anos de sua atividade teatral, Meyerhold teve obsessão pelo problema do movimento cênico e de suas ligações com o ritmo. Começou usando a música para criar uma técnica extracotidiana em seus atores:

> A música, que determina o tempo de cada acontecimento em cena, dita um ritmo que não tem nada a ver com a vida cotidiana. (...) A essência do ritmo cênico é a antítese da vida real cotidiana.
>
> Em muitos casos, a arte do ator naturalista consiste no abandonar-se aos impulsos do seu próprio temperamento. No teatro musical, à medida que a partitura impõe um tempo exato, ela livra o ator das exigências do seu temperamento. O ator, no teatro musical, deve absorver a essência da partitura e traduzir cada detalhe da imagem musical em termos plásticos. Por essa razão, deve se esforçar para controlar completamente seu corpo (...).
>
> Onde é que o corpo humano desenvolve, em seu mais alto grau, essa capacidade de se expressar exigida pela cena? *Na dança*. Porque a dança é o movimento do corpo humano na esfera do ritmo. A dança é para o corpo o mesmo que a música é para o pensamento: uma forma criada artificialmente e instintivamente.
>
> Sendo assim, uma ação "visível e compreensível", corporificada pelo ator, implica uma ação coreográfica. (...)
>
> É sobretudo através do ator que a música traduz a dimensão do tempo em termos espaciais. Antes que a música fosse dramatizada, ela podia criar uma imagem ilusória somente no tempo; mas depois de dramatizada, ela foi capaz de conquistar o espaço. O ilusório se tornou real quando o mimo e o movimento do ator se subordinaram ao desenho musical: o que antes estava apenas no tempo, agora manifestou-se no espaço.
>
> (V. Meyerhold, "Tristan and Isolde". In: Edward Braun, *Meyerhold on Theatre*. Londres, Methuen, 1969)

A fase mais fascinante dessas investigações de Meyerhold foi o período da *biomecânica*. Como sabemos, a mecânica é a parte da física que estuda o movimento e o equilíbrio dos corpos, e *bios* significa vida. Sendo assim, a *biomecânica* é o estudo do movimento e do equilíbrio dos corpos-em-vida.

Uma série de exercícios baseados essencialmente numa contínua "dança do equilíbrio" (ver *Equivalência*) permitia que o ator criasse aquele "ritmo cênico cuja essência é a antítese do real, da vida cotidiana". Um exercício de base era o *otkaz*, a recusa, que se desenvolvia em três fases que comprometiam o corpo todo, variando radicalmente a sua postura. Esse exercício também foi chamado de "dátilo", um termo tomado exatamente da métrica.

O princípio da ação a ser executada em três fases foi assim descrito por Meyerhold:

> "Um ator deve poder ter *reflexos de excitabilidade*". Sem eles, ninguém pode se tornar ator. A excitabilidade é a habilidade para concretizar, sob a forma de sensações, movimentos e palavras, uma tarefa cuja determinação veio de fora. As manifestações coordenadas da excitabilidade, juntas, constituem o agir do ator. Cada manifestação separada compreende um elemento de *ação*. Cada elemento de ação compreende três etapas invariáveis:
>
> 1. Intenção
> 2. Realização
> 3. Reação
>
> A *intenção* é a assimilação intelectual da tarefa que foi determinada externamente pelo dramaturgo, pelo diretor ou por iniciativa do próprio ator. A *realização* é o ciclo dos reflexos volitivos, miméticos e vocais. A *reação* é a atenuação do reflexo volitivo no momento em que ele é realizado mimeticamente e vocalmente antes de receber uma nova intenção (a transição para um novo elemento de ação).
>
> Muitas vezes, Meyerhold usa o termo "sensação" no sentido técnico, sem fazer referência aos "sentimentos". O mesmo acontece com "volitivo". De um lado, a palavra é usada para excluir a "inspiração" do método recitativo (assim como o uso sistemático de narcóticos estimulantes), do outro, para excluir o método das "emoções autênticas" (o condicionamento hipnótico da imaginação).
>
> (V. Meyerhold, "The Actor's Emploi". In: Edward Braun, *Meyerhold on Theatre*. Londres, Methuen, 1969)

[13-15] O "tapa no rosto", exercício de base da biomecânica, é um exemplo de ritmo de uma ação que se divide em três fases: começar com uma preparação (A), depois ir na direção oposta (B) e finalmente dar o tapa (C). A mudança de posição do torso influencia o equilíbrio, e o resultado é uma nova postura e um novo tônus muscular. Reparem como essa ação se desenvolve através do princípio da biomecânica chamado de *otkaz* (recusa): fazer com que uma ação seja executada começando pela ação oposta (ver *Equilíbrio* e *Oposições*).

RITMO

[16-17] (**acima**) O ator Garine interpreta o personagem de Klestakov, o protagonista de *O Inspetor Geral* de Gógol, dirigido por Meyerhold. O desenho de Ivan Biezin mostra como os atores de Meyerhold não paravam de dançar, inclusive neste caso, no qual um ator está sentado num sofá. Como escreveu Grozdiew: "Todo o corpo de Garin tinha a tendência a murchar em cima do sofá numa posição cômoda, mas, ao mesmo tempo, ele lutava contra a força de gravidade; e essa resistência se transformava numa espécie de dança"; (**abaixo**) a transmissão da tradição (ISTA de Umeå, 1995): Chris Torch (EUA), ex-ator do Living Theatre, e Ralf Raüker (Alemanha) demonstram um estudo de biomecânica assim como foi reconstruído, respectivamente, por Julian Beck e Judith Malina, e ainda por Gennadi Bogdanov, que tinha aprendido o exercício de Nikolai Kustov, ator de Meyerhold.

Teatro Eurasiano

Teatro eurasiano
Eugenio Barba

A influência do teatro ocidental na Ásia é um fato indiscutível. Assim como os teatros asiáticos também foram importantes para as práticas teatrais do Ocidente. Mas não podemos negar um certo mal-estar: que esses intercâmbios façam parte do supermercado das culturas.

Amanhecer

O Kathakali e o Nô, o *onnagata* e o *barong*, Rukmini Devi e Mei Lanfang estavam ao lado de Stanislávski, Meyerhold, Eisenstein, Grotowski ou Decroux desde que comecei a fazer teatro. Não era só a memória de suas criações teatrais que me fascinava, mas principalmente a detalhada artificialidade na criação do ator-em-vida.

Se as intermináveis noites do Kathakali me permitiam entrever os limites que podem ser alcançados pelos atores, era o amanhecer que me revelava o seu segredo, lá na escola Kathakali Kalamandalam de Cheruthuruty, no Kerala. Ali, repetindo obstinadamente exercícios, passos, cantos, orações e ofertas, meninos quase adolescentes cristalizavam o próprio *ethos* como comportamento artístico e atitude ética.

Eu comparava o nosso teatro com o deles. Hoje o próprio termo "comparação" me parece inadequado, pois separa as duas faces de uma mesma realidade. Posso dizer que "comparo" as tradições indianas ou balinesas, chinesas ou japonesas, se comparo suas epidermes, suas diferentes convenções, seus vários estilos de espetáculo. Mas se eu levo em consideração o que está por trás daquelas luminosas e sedutoras epidermes e vejo os órgãos que as mantêm em vida, aí então os polos da comparação se fundem num único perfil: um teatro eurasiano.

Teatro eurasiano

Teatro eurasiano não indica os teatros contidos num espaço geográfico, no continente onde a Europa é apenas uma península. Sugere uma dimensão mental, uma *ideia* ativa da cultura teatral moderna. Reúne aquele conjunto de teatros que se tornaram um ponto de referência "clássico" para a pesquisa de quem se concentrou na problemática do ator: da Ópera de Pequim a Brecht, do mimo moderno ao Nô, do Kabuki à biomecânica de Meyerhold, de Delsarte ao Kathakali, do balé ao Butô, de Artaud a Bali. Essa

[1] Quando há contato entre gêneros e tradições teatrais, as pessoas costumam pensar em categorias interculturais, e muito mais raramente pensam em categorias intraculturais, ainda que sejam menos frequentes. Para o teatro europeu, foi fundamental redescobrir o teatro clássico greco-romano, a Commedia dell'Arte, as formas populares do circo, o cabaré e o *music hall*. Aqui podemos ver um exemplo bastante raro: um ator de Nô, Matsui Akira, que improvisa com um ator de dança Buyo, Kanichi Hanayagi (ISTA de Bielefeld, 2000). Todos os estudiosos e os atores japoneses recordam a aversão, quase uma hostilidade, entre as duas grandes tradições espetaculares do Nô e do Kabuki. Há também notícias sobre visitas recíprocas e secretas para espionar as respectivas manifestações de técnica e de arte.

"enciclopédia" se formou a partir do repertório das tradições cênicas europeias e asiáticas. Podemos gostar disso ou não, podemos achar justo ou injusto, mas foi isso o que aconteceu.

Quando falamos de teatro eurasiano, reconhecemos a existência de uma unidade sancionada pela nossa história cultural e profissional. Podemos infringir as fronteiras, mas não ignorá-las. Para todas as pessoas que ao longo do século XX refletiram de forma competente sobre o ator, as fronteiras entre "teatro europeu" e "teatro asiático" não existem.

Antitradição

É possível pensar no teatro em termos de tradições étnicas, nacionais, de grupo ou até individuais. Mas se com isso tenta-se compreender a própria *identidade*, também é essencial ter a atitude contrária e complementar: pensar no próprio teatro em uma dimensão transcultural, no fluxo de uma "tradição das tradições".

Todas as tentativas de realizar formas "antitradicionais" de teatro, em diferentes momentos históricos e em diferentes países do Ocidente e do Oriente, inspiraram-se na "tradição das tradições". Alguns eruditos europeus dos séculos XV e XVI se afastaram dos costumes teatrais e festivos de suas cidades e aldeias, desenterrando do esquecimento o teatro de Atenas e da Roma antiga. Três séculos mais tarde, as vanguardas dos jovens românticos se desligaram das tradições clássicas e foram buscar inspiração em teatros novos e distantes: os teatros "bárbaros" elisabetanos e os do *Siglo de Oro* espanhol, os espetáculos populares, a Commedia dell'Arte, os rituais "primitivos", os mistérios medievais, os teatros do Oriente. No século XX, as revoluções dos teatros "antitradicionais" do Ocidente são guiadas pelas mesmas imagens teatrais. Mas a essa altura os teatros asiáticos não são mais objeto de relatos: eles são experimentados diretamente. Cada etnocentrismo tem seu próprio polo excêntrico que o compensa e o reforça.

Ainda hoje, nos países asiáticos (onde frequentemente se destaca o valor das tradições autóctones contra a difusão de modelos de pensamento estrangeiros e contra o esfacelamento da identidade cultural), Stanislávski e Brecht, a ideia de teatro *agitprop* – de agitação e propaganda – ou "do absurdo" continuam a ser instrumentos para se distanciar de tradições cênicas inadequadas para as novas condições impostas pela história e por seus novos conflitos.

Esse processo de ruptura começou no final do século XIX: a peça de Ibsen *Casa de Bonecas*, os textos de Shaw e de Hauptmann, as reduções teatrais dos romances de Dickens ou da *Cabana do Pai Tomás* foram apresentados não como simples importações de modelos ocidentais, mas como a descoberta de um teatro capaz de falar do presente.

No encontro Oriente-Ocidente, a sedução, a imitação e os intercâmbios são recíprocos. Muitas vezes invejamos dos asiáticos um saber oriental que transmite, de uma geração a outra, a obra de arte vivente do ator. Eles invejaram, do nosso teatro, a capacidade de enfrentar temas sempre novos, de acordo com os tempos, variando os textos da tradição com interpretações pessoais que frequentemente têm a energia da conquista formal e ideológica. De um lado, então, encontram-se histórias sempre novas, ou interpretadas de maneira nova, mas fugazes em todos os seus aspectos com exceção da escrita; de outro, há uma arte viva, profunda, capaz de ser transmitida e de envolver todos os níveis físicos e mentais do ator e do espectador, porém ancorada em histórias e costumes sempre antigos. De um lado, um teatro que vive do *logos*, da razão. De outro, um teatro que é sobretudo *bios*, fluxo de formas orgânicas.

Por quê?

Por que, ao contrário do que acontece nas tradições asiáticas, na tradição ocidental o ator-cantor especializou-se separadamente do ator-dançarino, e, este último, por sua vez, especializou-se separadamente do ator-intérprete de textos?

Por que, no Ocidente, o ator tem a tendência a se limitar a um único personagem por espetáculo? Por que não explora a possibilidade de se tornar o contexto da história inteira, com vários personagens, com saltos do geral ao particular, da primeira à terceira pessoa, do passado ao presente, do todo à parte, de pessoas a coisas?

Por que, no Ocidente, essa possibilidade fica relegada aos mestres contadores de histórias ou a um excepcional Dario Fo, enquanto na Ásia ela caracteriza vários teatros e todo tipo de ator, seja quando ele interpreta-canta-dança sozinho seja quando participa de um espetáculo interpretando diferentes papéis?

Por que quase todas as formas de teatro asiático aceitam bem o que no Ocidente parece aceitável somente na Ópera, ou seja, o uso de palavras cujo sentido não pode ser decifrado pela maioria dos espectadores?

Com certeza essas perguntas têm respostas bem precisas do ponto de vista histórico. Mas em termos profissionais, elas se tornam úteis quando nos levam a imaginar como podemos desenvolver nossa identidade dilatando as fronteiras que a definem, e não indo contra a nossa natureza. Basta olhar de fora, de países e costumes distantes ou simplesmente diferentes, para descobrir as possibilidades latentes de um teatro eurasiano.

Raízes

Os teatros asiáticos e os teatros ocidentais se desenvolveram em direções divergentes, e isso provoca uma distorção do olhar. No Ocidente, por uma reação automática de etnocentrismo, justificam a ignorância sobre os teatros asiáticos alegando que são experiências que não nos dizem respeito diretamente, exóticas demais para serem consideradas úteis. É essa mesma distorção do olhar que idealiza – achatando-a – a multiformidade dos teatros asiáticos ou que nos faz venerá-los como se fossem santuários.

O aprofundamento da própria identidade profissional comporta a superação do etnocentrismo até que se descubra o próprio centro na "tradição das tradições".

Aqui, o termo "raízes" se torna paradoxal: não indica um vínculo que nos ancora em algum lugar, mas um *ethos* que permite o deslocamento. Ou melhor: representa a força que nos faz mudar de horizonte exatamente porque nos enraíza em um centro.

Essa força só se manifesta se pelo menos duas condições estiverem presentes: a necessidade de definir a própria tradição para si mesmo, e a capacidade de inserir esta tradição individual ou coletiva em um contexto que a aproxime das outras tradições.

Aldeia

A ISTA, *International School of Theatre Anthropology*, permitiu que eu reunisse mestres de várias tradições, que comparasse os métodos de trabalho mais distintos e que mergulhasse em um terreno técnico que é o substrato comum de todos nós que trabalhamos ativamente no teatro "tradicional" ou "de pesquisa", no mimo, no balé ou na dança moderna. Esse substrato comum é o terreno da pré-expressividade. É o nível do ator no qual ele empenha suas próprias energias a partir de um comportamento extracotidiano, modelando sua "presença" diante do espectador.

Os princípios são semelhantes nesse nível pré-expressivo, ainda que alimentem as enormes diferenças expressivas entre uma tradição e outra, um ator e outro. São princípios *análogos* porque nascem de condições físicas parecidas em contextos diferentes. Mas não são *homólogos*, pois não possuem uma história em comum. Muitas vezes, esses princípios semelhantes induzem um modo de pensar que, apesar das diferentes formulações, permite o diálogo entre homens de teatro das mais diversas tradições.

O trabalho de quarenta anos com o Odin Teatret orientou-me para uma série de soluções práticas: não levar muito em consideração a diferença entre o que chamam de "dança" e o que chamam de "teatro"; não aceitar o personagem como unidade de medida do teatro; não fazer com que o sexo do ator coincida automaticamente com o sexo do personagem; explorar a riqueza sonora das línguas, sua força emotiva capaz de transmitir informações que vão além do valor semântico. Essas características da dramaturgia do Odin Teatret e de seus atores são equivalentes a algumas características dos teatros asiáticos, mas são soluções práticas que se impuseram por si só. Nasceram da experiência de um treinamento autodidata, da nossa condição de estrangeiros e, em geral, dos nossos limites. Essa impossibilidade de sermos iguais aos outros, lentamente, com o tempo, nos tornou leais diante de nossa própria diversidade.

Por todas essas razões, por esse conjunto de circunstâncias, hoje eu me reconheço na cultura de um teatro eurasiano. Quer dizer, pertenço a uma pequena tradição de grupo cujas origens são autodidatas, que não tem um passado profundo, mas que cresce numa aldeia profissional onde os atores Kabuki não são percebidos como mais distantes do que os textos shakespearianos, ou onde a presença viva de uma atriz-dançarina indiana não parece menos "contemporânea" de uma vanguarda norte-americana.

Interpretar um texto ou criar um contexto

Nessa "aldeia", é comum que os atores não só analisem um conflito, se deixem levar pela objetividade do *logos* ou contem uma história, mas também dancem *nela* e *com ela* segundo a transformação do *bios*.

Isso não é uma metáfora. Concretamente, significa que o ator não fica subjugado à trama, não interpreta um texto, mas cria um contexto, move-se ao redor dos acontecimentos e dentro deles. Às vezes deixa que esses acontecimentos o levem, às vezes é ele quem os conduz; em alguns casos, separa-se deles e os comenta, os sobrevoa, os agride, os rejeita, segue novas associações, salta para outras histórias. Rompendo com a linearidade da história, mudando continuamente os pontos de vista, anatomizando a realidade conhecida, entrelaçando objetividade e subjetividade, exposição dos fatos e reação a eles, usa a mesma liberdade e os mesmos saltos do pensamento-em-ação, conduzido por uma lógica que o espectador não pode reconhecer imediatamente.

O que muitas vezes gerou mal-entendidos sobre os teatros asiáticos, o que fez com que fossem confundidos com rituais "arcaicos" ou que parecessem formas perfeitas porém estáticas, foi exatamente o que pode torná-los mais próximos à nossa época, às nossas experiências, às mais complexas concepções do tempo e do espaço. Eles não representam uma fenomenologia do real, e sim uma fenomenologia do pensamento. Não se comportam como se pertencessem ao universo de Newton. Pelo contrário, correspondem ao mundo subatômico de Niels Bohr.

Espectador

O teatro eurasiano é necessário hoje, entre os séculos XX e XI. Não acho que seja necessário interpretar histórias asiáticas com a sensibilidade de um ocidental, também não estou pensando em técnicas a serem reproduzidas, e muito menos que seja preciso inventar novos códigos. No fundo, até mesmo os complexos códigos que parecem dar sentido a várias tradições continuam sendo ignorados ou pouco conhecidos pela maior parte dos espectadores, tanto na Índia como na China, no Japão como em Bali.

Penso em alguns espectadores que são capazes de seguir ou acompanhar o ator na dança do pensamento-em-ação.

O *público* ocidental é o único que não está acostumado a saltar de um personagem ao outro na companhia de um mesmo ator; que não está acostumado a entrar em relação com quem usa uma linguagem que ele não pode decifrar facilmente; que não está acostumado com uma expressão física que não seja imediatamente mimética ou que não esteja canalizada para as convenções da dança.

Além do público existem, no Ocidente como no Oriente, no Norte como no Sul, *espectadores* concretos. Poucos, mas para os quais o teatro pode se tornar uma necessidade.

Para eles, o teatro é uma relação que não estabelece uma união, não cria uma comunhão, mas ritualiza a estranheza recíproca e a laceração do corpo social escondida sob a pele uniforme de mitos e valores mortos.

[3] (**acima**) Lisa Nelson e Steve Paxton improvisam na ISTA de Copenhague, 1996.
[2 e 4] (**página ao lado e abaixo**) Kazuo Ohno e Sanjukta Panigrahi improvisam durante o 30º aniversário do Odin Teatret (Holstebro, 1994). O teatro eurasiano tem uma dimensão prática e teórica. Ele nos permite considerar como uma entidade os diferentes gêneros teatrais e as diferentes técnicas que se ligam não só por intercâmbios e interseções, mas principalmente por uma identidade profissional comum.

Incompreensões e invenções: da Rota da Seda a Seki Sano
Nicola Savarese

As distâncias que separam o Oriente do Ocidente, os dois extremos do continente Eurásia, são enormes. Mas desde a pré-história os povos da Europa e da Ásia tentaram superá-las através de uma série de itinerários que depois tiveram a sorte de serem chamados de Rota da Seda. E foi assim que as grandes migrações dos povos, as contínuas conquistas militares e as rotas sempre abertas dos comerciantes estiveram na origem de intercâmbios ideológicos, técnicos e artísticos que produziram verdadeiras fusões de culturas. Na antiguidade, os gregos, mas principalmente os romanos, foram bem sucedidos ao favorecer o comércio e a comunicação com a Ásia, como demonstra a chegada do precioso tecido chinês no início da época imperial. Mais tarde, no século XIII, o império mongol tentou restabelecer essas ligações após o longo período de isolamento representado pelas conquistas árabes. Até mesmo depois da era das "grandes descobertas" e da abertura das rotas atlânticas, os caminhos das caravanas entre a Ásia e a Europa continuaram a ser um próspero fluxo de homens, mercadorias, técnicas, ideias e fantasias que o domínio colonial europeu soube absorver e redistribuir.

Entre os infinitos viajantes que percorreram os itinerários da Rota da Seda, junto de soldados, mercadores, mensageiros e peregrinos, também viajaram aqueles que ganhavam a vida como malabaristas, acrobatas, músicos ou dançarinos. Pessoas que carregavam *em si*, costuradas no corpo, as próprias técnicas e as próprias histórias. Foi assim que centenas de atores gregos alcançaram os confins da Índia seguindo o exército de Alexandre Magno. Da mesma maneira, os pantomimos da Síria, e com eles uma multidão de harpistas, trombeteiros, bufões, malabaristas e dançarinas, alcançaram os teatros de Roma para satisfazer a moda dos espetáculos exóticos dos romanos, como descrevem os escritores da *História Augusta*.

Paralelamente, na extremidade oposta, o rico império dos Tang (618-907), que durante seu apogeu ia da Mongólia à Ásia Central, fez de sua capital Chang'na (hoje Xian) uma metrópole cosmopolita aberta ao Ocidente. A vida dos chineses nobres de Chang'na era marcada por uma existência luxuosa, pela busca de prazeres e passatempos onde a tolerância e o gosto pelo exótico ocupavam um lugar central. Temos inúmeros objetos dessas sociedades que foram encontrados nas tumbas, assim como muitas estatuetas de terracota que falam de uma multidão de atores, músicos, dançarinas e contadores de histórias provenientes do Tibet e da Ásia Central. O fenômeno, conhecido como "exotismo Tang", deixou como herança para a China os espetáculos dos "cem jogos" que estão na origem da ópera chinesa e de suas grandes técnicas de canto e acrobacia.

Nos séculos em que Córdoba competia com Bizâncio e construía-se Alhambra e Alcázar, chegou à cidade espanhola o árabe Ziryab (789ca. - 857), músico de Harum al-Rashid, o grande califa abássida, herói das *Mil e Uma Noites*, que tinha feito de Bagdá a cidade mais rica e mais culta do mundo. Ziryab tornou-se um árbitro da moda com muita influência na Espanha mourisca. Devemos a ele muitas receitas culinárias e o costume de vestir roupas diferentes de acordo com as estações. Ele melhorou a música local introduzindo novas regras para a execução e novos instrumentos, talvez o próprio alaúde, pai de todos os instrumentos de corda europeus. Acredita-se também que, sempre através dos árabes, tenha sido introduzido no Ocidente o teatro das sombras, que, inexplicavelmente, acabaram sendo chamadas de "chinesas". Essas são as raízes antigas e subterrâneas daquela visão que frequentemente é chamada de *teatros orientais*.

Mas para evitar confusões e proceder de modo historicamente correto, é preciso distinguir pelo menos quatro fases no conhecimento, na interpretação e na apropriação dos gêneros teatrais do Oriente e do Ocidente, tanto por parte dos artistas ocidentais quanto dos asiáticos. Para o Ocidente, essas quatro perspectivas podem ser assim definidas: *teatros orientais, teatros asiáticos, Ocidente-Oriente, teatro eurasiano*. Essas definições não estão em conflito entre si, nem são escolas de pensamento. Elas têm sua origem em diferentes situações históricas de conhecimento e de estudo.

A perspectiva dos *teatros orientais* surgiu no século XVIII, quando o Ocidente tomou consciência da existência das civilizações extraeuropeias. Foi assim que nasceu o Orientalismo, o conjunto de estudos e interesses sobre civilizações asiáticas. Graças aos estudos orientalistas, os europeus descobriram que na Ásia havia manifestações que podiam ser assimiladas pelo teatro ocidental. Isso aconteceu com as primeiras traduções de textos dramáticos. O drama chinês do século XIII *O Órfão da Família Zhao*, traduzido pelos jesuítas franceses, e a *Shakuntala* de Kalidasa, dramaturgo sânscrito do século IV d.C., traduzido para o latim pelo professor inglês William Jones, tiveram imediatamente uma grande difusão e muitas imitações. Mas como as duas obras contavam histórias de personagens da realeza, os estudiosos europeus as consideraram duas "tragédias", o gênero literário que Aristóteles julgava ser o mais adequado para representar temas nobres e ilustres. Esse é um dos muitos mal-entendidos que constelam a história dos respectivos conhecimentos entre Oriente e Ocidente. O texto chinês, na verdade, era um pouco maior do que um libreto de ópera, e o drama indiano não podia ser uma tragédia, pois na Índia não existe a ideia do trágico e os dramas do teatro sânscrito sempre têm final feliz.

Mas além das traduções, não houve nenhuma outra curiosidade sobre os modos de representação ou sobre as técnicas dos atores asiáticos. Ninguém levou em consideração que aqueles dramas traduzidos tinham, tanto na Índia quanto na China, uma encenação rica de atrações espetaculares, nas quais a dança, a música e a arte do ator possuíam um papel fundamental. Como ninguém tinha visto aqueles espetáculos ao vivo, surgiram outros equívocos que, durante muito tempo, não permitiram que os europeus percebessem a verdadeira natureza teatral, e não literária, dos teatros asiáticos. As coisas não mudaram até o início do século XX, quando alguns atores asiáticos começaram a se apresentar na Europa, principalmente durante as grandes exposições universais. Ainda que velados pelas modas asiáticas imperantes, os espetáculos dos atores asiáticos puderam então ser vistos – pela primeira vez ao vivo – pelo público europeu, pelos estudiosos e, sobretudo, pelas pessoas de teatro.

Foram famosas as turnês americanas e europeias da ex-gueixa japonesa Sada Yacco e do seu marido Kawakami Otojiro, emblemas viventes da moda do japonismo. No entanto eles não eram intérpretes de uma forma de teatro tradicional, e sim de uma espécie de teatro de fratura, que no Japão foi chamado de "a nova onda" (*shinpa*), síntese fragmentária do Kabuki e do exotismo ocidental. Apesar da fama alcançada na Europa, Sada Yacco e Kawakami não foram apreciados em seu próprio país, e suas extrovertidas encenações ocidentalizantes escandalizaram os ambientes conformistas nipônicos.

Quem também ganhou certa notoriedade foi Hanako, outra dançarina japonesa de origens mais obscuras, que na Europa teve como empresária a dançarina norte-americana Loïe Fuller. Hanako tornou-se amiga do grande escultor Rodin, que lhe fez inúmeros retratos. Companhias inteiras se juntaram a essas grandes intérpretes:

TEATRO EURASIANO

[5-8] (**acima, à esquerda**) Dois homens elegantemente vestidos executam uma dança cerimonial: reparem nas pregas das roupas, parecidas com o plissê de muitas estátuas greco-helenísticas. O baixo-relevo da arte Gandhara (hoje, nordeste do Paquistão) atesta a difusão da cultura grega em direção à Índia; (**acima, à direita**) dançarina indiana: a estatueta de marfim, encontrada nas escavações de Pompeia, que foi destruída em 79 d.C., atesta o quanto os intercâmbios entre a Índia e o Império Romano eram antigos; (**abaixo, à esquerda**) dançarina copta: o gesto da mão levantada corresponde ao *mudra katakamukha*, que ainda é usado em várias formas de danças indianas e que indica, entre outras coisas, "colher flores, fazer uma guirlanda". Fragmento de tapeçaria egípcia da época copta, IV-V século d.C.; (**abaixo, à direita**) músico a cavalo, em uma terracota da Dinastia Tang (618-907 d.C.) proveniente da esplêndida e antiga capital chinesa Chang'na (atual Xian). Durante as viagens dos mercadores pela Rota da Seda, os personagens nobres eram frequentemente acompanhados por um grupo de atores ou músicos que viajavam com eles a cavalo ou no lombo de um camelo. De acordo com as crônicas, durante a expedição que Alexandre Magno fez à Índia em 324 a.C., ele também foi acompanhado por vários atores e dançarinas que deveriam divertir seu exército.

os dançarinos siameses, que quando visitaram São Petersburgo, em 1900, deixaram sua marca na obra de Michail Fokine e de Léon Bakst – respectivamente, o coreógrafo e o cenógrafo-figurinista dos *Ballets Russes* de Diaghilev; ou as dançarinas do corpo de baile do rei do Camboja, que quando alcançaram a França para a Exposição de Marselha de 1906, mais uma vez inspiraram Rodin.

Um pouco diferente é o caso de Mishio Ito, que veio do Japão para estudar dança com Isadora Duncan. Ele foi escolhido para interpretar os novos "dramas dançados" do poeta W.B. Yeats, criados a partir de temas das antigas sagas irlandesas: uma mistura de mitologia euro-japonesa que, em 1916, maravilhou os salões ricos e cosmopolitas de Londres. Michio Ito aproveitou sua fama e emigrou para os Estados Unidos, onde ensinou seu próprio estilo de dança, algo entre o Nô e o Kabuki. Parecida foi a história de Uday Shankar, um jovem indiano que foi à Europa para estudar pintura, mas que foi convencido por Anna Pavlova – grande vedete internacional do balé clássico – para se tornar seu parceiro numa série de danças inspiradas na Índia. Uday Shankar não apenas aceitou o desafio, mas, em 1930, fundou uma companhia de dança "tradicional" indiana, que todavia causou indignação nos hindus tradicionalistas.

Como podemos ver, muitos desses atores asiáticos não eram representantes de suas antigas tradições teatrais, mas encarnavam tentativas de renovação cultural que estavam emergindo nos países da Ásia e cujo ponto de referência era um exotismo dirigido ao Ocidente. Sendo assim, nem mesmo nesses casos os ocidentais viram a verdadeira face dos teatros asiáticos tradicionais. O olhar agudo de Gordon Craig, admirador das culturas asiáticas, percebeu imediatamente esses mal-entendidos e escreveu sobre eles com tal autoridade que Ananda Coomaraswamy dedicou-lhe a tradução inglesa do *Abhinaya Darpana* [O Espelho dos Gestos], um antigo tratado indiano sobre as técnicas da dança. Mas dramaturgos como Paul Claudel ou diretores do porte de Meyerhold e Dullin viram na hora que os atores asiáticos utilizavam técnicas rigorosas que exigiam atenção e estudo.

Os teatros da Ásia não eram mais o eco de um "Oriente misterioso", e sim um patrimônio a ser explorado e do qual aprender. Isso não evitou os mal-entendidos, ainda que tenham rendido seus frutos. Alguns artistas de teatro, atraídos pelas práticas cênicas refinadas, concentraram-se nas técnicas do ator, deixando em segundo lugar o contexto social e cultural que as tinham gerado. Por exemplo, quando Artaud viu os dançarinos balineses em 1931, durante a Exposição Colonial de Paris, não fez nenhuma referência à cultura de Bali, que é tão característica: não sabia nada sobre a ilha – na época uma colônia holandesa – nem demonstrou nenhum interesse por ela. A única coisa que Artaud percebeu nas danças balinesas, encontradas por acaso no pavilhão das Índias Holandesas da exposição, era o fato de que elas encarnavam "o teatro" que ele gostaria de ter feito. Para ele, as danças balinesas eram a expressão de uma linguagem teatral exemplar fundada no corpo-hieróglifo do ator, e não na palavra. Será que é possível dizer que o ponto de vista de Artaud era limitado, que era o ponto de vista de um "dominador" com o olhar degenerado pelo colonialismo? Tal afirmação não seria apropriada. Artaud não queria fraudar ou desnaturalizar uma cultura estrangeira, queria captar sua essência profunda. Mesmo ignorando a história e a cultura de Bali, Artaud soube reconhecer seu núcleo vivo, seu *bios* profundo, na forma viva dos dançarinos. Outro equívoco que teve consequências férteis surgiu do célebre encontro – que aconteceu em Moscou, em 1935 – entre o ator chinês Mei Lanfang e a *intelligentsia* russa do teatro: entre outros, Stanislávski, Meyerhold, Eisenstein e Tretiakov. Bertolt Brecht também participou desse encontro, ele estava visitando a Rússia: foi após a demonstração de trabalho de Mei Lanfang que ele teorizou a *Verfremdung*, mais conhecida como técnica do distanciamento, afirmando que ela está na base da arte do ator chinês. Mas em sua biografia, Mei Lanfang explicou o quanto é importante para um ator se identificar com o personagem, contradizendo então a interpretação de Brecht.

As incursões das formas teatrais asiáticas na Europa tiveram uma correspondência análoga na Ásia, que também foi contagiada por alguns movimentos europeus. Na Ásia, a influência do teatro ocidental consistiu principalmente na adoção e na criação do chamado "drama falado" ocidental (para nós, "teatro de prosa"). Esse teatro, completamente novo em sua forma se comparado às tradições clássicas orientais, mostrava-se revolucionário sobretudo em seus conteúdos civis e sociais. Todo teatro moderno e contemporâneo na Ásia é o resultado da apropriação dos cânones dramáticos ocidentais, que também são eloquentes veículos de novas ideias políticas.

Na China, Zhang Pengchun, que foi educado nos Estados Unidos, soube explorar o conhecimento do teatro europeu fundando, em 1914, a Companhia do Novo Drama de Nankai, em Tiajin. Seus experimentos tornaram-se um modelo para algumas escolas do novo teatro e, principalmente, para alguns dramaturgos do "teatro falado". Estes últimos tinham abraçado as teses do movimento cultural "do 4 de maio", que foi assim chamado porque, naquele dia do ano de 1919, houve uma grande manifestação para favorecer a substituição dos antigos valores feudais pelos valores democráticos absorvidos do Ocidente. Dramaturgos como Ouyang Yuqian, Tian Han e Hong Shen (que em 1928 propôs a definição "drama falado") foram autores de novas obras civis inspiradas no estilo realista. Em todo esse trabalho de renovação – que também incluiu uma renovação da arte do ator – Cao Yu, considerado o maior dos autores de *huaju* (drama falado), não hesitou em encenar uma grande variedade de modelos ocidentais em que se destacaram Tchékhov, Ibsen, Oscar Wilde e O'Neill, mas também Shakespeare e os trágicos gregos. Uma verdadeira academia de experiências que permitiu que o jovem Huang Zuolin fosse estudar na Inglaterra no início dos anos de 1930 e ali conhecesse George Bernard Shaw, Michel Saint-Denis (aluno de Copeau), o sistema de Stanislávski e o teatro de Brecht.

A difusão capilar de Stanislávski e Brecht na Ásia, assim como suas adaptações originais, mereceria uma investigação mais profunda (nunca realizada em sua totalidade). Há duas histórias emblemáticas: a de Huang Zuolin, que se tornou promotor do teatro épico no Teatro do Povo de Shangai, do qual virou diretor quando voltou da Inglaterra, e a do japonês Seki Sano. Depois de ter sido um ativista do teatro proletário de Tókio, Seki Sano foi para Moscou, onde estudou o sistema de Stanislávski e as técnicas de Meyerhold por alguns anos. Em 1937 foi para o México, onde formou uma geração após a outra de artistas latino-americanos que contribuíram de modo essencial para o desenvolvimento da identidade profissional e nacional de seus respectivos países.

Assim como na China republicana, no Japão dos anos de 1920 também houve um movimento de renovação teatral que se inspirou no Ocidente (*shingeki*) e que seguiu a "nova onda" inaugurada por Kawakami. Participaram desse movimento intelectuais como Tsubouchi Shoyo, que introduziu várias peças de Shakespeare, mas também *A Casa de Bonecas* de Ibsen, e Osanai Kaoru, que após tentar fazer algo entre o novo teatro e o Kabuki (fundando um Teatro Livre, seguindo os passos de Antoine) dedicou-se completamente aos autores europeus, de Ibsen a Hauptmann, de Wedekind a Pirandello. Mas com certeza o centro do novo movimento teatral japonês foi o Tsukiji Shogekijo (o Pequeno Teatro de Tsukiji) aberto em 1924, em Tókio, por Hijikata Yoshi, que fez desse teatro um laboratório de estilos ocidentais (simbolismo, expressionismo) que também incluía muitas outras práticas das vanguardas europeias.

TEATRO EURASIANO

[9-12] (**acima à esquerda**) Dançarina indiana ou *nautch-girl*, como eram definidas pelos ingleses que moravam na Índia. No Ocidente, essas dançarinas eram mais conhecidas como *bayadera*, do português *bailadeira*, ou simplesmente bailarina. Pintura inglesa do século XVIII; (**acima, à direita**) Figurino de Idamé, personagem da peça *O Órfão da China* (1755), escrita por Voltaire, que imitou a peça chinesa do século XIII *O Órfão da Família Zhao*, traduzida por jesuítas franceses; (**abaixo, à esquerda**) embaixadores do Marrocos assistem a uma representação da Comédie Italienne em Versalhes. Pintura de Antoine Coypel, "primeiro pintor do rei", do começo do século XVIII; (**abaixo, à direita**) equilibristas, artistas na perna de pau, dançarinas, bufões e músicos numa festa pública na praça de Istambul. Miniatura turca do século XVII. Muitos artistas ambulantes, entre eles os que manipulavam o teatro de sombras, vinham de Istambul e entravam na Europa através de Veneza e de Gênova

Por ter sido colônia inglesa desde o final do século XVIII, a Índia conheceu diretamente certas demonstrações de teatro europeu muito antes que os atores indianos chegassem à Europa. Temos notícias de salinhas de teatro inglesas numa Calcutá que ainda era um pequeno forte militar, para as quais o grande ator Garrick fez chegar de Londres cenografias abandonadas e talvez alguns atores de segundo escalão. Eram espetáculos amadores que imediatamente foram superados por espetáculos locais: durante algum tempo, em Calcutá, sob a direção de um viajante russo, um tal Lebedev, alguns atores bengaleses atuaram com atores ingleses. A imposição da língua inglesa nos colégios e nas escolas indianas, onde também eram educados os filhos das classes mais altas, de um lado obrigava a estudar Shakespeare e, de outro, formava uma classe culta que tomava consciência da existência de uma cultura indiana. O teatro participou desse movimento com peças que imitavam os modelos ingleses, mas também com o estudo das formas indianas antigas. O grande poeta Rabindranath Tagore estimulou essas duas tendências, escrevendo peças de sucesso segundo o estilo ocidental e, sobretudo, salvando a dança tradicional indiana, aquela das dançarinas sagradas (*devadasi*), propondo-a como disciplina para as moças de boa família que frequentavam a Universidade de Santiniketan que ele fundou.

Quando, no início do século XX, os homens de teatro europeus começaram a dar vida a uma nova ideia de teatro centrada no diretor como criador do espetáculo e no ator que participa da criação, a dimensão Oriente/Ocidente afirmou-se com a perspectiva de um *ator total* capaz de dançar, cantar, improvisar, fazer acrobacias, tocar instrumentos musicais, compor textos e, obviamente, interpretá-los, assim como tinham feito os atores da Commedia dell'Arte e como ainda faziam os atores Kabuki. Para alcançar esse objetivo, eram levados em consideração todos os estímulos que pudessem alimentar os novos ideais e renovar as bases da profissão teatral. A mesma coisa acontecia com as jovens gerações de artistas de teatro nos diferentes países asiáticos, em busca de estímulos para edificar um teatro moderno e nacional que expressasse as condições e as necessidades de sua sociedade.

A fonte de inspiração era múltipla: novas tecnologias, os manifestos visionários do futurismo e as inúmeras vanguardas, os rituais participativos das culturas longínquas descritas pela recente "ciência" da antropologia, os teatros asiáticos e todas as tradições que tinham se tornado "mitos teatrais" no Ocidente: a Commedia dell'Arte, o Teatro elisabetano, o *Siglo del Oro* espanhol, os espetáculos populares das feiras, o circo e o Teatro Grego das origens. A curiosidade e a fascinação foram ao mesmo tempo interculturais e intraculturais. Todas essas *formas* eram um patrimônio acessível através da documentação histórica e os clássicos da literatura teatral – Shakespeare, Lope de Veja, Gozzi – eram interpretados com fantasia e sensibilidade contemporânea para com as questões sociais. Mas os teatros asiáticos, além de estarem presentes nos livros, ainda tinham a vantagem de serem apresentados através dos espetáculos e das demonstrações ao vivo. Buscar inspiração nos "teatros exemplares" da história foi a maneira que alguns atores e diretores europeus encontraram de reexaminar as bases técnicas e os objetivos artísticos do seu ofício, além de curar a "ferida" original da civilização teatral europeia, quando, no século XVI, os dançarinos, os músicos e os acrobatas tinham se separado do teatro literário para dar vida a diferentes gêneros de espetáculos (ver *Nostalgia*).

Essa curiosidade continuou ativa e fértil até a Segunda Guerra Mundial. Logo depois, os *teatros orientais* ultrapassaram aquela fase de "patrimônio de inspirações" para se tornarem objetos autônomos de estudo como *teatros asiáticos*. Alguns orientalistas, na maioria dos Estados Unidos, começaram a viajar pela Ásia. As viagens podiam ter objetivos diferentes, como aconteceu com Faubion Bowers, que foi até o Japão ocupado após a Segunda Guerra Mundial no papel de censor. Bowers se deu conta de que era insensato censurar os textos do teatro Kabuki, considerados "militaristas", já que não eram um elemento primário no espetáculo: o que é fundamental no Kabuki é o trabalho do ator. Mas se os textos fossem censurados, a arte do ator – que está ligada a eles – também acabaria sufocada, e o mundo perderia uma grande forma de arte. E foi assim que o censor Bowers contribuiu para a abolição da censura sobre o Kabuki e hoje é reconhecido como seu "salvador". Outros pesquisadores norte-americanos também contribuíram ativamente para o estudo dos teatros clássicos asiáticos livrando-os do olhar exótico: Donald Keene no Japão, Adolphe Clarence Scott na China e James Brandon no sudeste asiático são os mais conhecidos. Mas não podemos nos esquecer de Leonard Pronko, que foi o primeiro a desenvolver a ideia de um "teatro total" Oriente-Ocidente.

No final do século XX, o Orientalismo foi estigmatizado por Edward Said como sendo injustificável e uma fonte de problemas, mal-entendidos e enganos. O Orientalismo é uma visão parcial e etnocêntrica que banaliza e distorce os aspectos genuínos das culturas asiáticas. Hoje temos consciência das principais lacunas da abordagem Oriente-Ocidente, mas precisamos reconhecer que esse percurso histórico permite conhecer a história das relações teatrais entre Europa e Ásia. Essa abordagem despertou curiosidade e fascinação, gerou investigações, estudos e visões porque o *Oriente* foi um *alter ego* da Europa, "o outro" por excelência, a possibilidade de confronto mais direta inclusive após a descoberta das Américas. O *Ocidente* e sua cultura mitificada também tiveram um papel semelhante nas práticas artísticas e na sensibilidade dos diversos estratos sociais das sociedades asiáticas.

Hoje, assim como ontem, as realidades teatrais absorvem impulsos vindos da Ásia, da Europa e dos outros continentes, do passado, do presente, de cerimônias religiosas e de festas populares, transformando-os em novas práticas. Essas práticas não explicam a história, ainda que sejam resultado *da* história. Assim como aconteceu com a visão dos *teatros orientais*, a perspectiva do *teatro eurasiano* também criará mal-entendidos. É uma consequência inevitável quando se busca representar fatos históricos complexos com palavras.

É preciso observar para compreender. É preciso seguir de perto as práticas dos atores para colher seu sentido. Há uma diferença entre quem estuda o teatro apenas através dos livros e quem o estuda através dos livros, mas, também, seguindo os processos criativos dos atores. Hoje, no início do terceiro milênio, essa é a diferença principal entre os estudiosos de teatro.

O *teatro eurasiano* começa aqui, a partir da consciência de saberes pragmáticos e de princípios técnicos que estão presentes nas diversas culturas teatrais no continente da Eurásia. Nesse "território de fronteira" profissional, as tradições iridescentes do teatro clássico asiático – Nô, Kabuki, as danças indianas e balinesas, a Ópera de Pequim – coabitam com as tradições do teatro europeu e ocidental – o balé clássico e a dança moderna, o mimo, a ópera, o teatro político e os teatros laboratório. Essa região da prática e do pensamento teatral testemunhou a convergência de Eurípedes e Kalidasa, de Shakespeare e Zeami, da *Poética* de Aristóteles e do *Natyashastra* como partes de um patrimônio de conhecimentos comuns. Esse território profissional tornou-se explícito no século XX não só para artistas asiáticos e europeus, mas para qualquer pessoa que hoje se veja diante da concretude do artesanato teatral e do desafio de encontrar, através deste território, um sentido pessoal na sociedade em que vive. Mas os intercâmbios, as interações, as incompreensões e as fusões começaram muitos séculos antes, na Rota da Seda.

TEATRO EURASIANO

[13-21] (**primeira fileira, à esquerda**) Sada Yacco (1871-1946) no papel de Ofélia, em 1908. De volta ao Japão após sua turnê na Europa, a atriz japonesa interpretou este papel no *Hamlet* dirigido por seu marido, Kawakami Otojiro; (**primeira fileira, no centro**) a dança de Sada Yacco em um esboço do jovem Picasso (1900); (**primeira fileira, à direita**) Kawakami Otojiro (1864-1911), fundador do teatro *shinpa*, como o fantasma do pai de *Hamlet*, na peça por ele mesmo dirigida; (**segunda fileira, à esquerda**) máscara em bronze feita por Rodin da dançarina japonesa Hanako (1868-1945); (**segunda fileira, no centro**) O diretor japonês Seki Sano (1905-1966), que estudou em Moscou e influenciou o teatro mexicano e latino-americano em geral; (**segunda fileira, à direita**) O dançarino japonês Michio Ito (1892-1961) interpreta o espírito do falcão em *At the Hawk's Well* [O Poço do Falcão] de W. B. Yeats (1916); (**terceira fileira, à esquerda**) Rabindranath Tagore (1864-1941) interpreta sua obra *Visarajan* [Sacrifício] no Empire Theatre de Calcutá (1924); (**terceira fileira, no centro**) Dançarina cambojana na Exposição Universal de Paris (1889); (**terceira fileira, à direita**) a companhia balinesa acolhe as autoridades francesas e holandesas na frente do Pavilhão dos Países Baixos na Exposição Colonial de Paris de 1931. Essas são exatamente as mesmas dançarinas vistas por Artaud e sobre as quais ele escreveu.

TÉCNICA

"Hana, a flor, é o espírito, a técnica é a semente."
(Zeami, Fushikaden)

O modo como usamos nossos corpos na vida cotidiana é fundamentalmente diferente do modo como o corpo é usado em situações de "representação". Na vida cotidiana, usamos uma técnica do corpo que foi codificada por nossa cultura, por nosso status social, por nossa profissão. Mas, em uma situação de "representação", o uso do corpo é completamente diferente. Por isso, é necessário fazer uma distinção entre técnicas cotidianas e técnicas extracotidianas.

O antropólogo francês Marcel Mauss foi o primeiro a falar em "técnicas do corpo". Isso aconteceu em uma conferência na Sociedade de Psicologia de Paris, no dia 17 de maio de 1934. Vamos citar aqui alguns fragmentos do texto de Mauss publicado em 1936, no Journal de Psychologie *(XXXII, n.3-4).*

Noções de técnicas do corpo
Marcel Mauss

Sim, digo *técnicas* do corpo (no plural) porque é possível construir uma teoria da *técnica* do corpo (no singular) partindo de um estudo, de uma exposição ou de uma descrição das *técnicas* do corpo (no plural). Com essa expressão, falo do modo como os homens usam seus corpos nas diversas sociedades, uniformizando-se à tradição. De qualquer forma, é preciso ir do concreto ao abstrato, e não vice-versa. (...)

O corpo é o primeiro e o mais natural instrumento do homem. Ou melhor, sem falar de instrumento, o corpo é o primeiro e o mais natural objeto técnico e – ao mesmo tempo – meio técnico do homem. (...)

Lista biográfica das técnicas do corpo

De um modo muito simples, vamos acompanhar, indicativamente, as várias fases da vida de um homem, sua normal biografia, com o objetivo de organizar as técnicas do corpo que lhe são próprias ou que lhe foram ensinadas.

1. Técnicas do nascimento e da obstetrícia

(...) As formas da obstetrícia variam muito. O pequeno Buda nasceu quando sua mãe, Maya, estava de pé, agarrada ao galho de uma árvore. Ela o deu à luz em posição vertical. A maioria das mulheres indianas ainda tem seus filhos assim. Coisas que consideramos normais, como o parto na posição horizontal, não necessariamente são mais normais que outras, como, por exemplo, a posição de "quatro-apoios". Existem técnicas para dar à luz, tanto para a mãe quanto para quem lhe ajuda, para pegar o bebê, para cortar e dar um nó no cordão umbilical, para os cuidados com a mãe, com o bebê (...).

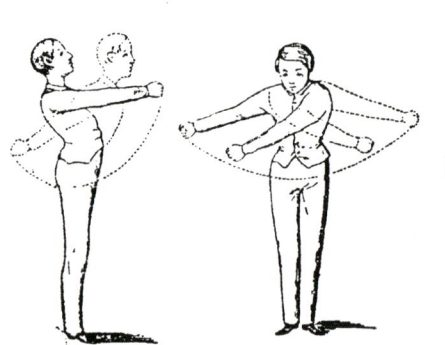

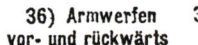

[1-5] *Técnicas da infância* – nutrir um recém-nascido: (**no alto, à esquerda**) Madonna italiana do século XVI; (**no alto, à direita**) divindade hitita do século VIII a.C.; (**no centro, à esquerda**) mulher Tasaday, das Ilhas Filipinas. *Técnicas da adolescência*: (**no centro, à direita**) jovem Eipo, da Nova Guiné, se prepara para a guerra brincando; (**abaixo**) jovem europeu faz ginástica (em um manual alemão do final do século XIX).

TÉCNICA

2. Técnicas da infância: educação e nutrição da criança

Atitudes da mãe e do bebê: dois seres que entram em relação. No que se refere ao bebê: a sucção, o modo de carregá-lo, etc. Uma criança que foi carregada por sua mãe durante dois ou três anos, tendo vivido um íntimo contato de pele com ela, tem uma atitude completamente diferente com a própria mãe quando comparada a uma criança que não viveu essa experiência. O contato que essa criança tem com sua mãe é completamente diferente do contato que nossas crianças têm com suas mães. Ela se agarra ao seu pescoço, às suas costas, sobe em seus quadris. É uma ginástica impressionante, essencial para sua vida toda. E também existe outra ginástica para a mãe que carrega a criança.

Desmama: Dura muito tempo, normalmente dois ou três anos. Obrigação de nutrir. Às vezes também há a obrigação de nutrir animais. A mulher leva muito tempo para se livrar do próprio leite. Além disso, há ligações entre a desmama e a reprodução, pausa da reprodução durante a desmama. A humanidade pode se dividir, aproximadamente, em duas categorias de pessoas: as que usam o berço e as que não usam o berço (...).

O bebê após a desmama: Ele sabe comer e beber; ensinam-lhe a caminhar; é treinado a ver, a ouvir, a ter senso do ritmo, da forma e do movimento, frequentemente para a dança e para a música. Adquire noções e costumes sobre como se mover, como respirar. Assume posições que geralmente lhe são impostas.

3. Técnicas da adolescência

(...) O momento mais importante da educação do corpo, na verdade, é o momento da iniciação. Pela maneira como nossos filhos e nossas filhas crescem, achamos que eles aprendem os mesmos modos e as mesmas posições, e que recebem a mesma educação em todos os lugares. (...) Por exemplo: em todas as sociedades negras, a educação dos meninos se intensifica no período da puberdade, enquanto a educação das meninas continua sendo, digamos, tradicional. Não existem escolas para as mulheres. Sua escola são suas próprias mães, e com elas as meninas são treinadas ininterruptamente para depois passar, salvo exceções, diretamente à condição de esposas. O menino entra na sociedade dos homens, na qual aprende um ofício e, sobretudo, a arte militar. No entanto, seja para os homens seja para as mulheres o momento decisivo é o momento da adolescência. É ali que definitivamente ambos aprendem as técnicas do corpo, que vão conservar durante toda a idade adulta.

4. Técnicas da idade adulta

Para catalogar essas técnicas, podemos acompanhar os diferentes instantes do dia nos quais se alternam movimentos coordenados e suspensão de movimentos. Podemos distinguir o momento do sono e da vigília, quando dormimos ou estamos acordados, e quando estamos acordados, podemos distinguir o repouso da atividade.

[6-11] *Técnicas da idade adulta* – estar sentado: (**no alto, à esquerda**) artesão indiano; (**no alto, à direita**) ceramista egípcio; (**no centro, à esquerda**) escriba egípcio; (**no centro, à direita**) ilustrador francês; (**abaixo, à esquerda**) funcionário do telégrafo nos EUA; (**abaixo, à direita**) colheita de tâmaras na Índia.

Técnicas do sono:

A ideia de que dormir é uma coisa natural é completamente falsa. (...) Podemos dintinguir as sociedades que não usam nada para dormir, com exceção do "chão", das sociedades que usam certos instrumentos (...). Existem povos que usam o travesseiro e povos que não o usam. Existem populações que ficam juntinhas em círculo para dormir, ao redor do fogo, ou mesmo sem fogo nenhum. Há modos primitivos de se esquentar e de esquentar os pés (...).

Também é possível dormir em posição vertical. Os Masai podem dormir em pé. Eu mesmo dormi em pé numa montanha. Muitas vezes dormi sobre um cavalo, às vezes até enquanto ele caminhava: o cavalo era mais inteligente do que eu. Antigos historiadores, especialistas em invasões, ilustram huns e mongóis dormindo sobre um cavalo. Isso ainda é verdade, pois seus cavaleiros dormem sem que seus cavalos parem de marchar. (...)

Também há o uso de cobertas. Tem pessoas que dormem cobertas e pessoas que dormem sem cobertas. Também existem as redes e um modo de dormir pendurado, fora do chão.

Vigília. Técnicas de repouso:

O repouso pode ser um repouso perfeito ou apenas uma pausa das atividades: podemos repousar deitados, sentados, de cócoras, etc. (...) A maneira de sentar é fundamental. Vocês podem distinguir a humanidade que fica agachada, de cócoras, da humanidade que se senta. E, entre os que se sentam, podem distinguir ainda quem usa bancos e quem não usa nem bancos nem estrados, quem usa cadeiras e quem não as usa. (...)

Existem povos que têm mesas e povos que não têm mesas. Estamos longe de afirmar que a mesa é uma coisa universal. Normalmente, em todo o Oriente, ainda se usam tapetes, esteiras. (...) Alguns povos se repousam em posições bem particulares. E assim, toda a África nilótica e uma parte da região do Chade, até a Tanganica, estão povoadas por homens que, nos campos, repousam sustentando-se sobre uma única perna. Boa parte consegue se sustentar sobre um único pé sem usar nenhum apoio, outros se apoiam sobre um bastão. (...)

Técnicas da atividade, do movimento:

Por definição, repouso é ausência de movimento e movimento é ausência de repouso. Eis aqui uma listagem bem simples. Movimentos do corpo todo: rastejar, pisotear, caminhar.

A Caminhada: habitus do corpo em posição vertical enquanto caminha, respiração, ritmo da caminhada, oscilação dos punhos, dos cotovelos, progressão com o tronco para frente em relação ao corpo ou ao avançar

[12-17] *Técnicas de cuidado com o corpo:* (**primeira fileira, à esquerda**) mulher japonesa toma banho; (**primeira fileira, à direita**) operários italianos se lavam após o trabalho. *Técnicas de comer:* (**segunda fileira, à esquerda**) japoneses do séc. XVIII comem espaguete; (**segunda fileira, à direita**) cliente na bancada de um *saloon* norte-americano do final do séc. XIX. *Técnicas do movimento:* (**terceira fileira, à esquerda**) "passo do ganso" de um soldado alemão; (**terceira fileira, à direita**) atleta inglês em uma competição de corrida no início do séc. XX.

cada lado do corpo alternadamente (nós fomos acostumados a avançar com o corpo todo ao mesmo tempo). Pés virados para fora ou para dentro. Extensão da perna. (...) Rimos de quem marcha usando o "passo do ganso": com esse passo, o exército alemão consegue obter a máxima extensão da perna. Os nórdicos, que têm pernas bem compridas, gostam de dar os passos mais largos possíveis.

A Corrida: Posição do pé, posição dos braços, respiração, magia da corrida, resistência. (...) Chegamos, finalmente, a certas técnicas de repouso ativo que não dependem simplesmente da estética, mas também dos jogos do corpo.

A Dança: Talvez vocês tenham assistido às aulas de (Erich Maria) von Hornbostel e de Kurt Sachs (...). Concordo com a divisão que eles fazem de danças de repouso e danças de ação. Talvez eu aceite, mas com menos convicção, suas hipóteses sobre a nova divisão dessas danças. Eles são vítimas do erro fundamental que constitue a base de um setor da sociologia. Supõe-se que existam sociedades que tenham uma descendência exclusivamente masculina e sociedades que tenham uma descendência exclusivamente uterina. As uterinas, que se afeminaram, tendem a dançar sem sair do lugar. Já as outras, de descendência masculina, adoram se deslocar. Kurt Sachs classificou essas danças, exatamente, como introvertidas e extrovertidas. (...)

Por último, precisamos saber que "dançar abraçado" é um produto da civilização europeia moderna, o que demonstra que coisas que consideramos totalmente naturais têm uma origem histórica. Por outro lado, o mundo todo fica horrorizado com essas danças; nós somos a exceção.

Passo agora para as técnicas do corpo que também funcionam como ofício e como partes de ofícios ou de técnicas mais complexas.

O Salto: Assistimos à transformação das técnicas do salto. Todos nós já saltamos de um trampolim e, mais uma vez, de frente. Finalmente essa técnica foi abandonada e hoje se salta de lado. Salto em comprimento, em largura, em profundidade. Salto de pé, salto com vara.

A Escalada: Posso dizer a vocês que sou péssimo para escalar árvores, mas razoável para escalar montanhas e rochas. A diferença está na educação e, portanto, no método.

Um método para escalar as árvores usando um cinto que liga o corpo da pessoa ao tronco é fundamental para todos os homens chamados de "primitivos". Mas nós nem conhecemos o uso desse cinto. Vemos operários escalando os postes de telefone usando ganchos, mas não cintos. (...)

[18-25] *Técnicas de repouso*: (**primeira fileira, à esquerda**) fumadores de ópio da metade do séc. XIX; (**primeira fileira, à direita**) casal etrusco deitado durante um banquete, ilustração do séc. I d.C.; (**segunda fileira, à esquerda**) velho marinheiro holandês sentado em uma cadeira; (**segunda fileira, à direita**) homem polinésio descansa agachado; (**terceira fileira, à esquerda**) mulher javanesa sentada no chão; (**terceira fileira, à direita**) indiana toca pífaro em posição agachada; (**quarta fileira, à esquerda**) árabe reza ajoelhado. *Técnicas da reprodução*: (**quarta fileira, à direita**) união tântrica na Índia, séc. X d.C..

A ARTE SECRETA DO ATOR

A história dos métodos do alpinismo é realmente interessante. Ela fez progressos espetaculares ao longo da minha vida.

A Descida: Nada me dá mais vertigens do que ver um Kabylo descendo as escadas com chinelos turcos (babuchas). Como é que ele faz para segurar suas babuchas nos pés sem perdê-las? Tentei ver, tentei imitar, mas não consigo entender.

Por outro lado, também não consigo entender como as mulheres conseguem andar de salto alto. E assim, tudo deve ser observado, e não apenas comparado.

A Natação: Mergulhar, nadar; utilização de meios suplementares: boias, pranchas, etc. Ainda estamos inventando a navegação. (...)

Técnicas da consumação

Comer: Com certeza vocês se lembram da história do xá da Pérsia contada por Hôffding. O xá, convidado por Napoleão III, comia com os dedos. O imperador insistia para que ele usasse um garfo de ouro. "Vós não sabeis de que prazer vos privais", respondeu o xá. Ausência e uso da faca. (...)

Beber: É muito útil ensinar as crianças a beber diretamente da nascente, da fonte, etc., em pequenas quantidades de água, a beber pela garganta, sem encostar os lábios, etc.

Técnicas da reprodução: Nada é mais técnico do que as posições sexuais. Pouquíssimos autores tiveram a coragem de falar desse problema.

[26-30] *Técnicas extracotidianas da dança:* (**primeira fileira, à esquerda**) dança de um casal norte-americano por volta de 1930; (**primeira fileira, à direita**) dança dos cossacos na Rússia; (**segunda fileira**) dança dos dervixes rodopiantes na Turquia. *Técnicas de controle do corpo e do espírito:* (**terceira fileira**) duas posições de hataioga. *Técnicas de controle e da retenção da energia:* (**quarta fileira**) prática da ginástica taoista (*nei-kong*) em um tratado chinês do séc. XIX. Cada exercício leva ao controle da respiração.

TÉCNICA

Considerações gerais

(...) Eu acredito que toda essa noção da "educação das raças", que são selecionadas a partir de certas eficiências, seja um dos momentos fundamentais da própria história: educação da visão, educação da maneira de caminhar – subir, descer, correr. Ela consiste, principalmente, na educação a sangue frio. E esta é, antes de tudo, um mecanismo de atraso, de inibição dos movimentos desordenados. Como consequência, o atraso permite uma resposta coordenada de movimentos coordenados rumo a um objetivo escolhido. Resistir ao impulso da emoção é algo fundamental na vida social e mental. Ela separa, e até classifica, as sociedades chamadas de primitivas a partir de suas reações mais ou menos brutais, sem reflexão e inconscientes, ou, ao contrário, a partir de reações mais isoladas, precisas e governadas por uma consciência transparente.

Não é graças ao inconsciente que existe uma intervenção da sociedade, mas é graças à sociedade que existe uma intervenção da consciência. É graças à sociedade que se tem a certeza de movimentos prontos, o domínio do consciente sobre a emoção e sobre o inconsciente. (...)

Nosso amigo Granet já falou de suas grandes pesquisas sobre as técnicas do Taoísmo, sobre as técnicas do corpo e da respiração, em particular. Eu estudei suficientemente os textos sânscritos da ioga para saber que os mesmos fatos acontecem na Índia. Eu acredito que, no fundo de todos os nossos estados místicos, existam técnicas do corpo que nós ainda não estudamos, mas que foram perfeitamente estudadas pela China e pela Índia, desde épocas muito antigas. Esse estudo sócio-psico-biológico da mística ainda deve ser feito. Eu penso que, necessariamente, existam meios biológicos para entrar em "comunicação com Deus".

[31-32] *Técnicas extracotidianas do corpo:* (**acima**) aluno-ator da Ópera de Pequim durante seu treinamento; (**ao lado**) ator Kabuki, ator da Commedia dell'Arte, dançarina balinesa, dançarina Odissi.

A espinha dorsal: o leme da energia

As técnicas extracotidianas servem para que o ator-dançarino manifeste uma qualidade de energia que o torne "pré-expressivo", ou seja, para que ele tenha uma presença cênica antes mesmo de expressar alguma coisa. Um princípio que ajuda a obter essa qualidade de energia é a "alteração do equilíbrio" (ver *Equilíbrio*), com a consequente adaptação da espinha dorsal.

A qualidade do tônus muscular que determina a pré-expressividade está diretamente ligada à posição da espinha dorsal.

Nossa espinha dorsal pode ceder, pode se abandonar e assim enfatizar o peso e a força de inércia. Mas ela também pode ficar ereta ou se curvar de um modo particular, criando uma arquitetura de tensões que dilatam a presença do ator.

Cada técnica extracotidiana do corpo – associada a uma forma teatral mais ou menos codificada – tem como base o domínio de uma postura particular, ou seja, de uma posição particular da espinha dorsal e de outras partes do corpo ligadas a ela: pescoço, costas, ombros, abdômen, quadril.

Podemos distinguir as diversas formas teatrais, pertencentes a uma mesma cultura ou a culturas diferentes, pela particular posição da espinha dorsal e pela consequente tonicidade muscular do corpo.

Se observarmos com atenção, percebemos que a espinha dorsal de um ator da Ópera de Pequim fica toda tensionada para o alto, enquanto um ator Nô japonês possui uma pequena curva na parte superior da espinha dorsal e um recuo ao nível da região pélvica.

No Bharata Natyam indiano, a espinha dorsal é uma linha perfeitamente vertical. Em relação a essa linha, os ombros e o pescoço são usados como elementos dinâmicos que disciplinam e canalizam o temperamento da dançarina. Na Índia também temos a dança clássica Odissi, cuja espinha dorsal tem a forma de uma letra "S" devido ao deslocamento lateral dos quadris e do leve movimento do pescoço na direção contrária, para equilibrar os ombros (ver "*Tribhangi* ou três arcos", em *Oposições*).

Em Java, a origem do Wayang Wong está no teatro de marionetes. Talvez isso explique por que a espinha dorsal seja reta e rígida e tenha aqueles movimentos imperceptíveis para fora, que provocam o efeito de uma nova energia a cada passo.

Já na ilha de Bali, que fica próxima a Java, a espinha dorsal do ator-dançarino é mais parecida com a dos dançarinos indianos de Katakhali. E ainda que eles não movimentem os quadris, os adornos de suas cabeças tremem graças aos rápidos movimentos do pescoço.

Cada técnica extracotidiana é o resultado de uma mudança do ponto de equilíbrio que caracteriza a técnica cotidiana. Essa mudança afeta a espinha dorsal: de um lado, influencia o modo de tensionar o tórax, a parte superior do corpo; do outro, impacta a região pélvica, os quadris, o modo de caminhar e de se deslocar no espaço.

[32-42] Posição da espinha dorsal nas várias culturas da dança, indicadas pela dançarina norte-americana Russell Meriwether Hughes, mais conhecida como La Meri (1899-1988). Ela foi uma atenta estudiosa das danças étnicas e também praticou e ensinou suas técnicas através da Europa e dos Estados Unidos.

TÉCNICA

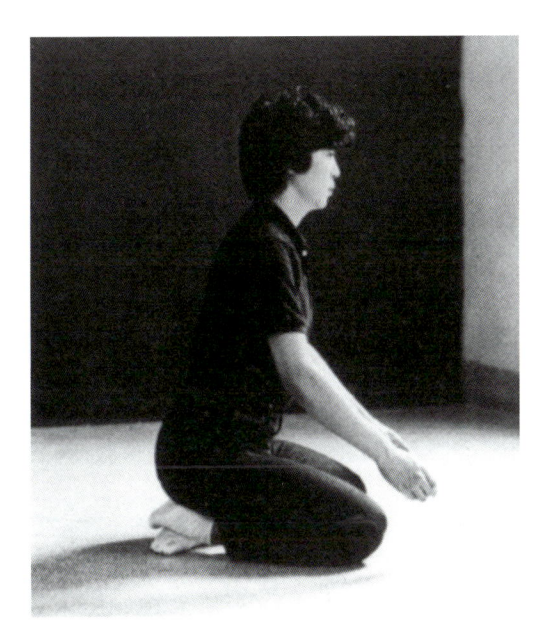

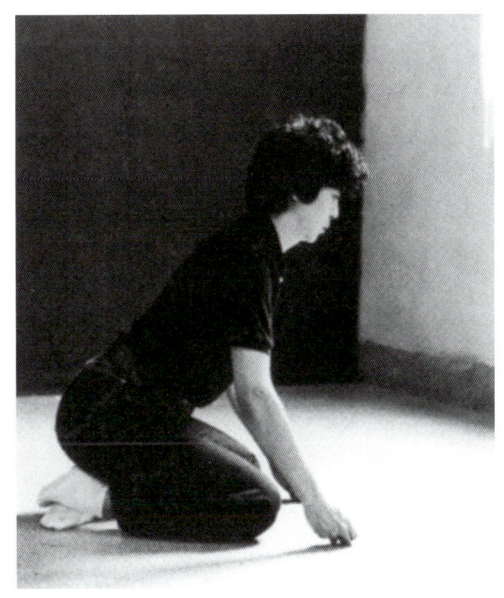

[43-46] (**acima**) Modo de cumprimentar japonês na posição ajoelhada, em uma demonstração de Kosuke Nomura durante a ISTA de Volterra (1981): esta é uma técnica cotidiana que foi transmitida ao teatro de forma intacta. A espinha dorsal encurvada em sentido contrário à sua posição natural confere uma grande dignidade à ação. Nos atores europeus, que imitam esse gesto como se fosse uma coreografia superficial e sem consciência física, a dignidade se transforma em subserviência; (**abaixo**) atores do Théâtre du Vaudeville de Paris, em 1907, em *A Princesa do Amor*, de Judith Gautier.

A ARTE SECRETA DO ATOR

O grito mudo

No final da terceira cena da *Mãe Coragem e seus Filhos* de Brecht, os soldados levam o cadáver de Schweizerkas ao palco. Eles suspeitam que seja o filho de Mãe Coragem, mas não têm certeza e querem que ela identifique o corpo. De acordo com o texto de Brecht, quando o corpo do seu filho é colocado na sua frente, Mãe Coragem balança a cabeça duas vezes e não o reconhece. Nesse caso, os soldados levam o corpo embora para enterrá-lo numa fossa comum.

Helene Weigel, a maior intérprete dos personagens femininos de Brecht, ficava imóvel ao interpretar essa cena: ela balançava só a cabeça em sinal de negação. Quando os soldados a obrigavam a olhar novamente para o corpo, ela negava reconhecê-lo pela segunda vez com um olhar fixo e ausente. Mas quando o cadáver era levado embora, a Weigel virava a cabeça para o outro lado e escancarava a boca como se desse um "grito mudo".

George Steiner, que viu a Weigel no Berliner Ensemble, relata:

> Virou a cabeça para o outro lado e escancarou a boca exatamente como o cavalo que grita no *Guernica* de Picasso. Um som cru, terrificante e indescritível sai de sua boca. Só que, na verdade, não havia som. Nada. Era o som do silêncio absoluto. Um silêncio que gritava e gritava no teatro todo, obrigando o público a abaixar a cabeça como se por ali passasse uma rajada de vento.
> (G. Steiner, *The Death of Tragedy* [A Morte da Tragédia], Nova York, Knopf, 1961)

Até aqui é só a imagen de um espectador. Vamos ver agora o mesmo trabalho da Weigel reconstruído por um historiador de teatro.

> A Weigel se viu intepretando cercada por símbolos, com um carro que, ao mesmo tempo, era uma máquina de guerra e um bazar, montado sobre uma plataforma giratória que representava o mundo de Mãe Coragem e que a deslocava no palco durante suas várias cenas. Ela conseguiu não ser esmagada por todo esse contexto porque, sendo uma atriz que havia trabalhado com Piscator, sabia que podia combater a abstração valorizando a fisicalidade do personagem e a criatividade do seu próprio corpo naquela situação.

Ela começou a ensaiar usando um critério que, mais tarde, Brecht adotaria em seu Berliner Ensemble: ela ensaiava repassando seu papel inúmeras vezes, suas interpretações eram apenas esboços aproximados, não tinham ainda uma forma definida, parecia que ela não se preocupava se estava atrasada com relação aos outros atores. Mas a certa altura o trabalho começou a florescer. Durante a estreia, a Weigel tinha o suporte de uns cem detalhes e poses narrativas que revelavam as relações de Mãe Coragem com os outros personagens. E outros detalhes e outras poses apareceriam após a estreia.

[47-49] O "grito mudo" de Helene Weigel (1900-1973) em *Mãe Coragem e seus Filhos*, de Bertolt Brecht, no Berliner Ensemble (1949). A intensidade do grito está contida nas várias tensões da espinha dorsal.

TÉCNICA

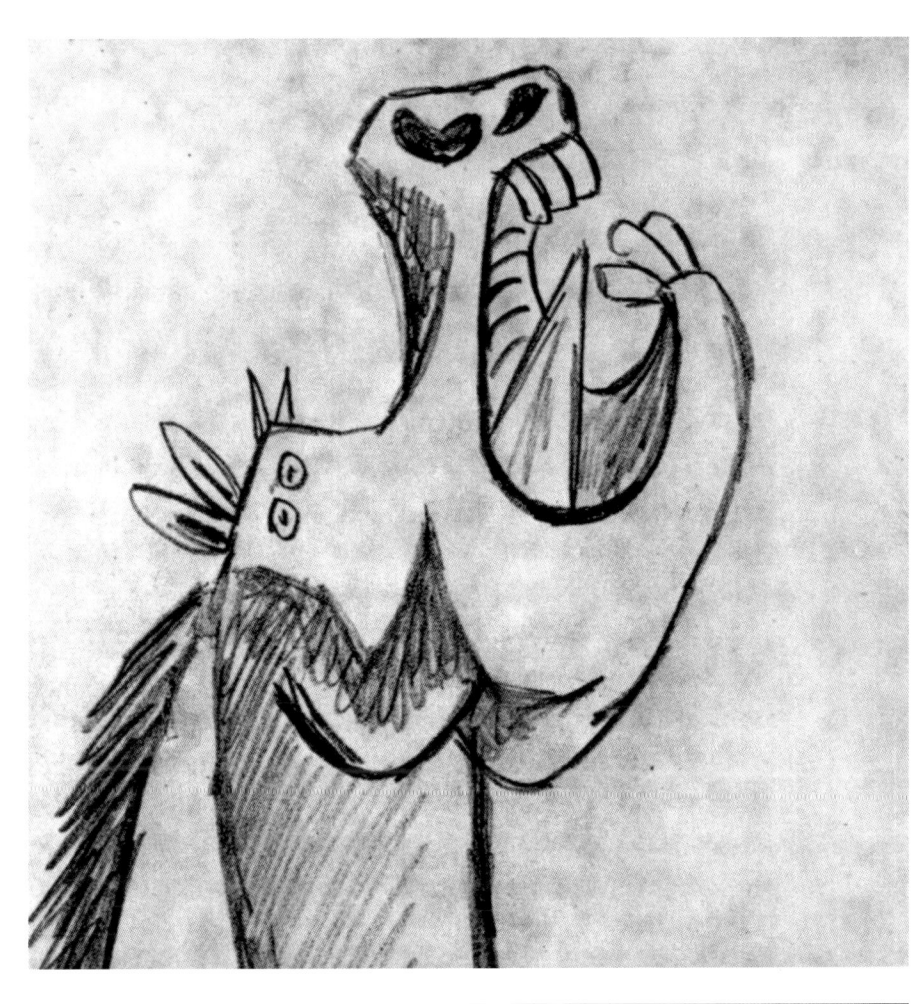

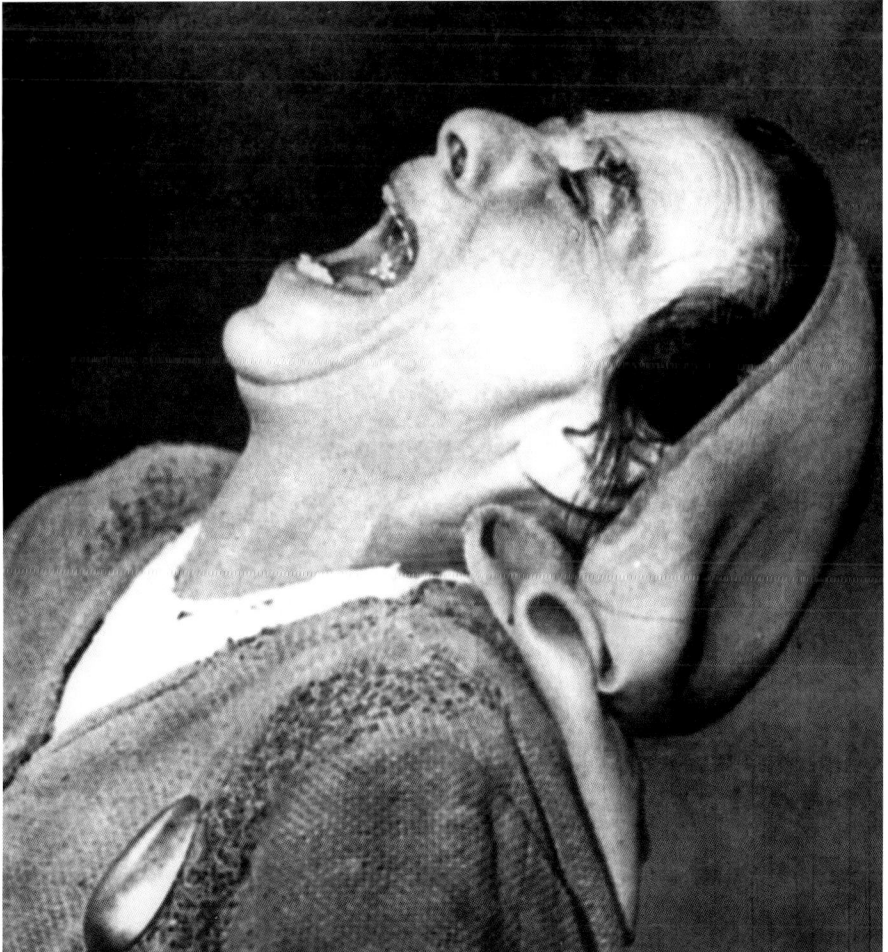

A pose daquela imensa dor, a inesquecível imagem da Weigel com a boca escancarada sem emitir grito nenhum, só se manifestou após inúmeras apresentações, quando, do seu subconsciente, veio uma imagem que ela tinha visto num jornal: parece que era uma mulher indiana chorando o assassinato de seu filho.

(Claudio Meldolesi, "Brecht alla Prova" [Brecht Durante od Ensaios]. In: Claudio Meldolesi; Laura Olivi; Berliner Ensemble, *Brecht Regista: Memorie dal Berliner Ensemble* [Brecht Direto: Memória do Berliner Ensemble]. Bolonha, Il Mulino, 1989)

Com relação a esse mesmo espetáculo, podemos ler no diário de Hans Bunge, assistente de Brecht: "A Weigel, por exemplo, não havia criado a maneira de caminhar da Mãe Coragem com ensaios teóricos. Desde o início, ela tinha vestido a saia e os sapatos do personagem".

Como podemos ver claramente nas fotos da página ao lado (fig. 47-49), a ação da Weigel na cena do "grito mudo" está baseada na tensão de sua espinha dorsal: é através dessa tensão que ela nos transmite uma energia equivalente à energia de um grito.

O entendimento desse efeito emocional da espinha dorsal, e principalmente o cuidado com os detalhes físicos concretos, também aparecem de modo claro em um episódio contado pela própria Helene Weigel a Ekkehard Schall, um dos seus parceiros no Berliner Ensenble. Ele nos diz:

Em 1925, quando era jovem, ela tinha atuado junto do grande Albert Bassermann em *As Colunas da Sociedade*, de Ibsen. Em uma cena em que os dois estavam juntos no palco, ele recebia uma notícia catastrófica atrás da outra: o pai morto, a mãe morta, os filhos mortos, como se um raio tivesse caído no meio de um céu sereno. Para receber todas essas notícias terríveis, Bassermann escolheu uma posição em que ficava de costas para o público. Um dia, Helli [Helene Weigel] disse na cara dele que seu rosto não mostrava nenhuma emoção e que ainda expressava alguma coisa privada: chegava a piscar o olho para ela. Então ele teria respondido: "O que isso importa, se o público não está vendo meu rosto?". Ele representava tudo com as costas: cada choque recebido era mostrado apenas através de suas costas.

(Ekkehard Schall, *La Mia Scuola di Teatro*. Milão, Ubulibri, 2004, p. 45 / "Interview with Ekkehard Schall", em *Theatre Quaterly*, n. 6, mai. 1986)

[50-51] (**acima**) Picasso: terceira versão de uma "cabeça de cavalo que relincha" (1937), desenho preparatório para *Guernica* (Museu Reyna Sofia, Madri); (**ao lado**) o "grito mudo" de Helene Weigel.

Leis pragmáticas
Jerzy Grotowski

De 24 a 26 de outubro de 1980, foi realizado um seminário internacional como parte da sessão pública da ISTA de Bonn. Entre os participantes estava Jerzy Grotowski, que concedeu uma entrevista a Franco Ruffini, fazendo os seguintes comentários sobre a investigação de Barba relativa aos princípios do trabalho técnico do ator.

Barba formulou os três princípios essenciais no campo do trabalho – digamos – técnico do ator. Em geral, disse que a técnica do ator é uma técnica do corpo extracotidiana. Em cada cultura sempre existe uma técnica do corpo cotidiana, assim como foi definida pelo antropólogo francês Marcel Mauss, e uma técnica extracotidiana, que eu chamaria de uma técnica da amplificação. Existem técnicas de integração, como a ioga, por exemplo, e também existem outras técnicas, também extracotidianas, que são técnicas de amplificação de um fenômeno bio-sociológico.

Quando se vê o modo como um ator do teatro Nô caminha, sempre deslizando os pés, tocando completamente o chão, na verdade trata-se de uma amplificação de algo que se encontra na maneira normal de caminhar daquela cultura. Isso me parece muito importante. Barba se ocupa, com uma especificação prática exata, da diferença entre a técnica cotidiana e a ténica extracotidiana, neste sentido preciso do extracotidiano como amplificador. Então, quando Barba compara as técnicas cotidianas de certas culturas orientais com as técnicas extracotidianas do ator em uma situação de representação, ele vê certas leis, digamos, objetivas, que podem ser identificadas.

É fácil começar uma polêmica infinita do ponto de vista científico, mas seria um erro, ou melhor, seria pouco útil, porque na realidade as leis sobre as quais Barba fala são leis pragmáticas. Isso significa que, se alguém se comporta de um certo modo, obtem-se certos resultados. Esse é o problema das leis pragmáticas. As leis pragmáticas são as leis que dizem como devemos nos comportar para alcançar certos estados, ou certos resultados, ou certas conexões necessárias. Elas não dizem que uma coisa funciona de uma determinada maneira.

Elas dizem: é preciso fazer de uma determinada maneira. Barba identificou três leis que são leis pragmáticas. Quero frisar isso, já que durante o simpósio houve uma certa intenção polêmica, por parte de alguns intelectuais, sobre o que são as leis. Eu já disse, são leis pragmáticas: uma coisa acontece de um certo modo se você se comporta de um certo modo. O problema não é analisar como uma coisa acontece, mas o que fazer para que uma coisa aconteça.

A primeira lei de que fala Barba é a lei do equilíbrio do corpo, que nas técnicas extracotidianas é obtido em um nível completamente diferente. Renuncia-se a um equilíbrio, vamos dizer, fácil, fácil porque foi incorporado desde a infância, para encontrar um outro nível de equilíbrio que, pode-se dizer – e esta é uma observação minha – faz amplificar a situação de equilíbrio normal. Pode-se dizer que é um equilíbrio extra, ou um "equilíbrio de luxo", como diz Barba.

A segunda lei é a lei da contradição da direção dos movimentos ou da direção dos impulsos. Quando uma parte do corpo exerce um impulso em uma determinada direção, outra parte exerce um impulso em outra direção, o que comporta importantes consequências no nível muscular e, especialmente, no nível das contrações e das descontrações. Isso é muito importante. Em algumas escolas de educação do ator, diz-se que a chave de tudo está no relaxamento. Mas a chave não está no relaxamento. Está em um processo de unidade entre a contração e a descontração. Nada chega ao ator que está totalmente descontraído e, além disso, como se sabe, as contrações completamente cegas – que são as contrações neuróticas – acabam sendo obstáculos. Mas existe um certo jogo de contrações e descontrações que, ainda que seja realizado inclusive na vida cotidiana, se amplifica nesta situação de luxo que Barba chama de "situação de representação". Ali é que está, realmente, o problema das direções opostas em um único momento. Mas isso acontece dentro do corpo: se alguém exerce um impulso para a esquerda, tem alguma coisa que exercita um contraimpulso para a direita, e o mesmo acontece para o alto e para baixo, para frente e para trás. Isso acontece no dia a dia, nas técnicas cotidianas. Mas na situação de representação acontece uma amplificação extrema, e essa amplificação faz com que se trate de alguma coisa que já possui outra qualidade.

Esse jogo de contradição, de contração e descontração, de direções opostas dos impulsos, é levado a tal limite que é possível dizer que o homem, em sua própria fisiologia, torna-se um signo. Mas o que importa é que tal situação é obtida a partir de um treinamento e um esforço conscientes e, em seu conjunto, está em sintonia com as leis da fisiologia; que é um signo que resulta de uma amplificação das leis biológicas, mas também dos condicionamentos sociais. É preciso reconhecer: a amplificação possui dois níveis.

A terceira lei pragmática é que o processo de ação feito pelo ator pode ser feito e observado a partir da perspectiva da energia no espaço ou da energia no tempo (a terminologia é japonesa). Evidentemente, pode-se começar outra discussão terminológica sobre o que é energia e sobre o que significa energia no espaço e energia no tempo. De qualquer forma, a diferença é nítida. Trata-se de exteriorizar o processo em movimento (enquanto qualidade cinética que acontece no espaço) ou de comprimir o que está na base de um possível movimento no espaço (de encondê-lo sob a pele). Os impulsos avançam mas, em certa medida, são freados. Então vemos o corpo que é vivo e algo que acontece no espaço, mas que é freado sob a pele. O corpo é vivo, faz uma coisa que é extremamente precisa, mas é no tempo que vemos esse rio correr: a cinética no espaço passa para o segundo plano. Essa é a energia no tempo. Também existem subleis, como, por exemplo, o que poderia ser chamado de anti-impulso, antimovimento, e que Barba chama com o termo escandinavo *sats* (impulso). E isso é muito preciso, existe. Isso pode ser feito em diferentes níveis, como uma espécie de silêncio antes do movimento, uma espécie de silêncio que é preenchido pelo potencial, ou que pode se realizar como uma espécie de suspensão da ação em um preciso momento.

Sats

Graças ao *sats*, tudo o que é visto, que acontece, tem o tempo para ser absorvido. E por causa do *sats*, também se pode compreender que o processo teve o tempo de ser absorvido como forma, forma no sentido de *shape*. Mas como é possível estudar isso nas diferentes técnicas cotidianas, na situação de representação? Pode-se observar as diferenças que existem entre os atores balineses, os atores japoneses e as diversas formas que constituem o teatro clássico indiano. Barba usou essas especializações dos atores orientais como ponto de partida para uma análise pragmática. Podemos dizer que cada tipo de atuação no teatro clássico oriental refere-se a uma técnica cotidiana do corpo, mas há uma base fisiológica que torna o que foi observado válido para todos nós.

Se a técnica do corpo for mudada, ela muda do ponto de vista social, mas continua enraizada na mesma realidade biológica. Em cada tipo de teatro oriental existe uma especialização extremamente fixada, muito consciente, que é uma técnica extracotidiana de amplificação, e esta técnica particular possui um campo muito delimitado de possibilidades. Por isso, se as diferentes técnicas extracotidianas em situação de representação funcionam da mesma maneira, apesar das diversas especializações, é óbvio que se pode deduzir que são as leis – *tout court* – que estão agindo.

No teatro europeu não existe uma codificação da arte do ator. O ator improvisa, mas surgem os estereótipos da vida cotidiana, ou uma espontaneidade mal-entedida pela qual ser espontâneo significa ser selvagem, mover-se de forma violenta, gritar, se agredir, se abraçar. Na realidade, a improvisação só começa quando o ator se coloca limites muito precisos e concretos. Por exemplo, Iben concentrou-se apenas no modo de caminhar de Kattrin, a filha muda de Mãe Coragem [Grotowski se refere ao espetáculo *Luna e Buio*, apresentado por Iben Nagel Rasmussen durante o simpósio internacional]. Naquele momento, o ator pode superar a própria objetividade biológica e sociológica e alcançar uma subjetividade pessoal e, na hora em que a objetividade e a subjetividade se fundem, o ator se torna vivo. Pode-se dizer que não há liberdade se não se paga o preço da ascese. Mas falo de ascese não no sentido místico ou religioso, e sim no sentido concreto, como limitação do eu.

No campo do teatro, essa é a tarefa do diretor. Eu diria que, em seu trabalho, o diretor também deve representar o polo positivo. De um lado, deve seguir o que chamei de via negativa, ou seja, eliminar os obstáculos que se apresentam ao ator, mas, de outro lado, deve ser positivo, fornecendo ao ator temas muito precisos e delimitados. Nesse caso, o ator tem um ponto de partida para a sua improvisação.

Logos *e* bios

Quando falo de objetividade bio-sociológica e de subjetividade, também falo do problema do *logos* e do *bios*. Existe o *logos* e existe o *bios*, e o *logos* está ligado ao discurso descritivo, analítico. De uma forma diferente, o problema do *logos* também existe no ator oriental. Através do seu corpo, o ator oriental, com sua tradição, expressa palavras, frases e discursos: então é *logos*. Mas é como se, por causa da tradição que é tão forte, seu *logos* tivesse conservado alguns princípios do *bios*, e é por isso que o ator oriental nos parece vivo. *Logos* e *bios* representam a divisão. Essa é a razão pela qual é muito perigoso falar de expressividade do ator. Barba tem perfeitamente razão quando fala de nível pré-expressivo do ator. Se o ator expressa, ele *quer* expressar. Então temos novamente a divisão. Tem uma parte que dá ordens e outra que as obedece. A verdadeira expressão, poder-se-ia dizer, é a expressão da árvore.

Há uma profunda ligação entre o que Barba está fazendo com a ISTA e o meu "teatro das fontes". E essa ligação consiste no fato de que nós dois nos ocupamos de fenômenos transculturais. A cultura, cada cultura específica, determina a base objetiva bio-sociológica, já que cada cultura está ligada a técnicas cotidianas do corpo. Então é importante observar o que permanece constante quando essas culturas variam, o que existe de transcultural.

[52] Dario Fo, Eugenio Barba e Jerzy Grotowski na ISTA de Volterra (1981).

Texto e cena

Texto e cena
Franco Ruffini

Texto dramático, encenação, espetáculo, teatro... são todos termos que devem ser revistos para que possamos disntigui-los claramente um do outro. A melhor maneira de fazer isso é abordando a questão com certo distanciamento.

Uma das técnicas usadas pelo zen para alcançar a iluminação é o *koan*: o mestre convida seu aluno a meditar sobre alguma questão fundamental, um *koan*. Um dos *koans* mais conhecidos é o seguinte: o mestre pede ao aluno para fazer um som batendo as palmas de suas duas mãos, o que ele faz sem dificuldade. Então ele pede para que o aluno ouça o som de uma única mão ao bater palmas. É aí, ao desafiar a razão, que tem início o processo de iluminação.

Mas qual é o paradoxo desse *koan*? Ao refletir sobre isso, vemos que o paradoxo nasce da aplicação lógica e rigorosa de uma premissa que é tão espontânea que nem precisa ser verbalizada. A premissa é a seguinte: se o som das duas mãos batendo palmas existe (e ele existe), então só pode ser a soma dos sons de cada uma das mãos ao fazer isso.

De modo análogo, poderíamos dizer: se o "teatro de duas mãos" existe (e ele existe), então só pode ser a soma, ou a integração, de dois "teatros de uma só mão": o "texto" e a "cena". Temos que entender a "cena" como o conjunto de todas as especificidades humanas, técnicas, materiais, estéticas, entre outros valores, que permitem a "representação" do texto em si.

Mas vamos voltar ao *koan*. É claro que o som de duas mãos batendo palmas não é a soma dos sons de cada uma das mãos, e sim o resultado de um tipo particular de relação no qual as duas mãos colaboram como parceiras.

Agora eu proponho chamar de *teatro* o produto da relação de colaboração entre *texto* e *cena*, entendendo a *cena* a partir da descrição acima. Também é preciso dizer imediatamente que, de acordo com essa definição, nunca existiu e não existe *um único* teatro, mas existiram e existem *vários teatros*, assim como vários são os particulares tipos de relação estabelecidos efetivamente entre texto e cena.

Uma pessoa pode se relacionar com o texto ou com a cena de modo isolado, assim como pode falar de ambos como sendo os respectivos parceiros de outros colaboradores, mas nos dois casos não poderia achar que está falando de teatro.

O teatro é um *tertium*, um terceiro elemento, é o resultado da relação dialética entre os dois colaboradores *texto* e *cena*. Sendo assim, *os teatros* só nascem quando texto e cena colaboram. E é essa particular relação que determina as diferentes tipologias de teatro através da história. Mas isso não pode abafar as motivações

[1-2] A relação texto/cena vista como uma relação pobre/rico, rígido/macio, programável/não programável, definido/variado: o *Hamlet* de Shakespeare ao longo do tempo. Como Hamlet: (**à esquerda**) o ator inglês Garrick e (**à direita**) o ator norte-americano Edwin Thomas Booth. Garrick (1717-1779) foi um dos primeiros atores a restaurar o texto shakespeariano de Hamlet, reintegrando vários trechos da tragédia que não tinham mais sido encenados desde a época de Shakespeare. Edwin Booth (1833-1893), dotado de uma belíssima voz e de uma boa presença, interpretou Hamlet por cem noites seguidas na temporada entre 1864 e 1865: um recorde que lhe permitiu ser o primeiro intérprete norte-americano a ficar famoso na Europa.

extrateatrais (políticas, sociais ou de qualquer outro tipo) que, pelo contrário, normalmente contribuem com a orientação e a definição da relação em si.

Civilização do texto e civilização da cena

À luz de tudo o que foi dito até aqui, uma pequena introdução à história dos teatros poderia ser feita da seguinte forma: existe, e existiu, uma civilização do texto e uma civilização da cena. Essas duas civilizações sempre viveram (e vivem), segundo tempos e modos diferentes, avançando paralelamente ou por linhas divergentes. Normalmente uma ignora a existência da outra. Cada uma delas "casou" com outras civilizações e, algumas vezes, em determinadas circunstâncias históricas, "casaram" entre si, dando origem a diversos teatros. No meio de todos esses "casamentos", teve um que exerceu um importante papel na reflexão historiográfica: o casamento entre o *texto-repertório* e a *cena acadêmica* (ou seja, a cena que nasceu nas Academias e nas cortes italianas do Renascimento) que dominará as principais capitais europeias do século XVII ao século XIX, aproximadamente. O resultado desse "casamento" é aquele grupo bastante homogêneo que poderíamos chamar de *teatros de tradição*, ou melhor, o teatro que, geralmente, no Ocidente, é considerado O TEATRO.

Obviamente, há diversos tipos de "casamento". E o relativismo cultural, ou mesmo só a boa educação, nos proíbe de dizer que, em princípio, uma forma é melhor – ou "mais saudável" – que a outra. A forma que nós chamamos de "teatro-instituição" nos dá a oportunidade de aprofundar um pouco mais a nossa investigação, ainda que possa ter um valor negativo. Qual é a "forte razão" dessa hegemonia? É o suposto funcionamento "fisiológico" de seus parceiros, que por sua vez estaria baseado na "aderência à realidade".

Mas será que o *texto-repertório* e a *cena acadêmica* são tão "saudáveis" assim? Vamos falar um pouco do primeiro, já concordando que cada uma das próximas afirmações permite ao menos uma exceção.

No *texto-repertório* não existem personagens silenciosos, ou seja, personagens importantes no conjunto da trama que escolham ficar calados, já que eles não têm nenhum impedimento para falar. Pelo contrário, existem personagens que declaram seu silêncio, ou seja, personagens que falam do seu desejo de não falar.

No *texto-repertório* não existem personagens esquizofrênicos ou disassociados, ou seja, personagens que manifestam concretamente uma contradição entre o pensar e o agir. Por outro lado, existem personagens que, ao falar, expõem as contradições frequentemente dolorosas dos seus pensamentos e que, de vez em quando, agem de acordo com uma intenção específica.

No *texto-repertório* não há simultaneidade de ações, ou seja, não se veem ações diferentes (mas que possuem a mesma importância) acontecendo ao mesmo tempo em vários lugares. Nele também não existe um deslocamento temporal: o "antes" e o "depois", com relação ao "agora" da ação, só aparecem como lembranças ou como sonhos que são contados no tempo presente.

Poderíamos continuar essa reflexão e analisar, por exemplo, a natureza bem pouco realística do monólogo, ou mais coisas ainda. Só que isso seria inútil, considerando o nosso objetivo agora. Em vez disso, é útil indicar como todas as "patologias" enunciadas (cujas verdades, como eu já disse, só têm valor estatístico e de regra geral) são necessárias e podem ser explicadas quando alguém observa – sem sentir tanta pena – o estado de saúde do outro parceiro: a cena acadêmica.

A ausência de personagens silenciosos no *texto-repertório* compensa a patologia da *cena acadêmica*, na qual um ator normalmente só está em cena – por longos períodos de tempo – quando está falando. Outra característica da cena acadêmica equivale à "incoerente coerência" dos esquizofrênicos: a cena acadêmica é uma tradição do gesto que privilegia os macromovimentos, aqueles que têm um correspondente semântico claro e codificável, sobretudo quando comparados aos micromovimentos, considerados demasiadamente sutis para que se reconheça neles algum significado, ou pior, para não atrapalharem a ação geral, como se fossem um ruído de fundo.

Vamos falar agora do suposto funcionamento fisiológico da cena acadêmica. Será que aderem à realidade as falas do ator "consigo mesmo" ou "à parte" quando são declamadas em cena e ouvidas inclusive por quem está na última fila do teatro? E o que podemos dizer da cortina entre um ato e outro? Não foi por acaso que ela foi adotada na segunda metade do século XVIII, exatamente quando foram definidos os estatutos do teatro-instituição. Considerando essa "aderência à realidade", é óbvio que cada uma dessas patologias – e outras também – equivale a (e compensa) uma simetria patológica do texto. Elas podem ser chamadas legitimamente de convenções, mas esse fato não significa que não sejam convenções motivadas pela específica relação colaborativa entre texto e cena.

Deixando de lado, dentro da historiografia, a eventual eficácia dessa perspectiva dos teatros como um resultado de relações específicas entre texto e cena, é necessário, em primeiro lugar, esclarecer a natureza e a dinâmica dessa relação, já que até agora só falamos de sua existência. Assim, vamos ver se uma relação que tenha uma natureza análoga e que funcione com a mesma dinâmica pode constituir a base de questões relacionadas à dramaturgia, aos significados e à comunicação do espetáculo (os estudos de semiologia ainda não produziram nenhum resultado consistente sobre essas questões).

Texto "pobre" e cena "rica"

Etienne Decroux, ao falar da relação entre o mimo e a palavra, questionava-se sobre a possibilidade de sucesso dessa união e, generalizando, concluía que os dois só poderiam estabelecer uma relação proveitosa se *um* dos dois fosse "rico" ao ser comparado à "pobreza" do outro: duas riquezas não são complementares. Vamos tentar aprofundar essa questão.

Pobreza não é miséria. É possível associar a pobreza à sobriedade, ao rigor, à severidade. Talvez "austeridade" seja a palavra que chegue mais perto. A austeridade, aqui entendida especificamente como pobreza, mais do que evocar a desordem desesperada e não programável da miséria, está mais próxima do controle adequado de um orçamento. É uma linha de conduta que, em primeiro lugar, mira ao essencial. Uma pessoa que vive uma "pobreza dignificada" se glorifica por não deixar que nada de essencial falte aos seus familiares. Pobreza, então, como austeridade, como direção precisa, ou também como dureza, rigidez, programabilidade: atenção quase exclusiva ao que é essencial.

Riqueza não é só opulência. O termo "rico" pode ser usado para se referir a um tecido, a uma coleção, a um grafismo. Em todos os casos, o termo indica algo que não tem a ver com valor ou preço, mas com textura, variedade, originalidade. É possível obter um tecido rico partindo de um material pobre. Uma rica coleção também pode ser feita com quinquilharias. Riqueza, então, como flexibilidade, variedade, como desordem viva e organizada.

[3-7] *Hamlet* através dos anos nas interpretações de: (**à esquerda, acima,** Gordon Craig; (**à esquerda, abaixo**) André Antoine; (**à direita**) John Barrymore; (**na página seguinte, à esquerda**) Sarah Bernhardt; (**na página seguinte, à direita**) Zinaida Rajch. As invenções de Gordon Craig relativas à direção teatral – aqui vemos um desenho dele para o *Hamlet* produzido pelo Teatro de Arte de Moscou, em 1911 – revelaram novas possibilidades para o uso da iluminação e do espaço nas encenações modernas. A atriz Suzanne Desprès protagonizou a montagem de *Hamlet* feita em 1908 no Théâtre Antoine, em Paris: foi uma primeira tentativa para reverter a tradição do personagem estabelecida no século XIX. Essa vontade de mudança e o fenômeno do divismo foram se impondo com Sarah Bernhardt (1844-1923) e com John Barrymore (1882-1942), que aqui vemos em uma foto de 1923. Com a afirmação do teatro centrado na figura do diretor teatral, também se afirmou um gosto por encenações modernas e expressionistas das tragédias shakespearianas, uma tendência aqui representada por um projeto de Meyerhold. Segundo Alexander Gladkov, Meyerhold devia ter inaugurado seu novo teatro encenando um *Hamlet* que tivesse cenografia de Picasso e a atriz Zinaida Rajch (1894-1939) como protagonista. Na foto da página ao lado, à direita, vemos uma foto de Zinaida tirada durante um ensaio, em 1937.

No contexto das definições que aqui tentamos delinear, a afirmação de Decroux parece ser mais do que uma metáfora convincente. Talvez seja um princípio geral que reflete e define a dialética interna de todo processo "vital" e, em segundo lugar, de todo processo artístico, considerando o que ele foi e no que está se transformando. Vamos tomá-la como hipótese regulatória.

À luz dessa hipótese, a relação texto/cena deverá ser vista como uma relação pobre/rica, ou seja, rígida/flexível, programável/improgramável, específica/variada, e por aí vai. Com relação à correspondência entre os termos da dupla original (texto/cena) e os termos das duplas que acabaram de ser apresentadas, será necessário considerar, ainda que possa parecer paradoxal, que texto=pobre e cena=rico.

Em que sentido o texto pode ser definido como "pobre" em relação à cena, que por sua vez é definida como "rica"? Em sua dialética com a cena, o texto é o fator de direção, de programabilidade, é a barreira que permite (por fricção ou resistência) aos fatores cênicos de variedade, não programabilidade e "desordem", expressar sua própria energia como riqueza. Paradoxalmente, naqueles teatros que atravessaram a história e nos quais o texto dominou completamente a cena, não vemos a expressão da "riqueza" do texto, mas, pelo contrário, vemos a expressão de sua austeridade, de sua intransigência, do predomínio de uma programação que faz com que toda a vida do espetáculo dependa da narrativa textual. E de modo igualmente paradoxal, quando a cena tentou expressar sua riqueza sem a resistência do texto, essa mesma riqueza foi transformada em paródia, em opulência: não uma desordem organizada, mas o caos; não a variedade, mas uma exuberância cega e proteiforme; não uma flexibilidade elástica, mas uma flacidez inflexível.

É preciso se perguntar se a mesma dialética não pode ser encontrada no nível sincrônico e no interior dos termos "pobre" e "rico" que a definem, ou seja, se a "vida" do texto e "a vida" da cena não são também o resultado de uma relação texto/cena, pobre/rico e rígido/variável. Isso nos leva a rever a noção de dramaturgia imediatamente.

Sobre a dramaturgia

A dramaturgia sempre foi entendida como algo que só tem a ver com o texto. Até agora, a dramaturgia do ator ou do diretor só foi discutida metaforicamente. Eugenio Barba escreveu:

> A palavra *texto*, antes de significar um texto falado ou escrito, impresso ou manuscrito, significava "tessitura". Nesse sentido, não há espetáculo sem "texto".

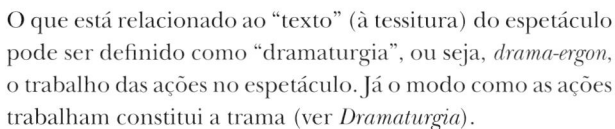

O que está relacionado ao "texto" (à tessitura) do espetáculo pode ser definido como "dramaturgia", ou seja, *drama-ergon*, o trabalho das ações no espetáculo. Já o modo como as ações trabalham constitui a trama (ver *Dramaturgia*).

Agora, deixando de lado essa interessantíssima definição de texto, vamos tentar desenvolver as considerações mais especificamente ligadas à dramaturgia.

A dramaturgia é vista como "trabalho", e aqui ela parece adquirir exatamente o mesmo sentido que possui na física. Na física, trabalho não é sinônimo de energia. A energia expressa a capacidade de realizar um trabalho, e isso só acontece quando uma força se manifesta em um movimento. Em certo sentido, o trabalho é a fase intermediária entre a energia e o movimento determinado por uma força, é a fase que permite à energia se modelar explicitamente. A dramaturgia, vista dessa maneira, também se configura como o filtro, o canal através do qual uma energia se transforma em movimento. São as ações que realizam este trabalho: sejam as ações no sentido aristotélico, quer dizer, que fazem parte do texto; sejam as ações em um sentido mais direto, como as ações dos atores, dos acessórios, das luzes, etc., quer dizer, as ações que acontecem em cena.

É possível afirmar, sem usar nenhuma metáfora, que existe uma dramaturgia do texto e uma dramaturgia de todos os componentes presentes em cena. Também podemos dizer que existe uma dramaturgia que inclui tudo isso, uma dramaturgia do espetáculo como um todo, na qual as ações do texto estão entrelaçadas com as ações que acontecem em cena. Vista nessa perspectiva, a dramaturgia pode ser considerada um conceito que unifica texto e cena, e também um conceito que permite formular, em termos menos vagos e alusivos, o que normalmente foi chamado de "vida", seja ela a vida do texto, da cena ou do espetáculo.

Mas vamos voltar ao argumento principal. Tanto as ações do texto quanto as ações da cena "trabalham". Só que agora temos outra pergunta: "De onde vem a energia que permite o desenvolvimento desse trabalho?". A resposta a essa pergunta encontra-se no que foi discutido antes com relação à dialética texto/cena (pobre/rico). Tanto a energia do texto quanto a energia da cena é determinada pela fricção ou pela resistência entre os polos opostos e complementares da dialética. Barba afirma que a "trama" pode se articular segundo duas modalidades: *concatenação* e *simultaneidade*. Podemos enriquecer essa proposta acrescendo outro fator, que veremos a seguir de forma resumida.

O teatro é o resultado da relação de colaboração entre texto e cena: essa era a hipótese inicial. Depois nos perguntamos sobre a natureza e a dinâmica dessa relação, propondo considerá-la diacronicamente e sincronicamente – como uma relação entre um aspecto pobre (rígido, programável) e um aspecto rico (flexível, não programável). Em seguida propomos a hipótese pela qual a dialética pobre/rico não se estabelece apenas *entre* o texto e a cena, mas também *dentro* do texto e dentro da cena. A definição de dramaturgia proposta por Eugenio Barba nos permitiu enxergar essa dialética (dialética do texto, da cena, do espetáculo como um todo) como trabalho de ações, trabalho que se tornou possível, em termos de energia necessária, graças à fricção, à resistência e à oposição entre o elemento pobre e o elemento rico da relação. Os polos da concatenação e da simultaneidade agora nos deixam dar um nome e definir operacionalmente os dois aspectos dessa dialética.

Concatenação = pobreza, rigidez, essencialidade, programabilidade = texto
Simultaneidade = riqueza, flexibilidade, variedade, não programabilidade = cena

Visto nessa perspectiva, o "texto" do texto, o elemento rígido, direcionado e programado, é o conflito (assim como foi especificado por Szondi) e a *narrativa*, a história. A "cena" do texto, o elemento flexível, não direcionado e não programável, é o personagem e tudo o que lhe diz respeito (diálogos, microsituações), além da "direção" imposta pelo conflito e pela *narrativa*.

O "texto" do texto é seu componente de concatenação e a cena do texto é seu componente de simultaneidade, ou seja, os aspectos diferentes e muitas vezes contrastantes, porém presentes ao mesmo tempo, que emergem no personagem e, literalmente, o enriquecem. Da fricção entre a concatenação e a simultaneidade nasce a energia. E através do trabalho das ações (macroações e microações), a energia se revela em movimento –lógico, ainda que não programável; variado, ainda que direcionado –, ou seja, na vida do texto. No que diz respeito à cena, o texto tem a ver com os significados, ou, como propõe Ferdinando Taviani, com os "significados concordados" (ver *Visões*), enquanto a cena tem a ver com os "significados não concordados".

Falando rapidamente sobre a dramaturgia do espetáculo, poderíamos sugerir que o aspecto textual (que deriva tanto do texto quanto da cena) tem a função de garantir uma ancoragem semântica ao espectador, e que o aspecto cênico (que também deriva tanto do texto quanto da cena) tem a função de garantir uma abertura, um campo de fruição mais profundo, ou pelo menos mais personalizado.

Papel e personagem

A dialética texto/cena também existe dentro de cada aspecto da relação e pode ser esclarecida ao aprofundarmos certas questões relativas ao ator.

Ator e personagem são dois polos de uma dualidade que tem sido tema de boa parte da investigação histórica e teórica. O ator que entra no personagem; o personagem que entra no ator, adaptando-se a ele; ator e personagem que se encontram em um ponto que fica no meio do caminho entre os dois; o ator que fixa e mantém uma distância "crítica" de seu personagem: estas são apenas algumas das formulações mais conhecidas com relação a esse tema. E depois tem a sensibilidade e a insensibilidade, o quente e o frio, a técnica e o talento, a possessão e a separação, a "profissão absurda". Poderíamos continuar com essas referências ainda por muito tempo, já que testemunham uma atenção metafórica ao mito do ator, mais do que uma atenção real à sua pessoa.

Mas, concretamente, como é que o trabalho do ator (tanto no sentido stanislavskiano como no sentido da física) se desenvolve? Onde é que ele busca alimento, ou seja, energia? Seguindo uma hipótese heurística, pode-se afirmar que o trabalho do ator se alimenta exatamente da "fricção" (da resistência, do atrito) entre um polo rígido e direcionado (o texto) e outro polo que, ao contrário, é variável e não direcionado (a cena): texto e cena uma vez mais. O método de trabalho aplicado a Tipos[1] e papéis ilustra tudo o que estamos dizendo de forma exemplar. Esse método foi explicitamente usado pelos atores até bem pouco tempo, e talvez eles ainda o apliquem, mesmo que de maneira indireta e incompleta.

Do final do século XVI até o início do século XX, todas as companhias teatrais se organizavam a partir dos Tipos (ator principal, ator jovem, amante, pai nobre, só para elencar alguns), e cada um desses Tipos era confiado a um determinado ator. A escolha do Tipo dependia do seu aspecto físico, do timbre da sua voz, etc., ou seja, baseava-se em características extrateatrais, mas também se consideravam os papéis que ele já havia interpretado antes. Sendo assim, o Tipo não era apenas a soma ou o recipiente de todos os papéis já interpretados pelo ator, mas algo que, por derivar deles, também os determinava, seja pela escolha seja pelo modo de tratá-los. Em todo caso, é possível dizer que o Tipo constituía, no trabalho do ator, o elemento rígido (o texto), enquanto cada um dos papéis constituía o elemento variável (a cena).

Por meio de uma "fricção", o ator podia "trabalhar" seu personagem específico fazendo-o interagir com o Tipo, relacionando-o ao papel já definido ou a papéis análogos que poderiam ser representados pelo mesmo Tipo. Todos esses papéis, inclusive o que ainda estava sendo elaborado, formavam o "mostruário" de variabilidade de que tanto se falou: uma variedade que não é arbitrária, mas controlada pela (relativa) rigidez do Tipo.

Talvez pudéssemos considerar a relação entre "papel" e "subtexto" no "método" de Stanislávski dentro desses mesmos termos. O treinamento – praticado por vários atores de grupos de teatro – poderia desempenhar uma função análoga para os atores que quase sempre são autodidatas e estão fora de um mercado que impõe uma exercitação regular: poderia representar uma barreira rígida, uma referência "pobre", ou melhor, uma espécie de Tipo com o qual (ou contra o qual) se deixa o papel interagir.

Durante o processo de construção do personagem, é materialmente possível ver "trabalhar": o Tipo e o papel, o texto e a cena, o polo pobre e o polo rico da relação. Geralmente, essa visibilidade acaba no momento do espetáculo, ou seja, quando o processo de construção chegou ao fim, quando o espectador e o estudioso são levados a deduzir que uma interação como essa não existe, assim como nunca existiu nem na frente nem atrás da ribalta. Mas, nesse caso, ocorre algo parecido com o que acontece quando, ao entardecer, olhamos para o lugar onde o horizonte encontra o mar. Lá, parece que o céu e o mar se confundem, que literalmente se dissolvem um no outro virando "uma coisa só". Naturalmente, sabemos que não é nada mais que uma ilusão óptica. Mas para nos convencermos disso, basta olhar primeiro para o horizonte e depois para o mar, antes que ele encontre o horizonte. Só então vemos que o mar e o horizonte estão visivelmente separados.

Mas o que produz essa ilusão óptica? Não é a eliminação da *diferença*, mas apenas a eliminação da *distância*. O mesmo acontece com o trabalho do ator. Na hora do espetáculo (e só nos melhores casos), ainda que seja mantida a vital e essencial diferença entre Tipo e papel (entre texto e cena, entre rígido e variável), a distância é eliminada. Os dois polos, reunidos, aderem um ao outro e provocam no espectador a ilusão óptica de uma identidade. Mas para termos consciência de que não é por aí, temos que ir para trás do palco, para trás das coxias, para um lugar onde os espectadores, por convenção, e os estudiosos, por preguiça e preconceito, têm medo de entrar.

Nada do que eu disse até aqui sobre o trabalho do ator pretende esgotar, ou mesmo só enquadrar, a problemática em questão de modo definitivo. Só quer agregar novos elementos que contribuam a tornar mais clara, ou um pouco mais "verbalizável", a complexa dialética texto/cena.

---

[1] Aqui, foi usado o termo "tipo" como tradução do italiano *parte* (em francês, o termo italiano foi traduzido por *emploi* e, em inglês, por *rôle-type* ou *part*, dependendo do momento), de acordo com a acepção de Patrice Pavis em seu *Dicionário do Teatro*, pela qual tipo é "um personagem convencional que possui características físicas, fisiológicas ou morais comuns e conhecidas de antemão pelo público e constantes durante toda a peça". Ver Patrice Pavis, *Dicionário do Teatro*. São Paulo, Perspectiva, 1996, p. 410. No texto original de Ruffini, a palavra não foi escrita com a letra maiúscula. Deixei-a assim em português, "Tipo", para evitar ambiguidades com "tipo", no sentido de "modelo", "espécie" ou gênero". (N.T.)

[8-11] *Hamlet* através dos anos nas interpretações de: (**acima, à esquerda**) Karel Hilar; (**acima, à direita**) Alec Guinness; (**abaixo, à esquerda**) Laurence Olivier; (**abaixo, à direita**) Ingmar Bergman. Nas fotos, vemos montagens modernas da tragédia *Hamlet* de Shakespeare. O diretor tchecoslovaco Karel Hilar (1885-1935) pertence à geração e ao ambiente das grandes experimentações teatrais dos anos de 1920; na foto, vemos uma montagem feita no Teatro Nacional de Praga, em 1926. Em seguida, vemos outra montagem moderna do *Hamlet* shakespeariano, apresentada em 1938 no Old Vic de Londres e dirigida por Tyrone Guthrie (1901-1971), com Alec Guiness (primeiro à esquerda na foto) no papel do popular protagonista. Mas foi a famosa versão cinematográfica de 1948, produzida por Laurence Olivier (1907-1989), que também interpretou o papel principal (**abaixo, à esquerda**), que trouxe *Hamlet* para a atenção do grande público do cinema. A versão do *Hamlet* do diretor sueco Ingmar Bergman baseia-se numa leitura da tragédia shakespeariana filtrada por Strindberg, pelo existencialismo francês e pelas reelaborações cinematográficas. Na foto, vemos os atores na encenação de 1987, Borge Ahlstedt (Cláudio), Peter Stormare (Hamlet) e Gunnel Lindblom (Gertrude).

TREINAMENTO

DE "APRENDER" A "APRENDER A APRENDER"
Eugenio Barba

> *Quem realmente compreende a arte do Nô, ao observá-lo o vê com o espírito; quem não faz isso, simplesmente o vê com os olhos. Ver com o espírito é aferrar a essência; ver com os olhos é simplesmente observar o efeito. É assim que atores iniciantes simplesmente aferram o efeito e tentam imitá-lo.*
>
> (Zeami, Fūshi Kaden)

O mito da técnica

No início das nossas atividades, nós também acreditávamos no "mito da técnica", algo possível de conquistar, de possuir, e que teria permitido ao ator dominar, dirigir o próprio corpo, se tornar consciente dele. Nessa época fazíamos exercícios para desenvolver a dilatação dos olhos e aumentar sua expressividade. Eram exercícios que eu tinha aprendido na Índia, com o treinamento dos atores de Kathakali. A expressividade dos olhos é essencial no Kathakali, e o controle de sua musculatura exige anos de um treinamento árduo que demanda muitas horas por dia. A grande quantidade de variações tem um significado bem preciso: o modo de franzir as sobrancelhas, a direção do olhar, o grau de abertura e fechamento das pálpebras. Tudo isso é codificado pela tradição. Na verdade, são conceitos e imagens que o espectador pode compreender imediatamente.

Esse controle, em um ator europeu, acabaria bloqueando as reações orgânicas do rosto, transformando-o numa máscara sem vida.

Logo que comecei, como em um cadinho no qual se fundem os mais diferentes metais, do mesmo modo, dentro de mim, tentei juntar as mais diversas influências, as impressões que me pareciam mais fecundas: o teatro oriental, as experimentações da Grande Reforma, a experiência que tive durante minha permanência na Polônia e com Grotowski. Eu queria adaptar esse ideal de perfeição técnica inclusive naquele setor do trabalho artístico que chamávamos de composição, palavra que tinha chegado ao Odin Teatret através das terminologias francesa, russa e do Grotowski. Eu pensava que a *composição* fosse a capacidade do ator de criar signos, de modelar conscientemente o próprio corpo até alcançar uma deformação com forte poder sugestivo e associativo. O corpo do ator como a Pedra de Roseta e o espectador no papel de Champollion. Em um nível consciente, de cálculo frio, alcançar o que é quente e que nos obriga a acreditar com todos os nossos sentidos.

Muitas vezes, porém, eu achava que essa composição tinha sido imposta, como algo que vinha de fora, que funcionava em um nível teatral mas sem aquela força motriz capaz de perfurar a crosta dos significados que eram demasiadamente evidentes. A composição podia ser rica, podia tocar, colocar o ator em evidência, mas era como um véu que escondia algo que eu sentia dentro de mim e não tinha coragem de enfrentar, de revelar a mim mesmo, ou melhor, de revelar aos outros. No primeiro período da nossa existência, todos os atores faziam os mesmos exercícios juntos, num ritmo coletivo comum. Depois nos demos conta de que o ritmo é diferente para cada indivíduo. Alguns têm um ritmo vital mais veloz, outros, mais lento. Começamos a falar sobre ritmo orgânico no sentido de variação, pulsação, como o ritmo do nosso coração, como mostra o nosso cardiograma. Essa variação, contínua ainda que microscópica, revelava a existência de uma onda de reações orgânicas que empenhavam o corpo todo. O treinamento só podia ser individual.

Essa fé na técnica, uma espécie de poder mágico que tornaria o ator invulnerável, também nos orientou no campo da voz. No início seguimos a práxis do teatro oriental. Simples imitação de determinados timbres de voz. Usando a terminologia de Grotowski, chamávamos os diferentes tons de voz de "ressonadores". No treinamento do teatro oriental, o jovem ator aprende mecanicamente a interpretar papéis inteiros em todos os seus matizes vocais, timbres, entonações e exclamações, um verdadeiro tecido sonoro construído pela tradição e que o ator deve repetir exatamente para ser admirado por um público de especialistas. Nós também, a frio, começamos a encontrar uma série de timbres, tons e entonações, e passamos a exercitá-los cotidianamente.

Esse período de trabalho calculado, de pura tecnicidade, pareceu confirmar que a hipótese de um ator virtuoso era correta: os efeitos obtidos eram interessantes.

(Eugenio Barba, "Palavras ou Presença".
In: *Teatro: Solidão, Ofício, Revolta.*
Brasília, Dulcina/Teatro Caleidoscópio, 2010, p. 91)

Uma fase decisiva

Uma fase decisiva da nossa experiência foi quando eu disse para cada um dos atores: "Siga seu caminho, não existe mais um método, cada um deve criar seu próprio método". E o que foi que aconteceu? Que o trabalho de cada um se tornou muito mais difícil, sem nenhum ponto de apoio, mas ficou personalizado. Depois de mais de dez anos, alguns dos meus atores ainda treinam todo dia. O significado desse trabalho só pertence a eles mesmos. E eles dão o máximo de si, mesmo sabendo que o treinamento não garante os resultados artísticos. É o modo de dar coerência às próprias

[1] Iben Nagel Rasmussen em uma demonstração do treinamento inicial do Odin Teatret (ISTA de Holstebro, 1986).

[2-3] (à esquerda) Roberta Carreri e Julia Varley durante o treinamento no Odin Teatret, entre 1982 e 1984; (à direita) Toni Cots durante o treinamento no Odin Teatret, entre 1982 e 1984.

intenções. Se nós decidimos fazer teatro, temos que fazer teatro. Mas também temos que explodir as molduras desse teatro com toda a nossa energia e inteligência.

(Eugenio Barba, "Workshop sobre o Treinamento na Universidade de Lecce, Itália". In: Ferdinando Taviani, *Il Libro dell'Odin*. Milão, Feltrinelli, 1975)

A presença física

O modo como o ator explora e compõe a relação peso/equilíbrio, a oposição dos movimentos, a composição das velocidades e dos ritmos, permite que ele dê ao espectador não apenas uma diferente percepção do corpo, mas também uma diferente percepção do tempo e do espaço. Não um "tempo no espaço", mas um "espaço-tempo". Só dominando a oposição material entre peso e espinha dorsal o ator pode adquirir um metro para medir o próprio trabalho. Depois ele pode usar esse metro com todas as outras oposições físicas, psicológicas e sociais que caracterizam as situações que ele analisa e articula em seu processo criativo.

O processo para dominar as próprias energias é extremamente longo: é, de fato, um novo condicionamento. No começo, o ator é igual a uma criança que aprende a caminhar e a se mover, tendo que repetir mil vezes os gestos mais simples para transformá-los de movimentos inertes em ações.

O uso social do nosso corpo é necessariamente o resultado de uma cultura. Ele foi aculturado e colonizado. Conhece apenas os usos e as perspectivas para as quais foi educado. Para encontrar outros usos e outras perspectivas, deve se distanciar dos próprios modelos. Inevitavelmente, deve buscar uma nova forma de "cultura" e deixar-se "colonizar" por ela. Mas essa passagem faz com que o ator descubra sua própria vida, sua própria independência e sua própria eloquência física.

Os exercícios do treinamento representam essa "segunda colonização". (...)

Um exercício é uma ação que alguém aprende e repete após tê-la escolhido, tendo objetivos bem precisos.

Por exemplo: se uma pessoa quiser se ajoelhar com as duas pernas ao mesmo tempo, a uma certa altura, enquanto desce em direção ao chão, ela perde o controle, o peso passa a comandar e ela bate com os joelhos no chão. Então o problema é encontrar um contraimpulso que lhe permita ir em direção ao chão, mesmo que rapidamente, mas sem bater os joelhos e se machucar. Para resolver esse problema, a pessoa encontra um exercício e começa a repeti-lo.

Outro exercício pode surgir do problema de como deslocar o equilíbrio pra frente, até o momento em que não é mais possível controlar o peso do próprio corpo, que, guiado apenas pela lei da gravidade, cai como um peso morto. No meio da queda, então, é preciso encontrar um contraimpulso que permita à pessoa não cair com a cara no chão, mas cair de lado, para que a parte lateral do corpo absorva o choque gradualmente.

No fundo, o sentido de um exercício está em:
1. começar por uma ação precisa que projete todas as energias numa determinada direção;
2. no meio desse processo, dar um contraimpulso, uma outra descarga de energia que obrigue o movimento a desviar de sua própria trajetória;
3. concluir a ação em uma posição bem precisa que contenha o impulso (o *sats*) da próxima ação.

Dessa forma, é possível construir uma série de exercícios que a pessoa pode aprender e repetir assim como se repetem os vocábulos de uma língua. No começo eles serão repetidos mecanicamente, como os vocábulos de uma língua estrangeira que se deseja aprender. Em seguida serão absorvidos, começarão a "aparecer por si só". Aí então o ator terá que escolher. Ele pode fazer um treinamento longo mesmo usando pouquíssimos exercícios. Os exercícios podem ser repetidos não só numa ordem diferente, mas também podem ser feitos com um ritmo diferente, em direções diferentes, de forma introvertida ou extrovertida, acentuando uma fase do exercício ou outra. Mais uma vez: exatamente como acontece na linguagem falada, o significado de uma frase não deriva apenas de sua construção sintática, mas também do que se acentua e do tom que destaca certas palavras em uma frase.

No treinamento, também são os acentos que determinam as várias lógicas de uma mesma sequência de exercícios, que permitem a repetição do mesmo exercício das mais diferentes formas.

Na verdade, a coisa mais importante é o ritmo, a concatenação de um exercício com outro, o modo orgânico com o qual o ator dirige essa concatenação. É o mesmo que acontece quando falamos, pois não pronunciamos as palavras separadamente: o final de uma palavra coincide com o início da outra, numa sequência de ondas que espelham nosso ritmo emotivo, racional, os momentos de lentidão e suspensão, de força e incisividade.

Essa presença total não tem nada a ver com a violência, com a pressão, com a busca da velocidade a qualquer custo. O ator pode estar completamente concentrado, quase imóvel, mas nessa imobilidade ele pode ter em mãos todas as energias, como um arco em tensão pronto a lançar a flecha.

Qual é, então, o valor do exercício, depois que o ator passa a dominá-lo? Não é mais útil repeti-lo, já que não é mais uma resistência a ser superada. É aí que entra em jogo o outro sentido da palavra "exercício": colocar à prova. As próprias energias são colocadas à prova. Durante o treinamento, o ator pode modelar, medir, fazer explodir e controlar as próprias energias, deixá-las fluir e brincar com elas, como se fossem algo incandescente que, no entanto, ele sabe manipular com fria precisão.

Com os exercícios do treinamento, o ator coloca à prova a sua capacidade de alcançar uma condição de presença total, a mesma condição que terá que reencontrar no momento criativo da improvisação e do espetáculo.

Todos os exercícios físicos, na realidade, são exercícios espirituais. Estão relacionados ao desenvolvimento da totalidade do homem, ao modo de fazer brotar e controlar todas as próprias energias psíquicas e mentais, aquelas das quais nos damos conta, que podemos formular através das palavras, e também aquelas sobre as quais não sabemos dizer nada. (...)

É essencial transmitir as próprias experiências aos outros, ainda que se corra o risco de criar epígonos que, por excessivo respeito, vão só ficar repetindo o que aprenderam. É natural que uma pessoa comece repetindo algo que não é seu, que não pertence à sua história e que não deriva da sua investigação. Para essa pessoa, é o ponto de partida que vai lhe permitir se distanciar. Uma vez, Pierre Boulez escreveu que as relações entre um mau pai e um mau filho é que permitem o crescimento cultural e artístico. O risco é ser, de um lado, um *bom* pai, e, de outro, um *bom* filho. Mas pior é a falta de relações entre "pai" e "filho". Influenciar um aluno seria – de acordo com a opinião comum – negativo. Os sinais da influência revelariam uma relação doente. Mas com essa forma de pensar não se chega a lugar nenhum: todos nós somos influenciados por alguém. O problema é a carga de energia que fica em jogo na relação: se a influência é tão forte que permite ir para bem longe, ou se é tão fraca que não produz, em troca, nada mais que um pequeno deslocamento, ou uma marcha sem sair do lugar.

O período da vulnerabilidade

Os primeiros dias de trabalho deixam uma marca indelével. No início da aprendizagem, o aluno é rico de todas as suas potencialidades: começa a escolher, a eliminar algumas para reforçar outras. Ele só vai enriquecer seu trabalho se limitar o território de suas experiências para mergulhar em profundidade.

É o período da vulnerabilidade.

O que caracteriza cada aprendizagem é a conquista de um *ethos*. *Ethos* como comportamento cênico, ou seja, técnica física e mental; como ética de trabalho; como mentalidade modelada pelo *environment*: o ambiente humano onde a aprendizagem se desenvolve.

O tipo de relação entre mestre e aluno, entre aluno e aluno, entre homens e mulheres, entre velhos e jovens, o grau de rigidez ou de elasticidade das hierarquias, das normas, das exigências e dos limites aos quais o aluno é submetido influenciam seu futuro artístico. Tudo isso produz um efeito na balança que equilibra os pesos de duas necessidades contrapostas: de um lado, selecionar e cristalizar; de outro, salvaguardar o essencial de toda a riqueza que existia no início.

Em outras palavras: selecionar sem sufocar.

Essa dialética da aprendizagem é constante, tanto nas escolas de teatro como na pedagogia face a face entre mestre e aluno, tanto na iniciação prática – se considerarmos que o aluno "começou de baixo" – como em situações de autodidatismo.

Amputações graves, que correm o risco de sufocar o desenvolvimento futuro do ator, às vezes acontecem por razões que passam despercebidas.

Muitas vezes, no período da vulnerabilidade, o ator ou a atriz acabam por limitar arbitrariamente – com uma violência inconsciente ou por senso de oportunidade – o território no qual explorar as propensões individuais da própria energia. Assim, reduzem a amplitude de uma órbita que possui dois polos: um é o da energia vigorosa *Animus*, o outro, o da energia delicada *Anima*. Algumas escolhas, aparentemente "naturais", acabam por se revelar uma prisão.

Quando o ator se adapta, desde o início, exclusivamente aos papéis masculinos, ou a atriz aos papéis femininos, eles enfraquecem a exploração das próprias energias no nível pré-expressivo.

Aprender a representar segundo duas perspectivas distintas que reforçam a diferença entre os sexos é um ponto de partida aparentemente inofensivo. Mas como consequência, introduz regras e costumes da realidade cotidiana no território extracotidiano do teatro, sem nenhuma justificação.

No nível final – aquele dos resultados e do espetáculo (nível expressivo) – a presença do ator ou da atriz é uma figura cênica, um personagem, e a caracterização masculina ou feminina é inevitável e necessária. Por outro lado, a caracterização é desnecessária e prejudicial quando se impõe em um terreno que não lhe pertence: o pré-expressivo.

Durante a aprendizagem, a diferenciação individual passa pela negação da diferenciação dos sexos. O campo das complementaridades se dilata: isso pode ser visto no mimo ou na dança moderna do Ocidente, quando o treinamento – o trabalho no nível pré-expressivo – não considera o masculino ou o feminino; ou no Oriente, quando o ator explora indiferentemente papéis masculinos ou femininos. O caráter bifronte de sua peculiar energia aflora então com maior evidência. O equilíbrio entre os dois polos, *Animus* e *Anima*, é preservado.

(Ver Eugenio Barba, "*Animus* e *Anima* – Temperaturas da Energia". In: *A Canoa de Papel: Tratado de Antropologia Teatral*. Brasília, Editora Dulcina/Teatro Caleidoscópio, 2010)

O TREINAMENTO EM UMA PERSPECTIVA INTERCULTURAL
Richard Schechner

Para que serve o treinamento? Acho que para cinco funções que nem sempre existem separadamente. Elas se sobrepõem. Na América do Norte, treinamos atores-dançarinos para que possam interpretar textos dramáticos. É uma necessidade cultural euro-americana. Para essa função de interpretar uma variedade de textos de períodos e estilos diferentes, é necessário ter atores-dançarinos flexíveis, gente que hoje possa representar Hamlet, amanhã Gogo e no dia seguinte Willi Loman. Fazer treinamento significa que o ator-dançarino não é nem o autor original nem o guardião do texto. É quem o transmite. E é necessário que o transmissor seja o mais transparente, o mais claro possível.

A segunda função do treinamento é plasmar o ator-dançarino em alguém que transmite um *performance text*. O *performance text* é todo o processo de comunicação multicanal que compõe o ato do espetáculo. Em algumas culturas, em Bali ou no Japão, por exemplo, a noção de *performance text* é muito clara. O drama Nô não existe como um conjunto de palavras que depois serão interpretadas por atores. O drama Nô existe como um conjunto de palavras que estão inextricavelmente entrelaçadas com músicas, gestos, danças, métodos de atuação e figurinos. Temos que ver o Nô não como a realização de um texto escrito, e sim como um *performance text* total, no qual partes dos componentes não verbais do espetáculo são dominantes.

Os *performance texts* – o Nô, o Kathakali indiano, o balé clássico – existem mais como redes de comportamento do que como comunicações não verbais. É impossível traduzir *performance texts* por "textos escritos". Qualquer tentativa de "notação" só pode dar certo parcialmente. O treinamento para a transmissão de *performance texts* é fundamentalmente diferente do treinamento para a interpretação de textos dramáticos. (...)

A terceira função do treinamento – não muito conhecida pela cultura euro-americana, mas bastante comum na América primitiva, no Japão e em outros lugares – é a preservação de um saber secreto. Os métodos de representação são preciosos e pertencem a famílias ou a grupos específicos que guardam cuidadosamente seus segredos. Ser escolhido para fazer o treinamento significa ter acesso a um saber que é esotérico, eficaz, bem guardado. Isso dá poder à *performance*.[1] Treinamento é conhecimento, e conhecimento é poder. O treinamento é o vínculo com o passado, com outros mundos da realidade, com o futuro. E ter acesso ao "saber" da *performance* é ao mesmo tempo um privilégio especial e um risco perigoso. Esse saber não é divulgado, não é vendido nas escolas ou descrito livremente nos livros.

É assim que os xamãs trabalham. Para eles, o saber da *performance* não é simplesmente sobre como entreter, ainda que eles não desmereçam o entretenimento, mas vai além do entretenimento para alcançar a essência da cultura. O xamã é um ator (ou atriz) cuja personalidade e cujas tarefas o levam (ou a levam) até o limite ou às margens, mas cujo saber o (a) coloca no centro. Há sempre uma tensão terrível entre o centrífugo e o centrípeto. O *Filoctetes* de Sófocles é uma espécie de xamã: para usar seu arco, a sociedade deve suportar suas fétidas feridas.

[4-5] **(acima)** Interpretação de um texto dramático: *Marat-Sade*, de Peter Weiss, com direção de Peter Brook (1964); **(abaixo)** transmissão de um *performance text*: a dançarina balinesa Swasti Widjaja Bandem ensina um fragmento de dança para sua filha Ari.

---
[1] Ver Nota do Tradutor, na página 244, *Restauração do Comportamento*.

Essas duas primeiras funções do treinamento – interpretação de textos dramáticos e transmissão de *performance texts* – podem ser abstratas e codificadas. Mas a terceira – aprendizagem dos segredos – só pode ser adquirida por uma pessoa através de outra. É um processo muito íntimo.

A quarta função do treinamento é ajudar os atores-dançarinos a conquistar sua expressão pessoal. É uma consequência do individualismo. Esse tipo de treinamento é especializado em exteriorizar o que se tem dentro – ou seja, tem mais a ver com a psicologia do comportamento. Esse tipo de treinamento manifestou-se no trabalho de Grotowski, de Stanislávski e do Actor's Studio. A expressão pessoal está intimamente entrelaçada com a interpretação dos textos dramáticos. É assim que temos o Hamlet de Olivier, de Richard Burton, de Brando, de Langella; mas não o *Hamlet* inglês, norte-americano ou canadense. O ator-dançarino atravessa o papel. Esse tipo de ator-dançarino não acrescenta nada ao papel fixado e nem o varia, mas, ao atravessá-lo, mostra a si mesmo no papel. O ator-dançarino exige mais da realidade do que o próprio papel. O papel existe mais como um texto dramático do que como um *performance text*. A expressão pessoal do ator-dançarino está, de certa maneira, enroscada e misturada na interpretação do texto escrito. O texto ganha um sabor claramente pessoal. É por isso que o público gosta do sentido de um ato coletivo da mesma maneira que gosta da participação em uma revelação privada.

A quinta função do treinamento é a formação de grupos. Em uma cultura individualista como a euro-americana, o treinamento é necessário para vencer o individualismo. Trabalhar junto como grupo exige muita dedicação ao treinamento. No Japão e na Índia, a norma é a expressão do grupo com variações individuais. Já na Europa e nos Estados Unidos, isso deve ser aprendido. Interculturalmente, há dois tipos de treinamento de grupo. Nas culturas individualistas, os grupos se formam para ir contra a tendência da moda. Nas culturas que possuem tradições de espetáculos coletivos, o grupo é a principal tendência. O grupo é biológico ou sociológico. Seus vínculos são muito fortes. E seu líder é um "pai" ou uma "mãe" que ensina as "crianças". Os grupos se baseiam numa fidelidade absoluta à cultura que expressam. É por isso que às vezes os grupos euro-americanos parecem famílias, religiões ou células políticas.

Deixem-me então resumir essas cinco funções do treinamento:
1. interpretação de um texto dramático;
2. transmissão de um *performance text*;
3. transmissão de segredos;
4. autoexpressão;
5. formação de um grupo.[2]

[6-8] (**acima**) Transmissão do segredo: página do manuscrito de Zeami, fundador do teatro Nô, sobre o modo de interpretar um papel feminino. Os tratados de Zeami, escritos no século XV, ficaram sendo um segredo das famílias dos atores até o início do século XX; (**no centro**) autoexpressão: treinamento "plástico" de Ryzard Ciéslak (1971), um dos atores mais representativos do Teatr Laboratorium de Grotowski. Ao seu lado vemos Tage Larsen, que estava no início de sua carreira no Odin Teatret; (**abaixo**) formação do grupo: treinamento de Roberta Carreri no Odin Teatret (1974).

---

[2] Fragmento de uma conferência realizada por Richard Schechner na Universidade de Toronto, no Canadá, em 1981. Mais tarde, o texto foi desenvolvido no ensaio "The Performer: Training Interculturally". In: *Between Theatre and Anthropology*. Filadélfia, University of Pennsylvania Press, 1985.

Treinamento e ponto de partida
Nicola Savarese

É o primeiro dia de trabalho que determina o sentido do próprio caminho no teatro.

(Eugenio Barba)

Considerações de base

Ao contrário do que se poderia pensar, os atores orientais não fazem exatamente um treinamento: eles aprendem a partitura (*score*) de um espetáculo imitando seu mestre, e normalmente isso acontece quando ainda são muito pequenos. Repetem essa partitura até dominá-la completamente, até poder representá-la sozinhos ou até passar para outra partitura sem se confundir. Então a aprendizagem consiste em uma acumulação de partituras, e normalmente termina com a definição do Tipo, ou dos papéis-tipo, para o qual o ator leva mais jeito, por suas qualidades físicas ou estéticas. O tempo de aprendizagem determina a qualidade do resultado, e os espetáculos possuem partituras bastante sofisticadas que são repetidas há séculos e minuciosamente executadas segundo uma tradição viva transmitida de pai para filho.

A mesma coisa devia acontecer nas chamadas "famílias artísticas" dos atores europeus. Mas a pedagogia era sem dúvida bem diferente, baseava-se mais no texto do que nas ações, ainda que não excluísse toda uma série de movimentos e mímicas. Os jovens atores estreavam interpretando um pequeno papel em uma peça, mas à medida que acumulavam experiência de cena, seus papéis iam se tornando maiores e mais difíceis. E ao mesmo tempo que os atores estavam em cena com uma peça, já iam ensaiando a próxima para ter um repertório mais ou menos vasto. Seus atributos físicos e seus dons naturais eram tão importantes quanto sua disponibilidade de tempo para determinar a qualidade do espetáculo. Mas temos que especificar que tanto no caso dos atores orientais como no caso dos atores ocidentais, estamos nos referindo a situações que podem ser chamadas de *standard*: as exceções, como bem sabemos, formam outras histórias.

No Ocidente, foi preciso esperar até o início do século XX para que se afirmasse a necessidade de uma preparação do ator desvinculada de uma produção imediata. Foi uma reação aos conservatórios teatrais e às escolas do século XIX que haviam institucionalizado o treinamento do ator – como descrito acima – baseando-se na aprendizagem dos textos e na definição do Tipo (papel-tipo). A preparação profissional, o estudo e o treinamento, assim como a invenção da pedagogia do ator, são inovações revolucionárias iniciadas pelas escolas de teatro e pelos *ateliers* que priorizaram a educação do ator, e não a produção do espetáculo (ver *Aprendizagem*).

Todavia, tanto o conceito quanto a prática do treinamento se desenvolvem enormemente com Grotowski e o seu laboratório teatral de Wroclaw nos anos de 1960. A partir de Grotowski, a palavra *training*[3] passa a pertencer à linguagem ocidental, sem designar apenas uma preparação física e profissional. Ao mesmo tempo em que o treinamento se propõe como uma preparação física ligada ao ofício, também é uma espécie de crescimento pessoal do ator que vai além do nível profissional. É o meio para controlar o próprio corpo e orientá-lo com segurança, e é também a conquista de uma *inteligência física*.

Um comprometimento assim tão profundo, junto dos resultados obtidos pelos atores do laboratório de Grotowski, teve enormes repercussões na maneira de pensar o treinamento do ator e sua técnica. No entanto, como muitos não entraram em contato direto com esse tipo de conhecimento e com os vários fenômenos ligados à disseminação deste mesmo conhecimento, acabou-se dando mais atenção à forma do treinamento do que ao seu conteúdo. Foi assim que nasceu o mito do treinamento e dos exercícios físicos. Nos grupos de teatro que são autônomos e autodidatas, o treinamento se tornou a chave indispensável para o acesso à arte do ator. Mas o treinamento só pode ter essa função se seus aspectos mais complexos e profundos forem compreendidos. Ainda hoje, o grande problema do treinamento é que muita gente acha que são os exercícios que desenvolvem o ator, quando, na verdade, eles são apenas a parte visível e tangível de um processo maior, unitário e indivisível. A qualidade do treinamento depende da atmosfera de trabalho, das relações entre os indivíduos, da intensidade das situações, das modalidades da vida de grupo. Como diz Eugenio Barba, "decisiva é a *temperatura do processo*, e não o exercício por si só".

Essas foram as primeiras descobertas feitas pelo Odin Teatret entre 1964 e 1966, anos em que o treinamento físico se cristaliza no Teatr Laboratorium de Grotowski, na Polônia, e no Odin Teatret, na Dinamarca. A partir daqui, lentamente ele se dissemina nos Estados Unidos através de Grotowski, e no resto da Europa e na América do Sul através de Eugenio Barba e seus atores.

Modelos de exercício

O treinamento, assim como foi elaborado no Ocidente por mestres como Grotowski e Barba, foi se desenvolvendo aos poucos. No começo, o ator tinha que aprender e dominar totalmente certos fragmentos de exercícios, como se fossem *patterns*, até que fosse capaz de usá-los para modelar suas próprias energias. Após algum tempo, dependendo de suas habilidades individuais e da "temperatura do processo", o ator não estaria mais executando os exercícios que tinha aprendido antes, mas estaria controlando algo mais completo e mais profundo: os princípios que tornam vivo o seu corpo em cena.

Mais uma vez, os princípios do equilíbrio, das oposições, das variações de ritmo e intensidade (Decroux diria *dínamo ritmo*) é que se tornam uma espécie de segundo reflexo condicionado do ator, a base sobre a qual ele pode construir sua força e sua habilidade para atrair a atenção do espectador. É também por esse motivo que qualquer exercício pode ser usado, basta que ele respeite algumas regras elementares.

Ainda é interessante notar que um dos primeiros exercícios usados por Grotowski e por Barba, a "ponte", também é um dos primeiros exercícios – aqueles preparatórios – aprendidos pelos atores orientais (fig. 11-15) no Kathakali, na dança Odissi e na Ópera de Pequim. É preciso aprender a modular a espinha dorsal, a fazê-la trabalhar contra sua inclinação natural de ir um pouco para frente,

---

[3] Grotowski sempre utilizou a palavra *training* em inglês para que contivesse todos os significados descritos no texto acima, específicos do ofício do ator e que diferem das exercitações esportivas, por exemplo. Barba também sempre adotou a palavra *training* em sua terminologia de trabalho e em seus livros escritos originalmente em italiano. Assim ela permaneceu nas traduções de seus textos para o francês e o espanhol, entre outras línguas. No Brasil, porém, tanto na teoria como na prática, adotou-se a palavra "treinamento" desde a primeira tradução do *Towards a Poor Theatre* [Em Busca de um Teatro Pobre] de Grotowski e desde os primeiros livros de Barba traduzidos para o português. Por essa razão, ao longo de todo este livro, a palavra *training* foi traduzida como "treinamento". (N.T.)

[9-10] Atores caminhando com as mãos: (**no alto**) saltimbancos japoneses em uma impressão do final do século XIX; (**abaixo**) Arlequim em uma gravura do *Recueil Fossard* (ver *Historiografia*).

de modo que ela possa se transformar no leme que dirige e orienta todo o resto do corpo. Tudo isso é feito *friamente* através dos exercícios, o que não exclui a possibilidade de dar a eles uma dimensão *espetacular*, de utilizá-los em um espetáculo, como nos mostra esse antigo desenho sobre pedra de uma dançarina egípcia (fig. 13). Porém, como já dissemos, o objetivo do treinamento não é utilitário: pelo menos, não diretamente. "Fazer a ponte" ou "plantar bananeira", por exemplo, são as bases para o desenvolvimento de qualquer tipo de treinamento, principalmente num contexto acrobático.

Acrobacia

Quando assistimos a um espetáculo da Ópera de Pequim ou do Kabuki, ficamos impressionados com o virtuosismo físico dos atores: verdadeiras acrobacias elevam seus corpos e os fazem *voar* fora do chão com extrema leveza. A música, os figurinos e os acessórios tornam essas ações ainda mais espetaculares. No entanto, o que mais chama nossa atenção é a repetição exagerada desses exercícios acrobáticos, o que seria impensável no início da ação. Ficamos chocados: logo depois, para nossa grande surpresa, o ator se levanta e, como se fosse a coisa mais normal do mundo, começa a falar sem dar o menor sinal de falta de ar, sem ofegar. Frequentemente, há cenas de duelos ou batalhas perfeitamente coordenadas, ou entradas e saídas nas quais a acrobacia é usada por um personagem para anunciar sua presença física. Outras vezes, a acrobacia ressalta passagens do diálogo ou interrompe a ação de uma cena que se estagnou, provocando surpresa.

Se observarmos bem, vemos que são verdadeiros processos de uma *retórica da ação*. No teatro chinês, muitas heroínas são atacadas por inimigos que a ameaçam *de todos os lados*. Mas como é impossível trazer exércitos inteiros para o palco, ela lutará contra os ataques *sozinha*. E assim, nós a vemos devolver – usando, literalmente, suas

[11-15] O exercício da "ponte": (**no alto**) o ator da direita é Ryzard Ciéslak, no treinamento do Teatr Laboratorium de Grotowski; (**acima, à esquerda**) alunos de Kathakali da escola Kalamandalam do Kerala, Índia; (**acima, à direita**) dançarina egípcia: desenho sobre pedra encontrado na *mastaba* do sítio arqueológico de Saqqara; (**abaixo, à esquerda**) o ator Tsao Chunlin, da Ópera de Pequim, ajuda um participante da ISTA de Bonn (1980) a ficar na posição correta do exercício; (**abaixo, à direita**) a indiana Sanjukta Panigrahi, dançarina de Odissi, fazendo esse exercício no período de sua aprendizagem.

mãos, pés, cotovelos, ombros e costas – todas as flechas e as lanças arremessadas contra ela por seus inúmeros adversários.

No teatro Kabuki, o heroico samurai não vai se dar ao trabalho de lutar contra os atacantes de uma classe inferior. Bastará um único gesto para que ele dê início a uma série de saltos *mortais* sobre a fila dos seus inimigos. Mais uma vez, uma *retórica da ação* é fisicamente respeitada. É como se Hamlet também estivesse expressando sua famosa dúvida com uma série de saltos mortais. Uma interpretação como essa talvez não pudesse ser inserida na tradição ocidental do ator, mas daria ao espectador uma ideia da dimensão física do dilema de Hamlet, sem fazê-lo morrer de tédio. Será que um dia chegaremos a fazer teatro dessa forma? A história do teatro russo no começo do século mostra que isso já foi feito.

No treinamento, muitas fontes de inspiração convergem: o teatro oriental contribuiu seja com seu lado dinâmico seja – mais diretamente – com os exercícios acrobáticos do teatro chinês e do teatro indiano, e a influência desses elementos é evidente tanto no teatro de Grotowski como no de Barba. Mas as elaborações que já conhecemos não devem nos fazer esquecer de um aspecto essencial dessas técnicas virtuosísticas: não é apenas uma questão de aprender a fazer saltos mortais, e sim de enfrentar um inimigo potencialmente ainda mais perigoso. O exercício acrobático dá ao ator a oportunidade de testar suas forças: no começo, é usado para ajudá-lo a superar o medo e a resistência, a superar seus limites; depois, torna-se um modo de controlar energias que são aparentemente incontroláveis, como, por exemplo, encontrar os contraimpulsos necessários para cair sem se machucar, para *planar* desafiando a lei da gravidade. Indo além do exercício em si, essas conquistas transmitem segurança ao ator: "mesmo que eu não faça isso, *sou capaz* de fazê-lo". No palco, por ter esse conhecimento, o corpo se torna um *corpo decidido* (ver *Antropologia Teatral*).

[16-18] (**no alto, à direita**) Acrobata: escultura proveniente do Tlatilco (Museu Nacional de Antropologia da Cidade do México); (**acima**) exercício acrobático de atores de Kabuki em uma impressão do século XIX; (**ao lado**) atores e diretores durante a ISTA de Bonn (1980) durante uma sessão de exercícios de acrobacia.

TREINAMENTO

[19-21] (**no alto e ao lado**) Treinamento acrobático durante os primeiros anos do Teatr Laboratorium de Grotowski; (**abaixo**) Torgeir Wethal, ator do Odin Teatret, durante um exercício de acrobacia no início de sua aprendizagem (1965).

A ARTE SECRETA DO ATOR

Treinamento com o mestre

Normalmente, ninguém vê um diretor fazendo treinamento com um ator, e isso também é raro para Eugenio Barba. Nesse caso (fig. 22-41), o diretor não está ensinando nenhum tipo de exercício, mas está tentando fazer com que o ator entenda que deve reagir com seu corpo todo: ele não deve se limitar ao exercício em si, deve encontrar resistências ou estar pronto para encontrá-las (fig. 22-29). E aí se cria uma relação que se dá de várias formas: o diretor segura o ator ou o deixa ir embora (fig. 30-32); ou vice-versa, o ator se apoia no diretor ao mesmo tempo que deve estar pronto para não cair (fig. 33); o diretor tenta levá-lo à ação obrigando-o a se levantar (fig. 36-37); o diretor o ajuda a chegar à posição da "ponte" e depois o levanta até que fique de pé (fig. 38-39). Essa é a dinâmica que está por baixo da relação: agir e reagir enquanto se faz determinadas ações, variar o ritmo através de ações reais, criar obstáculos com os quais o ator deve continuamente se confrontar consigo mesmo fisicamente, sem nunca se deixar levar.

[22-41] Eugenio Barba orienta o treinamento do ator colombiano Juan Monsalve, obrigando-o a reagir e a desenvolver um ritmo através de ações e reações bem precisas (ISTA de Bonn, 1980).

TREINAMENTO

299

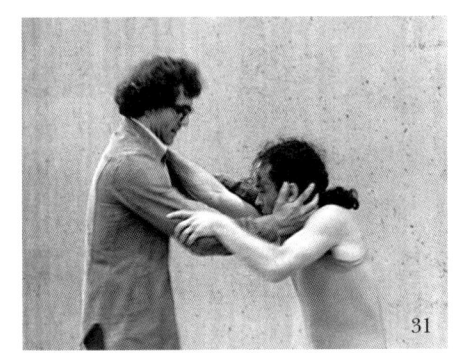

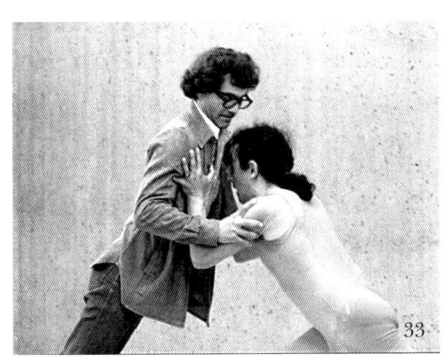

Visões

As duas visões: visão do ator, visão do espectador

Ferdinando Taviani

I

Toda a investigação histórica e teórica sobre o teatro tornou-se particularmente útil e fascinante porque nesse campo, mais do que em qualquer outro, nos confrontamos continuamente com o jogo da realidade e das aparências. Na verdade, várias das opiniões mais difusas e aparentemente óbvias sobre o teatro e sua história são o resultado de uma inversão óptica.

Uma dessas opiniões poderia ser resumida da seguinte forma: "O melhor teatro acontece quando se cria uma íntima união entre ator e espectador, quando os dois passam a sentir algo do mesmo modo, ou quando um deles consegue transmitir ao outro tudo o que está pensando e experimentando". Um corolário: "Para fazer um bom teatro é preciso ter coisas interessantes a dizer, além de saber o que fazer para que o espectador as compreenda". Ou então: "É necessário saber sentir profundamente e ser capaz de transmitir sua emoção ao espectador".

Essas opiniões não são nem transformadas nem corrigidas por aquela outra opinião segundo a qual a força do teatro vem da sua ficção e da nossa consciência da ficção. A ficção, aceita e consciente, parece ser o canal para realizar essa união entre ator e espectador, essa perfeita comunicação emocional, racional e artística que, de acordo com o *senso comum*, constitui a base de todos os "grandes" teatros.

Só que o *bom senso* mostra exatamente o contrário: é a divergência, a não coincidência ou até a falta de consciência recíproca entre a visão do ator e a visão do espectador (relativa a um mesmo espetáculo) que fazem do teatro uma arte, e não apenas uma imitação ou uma réplica do que já se conhece.

Poder-se-ia demonstrar que esses momentos arrebatadores que viraram o mito da "comunhão entre ator e espectador" são aqueles em que a distância entre a visão do ator e a visão do espectador é a maior possível, ainda que ela contenha um vínculo muito forte. No "grande" teatro – ou simplesmente no teatro que funciona – atores e espectadores estão reunidos num único espetáculo que, quanto mais os vincula sem obrigá-los a concordar com isso, mais rico ele é.

Resumindo: o simples bom senso nos obriga a reconhecer que *compreender um espetáculo* não significa apenas ver o que seus autores (atores, diretor, escritor...) puseram dentro dele, e muito menos encontrar o que foi escondido em seu interior. Compreender um espetáculo é fazer descobertas ao longo de um percurso cuidadosamente estudado.

Isso equivale a dizer que *fazer com que um espetáculo seja compreendido* não é o mesmo que planejar descobertas, mas desenhar e projetar as margens ao longo das quais a atenção do espectador poderá navegar, e depois deixar que uma vida minúscula, multiforme e imprevista cresça sobre aquelas margens. Os espectadores deveriam ser capazes de afundar seu olhar nessa vida que surge e assim fazer *suas próprias* descobertas.

II

Em uma coleção de histórias publicadas em 1887, H. G. Wells conta *A Triste História de um Crítico Dramático*: um jornalista que nunca tinha ido ao teatro é designado como crítico de teatro por seu superior. Seu superior lhe explica: "Exatamente porque você nunca se interessou por teatro, exatamente porque não tem nenhum preconceito". O jornalista vai ao teatro pela primeira vez e comete aquele erro natural ao supor que os atores quisessem representar seres humanos. Primeiro ele fica chocado, depois indignado pelo modo como os atores reproduzem e exageram o comportamento cotidiano. Ele vê os gestos do dia a dia – a etiqueta da boa educação – readaptados para o palco e reproduzidos com graça. Os atores imitam, com seu comportamento cênico, as "normas de educação" da classe social dos espectadores. Cada espectador compreende perfeitamente o significado de cada gesto do ator. Cada ator sabe como ser perfeitamente transparente para os espectadores.

Wells trata tudo isso como um exemplo particular de degradação. Mas apesar de sua indignação, o coitado do crítico de teatro experimenta, na própria pele, a característica grudenta dos gestos dos atores: acaba descobrindo aqueles gestos em si mesmo, se dá conta de que, assim como "eles" (os atores) suspiraram como ele, ele também começa a suspirar como "eles". Aos pouquinhos começa a exagerar o modo de se comportar no dia a dia. Pronuncia certas frases como "eles" as pronunciam. Passa a se movimentar como "eles". Ainda que a história tenha uma cenografia realista, sua trama é típica de muitas histórias de ficção científica: um homem é capturado por "androides".

Joseph Conrad, um dos melhores amigos de Well, escreveu para Edward Garnett em 1908: "Tenho um horror mórbido do teatro, e ele só está aumentando. Não consigo entrar neste lugar infame. Não é um horror do drama, é um horror da atuação".

Tanto as histórias de Wells quanto as afirmações de Conrad parecem paradoxais. Mas elas refletem, num estado quase puro e de forma incisiva, um pensamento que atravessa toda a história do teatro, tanto de modo negativo (daí o preconceito sobre a infâmia dos atores) quanto de modo positivo, como estética. Será que todas as reflexões estéticas sobre o teatro não expressam – implícita ou explicitamente – a inquietação causada pelo horror que o teatro provoca quando um homem não é nada mais que a reprodução do próprio homem?

III

As imagens do ator que encontramos em Diderot e Artaud, as visões do ator criadas por Stanislávski, Craig ou Brecht, por Meyerhold ou Grotowski, e, acima de tudo, as realizações de grandes atores e dançarinos, provam que a arte do teatro é sempre uma mimese que ultrapassa a si mesma. Será que esse não é um caso particular daquele descompasso mais geral, daquele hiato entre a visão do ator e a visão do espectador?

Se aceitarmos a ideia de que existe uma distância entre a visão do espectador e a visão daqueles que construíram o espetáculo, aí sim o significado do espetáculo ficará ameaçado. E há inúmeras ambiguidades com relação ao significado de um espetáculo. Essas ambiguidades não são sérias quando se examina o fenômeno teatral *a posteriori*. Mas elas se tornam bem mais sérias quando são examinadas *a priori*, do ponto de vista de quem faz teatro e do processo artístico.

IV

O problema do "significado" de um espetáculo é uma armadilha: esconde uma realidade mais complexa. A expressão comum

[1-2] (**acima**) Ator de teatro Nô durante o *ato de chorar*. Referindo-se a esta ação, sem dúvida uma das mais emocionantes nos espetáculos de Nô, o escritor francês Paul Claudel e o grande ator de Nô Hideo Kanze oferecem duas diferentes *visões*. Claudel escreve:
"A lentidão do gesto torna todas as interpretações possíveis: por exemplo, a mulher quer chorar e leva suas mãos até os olhos, mas essa ação também pode ser a imagem de sua dor, então ela a aproxima dos olhos para ver melhor. Parece que ela vai recolher a água de suas lágrimas, o peso da dor. Depois vem o afastamento do cálice de amargura onde ela bebeu, a abdicação da vida".
Hideo Kanze afirma em uma entrevista:
"Quando você chora no teatro Nô, coloca a mão diante do seu rosto, mas não para mostrar que está chorando, é para enxugar as lágrimas, nada mais. Não importa como você faz isso, alguns atores abaixam o olhos, outros olham para cima. A simples ação de enxugar as lágrimas foi escolhida como um paradigma para o ato de chorar. Todos os outros gestos que não são necessários foram eliminados".
(**abaixo**) Um exemplo paradoxal da dupla projeção do significado: a inscrição latina no arco romano de Orange (França). De acordo com a opinião corrente dos epigrafistas entre 1866 e 1957, os furos são interpretados como vestígios da seguinte inscrição: "AUGUSTI F DIVI IVLI NEPOTI AUGUST". Mas, recentemente, alguns estudiosos decidiram que esta "inscrição" não era nada mais que uma série de furos usados como sustentação de guirlandas e luzes.

[3-4] (**à esquerda**) O espectador de antigamente: um público de cortesãos assiste, sentado, a um espetáculo de saltimbancos de 1700 anos atrás. Desenho extraído de um relevo presente em uma tumba na província de Setsuan (China); (**à direita**) o espectador elegante: *Balcão Lateral*, gravura inglesa anônima de 1781 (Theatre Museum, Londres).

"ter um significado" se encaixa bem naquelas situações em que uma coisa ou um signo assumem o mesmo significado para todo mundo. Quando isso não acontece – assim como não acontece nas camadas menos superficiais da expressão artística – não se pode afirmar que um trabalho *tem* ou *não tem* um significado. É preciso ter consciência de que coisas ou signos não *têm* um único significado, mas *podem ter* múltiplos significados. Então o problema é definir até que ponto se pode forçar um acordo entre os significados que uma coisa *pode ter* para quem constrói o espetáculo e os significados que o espetáculo *pode ter* para seus espectadores.

Acostumados a considerar todo tipo de comunicação a partir dos modelos da comunicação linguística, acabamos sem dar muita importância ao fato de que um signo só pode ser um signo para quem o vê dessa forma. Algumas pessoas vão vê-lo como um signo, outras pessoas não. Na língua, uma palavra é considerada como palavra por quem fala a mesma língua. Também poderíamos dizer que seu *status* de palavra – de signo – é relativamente compreendido inclusive por quem não conhece a língua, mas percebe que aquele som *deve* significar alguma coisa, mesmo sem saber o quê. Então, não é necessário ressaltar que uma palavra é um signo *para alguém*: na verdade, ela é um signo para praticamente todo mundo.

Mas as coisas são bem diferentes quando não estamos lidando com situações que não são linguísticas *stricto senso*. É verdade que um espetáculo teatral comunica alguma coisa aos espectadores através de sistemas de signos diferentes e complexos. Nesse caso, porém, um signo não é um signo em si: é algo que *pode* se tornar um signo. Não é simplesmente uma coisa que "ocupa o lugar de alguma outra coisa" e que, assim, lhe dá um significado. É algo – de acordo com Charles S. Peirce, o fundador da semiologia moderna – que *aos olhos de alguém* significa alguma outra coisa.

No século XIII, Bonaventura da Bagnoreggio afirmou: "Tudo pode ser considerado uma coisa ou um signo".

Todo mundo sabe que, em determinadas condições, como nos casos em que há uma forte tensão espiritual, assim como nos casos de ansiedade ou exaltação, começamos a achar que tudo o que existe ou acontece à nossa volta é um "signo". Mas não acreditamos que sejam signos aos olhos de todos. Se uma pessoa deixa de ter consciência de que uma determinada coisa é um signo *para ela mesma* e começa a pensar que é um signo *em si*, ela para de prestar atenção e se torna supersticiosa ou delirante.

No campo do teatro, é uma ilusão achar que essas coisas que podem se tornar "signos" para o espectador – coisas que podem conduzir a significados específicos – correspondam aos mesmos significados para os atores e para os outros autores do espetáculo. Então é pura superstição achar que os diferentes elementos de um espetáculo – elementos que podem se tornar "signos" – devam ser desenvolvidos visando um acordo entre os significados que eles têm para os espectadores e os significados que eles têm para os autores do espetáculo.

Com certeza, esse acordo previsto e programado é necessário para tudo o que constitui o invólucro, a pele do espetáculo: a superfície dos significados elementares ou básicos, as zonas das convenções fundamentais. Mas não vale para o que é essencial: a vida multiforme dos detalhes – das *coisas* – que transformam o espetáculo em arte. Nesse nível, as reações dos espectadores, as escolhas que eles fazem levando uma coisa em consideração como *coisa* ou como *signo*, talvez possam ser imaginadas, mas não previstas. Por isso, o processo que está sob a responsabilidade dos criadores do espetáculo não pode se orientar excessivamente pela visão do espectador, deve ter suas próprias visões, pessoais e independentes.

V

Quando os semiólogos analisam um espetáculo como um conjunto muito estratificado de signos, eles examinam o fenômeno teatral começando pelo fim: o resultado. No entanto, nada prova que o percurso desses semiólogos possa ser útil para os autores do espetáculo, que devem partir do início; além disso, para eles, o ponto de chegada é o que o espetáculo se tornará aos olhos dos espectadores.

A mesma condição é válida no caso da crítica dramática, que analisa o conteúdo do espetáculo e julga o valor de sua "interpretação".

Mesmo uma crítica menos tradicional, que olha para o modo como um espetáculo é construído a partir da combinação dos seus diferentes elementos, têm sempre como objeto de análise *o espetáculo*, ou seja, o resultado final do trabalho de quem faz teatro e que é o ponto de partida do processo dos espectadores.

Uma lógica frágil leva as pessoas a pensarem que sabendo como um espetáculo funciona (ou tendo opiniões sobre ele) elas também têm as bases para fazê-lo funcionar.

Mas vamos observar por um instante o verbo que utilizamos: *funcionar*. Ele está associado à ideia de uma máquina. É essa metáfora implícita – e às vezes inconsciente – que dá uma aparência de verdade à seguinte ideia: basta saber como um espetáculo é interpretado e apreciado pelos espectadores para ser capaz de orientar sua composição. Essa ideia ilusória é reforçada por outras metáforas, como quando falamos da "mecânica" ou da "engrenagem" do espetáculo.

Mas o que será que acontece se mudarmos de verbo, se em vez de usarmos "funcionar", falarmos em "viver"? Saber *quando* e *por que* um espetáculo "vive" não significa ter as bases para fazê-lo viver. O verbo "viver" nos faz pensar em uma planta, e é óbvio que os procedimentos utilizados para fazê-la crescer não se resumem à soma dos seus elementos vitais.

Uma planta *pode ser analisada* cientificamente como se fosse uma máquina, mas ela *não pode ser criada* como se fosse uma máquina. Para que ela viva, é preciso criar um ambiente que lhe seja adequado, é preciso remover os obstáculos para seu desenvolvimento. É preciso ter uma semente ou um broto. Isso tem muito pouco a ver com o esforço necessário para compreender como ela "funciona".

Então a questão poderia ser colocada nos seguintes termos: será que as pessoas que constroem um espetáculo pensam nele como se fosse uma máquina ou uma planta? No primeiro caso, o resultado que se quer alcançar pode conduzir e orientar o processo de composição, ou melhor: o resultado coincidiria com o conjunto das instruções para o uso dos instrumentos teatrais. No segundo caso, o processo – o uso dos instrumentos teatrais – não pode derivar do resultado desejado, mas deve se desenvolver independentemente dos instrumentos teatrais, cada um sendo tratado segundo seus próprios princípios.

O primeiro caso comporta um procedimento centrípeto: os vários elementos são reunidos e unificados de acordo com um projeto. No segundo caso, o processo é centrífugo: ele se desenvolve e se ramifica a partir de um ou mais núcleos.

A condição final de uma máquina é "boa" e "funciona" quando corresponde exatamente ao projeto original e quando se sabe para que serve e onde está cada um dos seus elementos. Já com a forma final de uma planta acontece o contrário: ela nunca corresponde a um projeto, é o resultado – imaginável, mas imprevisível – de um processo orgânico.

Acho mais correto comparar o trabalho sobre um espetáculo a um crescimento orgânico do que à construção de uma máquina. Os resultados das análises feitas por quem tenta compreender de que modo um espetáculo é visto pelos espectadores não são muito úteis para quem tem que fazer o espetáculo viver. Essa é outra forma de colocar a questão sobre a divergência entre a visão dos criadores do espetáculo e a visão dos seus espectadores. Olhar um espetáculo começando pelo seu fim é algo que bloqueia o processo criativo. Isso reforça o risco de se tornar supersticioso, de acreditar que o que pode ser um signo aos olhos do espectador não é apenas um signo *aos seus olhos*, mas um signo *em si*.

VI

Toda essa questão seria banal se estivesse relacionada a outras formas de arte, mas as coisas não funcionam assim quando falamos de teatro. Em outras formas de expressão artística, a distância entre as forças que as governam e os lugares-comuns baseados nas impressões de quem – criticamente ou não – as admira e valoriza seus resultados, é uma distância óbvia e desinteressante, já que não tem grandes consequências (o artista trabalha quase sempre sozinho e usa materiais que lhe impõem regras precisas). Só que, no teatro, os lugares-comuns sobre as artes cênicas têm uma influência tremenda no trabalho de quem faz o espetáculo.

[5-6] Espectadores sensíveis: o público do *mélo* (melodrama) parisiense nos desenhos de Damourette.

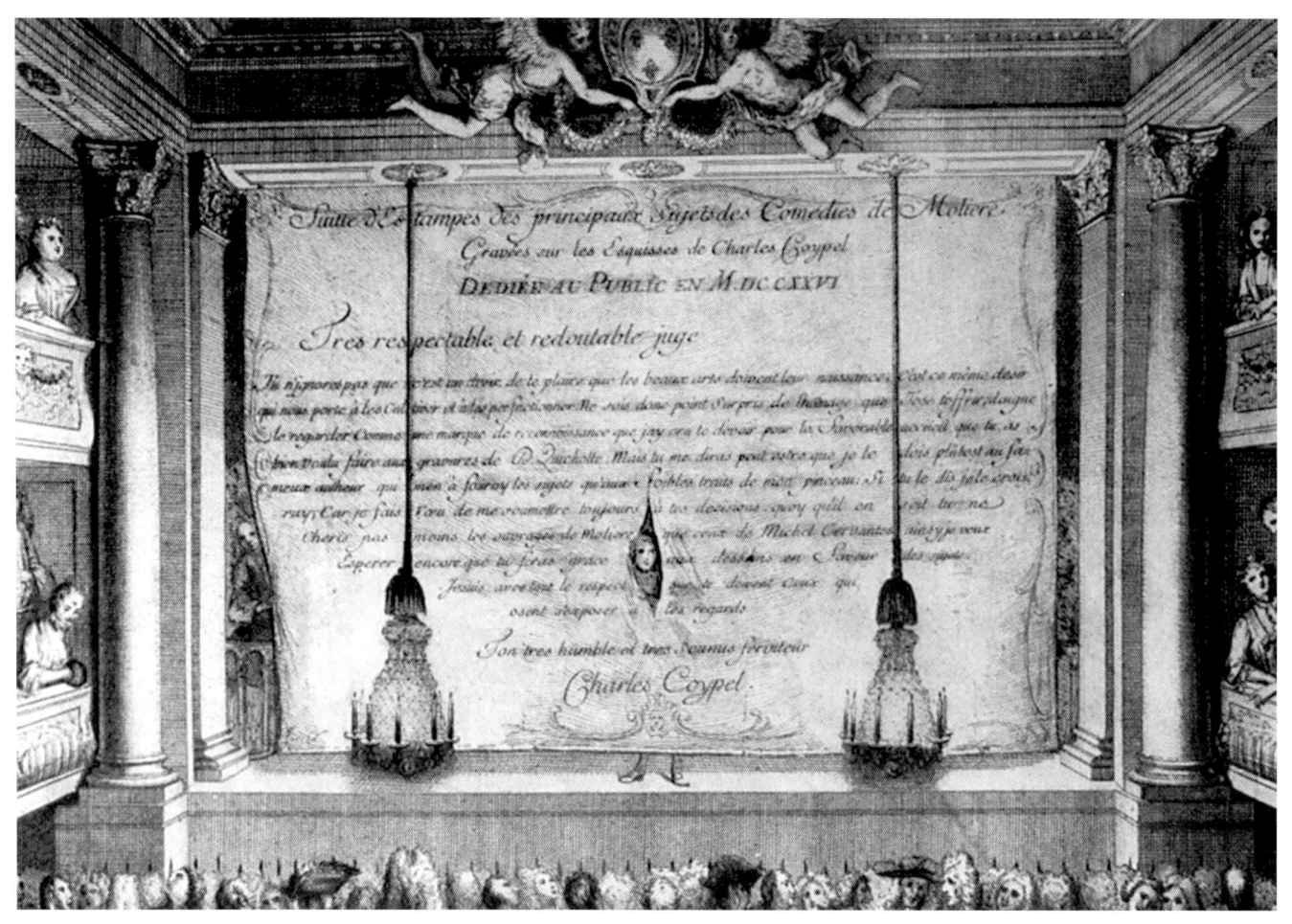

[7-8] Os espectadores vistos pelos atores: (**acima**) buraco na cortina em um teatro francês no início do século XVIII (gravura de Charles Coypel de 1726) e (**na página ao lado**) em um teatro Kabuki do mesmo período (gravura do pintor Ippitsusai Buncho de 1770).

O artista solitário pode ter muitos preconceitos e superstições na cabeça, mas será protegido por seu *instinto* (ou seja, por uma experiência que se faz presente sem precisar ser formulada em termos claros e teóricos). Mas no teatro, vários artistas têm que se reunir e trabalhar junto: suas técnicas são quase sempre menos taxativas e a experiência de cada um não está livre de avançar por tentativa e erro, mas ela deve conviver com a experiência e a vontade de todos os envolvidos. Nessas condições, as ideias e as "teorias" sobre a arte cênica tornam-se instrumentos de orientação.

A possível autonomia da visão do ator com relação à visão do espectador (e, em casos específicos, como veremos, com relação à visão do diretor) não é tão interessante do ponto de vista teórico quanto do ponto de vista prático. Esse é um dos pontos cardeais a partir do qual é possível se orientar para fugir dos vários obstáculos que ameaçam o trabalho criativo. Isso é particularmente relevante quando se pensa no ambíguo conceito da "interpretação", que muitas vezes introduz uma rigidez do processo criativo que deriva de ideias nebulosas e preconcebidas sobre o significado das ações teatrais.

Assim como parece que o teatro deve "interpretar", também parece que seu *significado* deve ser dado de antemão, desde o início, e que todo problema consiste em torná-lo explícito. Então parece estranho pensar no trabalho teatral do mesmo modo que normalmente se pensa no trabalho de um poeta ou de um autor de romances, de um pintor ou de um músico. Esses artistas costumam prosseguir com intenções secretas através de signos *que continuam sendo signos* somente aos seus olhos, ao passo que, para outras pessoas, não são nada mais que detalhes interessantes, *coisas* vivas e bizarras. Para esses artistas, é normal que o significado do trabalho seja a última coisa a vir à tona no meio de suas várias conotações.

VII

Algumas pessoas acham que para construir um espetáculo que diga coisas interessantes é necessário "ter algo interessante a dizer". E assim, em vez de se ocupar de coisas "materiais" – o que para o ator poderia ser o trabalho pré-expressivo sobre o comportamento extracotidiano – elas se dedicam a uma pesquisa profunda e espiritual que deveria inseri-las em uma situação criativa. Isso lembra outra história bem parecida: no meio de um grupo de pessoas que vive numa região bem árida, tem gente que se interessa pela terra, pelas pedras e pelo cimento para construir barreiras e cisternas, mas também tem gente que só se concentra na água e faz a dança da chuva.

As coisas interessantes, os "pensamentos difíceis" que os teatros às vezes oferecem a seus espectadores, não costumam estar lá quando se começa a trabalhar, *não pertencem a ninguém*. Eles vão chegando, *permitem serem pensados* no final de um processo de trabalho que se prepara para recebê-los. Eles respondem a uma ecologia do pensamento que o pensamento programado não sabe e não pode dominar.

No teatro, como já foi dito, a situação é mais delicada, mais frágil. A consciência deve ser mais aguda porque a ecologia do pensamento tem a ver com as mentes de vários indivíduos reunidos.

Então o problema é o processo de trabalho, e não o planejamento de como ele chegará ao fim. Em outras palavras, a solução

VISÕES

para o problema das coisas interessantes a serem ditas, dos "pensamentos difíceis", não está na busca de coisas interessantes ou de pensamentos difíceis.

Deixar-se levar pela ilusão de que o processo artístico pode ser regulado e orientado por seu significado final é tão irracional quanto deveria estar claro que tudo o que acontece num contexto teatral está pronto para se transformar em signo aos olhos do espectador.

Muitas anedotas teatrais lembram o que vários frequentadores de teatro já experimentaram ao entrar lá quando não havia espectadores, mas apenas silêncio: se de repente surgem algumas pesssoas no palco vazio, se por acaso elas olham ao seu redor ou se comunicam, parece que estão representando, é como se suas ações tivessem uma presença que as transforma de ações cotianas em ações extraordinárias, espetaculares. Em seu livro *The Pre-Peace Diary* (1950), Max Frisch conta uma história desse tipo vivenciada por ele mesmo logo após a guerra, em um teatro onde estavam ensaiando uma de suas peças. Ele explica que essa impressão é causada pela ribalta e pela boca de cena, que esses dois elementos funcionam como uma moldura e parecem dizer: "Olha pra cá, você verá algo que vale a pena observar, algo que nem o acaso nem o tempo conseguem mudar. Aqui você vai encontrar o *significado que dura*. Não são flores que murcham, mas a imagem das flores, o símbolo tangível".

A ribalta e a boca de cena são os exemplos mais simples daqueles artifícios teatrais que determinam a capacidade dos espectadores de encontrar *significados que duram* no que estão vendo, de transformar *coisas* em *signos*. Mas o que acontece é outra coisa: tanto a ribalta como a boca de cena são artifícios frágeis, seus efeitos não duram muito. São tão momentâneos que quando parecem funcionar praticamente só por força própria, transformando um fragmento casual da vida cotidiana em um espetáculo, eles se tornam objeto de várias anedotas repetidas, de historinhas, de brincadeiras ou – como escreveu Max Frisch – de apologias quase filosóficas.

Muitos outros artifícios – bem mais sólidos e duradouros – como, em particular, as técnicas extracotidianas dos atores, permitem que os espectadores projetem significados nas coisas que os atores fazem sem que haja um acordo preliminar em relação a signos convencionais ou tradicionais.

Tudo isso poderia nos levar a deduzir alguns princípios-guia: do mesmo modo que, no final das contas, a representação do que já se conhece – aquilo que chamamos de "degradação do teatro" – é o resultado de uma composição cênica que deseja ser reconhecida pelos espectadores e se modela a partir de suas expectativas, uma visão do ator que se iguala à visão do espectador também determina uma falta de profundidade no campo teatral; são visões de um olho só, uma aliança de duas autonomias fracassadas.

O que realmente determina, de um lado, a *compreensibilidade* de um espetáculo e, de outro, a sua vida – ou seja, seu aspecto desconhecido, enigmático, mutável e capaz não só de ser entendido, mas também de interessar e impressionar – é o tipo de relacionamento existente entre duas zonas: a zona onde a visão de quem cria o espetáculo coincide com a visão de quem o assiste, e aquela outra zona na qual esse acordo não é necessário e é até evitado, com grande cuidado e mestria.

VIII

Chamamos de "visão dos espectadores" o significado que o espetáculo adquire *aos seus olhos*, tanto em relação ao quadro geral quanto aos seus detalhes.

Já a "visão dos atores" seria uma coisa mais ampla e mais complexa: não é só o significado do que eles fazem aos seus próprios olhos, mas também o seu objetivo ao fazê-lo e a lógica que os orienta em suas ações. E não só. Também pertencem à visão do ator: o *subtexto* que ele usa para trabalhar sua motivação pessoal e as falas do seu personagem; a sequência de ações criada em um contexto e usada em outro (ver *Montagem*); a utilização de uma técnica de comportamento extracotidiana que não depende dos valores semânticos e expressivos que caracterizam seu trabalho dentro do espetáculo.

Poderíamos somar algumas nuances mais precisas à visão dos espectadores, mas nesse caso elas seriam inúteis. É fácil intuir o que está implícito na expressão "visão dos espectadores": trata-se de um conjunto de atividades mentais – emocionais e conceituais – que todo mundo já vivenciou, atividades que não se referem à profissão ou à cultura do ator (campos que são relativamente pouco conhecidos), mas ao vasto campo das convenções que caracterizam nossa civilização, ou então, ao campo limitado da mentalidade e da mitologia pessoal.

Parece que não estamos levando em consideração a visão do diretor, já que só falamos de atores e espectadores. Mas isso não significa que ela não seja importante. Deve-se principalmente ao fato de que, nem sempre, o diretor está presente (no entanto, podemos afirmar que sua *função* está sempre presente, ainda que ele não esteja presente fisicamente) e também porque, do nosso ponto de vista, ele ocupa uma dupla posição: de um lado, sua visão pode ser parecida com a do ator, de alguém que atua diretamente sobre as ações do espetáculo; de outro, sua visão é a de um *espectador influente* ou talvez de um "garante" para os espectadores. Tudo o que já foi dito sobre a divergência entre a visão dos atores e dos espectadores, sobre o contraste ou o acordo que existe entre elas e até mesmo sobre os segredos que ambas podem guardar, tudo isso pode se referir ao diretor, ao seu duplo teatro interior.

Com relação ao diretor, as ambiguidades sobre o significado, ou melhor, as superstições sobre o significado, podem se tornar mais imediatas e agudas. No caso em que o comportamento de um ator foi "restaurado" pelo diretor, ou no caso em que ações criadas em um determinado contexto (através de improvisações ou outros meios) foram usadas em outro contexto, o desconforto do ator, causado pela desapropriação do significado, pode ser sentido de modo particularmente forte: parece que a *violência* do espectador se materializa, tornando-se quase brutal, na ação do diretor. Mas é só uma violência imaginária, pois deriva da ideia de que um espetáculo pode ter um único sentido para todos, o mesmo sentido que também teria para os espectadores. De acordo com essa ideia, os espectadores – teoricamente – explorariam o ator ao projetar significados pessoais e autônomos sobre seu trabalho, ou seja, sobre as *coisas* do ator prontas a se transformarem, aos seus olhos, em *signos*.

Essa visão da vida teatral, que vive aflita e ansiosa devido à dificuldade de "fazer-se compreender", pode ser substituída por uma visão mais dinâmica e serena na qual a defasagem entre a visão de quem observa e a visão de quem trabalha para ser observado constrói – através da tensão cênica – uma multiplicidade de significados sob a superfície desses signos que constituem a base do acordo entre as duas.

Apesar dos "ideais" e dos lugares-comuns, na realidade material do teatro a divergência entre as duas visões é uma prática corriqueira. Tirando os casos extremos e experimentais, ela permanece silenciosa e oculta por trás de práticas que se adaptam de tal forma à vida teatral que parece até que não é necessário se interrogar sobre sua profunda função.

[9-10] (**acima**) O espectador irônico: Eleonora Duse, em uma caricatura de Olaf Gulbransson (1873-1958); (**abaixo**) a visão irônica do espectador: um *onnagata* do Kabuki, o ator Kikugoro, representando *Koume* [Pequena Ameixa]. Caricatura do pintor Okamoto Ippei (1886-1948).

No caso de um processo baseado em "materiais" criados pelos atores, "cortados" e "montados" pelo diretor dentro de um novo organismo, o relativismo dos significados que os atores, o diretor e os espectadores atribuem cada vez ao material é óbvio, principalmente se o polo da simultaneidade dramatúrgica está em evidência (ver *Dramaturgia*, *Montagem* e *Restauração do Comportamento*). Mas esse caso não é uma exceção. Traz à luz algo que está implícito em todo o profissionalismo teatral, ainda que permaneça envolto pelo manto das tradições que faz as pessoas olharem para as características gerais dos "estilos" e das "convenções" profissionais.

O relativismo dos significados é mais evidente nos teatros que não se baseiam em um texto escrito e em uma precisa tradição, mas em um *performance text* e em visões e experiências individuais e de grupo. Isso acontece porque, nestes casos, um dos elementos que constituem o trabalho cênico – que nos teatros de tradições consolidadas funciona por meio de uma lógica implícita – é reconstruído de forma consciente. Essa lógica implícita é usada com uma "inconsciência eficaz", assim como uma pessoa fala em sua língua materna mesmo sem estar familiarizado com seus elementos estruturais.

Poderíamos nos perguntar se, no decorrer da história, vários conselhos técnicos ou soluções pragmáticas também foram desenvolvidos para garantir uma dupla visão. Por exemplo, o sistema dos Tipos, que caracterizou o teatro profissional europeu do século XVI ao século XX; as técnicas stanislavskianas e aquelas que usam seu nome; o uso da improvisação para preparar materiais para o espetáculo: são todos procedimentos que, em seus diversos contextos culturais e ambientais, podem livrar os atores do predomínio da visão dos espectadores, ao qual eles ficariam ligados e que os governaria.

A distância entre a visão dos atores e a visão dos espectadores – que é tão necessária ao trabalho artístico dos teatros das antigas tradições, tanto que suas convenções as protegem das mais variadas formas – costuma ser reconstruída e controlada nos teatros autônomos e autodidatas. Nesses teatros, a distância é mais evidente do que nos teatros das antigas tradições, mas não porque seja particularmente acentuada. Quando, no entanto, a vontade de separar a visão do ator da visão do espectador é expressa de maneira mais evidente, essa separação – que sempre foi ignorada e negada pela ideologia teatral – causa maravilha e escândalo.

Causou escândalo quando foi vista no trabalho de Stanislávski. Ainda hoje ouvimos histórias que falam das "bizarrices" e das "manias" do grande mestre do teatro russo. Elas têm a ver com aqueles casos em que Stanislávski inseria em seus espetáculos detalhes que ninguém podia ver, como objetos preciosos tão pequenos ou tão escondidos que só o ator que os manipulava era capaz de lhes dar valor. Dizem que ele fez com que um ator representasse, atrás das coxias, um personagem do qual sempre se falava numa certa peça, mesmo que nunca aparecesse no palco. Já no *Ivanov* de Tchékhov, que tem algumas cenas importantes baseadas num diálogo entre personagens que estão numa varanda e uma mulher que surge na janela de uma casa, Stanislávski mandou construir, atrás das coxias, para a mulher que aparece debruçada na janela, uma parte do seu quarto.

É estranho que episódios desse tipo nos façam rir ainda hoje: isso mostra que até hoje se acredita que o teatro seja fruto de uma visão de um único olho: o olho do espectador. E olha que as "loucuras" de Stanislávski são o signo de uma profunda racionalidade que ainda hoje não foi assimilada pela prática teatral.

Outro exemplo é o treinamento. O treinamento do ator normalmente é visto de forma redutiva: como o signo do profissionalismo do ator (ele treina todo dia como um ginasta ou um pianista) ou como signo do seu compromisso ético (todo dia ele faz seus

V A ARTE SECRETA DO ATOR

[11] O espectador que protesta: luta por um lugar em um teatro inglês no início do século XIX (gravura caricatural de 1821).

exercícios). Não se valoriza muito o fato de que o treinamento é – ou pode ser – um elemento de independência do ator: independência em relação ao diretor; independência em relação à continuidade do seu trabalho pessoal fora dos compromissos nas novas produções; independência em relação aos espectadores.

Quando o treinamento é feito continuamente, fica mais fácil para os atores – ou aspirantes a atores – a ingressar na profissão teatral. E mais: o treinamento os integra em uma tradição, seja ela ampla ou limitada à história de um pequeno grupo. Após um certo período, essa função do treinamento deixa de existir. Mas alguns atores não deixam de praticá-lo, de transformá-lo sem parar, de se aventurar por caminhos sempre novos e que não tem nada a ver com o aperfeiçoamento contínuo de um virtuosismo. Nesse caso, qual a função do treinamento? Agora não serve mais para que um ator ingresse em uma profissão. Pelo contrário: permite que o ator não fique completamente integrado, define uma área do trabalho que não se limita às exigências dos espetáculos e dos espectadores.

Além disso, o treinamento transforma a prática – que parece ser sempre a mesma – em seu oposto. O treinamento pode deixar de ser um instrumento de integração e se tornar um instrumento de não integração, de independência. Faz com que seja possível trabalhar para uma série de demandas de uma produção teatral específica enquanto, ao mesmo tempo, ajuda o ator a não se submeter passivamente a essas mesmas demandas. Todos esses exemplos pertencem a uma corrente profunda que visa proteger a energia do teatro através da distinção entre as duas visões.

IX

Seria fácil demais confundir a diferença entre as duas visões, assim como sua dialética, com uma separação pura e simples, ou seja, com uma ausência de dialética.

De fato, existe um *espectador autossuficiente* do mesmo modo que existe um *ator autossuficiente*. Não há espetáculo, ruim ou insignificante que seja, que não possa encontrar um espectador que, autonomamente, lhe dê valor e significados que ele mesmo elaborou – apenas com o trabalho de sua mente – enquanto o assistia. Muitas observações ingênuas foram feitas por espectadores autossuficientes ao assistirem formas de teatro degradado.

De modo parecido, não há espetáculo ruim ou insignificante no qual um ator não possa viver suas visões de maneira solitária, mesmo sem estabelecer nenhum tipo de vínculo com o espectador.

Quando não existe uma distinção dinâmica, mas existe uma separação inerte, o terreno de encontro entre atores e espectadores é um desprezo mútuo, que pode ser temperado com indiferença, complexos de superioridade ou inferioridade e até rancor. Só que a dialética viva entre as duas visões é baseada no respeito mútuo, no interesse em manter o fio que liga atores e espectadores, ainda que sem forçá-los a uma unanimidade.

A vida de um espetáculo perpassa uma complexa rede de vasos capilares que são profundamente justificados pelos atores e que, por isso, podem assumir o papel de *signos* para os espectadores. Esses *signos* podem evocar significados para os espectadores, mas esses significados não são necessariamente pré-estabelecidos. Há um equilíbrio no acordo entre os significados para os atores e os significados para os espectadores, entre uma zona na qual a clareza da comunicação é essencial e outra zona, subordinada à primeira, na qual as duas visões podem se separar, determinando a profundidade do impacto artístico e cultural do espetáculo. Mas tudo isso não quer dizer que significados transbordem de modo casual e arbitrário.

A dinâmica que tentei descrever de modo abstrato (mas que constitui a própria matéria do teatro) provoca, na transição do trabalho do ator para a compreensão do espectador, uma *peripécia*, *uma vicissitude de intenções e sentidos* ("sentidos" entendidos como "significados", mas também como "o que se sente").

É a *peripécia* que faz do teatro um organismo vivo e não uma réplica que se adéqua à realidade externa, e muito menos um rito em que há um consenso: ela faz do teatro um *laboratório* onde – com um ponto de partida conhecido – desenvolve-se um itinerário mental que não é predeterminado.

Madame de Staël resumia essa situação quando se lembrava de sua atitude como espectadora ao assistir um determinado espetáculo na Alemanha: de um lado, ela conhecia o texto da peça e sua história; de outro, certos detalhes, certas *coisas* que os atores faziam, aos seus olhos surgiam como *signos* a serem explorados, porque seu significado não correspondia a nenhuma convenção. Então ela se sentia obrigada a observar o que acontecia em cena com a mesma curiosidade e o mesmo desejo com o qual ela observava o imprevisto fluxo das vicissitudes da vida.

Um teatro onde tudo é previsível, que é codificado e precisamente decodificável pelo espectador, é um laboratório que deixou de funcionar. Mas um teatro que se deixa seduzir pela miragem que é oposta e especular à miragem anterior (aquela que acredita que as visões dos atores devem ser sempre análogas às visões dos espectadores) também seria um laboratório em ruínas. Ele seria vítima da superstição segundo a qual tudo o que tem um sentido para o ator pode, num passe de mágica, adquirir um sentido para os espectadores.

Essa atitude é particularmente destrutiva para a arte. Poderíamos defini-la como uma avaliação niilista daquele problema do acordo entre ator e espectador. A independência da visão do ator em relação à visão do espectador não pode vir de uma separação, mas – como já foi dito – de um vínculo mais forte. Essa independência só exercitará sua liberdade se, ao mesmo tempo, houver uma restrição igualmente forte.

E, para concluir, vamos analisar o teste de Rorschach. Ele pode nos fornecer um exemplo ilustrativo desse aspecto do problema. Ele ajuda a sintetizar, por meio de uma nova imagem, vários dos temas que pertencem à discussão sobre as duas visões.

Quando uma pessoa quer se referir a "alguma coisa" que não tem nenhum significado, e ao mesmo tempo se abre para todos os significados que podem ser projetados sobre "esta coisa", ela usa o exemplo das nuvens no céu (como em uma famosa cena de *Hamlet*), das manchas sobre as paredes (sobre as quais todo mundo imagina e fantasia quadros e figuras, como fez Leonardo da Vinci) ou das manchas no teste de Rorschach. Mas existe uma enorme diferença entre os dois primeiros exemplos e o terceiro: a diferença entre arbitrariedade e liberdade, entre delírio e imaginação.

Nos dois primeiros exemplos, todo o trabalho é feito pela pessoa que está vendo, que usa algo casual para mergulhar em uma *rêverie*. No último exemplo, o do teste de Rorschach, não há lugar para nenhum tipo de *rêverie*. A atenção da pessoa é fixada: é aí que a imaginação – um mecanismo preciso, lógico, em tensão – é ativada.

Isso acontece porque, diante do teste de Rorschach, o observador não é abandonado a si mesmo. Seu "trabalho" de dar uma interpretação às "manchas" que tem diante de si dialoga e se entrelaça com um trabalho anterior, longo e preciso, que formalmente preestabeleceu linhas gerais, muito bem arquitetadas, para dirigir sua atenção.

A ARTE SECRETA DO ATOR

Em seu livro sobre o *Psicodiagnóstico* (1921), Hermann Rorschach explica o método que usou ao preparar os materiais para seu teste, baseado na livre interpretação das manchas. Estava procurando algo que era exatamente o contrário da casualidade. Ele só usou a casualidade como ponto de partida para ter certeza de que não estava usando *signos* com significados predeterminados. A partir daí, tudo tinha que obedecer a uma lógica rigorosa, o mais rigorosa possível, já que não dependia de nenhuma consideração sobre o sentido que a "mancha" podia passar a ter na visão do observador.

Em primeiro lugar, o papel no qual a mancha havia sido feita era dobrado em dois, para que a imagem se duplicasse. Ao adquirir uma simetria especular, a imagem também adquiria uma certa *necessidade*. Como os atores sabem, se não estou errado, quando algo que acontece acidentalmente em cena se repete logo em seguida, parece se tornar lógico e ganha imediatamente um sentido aos olhos dos espectadores.

Em segundo lugar, Rorschach e seus colaboradores escolheram algumas das imagens que resultaram das várias manchas que tinham sido dobradas sobre si mesmas. Eles eliminaram todas as imagens que não estavam harmônicas no espaço ou que não respondessem a "condições particulares de ritmo espacial". Escreve Rorschach: "Se as imagens não respeitam essas condições, elas não têm potencial plástico. Muitos observadores rejeitam essas imagens dizendo que são 'simples borrões', e se recusam a tentar interpretá-las". É interessante notar que a tradução francesa do livro de Rorschach usa o termo *tableau* (quadro) para se referir ao que normalmente é chamado de "mancha informe". Parece que assim ela quer ressaltar que a influência do artifício foi bem maior que a da casualidade.

Após ter escolhido as imagens que respondiam a específicas condições de ritmo espacial, Rorschach escolheu uma série de dez imagens e, cada uma delas, além de ter seu próprio ritmo interno, integrava-se em um ritmo geral determinado pela sequência. Era de fato uma "montagem" estabelecida após várias experimentações: a relação entre imagens em preto e branco e imagens coloridas, a alternância entre imagens fáceis de interpretar e imagens difíceis, entre imagens que apelam a uma interpretação baseada em detalhes ou na forma do conjunto, partindo dos espaços marcados pelo nanquim ou através dos interstícios brancos.

No final, após uma série de experimentações, Rorschach e sua equipe estabeleceram o significado que cada imagem iria provavelmente adquirir. Normalmente, os observadores achavam que a mancha número 5 – aquela que parece sugerir o próprio significado – era um morcego. Isso acontece quase sempre. Mas nem sempre, e, sobretudo, não necessariamente. Às vezes isso provoca uma visão diferente e imprevista: aquela que, durante a experimentação, é definida como "particularmente boa".

Esse aspecto do teste de Rorschach mostra, quase como se ele fosse um modelinho de laboratório científico, o que se pode obter ao estabelecer uma relação dialética entre duas visões que estão fortemente vinculadas uma à outra sem que, necessariamente, seja imposto um acordo entre elas. Isso acontece porque Rorschach e sua equipe, querendo posicionar o observador de modo que ele fosse capaz de ver plantas e animais, cenas de caça ou cenas familiares, imagens cotidianas ou mitológicas, não trabalharam nem sobre a verossimilhança, nem sobre o mito, nem sobre as plantas ou os animais. Eles trabalharam sobre as relações rítmicas, que aparentemente eram somente formais. E esse trabalho de montagem era orientado por visões bem precisas e experimentadas. Só que não eram essas as visões que eles queriam transmitir. Eles trabalhavam sobre os ritmos espaciais, sobre a montagem das cores, sobre a simetria, mas *não* para apresentar ritmos espaciais, montagem das cores ou simetria, mas para evocar significados pessoais e imprevistos.

[12-14] (**na página ao lado**) Ilustrações VII e IX do *Psicodiagnóstico* de Rorschach; (**acima**) ilustração V do *Psicodiagnóstico* de Rorschach: "Inúmeras vezes, a mancha número 5 é interpretada como se fosse um morcego, como sugere a sua forma".

Visão como arte secreta

Existe uma arte secreta do ator e do dançarino. Existem "princípios-que-retornam" e que determinam o bios cênico dos atores e dos dançarinos das diversas culturas e épocas. Não são regras, mas pontos de partida que permitem que as qualidades individuais se transformem em presença cênica e se manifestem em expressão personalizada, eficaz e sugestiva no contexto da história de cada um.

Se tivéssemos que representar, em uma única imagem, todos os princípios-que-retornam e que são a base da pré-expressividade do ator e do dançarino, proporíamos esta Salomé, personagem Eurasiano entre Oriente e Ocidente, extraída da Basílica de San Marco de Veneza.

A leveza do seu caminhar nasce de um equilíbrio precário. Uma série de oposições lapida seu corpo projetando sua energia em diversas direções. Essa energia, que não é nem masculina nem feminina, mas vigorosa e doce ao mesmo tempo, anima a casta túnica carmim. As brancas ornamentações verticais dilatam o corpo, cujas tensões retidas afloram em um ritmo sinuoso. Os braços se abrem de maneira assimétrica: uma das mãos confirma a vitória, a outra nega o esforço do peso que levanta. A cabeça cortada parece uma máscara que duplica a impassível face.

Entre esta pessoa e o "eu" do ator-dançarino, está de tocaia a crueldade que, para Artaud, é "rigor, perseverança e decisão".

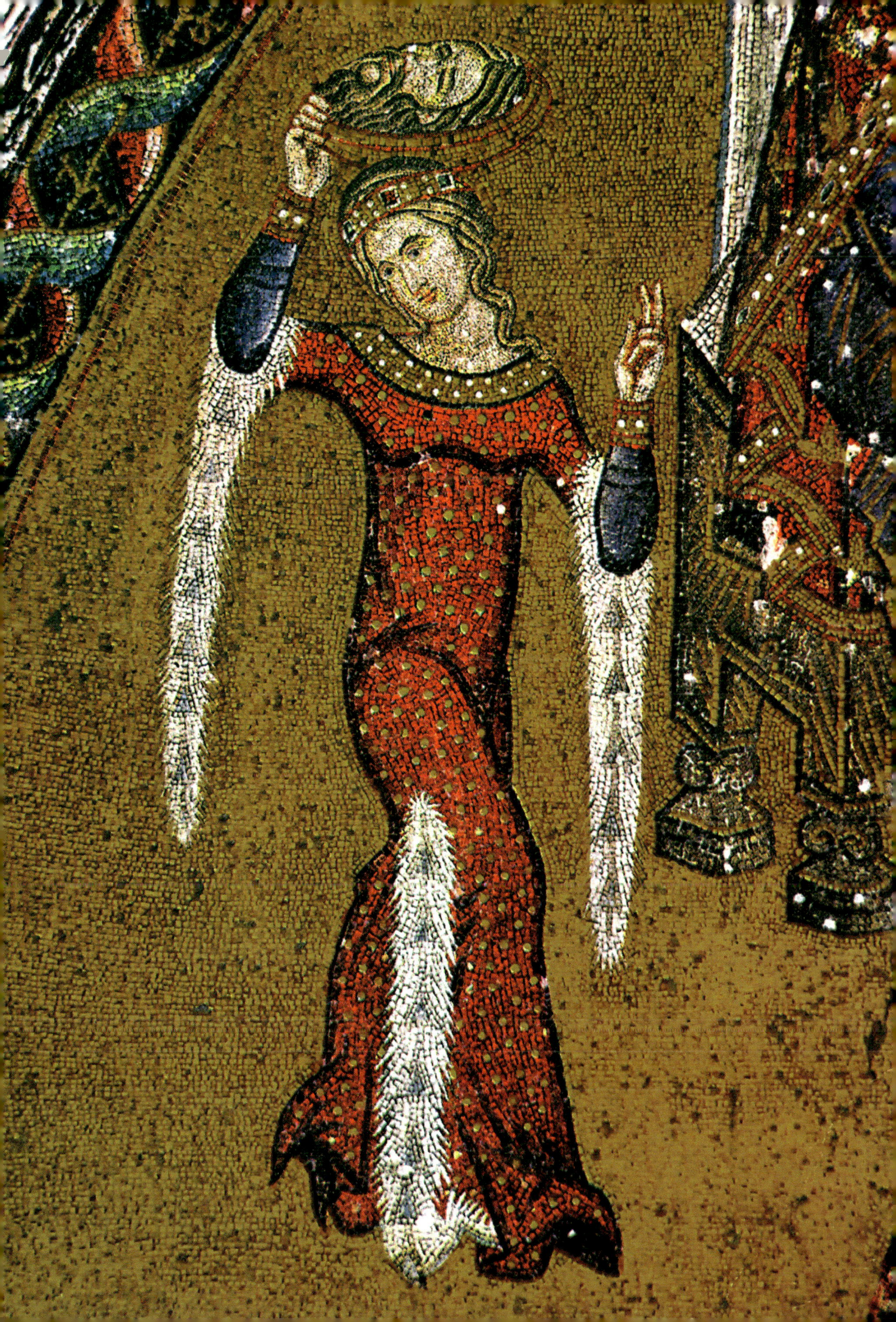

BIBLIOGRAFIA

Esta bibliografia é uma seleção de escritos sobre a Antropologia Teatral, sobre a ISTA e sobre outros assuntos vistos sob a perspectiva da Antropologia Teatral. No início, inserimos todas as edições anteriores do dicionário A Arte Secreta do Ator *e uma série de obras coletivas citadas no livro.*

Edições anteriores de A Arte Secreta do Ator

N. S. (org.). *Anatomía del Teatro. Un Dizionario di Antropología Teatrale*. Florença: La Casa Usher, 1983.

E. B.; N.S. (org.). *Anatomie de l'Acteur: Un Dictionnaire d'Anthropologie Théâtrale*. Lectoure: Bouffonneries, 1985.

_____. *Anatomía del Actor. Un Diccionario de Antropología Teatral*. México: Editorial Gaceta, 1988.

_____. *El Arte Secreto del Actor. Un Diccionario de Antropología Teatral*. México: Ed. Pórtico de la Ciudad de México & Escenología A.C., 1990.

_____. *Haiyuu no Kaibougaku. Engeki Jinruigaku Jiten Njya no hi Gei. Engeki Jinruigaku no Jisho*. Tokyo: Parco Co. Ltd., 1994.

_____. *A Arte Secreta do Ator. Dicionário de Antropologia Teatral*. São Paulo: Hucitec-Unicamp-Edusp, 1995.

_____. *L'Énergie qui Danse – L'Art Secret del'Acteur*. Lectoure: Bouffonneries, 1995.

_____. *Tajna Umetnost Glumca*. Belgrado: Publikum, 1996.

_____. *L'Arte Segreta dell'Attore. Un Dizionario di Antropologia Teatrale*. Lecce: Argo, 1996.

_____. *L'Arte Segreta dell'Attore. Un Dizionario di Antropologia Teatrale*. Milão: Ubulibri, 2005. (edição nova e ampliada)

_____. *Slovník Divadelní Antropologie. O Skrytém Umení Hercu*. Praga: Nakladastelví Lidové-Divadelní Ústav, 2000.

_____. *Oyuncunun Gizli Sanati. Tiyatro Antropolojisi Sözlügü*. Istambul: Ed. Cem Akas, Yapi Kredi Yayinlari, 2002.

_____. *The Secret Art of the Performer. A Dictionary of Theatre Anthropology*. Londres e Nova York, Routledge, 2005. (2ª edição revista e ampliada em ocasião dos 25 anos da ISTA).

_____. *Sekretna Sztuka Aktora*. Wroclaw: Ośrodek Badań Twórczości Grotowskiego, 2005.

_____. *El Arte Secreto del Actor. Un Diccionario de Antropología Teatral*. La Habana: Ediciones Alarcos, 2007.

_____. *Η μυστική τέχνη του ηθοποιού*. Atenas: Koan, 2008.

_____. *L'Énergie qui Danse – Dictionnaire d'Anthropologie Théâtrale*. Montpellier: L'Entretemps, 2008. (2ª edição revista e ampliada).

_____. *El Arte Secreto del Actor. Un Diccionario de Antropología Teatral*. México: Escenología, 2009. (2ª edição).

_____. *El Arte Secreto del Actor. Un Diccionario de Antropología Teatral*. Lima: Editorial San Marcos, 2010.

_____. *Slovar `Teatral `noi Antropologii. Tainoe Iskusstvo Ispolnitelia*. Moscou: Artist. Rezhisser. Moscow, Teatr, 2010.

_____. *L'Arte Segreta dell'Attore. Un Dizionario di Antropologia Teatrale*. Bari: Edizioni di Pagina, 2011.

_____. *El Arte Secreto del Actor. Un Diccionario de Antropología Teatral*. Bilbao: Artezblai, 2012.

_____. 劇場人類學辭典：表演者的祕藝. Taipei: Bookman Books/ Taipei National University of Arts, 2012.

_____. *Arta Secretă a Actorului. Dictionar de Antropologie Teatrală*. Bucuresti: Humanitas, Festival International de Teatru de la Sibiu, Teatrul National "Radu Stanca", Sibiu, 2012.

Obras coletivas

AA.VV. *Barba e o Teatro Antropológico*. In: *Inacen. Boletim Informativo*. Rio de Janeiro: Instituto Nacional de Artes Cênicas 9/2, 1987. (Textos de E. Barba, L. O. Burnier, J. R. Faleiro, D. García, C. Levi, Y. Michalski e R. Trotta)

AZZARONI, Giovanni (org.). *Il Corpo Scenico Ovvero la Tradizione Tecnica dell'Attore*. Bolonha: Nuova Alfa, 1990. (Textos de A. Appia, A. Artaud, E. Barba, B. Brecht, J. Copeau, E. G. Craig, E. Decroux, C. Dullin, S. M. Eisenstein, Y. Fukuoka, R. Laban, Mei Lanfang, V. E. Meyerhold, C. Sadoshima, K. S. Stanislávski e M. Zeami.)

CHRISTOFFERSEN, Exe (org.). *At Synliggore det Usynlige*. Århus: Institut for Dramaturgi, 1987. (Textos de E. Barba, K. D. Kjeldsen, J. Risum, R. Schechner e E. Thomsen.)

CRUCIANI, Fabrizio (org.). *Historiografía Teatral*. In: *Mascara*, 9/10, México 1992. (Textos de A. Appia, A. Artaud, E. Barba, P. Cardona, R. Carreri, R. Carrió, J. Copeau, E. G. Craig, E. Decroux, S.M. Eisenstein, G. Guccini, F. Hoff, R. Laban, Mei Lanfang, V. E. Meyerhold, M. Oshima, S. Panigrahi, P. Pavis, C. Sadoshima, K. S. Stanislávski, J. L. Valenzuela, J. Varley, T. Wethal e M. Zeami.)

CRUCIANI, Fabrizio; SAVARESE, Nicola (org.) *Hyphos* 1, número especial ISTA Salento, Lecce, 1987. (Textos de I. Babel, E. Bandiera, E. Barba, C. Bene, G. Di Lecce, N. Ginzburg, R. Kipling, F. Perrelli, M. Richard, J. Roth, L. Santoro, A. Sabinio, V. Segalen, K. Stanislávski e F. Taviani.)

DE MARINIS, Marco (org.). *Drammaturgia dell'Attore*. Bolonha: I Quaderni del Battello Ebbro, 1997. (Textos de E. Barba, R. Carreri, M. De Marinis, L. Masgrau, I. Nagel Rasmussen, P. Pavis, J. Risum, N. Savarese, M. Schino, F. Taviani, J. Varley e T. Wethal.)

FALKE, Christoph (org.). *Das Lernen zu Lernen. ISTA International Schule für Theateranthropologie*. In: *Flamboyant* 3, Cologne, 1996. (Textos de E. Barba, Ch. Falke, K. Hastrup, F. Taviani e J. Varley)

FILIPPETTI, Renzo (org.). *Materiali del Lavoro sull'ISTA, Documentazione 3*, Centro di Iniziativa Teatrale S. Agata, Bolonha, 1987. (Textos de E. Barba, M. Borie, P. Calcagno, P. Cardona, F. Coppieters, F. Cruciani, M. De Marinis, S. De Matteis, G. Di Lecce, P. Giacché, R. Molinari, F. Quadri, C. Ria, F. Ruffini, N. Savarese, F. Taviani e U. Volli.)

GUCCINI, Gerardo; VALENTI, Cristina (org.). *Tecniche della Rappresentazione e Storiografia*. Bolonha: Synergon, 1992 (Textos de E. Barba, R. Carreri, R. Carrió, F. Cruciani, M. De Marinis, F. Hoff, G. Guccini, M. Oshima, S. Panigrahi, P. Pavis, J. M. Pradier, C. Valenti, J. L. Valenzuela, J. Varley e T. Wethal.)

HASTRUP, Kirsten (org.). *The Performers' Village*. Gråsten: Drama, 1996 (Textos de K. Azuma, I Made Bandem, E. Barba, R. Carreri, K. Hastrup, R. Jenkins, S. Panigrahi, J. Risum, F. Ruffini, N. Savarese, M. Schino, F. Taviani, I Made P. Tempo, T. Chun-Lin, J. Varley e I. Watson.)

KOWALEWICZ, Kazimierz (org.). *Living in the Performers' Village*. Lodz: Lodz University Press, 1999. (Textos de J. Arpin, R. Avila, A. Max Hausen, S. Homar, K. Kowalewicz, D. Korish, L. A. Meambeh, I. Paggen Wabnitz, W. Pfaff, K. Spaic e C. Wolther.)

LEABHART, Thomas (org.). *Incorporated Knowledge*. In: *Mime Journal*, Claremont, 1995 (Textos de M. De Marinis, K. Hastrup, R. Jenkins and I. N. Catra, T. Leabhart, L. Pronko, F. Ruffini e J. Varley.)

OSORIO, Ramiro (org.). *Incomprensión y Coincidencias*. In: *7 Caminos Teatrales*. México: Fundación Cervantista Enrique y Alicia Ruelas, 2010. (Textos de Eugenio Barba, Aderbal Freire, Paolo Magelli, José Sanchis Sinisterra, Tapa Sudana, Luis de Tavira, Julia Varley.)

PAVIS, Patrice (org.). *La Dramaturgie de l'Actrice*. In: *Degrés* 97-98-99, Bruxelas, 1999. (Textos de E. Barba, R. Carreri, M. De Marinis, J. Féral, Y. Lorelle, Ll. Masgrau, I. Nagel Rasmussen, P. Pavis, J. M. Pradier, J. Risum, J. Varley e T. Wethal.)

PFAFF, Walter-Keil; ERIKA-SCHLÄPFER, Beat (org). *Der Sprechende Körper. Texte zur Theateranthropologie*. Zurich: Alexander Verlag, Berlin & Museum für Gestaltung, 1996. (Textos de E. Barba, M. Bauer, R. Barucha, P. Brook, E. Fischer-Lichte, D. Fo, J. Grotowski, J. Grädel, M. Mauss, W. Pfaff, J. Pfaff-Czarnecka, R. Schechner e V. Turner.)

RUFFINI, Franco (org.). *La Scuola degli Attori*. Florença: La Casa Usher, 1981. (Textos de K. Azuma, E. Barba, R. Bijeliac-Babic, T. Bjelke, M. Brauneck, T. Bredsdorff, T. Chun-Lin, J. J. Daetwyler, M. Delgado, X. Fabregas, B. Gale, J. Grotowski, A. Helbo, H. Laborit, N. R. Macdonald, S. Panigrahi, J. M. Pradier, N. Savarese, R. Temkine, I Made Pasek Tempo, A. Tordera, M. Watanabe, C. Weiler e W. Ybema.)

_____. *Le Théâtre qui Danse*. In: *Bouffonneries* 22-23. Lectoure, 1989. (Textos de E. Barba, M. Borie, P. Cardona, P. Giacché, P. Pavis, J. M. Pradier, F. Ruffini e F. Taviani.)

SAVARESE, Nicola (org.). *Terra d'Otranto*. Número especial: ISTA Salento. Dialoghi Teatrali, Lecce, 1987. (Textos de A. Bandettini, E. Barba, I. De Luca, R. Durante, P. Giacché, C. Ria e F. Taviani.)

SKEEL, Rina (org.). (1) *The Tradition of ISTA*. Londrina: Filo/Univ. Estadual of Londrina, 1994. (Textos de K. Azuma, I Made Bandern, E. Barba, N. Jacon, T. Chun-Lin, S. Panigrahi, F. Ruffini, N. Savarese, F. Taviani, I Made Pasek Tempo e J. Varley.)

_____ (2) *A Tradição da ISTA*. Londrina: Filo/Univ. Estadual de Londrina, 1994. (Versão de *The Tradition of ISTA* em português.)

TAVIANI, Ferdinando (org.). *Improvisation et Anthropologie Theâtrale*. In: *Bouffonneries* 4, Lectoure, 1982. (Textos de K. Azuma, E. Barba, B. Colin, R. Guarino, S. Panigrahi, F. Ruffini, I Made Pasek Tempo e M. Watanabe.)

_____. *La Improvisación*. In: *Quehacer Teatral* 2, Bogotá: Museo Arte Moderno y Centro de Investigaciones Teatrales, 1984. (Textos de G. Antei, F. Arenas, B. Balasz, A. Bandettini, E. Barba, E. Buenaventura, M. Chéjov, J. Copeau, C. Dullin, W. Goethe, M. Górki, R. Guarino, J. Monsalve, E. Piscator, C. Reyes, M. Sand, N. Savarese, K. Stanislávski, E. Vakhtângov e B. Zakhava.)

_____. *L'Energie de l'Acteur*. In: *Bouffonneries* 15-16, Lectoure 1987. (Textos de E. Barba, P. De Vos, B. Kaquet, J. M. Pradier, F. Ruffini e M. Schino.)

WATSON, Ian (org.). *Negotiating Cultures. Eugenio Barba and the Intercultural Debate*. Manchester e Nova York: Manchester University Press, 2002. (Textos de E. Barba, M. Bovin, I. N. Catra e R. Jenkins, F. Chamberlain, T. D'Urso, R. Jenkins, I. Nagel Rasmussen, M. Rubio, N. Savarese, M. Shevtsova, N. Stewart, F. Taviani e I. Watson.)

YARROW, Ralph (org.). *Presence and Pre-expressivity* 1. In: *Contemporary Theatre Review* 6/4, Amsterdã, 1997. (Textos de F. Chamberlain, P. Pavis, J. M. Pradier e R. Yarrow.)

Bibliografia geral

ATZPODIEN, Uta. "Lernen zu lernen: Eugenio Barba, das Odin Teatret und die ISTA. In: *Theater der Zeit* 1, Berlim, 2000.

AZUMA, Katsuko. "Intervista, por F. Ruffini". In: RUFFINI, Franco (org.) *La Scuola degli Attori*. Florença: La Casa Usher, 1981.

_____. "Entretien avec Katsuko Azuma, por F. Ruffini". In: TAVIANI, Ferdinando (org.). Improvisation et Anthropologie Theâtrale. In: *Bouffonneries* 4, Lectoure, 1982.

_____. "Go Against the Rhythm of the Heart, entrevista de F. Ruffini". In: SKEEL, Rina (org.). (1) *The Tradition of ISTA*. Londrina: Filo/Univ. Estadual of Londrina, 1994. Publicado também em: HASTRUP, Kirsten (org.). *The Performers' Village*. Gråsten: Drama, 1996.

BANDEM, I Made. "Vá Contra o Ritmo do Coração, entrevista de F. Ruffini". In: SKEEL, Rina (org.) (2) *A Tradição da ISTA*. Londrina: Filo/Univ. Estadual de Londrina, 1994. (Versão de *The Tradition of ISTA* em português.)

_____. "Tradition as Change and Continuity, entrevista de E. Barba". In: SKEEL, Rina (org.). (1) *The Tradition of ISTA*. Londrina: Filo/Univ. Estadual of Londrina, Londrina, 1994. Publicado também em: HASTRUP, Kirsten (org.). *The Performers' Village*. Gråsten: Drama, 1996.

_____. "Tradição como Mudança e Continuidade, entrevista de E. Barba". SKEEL, Rina (org.) (2) *A Tradição da ISTA*. Londrina: Filo/Univ. Estadual de Londrina, 1994. (Versão de *The Tradition of ISTA* em português).

BANDETTINI, Anna. "ISTA 1986-1987". In: *Teatro/Festival* 7, Parma, 1987.

BARKER, Clive. "Developing a New Language". In: *Theatre International* 1, Londres, 1981.

_____. "El ISTA de Bolonia: Premisas Culturales". In: CRUCIANI, Fabrizio (org.). *Historiografía Teatral*, em *Máscara* 9/10, México 1992.

_____. "L'ISTA di Bologna: Rapporto della Sesta Sessione dell'ISTA". In: GUCCINI, Gerardo; VALENTI, Cristina (org.). *Tecniche della Rappresentazione e Storiografia*. Bolonha: Synergon, 1992.

BASSNETT, Susan. "Theatre Anatomy". In: *New Theatre Quarterly* 6, Cambridge, 1986.

_____. "Tasks of Theatre Anthropology". In: *New Theatre Quarterly* 6, Cambridge, 1986.

_____. "Perceptions of the Female Role". In: *New Theatre Quarterly* 11, Cambridge, 1987.

BIJELJAC-BABIC, Ranka. "Utilizzazione di un Metodo Scientifico nello Studio dell'Espressione Sportiva e Teatrale". In: RUFFINI, Franco (org.). *La Scuola degli Attori*. Florença: La Casa Usher, 1981.

BIRRINGER, Johannes. "Repetition and Revolution: Theatre Anthropology after Brecht". In: *Theatre, Theory, Postmodernism*. Indiana Univ. Press-Bloomington and Indianapolis, 1991.

BJELKE, Torben. "Diario dell'ISTA di Bonn". In: RUFFINI, Franco (org.). *La Scuola degli Attori*. Florença: La Casa Usher, 1981.

BLUM, Lambert. "ISTA-Tagung in Holstebro 1986". In: *Theater Zeitschrift* 2, Berlim, 1987.

_____. "Wachsamkeit und Offene Freiheit des Körpers". In: *Tanz Aktuell* 3, Berlin, 1988.

_____. "Von der Verantmortung Individueller Freiheit". In: *Tanz Aktuell* 9, Berlin, 1989.

_____. "Im Licht Gegenwärtiger Träume. Der Klassischer Indischer Tanz". In: *Tanz Aktuell* 2, Berlin, 1992.

_____. *Odissi. Klassischer Indischer Tanz und Aspekte der Theater-antropologie*. Berlin: Mime Centrum Berlin, 1992.

BORIE, Monique. "Eugenio Barba et son École". In: *Théâtre/Public* 38, Paris, 1981.

_____. "Une Pédagogie pour le Théâtre de Groupe". In: *Théâtre/Public* 16/17, Paris, 1982.

_____. "L'Acteur: Masculin, Féminin". In: *L'Art du Théâtre* 7, Paris, 1986.

_____. "Le Regard et l'Autre, une École de l'Acteur Vivant". In: *Théâtre/Public* 76/77, Paris, 1987.

_____. "Enseignement et Création, un même Chemin". In: *L'Art du Théâtre* 8, Paris, 1987-1988.

_____. "Anthropologie Théâtrale et Approche Anthropologique du Théâtre". In: *Bouffonneries* 22/23, Lectoure, 1989.

_____. "L'Acteur et la Mémoire des Origines". In: *Le Cahier de l'Herne*, Paris, 1990.

BOUDET, Rosa Ileana. "Territorio de lo Invisible". In: *Conjunto* 104, Habana, 1996.

BOVIN, Mette. "Provocation Anthropology: Bartering Performance in Africa". In: *The Drama Review* 117, Nova York, 1988.

BRAUNEK, Manfred. "Teatro come Atteggiamento Inscenatorio". In: RUFFINI, Franco (org.). *La Scuola degli Attori*. Florença: La Casa Usher, 1981.

BREDSDORFF, Thomas. "Det Rejsende Universitet". In: *Politiken* 2/5, Copenhague, 1996.

_____. "Lettera ad Eugenio Barba a Proposito dell'ISTA". In: RUFFINI, Franco (org.). *La Scuola degli Attori*. Florença: La Casa Usher, 1981.

CARDONA, Patricia. "Crónica de un Llamado". In: *Escénica*, número especial, México, 1986.

_____. "Energie et Vision du Monde". In: RUFFINI, Franco (org.). *Le Théâtre qui Danse*, em *Bouffonneries* 22-23. Lectoure, 1989.

_____. "Las Primeras Preguntas". In: CRUCIANI, Fabrizio (org.). *Historiografía Teatral*, em *Máscara* 9/10, México 1992.

_____. "Antropología Teatral". In: *Máscara* 19-20, México, 1995.

_____. "Hombres y Mujeres de Acción Escénica Definen los Principios Comunes a las Culturas Teatrales del Mundo". In: *Uno Más Uno* 28/5, México, 1996.

_____. "Jerzy Grotowski Hace Crónica de su Vida (I-II-III)". In: *Uno Más Uno* 7, 8, 9/6, México, 1996.

_____. "Para Sobrevivir el Teatro Debe Saltar Hacia lo Invisible: Luis de Tavira en Copenhagua". In: *Uno Más Uno* 31/5, México, 1996.

_____. "Prendido Dinamismo Multicultural en Copenhague". In: *Uno Más Uno* 17/5, México, 1996.

_____. "En el Teatro no Hay Reglas, Aunque Todo Nace en los Pies y Sube al Cielo". In: *Uno Más Uno* 30/5, México, 1996.

_____. "El Teatro como Afirmación de la Identidad o Puente de Comunicación entre la Diversidad. In: *Uno Más Uno* 29/5, México, 1996.

_____. *Diario de una Danza por la Antropología Teatral en America Latina*. México: Quinta del Agua Ediciones, SA de CV, 2012.

CARRERI, Roberta. "The Actor's Journey: Judith from Training to Performance". In: CHRISTOFFERSEN, Exe (org./entrevista) *New Theatre Quarterly* 26/7, Cambridge, 1991.

_____. "Il Viaggio dell'Attore dal Training allo Spettacolo. In: GUCCINI, Gerardo; VALENTI, Cristina (org.). *Tecniche della Rappresentazione e Storiografia*. Bolonha: Synergon, 1992.

_____. "El Viaje del Actor, del Traiding al Espectáculo". In: CRUCIANI, Fabrizio (org.). *Historiografía Teatral*, em *Máscara* 9/10, México 1992.

_____. "Territories of the Body", organização e entrevista de I. Watson. HASTRUP, Kirsten (org.). *The Performers' Village*. Gråsten: Drama, 1996.

_____. "La Dinamica degli Equivalenti Fisici", organização e entrevista de L. Masgrau. In: DE MARINIS, Marco (org.). *Drammaturgia dell'Attore*. Bolonha: I Quaderni del Battello Ebbro, 1997.

_____. "La Dynamique des Équivalences Physiques". In: PAVIS, Patrice (org.). *La Dramaturgie de l'Actrice*, em *Degrés* 97-98-99, Bruxelas, 1999.

_____. *Tracce. Training e Storia di un'Attrice dell'Odin Teatret*. Milão: Il Principe Costante, 2007.

_____. *Rastros. Treinamento e História de uma Atriz do Odin Teatret*. São Paulo: Perspectiva, 2011.

CARRIÓ, Raquel. "Escrito en el Espacio". In: CRUCIANI, Fabrizio (org.). *Historiografía Teatral*, em *Máscara* 9/10, México 1992.

_____. "Scrittura nello Spazio". GUCCINI, Gerardo; VALENTI, Cristina (org.). *Tecniche della Rappresentazione e Storiografia*. Bolonha: Synergon, 1992.

CHAMBERLAIN, Frank. "Presenting the Unrepresentable: Maeterlinck's *L'Intruse* and the Symbolist Drama. YARROW, Ralph (org.). *Presence and Pre-expressivity* 1, em *Contemporary Theatre Review* 6/4, Amsterdã, 1997.

CHATRA, I. Nyoman; JENKINS, R. "Bacchanalian Hieroglyphs". In: LEABHART, Thomas (org.). *Incorporated Knowledge*, em *Mime Journal*, Claremont, 1995.

CHEMI, Tatiana. "'Mente' Sapendo di Mentire. Il Concetto di Mente-Corpo nell'Antropologia Teatrale". In: *Porta di Massa*, número especial, Nápoli, 2000.

CHRISTOFFERSEN, Exe. "The Presence Radiated by the Actor-Dancer". In: *Nordic Theatre Studies*, Oslo, 1989.

_____. "Yoricks Grimasse". In: *Teater Et 79*, Copenhague, 1996.

COPPIETERS, Frank. "Eugenio Barba et son École Internationale d'Anthropologie Théâtrale". In: *Alternatives Théâtrales* 6/7, Bruxelas, 1981.

CRUCIANI, Fabrizio. "A Proposito della Scuola degli Attori". In: *Città e Regione* 3, Bolonha, 1981.

_____. "Il Luogo dei Possibili". In: GUCCINI, Gerardo; VALENTI, Cristina (org.). *Tecniche della Rappresentazione e Storiografia*. Bolonha: Synergon, 1992.

DAETWYLER, Jean-Jacques. "Lettera a Eugenio Barba a Proposito dell'ISTA di Bonn". In: RUFFINI, Franco (org.). *La Scuola degli Attori*. Florença: La Casa Usher, 1981.

DASGUPTA, Gautam. "Anthropology and Theater". In: *PAJ* 24, Nova York, 1984.

DE MARINIS, Marco. "Il Corpo Artificiale. Biologia e Cultura nell'Arte dell'Attore. In: *Prometeo* 4, Bolonha, 1986.

_____. *Capire il Teatro. Lineamenti di una Nuova Teatrologia*. Florença: La Casa Usher, 1988.

_____. "A Scuola con Faust (Riflessioni in Forma di Diario sull'Antropologia Teatrale)". In: GUCCINI, Gerardo; VALENTI, Cristina (org.). *Tecniche della Rappresentazione e Storiografia*. Bolonha: Synergon, 1992.

_____. *Mimo e teatro nel Novecento*. Florença: La Casa Usher, 1993.

_____. "Lettera di Marco De Marinis a Eugenio Barba". In: *Due Lettere sul Pre-espressivo dell'Attore, il Mimo e i Rapporti fra Pratica e Teoria*; *Teatro e Storia* 16, Bolonha, 1994.

_____. "From Pre-expressivity to the Dramaturgy of the Performer". In: LEABHART, Thomas (org.). *Incorporated Knowledge*, em *Mime Journal*, Claremont, 1995.

_____. "The Mask and Corporeal Expression in 20th-Century Theatre". In: LEABHART, Thomas (org.). *Incorporated Knowledge*, em *Mime Journal*, Claremont, 1995.

_____. *Comprender el Teatro. Lineamientos de una Nueva Teatrología*. Buenos Aires: Galerna, 1997.

_____. "Dal Pre-expressivo alla Drammaturgia dell'Attore. Saggio Sulla 'Canoa di Carta'". In: DE MARINIS, Marco (org.). *Drammaturgia dell'Attore*. Bolonha: I Quaderni del Battello Ebbro, 1997.

_____. "Rifare il Corpo. Lavoro su se Stessi e Ricerca sulle Azioni Fisiche Dentro e Fuori del Teatro nel Novecento". In: *Teatro e Storia* 19, Bolonha, 1997.

_____. *Drammaturgia dell'Attore* (org.). In: *Teatro Eurasiano 3,* I Quaderni del Battello Ebbro, Porretta Terme (BO), 1997.

_____. "En Quête del l'Action Physique, au Théâtre et au delà du Théâtre: De Stanislavski à Barba". In: PAVIS, Patrice (org.). *La Dramaturgie de l'Actrice*, em *Degrés* 97-98-99, Bruxelas, 1999.

_____. *In Cerca dell'Attore. Un Bilancio del Novecento Teatrale*. Roma: Bulzoni, 2000.

_____. *Il Teatro dell'Altro. Interculturalismo e Transculturalismo nella Scena Contemporánea*. Florença: La casa Usher, 2011.

DE TAVIRA, Luis. "El Teatro en una Sociedad Multicultural". In: *ADE* 56-57, Madri, 1997.

DELGADO, Mario. "Diario dell'ISTA di Bonn". In: RUFFINI, Franco (org.). *La Scuola degli Attori*. Florença: La Casa Usher, 1981.

DE VOS, Patrick. "Onnagata, Fleur de Kabuki". In: TAVIANI, Ferdinando (org.). *L'Energie de l'Acteur*, em *Bouffonneries* 15/16, Lectoure 1987.

ELSASS, Peter. "Rapports sur les Travaux de la Deuxième Session Publique de l'ISTA". In: TAVIANI, Ferdinando (org.). *Improvisation et Anthropologie Théâtrale Bouffonneries* 4, Lectoure, 1982.

FÁBREGAS, Xavier. "Lettera a Eugenio Barba in Occasione dell'ISTA di Bonn". In: RUFFINI, Franco (org.). *La Scuola degli Attori*. Florença: La Casa Usher, 1981.

FALKE, Christoph. "Weites Land des Wissens". In: *Theater der Zeit*. Berlim, 1996.

FALLETTI, Clelia. "I Labirinti dell'ISTA 1996". In: *Teatro e Storia* 18, Bolonhaa, 1996.

FÉRAL, Josette. "Le Texte Spectaculaire: La Scène et Son Texte". In: PAVIS, Patrice (org.). *La Dramaturgie de l'Actrice*, em *Degrés* 97-98-99, Bruxelas, 1999.

FILIPPETTI, Renzo. "Il Lavoro Organizzativo: Una Lettera". In: GUCCINI, Gerardo; VALENTI, Cristina (org.). *Tecniche della Rappresentazione e Storiografia*. Bolonha: Synergon, 1992.

FRECHETTE, Carol. "L'ISTA et le Rôle Feminin". In: *Jeu* 43, Montreal, 1987.

FREDRIKSON, Hans. "Antropologin Som Ingång till Teatern". In: *Teater Tidningen* 78, Estocolmo, 1996.

GAGNON, Odette. "En Présence de la Troisième Session de l'ISTA". In: *Jeu* 39, Montreal, 1986.

GALE, Barnaby. "Diario dell'ISTA di Bonn". In: RUFFINI, Franco (org.). *La Scuola degli Attori*. Florença: La Casa Usher, 1981.

GARCÍA MUÑOZ, Francisco. "Décima Sesión Internacional de la ISTA". In: *Primer Acto* 263, Madri, 1996.

GIACCHÉ, Piergiorgio. "ISTA che Scuola". In: *Scena* 9, Milão, 1981.

_____. "La Scuola di Barba e il Teatro di Gruppo". In: *Scena* 9, Milão, 1981.

_____. "In Principio". In: *Teatro Festival* 7. Parma, 1987.

_____. "Antropologia Culturale e Cultura Teatrale". In: *Teatro e Storia* 4, Bolonha, 1988.

_____. "Mémoire Sociologique". In: RUFFINI, Franco (org.). *Le Théâtre qui Danse*, em *Bouffonneries* 22-23. Lectoure, 1989.

_____. "Teatro e Antropologia. Note su una 'Canoa di Carta'". In: *Linea d'Ombra* 86, Milão, 1993.

_____. *L'Altra Visione dell'Altro. Un'Equazione tra Antropologia e Teatro*. Perúgia: L'ancora del Mediterraneo, 2004.

GROTOWSKI, Jerzy. "Intervista", In: RUFFINI, Franco (org.). *La Scuola degli Attori*. Florença: La Casa Usher, 1981.

_____. "Lois Pragmatiques". In: TAVIANI, Ferdinando (org.). *Improvisation et Anthropologie Theâtrale*, em *Bouffonneries* 4, Lectoure, 1982.

_____. "Spannung und Entspannung mussen Zusammenspielen". In: *Theater Heute* 9, Berlim, 1982.

_____. *Tecniche Originarie dell'Attore*. Transcrição das conferências realizadas no Instituto do Teatro e do Espetáculo da Universidade La Sapienza de Roma, 1982-1983.

GUARINO, Raimondo. "Une Solitude Attentive. Chronique de l'Improvisation". In: TAVIANI, Ferdinando (org.). *Improvisation et Anthropologie Theâtrale*, em *Bouffonneries* 4, Lectoure, 1982.

GUCCINI, Gerardo. "Notas sobre la Cultura del Cuerpo en los Cantantes Líricos". In: CRUCIANI, Fabrizio (org.). *Historiografía Teatral*, em *Máscara* 9/10, México 1992.

HANAYAGI, Kanichi. "Intervista, org. por M. Oshima" In: GUCCINI, Gerardo; VALENTI, Cristina (org.). *Tecniche della Rappresentazione e Storiografia*. Bolonha: Synergon, 1992.

_____. "Entrevista, org. por M. Oshima". In: CRUCIANI, Fabrizio (org.). *Historiografía Teatral*, em *Máscara* 9/10, México 1992.

HASTRUP, Kirsten. "The Motivated Body". In: *A Passage to Anthropology*. Londres: Routledge, 1985. (Com o título "Il Corpo Motivato". In: *Teatro e Storia* 17, Bolonha, 1995)

_____. "Incorporated Knowledge". In: LEABHART, Thomas (org.). *Incorporated Knowledge*, em *Mime Journal*, Claremont, 1995.

_____. "Verkörperters Wissen". In: FALKE, Christoph (org.). *Das Lernen zu Lernen. ISTA International Schule für Theateranthropologie*, em *Flamboyant* 3, Cologne, 1996.

HELBO, André. "Il 'Gioco' della Terminologia". In: RUFFINI, Franco (org.). *La Scuola degli Attori*. Florença: La Casa Usher, 1981.

HIND, Tage. "Naervaer i Kraft Affravaer". In: *Tusind Øjne* 92, Copenhague, 1986.

HOFF, Frank. "Rapporto della Sesta Sessione dell'ISTA". In: GUCCINI, Gerardo; VALENTI, Cristina (org.). *Tecniche della Rappresentazione e Storiografia*. Bolonha: Synergon, 1992.

_____. "El ISTA de Bologna: Premisas Culturales". In: CRUCIANI, Fabrizio (org.). *Historiografía Teatral*, em *Máscara* 9/10, México 1992.

_____. "Zeami Drammaturgo". In: GUCCINI, Gerardo; VALENTI, Cristina (org.). *Tecniche della Rappresentazione e Storiografia*. Bolonha: Synergon, 1992.

HOMAR, Susan. "Los Susurros de la ISTA". In: *Conjunto* 104, La Habana, 1996.

JENKINS, Ron; CATRA, I.N. "Bacchanalian Hieroglyphs". In: LEABHART, Thomas (org.). *Incorporated Knowledge*, em *Mime Journal*, Claremont, 1995.

_____. "A Hunger for Hieroglyphs" In: HASTRUP, Kirsten (org.). *The Performers' Village*. Gråsten: Drama, 1996.

JEZIER, Feliza. "Desde los Ojos de una Americana del Sur". In: *Conjunto* 104, La Habana, 1996.

KAQUET, Brigitte. "Metadialogue". In: TAVIANI, Ferdinando (org.). *L'Energie de l'Acteur*, em *Bouffonneries* 15-16, Lectoure 1987.

KORISH, David. "Reflexiones de un Constructor". In: *Conjunto* 104, La Habana, 1996.

KRØGHOLT, Ida. "ISTA. At Skabe Deltagerens Blik". In: *Teater Et* 79, Copenhague, 1996.

LABORIT, Henri. "Impressioni dal Simposio". In: RUFFINI, Franco (org.). *La Scuola degli Attori*. Florença: La Casa Usher, 1981.

LEABHART, Thomas. "The Mask as Shamanic Tool in the Theatre Training of Jacques Copeau". In: LEABHART, Thomas (org.). *Incorporated Knowledge*, em *Mime Journal*, Claremont, 1995.

LEDGER, Adam J. *Odin Teatret. Theatre in a New Century*. Grã-Bretanha: Palgrave Macmillan, 2012.

MANSUR, Nara. "Escalar el Árbol de Maple en Otoño". In: *Conjunto* 111, La Habana 1998.

MARTINEZ TABARES, Vivian. "Vivir la ISTA o el Placer Quimérico de Apresar lo Inasible". In: *Conjunto* 111, La Habana, 1998.

MASGRAU, Lluís. "L'Uno e il Multiplo. La Drammaturgia dell'Attore all'Odin Teatret". In: DE MARINIS, Marco (org.). *Drammaturgia dell'Attore*. Bolonha: I Quaderni del Battello Ebbro, 1997.

_____. "La Dramaturgie de l'Acteur à l'Odin Teatret". In: PAVIS, Patrice (org.). *La Dramaturgie de l'Actrice*, em *Degrés* 97-98-99, Bruxelas, 1999.

_____. "L'Interprétation de la Partition". In: PAVIS, Patrice (org.). *La Dramaturgie de l'Actrice*, em *Degrés* 97-98-99, Bruxelas, 1999.

_____. "La Dramaturgie du Personnage". In: PAVIS, Patrice (org.). *La Dramaturgie de l'Actrice*, em *Degrés* 97-98-99, Bruxelas, 1999.

_____. "La Dynamique des Équivalences Physiques. In: PAVIS, Patrice (org.). *La Dramaturgie de l'Actrice*, em *Degrés* 97-98-99, Bruxelas, 1999.

_____. "La Construction de l'Extérieur". In: PAVIS, Patrice (org.). *La Dramaturgie de l'Actrice*, em *Degrés* 97-98-99, Bruxelas, 1999.

_____. "La Recepción del Actor Clásico Oriental en la Antropologia Teatral de Eugenio Barba", *Estudis Escènics* 33-34, Barcelona, 2008.

_____. "Lo Uno y lo Múltiple: la Dramaturgia Actoral en el Odin Teatret", *Cuerpo del Drama* 1, Revista on line, www.cuerpodeldrama.org, Buenos Aires, 2012.

MOST, Henrik. "We Are the World". In: *Teater Et* 79, Copenhague, 1996.

MUGUERCIA, Magaly. "Barba: Trascender la Literalidad". In: *Conjunto* 78, La Habana, 1989.

MUNK, Erika. "The Rites of Women". In: *PAJ* 29, Nova York, 1987.

NAGEL RASMUSSEN, Iben. "La Drammaturgia del Personaggio", entrevista e org. por L. Masgrau. In: DE MARINIS, Marco (org.). *Drammaturgia dell'Attore*. Bolonha: I Quaderni del Battello Ebbro, 1997.

_____. "La Dramaturgie du Personnage". In: PAVIS, Patrice (org.). *La Dramaturgie de l'Actrice*, em *Degrés* 97-98-99, Bruxelas, 1999.

NAKAJIMA, Natsu. "Butoh". In: *Spillerom* 61, Oslo, 1997.

NOGUERA, Héctor. "Castro y Barba: Teatro en la Diversidad Cultural". In: *Revista Apuntes* 96, Santiago, 1988.

OMOLÚ, Augusto. "Omolú Baila el Silencio". Entrevista em *Conjunto* 111, La Habana, 1998.

OSHIMA, Mark. "Intervista con Kanichi Hanayagi". In: GUCCINI, Gerardo; VALENTI, Cristina (org.). *Tecniche della Rappresentazione e Storiografia*. Bolonha: Synergon, 1992.

_____. "Entrevista con Kanichi Hanayagi". In: CRUCIANI, Fabrizio (org.). *Historiografía Teatral*, em *Máscara* 9/10, México 1992.

PANIGRAHI, Sanjukta. "Intervista", org. por F. Ruffini. In: RUFFINI, Franco (org.). *La Scuola degli Attori*. Florença: La Casa Usher, 1981.

_____. "Entretien avec Sanjukta Panigrahi". TAVIANI, Ferdinando (org.). *Improvisation et Anthropologie Theâtrale*, em *Bouffonneries* 4, Lectoure, 1982.

_____. "La Creazione della Danza Odissi". In: GUCCINI, Gerardo; VALENTI, Cristina (org.). *Tecniche della Rappresentazione e Storiografia*. Bolonha: Synergon, 1992.

_____. "Cinque Maestri". In: GUCCINI, Gerardo; VALENTI, Cristina (org.). *Tecniche della Rappresentazione e Storiografia*. Bolonha: Synergon, 1992.

_____. "Cinco Encuentros". In: CRUCIANI, Fabrizio (org.). *Historiografía Teatral*, em *Máscara* 9/10, México 1992.

_____. "Fragmentos com o título 'Never Show Tiredness'". In: SKEEL, Rina (org.). (1) *The Tradition of ISTA*. Londrina: Filo/Univ. Estadual of Londrina, 1994. Depois em HASTRUP, Kirsten (org.). *The Performers' Village*. Gråsten: Drama, 1996.

_____. "Fragmentos com o título 'Nunca Mostre Cansaço'". In: SKEEL, Rina (org.) (2) *A Tradição da ISTA*. Londrina: Filo/Univ. Estadual de Londrina, 1994. (versão de *The Tradition of ISTA* em português).

_____. "Five Meetings". SKEEL, Rina (org.). (1) *The Tradition of ISTA*. Londrina: Filo/Univ. Estadual of Londrina, 1994. Depois em HASTRUP, Kirsten (org.). *The Performers' Village*. Gråsten: Drama, 1996.

_____. "Cinco Encontros". In: SKEEL, Rina (org.) (2) *A Tradição da ISTA*. Londrina: Filo/Univ. Estadual de Londrina, 1994. (versão de *The Tradition of ISTA* em português).

_____. "L'ISTA di Bologna 1990". In: GUCCINI, Gerardo; VALENTI, Cristina (org.). *Tecniche della Rappresentazione e Storiografia*. Bolonha: Synergon, 1992.

PAVIS, Patrice. "Dancing with Faust. A Semiotician's Reflections on Barba's Intercultural Mise-en-scène". In: *The Drama Review* 123, Nova York, 1989.

_____. *Le Théâtre au Croisement des Cultures*. Paris: Librairie José Corti, 1990 (Versão em inglês *Theatre at the Crossrounds of Culture*. Londres: Routledge, 1992).

_____. "I Testi dell'Attore. Domande a Julia Varley". In: GUCCINI, Gerardo; VALENTI, Cristina (org.). *Tecniche della Rappresentazione e Storiografia*. Bolonha: Synergon, 1992.

_____. "Los Textos del Actor". In: CRUCIANI, Fabrizio (org.). *Historiografía Teatral*, em *Máscara* 9/10, México 1992.

_____. "Da Stanislavskij a Wilson. Antologia sulla Partitura. DE MARINIS, Marco (org.). *Drammaturgia dell'Attore*. Bolonha: I Quaderni del Battello Ebbro, 1997.

_____. Una Nozione Piena d'Avvenire: La Sottopartitura. DE MARINIS, Marco (org.). *Drammaturgia dell'Attore*. Bolonha: I Quaderni del Battello Ebbro, 1997.

_____. "Underscore: The Shape of Things to Come". In: YARROW, Ralph (org.). *Presence and Pre-expressivity* 1, em *Contemporary Theatre Review* 6/4, Amsterdã, 1997.

_____. "Anthologie Portative de la Partition, de Stanislavski à Wilson". In: PAVIS, Patrice (org.). *La Dramaturgie de l'Actrice*, em *Degrés* 97-98-99, Bruxelas, 1999.

_____. "La Dramaturgie de l'Actrice ou: 'Voilà Pourquoi Votre Fille est Muette'". In: PAVIS, Patrice (org.). *La Dramaturgie de l'Actrice*, em *Degrés* 97-98-99, Bruxelas, 1999.

PERELLI, Franco. *Gli Spettacoli di Odino. La Storia di Eugenio Barba e dell'Odin Teatret*. Bari: Edizioni di Pagina, 2005.

PHELAN, Peggy. "Feminist Theory, Poststructuralism, and Performance". In: *The Drama Review* 117, Nova York, 1988.

PRADIER, Jean-Marie. "L'ISTA o la "Maquette'". In: RUFFINI, Franco (org.). *La Scuola degli Attori*. Florença: La Casa Usher, 1981.

_____. "ISTA the First Session". In: *Theatre International* 1, Paris, 1981.

_____. "Rapport sur les Travaux de la Deuxième Publique de l'ISTA". In: TAVIANI, Ferdinando (org.). *Improvisation et Anthropologie Theâtrale*. In: *Bouffonneries* 4, Lectoure, 1982.

_____. "L'Acteur: Aspects de l'Apprentissage". In: *Internationale de l'Imaginaire* 6/7, Paris, 1986.

_____. "Anatomie de l'Acteur". In: *Théâtre/Public* 76/77, Paris, 1987.

_____. "L'Économie de la Dépense". In: TAVIANI, Ferdinando (org.). *L'Energie de l'Acteur*, em *Bouffonneries* 15-16, Lectoure 1987.

_____. "Memoires Extérieurs". In: RUFFINI, Franco (org.). *Le Théâtre qui Danse*. In: *Bouffonneries* 22-23. Lectoure, 1989.

_____. "Le Théâtre des Émotions". In: *Evolutions Psychomotrices* 7, Paris, 1990.

_____. "Les Corps Séducteurs. Eugenio Barba et le 'Métier'". In: *Théâtre/Public* 11/12, Paris, 1990.

_____. "Rapporto della Sesta Sessione dell'ISTA". In: GUCCINI, Gerardo; VALENTI, Cristina (org.). *Tecniche della Rappresentazione e Storiografia*. Bolonha: Synergon, 1992.

_____. "La ISTA de Bolonia: Premisas Culturales". In: CRUCIANI, Fabrizio (org.). *Historiografía Teatral*, em *Máscara* 9/10, México 1992.

_____. "Verso un'Estetica della Stimolazione". In: GUCCINI, Gerardo; VALENTI, Cristina (org.). *Tecniche della Rappresentazione e Storiografia*. Bolonha: Synergon, 1992.

_____. "De l'Esthétique de la Scène à l'Étique du Réseau". In: *Theatrel Public* 116, Paris, 1994.

_____. *La Scène et la Fabrique des corps*. Bordeaux: Presses Universitaires Bordeaux, 1997 (Fragmentos: *Fànic, fàllic, fàtic*. Universitat de València, 1998).

_____. "The Pre-expressive Level: A Mechanicist-Alchemist Concept?. In: YARROW, Ralph (org.). *Presence and Pre-expressivity* 1, em *Contemporary Theatre Review* 6/4, Amsterdã, 1997.

PONKO, Leonard. "Two Salomes and a Kabuki Montage: On Rereading a Dictionary of Theatre Anthropology". In: LEABHART, Thomas (org.). *Incorporated Knowledge.*, em *Mime Journal*, Claremont, 1995.

RASMUSSEN, Iben Nagel. *Il Cavvalo Cieco: Dialoghi con Eugenio Barba e altri scritti*, Mirella Schino e Ferdinando Taviani (org), Bulzoni Editore, Roma, 2006.

REVEL MACDONALDS, Nicole. "Lettera a Eugenio Barba in Occasione dell'ISTA di Bonn". In: RUFFINI, Franco (org.). *La Scuola degli Attori*. Florença: La Casa Usher, 1981.

RISUM, Janne. "Verden vil Bedrages: At Forske i at se på Opført Fiktion. In: *Bunt* 9, Foreningen Nordiske Teaterforskere, Dragvoll, 1992.

_____. "The ISTA Circus". In: HASTRUP, Kirsten (org.). *The Performers' Village*. Gråsten: Drama, 1996.

_____. "'Satori'. Il Rituale della Sedia Vuota". DE MARINIS, Marco (org.). *Drammaturgia dell'Attore*. Bolonha: I Quaderni del Battello Ebbro, 1997 (e em *Nordic Theatre Studies*, Oslo, 1995).

_____. "Un Habit Bariolé: Les Acteurs de l'Odin". In: PAVIS, Patrice (org.). *La Dramaturgie de l'Actrice*, em *Degrés* 97-98-99, Bruxelas, 1999.

_____. "A Study in Motley. The Odin Actors". In: WATSON, I. *Performer Training. Developement Across the Cultures*. Amsterdã: Harwood Academic Publishers, 2001.

_____. "Brechts 'Kinesiske' Verfremdung. Hvordan og Hvorfor". In: SCAVENIUS, A.; JARL. S. (org.). *Sceneskift. Det 20 Århundredes Teater i Europa*. Copenhague: Multivers, 2001.

_____. "Mei Lanfang: A Model for the Theatre of the Future". In: PICON-VALLIN, Beatrice; SERBAKOV, O. *Meyerhold, la Mise en Scène dans le Siècle*. Moscou, 2001.

_____. "Female Look-outs". In: *Degrés* 107-108, Bruxelas, 2002.

RUFFINI, Franco. "Gesto dello Spettacolo/Gesto del Teatro: Osservazioni sul Training". In: *Quaderni di Teatro* 2, Bolonha, 1978.

_____. "Ricordi e Riflessioni sull'ISTA". In: *Quaderni di teatro* 23, Bolonha, 1984.

_____. "Antropologia Teatrale". In: *Teatro e Storia* 1. Bolonha: Il Mulino, 1986.

_____. "Horizontal and Vertical Montage in the Theatre". In: *New Theatre Quarterly* 5, Cambridge, 1986.

_____. "Antropologie Théâtrale". In: *Théâtre: Modes d'Approche*. Bruxelas: Labor, 1987.

_____. "Le Milieu-scène: Pre-expression, Énergie, Présence". In: TAVIANI, Ferdinando (org.). *L'Energie de l'Acteur*, em *Bouffonneries* 15-16, Lectoure 1987.

_____. "'Il Ruolo della Donna' all'International School of Theatre Anthropology". In: *Teatro e Storia* 2, Bolonha, 1987.

_____. "L'Attore e il Dramma. Saggio Teorico di Antropologia Teatrale". In: *Teatro e Storia* 5, Bolonha, 1988.

_____. "Theatre Anthropology". In: *Approaching Theatre*. Bloomington: Indiana University Press, 1991.

_____. "El ISTA de Bolonia: Premisas Culturales". In: CRUCIANI, Fabrizio (org.). *Historiografía Teatral*, em *Máscara* 9/10, México 1992.

_____. "Rapporto della Sesta Sessione dell'ISTA". In: GUCCINI, Gerardo; VALENTI, Cristina (org.). *Tecniche della Rappresentazione e Storiografia*. Bolonha: Synergon, 1992.

_____. "Precisione e Corpo-Mente. Sul Valore del Teatro. In: *Teatro e Storia* 15, Bolonha, 1993.

_____. *Teatro e Boxe. L'Atleta del Cuore nella Scena del Novecento*. Bolonha: Il Mulino, 1995.

_____. "Mime, the Actor, Action: The Way of Boxing". In: LEABHART, Thomas (org.). *Incorporated Knowledge*", em *Mime Journal*, Claremont, 1995.

_____. "Mime, Schauspieler, Action: Die Kunst des Boxens". In: *Flamboyant* 2, Cologne, 1995.

_____. "A Letter". HASTRUP, Kirsten (org.). *The Performers' Village*. Gråsten: Drama, 1996.

_____. *I Teatri di Artaud. Crudeltà, Corpo-Mente*. Bolonha: Il Mulino, 1996.

_____. "Antropologia Teatrale e Drammaturgia dell'Attore". In: *Per Piacere. Itinerari Intorno al Valore del Teatro*. Roma: Bulzoni, 2001.

_____. *Stanislavskij. Dal Lavoro dell'Attore al Lavoro su di Sé*. Roma/Bari: Editori Laterza, 2003.

_____. *L'Attore che Vola. Boxe, Acrobacia, Scienza della Scena*. Roma: Bulzoni Editore, 2010.

_____. *Theatre and Boxing. Essay on the science of the Theatre*", Holstebro, London, Malta, Wroclaw: Icarus Publishing Enterprise, 2012.

SAVARESE, Nicola. "Diario Caméra-Crayon". In: RUFFINI, Franco (org.). *La Scuola degli Attori*. Florença: La Casa Usher, 1981.

_____. "The Experience of the Difference: Eurasian Theatre". In: *Forum Modernes Theatrer Shriftenreihe*, vol. 2, Tübingen, 1990.

_____. *Teatro e Spettacolo fra Oriente e Occidente*. Roma/Bari: Laterza, 1992.

_____. "Pourquoi l'Anthropologie Théâtrale?", entrevista organizada por J. Féral. In: *Jeu* 68, Montreal, 1994.

_____. "Work Demostrations at ISTA. Examples of Transcultural Dialogue". In: SKEEL, Rina (org.). (1) *The Tradition of ISTA*. Londrina: Filo/Univ. Estadual of Londrina, 1994. E em HASTRUP, Kirsten (org.). *The Performers' Village*. Gråsten: Drama, 1996.

_____. "Demonstrações de Trabalho na ISTA. Exemplos de Diálogos Transculturais". In: SKEEL, Rina (org.) (2) *A Tradição da ISTA*. Londrina: Filo/Univ. Estadual de Londrina, 1994 (versão de *The Tradition of ISTA* em português).

_____. "Le Dimostrazioni di Lavoro all'ISTA come Esempio di Dialogo Transculturale". In: DE MARINIS, Marco (org.). *Drammaturgia dell'Attore*. Bolonha: I Quaderni del Battello Ebbro, 1997.

_____. *Teatro Eurasiano. Danzas y Espectáculos entre Oriente y Occidente*. México: Escenología, 2001.

_____. *Teatro Eurasiano*. Roma-Bari: Laterza, 2002.

_____. "Towards Eurasian Theatre". In: *Theatre East and West Revisited*. Claremont: Mime Journal, 2003.

_____. *Eurasian Theatre. Drama and Performance between East and West, from Classical Antiquity to the Present*. Holstebro/Malta/Wroclaw: Icarus Publishing Enterprise, 2010.

SCHECHNER, Richard. "Collaborating on Odissi". In: *The Drama Review* 117, Nova York, 1988.

SCHINO, Mirella. "La Recherche de l'Invraisemblance". In: TAVIANI, Ferdinando (org.). *L'Energie de l'Acteur*, em *Bouffonneries* 15-16, Lectoure 1987.

_____. "Ríen". In: *Máscara* 19-20, México, 1995.

_____. "Laughter at ISTA". HASTRUP, Kirsten (org.). *The Performers' Village*. Gråsten: Drama, 1996.

_____. "Shakuntala Among the Olive Trees". In: *Asian Theatre Journal* 1/13, Honolulu, 1996. E em DE MARINIS, Marco (org.). *Drammaturgia dell'Attore*. Bolonha: I Quaderni del Battello Ebbro, 1997.

_____. "Le Spectacle de la Naissance. Les Répétitions d'Eugenio Barba pour le Theatrum Mundi 'L'Île des Labyrinthes'". In: BANU, G. (org.), *Les Répétitions*, em *Alternatives Théâtrales* 52-54, Bruxelas, 1997.

_____. "Teorici, Registi, Pedagoghi". In: ALONGE, R.; DAVICO BONINO, G. (org.). *Storia del Teatro Moderno e Contemporaneo*, vol. 3. Turim: Einaudi, 2001.

_____. *Alchemisti della Scena. Teatri Laboratorio del Novecento europeo*. Roma/Bari: Editori Laterza, 2009.

_____. *Alchemists of the Stage. Theatre Laboratories in Europe*. Holstebro/Malta/Wroclaw: Icarus Publishing Enterprise, 2009.

_____. *Alquimistas do Palco. Os Laboratórios Teatrais na Europa*. São Paulo: Ed. Perspectiva, 2012.

SEIBEL, Beatriz. "El Teatro Argentino y las Nuevas Técnicas Europeas". In: *Crear* 8, Buenos Aires, 1982.

_____. "Encuentro de Semiótica y Antropología Teatral en Italia". In: *Espacio* 4, Buenos Aires, 1988.

STEWART, Nigel. "Actor as Refusenik: Semiotics, in Theatre Anthropology, and the Work of the Body". In: *New Theatre Quarterly* 36, Cambridge, 1993.

TAVIANI, Ferdinando. "Rapport sur les Travaux de la Deuxième Session Publique de L'ISTA". In: TAVIANI, Ferdinando (org.). *Improvisation et Anthropologie Théâtrale*, em *Bouffonneries* 4, Lectoure, 1982.

_____. "Un Vivo Contrasto". In: *Teatro e Storia* 1, Bolonha: Il Mulino, 1986.

_____. "La Danse Occulte. Enseignements d'Acteurs Disparus". In: RUFFINI, Franco (org.). *Le Théâtre qui Danse*, em *Bouffonneries* 22-23. Lectoure, 1989.

_____. "Theatrum Mundi". In: SKEEL, Rina (org.). (1) *The Tradition of ISTA*. Londrina: Filo/Univ. Estadual of Londrina, 1994. E em HASTRUP, Kirsten (org.). *The Performers' Village*. Gråsten: Drama, 1996.

_____. "Theatrum Mundi". SKEEL, Rina (org.) (2) *A Tradição da ISTA*. Londrina: Filo/Univ. Estadual de Londrina, 1994. (versão de *The Tradition of ISTA* em português).

_____. "What Happens at ISTA? Stories, Memoria and Reflections" In: SKEEL, Rina (org.). (1) *The Tradition of ISTA*. Londrina: Filo/Univ. Estadual of Londrina, 1994. E em HASTRUP, Kirsten (org.). *The Performers' Village*. Gråsten: Drama, 1996.

_____. "O que Acontece durante a ISTA? Histórias, Memórias e Reflexões". SKEEL, Rina (org.) (2) *A Tradição da ISTA*. Londrina: Filo/Univ. Estadual de Londrina, 1994. (versão de *The Tradition of ISTA* em português).

_____. "Was Geschicht? Geschichten, Erinnerungen und Reflexionen von den Treffen der ISTA (1980-1995)". In: FALKE, Christoph (org.). *Das Lernen zu Lernen. ISTA International Schule für Theateranthropologie*, em *Flamboyant* 3, Cologne, 1996.

_____. "L'Amleto Latente di Eugenio Barba Ovvero Quando Amleto si Traveste da Don Giovanni". In: *Il patalogo* 19, Milão: Ubulibri, 1996.

_____. "Passagi e Sottopassagi. Esercizi di Terminologia". In: DE MARINIS, Marco (org.). *Drammaturgia dell'Attore*. Bolonha: I Quaderni del Battello Ebbro, 1997.

_____. "Editoriale". In: *Teatro e Storia* 19, Bolonha, 1997.

_____. "Taviani en la Isla del Teatro", entrevista. In: *Conjunto* 111, La Habana, 1998.

_____. Artaud a Voce Sommessa" In: RUFFINI, Franco; BERDINI, A. (org). *Antonin Artaud: Teatro, Libri e Oltre*. Roma: Bulzoni, 2001.

_____. "Attore e Attrice". In: *Enciclopedia del Cinema*. Roma: Istituto dell'Enciclopedia Italiana, 2002.

TEMKINE, Raymonde; TEMKINE, Valentin. "Lettera a Eugenio Barba in Occasione dell'ISTA di Bonn". In: RUFFINI, Franco (org.). *La Scuola degli Attori*. Florença: La Casa Usher, 1981.

TEMPO, I Made Pasek. "Intervista", organizado por F. Ruffini. In: RUFFINI, Franco (org.). *La Scuola degli Attori*. Florença: La Casa Usher, 1981.

_____. "Softness and Vigour". In: SKEEL, Rina (org.). (1) *The Tradition of ISTA*. Londrina: Filo/Univ. Estadual of Londrina, 1994. E em HASTRUP, Kirsten (org.). *The Performers' Village*. Gråsten: Drama, 1996.

_____. "Suavidade e Vigor" In: SKEEL, Rina (org.) (2) *A Tradição da ISTA*. Londrina: Filo/Univ. Estadual de Londrina, 1994. (versão de *The Tradition of ISTA* em português).

TORDERA, Antoni. "Sei Riflessioni Teoriche Apprese con i Miei Muscoli". In: RUFFINI, Franco (org.). *La Scuola degli Attori*. Florença: La Casa Usher, 1981.

TURNER, Jane. "Prospero's Floating Island: ISTA 96". In: *Asian Theatre Journal* 1/14, Honolulu, 1997.

TYSZKA, Juliusz. "Dziesiata Sesja ISTA". In: *Teatr* 11, Warsaw, 1996.

_____. "Darío Fo i Franca Rame Wystepuja Podczas ISTA". In: *Opcje* 1/20, Katowice, 1998.

VALENZUELA, José Luis. "Al di là dell'Antropologia Teatrale". In: GUCCINI, Gerardo; VALENTI, Cristina (org.). *Tecniche della Rappresentazione e Storiografia*. Bolonha: Synergon, 1992.

_____. "¿Más allá de la Antropología Teatral?". In: *Máscara* 9/10, México, 1992.

_____. *Antropología Teatral y Acciones Físicas*. Buenos Aires: Instituto Nacional del Teatro, 2000.

VARLEY, Julia. "Una Candela Accesa fra le Pagine dei Libri. In: GUCCINI, Gerardo; VALENTI, Cristina (org.). *Tecniche della Rappresentazione e Storiografia*. Bolonha: Synergon, 1992.

_____. "Un Vela Prendida entre las Páginas de los Libros". In: CRUCIANI, Fabrizio (org.). *Historiografía Teatral*, em *Máscara* 9/10, México 1992.

_____. "'Subpartitura': Otra Palabra Útil y Errónea". In: *Conjunto* 97/98, La Habana, 1994.

_____. "A Candel Lit Amongst the Pages of Books". In: SKEEL, Rina (org.). (1) *The Tradition of ISTA*. Londrina: Filo/Univ. Estadual of Londrina, 1994. E em HASTRUP, Kirsten (org.). *The Performers' Village*. Gråsten: Drama, 1996.

_____. "Uma Vela entre as Páginas dos Livros". In: SKEEL, Rina (org.) (2) *A Tradição da ISTA*. Londrina: Filo/Univ. Estadual de Londrina, 1994. (versão de *The Tradition of ISTA* em português).

_____. "'Subscore': Yet Another Useful and Wrong Word". In: *Ilden i glasset, Aktuelle teaterproblemer* 32, Arhus: Institut for Dramaturgi, 1994. E em *New Theatre Quarterly* 42, Cambridge, 1995.

_____. "The Pre-expresive Family". In: LEABHART, Thomas (org.). *Incorporated Knowledge.*, em *Mime Journal*, Claremont, 1995. E em HASTRUP, Kirsten (org.). *The Performers' Village*. Gråsten: Drama, 1996.

_____. "Die Prä-expressive Familie" In: FALKE, Christoph (org.). *Das Lernen zu Lernen. ISTA International Schule für Theateranthropologie*, em *Flamboyant* 3, Cologne, 1996.

_____. "La Costruzione dell'Esterno", entrevista organizada por L. Masgrau. In: DE MARINIS, Marco (org.). *Drammaturgia dell'Attore*. Bolonha: I Quaderni del Battello Ebbro, 1997.

_____. "'Sottopartitura': Ancora un Termine Utile e Sbagliato". In: DE MARINIS, Marco (org.). *Drammaturgia dell'Attore*. Bolonha: I Quaderni del Battello Ebbro, 1997.

_____. "La Construction de l'Extérieur". In: PAVIS, Patrice (org.). *La Dramaturgie de l'Actrice*, em *Degrés* 97-98-99, Bruxelas, 1999.

_____. *Vento ad Ovest. Romanzo di um Personaggio*. Holstebro: Odin Teatret Forlag, 1996.

_____. *Pietre d'Acqua. Taccuino di um'Attrice dell'Odin Teatret*. Milão: Ubulibri, 2006.

_____. *Pedras d'Água. Bloco de Notas de uma Atriz do Odin Teatret*. Brasília: Teatro Caleidoscópio-Editora Dulcina, 2010.

VILL, Susanne. "Ein Welttheater der Interkulturelle Kommunikation" In: *Wort and Musik* 15, Salzburg: Verlag Ursula Muller-Speiser, 1992 (Versão polonesa: "Swiatowy Teatr Interkulturowej Komúnikacji. Euroazjatyckie "Theatrum Mundi" Eugenio Barby w Bolonii 1990" In: *Polska Skcja Isme* 3/4, Warsaw, 1993).

_____. "Interakcyjna Praca w Teatrze Ruchem, Slowem i Muzyka". In: *Polska Skcja Isme* 1, Warsaw, 1993.

_____. "Internediäre Kreation in Interkultureller Theaterarbeit. Aus der Werks tatt von Eugenio Barba International School of Theatre Anthropology (ISTA). In: *Arbeitsfelder der Theaterwissenschaft. Modernes Theater*. Tübingen: Gunter Narr Verlag, 1994.

WATANABE, Moriaki. "Tra Oriente e Occidente". In: RUFFINI, Franco (org.). *La Scuola degli Attori*. Florença: La Casa Usher, 1981.

_____. "Entre Orient et Occident". In: TAVIANI, Ferdinando (org.). *Improvisation et Anthropologie Theâtrale*, em *Bouffonneries* 4, Lectoure, 1982.

WATSON, Ian. "Report on the Fourth ISTA" In: *Canadian Theatre Review* 51, Toronto, 1987.

_____. "Eastern and Western Influences on Performer Training at Eugenio Barba's Odin Teatret" In: *Asian Theatre Journal* 1, Honolulu, 1988.

_____. *Towards a Third Theatre*. Nova York: Routledge, 1993.

_____. *Hacia un Tercer Teatro*. Ciudad Real: Ñaque, 2000.

_____. *Performer Training. Developments Across Cultures*. Amsterdã: Harwood Academic Publishers, 2001.

WEILER, Christel; YBEMA, W. "Ricordi e Riflessioni/sull'ISTA". In: *Quaderni di Teatro* 23, Bologna, 1984.

WEILER, Christel. "An Attempt to Trace the Secret. One Aspect of Eugenio Barba's Theatre Anthropology" In: *Forum Modernes Theater Schriftenteihe*, vol. 2, Tübingen: Günter Narr Verlag, 1990.

_____. *Kulturelle Austausch: Theatrale Praktiken, Robert Wilson und Eugenio Barba*. Marbug: Tactum Verlag, 1994.

WETHAL, Torgeir. "Dalle Improvisazioni al Crossing" In: GUCCINI, Gerardo; VALENTI, Cristina (org.). *Tecniche della Rappresentazione e Storiografia*. Bolonha: Synergon, 1992.

_____. "De la Improvisación al Crossing". In: CRUCIANI, Fabrizio (org.). *Historiografía Teatral*, em *Máscara* 9/10, México 1992.

_____. "L'Interpretazione della Partitura", entrevista organizada por L. Masgrau. In: DE MARINIS, Marco (org.). *Drammaturgia dell'Attore*. Bolonha: I Quaderni del Battello Ebbro, 1997.

_____. "L'Interprétation de la Partition". In: PAVIS, Patrice (org.). *La Dramaturgie de l'Actrice*, em *Degrés* 97-98-99, Bruxelas, 1999.

YAMAGUCHI, Masao. "Rapporto della Sesta Sessione dell'ISTA". In: GUCCINI, Gerardo; VALENTI, Cristina (org.). *Tecniche della Rappresentazione e Storiografia*. Bolonha: Synergon, 1992.

_____. "El ISTA de Bolonia: Premisas Culturales". In: CRUCIANI, Fabrizio (org.). *Historiografía Teatral*, em *Máscara* 9/10, México 1992.

WUNDERRICH, Veronica. *Körper Philosophe: Eugenio Barba und das Odin Teatret. Theateranthropologie und die Dramaturgie des Schauspielers*. Viena: Edition Praesens, 2000.

ZARRILLI, Phillip. "Diario dell' ISTA di Bonn". In: RUFFINI, Franco (org.). *La Scuola degli Attori*. Florença: La Casa Usher, 1981.

YBEMA, Walter. "Collaborating on Oddissi". In: *The Drama Review* 117, Nova York, 1988.

_____. "For whom is the "Invisible" not Visible?" In: *The Drama Review* 117, Nova York, 1988.

_____. "Collaborating on Oddissi", *The Drama Review* 117, New York, 1988.

_____. "For whom is the 'invisible' not visible?" *The Drama Review* 117, New York, 1988

Bibliografia de Eugenio Barba

Divisão por temas

AMULETO FEITO DE MEMÓRIA: O SIGNIFICADO DOS EXERCÍCIOS NA DRAMATURGIA DO ATOR, UM: "Un Amuleto Fatto di Memoria. Il Significato degli Esercizi nella Drammatugia dell'Attore". In: DE MARINIS, Marco (org.), *Drammaturgia dell'Attore*. Bolonha: I Quaderni del Battello Ebbro, 1997. Traduções: "An Amulet Made of Memory. The Significance of Exercises in the Actor's Dramaturgy". In: *The Drama Review* 156, Nova York, 1997; "Un Amuleto Hecho de Memoria. El Significado de los Ejercicios en la Dramaturgia del Actor. In: *Teatro Siglo XXI* 4/3, Buenos Aires, 1997; versão em árabe em *El Masrah* 117-118, Cairo, 1998; "Um Amuleto Feito de Memória: Significado dos Exercícios na Dramaturgia". In: *Revista do LUME*, n. 1, Campinas, 1998; "Une Amulette Faite de Mémoire. La Signification des Exercices dans la Dramaturgie de l'Acteur. In: PAVIS, Patrice (org.). *La Dramaturgie de l'Actrice*, em *Degrés* 97-98-99, Bruxelas, 1999.; e In: PEZIN, *Le Livre des Exercices*. Saussan: L'Entretemps, 1999.

ANIMUS/ANIMA: "Uomo-donna o Animus-Anima". In: *Teatro Festival* 5, Parma, 1987. Traduções: "Animus og Anima". In: *Sapillerom* 4, Oslo, 1986; "Homme-femme ou Animus-Anima: l'Énergie de l'Acteur. In: *L'Energie de l'Acteur*, em *Bouffonneries* 15-16, Lectoure 1987.; "Mand-Kvinde eller Animus-Anima: skuepillerens energi". In: *Rap* 12, Copenhagen, 1987, depois em *At Synliggøre det Usynlige*, Institut for Dramaturgi, Århus University 1987; "La Energía del Actor: Hombre-mujer o Animus-anima. In: *Repertorio* 1, Querétaro, 1987; "The Actor's Energy: Male Female Versus Animus-Anima. In: *New York Quarterly* 1/3, Cambridge, 1987, e em *ANT New* 19, Sydney, 1986.

ANTROPOLOGIA TEATRAL: "Antropologia Teatrale". In: *Il Patalogo* 3. Milão: Ubulibri, 1981; depois em E. B., *La Corsa dei Contrari*. Milão: Feltrinelli, 1981; em E. B., *Aldilà delle Isole Galleggianti*. Milão: Ubulibri, 1985. Traduções: "Anthropologie Théâtrale. In: *Degrés* 25, Bruxelas, 1980; "Anthropologie Théâtrale". In: *Degrés* 29, Bruxelas, 1982; "Anthropologie Théâtrale". In: *Bouffonneries* 4, Lectoure 1982; "Theateranthropologie". In: SCHOLZ, R.; SCHUBERT, P. (org.). *Körpererfahrung*. Hamburgo: Rowohlt, 1982; depois em E. B., *Jenseits der Schwimmenden Inseln*. Hamburgo: Rowohlt, 1985; "Antropologia Teatru: Krok Dalej". In: *Dialog* 4/27, Warsaw, 1982; "Theatre Anthropology". In: *The Drama Review* 94, Nova York, 1982; depois em E. B., *Beyond the Floating Islands*. Nova York: Performing Arts Journal, 1986; "Antropologia Teatral". In: E. B. *Plus Loin de les Îles Flotants*. Barcelona: Éditions 62, 1983; depois em *Acto Latino* 0, Bogotá, 1983; *Maldoror* 17-18, Montevideo, 1984; E. B. *Las Islas Flotantes*. México: Universidad Nacional Autónoma de México, 1983; E. B. *Más allá de las Islas Flotantes*. México: Gaceta, 1986 e Buenos Aires: Firpo-Dobal, 1987; "Al hayat al Masrahye". In: *The Theatre Life*. Síria: Ministério da Cultura, 1988; depois em *Masirat Al-muaksin*. Damasco: Dar al Kinuz, 1995; "Pozorisma Antropologija". In: *Dometi* 72/20, Ljubljana, 1993; "Theatre Anthropology". In: *Kinopis* 8/5, Skopje, 1993; "Divadelní Antropologie". In: *Svet a Divadlo* 4, Praga, 1994; "Tiyatro Antropolojisi". In: *Mimesis* 5, Istambul, 1994.

ANTROPOLOGIA TEATRAL: PRIMEIRAS HIPÓTESES: "Antropologia Teatrale: Prime Ipotesi". In: E. B. *Aldilà delle Isole Galleggianti*. Milão: Ubulibri, 1985. Traduções: "Theateranthropologie: Über Orientalische und Abendländische Schauspielkunst". In: BRAUNEK, M. (org.). *Teater im 20 Jahrhundert*. Hamburgo: Rowohlt, 1980; depois em *Jenseits der schwimmenden Inseln*. Hamburgo: Rowohlt, 1985; "Antropologia Teatru: Pierwsze Hypotezy". In: *Dialog* 1/26, Warsaw, 1981; "Theatre Anthropology: First Hypothesis. In: *Theatre International* 1, Londres, 1981; depois em E. B. *Beyond the Floating Islands*. Nova York: Performing Arts Journal, 1986; "Antropología Teatral, Algunas Hipótesis". In: *La Cabra* 33/35, México: Univ. Nacional Autónoma de México, 1981; depois em E. B. *Más allá de las Islas Flotantes*. México: Gaceta, 1986; "Anthropologie Théâtrale: Premières Hypothèses". In: E. B. *L'Archipel du Théâtre*. Lectoure: Bouffonneries, 1982; "Antropologia Teatral: Primeres Hipòtesis. In: E. B. *Les Îles Flotants*. Barcelona: Éditions 62, 1983; "Antropologia Teatral: Algumas Hipótesis". In: *Teatro Universitario* 2, Rio de Janeiro, 1986; "Teatriantropoloogia: Ja Selle Toime (Smane Hüpotees)". In: *Teater, muusika, kino* 5, Tallin 1989.

AVÓS, ÓRFÃOS E A FAMÍLIA DO TEATRO EUROPEU: "Nonni e Orfani. Una Saga di Famiglia". In: *Teatro e Storia* 24, Roma, 2003. Traduções: "Grandfathers, Orphans, and the Family of European Theatre. In: *New Theatre Quarterly* 74, Cambridge, 2003; In: *Conjunto* 129, Habana, 2003; *Didaskalia* 54-55-56, Cracow, 2003.

CAMINHO DA RECUSA, O: "La Via del Rifiuto. In: *Per 10 anni*. Pontedera: Centro per la Sperimentazione e la Ricerca Teatrale, 1984. Traduções: "La Voie du Refus" In: *Jeu* 33, Montreal, 1984; "El Camino del Rechazo" In: CEBALLOS, E. (org.). *Técnicas y Teorías de la Dirección Escénica*. México: Escenología, 1985; depois em *Maldoror* 22, Montevideo, 1986; "La Via del Refús". In: *Estudis Escènics* 27, Barcelona, 1985; "The Way of Refusal". In: NCPA *Quarterly Journal* 1-2/15, Bombaim, 1986; depois em *New Theatre Quarterly*, 16/4, Cambridge, 1988; "Az Elutasítás Utján". In: *Kultura és Közosseg*, Budapeste, 1989; "Nagtelsens Vej". In: E. B. *De Flydende øer*. Copenhague: Borgens Forlag, 1989; "Caminho da Recusa". In: E. B. *Além das Ilhas Flutuantes*. São Paulo/Campinas: Hucitec, 1991.

CANOA DE PAPEL: TRATADO DE ANTROPOLOGIA TEATRAL, A: *La Canoa di Carta. Trattato di Antropologia Teatrale*. Bolonha: Il Mulino, 1993; fragmentos com o título "Appunti per i Perplesi (e per me Stesso)". In: GUCCINI, Gerardo; VALENTI, Cristina (org.). *Tecniche della Rappresentazione e Storiografia*. Bolonha: Synergon, 1992; fragmentos com o título "L'Azione Reale". In: *Teatro e Storia* 13, Bolonha, 1992. Traduções: *La Canoa de Papel. Tratado de Antropología Teatral*. México: Escenología, 1992; e depois por Buenos Aires: Catálogos, 1994; fragmentos com o título "Apuntes para los Perplejos (y para mí Mismo)". In: *Máscara* 9-10, México, 1992; fragmentos com o título "Antropología Teatral". In: *Primer Acto* 263, Madri, 1996; *Le Canoë de Papier. Traité d'Anthropologie Théâtrale*. Lectoure: Bouffonneries, 1993 e Saussan: L'Entretemps, 2004; fragmentos com o título "Antropologia Teatru; Geneza, Definicja". In: *Dialog* 86, Warsaw, 1993; *A Canoa de Papel. Tratado de Antropologia Teatral*. São Paulo/Campinas: Hucitec, 1994, e Brasília: Teatro Caleidoscópio-Editora Dulcina, 2009; *The Paper Canoe. A Guide to Theatre Anthropology*. Londres/Nova York: Routledge, 1994; fragmentos com o título "The Genesis of Theatre Anthropology". In: *New Theatre Quarterly* 38, Cambridge, 1996; *En Kano af Papir. Indføring i Teaterantropologi*. Gråsten: Drama, 1994; fragmentos com o título "Zapiski dla Zaklopotanych (i dla siebie Samego)". In: *Dialog* 10/41, Warsaw 1996; *De Kano van Papier. Verhandeling over Theaterantropologie*. Amsterdã: PassePartout, 1997; *Ein Kanu aus Papier. Abhandlung* über Theater-Anthropologie. In: *Flamboyant* 7-8, Köln, 1998; fragmentos com o título *Wiederkehrende Prinzipien in der sprechende Körper*. Berlim/Zurique: Alexander Verlag, Berlin & Museum für Gestaltung, 1996; *Paberlaevuke. Sisse-juhatus Teatri-Antropologiasse*. Tallin: Eesti Teatriliit, 1999; *Papírkenu. Bevezetés a Színházi Antropológiába*. Budapeste: Kijárat Kiadó, 2001; versão coreana *Moonhak-kwa-Jisung-sa*, Seul, 2001;

CAVALO DE PRATA: In *Le Théâtre qui Danse*, em *Bouffonneries* 22-23. Lectoure, 1989.; depois em *Teatro e Storia* 9, Bolonha, 1990; depois com o título *Il Cavallo d'Argento*. In: E. B. *La Canoa di Carta. Trattato di Antropologia Teatrale*. Bolonha: Il Mulino, 1993. Traduções: "Caballo de Plata". In: *Escénica*, número especial, México, 1986; depois em E. B., *La Canoa de Papel. Tratado de Antropología Teatral*. Cidade do México: Escenología, 1992 e 1994; com o título "Cheval d'Argent". In: E. B. *La Canoë de Papier. Traité d'Antropologie Théâtrale*. Lectoure: Bouffonneries, 1993 e Saussan: L'Entretemps, 2004; "Cavalo de Prata". In: E. B., *A Canoa de Papel. Tratado de Antropologia Teatral*. São Paulo/Campinas: Hucitec, 1994 e Brasília: Teatro Caleidoscópio-Editora Dulcina, 2009; "Sølvhest". In: E. B. *En Kano of Papir. Indføring i Teaterantropologi*. Gråsten: Drama, 1994; "Silver Horse". In: E. B. *The Paper Canoe. A Guide to Theatre Anthropology*. Londres/Nova York: Routledge, 1994; "Hetz Zilveren Paard". In: E. B. *De Kano van Papier, Verhandeling over Theaterantropologie*. Amsterdã:PassePartout, 1997; "Silbernes Pferd". In: E. B. *Ein Kanu aus Papier. Abhandlung über Theater-Anthropologie*. In: *Flamboyant* 7-8, Köln 1998; versão árabe em *The Theatre Circles*. Bagdá, 1998; "Hōberatsu". In: E. B. *Paberlaevuke*. Tallin: Eesti Teatriliit, 1999; "Az Ezüst ló. Egy Hetes Munka". In: E. B. *Papírkenu*. Budapeste: Kijárát Kiadó, 2001.

CONHECIMENTO TÁCITO: HERANÇA E PERDA: "Conoscenza Tacita: Dispersione ed Eredità. In: *Teatro e Storia* 20-21, Bolonha, 2000. Traduções: "Tacit Knowledge: Heritage and Waste". In: *New Theatre Quarterly* 63, Cambridge, 2000; depois em *Odin Teatret, 2000*. Århus: Århus University Prees, 2000; "Cicha Wiedza: Dziedzictwo i Spustoszenie. In: *Didaskalia* 35, Cracow, 2000; "Conocimiento Tácito: Herencia y Pérdida". In: *Aula de Teatro. Cuadernos de Estudios Teatrales* 18, Málaga, 2001, e depois em *Funámbulos* 14, Buenos Aires, 2001; "Connaissance Tacite: Gaspillage et Héritage". In: GOURDON, Anne-Marie (ed.), *Les Nouvelles Formations de l'Interprète*. Paris: CNRS, 2004.

CORPO DILATADO, O: *Il Corpo Dilatato*. Roma: La Goliardica Editrice Universitaria, 1985; depois com o título "Il Corpo Stesso". In: *Sipario*, Milão, 1988; fragmentos com o título "Tebe dalle Sette Porte". In: Programa XXXIII Biennale di Venezia, 1985. Traduções: "The Dilated Body: On the Energies of Acting". In: *New Theatre Quarterly* 4/1, Cambridge, 1985; depois em *The Dilated Body*. Roma: Zeami Libri, 1985; "De Udvidede Krop". In: *Årsberetning*, Institut for Dramaturgi, Århus University, 1985; fragmentos com o título "Thebens syv Porte. In: CHRISTOFFERSEN, Exe. *Thebens syv Porte*. Århus: Universitetsforlag, 1986; "Le Corps Dilaté". In: *Jeu* 35, Montreal, 1985; depois em TAVIANI, Ferdinando (org.). *L'Energie de l'Acteur*, em *Bouffonneries* 15-16, Lectoure 1987.; "El Cuerpo Dilatado". In: *Maldoror* 22, Montevideo, 1986, depois em *Actes del Congrés Internacional de Teatre a Catalunya*. Barcelona: Institut del Teatre, 1989; "The Dilated Body". In: *Kinopis* 6/4, Skopje, 1992.

CORRIDA DOS CONTRÁRIOS, A: "La Corsa dei Contrari". In: E. B. *La Corsa dei Contrari*. Milão: Feltrinelli, 1981; depois em E. B., *Aldilà delle Isole Galleggianti*. Milão: Ubulibri, 1985. Traduções: "La Course des Contraires. In: *Les Voies de la Création Théâtrale* 9, Paris: CNRS, 1980; depois em E. B. *L'Archipel du Théâtre*. Lectoure Bouffonneries, 1982; *Modstningerners spil*. Copenhague: Berg, 1980; "Komunikacija" (fragmento). In: *Prolog* 50, Zagreb, 1981; "The Way of the Opposites". In: *Canadian Theatre Review* 35, York University, 1982; depois em E. B. *Beyond the Floating Islands*. Nova York: Performing Arts Journal, 1986; "La Cursa de Contraris". In: E. B. *Les Îles Flotants*. Barcelona: Éditions 62, 1983; "La Búsqueda de los Contrarios". In: E. B., *Las Islas Flotantes*. México: Universidad Nacional Autónoma de México, 1983; depois em E. B. *Más allá de las Islas Flotantes*. México: Gaceta, 1986; fragmentos com o título: "Cuando el Actor Abandona los Territorios Conocidos". In: *Quehacer Teatral* 2, Bogotá, 1984; "Bermerkungen über das Schweigen der Schrift". In: *Bermerkungen über das Schweigen der Schirft*. Köln: Verlag der Theater-assoziation, 1983; depois com o título "Der Lauf der Gegensätze. In: E. B. *Jenseits der Schwimmenden Inseln*. Hamburgo: Rowohlt, 1985; "Dårlig far og Dårlig Sønn: Om Skuespillerens Oppl Ring, fragmento em *Spillerom* 2, Oslo, 1986; *Masirat al-muaksin*. Damasco: Dar al Kinuz, 1995.

ESCADA NA BEIRA DO RIO, A: "La Scala Sulla Riva del Fiume", com o título "Il Viaggio delle Identità. In: *Il Patalogo* 17, Milão: Ubulibri, 1994; depois em E. B. *Teatro. Solitudine, Mestiere, Rivolta*. Milão: Ubulibri, 1996. Traduções: "The Steps on The River Bank". In: *The Drama Review* 4/38, Nova York, 1994; depois em E. B. *Theatre. Solitude, Craft, Revolt*. Aberystwyth: Black Mountain Press, 1999; "La Escalera a Orillas del Río". In: *Conjunto* 104, Habana, 1997; depois em E. B. *Teatro. Soledad, Oficio y Revuelta*. Buenos Aires: Catálogos, 1997, e em *Teatro. Soledad, Oficio y Reveldía*. México: Escenología, 1998; "L'Escalier sur la Rivage du Fleuve. In: E. B. *Théâtre. Solitude, Métier, Révolte*. Saussan: L'Entretemps, 1999; versão grega em E. B., *Teatro. Monazià, Deziotecnia, Ezeghersi*. Atenas: Koan, 2001; em E. B. *Teatr. Samotnosc, Rzemiozlo, Butn*. Warsaw University, 2003; em E. B. *Teatro. Solidão, Ofício, Revolta*. Brasília: Teatro Caleidosópio-Editora Dulcina, 2010.

ESPAÇO PARADOXAL DO TEATRO, O: "Lo Spazio Paradossale del Teatro. In: *Linea d'Ombra* 116, Milão, 1996. Traduções: "Det Paradoksale Rum". In: *Politiken*, Copenhague, 1996; depois em *Årsberetning, Kulturministeriets Udviklingsfond*, Copenhague, 2000; "O Espaço Paradoxal do Teatro". In: *Cadernos do Espectáculos* 2, Rio de Janeiro: Teatro Carlos Gomes, 1996; "El Espacio Paradójico del Teatro. In: *Festival Iberoamericano de Teatro*, Cádiz, 1996.

FICÇÃO DA DUALIDADE, A: "La Finzione della Dualità. In: *Teatro Festival* 10-11, Parma, 1988; depois em *Il Patalogo* 11, Milão: Ubulibri, 1988. Traduções: "The Fiction of Duality". In: *New Theatre Quarterly* 20/5, Cambridge, 1989; "La Fiction de la Dualité", In: RUFFINI, Franco (org.) *Le Théâtre qui Danse*. In: *Bouffonneries* 22-23. Lectoure, 1989.; "Dualitetens Fiktion". In: *Ritual Performance*. Århus: Universitetsforlag, 1993; "Fikcja Rozdwojenia. In: *Opcje* 1-2, Katowice, 1995.

IDENTIDADE CULTURAL E IDENTIDADE PROFISSIONAL: "Cultural Identity and Professional Identity". In: SKEEL, Rina (org.). (1) *The Tradition of ISTA*. Londrina: Filo/Univ. Estadual of Londrina, 1994. Traduções: HASTRUP, Kirsten (org.). *The Performers' Village*. Gråsten: Drama, 1996.; fragmentos em *The Soul of the American Actor* 4/4, Nova York, 2002; "Identidade Cultural e Identidade Profissional". In: SKEEL, Rina (org.) (2) *A Tradição da ISTA*. Londrina: Filo/Univ. Estadual de Londrina, 1994. (versão de *The Tradition of ISTA* em português). "Identidad Cultural e Identidad Profesional: El Sentido de la Antropología Teatral". In: *Máscara* 19-20, México, 1995; "Kulturelle Identität, Professionelle Identität". In: FALKE, Christoph (org.). *Das Lernen zu Lernen. ISTA International Schule für Theateranthropologie*, em *Flamboyant* 3, Cologne, 1996.

IDENTIDADE NACIONAL E ANTROPOLOGIA TEATRAL: "Identidad Nacional y Antropología Teatral". In: *Antropomonis* 1, Buenos Aires, 1996. Traduções: "Identitat Nacional i Antropologia Teatral". In: *Teatre, Misteris i Antropologia* 0, Sitges, 1991.

INTRODUÇÃO À ANTROPOLOGIA TEATRAL: "Introduzione all'Antropologia Teatrale". In: *Scena* 9, Milão, 1981; depois em E. B. *La Corsa dei Contrari*. Milão: Feltrinelli, 1981. Traduções: "Introduction à l'Anthropologie Thèâtrale". In: E. B. *L'Archipel du Théâtre*. Lectoure: Bouffonneries, 1982; "Introducció a l'Antropologia Teatral". In: E. B. *Les Îles Flotants*. Barcelona: Éditions 62, 1983; "Introdução à Antropologia Teatral". In: *Inacen* 9/2, Rio de Janeiro, 1987.

MESTRE OCULTO, O: "Il Maestro Nascosto". In: *Culture Teatrali* 1, Bolonha, 1999. Traduções: "The Hidden Master". In: *Mime Journal. Words on Decroux* 2, Claremont, 1997; "O Mestre Oculto". In: *Projeto Mímicas, Caderno 3: Vinte Anos sem Decroux (1898-1991)*, São Paulo, 2011.

O QUE É A ANTROPOLOGIA TEATRAL? "What is Theatre Anthropology?" In: SKEEL, Rina (org.). (1) *The Tradition of ISTA*. Londrina: Filo/Univ. Estadual of Londrina, 1994. Traduções: "O que é Antropologia Teatral?" In: SKEEL, Rina (org.) (2) *A Tradição da ISTA*. Londrina: Filo/Univ. Estadual de Londrina, 1994. (Versão de *The Tradition of ISTA* em português.); "Was ist Theateranthropologie?" In: FALKE, Christoph (org.). *Das Lernen zu Lernen. ISTA International Schule für Theateranthropologie*, em *Flamboyant* 3, Cologne, 1996; fragmento com o título *International School of Theatre Anthropology*. Sofia, 2000.

ORGANICIDADE, EFEITO DE: "O-Effect. That Which is Organic for the Actor / That Which is Organic for the Spectator". In: *Mime Journal. Words on Decroux* 2, Claremont, 1997; depois em *The Drama Review* 157, Nova York, 1998. Traduções: "O-Effect, Lo que es Orgánico para el Actor, lo que es Orgánico para el Espectador". In: *Funámbulos* 2, Buenos Aires, 1999.

PARADOXO PEDAGÓGICO: "Paradosso Pedagogico". In: RUFFINI, Franco (org.). *La Scuola degli Attori*. Florença: La Casa Usher, 1981. Traduções: "Pedagoski Paradoks". In: *Prolog* 50, Zagreb, 1981; "Le Paradoxe Pédagogique". In: TAVIANI, Ferdinando (org.). *Improvisation et Anthropologie Theâtrale*, em *Bouffonneries* 4, Lectoure, 1982.

POVO DO RITUAL, O: "Il Popolo del Rituale". In: *Linea d'Ombra* 73, Milão, 1992; depois em *La Costruzione della Forma*. Padua: Università del Teatro Eurasiano, 1992; em E. B. *La Canoa di Carta. Trattato di Antropologia Teatrale*. Bolonha, Il Mulino, 1993; em E. B. *Teatro. Solitudine, Mestiere, Rivolta*. Milão: Ubulibri, 1996. Traduções: "El Pueblo del Ritual". In: E. B. *La Canoa de Papel. Tratado de Antropología Teatral*. México: Escenología, 1992; e depois por Catálogos, Buenos Aires, 1994; depois em *Conjunto* 94, La Habana, 1993; em E. B. *Teatro. Soledad, Oficio y Revuelta*. Buenos Aires: Catálogos, 1997; e em *Teatro. Soledad, Oficio y Rebeldía*. México: Escenología, 1998; "Le Peuple du Rituel". In: E. B., *La Canoë de Papier, Traité d'Anthropologie Théâtrale*. Lectoure: Bouffonneries, 1993 e Saussan: L'Entretemps, 2004, e em E. B. *Théâtre. Solitude, Métier, Révolte*. Saussan: L'Entretemps, 1999; "Ritualets Folk". In: CHRISTOFFERSEN, Exe (org.). *Aktuelle Teaterproblemer* 31, Institut for Dramaturgi Århus University, 1994; e em E. B. *En Kano af Papir*, 1994; "O Povo do Ritual". In: E. B. *A Canoa de Papel*, 1994, e em E. B. *Teatro. Solidão, Ofício, Revolta*. Brasília: Teatro Caleidosópio-Editora Dulcina, 2010; "People of Ritual". In: E. B. *The Paper Canoe*, 1994; e em E. B. *Theatre. Solitude, Craft, Revolt*. Aberystwyth: Black Mountain Press, 1999; "De Mensen van het Ritueel". In: E. B. *De Kano van Papier*, 1997; "Das Volk des Ritualts". In: E. B. *Ein Kanu aus Papier*, 1998; "Rituaalirahuas". In: *Paberlaevuke*, 1999; *A Rítus Népe*. In: E. B. *Papírkenu*, 2001; versão grega em *Teatro. Monazià, Deziotecnia, Ezeghersi*. Atenas: Koan, 2001.

PRÉ-EXPRESSIVIDADE/IMPROVISAÇÃO: "Pre-expressivity/Improvisation. In: SKEEL, Rina (org.). (1) *The Tradition of ISTA*. Londrina: Filo/Univ. Estadual of Londrina, 1994.; depois em HASTRUP, Kirsten (org.). *The Performers' Village*. Gråsten: Drama, 1996. Traduções: "Pré-expressividade/Improvisação". In: SKEEL, Rina (org.) (2) *A Tradição da ISTA*. Londrina: Filo/Univ. Estadual de Londrina, 1994. (Versão de *The Tradition of ISTA* em português.)

TEATRO ANTROPOLÓGICO: "Teatro Antropológico". In: *Hypos* 1/1, Lece, 1987. Traduções: "Teatro Antropológico". In: *Apuntes de Teatro* 95, Santiago de Chile, 1987, depois em *Jaque* 177/4, Montevideo, 1987; *Luz de ensayo* 2, Montevideo, 1988; "Anthropological Theatre. In: *The Drama Review* 117, Nova York, 1988; "Antropologisk Teater". In: E.B. *De Flydende Øer*. Copenhague: Borgens Forlag, 1989; "Teatro Antropológico". In: E.B. *Além das Ilhas Flutuantes*. São Paulo/Campinas: Hucitec, 1991.

TEATRO EURASIANO: "Teatro Eurasiano". In: *Festival di Chieri*. Turim: Rosemberg & Sellier, 1988; depois em E. B. *Teatro. Solitudine, Mestiere, Rivolta*. Milão: Ubulibri, 1996. Traduções: "Eurasian Theatre". In: *The Drama Review* 119, Nova York, 1988; depois em FISCHER-LICHTE, E. (org.). *Dramatic Touch of Difference (Theatre, Own and Foreign)*. Tübingen: Gunter Narr Verlag, 1990; "Eurasian Theatre". In: DRAIN, R. (org.). *Twentieth Century Theatre*. Londres/Nova York:Routledge, 1995; "Eurasian Theatre". In: E. B. *Theatre. Solitude,Craft, Revolt*. Aberystwyth: Black Mountain Press, 1999; "Théâtre Eurasien". In: *Jeu* 49, Montreal, 1988; depois em RUFFINI, Franco (org.). *Le Théâtre qui Danse*. In: *Bouffonneries* 22-23. Lectoure, 1989.; PAVIS, Patrice (org.). *Confluences*. Prépublications du petit bricoleur de Boir-Robert Saint Cyr l'École 1993; em E. B. *Théâtre. Solitude, Métier, Révolte*. Saussan: L'Entretemps, 1999; "Teatro Eurasiano". In: *Máscara* 1, México 1989; depois em *Tablas* 1, Habana, 1990; em E. B. *Teatro. Soledad, Oficio y Revuelva*. Buenos Aires: Catálogos, 1997; "Euro-asiatisk Teater". In: E. B. *De Flydende Øer*. Copenhague: Borgens Forlag, 1989; "Teatro Eurasiano". In: *Adagio* 4, Evora 1991; depois em E.B. *Além das Ilhas Flutuantes*. São Paulo/Campinas: Hucitec, 1991; versão em árabe *El Fenoun* 42, Cairo, 1991; depois em *The Theatre Circles*. Bagdá, 1998; "Teatr Euroazyatycki, Czyli Szansa". In: *Dialog* 8/38, Warsaw, 1993; "Avrasya Tyatrosu". In: *Mimesis* 5, Istambul, 1994; em E. B. *Teatro. Monazià, Deziotecnia, Ezeghersi*. Atenas: Koan, 2001; em E. B. *Teatro. Solidão, Ofício, Revolta*. Brasília:Teatro Caleidosópio-Editora Dulcina, 2010.

TÉCNICAS DA REPRESENTAÇÃO E HISTORIOGRAFIA: "Prefazione". In: AZZARONI, Giovanni (org.). *Il Corpo Scenico Ovvero la Tradizione Tecnica dell'Attore*. Bolonha: Nuova Alfa, 1990. Traduções: "Notas sobre Antropología Teatral y Técnicas de la Representación Historiográfica". In: *Espacio* 8, Buenos Aires, 1990; "Performance Techniques and Historiography". In: SKEEL, Rina (org.). (1) *The Tradition of ISTA*. Londrina: Filo/Univ. Estadual of Londrina, 1994.; depois em HASTRUP, Kirsten (org.). *The Performers' Village*. Gråsten: Drama, 1996.; "Técnicas da Representação e Historiografia". In: SKEEL, Rina (org.) (2) *A Tradição da ISTA*. Londrina: Filo/Univ. Estadual de Londrina, 1994. (Versão de *The Tradition of ISTA* em português.)

TERCEIRA MARGEM DO RIO, A: "La Terza Sponda del Fiume". In: *Teatro e Storia* 5, Bolonha, 1988; depois em E. B. *Teatro. Mestiere, Solitudine, Rivolta*. Milão: Ubulibri, 1996. Traduções: "La Tercera Orilla del Río". In: *Reencuentro Ayacucho*. Lima: Cuatrotablas, 1988; em *Espacio* 4/2, Buenos Aires, 1988; em *Conjunto* 78, Habana, 1989; em E. B. *Teatro. Soledad, Oficio y Revuelta*. Buenos Aires: Catálogos, 1997, e *Teatro. Soledad, Oficio y Rebeldía*. México: Escenología, 1998; "Flodens Tredje Bred". In: *Kritik* 87, Copenhaguem, 1989; "La Troisième Rive du Fleuve". In: *Europe* 726, Paris, 1989; e em E. B. *Théâtre. Solitude, Métier, Révolte*. Saussan: L'Entretemps, 1999; "The Third Bank of the River". In: *The Act* 1/2, Nova York, 1990; depois em E. B. *Theatre. Solitude, Craft, Revolt*. Aberystwyth: Black Mountain Press, 1999; "Trzeci Brzeg Rzeki". In: *Konteksty* 3-4, Warsaw, 1991, e em E. B. *Teatr. Samotnosc, Rzemiozlo, Bunt*; versão árabe em *The Theatre Circles*, Bagdá, 1998; versão grega em E. B. *Teatro. Monazià, Deziotecnia, Ezeghersi*. Atenas: Koan, 2001.

TRADIÇÃO E FUNDADORES DE TRADIÇÕES: "Tradizione e Fondatori di Tradizioni", e "La Scala Sulla Riva del Fiume", com o título "Il viaggio delle identità". In: *Il Patalogo* 17, Milão: Ubulibri, 1994. Traduções: "La Tradición y los Fundadores de Tradiciones". In: *Máscara* 15, 1993, e em *Máscara* 17-18, México, 1994; "Tradition and Founders of Traditions". In: SKEEL, Rina (org.). (1) *The Tradition of ISTA*. Londrina: Filo/Univ. Estadual of Londrina, 1994; e depois em HASTRUP, Kirsten (org.). *The Performers' Village*. Gråsten: Drama, 1996; "Tradição e Fundadores de Tradição". In: SKEEL, Rina (org.) (2) *A Tradição da ISTA*. Londrina: Filo/Univ. Estadual de Londrina, 1994. (versão de *The Tradition of ISTA* em português); "Traditions et Fondateurs de Tradition". In: *Marsyas* 31, Paris, 1994; "Traditionen und Traditionsgründer". In: *Flamboyant* 1, Köln, 1995.

TRADIÇÃO DO ATOR E IDENTIDADE DO ESPECTADOR: "Tradizione dell'Attore e Identità dello Spettatore". In: *Hypos* 1/1, Lecce, 1987; depois em *Terra d'Otranto*, edição especial, Lecce, 1987. Traduções: "The Actor's Tradition and the Spectator's Identity". In: SKEEL, Rina (org.). (1) *The Tradition of ISTA*. Londrina: Filo/Univ. Estadual of Londrina, 1994; depois em HASTRUP, Kirsten (org.). *The Performers' Village*. Gråsten: Drama, 1996; "A Tradição do Ator e a Identidade do Espectador". In: SKEEL, Rina (org.) (2) *A Tradição da ISTA*. Londrina: Filo/Univ. Estadual de Londrina, 1994. (Versão de *The Tradition of ISTA* em português.) *A Mis Espectadores. Notas de 40 Años de Espectáculos*. Asturias: Oris Teatro, 2004. *Bruciare la Casa. Origini di un Regista*. Milão: Ubulibri, 2009. *Queimar a Casa. Origens de um Diretor*. São Paulo: Perspectiva, 2010. *Prediche del Giardino*. Mondaino: L'Arboreto Edizioni, 2010. *La Conquista de la Diferencia*. Lima: Editorial San Marcos, 2008. *La Conquista della Differenza*. Roma: Bulzoni Editore, 2012.

Outros textos

BARBA, Eugenio. "About the Invisible and Visible in Theatre and about ISTA in Particular: Eugenio Barba to Philip Zarrilli". In: *The Drama Review* 119, Nova York, 1988.

_____. "Caballeros con Espadas de Agua". In: MASGRAU, L. (org.). *Arar el Cielo. Diálogos Latinoamericanos*. La Habana: Fondo Editorial Casa de las Américas, 2002.

_____. "Carta de Eugenio Barba a Nitis Jacon". In: *Máscara* 19-20, México, 1995; com o título "Aquí no se Puede Hacer Nada". In: MASGRAU, L. (org.). *Arar el Cielo. Diálogos Latinoamericanos*. La Habana: Fondo Editorial Casa de las Américas, 2002; e "Carta de Eugenio Barba a Nitis Jacon". In: *Cartas do FILO*. Londrina: FILO, 1997; "Letter by Eugenio Barba to Nitis Jacon". In: *Cartas do FILO*. Londrina: FILO, 1997).

_____. "Como Surgiu a ISTA". In: SKEEL, Rina (org.) (2) *A Tradição da ISTA*. Londrina: Filo/Univ. Estadual de Londrina, 1994. (Versão de *The Tradition of ISTA* em português.)

_____. "La Conferencia de Santiago". In: *Apuntes de Teatro* 99, Santiago de Chile, 1989.

_____. "Le Corps Crédible". In: ASLAN, O. (org.). *Le Corps en Jeu*. Paris: CNRS, 1993.

_____. "Elogio della Boxe". In: *L'Indice* 5, Roma, 1995.

_____. "Et Dramaturgisk Grundprincip". Årsrapport, 2000, Danish Center for Culture and Development, Copenhagen, 2000.

_____. "Exister Avant de Représenter". In: *Puck* 7, Les Ardennes, 1994.

_____. "The Female Role". In: *The Drama Review* 110, Nova York, 1986, e In: SKEEL, Rina (org.). (1) *The Tradition of ISTA*. Londrina: Filo/Univ. Estadual of Londrina, 1994; depois em HASTRUP, Kirsten (org.). *The Performers' Village*. Gråsten: Drama, 1996; e com o título "O Papel Feminino". In: SKEEL, Rina (org.) (2) *A Tradição da ISTA*. Londrina: Filo/Univ. Estadual de Londrina, 1994. (versão de *The Tradition of ISTA* em português).

_____. "How ISTA Came into Being". In: SKEEL, Rina (org.). (1) *The Tradition of ISTA*. Londrina: Filo/Univ. Estadual of Londrina, 1994; depois em HASTRUP, Kirsten (org.). *The Performers' Village*. Gråsten: Drama, 1996.

_____. "Intervista a Volterra P. Giacché". In: TAVIANI, Ferdinando (org.). *Improvisation et Anthropologie Theâtrale*, em *Bouffonneries* 4, Lectoure, 1982.

_____. "Lettera di Eugenio Barba a Marco De Marinis". In: *Due Lettere sul Pré-espressivo dell'Attore, il Mimo e i Rapporti fra Pratica e Teoria*. In: *Teatro e Storia* 16, Bolonha, 1994.

_____. "O Método Romântico". In: *Cadernos de Espectáculos* 2, Rio de Janeiro: Teatro Carlos Gomes, 1996.

_____. "Prefazione". In: RUFFINI, Franco (org.). *La Scuola degli Attori*. Florença: La Casa Usher, 1981.

_____. "The Ripe Action". In: *Mime Journal. Theatre East and West Revisited*. Claremont, 2002-2003.

_____. "Il Ritmo Nascosto. In: *Corriere dell'UNESCO*, 4, Roma, 1996.

_____. "Sanjukta Panigrahi: In Memory". In: *The Drama Review* 158, Nova York, 1998.

_____. *A Mis Espectadores. Notas de 40 Años de Espectáculos*. Asturias: Oris Teatro, 2004.

_____. *La Terra di Cenere e Diamanti. Il mio apprendistato in Polonia seguito da 26 lettere di Jerzy Grotowski a Eugenio Barba*. Imola: Il Mulino, 1998.

_____. *La Terra di Cenere e Diamanti. Il mio apprendistato in Polonia seguito da 26 lettere di Jerzy Grotowski a Eugenio Barba* (nuova edizione arricchita da materiali inediti). Milão: Ubulibri, 2004.

_____. *A Terra de Cinzas e Diamantes: Minha Aprendizagem na Polônia – Seguido de 26 Cartas de Jerzy Grotowski a Eugenio Barba*. São Paulo: Perspectiva, 2006.

_____. *Bruciare la Casa. Origini di un Regista*. Milão: Ubulibri, 2009.

_____. *Queimar a Casa. Origens de um Diretor*. São Paulo: Perspectiva, 2010.

_____. *Prediche del Giardino*. Mondaino: L'Arboreto Edizioni, 2010.

_____. *La Conquista de la Diferencia*. Lima: Editorial San Marcos, 2008.

_____. *La Conquista della Differenza*. Roma: Bulzoni Editore, 2012.

* * * * *

*Alguns artigos publicados no Brasil sobre Eugenio Barba, o Odin Teatret e a Antropologia Teatral**

"O Livro das Danças", artigo escrito por Lionel Fisher em 1977 e publicado na revista *Cadernos de Teatro*, n. 75, Rio de Janeiro, 1977.

"Antropologia Teatral: Algumas Hipóteses". In: *Teatro Universitário* 2, Rio de Janeiro, 1986.

"Barba e o Teatro Antropológico. In: *Inacen. Boletim Informativo*. Rio de Janeiro: Instituto Nacional de Artes Cênicas 9/2, 1987 (com textos de E. Barba, L. O. Burnier, J. R. Faleiro, D. García, C. Levi, Y. Michalski e R. Trotta).

SKEEL, Rina (org.) *A Tradição da ISTA*. Tradução: Patricia Braga Alves; Cláudia Tatinge Nascimento. Londrina: Filo/Univ. Estadual de Londrina, 1994.

"Poéticas Paralelas: Eugenio Barba e Aderbal Freire-Filho". 1) "Dois Artesãos Confrontam as Ferramentas do Ofício", por Patricia Furtado de Mendonça; 2) "Paralelos e Transversais", por Renata Caldas. In: *Revista de Teatro SBAT*, n. 524, Rio de Janeiro, mar.-abr. 2011.

"A Arte Secreta do Ator. Teoria e Prática no Brasil", por Patricia Furtado de Mendonça. In: "Estudos", *Questão de Crítica: Revista Eletrônica de Críticas e Estudos Teatrais*. Disponível em: http://www.questaodecritica.com.br/2011/11/a-arte-secreta-do-ator-teoria-e-pratica-no-brasil/, 2011.

"Odin Teatret e Porto Alegre: Histórias, Influências e Reflexões sobre o Fazer Teatral – 1987-2012", por Patricia Furtado de Mendonça. In: *Caderno de Teatro*, n. 8, *Revista ARTE SESC-RS*, Porto Alegre, 2012.

"Barba & Varley: Nascemos das Impossibilidades", entrevista feita por Chris Galdino. In: *Revista Continente*, n. 40, ano XII, Recife, 2012.

*Textos e livros escritos por Eugenio Barba, Julia Varley e Roberta Carreri publicados no Brasil**

de *Eugenio Barba*

Além das Ilhas Flutuantes. Tradução: Luis Otávio Burnier. São Paulo/Campinas, Hucitec, 1991.

A Canoa de Papel. Tratado de Antropologia Teatral. Tradução: Patricia Braga Alves. São Paulo/Campinas: Hucitec, 1994. O mesmo livro foi reeditado em 2009 por: Brasília: Teatro Caleidoscópio-Editora Dulcina, 2009.

A Arte Secreta do Ator. Dicionário de Antropologia Teatral. De Eugenio Barba e Nicola Savarese. Tradução: Luis Otávio Burnier (supervisão), Carlos Simioni, Ricardo Puccetti, Hitoshi Nomura, Márcia Strazzacappa, Waleska Silverberg, André Telles. Campinas/São Paulo: Hucitec-Unicamp-Edusp, 1995.

"O Espaço Paradoxal do Teatro". *Cadernos de Espetáculos 2*. Rio de Janeiro: Teatro Carlos Gomes, 1996.

"O Método Romântico". *Cadernos de Espectáculos 2*. Rio de Janeiro: Teatro Carlos Gomes, 1996.

"Carta de Eugenio Barba a Nitis Jacon". In: *Cartas do FILO*. Londrina: FILO, 1997.

"Os Deuses que Morreram em Canudos". In: NASCIMENTO, Elimar Pinheiro do (org.). *Ética*. Brasília: Garamond, 1997;

"Um Amuleto Feito de Memória: Significado dos Exercícios na Dramaturgia". In: *Revista do LUME*, n.1, Campinas, 1998.

A Terra de Cinzas e Diamantes: Minha Aprendizagem na Polônia – Seguido de 26 Cartas de Jerzy Grotowski a Eugenio Barba. Tradução: Patricia Furtado de Mendonça. São Paulo: Editora Perspectiva, 2006.

Queimar a Casa: Origens de um Diretor. Tradução: Patricia Furtado de Mendonça. São Paulo: Ed. Perspectiva, 2010.

Teatro. Solidão, Ofício, Revolta. Tradução: Patricia Furtado de Mendonça. Brasília: Teatro Caleidoscópio-Editor Dulcina, 2010.

"O Mestre Oculto". In: *Projeto Mímicas, Caderno 3: Vinte Anos sem Decroux (1898-1991)*. Tradução: Patricia Furtado de Mendonça. São Paulo, 2011.

"Incompreensibilidade e Esperança". In: *Revista Brasileira de Estudos da Presença*. Tradução: Patricia Furtado de Mendonça. Disponível em: http://seer.ufrgs.br/presenca/article/view/25710/18227, Porto Alegre, 2012.

de *Julia Varley*

Pedras d'Água: Bloco de Notas de uma Atriz do Odin Teatret. Tradução: Juliana Zancanaro e Luciana Martuchelli. Brasília: Teatro Caleidoscópio-Editor Dulcina, 2010.

de *Roberta Carreri*

Rastros. Treinamento e História de uma atriz do Odin Teatret. Tradução: Bruna Longo. São Paulo: Ed. Perspectiva, 2011.

*Esclarecimentos sobre as edições dos livros de Stanislávski**

Sabe-se que os livros de Stanislávski tiveram uma edição russa e outra norte-americana, muito diferentes entre si. A maioria dos seus livros, no Ocidente, foi traduzida a partir das edições norte-americanas, como é o caso das edições brasileiras, com exceção de um dos livros. Elas possuem muitas diferenças de conteúdo, estrutura e organização, o que gerou inúmeros mal-entendidos sobre as teorias e as práticas stanislavskianas. Para que o leitor entenda melhor as citações de Franco Ruffini e para que possa, eventualmente, aprofundá-las, achei conveniente fazer alguns esclarecimentos, já que estas informações não são muito difundidas no Brasil. A maioria das informações abaixo foi retirada de outro texto de F. Ruffini, intitulado "Realtà e fantasia dei libri di Stanislavskij", em *Teatro e Boxe: l'Atleta del Cuore nella Scena del Novecento*, Bolonha, Il Mulino, 1994.

Durante sua vida, Stanislávski pôde cuidar de dois livros seus:

1. ***Minha Vida na Arte*** (*Moia Zhizn v Iskusstve*), sua autobiografia, publicado na Rússia em 1926. A primeira publicação desse livro foi feita nos Estados Unidos, em 1924, sob o título *My Life in Art* (Boston, Little Brown and Co., com tradução de J. J. Robbins). Stanislávski havia concordado em escrever um livro para o mercado norte-americano para poder pagar o tratamento do seu filho Igor, internado na Suíça com tuberculose. Não contente com as várias alterações realizadas para a edição norte-americana, Stanislávski decide reelaborar o texto em russo. Portanto, a primeira edição publicada em Moscou, em 1926, pode ser considerada "o original", ainda que a edição norte-americana seja aquela considerada "de referência". A última edição norte-americana, publicada em 2008, foi feita diretamente do "original" russo de Stanislávski, com tradução de Jean Benedetti (*My Life in Art*, Londres/Nova York, Routledge, 2008).

2. ***O Trabalho do Ator sobre Si Mesmo***, livro que foi dividido em dois volumes:
   Volume I - *Rabota Aktera nad Soboi* [no Brasil, normalmente indicado por *O Trabalho do Ator sobre Si Mesmo no Processo Criativo da Revivência – Diário de um Aluno*], publicado na Rússia em 1938, quando Stanislávski ainda estava vivo. Nos Estados Unidos, foi dividido em dois outros livros: *An Actor Prepares* (publicado nos EUA em 1936) e *Building a Character* (publicado nos EUA em 1949), ambos traduzidos do russo ao inglês, com inúmeros cortes e alterações estruturais, por Elizabeth Reynolds Hapgood, que também mantinha os direitos de publicação. Somente em 2009, depois que uma série de problemas de direitos autorais foram resolvidos, publicou-se uma nova tradução em inglês, feita a partir do original russo por Jean Benedetti, que trabalhou com o objetivo de manter-se totalmente fiel ao autor. Esse novo livro – que finalmente reunifica o conteúdo de *An Actor Prepares* e de *Building a Character* – chama-se *An Actors Work: a Student's Diary*, Londres/Nova York, Routledge, 2009.
   Volume II - *Rabota Aktiora nad Rolju* [no Brasil, normalmente indicado por *O Trabalho do Ator sobre Si Mesmo no Processo Criativo de Encarnação*], publicado após sua morte, sob os cuidados de um comitê editorial. No entanto, Stanislávski já havia organizado suficientemente os materiais. Nos Estados Unidos, chamou-se *Creating a Role* [A Criação de um Papel] e foi publicado em 1961, sempre com tradução de Elizabeth Reynolds.

Publicações dos textos de Stanislávski no Brasil:

Em nosso país, foram publicados, até hoje, quatro textos "de Stanislávski":

1. ***Minha Vida na Arte***, Rio de Janeiro, Ed. Bertrand Brasil, 1989.
   A tradução brasileira desde livro de Stanislávski, em sua versão integral, é a única feita diretamente do russo. Antes desta versão de Paulo Bezerra, foi publicada uma versão parcial, traduzida do francês por Ester Mesquita (*Minha Vida na Arte*, São Paulo, Ed. Anhembi, 1956).

2. ***A Preparação do Ator***, Rio de Janeiro, Civilização Brasileira, 1964, 2005.
   Esta versão foi traduzida por Pontes de Paula Lima da versão (parcial e alterada) em inglês *An Actor Prepares*, traduzida por Elizabeth R. Hapgood.

3. ***A Construção da Personagem***, Rio de Janeiro, Civilização Brasileira, 1970, 2004.
   Esta versão foi traduzida por Pontes de Paula Lima da versão (parcial e alterada) em inglês *Building a Character*, traduzida por Elizabeth R. Hapgood.

4. ***A Criação de um Papel***, Rio de Janeiro, Civilização Brasileira, 1972, 1999.
   Esta versão foi traduzida por Pontes de Paula Lima a partir da versão (parcial e alterada) em inglês *Creating a Role*, traduzida por Elizabeth R. Hapgood. Até hoje (dezembro, 2012), não foi lançada nenhuma nova tradução dos livros de Stanislávski no Brasil, nem do inglês nem do russo. Como as edições brasileiras são incompletas com relação à versão original em russo e à versão italiana mencionada acima, as citações desta tradução foram feitas a partir do texto italiano transcrito por Franco Ruffini; portanto, os textos aqui apresentados são diferentes dos que podem ser encontrados nas versões brasileiras dos livros citados, publicadas pela Civilização Brasileira.

Mais informações sobre o Odin Teatret

Para mais informações sobre o Odin Teatret e seus arquivos disponibilizados on-line, acesse: www.odinteatret.dk e www.odinteatretarchives.dk. Para informações sobre as atividades do Odin ao redor do mundo, acesse a página do Facebook **Odin Teatret/Nordisk Teaterlaboratorium**

Para informações sobre as atividades do Odin Teatret no Brasil, escreva para odinteatretbrasil@gmail.com ou acesse as páginas do Facebook **Odin Teatret Brasil** ou **Odin Teatret/Brasil**.

---

* Organizado por Patricia Furtado de Mendonça, e atualizado até dezembro de 2012.

REFERÊNCIAS

ISTA
INTERNATIONAL SCHOOL OF THEATRE ANTHROPOLOGY

Dirigida por Eugenio Barba

Box 1283, 7500 Holstebro (Dinamarca)
Tel. (45) 97424777 - Fax (45) 97410482
E-mail: *odin@odinteatret.dk* - www.odinteatret.dk

Fundada em 1979, concebida e dirigida por Eugenio Barba, a ISTA é uma rede multicultural de atores e estudiosos que dão vida a uma universidade itinerante cujo principal campo de estudos é a antropologia teatral.

Periodicamente, a ISTA organiza sessões abertas a partir da demanda de instituições culturais nacionais ou internacionais que se responsabilizam por todos os financiamentos necessários. Cada sessão possui um tema diferente que se torna objeto de estudo por meio de um trabalho prático de demonstrações e análises comparativas. A cada vez, um número limitado de atores, dançarinos, diretores, coreógrafos, estudiosos do mundo acadêmico e críticos pode participar da ISTA.

A rede de trabalho da ISTA possui um núcleo fixo de atores e dançarinos de proveniência europeia, africana, americana e asiática, além de professores de inúmeras universidades. Esta rede se reúne, trabalha e se comunica não apenas durante as sessões públicas, mas também por meio de contatos recíprocos, diferentes tipos de trocas e iniciativas, sessões de trabalho fechadas e mais curtas ou no âmbito da Universidade do Teatro Eurasiano, cuja atividade aberta apresenta os resultados das investigações da ISTA.

Durante seus 25 anos de existência, a ISTA foi um laboratório de pesquisa sobre as técnicas de base do ator-dançarino em uma dimensão transcultural. O objetivo desta escolha metodológica, que deriva de uma abordagem empírica, é a compreensão dos princípios fundamentais que geram a "presença" ou a "vida cênica" do ator-dançarino.

Entre 1979 e 2005, foram realizadas 17 sessões internacionais da ISTA com a colaboração dos seguintes organizadores:

Bonn (ALEMANHA) 1980: Hans Jürgen Nagel, Kulturamt der Stadt, Bonn
Holstebro (DINAMARCA) 1980: Odin Teatret.
Porsgrunn (NORUEGA) 1980: Grenland Friteater.
Estocolmo (SUÉCIA) 1980: Teater Schahrazad.
Volterra (ITÁLIA) 1981: Roberto Bacci, Centro per la Ricerca e la Sperimentazione Teatrale di Pontedera.
Blois e Malakoff (FRANÇA) 1985: Patrick Pezin, Bouffonneries-Contrastes, com a colaboração de Nicolas Peskine, Compagnie du Hasard (Blois), Edith Rappoport e Pierre Ascaride, Théâtre 71 (Malakoff).
Holstebro (DINAMARCA) 1986: Odin Teatret.
Salento (ITÁLIA) 1987: Giorgio Di Lecce, Cristina Ria, Mediterranea Teatro-laboratorio e Nicola Savarese, dell'Università di Lecce.
Bolonha (ITÁLIA) 1990: Pietro Valenti del Centro Teatrale San Geminiano e Renzo Filippetti, do Teatro Ridotto, com a colaboração da Universidade de Bolonha.
Brecon e Cardiff (GRÃ-BRETANHA) 1992: Richard Gough e Judie Christie, Centre for Performance Research, Cardiff.
Londrina (BRASIL) 1994: Nitis Jacon, FILO (Festival International de Londrina), em colaboração com a Universidade de Londrina.
Umea (SUÉCIA) 1995: Sven Sahlstrom e Chris Torch, Umea Teaterforening e Riksteatern.
Copenhague (DINAMARCA) 1996: Odin Teatret e Copenhague Capital Europeia da Cultura 1996.
Montemor O-Novo e Lisboa (PORTUGAL) 1998: Marco Abbondanza, Festival 7sóis 7luas em colaboração com a Prefeitura de Montemor O-Novo e com a Fundação Calouste Gulbenkian.
Bielefeld (ALEMANHA) 2000: Siegmar Schröder, Theaterlabor Bielefeld.
Siviglia (ESPANHA) 2004: Ricardo Iniesta, TNT/Atalaya Teatro.
Wroclaw e Krzyvowa (POLÔNIA) 2005: Jaroslaw Fret e Grzegorz Ziolkowski, The Centre for Studies of Jerzy Grotowski's Work.

Artistas convidados

Alemanha: Gisela Cremer, Sonja Kehler, Ralf Raüker, Natasha Nikprelevic, Michael Vetter.
Argentina: César Brie, Pepe Robledo, Ana Woolf.
Bali (INDONÉSIA): I Nyoman Budi Artha, I Dewa Ayu Ariani, I Made Bandem, Swasthi Widjaja Bandem, Ni Ari Bandem, Ni Dewi Bandem, I Wayan Bawa, I Wayan Berata, Ni Nyoman Candri, I Nyoman Catra, Pino Confessa, I Made Djimat, I Nyoman Doble, Wayan Gatri, I Nyoman Jony, I Ketut Kodi, I Nyoman Kopelin, Desak Made Suarti Laksmi, Ni Wayan Latri, I Wayan Lantir, Ni Ketut Maringsih, Ida Bagus Nyoman Mas, I Wayan Naka, I Gede Surya Negara, Tjokorda Istri Putra Padmini, I Ketut Partha, I Nyoman Punja, I Wayan Punia, Desak Putu Puspawati, Anak Agung Putra, Ni Made Putri, I Wayan Rai, Ni Made Sarniani, I Nyoman Sedana, Ni Wayan Sekarini, I Gusti Ayu Srinatih, Ni Wayan Sudi, Ni Ketut Suryatini, Desak Ketut Susilawati, I Ketut Suteja, I Wayan Suweca, Ni Nyoman Suyasning, I Gusti Nyoman Tantra, I Made Pasek Tempo, I Made Terika, Tjokorda Raka Tisnu, I Ketut Tutur, Ni Made Wati, Cristina Wistari.
Brasil: Antonio Carlos dos Santos Araújo, Cléber da Paixão, Bira Monteiro, Augusto Omolú, Jorge "Funk" Paim, Jairo da Purificação, Ory Sacramento.
Canadá: Richard Fowler.
China: Mei Baoju, Pei Yanling, Sun Zhong-Shu.
Dinamarca: Nikolaj de Fine Licht, Emil Ferslev, Palle Granhøj, Stephen Pier.
Estados Unidos: Carolyn Carlson, Thomas Leabhart, Lisa Nelson, Steve Paxton.
França: Vincent Audat, Françoise Champault, Brigitte Cirla.
Grã Bretanha: Clive Barker, Keith Johnstone.
Índia: Jagdish Burmann, Ileana Citaristi, Hatmohan Khuntia, G. Kishore Kumar, Hamesh Kumar Das, Hemant Kumar Das, Chinmaya Kumar-Dash-Debi Prasad Mahanti, Kelucharan Mahapatra, Nityananda Mohapatra, Pradeepta Sekhar Mohapatra, M. P. Sankaran Namboodiri, Raghunath Panigrahi, Sanjukta Panigrahi, Annada Pasanna Patnaik, Mohini Mohan Pattnaik, Bishnu Mohan Pradhan, Gangadar Pradhan, Jagdish Prasad Varman, K. N. Vijayakumar.
Itália: Sergio Bini, Orazio Costa, Dario Fo, Franca Rame.

REFERÊNCIAS

Japão: Haruchiho Azuma, Kanho Azuma, Katsuko Azuma, Mari Azuma, Senkai Azuma, Yoshikazu Fujisaka, Shogo Fujima, Yoshikazu Fujisaka, Jutaiichiro Hanayagi, Kanichi Hanayagi, Sasakimi Hanayagi, Akiyaso Hirade, Choyuri Imafuji, Michi Imafuji, Kunitoshi Kineya, Sanshichiro Kineya, Shizuko Kineya, Naoyuki Kojima, Takae Koyama, Akira Matsui, Yasuhiro Miyata, Natsu Nakajima, Sae Nanaogi, Kosuke Nomura, Ryosuke Nomura, Mark Oshima, Taro Yamaguchi.

Odin Teatret: Kai Bredholt, Roberta Carreri, Jan Ferslev, Tage Larsen, Iben Nagel Rasmussen, Tina Nielsen, Isabel Ubeda, Julia Varley, Torgeir Wethal, Frans Winther.

Polônia: Jerzy Grotowski.

Rússia: Gennadi Bogdanov.

Suécia: Stina Ekblad, Ingemar Lindh.

Taiwan: Tsao Chun-Lin, Lin Chun-Hui, Tracy Chung, Helen Liu.

Staff *científico e convidados especiais*

Ranka Bijeljac Babic, Eugenia Casini Ropa, Peter Chelkowski, Exe Christoffersen, Fabrizio Cruciani, Marco De Marinis, Peter Elsass, Johannes Fabian, Clelia Falletti, Mbongemi Ngema, Clifford Geertz, Kirsten Hastrup, Ronald Jenkins, Leszek Kolankiewicz, Henri Laborit, Eduardo Manet, Lluís Masgrau, Mbongemi Ngema, Zbiegniew Osinski, Patrice Pavis, Jean-Marie Pradier, Kostanty Puzyna, Thomas Richards, Janne Risum, Franco Ruffini, Jonah Salz, Nicola Savarese, Richard Schechner, Mirella Schino, Wole Soyinka, Ferdinando Taviani, Luis de Tavira, Susanne Vill, Ugo Volli, Moriaki Watanabe, Benito Zambrano.

Ilustrações

Desenhos

Dorthe Kaergaard: 144, 220.
Poul Østergaard: 71.
Massimo Sarzi Amadé: 18, 199, 275.
Shigetsugu Wakafuji: 14, 22, 99 [20], 114 [6-7], 195, 236 [40]

Fotografias

Fiora Bemporad: 20 [22], 53 [4], 129 [18-19], 130, 131, 210, 211, 233 [29], 238 [45], 260, 262, 263.

Peter Bysted: 71 [28], 81 [22].

Pino Confessa: 77 [13].

Toni D'Urso: 3, 45 [14], 48 [25], 69 [10-11], 70, 71 [25-27], 95 [12], 155, 158 [38], 188 [41-42], 207, 214, 215, 229 [8-9], 240 [51], 289 [3], 291 [5], 292 [8].

Christoph Falke: 39 [11].

Torben Huss: 20 [20 e 23], 25 [32], 53 [3], 56 [10], 72 [1], 77 [12], 78, 79, 80, 82, 83, 95 [14], 99 [22], 102 [36], 109 [54],120, 153 [25], 157 [34], 185, 190, 199 [10], 233 [28], 237 [43], 241 [55], 243, 253 [3], 288, 289 [2].

Dana Kalvodova: 198 [6-8], 275.

Michèle Laurent: 51.

Ingemar Lindh: 15, 19, 92 [3], 105 [44], 165, 167 [28, 30, 32, 34 e 36], 184 [29], 213 [18].

Francesco Petroni: 109 [53].

Jan Rüsz: 71 [26], 158 [37], 234 [32].

Saul Shapiro: 26 [35].

Bernd Uhlig: 233 [27], 259 [17].

Nicola Savarese: 21, 24 [30], 27 [37-38], 42 [1-4], 46, 47, 49, 72 [2], 75, 81 [21], 84, 85, 92 [2], 95 [10-11], 101 [29], 102 [33-34], 105 [46], 112 [2], 114 [4-5], 115 [10-13], 116, 117 [25], 118, 119, 156, 164, 167 [29, 31, 33, 35 e 37], 178, 179, 181, 188 [43-44], 194, 201 [19], 204 [31-34], 205, 216 [1], 220 [11], 221, 232 [25], 242, 255 [8], 256, 277 [43-45], 281, 295 [14], 296 [18], 298, 299.

Todas as outras ilustrações são provenientes dos arquivos de Eugenio Barba e Nicola Savarese.

Agradecimentos

Agradecemos especialmente, por terem nos emprestado algumas imagens: Biblioteca Teatral do Burcardo de Roma, Eugenia Casini Ropa, Toni Cots, Dana Kalvodova, Sanjukta Panigrahi, Mrinalini Sarabhai, Darpana Academy of Performing Arts de Amedabad (Índia) e o Teatro Schahrazad de Estocolmo.

Também agradecemos aos seguintes autores e editores: Preston Blair e Walter Foster Art Books, Georgette Bordier e Amphora Editions, D.F. Draeger, R.W. Smith e Kodansha International Ltd., Carlus Dyer, Burne Hogarth e Watson Guptill Publications, Office du Livre.

ÍNDICE ANALÍTICO

Nas diferentes línguas dos teatros, existem palavras e expressões parecidas para indicar os princípios do comportamento cênico do ator e as práticas da cena. Neste índice, tentando dar conta da riqueza já disseminada ao longo do dicionário, quisemos reunir os nomes das pessoas e dos personagens, os títulos das obras dramáticas e das obras teóricas.

A

Ábaco, 148
Académie Royale de la Danse, 235
Ação
    de ver, 175, 181, 207
    plástica, 128
    real, 24, 122, 127, 212
Acessórios
    bastão, 74, 87, 91, 112, 192, 272
    leque, 68, 118, 178, 181, 196
    pernas de pau, 45, 267
    sapatos, 16, 41, 59, 74, 100, 211, 216-17, 279
Ações físicas, 19, 27, 35, 53, 106, 122, 212, 226, 236
Acrobacia, 109, 124, 126, 136, 169, 264, 294, 296-97
Actor's Studio, 292
Aculturação, 216, 218, 228-29, 236, 254
Adão, 164, 166-67
Advayataraka Upanishad, 38
Afrodite, 200
Ahlstedt, Borge, 287
Akama, 118
Alighieri, Dante, 76, 135, 231
Amengual, Barthelémy
    Que Viva Eisenstein!, 203
Amplificação, 22, 28, 84, 139, 204, 280-81
Anatomia, 97, 217
Animação *ver* Desenho animado
Animais, 146, 178, 237-38, 244, 256, 271, 311
Animus/Anima, 87
Antarova, K. J., 36
Antoine, André, 284
Antropologia Cultural, 13
Antze, Rosemary Jeanes, 38
Appia, Adolphe, 34, 206, 209
Aprender a Aprender, 13, 32, 288
Aprendizagem ocidental/oriental, 39-40, 53, 74-75, 78, 82, 96, 131, 169-70, 174, 206, 212, 215, 254, 256, 290, 292-93, 295, 297
Arabesque, 23
Aragoto, 95-96, 196
Arangetram, 41
Archer, William, 133
    Henry Irving, Artist and Manager: a Critical Study, 133
Ardhanarishwara, 28-29
Aristóteles, 54, 66, 226, 264, 268
Arjuna, 41
Arlequim, 44-45, 132-34, 136-37, 225, 234, 294
Arnheim, Rudolf, 103, 226, 243
    Arte e Percepção Visual, 103
Artaud, Antonin, 199, 206, 209, 212-13, 260, 266, 269, 300, 312
Art et l'Instruction de Bien Danser (L'), 235
Artes Marciais, 84, 126, 193, 195, 236-39, 241-42
Asana, 232
Asanyukta, 152
Atelier de Charles Dullin, 37
Atharvaveda, 38
Attinger, Gustave, 36
Attitudes, 95
Aubert, René
    Arte Mímica (A), 186
Ausência
    representar a, 194
Austin, Gilbert, 148, 197, 232
    Chironomia, 197, 232
Autenticidade, 206, 245
Axé, 211
Azuma, Kanho, 237
Azuma, Katsuko, 21, 24-26, 39, 42, 46, 49, 75, 84-85, 100-01, 156, 178-79, 194, 237, 242, 253-54, 256
Azuma, Mari, 256

B

Bakst, Léon, 218, 266
Balázs, Béla, 59
Bal du Sabre, 239
Balé
    clássico, 14, 18, 21-23, 25, 27, 72, 95, 157, 168-69, 171, 201, 217-19, 228-29, 231-32, 235-36, 266, 268, 291
    russo, 171
Balsaraswati, 246
Bandem, I Made, 77, 155, 188, 229
Bandem, Ni Putu Ary Widhiasti, 229
Bandem, Swasti Widjaja, 199, 291
Bando, Tamasaburo, 191
Bapang, 235
Barba, Eugenio
    Amigos dos Pássaros (Os), 69
    Antropologia Teatral, 11, 13-15, 77, 81, 132, 134, 141, 145, 170, 226-28
    Antropologia Teatral: Primeiras Hipóteses, 75, 84, 95, 175
    Canoa de Papel (A), 64, 254, 290
    Casa do Pai (A), 70
    Cavalo de Prata, 64, 254
    Cinzas de Brecht, 26, 70
    Colóquio com os Atores, 181
    Evangelho de Oxirrinco (O), 60, 71
    Ferai, 69
    ISTA de Bonn, 49, 84, 181, 242, 280, 295-96, 298
    Judith, 185, 259, 277
    Kaspariana, 69
    Livro das Danças (O), 48, 71
    Lua e Escuridão, 29
    Milhão (O), 71
    Talabot, 71
    Vem! E o Dia Será Nosso!, 70, 158
Barbosa, Eduardo, 61
Baris, 236
Barong, 244, 249
Barrault, Jean-Louis, 213
Barrymore, John, 284
Bassermann, Albert, 279
Bateson, Gregory
    Transe e Dança em Bali, 249
Bauhaus (Weimar), 35, 231
Bausch, Pina, 212, 229
    Two Cigarettes in the Dark, 229
Bayu, 17, 75, 77, 81
Bayuatmaja, 77
Beckett, Samuel
    Esperando Godot, 129
Beck, Julian, 109, 259
Bedhaya Semang, 102
Beethoven, Ludwig van
    Marcha Heroica, 257
Beijer, Agne, 132, 136
Belle Courbe, 112, 115
Benjamin, Walter, 204
Bergman, Ingmar, 287
Berliner Ensemble, 37, 106-07, 278-79
Bernhardt, Sarah, 170, 208, 284
Bersilat, 237
Bhanumathi, 246
Bharata Natyam, 41, 152, 216, 245-47, 276
Bhattacharyya, Asutosh, 247-50
Bibbiena *ver* Galli-Bibbiena
Bienal de Veneza, 109
Biezin, Ivan, 259
Bing, Suzanne, 36
Bios Cênico, 206
Blair, Preston, 150, 196, 204
    Cartoon Animation, 150
Blasis, Carlo, 23, 180-81, 217
    Homem Físico, Intelectual e Moral (O), 180
Boccaccio, Giovanni, 76
Bode, Rudolf, 125-27
    Ginástica expressiva (Ausdrückgymnastik), 125
Bogdanov, Gennadi, 120, 129, 259

ÍNDICE ANALÍTICO

Böhm, Karl, 37
Bohr, Niels, 28, 32, 263
Bonaventura da Bagnoreggio, 302
Bonnard, Pierre, 42
Booth, Edwin Thomas, 282
Bordier, Georgette
   Anatomie Appliquée à la Danse, 157
Borges, Jorge Luis, 60-61
Boulez, Pierre, 290
Bragaglia, Anton Giulio, 34
Brando, Marlon, 76, 292
Brandon, James R., 268
Braun, E.
   Meyerhold on Theatre, 142, 258
Brecht, Bertolt, 24, 26, 37, 43, 52, 70, 106-08, 125, 228, 244, 260-61, 266, 278-79, 300
   Antígona, 106
   Círculo de Giz Caucasiano (*O*), 106-07
   Homem é um Homem (*Um*), 43
   Mãe Coragem e seus Filhos, 52, 106, 278
   Sr. Puntila e Seu Criado Matti (*O*), 106
   Vida de Galileo, 37
Bresson, Robert, 112, 160
Breton, André
   Amour Fou (*L'*), 174
Brook, Peter, 45, 207, 291
Brunelleschi, Filippo, 200
Brun, Theodore
   International Dictionary of Sign Language (*The*), 146
Buda, 61, 146, 149, 152, 227, 270
Bulwer, John, 146-47
   Chirologia, 147
Bunge, Hans Joachim, 106, 279
Buonarroti, Michelangelo, 112, 150-51, 200
Burton, Richard, 292
Butô, 109, 176, 260
Buyo, 21, 24, 42, 75, 84-85, 101, 179, 242, 253, 260

C
Calandri, Filippo
   De Arithmetica, 148
Calderón de la Barca, Pedro, 111
Callot, Jacques, 94, 136
   Balli di Sfessania (*I*), 136
Capoeira, 241
Caratê, 193, 236
Caricatura, 136, 307
Carlson, Carolyn, 157
Carpentier, Georges, 125
Carreri, Roberta, 95, 130, 185, 229, 289, 292
Cassiodoro, Aurelio, 146
Celli, Giorgio, 32
Cenografia
   movimento, em, 42, 51
   verbal, 42
Cervantes, Miguel de
   Gruta de Salamanca (*A*), 225
Cervi, Gino, 59
Chandler, Billy Jaynes, 61

Chaplin, Charlie, 76, 144
   Carlitos nas Trincheiras, 76
Charpai, 248
Chela, 38
Chhau da Purulia, 247, 249-50
Chhau de Mayurbhanj, 248
Chhau de Seraikela, 248
Chikara, 17, 72, 75
Chopin, Frédéric, 88
Chorar, 188, 301
Chunlin, Tsao, 295
Ciaccona, 225
Cicerone, Marco Tullio, 148
Ciência do teatro, 14
Ciéslak, Ryszard, 72, 111, 124, 189, 206, 292, 295
Cinema, 32, 67, 76, 118, 161, 192, 243-44, 287
Cinestesia, 66, 103, 126, 143, 254
Cinestésica, 99, 103, 126
Circo, 127, 168, 260, 268
Claudel, Paul, 223, 266, 301
Clift, Montgomery, 76
Clown, 124, 154
Codificação, 22-23, 112, 146-48, 150-53, 156-57, 162, 174-75, 188, 228, 230-32, 235-36, 281
Cohl, Emile, 60
Coleridge, Samuel Taylor, 126
Collège de France, 214
Colombaioni, Romano, 124
Comédie-ballet, 235
Comédie Française, 170, 180
Commedia dell'Arte, 18, 36, 42, 81, 92, 105, 132, 136, 144, 16-70, 172, 188, 199, 225, 231, 260-61, 268, 275
Concatenação, 66-69, 214, 285-86, 290
Conhecimento tácito, 131
Conrad, Joseph, 300
Conservatório (Paris), 231
Copeau, Jacques, 19, 34-37, 64, 126, 128, 172, 206, 209, 213, 266
   Lembranças do Vieux Colombier, 36
Coreografia, 93, 103, 121, 171, 201, 277
Cornazano, Antonio, 170, 235
Corpo
   decidido, 25, 236, 296
   dilatado, 52-53, 61-65, 160, 230, 233-34
   fictício, 17, 24, 27, 234
Corpo-mente, 122-23, 128, 138-41, 212
Corral, 223
Cots, Toni, 255, 289
Covarrubias, Miguel, 236
Covent Garden, 109
Coypel, Antoine, 267
Coypel, Charles, 304
Craig, Edward Gordon, 19, 34, 66, 133-35, 172, 206, 209, 242, 266, 284, 300
   Henry Irving, 19-20, 133, 202
Creonte, 61, 106, 170
Cronos, 239

Cruciani, Fabrizio, 34
Cunha, Euclides da, 61
Cynkutis, Zbigniew, 189

D
Dalcroze, Émile *ver* Jaques-Dalcroze
D'Amico, Silvio, 36
Damourette, 303
Dança
   coreana, 101
   espada, da, 136, 239
   etrusca, 99, 230
   maia, 47, 99
   moresca, 239
   odissi, 232, 245, 275-76, 293, 295
   oposições, das, 19-22, 29, 43, 84, 176, 196, 200-01
   sudeste asiático, do, 42
Danda, 241
Danjuro I, Ichikawa, 20, 202
D'Annunzio, Gabriele
   Filha de Jorio (*A*), 229
   Gioconda (*La*), 115
   Martyre de Saint Sébastien (*Le*), 117
Darpana Academy (Ahmedabad, Índia), 247
Das, Kum Kum, 38
David, Jacques-Louis, 135
Davis, Bette, 76
Dean, James, 76
Debussy, Claude, 117, 235
Decroux, Étienne, 15, 19, 21-24, 27, 72, 92, 105, 112, 114-15, 125-26, 128, 162, 164-65, 167, 184, 188, 194, 204-05, 207, 212-14, 233, 260, 283-84, 293
De Curtis, Antonio *ver* Totò
De Lairesse, Gérard
   Grot Schilderboek, 147
De Lorde, André
   Telefone (*No*), 90
Delsarte, François, 72, 151, 197, 212, 260
De Marinis, Marco, 212, 215
Demi-plié, 95
Dempachi, Sadoshima, 28
De Musset, Alfred, 135
De Niro, Robert, 76
Denishawn, 171
   Fantasias Balinesas, 173
Dentes, 186, 191
Dervixes, 44, 274
Desenho animado, 60, 150
Déséquilibre, 92-93, 100, 103, 136
Desprès, Suzanne, 284
Devadasis, 246
Devi, Rukmini, 39-40, 41, 246-47, 260
Devrient, Ludwig, 202
Dhanu, 116
Dhanur Beda *ver* Tiro com arco
Dharmi, 15
Dickens, Charles, 261
Diderot, Denis, 300

Dilatação, 52, 56-57, 60, 136, 160, 162-63, 204, 230, 288
Dínamo ritmo, 293
Direção, 36, 66, 68, 106, 169, 172, 208-09, 218, 226, 266, 283, 291
Disney, Walt, 60
Djimat, I Made, 188, 211, 233
Dojo, 239
Domenico Da Piacenza, 169-70, 235
   De la Arte di Ballare et Danzare, 169
Don Juan, 19, 54-55, 143, 160
Doré, Gustave, 54
Dramaturgia do ator, 122, 124, 284
Drona, 41
Duchartre, Pierre Louis, 132
Dullin, Charles, 34, 36-37, 104, 126, 184, 209, 211, 213, 266
   Souvenirs et Notes de Travail d'un Acteur, 211
Duncan, Isadora, 109, 168, 171, 266
Dürer, Albrecht, 89, 200
Durga, Lal, 39
Duse, Eleonora, 115, 307
Duval, Mathias-Marie, 187
   Anatomia para Artistas, 96-97, 187

E

Efeito de organicidade, 206-07, 210-11, 213
Eibl-Eibesfeldt, Irenäus
   Amor e Ódio, 186
Einstein, Albert, 57
Eisenstein, Sergei, 32, 36, 55-56, 58, 67, 118, 125, 160, 252, 260
   Alexander Nevsky, 161
   Encouraçado Potemkin (O), 203
   Film Form, 161
   Natureza não Indiferente (A), 55
Ekalavya, 41
Ekblad, Stina
   Medeia, 53, 170
El Greco (Doménikos Theotokópoulos), 67, 160-62
Emoção, 52, 62, 124, 184, 231, 252, 275, 279, 300
Energia, 13, 15-19, 21-23, 27-29, 43, 46, 50, 52-57, 64, 72, 75-78, 80-82, 84-88, 90-92, 107, 112, 114, 122, 126-27, 130-31, 134-36, 145, 151, 175, 184, 194, 208, 211, 214, 228-30, 236, 238, 254, 261, 274, 276, 279-80, 284-86, 289-90, 309, 312
Engel, Erich, 52, 148, 231
Engel, Johann Jacob
   Ideias sobre a Mímica (Ideen zu einer Mimik), 148
Ennosuke, Ichikawa, 96
Entrechat, 219
Equilíbrio, 13, 16, 18-19, 27-29, 47, 49, 53, 67-68, 72, 75, 77-78, 91-105, 107, 109-12, 118, 120, 126-28, 131, 136, 139, 144-45, 162, 175, 200-01, 210, 213, 216, 243, 258, 276, 280, 289-90, 293, 309, 312
Equivalência, 112-14, 117-18, 120, 181, 194

Escher, Maurits Cornelis, 55
Escola de Artes Visuais, 150
Escola de Monte Verità, 35
Escolas de Teatro, 34-36, 122, 126, 290, 293
Espaço Cênico, 42, 68-71, 88-89, 144, 198, 208, 225
Espectador
   pré-interpretação do, 243
Espetáculos de rua, 69-70
Espinha dorsal, 27, 46, 84, 87, 117, 122, 131, 144, 176, 180-81, 188, 201, 207, 242, 276-79, 289, 293
Espontaneidade, 32, 123, 131, 212, 228, 236, 281
Essler, Fanny, 219
Estatocinesigrama, 104
Estúdio da rua Borodinskaya, 36, 225
Estúdio do Teatro de Arte de Moscou, 35
Eva, 164, 166-67
Exercício
   biomecânica, de, 37, 120, 125, 128
   Três-Três, do, 130
Exercitação *ver* Treinamento
Êxtase, 58, 180

F

Fajko, Alexis
   Professor Bubus (O), 88, 90, 255
Fausto, tema do, 54-55
Figurino
   parceiro, como, 43
   prótese, como, 43
Figurino-Armadura, 198
Fiorilli, Tiberio, 81
Fischinger, Oskar, 257
Fisiologia, 13, 27, 162, 186, 206, 226-28, 243, 280
Fixação, 162, 174
Flauta, 192-93
Fluxo, 52-53, 55, 65, 76, 126, 128, 130-31, 135, 216, 252, 261, 264, 309
Fo, Dario, 22, 72, 184, 188, 195, 236, 261, 281
   História de um Tigre, 195, 236
Fokine, Michail, 121, 266
   Coq d'Or, 121
Fool, 93
Fossard *ver* Recueil Fossard
Fowler, Richard
   Wait for the Dawn, 158
Fragmentação, 192
   reconstrução, e, 192
Francisco de Assis, 61
Frederica, imperatriz, 226
Frisch, Max
   Pre-Peace Diary (The), 306
Frittellino, 92
Fuchs, Georg, 34, 209
Fuller, Loïe, 43, 144, 151, 264

G

Gabrilovitch, Evgeniy, 88
Galli Bibbiena, 222
Gambuh, 207
Garbo, Greta, 76

Garin, Erast, 120, 259
Garnett, Edward, 300
Garrick, David, 44, 268, 282
Gaugler, Hans, 106
Gauri, 246
Gautam, 82-83
Gautier, Judith
   Princesa do Amor (A), 277
Gautier, Théophile, 169
Gênesis, 162, 167
Gesto, 54, 146, 151
Gilbert, William Schwenk, 141, 148, 232
   Mikado, 141
Ginástica Natural, 126-28
Giraudet, Alphonse, 197
Gladkov, Alexander, 89, 176, 181, 284
   Meyerhold Fala, 89
Gógol, Nikolai
   Inspetor Geral (O), 88-89, 189, 259
Goldoni, Carlo
   Camareira (A), 62
Gopal, Ram, 41
Gorcakov, Nikolai, 34
Górki, Maxim (pseud. de Alexei Maximovitch Peshkov), 159
Gotipua, 82-83
Gourfinkel, Nina
   Grotesque au Théâtre (Le), 144
Gozzi, Carlo, 172, 268
   Turandot, 172
Graham, Martha, 121
Grande Ator, 19, 21, 87, 145, 154, 268, 301
Grand Guignol, 90
Grandville, Jean, 257
Granet, Marcel, 275
Grasso, Giovanni, 176
Greatbach, G., 202
Griboedov, Alexander
   Infelicidade de Ser Inteligente (A), 64
Grimacier, 183
Grito mudo, 278-79
Grotesco, 128, 142-45
Grotowski, Jerzy, 28, 43, 60, 111, 124, 130, 173, 189, 206, 212, 214, 218, 241, 260, 280-81, 288, 292-93, 295-97, 300
   Akropolis, 189, 218
   Príncipe Constante (O), 111, 206
Grünewald, Matthias, 150
Guerra, Ruy, 61, 268
Guglielmo Ebreo, 170, 235
Guinness, Alec, 287
Gulbransson, Olaf, 307
Guntai, 86
Guru, 38-41, 82
   guru-daksina, 40
   guru-kula, 39
   guru-sisya-parampara, 41
Guthrie, Tyrone, 287
GUYRM (Laboratórios Superiores do Estado para a Direção Teatral), 36

H

Hacks, Charles
    Geste (*Le*), 146, 252
Hakobi, 221
Hana, 87
Hanamichi, 223, 225
Hanayagi, Kanichi, 20, 78, 80, 211, 253, 260
Hanuman, 77
Hanxianzi, 192
Hashigakari, 224
Hasta/mudra, 147, 152
Hasta prana, 152
Hauptmann, Gerhart, 261, 266
Hébert, Georges, 127-28
Heine, Heinrich, 54-55
Henrique IV, 134
Hepburn, Katherine, 76
Heywood, Thomas
    Mulher Assassinada com Gentileza (*Uma*), 36
Hilar, Karel, 287
Hippari hai, 20
Hiroshige, 32
Hôffding, Harald, 274
Hogarth, Burne, 150
Hogarth, William, 200
Hokusai
    Aulas de Dança para Si Mesmo (*Odori Hitori Keiko*), 32-33
    Cenas de Dramas, 33
    Trinta e Seis Vistas do Monte Fuji, 31
Holder, Christian, 24
Hornbostel, Erich Maria Von, 273
Huang Zuolin, 266
Hua To, 237-38
Hughes, Russell Meriwether, 276
Hugo, Valentine, 114
Hŭ-Jeh, 24
Humphrey, Doris, 199, 204, 253
    Art et l'Instruction de Bien Danser (*L'*), 235
    Art of Making Dances (*The*), 199

I

Ibsen, Henrik, 159, 206, 261, 266, 279
    Casa de Bonecas, 261, 266
    Inimigo do Povo (*Um*), 159
Ikebana, 22-24
Ilinsky, Igor, 144, 201
    Pamietnik Aktora, 144
Imaginação, 18, 36, 54, 61, 67, 104, 136, 168, 258, 309
Instituto Jaques-Dalcroze (Hellerau), 35, 125-26
Ioga, 275, 280
Io-in, 17
Ippei, Okamoto, 307
Ippitsusai Buncho, 304
Irving, Henry (pseud. de John Brodribb), 19-20, 133-35, 202
ISTA de Bielefeld (2000), 211, 260
ISTA de Bonn (1980), 49, 84, 181, 242, 280, 295-96, 298
ISTA de Copenhague (1996), 53, 56, 120, 129, 157, 241, 263
ISTA de Holstebro (1986), 72, 77-78, 82-83, 153, 190, 199, 237, 243, 288
ISTA de Malakoff (1985), 255
ISTA de Montemor (1998), 130, 210
ISTA de Salento (1987), 155, 229
ISTA de Sevilha (2004), 210, 233, 238
ISTA de Umeå (1995), 99, 233, 259
ISTA de Volterra (1981), 49, 75, 114, 116, 119, 188, 195, 204, 220-21, 236, 256, 277, 281
Iyer, E. Krishna, 246

J

Jaholkowski, Antoni, 241
James, Henry, 76, 112, 226, 268
Jaques-Dalcroze, Émile, 197
Jas, 21, 75, 81, 178-79, 220
Jatra, 249
Jelgerhuis, J., 151, 225
    Aulas Teóricas sobre a Mímica do Gesto, 151
Jena, Ramani Ranjan, 41
Jindo Sitkim Kut, 214
Joana D'Arc, 60
Joël, 171
Jo-ha-kyu, 24, 26, 254
Johansson, 256
Jousse, Marcel, 252
Jouvet, Louis, 36, 103
Judeu Errante, 54-55

K

Kabuki, 14-20, 22-23, 27-28, 33, 42, 72, 75, 80, 82, 95-96, 100, 144, 156, 162, 169, 173, 180, 182-84, 186, 190-91, 196, 202, 223-25, 234, 237, 239, 242, 260, 262, 264, 266, 268, 275, 294, 296, 304, 307
Kacha, 211
Kalakshetra, 39
Kalamandalam, 96, 153, 174, 260, 295
Kalaripayattu, 237
Kalidasa, 173, 264, 268
Kalvodova, Dana, 198
Kamae, 112, 156, 242
Kameko, Kichizaemon, 23
Kamen, 188
Kanshu, 193
Kanze, Hideo, 19, 301
Kanze, Motomasa
    Hagoromo, 234
Karsavina, Tamara, 121
Kasar, Nana, 41
Katana, 237
Kathakali, 26, 40, 42, 72, 78, 80, 95-96, 101, 149, 152-53, 173-75, 190, 193, 211, 216, 231, 237, 260, 288, 291, 293, 295
Kaurava, 41
Kawamura, Kotaro, 215
Kawamura, Nobushige, 215
Keaton, Buster (pseud. de Joseph F. Keaton), 72
Kehler, Sonja, 243
Keras, 20-21, 27, 77-78, 81, 91, 151, 155, 178, 216, 220
Khokar, Mohan, 246
Khon, 196, 236
Ki-ai, 17, 27-28, 72, 75, 81
Kichizaemon, K.
    Pó nas Orelhas, 23
Kim Hong-do, 101
Kirstein, Lincoln, 217, 232
Kiselëv, Viktor P., 89
Kita (Escola Nô), 19
Klee, Paul, 38, 59, 174
Koan, 282
Koestler, Arthur, 56
Kokken, 17
Kokoro, 17, 181
Komissarjévskaia, Vera, 143
Komparu, Zenchiku, 86
Koshi, 17-19, 72, 75, 82, 84
Kóstia, 63
Krishna, 192-93, 230, 246
Krishnalila, 82
Kuan Yin, 227
Kung-fu, 17, 72-74
Kuroko, 194
Kustov, Nikolai, 120, 259
Kyogen, 17, 19, 49, 75, 112, 118-19, 163, 186, 221
Kyosai, 156

L

Labanotation *ver* Sistemas de transcrição da dança
Laban, Rudolf von, 35, 212, 232, 235
Laflotte, D. B.
    Théâtre Antique, Gestes Modernes, 170
Lago dos Cisnes (*O*), 201
Laksmi, Desak Made Suarti, 77
Lamartine, Alphonse de, 135
La Meri *ver* Hughes, Russell Meriwether
Langella, 292
Larsen, Tage, 292
Lasya, 78, 82
Laukvik, Else Marie, 48, 158
Lazzi, 172
Leabhart, Thomas
    Little Thing (*A*), 20
Lecoq, Jacques, 211
Legado, 231
Legong, 102, 179
Leis pragmáticas, 280
Leonardo da Vinci, 99, 150, 232, 309
Leroi-Gourhan, André
    Gesto e a Palavra (*O*), 54
Le Roy, L., 105
Lian-shan, 84, 175, 182
Lin Chunhui, 48, 178
Lindblom, Gunnel, 287
Lindh, Ingemar, 112-15, 204-05
Língua enérgica, 169, 208

Linguagem dos surdos-mudos, 148
Linha da beleza, 200
Linke, Susanne, 102
Lior, P., 44
Liszt, Franz, 88
Living Theatre (Kardaha, Índia), 228
Living Theatre (Nova York), 109, 130, 259
Logos, 281
Lokadharmi, 15-16
London, Jack
    Mexicano (*O*), 125
Lorre, Peter, 43
Luís XIV, 132
Lulli, Giovambattista (pseud. de Jean-Baptiste Lully), 235

M
Macuilxochitl (ou Xochipilli), 200
Maeterlinck, Maurice
    Irmã Beatriz, 143
Magarschack, David
    Stanislávski, 159
Magnani, Anna, 76
Mahabharata, 41, 235, 247, 249
Mahapatra, Kelucharan, 40, 82-83
Maharajalilasana, 227
Mahari, 83
Maiakóvski, Vladimir, 37
Maiêutica, 65
Makarova, Natalia, 201
Malabaristas, 264
Malina, Judith, 259
Manet, Édouard, 192, 196
Mangas de água, 50, 155
Manipuri, 245
Manis, 20-21, 27, 77-78, 81, 151, 155, 178, 216
Maomé, 61
Mãos, 11, 21, 39, 41, 50, 57-58, 77, 84, 88-89, 91, 103, 115, 118, 120, 133-34, 143, 146-59, 162, 173-75, 181, 188, 193, 196, 198, 209, 222, 231, 235, 242, 249, 282, 290, 294, 296, 301, 312
Maquiagem, 66, 83, 154, 159, 190-91
Marceau, Marcel, 18-19, 72, 213
Maria Teresa de Áustria, 226
Martinelli, Tristano, 81, 134
    Composition de Rhétorique de M. don Arlequin, 134
Masanobu, Okamura, 223
Máscara, 28, 136, 169, 175, 185-86, 188-89, 200, 245, 248, 250, 269, 288, 312
Massine, Léon
    Parade, 24
Matah, 211
Matisse, Henri, 99, 252
Matsui, Akira, 233, 260
Mauss, Marcel, 270, 280
    Técnicas do corpo (*As*), 270-71, 273, 275
Mead, Margaret
    Transe e Dança em Bali, 249

Mei Baoju, 72
Mei Lanfang, 72-75, 145, 154, 184, 260, 266
    Beleza Bêbada (*A*), 75
    Fortaleza da Montanha (*A*), 75
Meldolesi, Claudio, 106, 279
    Brecht Regista, 106, 279
Mendès, Catulle, 170
Menjivai, 211
Mente dilatada, 53, 62-65
Metelli, Giuseppe Maria, 234
Meyerhold, Vsevolod E., 142
    Actor's Emploi (*The*), 258
    Tristan and Isolde, 143, 258
Michelangelo, 112, 150-51, 200
Mié, 156, 182-84, 186, 190-91
Mi-juku, 211
Mimese, 168, 300
Mimo, 15, 19-20, 22, 24, 27, 32, 78, 92-93, 105, 112-15, 125, 128, 164-65, 169, 194, 204-05, 215, 228, 231, 233, 258, 260-61, 268, 283, 290
Mistérios medievais, 42, 261
Modellbücher (Berliner Ensemble), 106
Moholy-Nagy, Sybil, 38
Mohrentanz, 239
Moksha, 38
Mokuzen Shingo, 181
Molière (pseud. de Jean-Baptiste Poquelin), 81, 169
    Avarento (*O*), 104
    Doente Imaginário, 62, 169
    Don Juan, 19, 54-55, 143, 160
    Escola de Mulheres, 103
    Tartufo, 141
Monsalve, Juan, 298
Montagem, 160, 162, 167, 192, 306-07
    ator, do, 163, 165
    diretor, do, 160, 162, 166
Morelli, Angelo, 96-97
    Anatomia para Artistas, 96-97
Morelli, Giovanni, 96-97
    Anatomia para Artistas, 96-97
Morris Dance, 239
Morrocchesi, Antonio
    Lezioni di Declamazione e d'Arte Teatrale, 135, 231
Mounet-Sully (Jean Sully Mounet), 211
Mozart, Wolfgang Amadeus, 32
Mudra, 117, 146-47, 149, 152, 173, 227, 265
Mukna, 237
Música, 25-26, 32-33, 38-39, 50, 67, 82, 88-89, 114, 123, 128, 131, 143-44, 161-62, 171, 200-01, 235, 238, 249, 254, 257-58, 264, 271, 294
Muthuratnambal, 246
Muybridge, Edward James, 151

N
Naginata, 237
Nakajima, Natsu, 109
Naka ya lethlake, 192
Namboodiri, Sankaran M. P., 153, 190, 211

Nandikeshvara, 146
Napoleão III, 274
Narada, 38
Natural, 24-25, 42, 50, 56, 77, 92, 125-28, 133, 135, 138, 162, 168, 186, 191, 208, 212, 228, 245, 249, 270, 272, 277, 290, 293, 300
Natyadharmi, 15-16, 21, 29
Natyashastra, 237, 245-46, 268
Negação, 17, 54, 56, 64, 78, 114, 278, 290
Nei-kong, 274
Neko hashi daci, 236
Nemiróvitch-Dantchênko, Vladimir, 36, 142
New Drama Association, 142
Newton, Isaac, 263
Ngidupan, 211
Nijinsky, Vaslav
    Après-midi d'un Faune, 235
    La Péri, 218
    Sacre du Printemps, 114, 171
Nikyoku, 86
Nô, 15, 17-19, 21-22, 26, 28, 31, 42, 72, 75, 82, 84, 86-87, 95, 118, 144, 173, 175, 186, 188, 196, 215, 222-25, 233-34, 242, 260, 266, 268, 276, 280, 288, 291-92, 301
Noel, Cayuqui Estage, 200
Nomura, Kosuke, 27, 49, 112, 118-19, 162-64, 166-67, 221, 277
Nomura, Mannojô, 19
Nostalgia, 168, 235, 268
Noton, David, 175
    Movimentos dos Olhos e a Percepção Visual, 175
Noverre, Jean-Georges
    Lettres sur la Danse, 217
Nritta, 146, 152
Nrytia, 152
Nugini, Ni Made, 207
Nyegaard, A. C.
    De Dövstummes Haandalphabet, 146
Nye, H., 202
Nyotai, 86
Nystagmus, 162
Nyt Dansk Danseteater, 235

O
Obi, 49, 81
Ochlopkov, Nikolai, 88
Odin Teatret, 11, 16, 26, 48, 60-61, 68-71, 81, 91, 95, 110, 126, 130, 155, 158, 185, 210-11, 214, 229, 241, 262-63, 288-89, 292-93, 297
Ohno, Kazuo, 176, 263
Old Vic, 287
Olhos, 20-21, 26-29, 39-40, 42, 52, 59, 67-68, 81, 116-17, 128, 134-35, 140-43, 146, 162, 164, 174-75, 178, 180-84, 186, 188, 190-91, 206-07, 231, 236, 249, 288, 301-04, 306, 309, 311
Olivier, Laurence, 287, 292
Oliviero, Pietro D., 222
Olivi, Laura, 106, 279
    Brecht Regista, 106, 279
Omissão, 22-23, 42, 151, 192-95

Omolú, Augusto, 56, 99, 210-11, 233-34, 241
Onnagata, 16, 80, 162, 191, 253, 260, 307
Open Theatre, 130
Ópera de Pequim, 16-17, 20-21, 25, 42-43, 48, 50, 72-74, 78, 80, 84, 95, 100, 109, 144, 154, 169, 173, 175, 178-179, 182, 190, 196, 198, 237, 241, 260, 268, 275-76, 293-95
Oposição, 20, 22, 26, 29, 36, 67-68, 84, 87, 94, 97, 113-14, 134, 155, 164, 168, 181, 194, 196-97, 199, 201-02, 204, 209, 211, 215-16, 219, 243, 254, 285, 289
Organicidade, 56, 62, 128, 134, 138-41, 193, 206-13
Orixás, 211
Ostrovsky, Alexander
    Floresta (A), 201
Otkaz, 120, 144, 196, 215, 258
Otsukarásama, 16

P
Pakka, 211
Palucca, Gret, 94
Pandava, 11
Panigrahi, Sanjukta, 15-16, 19, 21, 27, 29, 40, 42, 82, 85, 92, 105, 116-17, 178-79, 181, 194, 201, 211, 234, 255, 263, 295
Panji, 235
Pantaleão, 94, 132, 136-37, 188
Pantomima, 19, 42, 104, 147, 181, 213
Papéis-Tipo, 86-87, 293
Papel, 16, 20, 24, 26, 33, 38, 41-42, 44, 48, 50, 52, 56, 58, 63, 72-74, 78, 85, 87-88, 93-94, 107, 117, 126, 134, 138-41, 156, 159, 162, 164, 166-67, 170, 190, 194, 198, 200, 202, 205, 211, 226-27, 239, 244, 248-49, 253, 264, 268-69, 278, 283, 286-88, 292-93, 309, 311
    personagem, e, 286
Parampara, 38, 41
Parvati, 82
Pascal, Blaise, 160, 192
Pasek Tempo, I Made, 21, 27, 39, 81
Pattu, 246
Pausa, 23, 72, 88-89, 107, 134, 198, 252, 254-55, 271-72
Paz, Octavio, 74
Pedagogia, 34-36, 38, 169, 206, 231, 290, 293
Peirce, Charles S., 302
Pei Yanling, 25, 78, 95, 109
Pengunda bayu, 75
Pensar o pensamento, 55, 57
Pentjak e Pentjak-Silat, 237
Pereživanie, 33, 62-63, 138
Performance text *ver* Texto do espetáculo
Peripécia, 54, 64-65, 128, 130, 309
Personagem, 17, 27, 29, 44, 60, 63, 68, 77-78, 81-82, 88, 92, 105-08, 122, 124, 128-29, 132-33, 135-36, 138-41, 154, 156, 159, 169, 176, 184, 188, 190, 199, 201, 209-11, 214, 225-29, 234, 243, 250, 259, 261-63, 266-67, 278-79, 284, 286, 290, 294, 306-07, 312

Pés de lírio, 100
Petipa, Marius, 201, 217
Picart, Bernard, 92
Picasso, Pablo, 112-13, 192, 269, 278-79, 284
Piermarini, Giuseppe, 103
Pier, Stephen, 53
Pillai, Muthukumara, 41
Pirrica, 239-40
Piscator, Erwin, 278
Pissarro, Camille, 196
Pizzicato, 126
Planck, Max, 57
Plataforma estatocinesiométrica, 104
Platão, 64, 239, 252
    Diálogos, 64
Plié, 95, 236
Pneuma, 28, 75
Policleto, 200
Poe, Edgar Allan, 64
Pontas (sobre as pontas), 75, 118, 216-18
Ponte, exercício da, 293-95, 298
Poseidon, 240
Pradier, Jean Marie
    Eléments d'une Physiologie de la Seduction, 256
Prana, 17, 28, 72, 75, 152
Precisão, 24, 27, 46, 56-58, 64-65, 74, 106, 123, 128, 132, 142, 212, 254, 290
Pré-expressividade, 13, 49, 62, 64, 106, 132, 150, 152, 186, 216, 226, 228, 232, 243-44, 261, 276, 312
Presença do ator, 18, 52, 60, 62, 72, 75, 78, 195, 276, 290
Princípios-que-retornam, 14, 22, 312
Processo criativo, 34
Prokofiev, Sergei, 161
Pulcinella, 50
Purana, 247
Purificação, Jairo da, 241
Púschkin, Alexander, 33

Q
Quadris, 75, 87, 92, 95, 103, 271, 276
Quarta Parede, 168
Quimono, 42, 49, 75, 81, 84, 101, 118, 182, 194, 221
Quintiliano, Marco Fabio, 148

R
Racine, Jean
    Fedra, 170, 172
Rafael, 200
Raghavan, V., 246-47
Raízes dos Mudras, 152
Rajch, Zinaida, 284
Ramayana, 77, 235, 247
Rameau, Jean-Philippe
    Hippolyte et Aricie, 218
Rameau, Pierre
    Maître à Danser (Le), 157
Rangda, 244, 249

Rasa, 146, 246
    nove, os, 181
Rasmussen, Iben Nagel, 26, 29, 72, 91, 110, 229, 241, 281, 288
Raüker, Ralf, 259
Ravana, 248, 250
Recueil Fossard, 45, 132-33, 136-37, 294
Reddi, Muthulakshmi, 246
Reichel, Käthe, 107-08
Reinhardt, Max, 34-35, 209
Requeno, Vincenzo
    Descoberta da Quironomia, 147-48
Ressonadores, 288
Restauração do comportamento, 38, 152, 162, 192, 291, 307
Rilke, Rainer Maria, 115, 146
Rímski-Kórsakov, Nikolai, 159
Ripellino, Angelo Maria, 143
    Il Trucco e l'Anima, 143
Ristori, Adelaide, 208
Ritmo, 24-26, 39-40, 46, 50, 64, 66, 76, 82, 84, 88-89, 91, 122-24, 130-31, 134, 142-44, 157, 160, 162, 166, 197, 209, 214, 218, 222, 229, 235, 239, 246, 252-55, 257-58, 271-72, 288, 290, 293, 298, 311-12
Rorschach, Hermann, 309, 311
    Psychodiagnostic [Psicodiagnóstico], 311
Rostand, Edmond
    Cyrano de Bergerac, 59
Rosto, 48, 88, 107, 136-37, 152, 155, 169, 181-83, 185-91, 194, 196, 200, 258, 279, 288, 301
    pintado, 190-91
Rotai, 86
Rubinstein, Ida, 117
Ruffini, Franco, 11, 62, 105, 125, 138, 140, 280, 282, 286
    Theatre and Boxing, 125
Ruggeri, Ruggero, 229

S
Sabatai Tzvi, 60-61
Saccade ver Fixação
Sachs, Kurt, 273
Sadir nac, 246-47
Saint-Denis, Ruth, 171, 173, 266
    "dança birmanesa", 171
Salácia, 76
Salieri, Antonio, 32
Sálios, sacerdotes, 239
Salomé, 312
Salvini, Tommaso, 142, 208
Sampun, 211
Samson-Körner, 125
Sanget Natak Academy (Nova Délhi), 248
San Rocco, festa de, 240
Santai (três corpos), 86
Sarabhai, Mrinalini, 41, 247
Sardono, 81
Sari, 43
Sarniani, Ni Made, 207

Sats, 91, 123, 126, 130, 280, 289
Savarese, Nicola, 11, 32, 168, 184, 243, 264, 293
    Teatro nella Camera Chiara (*Il*), 184
Sawamura, Sojurô, 18-19
Scaramouche, 81
Schall, Ekkehard, 37, 106, 279
Schechner, Richard, 38, 67-68, 162, 192, 244, 291-92
    Between Theatre and Anthropology, 244, 292
Schiller, Friedrich von
    Salteadores (*Os*), 202
Schino, Mirella, 11, 208
Schlemmer, Oscar, 231
Segunda natureza, 26, 63, 65, 131, 139, 206, 245
Seis Atos Públicos (Living Theatre), 109
Sekinoto, 112
    Porta da Barreira (*A*), 112
Se mágico(s), 228
Sêneca, Lucio Anneo
    Questões Naturais, 226
Shakespeare, William, 20, 42, 45, 64, 66, 68, 93, 133-34, 202, 266, 268, 282, 287
    Décima Segunda Noite (*A*), 93
    Hamlet, 66, 68, 126, 142, 269, 282, 284, 287, 291-92, 296, 309
    Henrique VIII, 20, 202
    Otelo, 64, 142
    Romeu e Julieta, 126
    Tempestade (*A*), 202
Shakti, 29
Shankar, Ravi, 39, 266
Shan-toeng *ver* Lian-shan
Sharaku, 182
Shaw, George Bernard, 121, 133, 261, 266
Shawn, Ted, 171, 173, 197
    Dança Cósmica de Shiva, 171
    Grossienne, 121
Shenai, 248
Shentan, F.
    Acrobatas, 20, 142
Shinmyong, 211
Shirabioshi, 28
Shishi, 156
Shiva, 28-29, 82, 95, 171, 245
Shiva Nataraja, 95
Shojo, 46-47, 194
Siddharta, 181
Siddons, Henry, 148, 231
Siddons, Sarah, 148
Sieffert, René, 26
Simultaneidade, 66-69, 213, 283, 285-86, 307
Sinceridade, 206
Singer, Milton, 246
Sistema de Stanislávski, 63-64, 266
Sistemas de transcrição da dança (labonatation, Theleur), 35, 212, 232, 235
Sklovsky, Viktor, 36
Slepjanov, I., 88
Slowacki, Juliusz, 111
Sociedade Teosófica, 246

Sócrates, 64-65, 135, 239
Soedarsono, 235
    Wayang Wong, 77, 235, 276
Sófocles
    Antígona, 129, 170
    Filoctetes, 291
Soloviev, Vladimir, 225
Sombra *ver* Teste da Sombra
Staccato, 126
Stadtheater, 106
Staël, Madame De (Germaine Necker Baronessa De Staël-Holstein), 309
Stálin, Josef, 61
Stanislávski, Konstantin S., 34, 91, 254
    Construção da Personagem (*A*), 62, 138
    Minha Vida na Arte (*A*), 34, 64, 140
    Preparação do Ator (*A*), 62, 138-39, 141
    Robota Aktëra, 62-64
Stark, Lawrence, 175
    Movimentos dos Olhos e a Percepção Visual (*O*), 175
Steckel, Leonard, 106
Steinberg, Saul, 55
Steiner, George
    Morte da Tragédia (*A*), 278
Stormare, Peter, 287
Stowe, Harriet Beecher
    Cabana do Pai Tomás (*A*), 261
Stravínski, Igor, 114, 171
Strindberg, August, 55, 166-67, 206, 287
    Pai (*O*), 166-67
Subtexto *ver* Texto e Subtexto
Sud'binin, S. N., 159
Sukeroku, 100
Sulerzicki, Leopold, 35
Sullivan, Arthur Seymour
    Mikado, 141
Sutradhara, 242
Suzuki, Tadashi
    Way of Acting (*The*), 222, 224
Swarnasaraswati, 246
Szondi, Peter, 286

T
Tabi, 75, 221-22
Tableau Vivant, 143, 182
Tahan, 21
Tai chi, 84
Taírov, Aleksandr, 172
Takhousarol, 237
Taksu, 17, 75, 211
Tamé, Tameru, 22, 82, 84
Tan, 72, 74
Tan-chingyi, 74
Tandava, 78, 82
Taviani, Ferdinando, 72, 116, 132, 169, 286, 289, 300
    Energia do Ator como Premissa (*A*), 72
Taylor, Frederick, 145
Tchaikovski, Piotr Ilitch, 201

Tchékhov, Anton, 36, 64, 67, 139, 206, 266, 307
    Ivanov, 307
    Jardim das Cerejeiras (*O*), 67
    Tio Vânia, 64, 139
Tchékhov, Mikhail, 123, 206
    Para o Ator, 123
Teatrinho da Liubimovka, 140
Teatrlaboratorium, 43
Teatro
    balinês, 21, 27, 39, 42, 75, 81, 95, 155, 157, 188, 196, 199, 207, 210-11, 229, 236, 248-49
    cambojano, 216, 266
    camponês, 228
    chinês, 154, 196, 294, 296
    elisabetano, 42, 268
    eurasiano, 260
    fontes, das, 281
    grego antigo, 268
    indiano, 242, 296
    japonês, 16-17, 118, 156-57, 234
    javanês, 81, 235
    ritual, 42
    Siglo de Oro, do, 144, 261
Teatro alla Scala, 103
Teatro da Crueldade, 190, 206, 312
Teatro das Treze Filas, 173, 189, 241
Teatro de Arte de Moscou, 35-36, 66, 123, 139, 142, 172, 222, 284
Teatro de Câmera de Moscou, 172
Teatro Marinski (São Petersburgo), 143
Teatro Nacional de Londres, 44
Teatro Nacional (Praga), 287
Teatros Imperiais (São Petersburgo), 144
Técnica, 13, 15-17, 19, 27, 33, 34-36, 40, 58, 65, 67, 72, 75-77, 83, 91-92, 112, 114, 130, 132, 134-36, 138, 144, 146, 156, 168, 170-71, 175, 186, 188, 190, 193, 196, 210, 212, 216-17, 220, 222, 228-30, 236, 243, 245, 248, 254, 258, 260, 266, 270, 273, 276-77, 280-81, 286, 288, 290, 293, 306
    corpo, do, 15-16, 168, 270, 280-81
Templo de Nishi Hongan-ji, 224
Teste da sombra, 117, 204
Texto
    cena, e, 282-83, 285-86
    dramático, 67-68, 89, 169, 183-84, 209, 231, 239, 282, 291-92
    espetáculo, do, 67
    subtexto, e, 77, 122, 134, 228, 286, 306
Texto-repertório, 283
Teyyam, 187
Théâtre Antoine, 284
Théâtre de l'Athénée, 103
Théâtre du Vaudeville, 277
Theleur *ver* Sistemas de transcrição da dança
Thengou, 237
Thevenaz, Paulet, 197
Tipo, 86, 87, 286, 293
Tiro com arco, 120
Tolstói, Lev, 227

Tommaseo, Niccolò, 168
Topeng, 42, 188, 233
Toporkov, Vasilij, 91, 141, 226, 254
    Stanislavsky in Rehearsal, 141, 226
Torch, Chris, 259
Tórtola Valencia, Carmen
    Africana, 176
Torzov, 63, 64, 65, 138
Totò, 72
Toulouze, Michel, 235
Tradição das tradições, 261
Transe, 249
Treinamento, 35, 110, 127, 206, 215, 289, 291, 293, 297-98
Três arcos *ver* Tribhangi
Três-Três *ver* Exercícios
Tretiakov, Sergei, 125, 266
Tribhangi, 95, 200-01, 276
    três arcos, 92, 95, 97, 101, 200-01, 225, 276
Ts'ai chi'ao, 74
Tsetnerovitch, 88
Tsura akari, 183
Turner, Victor, 245

U
Ulisses, 168
Upanishad, 38-39
Uslovny, 141-43

V
Vajravarahi, 200
Vakhtângov, Eugeni, 34, 93, 172, 206, 209, 227
    Ivan, o Bom-para-Nada e Seus Dois Irmãos, 227
Vanbrugh, John
    Esposa Provocada (A), 44
Varalkasmi, 246
Vargas Llosa, Mario, 61
Varley, Julia, 45, 130, 210, 289
Vatsyayan, Kapila, 245
Veda, 38
Venília, 76
Vênus, 115, 200
Verga, Giovanni
    Cavalleria Rusticana, 176
Verossímil, 208
Verry, Pierre, 18
Vestris, Gaetano
    Gavotte (La), 235
Vieux Colombier, 34-37
Vijayakumar, K. N., 78
Virasa, 17
Virtudes da Omissão, 22
Visconti, Luchino
    Belíssima, 76
Visvarupadarshanam, 230
Vitarka, 146

W
Wagner, Richard, 54-55, 88
    Holandês Voador (O), 54, 57, 60

Wagoto, 95, 196
Wakafuji, Shigetsugu, 236
Waki, 17, 224
Watanabe, Moriaki, 17, 234
    Entre Oriente e Ocidente, 234
Wayah, 211
Wayang Kulit, 235
Wayang Wong, 77, 235, 276
Weigel, Helene, 52, 106, 107-08, 278-79
Weiss, Peter
    Marat-Sade, 291
Wells, Herbert George, 300
Wethal, Torgeir, 241, 297
White, C., 38
Wiesenthal, Grete
    Donauwalzer, 93
Wigman, Mary
    Dream Figure, 121
    Tanzgesänge, 202
Willumsen, J. E., 160
Wiratini, Ni Made, 109
Woolf, Virginia, 29
Wu sheng, 198
Wyspianski, Stanislaw, 189, 218

X
Xamã, 29, 105, 244-45, 291
Xian, 264-65

Y
Yashima, 20
Youge, A., 202
Yugen, 28, 72
Yunxi, Zhang, 198

Z
Zacconi, Ermete, 90
Zachava, Boris, 34, 227
Zeami, 26, 28, 86-87, 181, 192, 225, 268, 270, 288, 292
    Fushikaden, 86-87, 270
    Shikadosho, 86
    Livro do Caminho que Leva à Flor (O), 86
    Nikyoku Santai Ezu, 86
Zen, 282
Zeus, 239
Zoffany, Johan, 44
Zorn, Friedrich Albert
    Grammatik der Tanzkunst, 219

BIBLIOTECA TEATRAL | É REALIZAÇÕES

Coleção Arte do Ator

- A Arte Secreta do Ator - Um dicionário de antropologia teatral
  de Eugenio Barba e Nicola Savarese
- A Arte Mágica - de Amleto e Donato Sartori
  de Carmelo Alberti e Paola Piizzi (org.)
- O Comediante Desencarnado - Reflexões de um ator itinerante
  de Louis Jouvet
- O Silêncio dos Mimos Brancos (acompanha DVD)
  de Daniel Dobbels

Coleção Jerzy Grotowsky

- Grotowski & Companhia - Origens e legado
  de Ludwik Flaszen
- Jerzy Grotowski
  de James Slowiak e Jairo Cuesta
- Trabalho de Voz e Corpo de Zygmunt Molik - O legado de Jerzy Grotowski (acompanha DVD)
  de Giuliano Campo e Zygmunt Molik
- Ryszard Cieslak - Ator-símbolo dos anos sessenta
  de Georges Banu (org.)

Coleção Ensaios

- As Peças de Samuel Beckett
  de Eugene Webb

Coleção Dramaturgia/Tennessee Williams

- Mister Paradise e Outras Peças em um Ato
- 27 Carros de Algodão e Outras Peças em um Ato
- O Zoológico de Vidro | De Repente no Último Verão | Doce Pássaro da Juventude

Coleção Dramaturgia/Matéi Visniec

- Teatro Decomposto ou O Homem-Lixo - Textos para um espetáculo-diálogo de monólogos
- A História do Comunismo Contada aos Doentes Mentais
- A História dos Ursos Pandas *seguida de* Um Trabalhinho para Velhos Palhaços
- A Máquina Tchékhov
- A Mulher-Alvo e Seus Dez Amantes
- A Palavra Progresso na Boca de Minha Mãe Soava Terrivelmente Falsa
- Cuidado com as Velhinhas Carentes e Solitárias
- Da Sensação de Elasticidade Quando se Marcha sobre Cadáveres
- O Espectador Condenado à Morte
- O Rei, o Rato e o Bufão do Rei
- O Último Godot
- Os Desvãos Cioran ou Mansarda em Paris com Vista para a Morte
- *Paparazzi* ou A Crônica de um Amanhecer Abortado *seguida de* A Mulher como Campo de Batalha ou Do Sexo da Mulher como Campo de Batalha na Guerra da Bósnia
- Pesquisa sobre o Desaparecimento de um Anão de Jardim
- Por Que Hécuba
- *Ricardo III* Está Cancelada - Ou cenas da vida de Meierhold
- Três Noites com Madox

Coleção Dramaturgia/Autores Nacionais

- Vingança
  de Anna Toledo
- O Esteticismo Niilista do Número Imaginário e Outras Peças
  de Marcio Aquiles
- Zé - Peça em um ato
  de Fernando Marques